# Gestão Eficaz de Projetos

# Robert K. Wysocki

**1**

# Gestão Eficaz de Projetos

Como gerenciar com excelência projetos tradicionais, ágeis e extremos

Recomendada pelo PMI como obra essencial do gerenciamento de projetos

### Revisores Técnicos

**Renato H. F. Branco**

É mestre em Engenharia de Estruturas pela Faculdade de Engenharia Civil da Universidade Estadual de Campinas (FEC-UNICAMP), pós-graduado em Gestão Estratégica de Projetos pela Fundação Armando Alvares Penteado (FAAP), engenheiro civil pela FEC-UNICAMP e profissional de gerenciamento de projetos (PMP) certificado pelo Project Management Institute (PMI). É coautor das obras *Gestão de projetos: uma abordagem global* (2019) e *Gestão colaborativa de projetos: a combinação de design thinking e ferramentas práticas para gerenciar seus projetos* (2016), ambas pela Saraiva Educação.

**Rubens Vinha Jr.**

É engenheiro mecânico, administrador de empresas, mestre em engenharia biomédica e pós-graduado em gerenciamento de projetos e em gestão educacional. Tem carreira profissional empreendida em empresas de segmentos distintos, nas quais ocupou posições de liderança nas áreas de manufatura, qualidade, desenvolvimento de produtos e processos e gerenciamento de projetos. É coordenador de cursos, professor de pós-graduação e consultor. Também é coautor da obra *Gestão colaborativa de projetos: a combinação de design thinking e ferramentas práticas para gerenciar seus projetos* (2016), pela Saraiva Educação.

Av. Paulista, 901, 3º andar
Bela Vista – São Paulo – SP – CEP: 01311-100

**SAC** | Dúvidas referentes a conteúdo editorial, material de apoio e reclamações:
**sac.sets@somoseducacao.com.br**

| | |
|---|---|
| **Direção executiva** | Flávia Alves Bravin |
| **Direção editorial** | Renata Pascual Müller |
| **Gerência editorial** | Rita de Cássia S. Puoço |
| **Coordenação editorial** | Fernando Alves |
| **Edição** | Ana Laura Valerio Neto Bach Thiago Fraga |
| **Produção editorial** | Daniela Nogueira Secondo |

| | |
|---|---|
| **Tradução** | Arlete Simille Marques |
| **Preparação** | Carmem Becker |
| **Revisão técnica** | Renato H. F. Branco Rubens V. Junior |
| **Diagramação** | Negrito Produção Editorial |
| **Capa** | Tiago dela Rosa |
| **Impressão e acabamento** | Gráfica Paym |

DADOS INTERNACIONAIS DE CATALOGAÇÃO NA PUBLICAÇÃO (CIP)
ANGÉLICA ILACQUA CRB-8/7057

Wysocki, Robert K.
   Gestão eficaz de projetos : como gerenciar com excelência projetos tradicionais, ágeis e extremos, volume 1 / Robert K. Wysocki ; revisão técnica de Renato Henrique Ferreira Branco, Rubens Vinha Junior ; tradução de Arlete Simille Marques. – São Paulo : Saraiva Educação, 2020.
   480 p.

   Bibliografia
   ISBN 978-85-7144-098-2
   Título original: Effective project management: traditional, agile, extreme

   1. Administração de projetos I. Título II. Branco, Renato Henrique Ferreira III. Vinha Junior, Rubens IV. Marques, Arlete Simille

| | |
|---|---|
| 20-1425 | CDD 658.404 |
| | CDU 658.012.2 |

Índice para catálogo sistemático:
1. Administração de projetos

Traduzido do *Effective project management: traditional, agile, extreme*, Seventh Edition, de Robert K. Wysocki. Tradução autorizada da edição original em inglês publicada nos Estados Unidos por John Wiley & Sons, Inc.

**1ª edição**

| COD. OBRA | 16085 | CL | 651049 | CAE | 726612 |
|---|---|---|---|---|---|

# AGRADECIMENTOS

Agradeço, de maneira realmente especial, ao corpo docente de pelo menos 300 universidades e faculdades em todo o mundo que adotaram as edições anteriores e continuam a se comunicar comigo. Os retornos deles foram os que considerei mais úteis para a evolução do trabalho. Muitas de suas sugestões foram incorporadas nesta nova edição.

Também devo gratidão a muitos consultores e empresas em todo o mundo que utilizaram a Estrutura de Projeto Adaptativo (EPA) e foram gentis em compartilhar suas experiências. Tenho conhecimento de que a EPA está sendo adotada em vários setores, incluindo bancos, seguros, produção de filmes, varejo, pesquisa de medicamentos, distribuição, serviços profissionais, gerenciamento da cadeia de suprimentos e logística.

A eles, ofereço meus sinceros agradecimentos.

# SOBRE O AUTOR

**Robert K. Wysocki**, PhD, tem mais de 40 anos de experiência como consultor e instrutor de gerenciamento de projetos; gerente de sistemas de informação; consultor de sistemas e gerenciamento; autor; desenvolvedor e provedor de treinamento. Escreveu 20 livros sobre gerenciamento de projetos, análise de negócios e gerenciamento de sistemas de informação. Um de seus livros, *Effective Project Management,*[1] é um campeão de vendas e recomendado pelo Project Management Institute para fazer parte da biblioteca de todo gerente de projeto. Publicou mais de 30 artigos e apresentações em jornais de negócios e fez mais de 100 apresentações em conferências e reuniões profissionais e de negócios. Desenvolveu mais de 20 cursos de gerenciamento de projetos e treinou mais de 10 mil gerentes de projetos.

Em 1990, fundou a Enterprise Information Insights, Inc. (EII) – nome que mudou para EII Publications, LLC, em 2013 – uma empresa de consultoria e treinamento em gerenciamento de projetos especializada em elaboração e integração de metodologia de gerenciamento de projetos, montagem de Escritórios de Suporte a Projetos, desenvolvimento de currículo de treinamento e desenvolvimento de um conjunto de ferramentas de avaliação focadas em organizações, equipes de projeto e indivíduos. Entre seus clientes figuram AT&T, Aetna, Babbage Simmel, British Computer Society, Boston University Corporate Education Center, Computerworld, Converse Shoes, Governo da República Tcheca, Data General, Digital, Eli Lilly, Harvard Community Health Plan, IBM, J. Walter Thompson, Novartis, Peoples Bank, Sapient, The Limited, o Estado de Ohio, Travelers Insurance, Walmart, Wells Fargo, ZTE e vários outros.

Em 2013, aceitou o cargo de Diretor Presidente da pmGURU, Inc., uma empresa global provedora de cursos a distância de gerenciamento de projetos, análise de negócios e disciplinas relacionadas. Sua meta é criar cursos *on-line* que alinhem esta nova edição de seu livro com a Estrutura de Projeto Adaptativo (EPA).

É membro da American Society for the Advancement of Project Management (ASAPM), afiliada nos Estados Unidos à International Project Management Association (IPMA), e do Institute of Business Analysts. Já ocupou o cargo de vice-presidente da Association of Information Technology Professionals (AITP) (antiga Data Processing Management Association [DPMA]). É bacharel em Matemática pela University of Dallas e MS e PhD em estatística matemática pela Southern Methodist University.

---

1   Refere-se à 6ª edição da obra, que dominou as listas dos mais vendidos nos Estados Unidos.

# SOBRE A EDITORA TÉCNICA

**Brenda K. Gillingham**, MBA, PMP, CSM, é gerente de programa e analista de negócios especializada em projetos de transformação de negócios em nível organizacional dentro de estruturas de Escritório de Gerenciamento de Projetos (EGP) na indústria de alta tecnologia. Ela também leciona uma grande variedade de cursos de gerenciamento de projetos e estratégia de negócios em ambientes de aprendizagem profissional universitários e corporativos. A carreira diversificada de gerenciamento de programas de Brenda inclui três empresas citadas na *Fortune 100* e uma das melhores e mais tradicionais Universidades dos Estados Unidos (Ivy-Plus). Um de seus muitos projetos de reestruturação de processos de negócios muito bem-sucedido foi assunto de primeira página em várias publicações técnicas nacionais nos Estados Unidos.

Membro ativo do Project Management Institute desde 1996, Brenda serviu 9 anos no Conselho de Administração do Mass Bay Chapter (Capítulo de Mass Bay), que tem mais de 2.500 membros. Ela é uma Profissional de Gerenciamento de Projetos (Project Management Professional – PMP) credenciada desde 1999 e Certified Scrum Master (CSM) desde 2012. Brenda é MBA em Management of Technology com alta distinção pela Bentley University e membro da Beta Gamma Sigma Honor Society. Ela é também credenciada em Gerenciamento de Mudança Organizacional, Reengenharia de Processo, Seis Sigma e Prince2 Foundation em metodologia de gerenciamento no nível de projeto.

# PREFÁCIO

Nesta edição tenho a sensação de que, após anos de aprendizado, pesquisas e experiência, finalmente cheguei a uma ferramenta abrangente e prática para o estudante e para o profissional. Isso, em si, já é uma grande façanha. Tive a sorte de elaborar um produto que funciona bem tanto no mercado da educação superior como no mercado profissional. Agradeço a todos os leitores que me acompanharam nessa jornada. Seu apoio e conselhos foram imensamente valiosos. Portanto, espero que este produto continue a contento.

Todas as seis edições anteriores desta obra[1] foram bem-sucedidas e aprimoradas em razão do retorno que recebi de todos os que fizeram comentários. Devo isso aos mais de 300 professores universitários e outros integrantes do mundo acadêmico que usam meus livros no mundo inteiro, bem como aos profissionais que os usam em suas atribuições como consultores. Com a ajuda e o apoio da John Wiley & Sons, o título *Effective Project Management* tornou-se uma marca. Ambos os mercados sempre apoiaram o formato prático e de fácil leitura que adotei. Esta nova edição continuará a atender as necessidades dos mercados de educação superior e profissional, e, mesmo que já esteja publicada, considero que é uma obra em construção. À medida que meus leitores e eu adquirimos cada vez mais experiência ao usá-la, e à medida que chegam a mim informações sobre as experiências de clientes, instrutores, professores universitários e profissionais de gerenciamento de projetos, o trabalho, sem dúvida, melhora. Poderíamos até dizer que o desenvolvimento desta e das edições futuras é um Projeto Ágil. A meta é produzir uma abordagem de senso comum e perfeitamente intuitiva do gerenciamento de projetos. Todavia, a solução continua a ser incerta. Porém, a cada nova edição, estamos convergindo para ela!

Adoraria considerar que esta edição oferece a vocês uma visão completa do gerenciamento efetivo de projetos como praticado agora, e como acredito que deva ser praticado em um futuro muito próximo. Esse futuro inclui uma visão abrangente de projetos e gerenciamento de projetos desde o nível operacional, passando pelo nível tático até o nível estratégico.

Tanto o mercado de treinamento e educação superior como o mercado de referência profissional sempre foram fortes para as edições anteriores deste livro. Em resposta a numerosos pedidos de profissionais da ativa, expandi a cobertura considerando as abordagens contemporâneas do gerenciamento de projetos.

Meus clientes são fonte constante de contribuição e suas orientações são sempre valiosas para mim. Por eles fico sabendo de experiências de implementações e modos de melhorar a minha apresentação dos processos e práticas contemporâneas de gerenciamento de projetos.

Agradeço mais uma vez por terem adicionado o meu livro de gerenciamento de projetos às suas bibliotecas.

Divirtam-se!

ROBERT K. WYSOCKI, PHD

---

1    Esta primeira edição brasileira corresponde à sétima edição da obra nos Estados Unidos.

# SUMÁRIO

# PARTE I

## Entendendo o panorama do gerenciamento de projetos

## 1 O que é um projeto? 13

## PARTE II

### Gerenciamento Tradicional de Projetos

# PARTE III

Gerenciamento de Projetos Complexos

## 9 Complexidade e incerteza no panorama do gerenciamento de projetos 313

## 10 Gerenciamento ágil de projeto 329

## 11 Gerenciamento extremo de projetos 353

## 12 Comparação entre os modelos de CVGP Linear, Incremental, Iterativo, Adaptativo e Extremo 361

# INTRODUÇÃO

*Gestão eficaz de projetos*: *como gerenciar com excelência projetos tradicionais, ágeis e extremos* oferece cinco modelos diferentes de Ciclo de Vida de Gerenciamento de Projetos (CVGP) – Linear, Incremental, Iterativo, Adaptativo e Extremo – para gerenciar um projeto. A escolha do CVGP mais adequado é baseada nas características do projeto e no ambiente de negócios e organizacional no qual o projeto será conduzido. Essas abordagens reconhecem as principais diferenças que existem entre projetos e que essas diferenças exigem diferentes abordagens de gerenciamento se quisermos que o projeto seja gerenciado e concluído com sucesso. Essas diferenças tornam-se óbvias por meio de uma análise da Estrutura Analítica de Requisitos (EAR).

Costumamos definir um projeto como uma experiência única, que nunca aconteceu antes e nunca acontecerá novamente sob o mesmo conjunto de circunstâncias. Então, por que não definimos o gerenciamento de tais projetos do mesmo modo? Há inúmeros fatores que afetam a escolha do CVGP e é fundamental a adaptação desses modelos à medida que o projeto se desenrola e as condições mudam. Essa é a abordagem que adotei durante anos e sempre foi bem-sucedida apesar das estatísticas de fracasso que todos nós conhecemos bem. Espero convencê-lo dos benefícios do modo de pensar que adoto neste livro. Quarenta anos de experiência em gerenciamento de projetos de todos os tipos me levaram a essa conclusão. Quero compartilhar o meu modo de pensar com você e convencê-lo a seguir a minha orientação.

A série inteira deste livro tem como base a necessidade de processos de gerenciamento de projeto robustos que reflitam a exclusividade dos projetos e como eles devem ser gerenciados. Nesse sentido ela é única.

## I.1 POR QUE ESCREVI ESTE LIVRO

Creio que muitos profissionais e praticantes procuram alguma ajuda. Estou tentando atender suas necessidades com este livro. Quando não há treinamento formal nem prático disponível, o meu livro pode ajudar. Foi escrito para ser estudado. Foi escrito para orientá-lo enquanto você aprende e pratica gerenciamento efetivo de projetos. Foi escrito para ser um recurso direcionador, um recurso que o imergirá no gerenciamento de um projeto de uma organização simulada. Permita que ele o guie por todo o ciclo de vida do projeto.

Em um nível mais altruísta, há quatro razões pelas quais redigi esta obra:

1. **Aprendi muito sobre o gerenciamento de projeto contemporâneo desde a publicação das edições anteriores** – a experiência com meus clientes me fez repensar sobre como deveríamos explicar a sempre dinâmica disciplina de gerenciamento de projetos e em como deveríamos abordar a educação e o treinamento de gerentes de projetos. A edição anterior fazia isso bem. Todavia, há muito mais a dizer, e esta edição preenche essa lacuna.

2. **Socorrer a disciplina de gerenciamento de projetos** – acredito que essa disciplina está seriamente desalinhada em relação às necessidades de nossas organizações. Os gerentes de projetos estão encurralados e precisam de algumas alternativas e de um conhecimento operacional da utilização dessas alternativas. As altas taxas de fracasso dos projetos evidenciam esse desalinhamento. O problema é que o gerenciamento de projetos é o martelo e todos os projetos são vistos como pregos. Essa é uma abordagem "tamanho único" do gerenciamento de projetos, e simplesmente não funciona. A natureza e as características do projeto devem estabelecer o tipo de abordagem de gerenciamento a adotar. Qualquer coisa que não cumpra esse objetivo fracassará. Como já demonstrei, os projetos sofreram uma mudança fundamental, mas a abordagem que adotamos para gerenciá-los não mudou muito. Precisamos de uma abordagem mais robusta do gerenciamento de projetos – uma abordagem que reconheça o ambiente do projeto e adapte-se a ele.

3. **Documentar melhor a Estrutura de Projeto Adaptativo (EPA)** – a EPA é, na realidade, uma estrutura híbrida que utiliza o melhor do GTP e do GEP. É uma abordagem ágil que funciona para todos os tipos de projetos e não apenas para projetos de desenvolvimento de *software*, como faz a maioria das abordagens ágeis. Ela preenche a lacuna entre projetos cuja meta e solução estão claramente definidas e projetos cuja meta e solução não estão claramente definidas. O trabalho que relato aqui é uma obra em construção. A EPA foi adotada como o modelo ágil *de facto* por várias organizações, grandes e pequenas. Ao propor isso aos meus colegas, espero que haja contribuições para o seu futuro amadurecimento e aplicação.

4. **Meu desafio constante em oferecer um guia prático para gerentes de projeto que sirva para o gerenciamento de todos os seus projetos** – o meu estilo é voltado a aplicações. Embora este livro se baseie em conceitos e princípios sólidos de gerenciamento de projetos, ele não é, de modo algum, um tratado teórico. Foi escrito a partir da perspectiva de um gerente de projeto atuante – eu. E eu o ofereço como um companheiro seu e para ser usado.

Esta edição, como todas as suas edições anteriores, visa a três mercados distintos: o mercado de educação, o mercado de treinamento e o mercado de referência profissional, e sempre foi bem-sucedido em todos os três. Neste aspecto, ele ocupa uma posição exclusiva na literatura de gerenciamento de projetos.

### I.1.1 Mercado de educação

Mantenho um banco de dados de todas as comunidades e instituições acadêmicas que adotaram materiais desta obra e com as quais mantenho contato por e-mail. Esse banco de dados conta com mais de 300 adotantes. Diversos educadores compartilharam suas experiências comigo e com eles eu tenho uma dívida de gratidão. Tentei incorporar suas sugestões o melhor que pude. O livro resultante é muito melhor em razão desses insumos.

### I.1.2 Mercado de treinamento

Além de ser muito adotado no mercado da educação superior, este livro é também usado em muitos programas de treinamento e universidades corporativas. Pretendo continuar a atender esse mercado. Já ofereci com sucesso diversas variações do conteúdo desta obra a programas de treinamento de todos os tamanhos e configurações.

### I.1.3 Mercado profissional

Originalmente, a obra foi escrita para o profissional atuante. Tentei manter a minha fidelidade a esses profissionais que lutam nas trincheiras tentando dominar um mundo de projetos complexo e em constante mutação. Eles precisam de respostas, e eu creio que esta edição lhes dá essas respostas.

## I.2 COMO ESTE LIVRO ESTÁ ORGANIZADO

Este é o Volume 1 desta obra. Neste volume, são apresentadas as Partes I, II e III, que vão do Capítulo 1 ao Capítulo 12. No Volume 2, são apresentadas as Partes III e IV, que vão do Capítulo 1 ao Capítulo 6.

### Parte I – Entendendo o panorama do gerenciamento de projetos

A finalidade da Parte I é apresentar o leitor às ferramentas, planilhas e processos que fazem parte da caixa de ferramentas do gerente de projeto eficaz. Como muitos dos meus leitores estão familiarizados com o *Guia PMBOK* do Project Management Institute (PMI), decidi agrupar as caixas de ferramentas em torno dos cinco Grupos de Processos, que chamo de Grupo de Processos de Definição do Escopo (ao qual o PMI denomina Grupo de Processos de Iniciação), Grupo de Processos de Planejamento, Grupo de Processos de Lançamento (que o PMI denomina Grupo de Processos de Execução), Grupo de Processos de Monitoramento e Controle, e Grupo de Processos de Encerramento.

Depois de definir um projeto (Capítulo 1), eu me dedico à definição de gerenciamento de projetos (Capítulo 2). O gerenciamento de projetos está estruturado em torno do panorama de projeto. Todo projeto pode ser definido por sua meta e solução para atingir tal meta. Metas e soluções podem ser claras ou não claras. Essa combinação dois a dois é a arquitetura e o fundamento para quatro tipos de categorias de gerenciamento de projetos: Gerenciamento Tradicional de Projetos (GTP), Gerenciamento Ágil de Projetos (GAP), Gerenciamento Extremo de Projetos (GEP) e uma quarta categoria denominada Gerenciamento de Projetos Emertxe (PEG). De forma superficial, a categoria PEG parece uma solução à procura de um problema. Essa é uma interpretação, mas há uma outra, muito mais séria, que discuto no Capítulo 3. As categorias GTP, GAP e GEP dão origem a um panorama de cinco modelos de CVGP: Linear, Incremental, Iterativo, Adaptativo e Extremo. Cada um desses modelos apresenta diferentes desafios para o gerente de projeto.

As dez Áreas de Conhecimento definidas no *PMBOK* são também apresentadas e resumidamente descritas (Capítulo 3). Cada Grupo de Processo tem um capítulo dedicado a ele, no qual apresento material de conhecimento operacional para as ferramentas, planilhas e processos naquele Grupo de Processo. Nesta obra, atualizo a discussão do Grupo de Processo segundo a 6ª edição do *Guia PMBOK*.

Para as escolas e universidades que estão usando o meu livro em seus cursos, revisei muitas das questões para discussão ao final de cada capítulo. Essas questões são levantadas para envolver ativamente a classe em um compartilhamento de ideias sobre como ela trataria as situações apresentadas.

### Parte II – Gerenciamento tradicional de projetos

A Parte II discute o Gerenciamento Tradicional de Projetos (GTP) e apresenta os fundamentos do gerenciamento de projetos como muitos os entenderiam, se levássemos em conta conversas e experiências. Essa parte começa com o Capítulo 4, **Como determinar o escopo de um projeto GTP**, e continua com capítulos individuais (Capítulos 5-8) dedicados ao planejamento, lançamento, monitoramento e controle e, finalmente, ao encerramento. Muitas das ferramentas, planilhas e processos que serão utilizados e adaptados a situações mais complexas são apresentados aqui. Para os que desejam se preparar para os exames de certificação como o *Project Management Professional* (PMP), esse seria um bom começo para o estudo.

### Parte III – Gerenciamento de projetos complexos

Depois de apresentar como a complexidade e a incerteza afetam o panorama de projeto no Capítulo 9, a Parte III discute três tipos de projeto progressivamente incertos que povoam o panorama de projeto. O Capítulo 10 discute projetos cujas soluções são claramente documentadas, mas não são conhecidas. São denominados projetos ágeis e abrangem desde situações nas quais grande parte da solução é conhecida até situações nas quais as soluções são quase totalmente desconhecidas. O Capítulo 11 discute os projetos cuja meta e solução são ambas desconhecidas. Entre eles figuram projetos de pesquisa e desenvolvimento e são denominados projetos extremos.

O Capítulo 12 traz uma novidade. Desenvolve modelos específicos e tradicionais de CVGPs (modelos Lineares e modelos Incrementais), modelos de CVGPs Ágeis (modelos Iterativos e modelos Adaptativos) e o modelo de CVGP Extremo.

## I.2.1 Os princípios racionais para utilizar a organização deste livro

Este livro não defende seguir receitas e listas de procedimentos progressivos para gerenciar projetos. Mais propriamente, é baseado no desenvolvimento de uma abordagem de gerenciamento de projetos mais adequada, que tem como base as características do projeto, seu ambiente, o clima de negócios, o perfil de competências da equipe e outros elementos.

### I.2.2 Uma experiência de aprendizagem de baixo para cima

Para começar o seu estudo, apresento seis perguntas que formam uma arquitetura para qualquer abordagem de gerenciamento efetivo de projetos. Desde que a abordagem pela qual você tenha optado lhe dê respostas a essas seis perguntas, você terá definido uma abordagem eficaz.

### I.2.3 Aprendendo o que são Grupos de Processo

O Project Management Institute (PMI) deu uma definição abrangente dos componentes construtivos básicos a partir dos quais toda metodologia de gerenciamento de projetos pode ser definida. Primeiro você aprende esses componentes e então os aplica mais adiante no livro a metodologias e modelos de gerenciamento de projetos específicos.

### I.2.4 Aprendendo como grupos de processo formam processos de ciclo de vida

O PMI define os cinco Grupos de Processo básicos que podem ser utilizados para formar processos de gerenciamento de ciclo de vida de projetos. Todo ciclo de vida de gerenciamento de projeto efetivo conterá esses cinco Grupos de Processo. Em alguns ciclos de vida os Grupos de Processo aparecerão apenas uma vez, noutros, diversas vezes.

### I.2.5 Aprendendo estratégias de formação para o gerenciamento efetivo do ciclo de vida

Neste livro, o perfil do projeto e o grau de especificação e documentação de requisitos indicam as estratégias para definir o ciclo de vida de gerenciamento de projeto mais adequado. No início do trabalho do projeto, o perfil do projeto e a definição de requisitos podem mudar, o que sugere uma mudança de estratégia. Manter a abordagem de gerenciamento de projeto sempre alinhada com o perfil mutante do projeto é a característica exclusiva da minha abordagem de gerenciamento de projetos.

### I.2.6 Aprendendo como a organização pode apoiar o gerenciamento efetivo de projetos

A própria organização pode apoiar ou perturbar o gerenciamento efetivo de projetos. Exploro esse assunto nos quatro capítulos que a Parte III abrange.

## I.3 COMO USAR ESTE LIVRO

Como já observei nesta introdução, a obra abrange simultaneamente os mercados de educação, treinamento e referência profissional.

### I.3.1 Introdutório (Capítulos 1-8)

Um bom curso introdutório de 3 créditos ou um curso de treinamento de 3 dias consistirá nos Capítulos 1-8. Eles apresentam as ferramentas, planilhas e processos usados pelo gerente de projeto contemporâneo. A estrutura desses capítulos tem como base os cinco Grupos de Processo definidos pelo *Guia PMBOK* 6ª edição.

### I.3.2 Intermediário (Capítulos 1-12)

Um bom curso de treinamento mais adiantado ou introdutório ou um curso de treinamento intermediário de 3 dias consistiria nos Capítulos 1-12. O pré-requisito seria um curso de introdução ao gerenciamento de projetos. Todavia, a minha experiência com programas de treinamento é não ter um pré-requisito. Eu recomendaria um curso de treinamento de 5 dias abrangendo os Capítulos 1-12.

### I.3.3 Avançado (Capítulos 9-12 do Volume 1 e 1-6 do Volume 2)

Um bom curso de nível mais avançado consistiria nos Capítulos 9-12, neste volume, e nos Capítulos 1-6, no Volume 2. Se houver interesse em programação ou em algum tópico especial, pode-se escolher algum subconjunto desses capítulos. Isso abriria a oportunidade para abordagens mais profundas com leituras suplementares e para projetos de cursos baseados nesses capítulos.

## I.4 QUEM DEVE UTILIZAR ESTE LIVRO

Nesta edição, expandi o meu mercado-alvo de modo a incluir os gerentes de projetos atuantes e o meio acadêmico em geral. Dessa forma, acrescentei questões para discussão no final de cada capítulo.

### I.4.1 Profissionais atuantes

Este livro se adapta muito bem a qualquer grau atual de conhecimento ou experiência em gerenciamento de projetos que você tenha:

- se não estiver familiarizado com gerenciamento de projetos, poderá aprender o básico simplesmente lendo e refletindo;
- se quiser avançar para o próximo nível, ofereço uma abundância de oportunidades de práticas por meio dos exercícios de casos;
- se tiver mais experiência, ofereço diversos tópicos avançados, entre eles GTP, GAP e GEP nas Partes II e III.

Em todos os casos, o melhor modo de ler o livro é do início ao fim. Se você for um gerente de projeto experiente, não hesite em especular aqui e ali e ler as seções como um curso de atualização.

O gerente de projetos profissional experiente também encontrará valor no livro. Nesta edição, reuni várias ferramentas e técnicas que apareceram na primeira edição deste livro. A Sessão Conjunta de Planejamento de Projeto (SCPP), a utilização de notas adesivas e quadros brancos para montar a rede do projeto, os critérios de completude para gerar a Estrutura Analítica de Projetos (EAP), a utilização de pacotes de trabalho para o desenvolvimento do pessoal profissional e gráficos de tendência de marcos são algumas das contribuições mais notáveis e originais.

### I.4.2 Estudantes universitários, estudantes de pós-graduação e professores adjuntos

Um adotante significativo desta obra é o mercado de educação. Nesta edição, busquei ampliar a contribuição que posso dar a este mercado.

### I.4.3 Instrutores corporativos

Nesta edição, continuei a ter em mente as necessidades do instrutor corporativo.

## I.5 RESUMINDO

Esta obra é um acréscimo valioso à biblioteca de todo profissional que esteja interessado em ser um gerente de projeto eficaz. A minha intenção é ajudar os gerentes de projetos a aprender a pensar como gerentes de projetos eficazes. Para mim, um gerente de projeto eficaz é como um *chef de cuisine*. Eles sabem como criar receitas em vez de apenas seguir cegamente as existentes. Como já disse nesta introdução, gerenciamento de projetos nada mais é do que senso comum organizado, e este livro o ajudará a despertá-lo e canalizá-lo para o gerenciamento eficaz de projetos.

## APRESENTAÇÃO DO ESTUDO DE CASO QUE SERÁ APLICADO A DIVERSOS CAPÍTULOS

### SISTEMA DE ENTREGA RÁPIDA DE PIZZAS (SERP)

O Sistema de Entrega Rápida de Pizzas (SERP) é uma cadeia local (40 lojas) de pizzarias nas quais você pode saborear as pizzas ou solicitar que sejam entregues em domicílio. Recentemente a SERP perdeu 30% de sua receita de vendas em grande parte como resultado de uma queda em seu negócio de entrega de pizzas em domicílio. A organização atribui esse fato exclusivamente ao seu principal concorrente que promoveu recentemente um programa que garante um serviço de entrega de pizzas em domicílio em 45 minutos a contar da entrada do pedido. A SERP anuncia entrega em 60 minutos. Atualmente, a SERP usa computadores para operações nas lojas e para as funções de negócios usuais, porém não é muito dependente de sistemas de *software* que ajudem a receber, processar e entregar pedidos dos clientes em domicílio. Pepe Ronee, Supervisora de Operações de Computador, foi encarregada de desenvolver uma aplicação de *software* para identificar a localização de "fábricas de pizza" e criar o sistema de *software* para operá-la. Ao encomendar esse projeto, DeeLivery, a presidente determinou que fossem dedicados todos os esforços possíveis a essa tarefa. Acrescentou ainda que o futuro da SERP dependia daquele projeto. Ela quer que a equipe estude uma opção para entregar pizzas não assadas e "prontas para o forno" em 30 minutos ou menos ou entregá-las já assadas em 45 minutos ou menos.

Essas fábricas de pizzas não disporiam de nenhum espaço de varejo. Sua única função seria receber pedidos, preparar, e entregar as pizzas. A fábrica mais próxima do endereço do cliente receberá o pedido enviado por uma central de atendimento, processará e entregará o pedido dentro de 30 ou 45 minutos a partir da entrada do pedido dependendo de o cliente pedir pizza pronta para o forno ou já assada.

Pepe identificou seis aplicações de *software* para a solução.

1. **Subsistema de localização da fábrica de pizzas.**
   A primeira aplicação é um subsistema de *software* que identificará a localização da fábrica de pizza. Não se sabe quantas dessas fábricas serão necessárias nem onde deverão estar localizadas. O subsistema de *software* terá de determinar tudo isso. É claro que esse subsistema é uma aplicação muito complexa. A meta pode ser claramente definida, porém, ainda assim, a solução não será nem um pouco óbvia. Esse subsistema terá de usar uma ferramenta de modelagem muito sofisticada. Os requisitos, funcionalidades e características não são de todo óbvios. Provavelmente algumas partes da solução podem ser imaginadas, mas fica bem claro que a solução completa é imprecisa nesse estágio inicial. Não é possível saber exatamente como modelar tal solução no início. Ela terá de ser descoberta durante o desenvolvimento do projeto.

2. **Subsistema de entrada de pedido.**
   A segunda aplicação é um subsistema de entrada de pedido que dará apoio às operações da loja e da fábrica. Os pedidos por telefone chegarão a uma única localização, serão aceitos e registrados, e em seguida roteados para a loja ou fábrica adequada por meios eletrônicos. Esse sistema é focado em funções de negócios rotineiras e deve ser fácil de definir. Um *software* comercial de prateleira pode ser uma grande parte da solução final para o apoio das operações da loja e da fábrica. Esse subsistema pode utilizar um *software* de entrada e registro de pedidos de prateleira, já existente no comércio.

3. **Subsistema de apresentação do pedido.**
   Esse subsistema direcionará o pedido a uma loja, fábrica ou caminhonete de entrega de pizzas. A logística para esse direcionamento não é de todo clara, e o projeto do subsistema será complexo.

4. **Subsistema de logística.**
   Este subsistema é o mais complexo dos seis. Será necessário ter uma visão holística do sistema SERP inteiro. Sua complexidade surge do fato de que as caminhonetes de pizza são, em si, unidades móveis de produção e entrega. Portanto, a designação de um pedido a uma caminhonete de pizza deve levar em conta a provável localização da caminhonete quando chegar a hora de entregar o pedido.

5. **Subsistema de roteamento.**
   Essa aplicação de *software* será um subsistema de roteamento para as caminhonetes de entrega. Essa aplicação é direta e provavelmente envolverá a instalação de sistemas GPS em todas as caminhonetes de entrega.

6. **Subsistema de gerenciamento de estoque.**
   A aplicação final será um sistema de controle de estoque para gerenciar os estoques em todas as lojas e fábricas e emitir requisição de reposição de estoque automaticamente

ao único fornecedor que a SERP está usando desde o início de suas operações de negócios. A SERP foi informada por seu fornecedor que ela pode obter descontos por utilizar a característica de renovação automática de pedidos. Essa aplicação também deve ser uma já existente no mercado.

Essas aplicações são, obviamente, projetos de desenvolvimento de *software* muito diferentes e que exigem abordagens muito diferentes. O subsistema Localizador da Fábrica de Pizzas será uma ferramenta de modelagem muito sofisticada. Os requisitos, funcionalidades e características não são de todo óbvios. É provável que parte da solução possa ser visualizada, mas a solução inteira é claramente indefinida nesse estágio inicial. Não se sabe, no início, como exatamente a modelagem será executada. Isso terá de ser descoberto durante o desenvolvimento do projeto. O subsistema de Entrada de Pedido pode utilizar *software* de entrada de pedidos disponível no comércio que terá de ser aperfeiçoado no ponto de entrada de modo a direcionar o pedido à fábrica mais próxima e fornecer direções de tráfego para as tarefas de entrega e outras tarefas no ponto de saída. Os requisitos, funcionalidades e características desse subsistema podem ser problemáticos.

É possível que cada um dos seis subsistemas que compõem a solução SERP exija uma abordagem de gerenciamento de projeto diferente. Haverá vários exercícios relacionados ao caso incorporados a muitos capítulos que exigirão elaboração de estratégia e outras decisões para determinar e manter uma abordagem de gerenciamento de projetos mais adequada.

# PARTE I

## Entendendo o panorama do gerenciamento de projetos

A finalidade da Parte I é apresentar o complexo e incerto mundo dos projetos e seu gerenciamento efetivo. Como você verá, é um panorama desafiador que exigirá a sua total e contínua atenção. Se esperava aprender uma receita mágica que funcione para todos os projetos, nada poderia estar mais longe da verdade. Ser um gerente de projetos efetivo é uma experiência criativa que o desafiará de muitos modos.

Portanto, você partirá de princípios básicos e fundamentais. O Capítulo 1 define um projeto. Por um lado, é uma definição muito simples que lhe diz o que um projeto contém e como reconhecer que o que tem em mãos é um projeto. Porém, por outro lado, também é complexa, porque há muitos tipos de projetos que povoam o panorama. E é dessa complexidade de projetos que surgirão os reais desafios ao gerenciamento efetivo. O gerenciamento de projetos não é uma experiência padrão; ao contrário, é uma experiência desafiadora e criativa.

Para ser denominado um *projeto*, a iniciativa tem de cumprir um conjunto de condições específicas. Se cumprir tais condições, então deverá seguir a metodologia de gerenciamento de projetos predefinida pela organização. Uma definição formal é apresentada e as características do projeto são exploradas. Metodologias de gerenciamento são geralmente definidas para tipos específicos de projetos. Regras de classificação de projetos são exploradas.

Tendo em mãos a definição do que é um projeto, o Capítulo 2 apresenta o gerenciamento de projetos. Você perceberá rapidamente que não existe uma maneira única de se gerenciar um projeto. Projetos são singulares. Eles nunca aconteceram antes e nunca mais acontecerão sob o mesmo conjunto de circunstâncias. Então, por que você esperaria que o gerenciamento desses projetos fosse o mesmo? Não seria razoável que o processo de gerenciamento mais efetivo também fosse singular? Se acha que sim, tem razão. Na verdade, o processo de gerenciamento de projetos que melhor se adapta às condições em questão será função de diversas variáveis que abrangem o ambiente externo de negócios, a organização propriamente dita e uma enorme quantidade de variáveis que definem o pessoal, os processos e a tecnologia. E mais, o processo mais adequado não será sempre o mesmo ao longo de um projeto. Mudanças nas características externas e internas podem sugerir uma mudança na escolha do processo mais adequado.

Nos últimos 10 anos, o gerenciamento de projetos passou por uma mudança significativa. Assim, o Capítulo 2 apresenta uma visão geral sobre o gerenciamento de projetos contemporâneo. Em vez de apenas uma abordagem, agora temos uma variedade delas, todas baseadas nas características do projeto. Portanto, na realidade, a singularidade do projeto se traduz na singularidade da abordagem de gerenciamento mais adequada a ele. A finalidade deste capítulo é estabelecer um panorama que categoriza os diferentes projetos e então define os modelos de Ciclos de Vida de Gerenciamento de Projetos (CVGP)[1] que se alinham a cada tipo de projeto. A taxonomia que eu uso permite que todas as abordagens de gerenciamento de projetos conhecidas sejam classificadas nesse panorama.[2]

No Capítulo 3, você aprenderá mais sobre as 10 áreas de conhecimento, os 5 grupos de processo e os 49 processos que compõem o *Guia PMBOK*. Todavia, não espere que ele seja a sua bala de prata. Não é. Ele descreve processos e não metodologias. Você ou os executivos da sua organização é que devem definir a metodologia ou metodologias que serão utilizadas para gerenciar os seus projetos, programas e portfólios. O PMI compartilha o que sabe por meio do *Guia PMBOK*.

---

1   NRT: o autor utiliza diversos acrônimos ao longo do livro. Assim, ao longo de toda esta publicação, serão utilizados acrônimos em português ou em inglês, conforme o emprego mais comum na língua portuguesa. No Glossário é fornecida uma lista dos acrônimos utilizados, com os termos tanto em português como em inglês.

2   Felizmente, você disporá de ajuda para destrinchar esse panorama complexo. O Project Management Institute (PMI) lançou, em 2018, a sexta edição de seu *Guia PMBOK*: um guia do conhecimento em gerenciamento de projetos.

# 1 O que é um projeto?

**OBJETIVOS DE APRENDIZAGEM DO CAPÍTULO**

Depois de ler este capítulo, você será capaz de:

- expressar uma necessidade de negócio em termos de um problema ou oportunidade;
- entender como metas e soluções podem ser usadas para definir tipos de projetos;
- definir um projeto, programa e portfólio;
- definir um projeto complexo;
- entender o triângulo de escopo;
- visualizar o triângulo de escopo como um sistema em equilíbrio;
- priorizar o triângulo de escopo para melhor gerenciar mudanças;
- aplicar o triângulo de escopo;
- saber a importância de classificar projetos;
- entender o panorama de projeto e como ele é aplicado.

**PONTO DE PARTIDA**

Para colocar projetos em perspectiva, você precisa de uma definição – um ponto de partida comum. Muito frequentemente, as pessoas chamam qualquer trabalho que tenham de executar de "projeto". Na verdade, projetos têm uma definição muito específica. Se um conjunto de tarefas ou atividades não estiver de acordo com a definição estrita, não pode ser denominado projeto. Para usar as técnicas de gerenciamento de projetos apresentadas neste livro, em primeiro lugar você precisa ter um projeto.

## 1.1 DEFININDO UM PROJETO

Projetos surgem de necessidades não satisfeitas. Essas necessidades podem ser, por exemplo, encontrar uma solução para um problema crítico para o negócio, onde várias tentativas anteriores de encontrar uma solução falharam. Ou poderiam ser aproveitar a vantagem de uma oportunidade de negócios ainda não explorada. Em qualquer dos exemplos, um patrocinador ou cliente prepara um estudo de caso para defender a aprovação da execução do projeto adequado. Na sequência, é apresentada a definição formal de tal esforço.

**⊕ DEFINIÇÃO Projeto** Um projeto é uma sequência de atividades únicas, complexas e conectadas, que tem uma meta ou propósito e que deve ser concluído dentro de um tempo especificado, conforme um orçamento definido e de acordo com as especificações.

Essa é uma definição de projeto comumente aceita e que nos diz muito. Eu gostaria de examinar cada parte da definição.

### 1.1.1 Sequência de atividades

Um projeto compreende várias atividades que devem ser concluídas em uma ordem ou *sequência* especificada. Por enquanto, uma *atividade* é uma porção definida de trabalho. O Capítulo 5 formaliza essa definição.

A sequência das atividades é baseada em requisitos técnicos, e não em prerrogativas de gerenciamento. Para determinar a sequência, é útil pensar em termos de entradas (insumos) e saídas (resultados). A saída (resultado) de uma atividade ou conjunto de atividades torna-se a entrada (insumo) para uma outra atividade ou conjunto de atividades.

Deve-se evitar especificar uma sequência tendo como base restrições ou comentários sobre recursos, tal como "Pedro trabalhará na atividade B tão logo termine seu trabalho na atividade A", porque isso estabelece uma relação artificial entre atividades. E se Pedro não estiver disponível? As restrições de recursos não são ignoradas quando você realmente programa atividades. A decisão sobre quais recursos usar e quando usá-los virá mais adiante no processo de planejamento do projeto.

### 1.1.2 Atividades singulares

As atividades em um projeto são *únicas*. Alguma coisa é sempre diferente toda vez que as atividades de um projeto são repetidas. Normalmente as variações são aleatórias por natureza – por exemplo, uma parte está atrasada, alguém está doente ou ocorre alguma falha no fornecimento de energia elétrica. Essas variações aleatórias são o desafio para o gerente de projeto e o que contribui para a singularidade do projeto.

### 1.1.3 Atividades complexas

As atividades que compõem o projeto não são atos simples e repetitivos, como aparar a grama do jardim, pintar os cômodos de uma casa, lavar o carro ou carregar um caminhão de entregas. Ao contrário, elas são *complexas*. Por exemplo, projetar uma interface de usuário intuitiva para um aplicativo é uma atividade complexa.

### 1.1.4 Atividades conectadas

Conectividade implica que há uma relação lógica ou técnica entre pares de atividades. Há uma ordem na sequência em que as atividades que compõem o projeto devem ser concluídas. Elas são consideradas conectadas porque a saída de uma atividade é a entrada para outra. Por exemplo, você tem de conceber e modelar o programa de computador antes de poder programá-lo.

Pode ser que você tenha uma lista de atividades não conectadas que devem ser finalizadas para concluir o projeto. Por exemplo, considere a pintura dos cômodos internos de uma casa. Com algumas exceções, eles podem ser pintados em qualquer ordem. O interior de uma casa não estará completamente pintado até que todos os seus cômodos estejam pintados, mas eles podem ser pintados em qualquer ordem. Pintar a casa é um conjunto de atividades, mas não é considerado um projeto de acordo com a definição.

### 1.1.5 Uma meta

Projetos devem ter uma *meta* única – por exemplo, projetar um parquinho de diversões em uma comunidade carente. Todavia, projetos muito grandes ou complexos podem ser divididos em vários *subprojetos*, cada um dos quais é, em si, um projeto. Essa divisão resulta em melhor controle de gerenciamento. Por exemplo, subprojetos podem ser definidos no nível do departamento, da divisão, ou no nível geográfico. Essa decomposição artificial de um projeto complexo em subprojetos geralmente simplifica a programação de recursos e reduz a necessidade de comunicações interdepartamentais enquanto uma atividade específica estiver em andamento. O lado ruim é que, agora, os projetos são interdependentes. Ainda que acrescente uma outra camada de complexidade e comunicação, a interdependência pode ser gerenciada.

### 1.1.6 Tempo especificado

Projetos são finitos. Processos são contínuos. Projetos têm uma *data de conclusão* especificada. Essa data pode ser autoimposta pelos executivos da organização ou especificada externamente por um cliente ou agência governamental. O prazo final está fora do controle de quem trabalha no projeto. O projeto estará encerrado na data de término especificada, quer o trabalho de projeto esteja concluído ou não.

Poder determinar uma data de conclusão firme exige conhecer também uma data de início. Se não houver uma data de início, o gerente do projeto só poderá dar declarações como essa: "Concluirei o projeto 6 meses depois de iniciá-lo". Em outras palavras, o gerente de projeto está dando uma duração para o projeto. Os executivos da organização querem um prazo final.

### 1.1.7 Dentro do orçamento

Projetos também têm *recursos limitados*, por exemplo, uma quantidade limitada de pessoas, dinheiro ou máquinas que será dedicada ao projeto. Esses recursos podem ser ajustados para cima ou para baixo pelos executivos da organização, mas são considerados *recursos fixos* pelo gerente do projeto. Por exemplo, suponha que uma organização dispõe de apenas um *web designer* no momento. Esse é o recurso fixo disponível para os gerentes de projeto. Os executivos responsáveis podem mudar a quantidade de recursos, mas tal luxo não está à disposição do gerente de projeto. Se a disponibilidade daquele único *web designer* estiver totalmente comprometida, o gerente do projeto enfrentará um conflito de recursos que não poderá resolver.

* **O Capítulo 6 trata de limites e programação de recursos com mais detalhes.**

As restrições de recursos entram em operação quando é preciso programá-los e aplicá-los em vários projetos. Nem todos os projetos podem ser programados em razão das restrições impostas em função dos recursos limitados. Isso gera desafios gerenciais para o processo de aprovação de projetos.[1]

### 1.1.8 De acordo com as especificações

O cliente, ou aquele que vai receber os produtos do projeto, espera um certo nível de funcionalidade e qualidade do projeto. Essas expectativas podem ser autoimpostas, por exemplo, a especificação da data de término do projeto, ou especificadas pelo cliente, como a produção de relatórios de venda semanais.

Embora o gerente de projeto considere as especificações como fixas, a realidade da situação é que há uma quantidade de fatores que podem provocar mudanças nessas especificações. Por exemplo, o cliente pode não ter definido de maneira completa os requisitos no início do projeto, ou a situação dos negócios pode ter mudado (o que frequentemente acontece em projetos de longa duração). É ilusório esperar que as especificações permaneçam fixas durante todo o ciclo de vida do projeto. As especificações de sistemas podem mudar, e é muito provável que mudem, o que apresenta desafios especiais ao gerente de projeto.

* **Os Capítulos 4 e 12 descrevem como lidar efetivamente com os requisitos do cliente.**

Cumprir com as especificações tem sido um problema constante para os gerentes de projeto e é responsável por uma grande porcentagem de falhas dos projetos. Gerentes de projeto trabalham para que as entregas estejam de acordo com o que acreditam ser as especificações corretas e, ao fim e ao cabo, o cliente não fica satisfeito. Em algum lugar ocorreu uma desconexão com relação às expectativas ou uma falha nas comunicações. O processo de Condições de Satisfação (CDS) (discutido no Capítulo 4) é um modo de gerenciar potenciais desconexões de gerenciamento.

### 1.1.9 Uma definição de projeto focada em negócios

A principal deficiência da definição anterior de um projeto é que ela não está focada na finalidade de um projeto, que é entregar valor de negócios ao cliente e à organização. Portanto, há uma grande quantidade de exemplos de projetos que cumprem todas as restrições e condições especificadas na definição anterior, mas o cliente não fica satisfeito com os resultados. As muitas razões para essa insatisfação são discutidas no livro inteiro. Portanto, ofereço uma definição melhor para a sua consideração.

---

1   A aprovação de um projeto nos níveis de programa e de portfólio e no nível organizacional é discutida no Volume 2 desta obra.

**#** **DEFINIÇÃO Projeto** Um projeto é uma sequência de atividades dependentes finitas cuja conclusão bem-sucedida resulta na entrega do valor de negócio esperado que valida a execução do projeto.

## 1.2 UMA VISÃO INTUITIVA DO PANORAMA DE PROJETO

Projetos não são considerados isoladamente. A organização sempre terá grupos de diferentes tipos de projeto acontecendo em paralelo e demandando os mesmos recursos finitos, portanto você precisará de algum meio de descrever tal panorama e fornecer uma base firme para o processo de decisão do gerenciamento.

Gosto de modelos simples e intuitivos, portanto defini um meio de mapear o panorama de projeto com base em duas características: meta e solução. Todo projeto deve ter uma meta e uma solução. Você poderia usar várias métricas para quantificar essas características, porém as mais simples e mais intuitivas serão dois valores: clara e completa ou não clara e incompleta. Dois valores para cada característica geram a matriz de quatro quadrantes mostrada na Figura 1.1.

Eu não sei onde está a linha divisória entre clara e não clara, mas isso não é importante para esse panorama. Esses valores são conceituais, não quantificáveis, e sua interpretação é, com certeza, mais subjetiva do que objetiva. Um dado projeto pode exibir vários graus de clareza. A mensagem nesse panorama é que a transição de quadrante a quadrante é contínua e fluida. Para rotular melhor ainda esses projetos: Projetos Tradicionais são encontrados no Quadrante 1; Projetos Ágeis são encontrados no Quadrante 2; Projetos Extremos são encontrados no Quadrante 3; e Projetos Emertxe[2] (pronunciados "imertzes" em inglês e "emertches" em português) são encontrados no Quadrante 4. Projetos Tradicionais são definidos e discutidos na Parte II. Projetos Complexos (Ágeis, Extremos e Emertxes) são definidos e discutidos na Parte III.

### FIGURA 1.1 Os quatro quadrantes do panorama de projetos

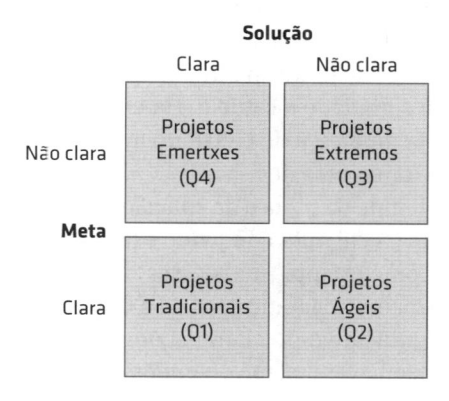

---

2 NRT: "Emertxe" é "extreme" escrito ao contrário. É uma abordagem própria do autor e única, que se destina a projetos em que se tem uma solução muito bem definida (um produto, por exemplo), mas ainda não se tem aplicação para tal solução. De fato, é uma situação quase nunca abordada na literatura ou, quando abordada, é considerada um equívoco (ter um produto ainda sem uso), mas que não raro acontece no ambiente organizacional.

Como exemplo, digamos que a meta do projeto é a cura do resfriado comum. Essa declaração de meta é clara e completa? Na verdade, não. A palavra *cura* é a culpada. Cura poderia significar qualquer uma das seguintes afirmações:

- antes do nascimento, o feto receberá a injeção de uma droga que altera o DNA e impede que a pessoa pegue qualquer resfriado;
- como parte da dieta, todas as pessoas tomariam diariamente uma dose de um suco obtido de uma árvore que cresce somente em certas altitudes do Himalaia. Esse suco age como uma barreira e impede o ataque do resfriado comum;
- tão logo contraia um resfriado, a pessoa tomará uma dose maciça de um chá preparado com a raiz de uma árvore encontrada somente no território central da China, e o resfriado será curado em 12 horas.

Então, qual é o real significado da palavra cura? Como outro exemplo, considere a paráfrase de uma declaração feita pelo Presidente John F. Kennedy em sua Mensagem Especial ao Congresso sobre necessidades nacionais urgentes em 25 de maio de 1961: "Ao final da década, teremos colocado um homem no solo da lua e o teremos trazido são e salvo de volta à Terra".

Você tem alguma dúvida de que essa declaração de meta é clara e completa? Quando o projeto terminar, terá alguma dúvida de que essa meta terá ou não sido alcançada?

Todo projeto que já existiu ou existirá cai dentro de apenas um desses quatro quadrantes a qualquer tempo. Esse panorama não é afetado por mudanças externas de qualquer espécie. É um panorama robusto que permanecerá válido independentemente de qualquer coisa. O quadrante no qual o projeto está situado fornecerá uma guia inicial para escolher um modelo de ciclo de vida de gerenciamento de projeto (CVGP) mais adequado e adaptar suas ferramentas, documentos padrão e processos às características específicas do projeto em questão. À medida que o trabalho de projeto começa e a meta e a solução tornam-se mais claras, o quadrante do projeto pode mudar e talvez o CVGP também mude; todavia, o projeto estará sempre em um único quadrante. A decisão de mudar o CVGP para um projeto já em andamento pode ser uma grande mudança e precisa ser considerada com seriedade e cautela. Há custos, benefícios, vantagens e desvantagens associados a uma mudança de CVGP no meio de um projeto. A Parte III oferece alguns conselhos para tomar essa decisão.

Além da clareza e da completude da meta e da solução, você terá diversos outros fatores a considerar na escolha do CVGP mais adequado e talvez modificá-lo para melhor conciliar esses outros fatores. Como exemplo, um desses fatores é até que ponto o cliente está decidido a se envolver de maneira significativa. Se o modelo CVGP mais adequado exigir envolvimento forte e significativo do cliente, como ocorre em muitos projetos complexos, e você achar que não haverá tal envolvimento, talvez tenha de retroceder a uma abordagem que não exija muito envolvimento do cliente ou incluir outro trabalho de preparação de sua parte. Por exemplo, talvez tenha de lançar um programa que incentive o envolvimento adequado do cliente de forma a preparar o ambiente para a utilização do modelo CVGP mais adequado. Essa é uma situação comum, e você aprenderá estratégias para lidar bem com esse problema na Parte III.

## 1.3 DEFININDO UM PROGRAMA

Um *programa* é um conjunto de projetos relacionados. É esperado que os projetos sejam concluídos em uma ordem específica para que o programa seja considerado completo. Como abrange vários projetos, o escopo dos programas é mais amplo do que o de um único projeto. Por exemplo, o Governo dos Estados Unidos tinha um programa espacial que incluía vários projetos como o da Challenger. Uma empresa de construção contrata um programa para construir um parque industrial tecnológico com vários projetos separados.

Ao contrário de projetos, programas podem ter muitas metas. Por exemplo, cada lançamento de uma nova missão do programa espacial da Nasa inclui várias dezenas de projetos sob a forma de experimentos científicos. Exceto pelo fato de que todos eles estavam a bordo da mesma espaçonave, os experimentos eram independentes entre si e juntos definiam um programa.

## 1.4 DEFININDO UM PORTFÓLIO

Uma definição simples de um *portfólio de projetos* é que ele é um conjunto de projetos que compartilham algum elo comum entre eles. A expressão crucial dessa definição é "compartilham algum elo comum entre eles". Esse elo poderia tomar diversas formas. No nível organizacional, poderia ser nada mais do que o fato de que todos os projetos pertencem à mesma organização. Embora isso sempre será verdade, é pouco provável que seja o tipo de elo que você está procurando. É geral demais para ser de alguma utilidade para o gerenciamento. Alguns elos comuns mais úteis e mais específicos poderiam ser qualquer um dos seguintes:

- todos os projetos podem se originar da mesma unidade de negócios – por exemplo, tecnologia da informação;
- todos os projetos podem ser de desenvolvimento de novos produtos;
- todos os projetos podem ser de pesquisa e desenvolvimento;
- todos os projetos podem ser de manutenção de infraestrutura para a mesma unidade de negócios;
- todos os projetos podem ser para a melhoria dos processos da mesma unidade de negócios;
- todos os projetos podem dispor do mesmo conjunto de recursos humanos;
- os projetos podem exigir suporte financeiro do mesmo orçamento.

Cada portfólio terá uma alocação de recursos (tempo, recursos financeiros e pessoal) para executar quaisquer projetos aprovados para o respectivo portfólio. Alocações mais amplas normalmente refletem o nível mais alto de importância do portfólio e um alinhamento mais forte com o plano estratégico. Uma coisa é quase certa: sejam quais forem os recursos disponíveis para os projetos alinhados ao portfólio, tais recursos não serão suficientes para atender todas as demandas. Não são todos os projetos propostos para o portfólio que serão financiados, e aqueles que forem não necessariamente poderão contar com 100% dos recursos necessários para sua execução. Haverá decisões difíceis a tomar, e é nesse caso que será necessário um modelo de decisão justo e equitativo.

É provável que a sua organização tenha vários portfólios. Tendo como base o plano estratégico, os recursos serão alocados a cada portfólio conforme sua prioridade estratégica, e são esses recursos que serão usados como restrição sobre os projetos que podem ser bancados pelo portfólio específico.

## 1.5 ENTENDENDO O TRIÂNGULO DE ESCOPO

Você talvez já tenha ouvido o termo *Triângulo de Ferro*. Ele se refere à relação entre Tempo, Custo e Escopo. Essas três variáveis formam os lados de um triângulo e são um conjunto interdependente. Se qualquer uma delas mudar, no mínimo uma das outras variáveis também terá de mudar para restabelecer o equilíbrio do projeto. Tudo muito bom, tudo muito bem, mas têm mais algumas coisas a serem consideradas.

Considere as seguintes restrições que agem sobre qualquer projeto:

- escopo;
- qualidade;
- custo;
- tempo;
- recursos;
- risco.

Com exceção do Risco, essas restrições formam um conjunto interdependente – uma mudança em uma delas pode exigir uma mudança em uma ou mais das outras restrições de modo a restaurar o equilíbrio do projeto. Nesse contexto, o conjunto de cinco parâmetros forma um sistema que deve permanecer em equilíbrio para que o projeto esteja em equilíbrio. Em razão de sua importância para o sucesso ou o fracasso do projeto, cada parâmetro é discutido individualmente nesta seção.

### 1.5.1 Escopo

*Escopo* é uma declaração que define os limites do projeto. Mostra não somente o que será feito, mas também o que não será feito. No setor de sistemas de informação, o escopo costuma ser referido como uma *especificação funcional*. Na área da engenharia, é geralmente denominado uma *declaração de trabalho*. O escopo também pode ser denominado um documento de entendimento, uma declaração de escopo, um documento de início de projeto, ou um formulário de solicitação de projeto. Seja qual for seu nome, esse documento é a base para todo o trabalho de projeto que virá a seguir. É crítico que o escopo esteja correto. O Capítulo 4 descreve exatamente como isso deve ocorrer na cobertura que faz do processo de CDS.

Iniciar um projeto da maneira correta é importante, e continuar assim, também é. Não é nenhum segredo que o escopo de um projeto pode mudar. Não sabemos como nem quando, mas mudará. Detectar tal mudança e decidir como acomodá-la no plano de projeto são desafios importantes para o gerente de projeto.

**✱** O Capítulo 4 trata da definição de escopo de projeto, e o gerenciamento do escopo é discutido no Capítulo 7.

## 1.5.2 Qualidade

Os dois tipos de qualidade a seguir fazem parte de todo e qualquer projeto:

- **qualidade do produto** – a qualidade das entregas do projeto. Aqui, o termo "entregas" inclui artefatos tangíveis, como *hardware* e *software*, bem como processos de negócios. As ferramentas tradicionais de controle de qualidade, discutidas no Capítulo 3, são usadas para assegurar a qualidade do produto.
- **qualidade do processo** – a qualidade do próprio processo de gerenciamento de projetos. O foco está em quão bom está o funcionamento dos processos de gerenciamento de projetos e como eles podem ser melhorados. Melhoria contínua da qualidade e processos de gestão da qualidade são as ferramentas utilizadas para medir a qualidade dos processos de gestão de projetos.[3]

Um sólido programa de gerenciamento de qualidade que inclua processos que monitorem o trabalho em um projeto é um bom investimento. Além de contribuir para a satisfação do cliente, também ajuda as organizações a utilizar seus recursos com maior efetividade e eficiência ao reduzir desperdícios e revisões. O gerenciamento da qualidade é uma área que não deve ser comprometida. A recompensa é o aumento das chances de sucesso tanto para o término do projeto como para a satisfação do cliente.

## 1.5.3 Custo

O custo monetário de executar o projeto é uma outra variável que o define. A melhor representação deste custo monetário é o orçamento estabelecido para o projeto. Isso é particularmente importante para projetos que criam entregas que serão vendidas no mercado em geral ou para um cliente externo em específico.

O custo é uma consideração importante em todo o ciclo de vida do gerenciamento de projetos. A primeira consideração ocorre em um estágio inicial e informal na vida de um projeto. O cliente pode simplesmente oferecer um número aproximado do que ele ou ela tem em mente para o projeto. Dependendo de quanto o cliente se dedicou na determinação deste número, o valor em mente pode estar bem perto ou muito longe do custo real do projeto. Frequentemente, os consultores enfrentam situações nas quais o cliente está disposto a gastar apenas uma certa quantia para o trabalho em questão. Nessas situações, você faz o que pode com o que tem em mãos. Em situações mais formais, o gerente do projeto prepara uma proposta para o trabalho projetado, em que inclui uma estimativa (talvez até mesmo uma cotação) do custo total do projeto. Mesmo que o gerente de projeto proponha um número preliminar, a proposta permite que o cliente baseie a sua decisão de continuar ou não com o projeto, tendo como base estimativas melhores.

## 1.5.4 Tempo

O cliente especifica um período de tempo ou uma data na qual o projeto deverá estar concluído. Até certo ponto, custo e tempo estão inversamente relacionados entre si. O tempo que um projeto leva para ser concluído pode ser reduzido, porém isso gera aumento de custo.

---

3   Esses aspectos são discutidos no Volume 2 desta obra.

O tempo é um recurso interessante. Ele não pode ser estocado. É consumido, quer o use ou não. O objetivo do gerente de projeto é usar o tempo futuro alocado ao projeto dos modos mais efetivos e produtivos possíveis. O tempo futuro (tempo que ainda não ocorreu) pode ser um recurso negociável dentro de um projeto ou entre projetos. Uma vez iniciado um projeto, o principal recurso disponível para o gerente manter o projeto conforme programado ou recuperá-lo dentro do programado é o tempo. Um bom gerente de projeto percebe isso e protege com zelo o recurso do tempo futuro.

* **Os Capítulos 5, 6 e 7, que discutem a programação de atividades de projeto, abordam esse tema com mais detalhes.**

### 1.5.5 Recursos

Recursos são ativos organizacionais como o trabalho contratado das pessoas, equipamentos, instalações físicas ou estoques, cujas disponibilidades são limitadas, podem ser programados ou podem ser alugados de um ente externo. Alguns são fixos; outros são variáveis apenas no longo prazo. Qualquer que seja o caso, eles são elementos centrais para a programação das atividades do projeto e para a sua conclusão ordeira.

Para projetos de desenvolvimento de sistemas, as pessoas são o recurso principal. Um outro recurso valioso para projetos de sistemas é a disponibilidade de tempo de processamento em computadores (principalmente para a finalidade de testes), que pode apresentar problemas significativos para o gerente de projeto no que diz respeito à programação das atividades do projeto.

### 1.5.6 Risco

O risco não é uma parte integrante do triângulo de escopo, mas está sempre presente e abrange todas as partes do projeto, tanto externas quanto internas e, portanto, afeta o gerenciamento das outras cinco restrições.

### 1.5.7 Visualização do triângulo de escopo como um sistema em equilíbrio

O principal benefício da utilização do triângulo de escopo mostrado na Figura 1.2 em vez do Triângulo de Ferro pode, agora, ser discutido. Projetos são sistemas dinâmicos que devem ser mantidos em equilíbrio. Tarefa nada fácil, como você verá! A Figura 1.2 ilustra a dinâmica da situação.

**FIGURA 1.2 O triângulo de escopo**

A área contida na parte interna do triângulo representa o escopo e a qualidade do projeto. Arestas que representam tempo, custo e disponibilidade de recursos limitam o escopo e a qualidade. Tempo é o período no qual o projeto deve ser concluído. Custo é o montante em dinheiro disponível para executar e concluir o projeto. Recursos são quaisquer consumíveis utilizados no projeto. Por exemplo, disponibilidade das pessoas, equipamentos e instalações.

> **NOTA** Embora os contadores afirmem que tudo pode ser reduzido a dinheiro, e eles estão certos, você separará recursos como definido aqui. Recursos são controláveis pelo gerente de projeto e por essa razão precisam ser identificados separadamente.

O plano de projeto já terá identificado o tempo, o custo e a disponibilidade dos recursos necessários para entregar o escopo e cumprir com a qualidade de um projeto. Em outras palavras, o projeto está em equilíbrio na conclusão da etapa de planejamento e aprovação para o empenho dos recursos físicos e financeiros. Todavia, essa situação não durará muito. As mudanças já estarão à espreita.

O triângulo de escopo oferece várias percepções em relação às mudanças que podem ocorrer no ciclo de vida do projeto. Por exemplo, o triângulo representa um sistema em equilíbrio antes do início de qualquer trabalho de projeto. Os lados são longos o suficiente para abranger a área gerada pelas declarações de escopo e qualidade. Porém, pouco depois do início do trabalho, algo certamente mudará. Talvez o cliente telefone para tratar de um requisito adicional relacionado a algum aspecto que não foi previsto nas etapas de planejamento. Talvez as oportunidades de mercado tenham mudado e seja necessário antecipar a data de entrega dos produtos, ou um membro importante da equipe deixou a organização e será difícil substituí-lo. Qualquer uma dessas mudanças desequilibra o sistema.

A Parte III discute casos cujo escopo final não pode ser conhecido até o projeto em questão estar próximo de sua conclusão. Isso apresenta alguns desafios interessantes para o cliente e para o gerente de projeto. Esses desafios giram em torno do valor do negócio entregue pela solução final e da meta final.

O gerente de projeto controla a utilização de recursos e as programações de trabalho. O gerenciamento controla o custo e o nivelamento dos recursos. O cliente controla o escopo, a qualidade e as datas de entrega. Escopo, qualidade, e datas de entrega sugerem uma hierarquia para o gerente de projeto à medida que se buscam soluções para conciliar as mudanças.

 **Os Capítulos 6 e 7 discutem esse tópico com mais detalhes.**

### 1.5.8 Priorizando as variáveis do triângulo de escopo para aprimorar o gerenciamento de mudanças

O componente crítico de uma metodologia de gerenciamento de projetos efetiva é o processo de gerenciamento do escopo. As cinco variáveis que definem o triângulo de escopo devem ser priorizadas de modo que as revisões sugeridas para o plano de projeto possam ser ordenadas por esse critério de importância. A Figura 1.3 dá um exemplo.

## FIGURA 1.3 Priorização de variáveis do triângulo de escopo

| Variável \ Prioridade | Crítica (1) | (2) | (3) | (4) | Flexível (5) |
|---|---|---|---|---|---|
| Escopo | | | | X | |
| Qualidade | | | X | | |
| Tempo | X | | | | |
| Custo | | | | | X |
| Disponibilidade do recurso | | X | | | |

Uma aplicação comum da priorização de variáveis do triângulo de escopo ocorre sempre que há um pedido de mudança de escopo. A análise do pedido de mudança é documentada em uma *Declaração de Impacto sobre o Projeto* (*DIP*). Se a mudança for aprovada, haverá várias alternativas de como revisar o projeto e acomodar essa mudança. As prioridades dessas alternativas são determinadas com a utilização dos dados da Figura 1.3.

### 1.5.9 Aplicando o triângulo de escopo

Há apenas algumas representações gráficas que eu quero gravar no seu cérebro em razão do valor que elas têm durante todo o ciclo de vida do projeto. O triângulo de escopo é uma delas. Ele terá no mínimo duas aplicações importantes para você: como estratégia para a escalada de um problema e como uma referência para a DIP, que é criada como parte do processo da mudança de escopo.

#### 1.5.9.1 Solução de problemas

O triângulo de escopo o habilitará a fazer a pergunta: "Quem é o dono de quê?" A resposta lhe dará um caminho para a escalada, que começa na equipe de projeto, passa pelo gerente de recursos e pelo cliente e que pode chegar até o patrocinador. O cliente e os executivos da organização são os donos do tempo, do orçamento e dos recursos. A equipe de projeto é a dona do modo de utilização do tempo, do orçamento e dos recursos. Dentro das políticas e práticas da organização, qualquer um desses pode mudar no âmbito do projeto para resolver problemas que surgirem. Ao resolver um problema, o gerente de projeto deve tentar encontrar uma solução dentro das restrições de como utilizar o tempo, o orçamento e os recursos. Gerentes de projeto não precisam sair de sua esfera de controle.

A etapa seguinte na estratégia de escalada seria o gerente de projeto dirigir-se aos gerentes de recursos em busca de uma solução para o problema. O gerente de recursos é responsável pela designação de pessoas a um projeto, bem como por quaisquer mudanças que possam surgir nessas designações.

A etapa final na estratégia da escalada do problema é recorrer ao cliente e, talvez, ao patrocinador para conseguir recursos adicionais. São eles que controlam as quantidades de tempo e dinheiro que foram alocadas ao projeto. Por fim, eles controlam o escopo do projeto. Sempre que o gerente de projeto recorre ao cliente, será para obter um aumento no tempo ou no orçamento e algum alívio em relação ao escopo por meio de redução do escopo.

### 1.5.9.2 Análise do impacto da mudança do escopo

A segunda aplicação importante do triângulo de escopo é como auxílio na preparação da DIP. Essa é uma declaração das alternativas existentes para atender um pedido particular de mudança de escopo feito pelo cliente. As alternativas são identificadas por meio de uma revisão do triângulo de escopo, e o procedimento é muito parecido com o discutido no parágrafo anterior.

✱ **O Capítulo 6 inclui uma discussão detalhada do processo de mudança de escopo e da utilização da Declaração de Impacto sobre o Projeto.**

## 1.6 A IMPORTÂNCIA DA CLASSIFICAÇÃO DE PROJETOS

Há muitos modos de classificar um projeto tais como:

- por tamanho (custo, duração, equipe, valor do negócio, número de departamentos afetados e assim por diante);
- por tipo (novo, manutenção, modernização, estratégico, tático, operacional);
- por aplicação (desenvolvimento de *software*, desenvolvimento de novo produto, instalação de equipamento, e assim por diante);
- por complexidade e incerteza.

Projetos são singulares e, até certo ponto, o modelo mais adequado para gerenciar cada projeto também é. A Parte III do livro é dedicada à exploração de cinco modelos de gestão possíveis e quando utilizá-los. Por enquanto, é suficiente entender que uma abordagem única para todas as situações de gerenciamento de projetos não funciona e nunca funcionou. É muito mais efetivo agrupar projetos com base em suas semelhanças e utilizar uma abordagem de gerenciamento de projeto concebida especificamente para cada tipo de projeto. Esse é o tópico desta seção.

### 1.6.1 Estabelecendo uma regra para classificar projetos

Para as finalidades deste Capítulo 1, definimos aqui duas regras diferentes. A primeira é baseada nas características do projeto, e a segunda é baseada no tipo do projeto. O Capítulo 2 define uma terceira regra, baseada na clareza e completude da meta e da solução.

#### 1.6.1.1 Classificação por características do projeto

Muitas organizações optam por definir uma classificação de projetos baseada em características do projeto como as seguintes:

- **risco** – estabelecer níveis de risco (alto, médio e baixo);
- **valor do negócio** – estabelecer níveis (alto, médio e baixo);
- **duração** – estabelecer diversas categorias (por exemplo, 3 meses, 3 a 6 meses, 6 a 12 meses e assim por diante);
- **complexidade** – estabelecer categorias (alta, média e baixa);
- **tecnologia utilizada** – estabelecer várias categorias (bem estabelecida, ocasionalmente utilizada, raramente utilizada, nunca utilizada);

- **número de departamentos afetados** – estabelecer algumas categorias (tais como um, alguns, vários e todos).
- **custo.**

O perfil do projeto determina a classificação do projeto. A classificação define até que ponto uma metodologia particular de gerenciamento de projetos deve ser empregada. Na Parte III, você utilizará esses e outros fatores para ajustar a abordagem de gerenciamento de projetos mais adequada.

Eu defendo fortemente essa abordagem porque ela adapta a metodologia ao projeto. A ideia de "modelo único de abordagem" não funciona em gerenciamento de projetos. Em última análise, eu concordo com a opinião do gerente do projeto em questão. Além das partes exigidas pela organização, o gerente do projeto deve adotar quaisquer outras partes da metodologia que ele entende que irão colaborar para sua capacidade de gerenciar com sucesso o projeto. Ponto final.

Características do projeto podem ser usadas para montar uma regra de classificação como segue:

- **Projetos Tipo A** – são projetos de alto valor de negócio e alta complexidade. São os projetos mais desafiadores que a organização executa. Projetos Tipo A usam a tecnologia mais moderna que, quando aliada à alta complexidade, fazem com que o risco também seja alto. Para maximizar a probabilidade de sucesso, a organização exige que esses projetos utilizem todos os métodos e ferramentas disponíveis em sua metodologia de gerenciamento de projetos. Um exemplo de um Projeto Tipo A é a introdução de uma nova tecnologia em um produto existente e que sempre foi muito lucrativo para a organização;
- **Projetos Tipo B** – esses projetos são de menor duração, porém ainda são significativos para a organização. É provável que todos os métodos e ferramentas do processo de gerenciamento de projetos sejam exigidos. Em geral, Projetos Tipo B têm um bom valor de negócio e são desafiadores no que se refere à tecnologia. Muitos projetos de desenvolvimento de produtos caem nessa categoria;
- **Projetos Tipo C** – são os projetos que ocorrem com mais frequência em uma organização. São comparativamente curtos e usam tecnologia já estabelecida. Muitos deles são projetos que tratam da infraestrutura da organização. Uma equipe de projeto típica consiste em cinco pessoas, o projeto dura 6 meses e é baseado em uma declaração de escopo geralmente com menos informação do que o adequado. Não é exigido que o projeto utilize os métodos e ferramentas de gerenciamento padrão da organização. O gerente do projeto utilizará essas ferramentas opcionais só se perceber que vale a pena empregá-las;
- **Projetos Tipo D** – mal satisfazem a definição de um projeto e podem exigir apenas uma declaração de escopo e algumas informações de programação das atividades. Um Projeto Tipo D típico envolve executar uma pequena alteração em um processo ou procedimento já existente ou revisar um curso no currículo de treinamento.

A Tabela 1.1 dá um exemplo hipotético de uma regra de classificação.

## TABELA 1.1 Exemplo de classes e definições de projetos

| Classe | Duração | Risco | Complexidade | Tecnologia | Probabilidade de problemas |
|---|---|---|---|---|---|
| Tipo A | > 18 meses | Alto | Alta | Inovadora | Certa |
| Tipo B | 9–18 meses | Médio | Média | Atual | Provável |
| Tipo C | 3–9 meses | Baixo | Baixa | Melhor da geração | Alguma |
| Tipo D | < 3 meses | Muito baixo | Muito baixa | Prática | Pouca |

Esses quatro tipos de projeto poderiam usar as partes da metodologia ilustrada na Figura 1.4. A figura apresenta uma lista dos métodos e ferramentas que são exigidos ou opcionais, dado o tipo do projeto.

## FIGURA 1.4 A utilização de partes exigidas e opcionais da metodologia por tipo de projeto

| Processo de Gerenciamento de Projeto | Classificação do Projeto | | | |
|---|---|---|---|---|
| | A | B | C | D |
| Definição | | | | |
| Condições de Satisfação | R | R | O | O |
| Termo de Abertura do Projeto | R | R | R | R |
| Aprovação da Requisição | R | R | R | R |
| Planejamento | | | | |
| Conduzir Sessão de Planejamento | R | R | O | O |
| Preparar Proposta do Projeto | R | R | R | R |
| Aprovação da Proposta | R | R | R | R |
| Lançamento | | | | |
| Reunião de Início[4] | R | R | O | O |
| Programação de Atividades | R | R | R | R |
| Alocação de Recursos | R | R | R | O |
| Especificações de Trabalho | R | O | O | O |
| Monitoramento/Controle | | | | |
| Relatórios de Acompanhamento | R | R | R | R |
| Reuniões da Equipe de Projeto | R | R | O | O |
| Aprovação das Entregas | R | R | R | R |
| Encerramento | | | | |
| Auditoria Pós-Implementação | R | R | R | R |
| Registros do Projeto | R | R | O | O |

R = Exigido   O = Opcional

---

4    NRT: também são comumente utilizados os termos *Reunião de Partida* ou *Reunião de Kick-off*.

### 1.6.1.2 Classificação por aplicação do projeto

Há muitas situações nas quais uma organização repete projetos que são do mesmo tipo. A seguir, são apresentados alguns exemplos de projetos deste tipo:

- instalação de *software*;
- recrutamento e contratação;
- instalação de *hardware* em um escritório de campo;
- busca, avaliação e seleção de fornecedores;
- atualização de um procedimento corporativo;
- desenvolvimento de sistemas de aplicação.

Esses projetos podem ser repetidos várias vezes por ano e provavelmente seguirão um conjunto de etapas semelhante toda vez que forem executados.

**✳ Você verá as ramificações dessa repetição no Capítulo 5, quando os padrões de Estrutura Analítica do Projeto (EAP)[5] forem discutidos.**

## 1.7 O AMBIENTE DE PROJETO CONTEMPORÂNEO

O ambiente de projeto contemporâneo é caracterizado por alta velocidade, alto grau de mudanças, custos mais baixos, complexidade, incerteza e uma porção de outros fatores. Isso representa um desafio assustador para o gerente de projeto como descrevemos nas seções a seguir.

### 1.7.1 Alta velocidade

Quanto mais rápido os produtos e serviços chegarem ao mercado, maior será o valor gerado para o negócio. Os concorrentes atuais estão sempre atentos e reagem rapidamente a oportunidades que ainda não foram aproveitadas, bem como novos concorrentes ficam à espreita esperando para agarrar qualquer oportunidade que lhes permita se solidificar ou expandir no mercado. Qualquer fraqueza ou demora na reação pode ser vantajosa para os concorrentes. Essa necessidade de rapidez se traduz na necessidade de fazer com que a abordagem de gerenciamento de projetos não desperdice tempo – necessidade de evitar, o máximo possível, perder tempo com trabalho que não agrega valor. Muitas das abordagens que você estudará se baseiam nessa premissa.

A janela de oportunidade está sempre se estreitando e em constante mudança. Organizações que podem reagir rapidamente a essas oportunidades são organizações que encontraram um modo de reduzir ciclos de tempo e eliminar, o máximo possível, qualquer trabalho que não agregue valor. Demorar muito para lançar um produto novo ou remodelado pode resultar na perda de uma oportunidade de negócio. Gerentes de projeto devem saber como e quando utilizar estratégias de múltiplos lançamentos e comprimir programações de projetos de modo a auxiliar o cumprimento desses requisitos. E, o que é ainda mais importante, a abordagem do gerenciamento de projetos deve dar apoio a esses

---

5 NRT: segundo o PMI, em seu *Guia PMBOK*, a tradução de "*Work Breakdown Structure* (WBS)" é "Estrutura Analítica de Projetos (EAP)". Apesar disso, algumas organizações adotam um termo mais literal, traduzindo WBS para "Estrutura de Divisão do Trabalho (EDT)". Nesta publicação será adotada a primeira opção, conforme traduzido pelo PMI.

planos agressivos. Isso significa que esses processos devem proteger a programação das atividades por meio da eliminação de todo o trabalho que não agregar valor. Você simplesmente não pode se dar ao luxo de sobrecarregar seus processos de gerenciamento de projetos com uma porção de atividades adicionais que não agregam valor aos produtos finais ou que possam comprometer a efetividade de sua organização nos mercados que atende.

O gerenciamento de projetos efetivo não é o produto de um conjunto rígido ou fixo de etapas e processos que devem ser seguidos por todo e qualquer projeto. Ao contrário, a escolha da abordagem de gerenciamento de projeto é baseada na devida avaliação prévia de alguns pontos específicos do projeto e na definição de uma abordagem que faça sentido. Eu dedico um tempo considerável a essas estratégias nos últimos capítulos.

### 1.7.2 Grandes mudanças

Os clientes estão sempre decidindo ou mudando de ideia sobre o que querem. As grandes mudanças estão mais relacionadas com o ambiente do que com qualquer ignorância da parte deles. O mundo dos negócios é dinâmico e não ficará parado só porque está gerenciando um projeto. A abordagem mais adequada do gerenciamento de projetos deve reconhecer a realidade das mudanças frequentes, adaptar-se a elas e incorporá-las. A natureza e os tipos de mudança esperados para o projeto afetarão a escolha do CVGP mais adequado.

A mudança é constante e eu espero que isso não seja uma surpresa para você. Ela está sempre presente e, aparentemente, sua velocidade está aumentando cada vez mais. Todos os dias você enfrentará novos desafios e a necessidade de melhorar as práticas de ontem. Para os gerentes de projetos experientes, bem como para os "aspirantes", o caminho para o desempenho inovador está repleto de incertezas e requer que eles sejam corajosos, criativos e flexíveis. Se simplesmente confiar na aplicação rotineira de uma metodologia utilizada por alguém, certamente ficará aquém do resultado ideal. Como verá nas páginas seguintes, não tive medo de pensar diferente e de me aventurar para fora da minha zona de conforto. Não há assunto que tenha mais necessidade de mudança e adaptação do que as abordagens que adotamos em gerenciamento de projetos.

### 1.7.3 Custo mais baixo

Com a redução das camadas de gerenciamento (uma prática comum em muitas organizações) os profissionais envolvidos precisam descobrir meios de trabalhar de um modo mais inteligente, e não mais difícil. O gerenciamento de projetos dispõe de várias ferramentas e técnicas que ajudam o profissional a administrar um volume de trabalho cada vez maior. As suas equipes precisam ter todas as condições para executar seu trabalho do modo mais produtivo possível. Sobrecarregá-las com atividades operacionais que consideram de pouco valor é garantia de fracasso.

No artigo inovador *The coming of the new organization*, publicado há mais de 20 anos, mas ainda relevante, Peter Drucker descreve os gerentes de médio escalão como os que recebem informação de cima, as reinterpretam e as passam para baixo, ou como os que recebem informação de baixo, as reinterpretam e as passam para cima na linha de autoridade.[6] Além de a qualidade ser suspeita em razão de vieses pessoais e implica-

---

6    DRUCKER, P. F. The coming of the new organization. *Harvard Business Review*, v. 66, n. 1, 1988, p. 45-53.

ções políticas, o computador também é perfeitamente capaz de entregar essa mesma informação à mesa de trabalho de qualquer gerente que tenha a necessidade de conhecê-la. Dados esses fatores, mais as disputas políticas e de poder em ação, Drucker pergunta: "Por que empregar gerentes de médio escalão?". À medida que a tecnologia avança e a aceitação dessas ideias aumenta, observamos a diminuição das camadas de gerenciamento médio. Não espere que elas voltem; elas se foram para sempre. O efeito sobre os gerentes de projetos é previsível e significativo. As estruturas hierárquicas estão sendo substituídas por organizações que dependem cada vez mais de projetos e equipes de projeto, o que resulta em mais exigências para os gerentes de projetos.

### 1.7.4 Níveis de complexidade cada vez mais altos

Todos os problemas simples foram resolvidos. Os que restam ficam cada vez mais complexos. Ao mesmo tempo que ficam mais complexos, também ficam mais críticos para a organização. E têm de ser resolvidos. Não temos alternativas. Não dispor de uma receita simples para gerenciar tais projetos não é desculpa. Eles têm de ser gerenciados, e nós temos de dispor de um modo efetivo de gerenciá-los. Este livro mostra como criar abordagens de gerenciamento de projetos sensatas mediante a adaptação de um conjunto de ferramentas, documentos padrão e processos comuns, mesmo para o mais complexo dos projetos.

### 1.7.5 Mais incerteza

Com níveis crescentes de complexidade vêm níveis de incerteza também crescentes. Os dois são inseparáveis. Adaptar as abordagens de gerenciamento de projetos para lidar com a incerteza significa que tais abordagens devem acomodar e incorporar as eventuais mudanças e, com isso, se tornam mais efetivas. A mudança é o que conduzirá a equipe e o cliente a um estado de certeza no que diz respeito à viabilidade da solução para seus problemas complexos. Em outras palavras, temos de dispor de abordagens de gerenciamento de projetos que esperam mudanças e se beneficiam delas.

## 1.8 RESUMINDO

A esta altura já deve ter ficado claro que eu defendo uma definição de projeto muito específica. Para que um conjunto de atividades seja denominado um projeto, é preciso que esse conjunto esteja de acordo com a definição. Tão logo saiba que o que tem em mãos é um projeto, ele estará sujeito a um conjunto de requisitos específicos em relação a seu gerenciamento.

## QUESTÕES PARA DISCUSSÃO

1. Compare e diferencie as duas definições de um projeto apresentadas neste capítulo.
2. Suponha que o triângulo de escopo fosse modificado da seguinte maneira: a Disponibilidade de Recursos ocupa o centro e os três lados são Escopo, Custo e Programação. Interprete esse triângulo como se fosse um sistema em equilíbrio. O que provavelmente aconteceria se um recurso específico alocado ao seu projeto estiver também alocado a mais e mais projetos? Na posição de gerente de projeto, como lidaria com essas situações? Seja específico.
3. Onde você seria capaz de realizar economias de custo se fosse o gerente de programas de uma organização? Discuta os casos usando as restrições de projetos padrões.

# O que é gerenciamento de projetos?

A concepção, adaptação e implementação de ciclos de vida e modelos de gerenciamento de projetos são baseadas nas características mutantes do projeto e são os princípios norteadores que embasam a prática do gerenciamento efetivo de projetos.

Não imponha processos e procedimentos que sufoquem a criatividade da equipe e do indivíduo! Ao contrário, crie e apoie um ambiente que incentive esse comportamento.

– ROBERT K. WYSOCKI, PhD, Presidente, EII Publications, LLC

## OBJETIVOS DE APRENDIZAGEM DO CAPÍTULO

Depois de ler este capítulo, você estará apto a:

- entender e aplicar uma descrição efetiva de gerenciamento de projetos;
- entender os desafios do gerenciamento de projetos efetivo;
- aplicar uma definição de requisitos baseada no valor negócio;
- gerenciar as distorções (de escopo, funcionalidades etc.);
- entender a Estrutura Analítica de Requisitos (EAR)[1] como a chave para escolher e adaptar o Ciclo de Vida do Gerenciamento de Projetos (CVGP) mais adequado;
- saber quais são as características do Gerenciamento Tradicional de Projetos (GTP), Gerenciamento Ágil de Projetos (GAP), Gerenciamento Extremo de Projetos (GEP)[2] e Gerenciamento de Projetos Emertxe (PEG);[3]
- saber como a complexidade e a incerteza afetam o panorama do projeto;
- entender as semelhanças e diferenças entre os modelos de CVGP Linear, Incremental, Iterativo, Adaptativo e Extremo.

---

1    NRT: as estruturas hierárquicas de divisão de um determinado contexto são comumente chamadas em português de "estruturas analíticas". Em português, também é muito comum o emprego do acrônimo EAR para "Estrutura Analítica de Riscos". De toda forma, neste livro, EAR será adotado como acrônimo de "Estrutura Analítica de Requisitos". Em inglês, o autor se refere a essa estrutura como Requirements Breakdown Structure (RBS).
2    NRT: também é comum o emprego do termo em português "Gestão Extrema de Projetos".
3    NRT: da mesma maneira que "emertxe" é "extreme" escrito de trás para a frente, a sigla para Gerenciamento de Projetos Emertxe será adotada como PEG, uma vez que é GEP escrito de trás para a frente.

Suspeito que para muitos de vocês este capítulo será a primeira exposição de quão amplo e profundo o mundo do gerenciamento de projetos pode ser. Nunca paro de me surpreender com o fato de que, mesmo depois de mais de 40 anos de prática em gerenciamento de projetos, ainda encontro novos desafios e aprendo coisas maravilhosas sobre essa incrível disciplina. Você deve ter consciência de que o gerenciamento de projetos não é apenas uma questão rotineira de preencher formulários e apresentar relatórios, mas, ao invés disso, é um mundo desafiador no qual você será convocado a ser um líder efetivo, a trabalhar nos limites da sua criatividade e a ser corajoso o tempo todo. É um mundo no qual você continuamente enfrentará situações que nunca enfrentou antes e terá de examinar sua caixa de ferramentas e bolar soluções que funcionem.

Ser um gerente efetivo de projetos é uma busca criativa. Não se esqueça disso! Para os que são praticantes experientes, não é segredo nenhum que o seu panorama de gerenciamento de projetos mudou e continua a mudar. Com a mudança vem um desafio constante de avaliar as condições do projeto e ajustar a sua abordagem de gerenciamento. Vivemos em um mundo no qual as características do projeto e do ambiente em que ele se desenrola estão em constante mutação e essas mudanças sinalizarão quais ferramentas, documentos padrão e processos serão mais efetivos e como melhor aplicá-los. Ao examinar atentamente essas características, você terá a justa medida de quão desafiadora a tarefa de gerenciamento efetivo de projetos pode ser.

Não vivemos em um conto de fadas! Houve um tempo em que você poderia ter esperado (e às vezes conseguido) uma receita para gerenciar qualquer projeto que caísse em suas mãos. Se for esse o caso em sua organização, suspeite de si mesmo – por favor! Agora você tem de pensar muito bem antes de decidir como vai gerenciar um projeto. O gerente efetivo de projetos tem de pensar em vez de reagir rotineiramente. A disciplina de gerenciamento de projetos mudou para um novo estado e, enquanto escrevo este livro, este novo estado ainda não chegou a um estado estável. Na verdade, a prática do gerenciamento efetivo de projetos talvez nunca alcance um estado estável. O mundo dos negócios está em constante estado de fluxo e mudança e será sempre assim. Esse fato continua a influenciar o modo como você precisa abordar o gerenciamento de projetos. E a sua abordagem em relação a um determinado projeto estará em um constante estado de fluxo e mudança. O que isso significa para o gerente de projetos esforçado? Crie coragem: o panorama não é tão desolador quanto possa parecer. Nos capítulos que compõem as Partes II e III deste livro, vou lhe mostrar o caminho. Se realmente entender o que estou apresentando, então você terá adquirido uma caixa de ferramentas robusta e uma estratégia sólida para realizar o gerenciamento efetivo de projeto.

Então, vamos iniciar a sua jornada rumo a se tornar um gerente efetivo de projetos.

## 2.1 ENTENDENDO OS FUNDAMENTOS DO GERENCIAMENTO DE PROJETOS

O Project Management Institute (PMI) dá a seguinte definição formal para o gerenciamento de projetos: "A aplicação de conhecimentos, habilidades, ferramentas e técnicas às atividades do projeto a fim de atender aos seus requisitos".[4]

Ainda que essa definição esteja aberta a ampla interpretação, não vejo nenhum problema com ela porque prefiro manter as coisas simples e intuitivas e é exatamente isso que o PMI fez. O diabo está nos detalhes. Para as finalidades que abordamos aqui, acrescentarei um pouco mais de conteúdo à definição do PMI. A definição que ofereço foi concebida para ser uma definição efetiva.

Independentemente de como prefira definir o seu processo de gerenciamento de projetos, ele sempre se reduzirá ao teste decisivo das seis perguntas apresentadas a seguir. Portanto, se você ou a sua empresa estiver elaborando um processo de gerenciamento de projetos, verifique a validade respondendo as seis perguntas indicadas.

Gerenciamento de projetos é um conjunto de ferramentas, documentos padrão e processos concebidos para responder as seis perguntas seguintes:

1. Qual é a situação de negócio que está sendo abordada por esse projeto?
2. O que o negócio precisa fazer?
3. O que você fará?
4. Como você o fará?
5. Como você saberá que fez o que tinha de fazer?
6. Quão bem você o fez?

Vamos examinar rapidamente as respostas a essas perguntas.

### 1. Qual é a situação de negócio que está sendo abordada por esse projeto?

A situação de negócio ou é um problema que precisa de uma solução ou é uma oportunidade não explorada. Se for um problema, a solução pode ser claramente definida e a entrega dessa solução será bastante direta. Se a solução não for completamente conhecida, então a abordagem de gerenciamento de projeto deve adotar um processo iterativo de aprendizado e a descoberta de tal solução. É óbvio que o nível de risco desse último caso será mais alto do que o do primeiro, justamente pelo fato de que os produtos não estão claramente definidos e existe a possibilidade de não serem descobertos apesar de todos os esforços do cliente e da equipe de projeto.

### 2. O que o negócio precisa fazer?

A resposta óbvia é resolver o problema ou aproveitar a vantagem da oportunidade não explorada. Até aqui, tudo bem; porém, dadas as circunstâncias do negócio sob as quais o projeto será executado, pode não ser possível realizar tal execução ou, até mesmo, desaconselhável prosseguir. Mesmo que a solução seja claramente conhecida, você poderia

---

4    PROJECT MANAGEMENT INSTITUTE. *Um guia para o conhecimento de gerenciamento de projetos – Guia PMBOK*. 6. ed. Newton Square, PA: Project Management Institute, 2018.

não dispor de recursos com a qualificação adequada para executar o projeto; e se os tiver, podem não estar disponíveis quando precisar deles.

Quando a solução não é conhecida ou é apenas parcialmente conhecida, é possível que você não consiga encontrar a solução completa. Seja como for, você precisa documentar quais necessidades terão de ser cumpridas e o fará por meio de uma declaração de requisitos da solução.

Se a solução for conhecida, será fácil desenvolver esse documento. Se a solução não for conhecida ou for apenas parcialmente conhecida, o que precisa fazer surgirá ao longo do tempo em vez de ser completamente especificado no início.

### 3. O que você fará?

A resposta a essa pergunta estará enquadrada em suas declarações de meta e objetivo do projeto. Talvez você e outros proponham soluções parciais para o problema ou modos de aproveitar a vantagem de uma oportunidade não explorada. Seja qual for o caso, as suas declarações de meta e objetivo, que serão parte de um Termo de Abertura do Projeto (TAP),[5] anunciarão claramente as suas intenções.

### 4. Como você o fará?

Essa resposta documentará a sua abordagem em relação ao projeto, bem como o seu plano detalhado para cumprir as declarações de meta e objetivo discutidos no TAP. Essa abordagem pode estar totalmente detalhada desde o início ou ser desenvolvida apenas iterativamente, mas será desenvolvida.

### 5. Como você saberá que fez o que tinha de fazer?

A sua solução entregará algum valor de negócio à organização. O valor de negócio esperado foi utilizado como base para a aprovação da execução do projeto, em primeiro lugar. Esse critério de sucesso pode ser expresso sob a forma de *Aumento de Receita* (AR), *Custos Evitados* (CE) ou *Melhoria de Serviços* (MS).[6] Iracis[7] é o acrônimo que representa essas três áreas de valor de negócio. Qualquer que seja a forma adotada para o critério de sucesso, ela deve ser expressa em termos quantitativos para não haver nenhuma discussão quanto ao fato de ter ou não alcançado os resultados de negócio esperados. Como parte da auditoria pós-implementação,[8] o valor de negócio realizado pelo projeto será comparado com o valor de negócio esperado e registrado no TAP.

---

5   NRT: o autor inclui no TAP algumas definições adicionais do escopo do produto (um tipo de declaração preliminar de escopo somado ao TAP), bem como se preocupa em montar uma árvore de requisitos já na etapa de proposta do projeto. Mais detalhes sobre o TAP proposto pelo autor e o processo de criação do documento serão abordados no Capítulo 4 deste livro.

6   NRT: Aumento de Receita (AR) – o objetivo resulta em um aumento direto nas receitas; Custos Evitados (CE) – o objetivo resulta em uma redução direta na saída do fluxo de caixa ou nos custos; Melhoria de Serviços (MS) – o objetivo resulta em uma melhoria direta e quantificável dos serviços internos ou externos da organização para seus clientes ou outras organizações (GANE; SARSON, 1979).

7   NRT: Iracis é um acrônimo que resulta do agrupamento dos acrônimos em inglês referentes aos três critérios de sucesso apresentados. Foi proposto pela primeira vez por Chris Gane e Trish Sarson em sua obra *Análise estruturada de sistemas*. Livros Técnicos e Científicos Editora S.A., 1979.

8   Assunto tratado no Capítulo 8.

### 6. Quão bem você o fez?

A resposta a essa pergunta pode ser determinada pelas respostas às quatro perguntas seguintes:

1. **Quão bem os seus produtos cumpriram os critérios de sucesso declarados?**
   O projeto foi vendido aos executivos da organização com base no incremento de valor de negócio que seria incorporado à organização caso tal projeto fosse bem-sucedido. O projeto entregou esses resultados? Até que ponto o projeto fez isso? Às vezes a resposta só será conhecida depois de algum tempo.

2. **Quão bom foi o desempenho da equipe de projeto?**
   A equipe de projeto seguiu algum modelo de CVGP? Será necessário fazer algum tipo de avaliação de desempenho em relação ao modelo seguido.

3. **Quão bem funcionou a abordagem de gerenciamento de projetos para esse projeto?**
   Além de fazer as coisas corretamente, a equipe precisa ter feito a escolha correta. Dado que várias abordagens poderiam ter sido usadas, a equipe deve ter usado o modelo mais adequado.

4. **Quais foram as lições aprendidas e que podem ser aplicadas a projetos futuros?**
   Esta pergunta é respondida por meio da auditoria pós-implementação.

As respostas a essas quatro perguntas são dadas pela auditoria pós-implementação discutida no Capítulo 8.

As respostas às seis perguntas originais discutidas nas seções precedentes reduzem o gerenciamento de projetos a nada mais do que senso comum[9] organizado. No meu mundo, ser *organizado* significa que "os processos utilizados são continuamente adaptados para satisfazer as necessidades mutantes do projeto". *Senso comum* significa que "o processo de gerenciamento não exigiu a execução de trabalho que não agregasse valor". Se o trabalho não for coerente com o senso comum organizado, então você deve se perguntar por que, afinal, está executando este trabalho. Portanto, um bom teste para saber se a sua abordagem de gerenciamento de projeto faz sentido é analisar como respondeu às seis perguntas listadas anteriormente. Considerando todo esse contexto, a nossa definição operacional de gerenciamento de projetos pode ser expressa, sucintamente, do seguinte modo:

**# DEFINIÇÃO Gerenciamento de projetos** É uma abordagem baseada no senso comum organizado e que utiliza o envolvimento adequado do cliente a fim de atender às necessidades do patrocinador e entregar o incremento esperado no valor de negócio.

Essa definição configura uma mudança marcante em relação a qualquer outra que você possa ter visto antes. Em primeiro lugar, é a única definição que já vi impressa que se

---

9   NRT: é muito comum o emprego da expressão em português *bom senso*. Porém, neste livro, será utilizada a expressão *senso comum*, no sentido de que as diferentes opções foram devidamente analisadas e discutidas pela organização e seus membros. A decisão colegiada diminui as chances de uma escolha ou decisão inadequada e aumenta as chances de que a escolha seja apoiada por uma maior parte da organização. Ainda, a expressão bom senso pode trazer, de forma implícita, a existência, em alguma medida, de um "senso ruim". Por consequência, opiniões que não são consideradas "válidas" ou que "não têm bom senso" devem ser desconsideradas previamente – e isso não é saudável no ambiente de projetos.

refere explicitamente a valor de negócio. Valor de negócio é a responsabilidade do cliente traduzida em suas declarações de requisitos. O gerente de projeto é responsável por cumprir com esses requisitos. O cumprimento dos requisitos é a causa, o incremento do valor de negócio é o efeito. Em segundo lugar, igualmente importante na definição e traduzida pelo termo *senso comum*, é a implicação que o gerenciamento efetivo de projetos não é uma abordagem única que serve para todos os casos. Por ser "senso comum", tal abordagem deve se adaptar às condições do projeto, sempre sujeitas a mudanças. Você aprenderá as regras de engajamento para gerenciar efetivamente os projetos. As definições dos modelos de CVGP dadas na seção **2.5 – Introduzindo ciclos de vida de gerenciamento de projetos** serão o início da sua jornada para se tornar um gerente efetivo de projetos complexos. Você se transformará em um líder que é ao mesmo tempo criativo, adaptável e corajoso. Na verdade, definirei o conteúdo da despensa que servirá para você montar as receitas de que precisará para gerenciar seus projetos. Ser o *chef de cuisine* dependerá de você.

Em terceiro lugar, você precisa entender claramente os requisitos. Requisitos e sua documentação definirão as características do projeto e serão seus guias na escolha e adaptação da abordagem de gerenciamento de projeto que irá utilizar. Vou adotar uma abordagem não muito convencional baseada na minha própria definição de requisitos. Porém, a minha abordagem já passou com sucesso no teste do tempo.

## 2.2 DESAFIOS DO GERENCIAMENTO EFETIVO DE PROJETOS

Como discutimos antes nesta introdução, o ambiente contemporâneo dos projetos propõe ao gerente de projeto e ao cliente vários desafios para o gerenciamento efetivo de tais projetos. A utilização do modelo de CVGP mais adequado estará à altura desses desafios e se adaptará conforme necessário.

### 2.2.1 Flexibilidade e adaptabilidade

As práticas de GTP foram definidas e amadurecidas no mundo dos profissionais de engenharia e de construção, no qual a equipe esperava (e obtinha, assim achava ela) dos clientes uma declaração clara do que eles queriam, quando queriam, e quanto estavam dispostos a pagar pelo que queriam. Tudo isso era entregue ao gerente do projeto em um pacote caprichosamente embrulhado. Todos os "i" tinham pingos, e todos os "t" tinham travessões. Todos os formulários estavam corretamente preenchidos e todas as caixas estavam com as informações solicitadas. Todos estavam satisfeitos uma vez que a solicitação estava bem documentada e tinham certeza de que os produtos seriam entregues conforme tal solicitação. A equipe de projeto entendia claramente a solução que ela deveria entregar e podia, assim, planejar claramente tal entrega. Isso descreve o ingênuo mundo do gerenciamento de projetos embrionário até a década de 1950. Em meados dessa mesma década, o computador estava indo bem na jornada de se tornar um recurso comercial viável, mas ainda se encontrava nos domínios dos engenheiros. O gerenciamento de projetos continuava, como sempre até então, nas mãos dos engenheiros.

O primeiro sinal de que havia uma mudança no ar para o gerente de projetos surgiu no início da década de 1960. O uso de computadores para gerir negócios já era uma realidade, e começávamos a perceber o surgimento de alguns cargos como programador, programador/analista, analista de sistemas e tipos primitivos de arquitetos de bancos de dados. Esses profissionais eram na realidade engenheiros disfarçados e, de algum modo, esperava-se que eles interagissem com os profissionais de negócios e de gerenciamento (que estavam totalmente perplexos com o computador e com a mística agregada a ele) para projetar e implementar sistemas de aplicações de negócios que substituiriam os processos manuais. Essa mudança representou uma total metamorfose no mundo dos negócios e no mundo dos projetos, e nunca mais olharíamos para trás.

Em face dessa transformação em uma sociedade de informação, o GTP não mostrava nenhum sinal de mudança. Para os engenheiros, todo problema de TI relacionado a gerenciamento de projetos parecia um prego, e eles tinham o martelo. Em outras palavras, eles tinham uma única solução, e presumia-se que tal solução serviria para todos os problemas. Um dos principais problemas que o GTP enfrentava e ainda enfrenta, é a diferença entre os *desejos* e as *necessidades*. Se é para se lembrar de algo nesta introdução, lembre-se de que aquilo que o cliente *deseja* provavelmente não é o que ele *precisa*. Se o gerente de projeto aceitar cegamente o que os clientes dizem que querem e continuar com o projeto nessa base, estará sujeito a um rude despertar. Frequentemente, no processo de desenvolvimento da solução, o cliente percebe que o que ele precisa não é o mesmo que ele solicitou. Essa é a base para o adiamento constante de prazos finais, para a escalada de escopo e para uma infindável trilha de mudanças e retrabalhos. Não é de admirar que mais de 70% dos projetos fracassam. Esse ciclo tem de terminar. Você precisa de uma abordagem concebida considerando a mudança como uma realidade – uma abordagem que adote o aprendizado e a descoberta durante todo o ciclo de vida do projeto. É preciso que a metodologia tenha processos incorporados que conciliem as mudanças resultantes desse aprendizado e descoberta.

Eu conversei com vários gerentes de projetos nos últimos 40 anos sobre o problema da falta de clareza e do que eles fazem a esse respeito. A maioria diria que eles entregam o trabalho de acordo com os requisitos originais e então executam uma ou mais iterações para melhorar a solução antes de satisfazer os requisitos atuais do cliente. Perguntei a eles: "Se vocês sabem que vão iterar, por que não usam uma abordagem que contemple essa característica?" Até recentemente, com a emergência das abordagens de GAP, o silêncio em resposta a essa pergunta era ensurdecedor. Todas as abordagens ágeis e extremas do gerenciamento de projetos que estão surgindo na prática se baseiam na premissa de que haverá mudança nos requisitos à medida que o cliente perceba com mais clareza o que ele realmente precisa. Às vezes essas necessidades podem ser muito diferentes daquilo que ele originalmente queria.

É óbvio que esse não é mais o gerenciamento de projetos da época do seu pai. A internet e um conjunto de novas e estonteantes tecnologias que estão em constante mutação já marcaram de forma permanente o panorama dos negócios. A tecnologia colocou a maioria dos negócios e das organizações em um estado de confusão. Como uma organização deve proceder na utilização da Internet e gerar o maior valor possível para o negócio? As organizações estão fazendo as perguntas mais básicas: "Qual é realmente o nosso negócio?"; "Como alcançamos e atendemos nossos clientes?"; "O que nossos clientes esperam?". A era *pontocom* começou rapidamente com grande estardalhaço e murchou com a mesma rapidez. Muitas empresas entraram em existência apoiadas por um capital de risco altamente especulativo na década de 1990 e foram à bancarrota no final do século. Restam apenas algumas, e mesmo a sua existência é precária. As palavras da moda atuais – *e-commerce, e-business* e *gerenciamento do conhecimento* – substituíram os termos B2B e B2C, e o ambiente de negócios parece estar se acomodando. Porém, ainda estamos longe da recuperação.

A pergunta que propomos é essa: "Qual é o impacto que isso deve causar na sua abordagem do gerenciamento de projetos?". O principal impacto é que as abordagens de gerenciamento de projetos devem se alinhar com os negócios da empresa. O gerenciamento de projetos precisa encontrar seu papel junto aos principais atores que colaboram com a estratégia da organização. Em primeiro lugar, os gerentes de projeto devem se alinhar às necessidades da organização em vez de se preocupar com as necessidades de seu próprio departamento. Atualmente, esse é o fator crítico de sucesso. O surgimento dos analistas de negócios acrescentou novos desafios, como discutiremos na próxima seção.

### 2.2.2 Compreensão aprofundada do negócio e de seus sistemas

Os melhores gerentes de projeto entendem o contexto do negócio no qual os produtos do projeto serão definidos, produzidos e funcionarão. Isso significa não apenas um entendimento dos sistemas internos e sua interação, mas também do ambiente dos sistemas externos de fornecedores e clientes nos quais os produtos devem funcionar. O analista de sistemas e o analista de negócios são componentes cruciais nesse entendimento. Eles são membros do Grupo de Partes Interessadas (*Stakeholders*) discutido no Capítulo 3.[10] Há um bom argumento que justifica a metamorfose do gerente de projeto e do analista de negócios em um profissional que possui as habilidades e competências exigidas de ambos. Essa discussão está fora do escopo deste livro, mas é uma discussão que precisa ocorrer.

 **NOTA** Se quiser mais detalhes sobre esse tópico, você pode consultar o meu livro *The business analyst/ project manager*: a new partnership for managing complexity and unncertainty (John Wiley & Sons, 2011).

### 2.2.3 Seja o responsável pelo projeto e por seu gerenciamento

Eu gosto de simplicidade, e acredito que a minha definição do panorama de projeto que utiliza apenas duas variáveis – meta e solução – com dois valores cada – clara e não clara – é simples, porém inclui todos os projetos. O resultado são quatro quadrantes de projetos. Cada quadrante é mapeado para um ou mais processos de gerenciamento de projetos que descrevemos e identificamos a seguir:

- quando a meta e a solução são claras, é gerada a categoria GTP;
- quando a meta é clara mas a solução não é, é gerada a categoria GAP;
- quando nem a meta nem a solução são claras, é gerada a categoria GEP;
- e finalmente, quando a meta não é clara, mas a solução é, então é gerada a categoria PEG (embora isso pareça absurdo, não é – posteriormente falaremos mais sobre isso).

10   Esse tema também é discutido no Capítulo 6 do Volume 2 desta obra.

Todo projeto que já existiu ou ainda existirá cairá em um e somente em um desses quatro quadrantes. Cada quadrante dá origem a um ou mais CVGPs. Essa classificação em quatro quadrantes dá origem a cinco modelos de CVGP. Esses modelos – sua identificação e uso – são o assunto deste livro.

## 2.2.4 Gerenciamento de projetos é senso comum organizado

A definição do *Guia PMBOK para gerenciamento de projetos* é nítida, límpida e clara. Ela deu um fundamento sólido para a definição dos grupos de processos e processos subjacentes a todo o gerenciamento de projetos. Porém, acho que há uma outra definição que transcende a definição do *Guia PMBOK* e é muito mais abrangente do que significa gerenciamento de projeto. Como já observei, ofereço aquela definição como nada mais do que senso comum organizado. Projetos são singulares, e cada um é diferente de todos os outros que o precederam. Essa singularidade exige uma abordagem também singular que se adapte continuamente à medida que novas características do projeto venham a surgir. Essas características podem emergir – e emergem – a qualquer hora ao longo do ciclo de vida do projeto. Estar pronto para elas e ajustá-las conforme necessário significa que devemos estar sempre atentos para proceder com o que fizer mais sentido dadas as circunstâncias do momento. Por consequência, o gerenciamento de projetos nada mais é do que senso comum organizado.

## 2.2.5 Gerenciando as distorções[11]

Neste livro, utiliza-se o termo *distorção* para se referir a mudanças minúsculas no projeto resultantes de ações imperceptíveis dos membros da equipe. Muitas dessas ações passam despercebidas até que seu efeito cumulativo cria um problema enorme. Há quatro tipos de distorção, que apresento a seguir.

### 2.2.5.1 Distorção de escopo

*Distorção de escopo* é o termo que passou a significar qualquer mudança no projeto que não estava no plano original. A mudança é constante. Achar que não, é simplesmente irrealista. Mudanças ocorrem por várias razões que nada têm a ver com a capacidade ou poder de previsão do cliente, do gerente do projeto ou de um membro da equipe de projeto. As condições de mercado são dinâmicas. A concorrência pode lançar ou anunciar o lançamento de uma nova versão de seu produto. Os executivos da empresa podem decidir que é necessário lançar o produto no mercado antes dos concorrentes. A distorção do escopo não é, necessariamente, culpa de alguém. É apenas uma realidade com a qual temos de lidar. Não importa quão bom e completo tenha sido o trabalho de planejamento do projeto que você e seu cliente realizaram, a distorção do escopo ainda ocorrerá. Lide com isso!

---

11  NRT: em inglês, usa-se o termo *creep* para representar este conceito no gerenciamento de projetos – por exemplo, distorção de escopo é traduzido como *scope creep*. Em português, para representar o mesmo conceito também é comum utilizar os termos *escalada* ou *aumento* – por exemplo, *escalada de escopo* ou *aumento de escopo*. Nesta publicação será utilizado o termo *distorção* de acordo com conceito apresentado na 6ª edição do *Guia PMBOK*.

A sua função como gerente de projeto é descobrir como acomodar essas mudanças – tarefa difícil, mas alguém tem de fazê-la. Independentemente de como a distorção do escopo ocorre, cabe a você, na qualidade de gerente do projeto, descobrir como, ou até mesmo se, você pode acomodar o impacto.

### 2.2.5.2 Distorção da esperança

A *distorção da esperança* ocorre quando um membro da equipe de projeto está atrasado em relação ao cronograma, mas, se questionado, informa que está em dia, na esperança de recuperar-se do atraso até a data do próximo acompanhamento. A distorção da esperança é um problema real para o gerente de projeto. A sua equipe de projeto será composta de vários gerentes de atividades responsáveis por partes do trabalho. Como eles não querem lhe dar uma má notícia, preferem informar que o trabalho está transcorrendo conforme o cronograma quando, na verdade, não está. Porém, como eles têm a esperança de recuperar o tempo perdido até o próximo relatório, o levam a pensar que estão dentro do prazo. Os gerentes de atividades esperam recuperar o atraso concluindo algum trabalho antes da data determinada e assim compensar tal atraso. O gerente de projeto deve ser capaz de verificar a exatidão dos relatórios de progresso dos membros da equipe. Isso não significa que ele tem de verificar cada detalhe de todos os relatórios de progresso. Verificações aleatórias podem ser utilizadas com eficiência.

### 2.2.5.3 Distorção do esforço

*Distorção do esforço* ocorre quando um membro da equipe trabalha, mas seu esforço não proporciona progresso ao trabalho executado do projeto como um todo. Todos nós já trabalhamos em um projeto que sempre parece estar 95% concluído não importando o esforço dedicado a concluí-lo. Toda semana o relatório de progresso registra avanços mas, aparentemente, a quantidade de trabalho restante não diminui na mesma proporção. Exceto verificações aleatórias, a única coisa efetiva que o gerente de projeto pode fazer é aumentar a frequência do relatório de progresso para os membros da equipe que parecem estar sofrendo de distorção do esforço.

### 2.2.5.4 Distorção de características e funcionalidades[12]

Intimamente ligada à distorção do escopo está a *distorção de características e funcionalidades*. A distorção de características e funcionalidades surge quando os membros da equipe acrescentam arbitrariamente ao produto características e funcionalidades que eles acham que o cliente gostaria de ter. O problema é que o cliente não especificou a característica ou funcionalidade, provavelmente por uma boa razão. Se o membro da equipe realmente achar que essa nova característica ou funcionalidade é absolutamente necessária, podem-se empregar procedimentos formais de gerenciamento de mudanças.

 **O processo de gerenciamento de mudanças é discutido no Capítulo 6.**

---

12   NRT: o termo em inglês *feature* é utilizado para representar tanto características como funcionalidades de uma solução. Ao longo do livro, quando for o caso, serão utilizados os termos *características* e *funcionalidades* para designar *feature*.

## 2.3 O QUE SÃO REQUISITOS

A primeira parte substantiva do ciclo de vida do projeto é a identificação do que é necessário. Essa identificação é iniciada pelo patrocinador ou pelo cliente e, com a ajuda do cliente, as necessidades são descritas de maneira mais detalhada por meio da elicitação de requisitos. Requisitos definem coisas que um produto ou serviço deverá ter ou executar para satisfazer as necessidades do patrocinador ou do cliente e entregar o valor de negócio esperado. Uma definição mais formal é dada pelo Instituto Internacional de Análise de Negócios (IIBA)[13] (International Institute of Business Analysis [IIBA]) no *Guia para o Corpo de Conhecimento da Análise de Negócios – Guia BABOK.*

Um requisito é:

1. Uma condição ou capacidade necessária para uma parte interessada resolver um problema ou atingir um objetivo.
2. Uma condição ou capacidade que deve ser alcançada ou possuída por uma solução, ou componente de solução, para satisfazer um contrato, padrão, especificação ou outros documentos formalmente impostos.
3. Uma representação documentada de uma condição ou capacidade como em (1) ou (2).[14]

Tudo bem, não vou contestar a definição. Aceito que ela faz o que deve fazer. Porém, permitam-me oferecer uma perspectiva diferente para a sua consideração e aplicação prática. Creio que executamos um projeto complexo para resolver um problema crítico que até a ocasião em questão ainda não foi resolvido, ou então para aproveitar a vantagem oferecida por uma oportunidade de negócio. Duas coisas ligam os produtos aos requisitos:

1. **a necessidade de entregar valor de negócio** – quanto mais, melhor;
2. **complexidade e incerteza** – todos os projetos simples já foram executados.

Gerar algum valor de negócio aceitável é a única medida real do sucesso de um projeto. Há muito tempo acho que o critério que define o sucesso de um projeto como cumprir a especificação dentro das restrições de tempo e custo não é uma boa orientação. Na realidade, esse critério ignora o negócio, o cliente e a satisfação organizacional. O meu critério é que o sucesso do projeto é medido pela entrega do valor de negócio esperado. Nada mais. Afinal, antes de qualquer coisa, não foi o valor de negócio esperado que justificou a necessidade de executar o projeto? É claro que há algumas exceções no caso de projetos encomendados, ou por alguma razão obrigatórios, independentemente de tais projetos entregarem ou não valor de negócio. Eis uma definição operacional de um requisito:

**#** **DEFINIÇÃO Requisito** Um requisito é um estado final desejado cuja integração bem-sucedida à solução atende uma ou mais necessidades e entrega valor de negócio específico, mensurável e incremental à organização. E mais, o conjunto de requisitos de alto nível forma um conjunto necessário e suficiente para a obtenção de valor de negócio incremental.

13 O Instituto Internacional de Análises de Negócios utiliza duas representações de abreviação em português: IIBA e IIBA.BR. Neste livro, será adotada a sigla IIBA.
14 INSTITUTO INTERNACIONAL DE ANÁLISE DE NEGÓCIOS (IIBA). *Um Guia para o Corpo de Conhecimento de Análise de Negócios – Guia BABOK* (Versão 2.0), 2011. Disponível em: <http://www.iiba.org.br>. Acesso em: jan. 2020.

Em outras palavras, um requisito descreve o que uma solução deve fazer, mas não como ela deve fazê-lo. Portanto, o requisito é independente da solução. Mesmo que não conheçamos uma solução, os requisitos de tal solução podem ser estabelecidos. Isso é crítico para projetos complexos porque podemos saber quais são os requisitos, mas, por outro lado, não saber como cumpri-los.

A declaração de condições necessárias e suficientes significa que todos os requisitos são necessários para cumprir os critérios de sucesso e nenhum dos requisitos é supérfluo. Isso é importante porque a justificativa do projeto foi baseada no valor de negócio esperado, que, por sua vez, foi descrito por todos os critérios de sucesso. Correlacionar os requisitos aos critérios de sucesso nos dá uma base para a priorização dos requisitos.

Essa definição de um requisito é bem diferente da definição do IIBA, porém, em sua simplicidade e exclusividade, ela coloca a conexão entre os requisitos e o projeto sob uma luz mais intuitiva. Não tenho nada em particular contra a definição do IIBA, mas acredito que uma definição operacional ligada ao valor de negócio é uma opção melhor. Usarei a minha definição neste livro.

Requisitos serão os fatores causais que comandam o cumprimento dos critérios de sucesso definidos no TAP. Todo requisito deve estar diretamente relacionado a uma declaração de sucesso do projeto. Essa definição resulta em um número pequeno (8–12, por exemplo) de requisitos de alto nível no início do projeto, ao passo que a definição do IIBA gera centenas e até milhares de requisitos que, mesmo assim, tal quantidade não poderá ser considerada uma lista completa dos requisitos a serem considerados ainda no início do projeto. Na última vez que apliquei a definição do IIBA, o cliente e a minha equipe geraram mais de 1.400 requisitos! A mente humana não consegue absorver e entender uma lista com esta quantidade de requisitos. Esperar que se tenha uma decisão quanto à completude é muito improvável. Sujeita ao aprendizado e à descoberta que podem evidenciar outros requisitos, a lista gerada segundo a minha definição de requisitos de alto nível pode ser considerada completa no início do projeto. Todavia, a decomposição desses requisitos de alto nível pode não ser conhecida no início do projeto. O meu requisito é uma definição mais orientada ao valor do negócio do que a definição do IIBA. O aprendizado e a descoberta derivados dos ciclos de projeto concluídos esclarecerão os requisitos mediante a sua decomposição em níveis de função, subfunção, processo, atividade e características/funcionalidades. A decomposição de primeiro nível de um requisito é até o nível funcional e pode ser considerada equivalente aos requisitos do IIBA. Portanto, mesmo que você consiga identificar todos os requisitos no início do projeto, não poderá descrever os detalhes dos requisitos nos níveis funcional, subfuncional, de processo, de atividade e de características/funcionalidades. Este detalhamento é compreendido e descoberto dentro do contexto dos ciclos que compõem o projeto.

Eu terei muito mais a dizer sobre a elicitação, coleta, decomposição e completude de requisitos no Capítulo 4,[15] onde você aprenderá como a completude dos requisitos está relacionada à escolha do modelo de CVGP mais adequado.

---

15   O assunto também será tratado na Parte IV do Volume 2 desta obra.

Então, agora é provável que você esteja imaginando se a minha definição é melhor do que a do IIBA e se utilizá-la em sua organização faz sentido à luz do seu negócio. Apresento aqui cinco razões para você pensar e discutir com os membros da sua equipe.

1. **A minha definição reduz o número de requisitos de centenas para 8 a 12.** Considero os requisitos em um nível mais alto do que a maioria dos profissionais. Usando a definição do IIBA, é improvável que a lista de requisitos esteja completa no início de um projeto. Na verdade, a maioria dos profissionais concordaria que não é possível gerar um conjunto de requisitos completo e documentado no início de um projeto. Só é possível compreender ou descobrir quais são os requisitos como parte da execução do projeto. Essa é a abordagem que adoto na minha Estrutura de Projeto Adaptativo (EPA) (veja o Capítulo 12). Por outro lado, usando a minha definição de ordem mais alta, espero gerar um conjunto completo de requisitos no início de um projeto. A experiência me ensinou que a minha definição de ordem mais alta dá ao cliente e à equipe de projeto uma visão mais holística do projeto e promove melhores decisões de negócio sobre os aspectos que impactam a solução.

2. **A identificação da definição completa da maioria dos requisitos acontece somente por meio de iterações**. A lista de requisitos será elaborada utilizando a minha definição de ordem mais alta. O desafio surge na identificação das partes que compõem cada requisito – a Estrutura Analítica dos Requisitos (EAR):
   - requisito;
   - funções;
   - subfunções;
   - processos;
   - atividades;
   - características/funcionalidades.

   Uma maneira simples de explicar a EAR é que ela é uma lista hierárquica do que deve ser desenvolvido para cumprir com os requisitos. Muitos desses detalhes só podem ser documentados durante a execução do projeto. O Capítulo 4 discute a EAR com mais detalhes. O Capítulo 5 estabelece a ligação entre a EAR e a Estrutura Analítica do Projeto (EAP).

3. **Fica mais simples escolher entre diferentes soluções alternativas**. O valor do negócio é o grande elemento de desempate quando temos de escolher entre soluções alternativas. Já passei por experiências nas quais uma parte componente aparentemente não gerava valor de negócio no início do projeto e, portanto, não tinha sido incluída. Porém, em uma iteração mais adiante, a equipe ou o cliente percebeu que ela gerava valor e então incluíram tal parte. Portanto, "na dúvida, deixe de fora" é uma boa prática para compor os detalhes de uma solução. Se uma parte componente que ficou de fora puder contribuir para o valor do negócio, isso será percebido mais adiante no projeto.

4. **Esta abordagem oferece melhor utilização de recursos (dinheiro, tempo e pessoal).** Usando essa definição de ordem mais alta de um requisito, obtemos retorno sobre o investimento de todas as partes da solução. O projeto complexo está repleto de incertezas e riscos, e saber que a sua abordagem utiliza recursos disponíveis com efetividade e eficiência tranquiliza o cliente e a sua administração.
5. **É uma definição operacional.** Ela está diretamente relacionada com o valor de negócio esperado que será o resultado de um projeto bem-sucedido. Esses requisitos podem ser priorizados em relação ao valor de negócio.

Sempre busquei a simplicidade e a facilidade de compreensão e uso em todas as ferramentas, documentos padrão e processos que utilizo. Acho que a minha definição de ordem mais alta de um requisito, além de cumprir essa meta, também faz sentido. Meus clientes corroboraram essa tese.

A EAR é o principal insumo para a escolha do modelo de CVGP mais adequado. Esse processo de tomada de decisão é realmente bem simples. Ao executarem o processo de geração da EAR, você e o cliente poderão avaliar a completude e a confiança que vocês têm na EAR resultante. Se o projeto em questão for do tipo que você está acostumado a executar, então certamente terá um alto grau de confiança na completude da EAR. Esse poderia ser o caso quando se trata de projetos de infraestrutura repetitivos.

Todavia, não se iluda acreditando que a RBS não pode mudar. Lembre-se de que o mundo não para de girar só porque você está gerenciando um projeto. Mudanças são inevitáveis em qualquer projeto, especialmente nos complexos. Essas mudanças podem ser internas à organização e podem partir do cliente ou até mesmo da equipe, e são imprevisíveis, exceto pelo fato de que podem ocorrer e você terá de reagir da maneira adequada. Mudanças também podem se originar de alguma fonte externa, tal como o mercado, a concorrência ou a chegada de alguma nova tecnologia revolucionária. Essas mudanças podem não causar efeito algum, causar um efeito mínimo, ou causar um efeito importante sobre o seu projeto. Novamente, você tem de ser capaz de reagir de maneira adequada.

As práticas tradicionais exigem a definição clara e completa dos requisitos do cliente antes de qualquer planejamento. A maioria dos pensadores contemporâneos sobre o tópico diria que é impossível obter a documentação clara e completa dos requisitos no início de qualquer projeto. Quer concorde ou não, é provável que essa condição exista na maioria dos projetos contemporâneos e há muitas razões para isso:

- mudanças nas condições de mercado;
- ações dos concorrentes;
- avanços na tecnologia;
- descoberta do cliente;
- mudanças de prioridades.

Essa é a motivação que resultou na definição de requisitos proposta por mim anteriormente. Na Parte III, você considerará essas situações e também como o processo de mudança de escopo é trabalhado e seu consequente impacto sobre os processos de gerenciamento de projetos. Ao fazer isso, aprenderá abordagens alternativas de gerenciamento de projetos para lidar com essas situações difíceis enquanto mantém o foco no cliente durante todo o ciclo de vida do projeto.

**ADVERTÊNCIA** Você nunca poderá saber com certeza se a EAR está completa. Quando em dúvida, prefira concluir que não está – o erro será menor. Seja qual for o caso, suponha que, de início, uma abordagem GTP parece ser a mais adequada. Se em algum ponto do projeto você chegar à conclusão de que a sua escolha original não era a correta e que, de fato, partes da solução não estão representadas na EAR, então deve considerar mudar a sua opção para uma das abordagens Iterativa ou Adaptativa. Finalmente, quando nem mesmo a meta está claramente especificada, uma abordagem GEP será adequada. Na Parte III, você explorará com mais detalhes como essas decisões são tomadas.

## 2.4 INTRODUZINDO CICLOS DE VIDA DE GERENCIAMENTO DE PROJETOS

Para planejar a sua jornada, você precisa de um panorama de projeto simples e intuitivo e que permanecerá válido apesar da volatilidade do ambiente de negócios. O panorama de projeto será o seu roteiro imutável para as futuras análises e ações. Já faz muitos anos que os profissionais de gerenciamento de projetos dizem que não há um modelo que sirva para todos os tipos de projeto. Se houvesse, a vida de um gerente de projeto seria maçante e este livro teria menos de cem páginas. Infelizmente (ou felizmente para quem tem espírito aventureiro) ser um gerente efetivo de projeto é estimulante e demanda todas as suas energias criativas. A mentalidade de que um modelo serve para todos os tipos de projeto não funciona e provavelmente nunca funcionou. Para ajudá-lo a montar um processo de tomada de decisão para escolher um modelo de gerenciamento de projeto, em primeiro lugar defini um panorama de projeto muito geral. Neste capítulo, vou aprofundar esse panorama até um modelo específico de gerenciamento CVGP, e então discutirei as ferramentas, documentos padrão e processos e sua adaptação às características específicas do projeto. Você precisa entender desde o início que não existe nenhuma bala de prata. O gerenciamento de projetos não é uma questão de seguir uma receita. Ao contrário, é a capacidade de criar e usar suas próprias receitas. Quero que você seja um *chef de cuisine* e não apenas um cozinheiro. Você terá de trabalhar muito para chegar ao ponto em que poderá criar suas próprias receitas.

**#  DEFINIÇÃO CVGP** O ciclo de vida de gerenciamento de um projeto (CVGP) é uma sequência de processos que inclui

- definição do escopo;
- planejamento;
- execução;
- monitoramento e controle;
- encerramento

dos projetos aos quais esses processos se aplicam. Um CVGP válido sempre começa com um processo de definição de escopo e termina com um processo de encerramento. Todos os cinco processos devem ser seguidos ao menos uma vez e podem ser repetidos qualquer número de vezes em alguma ordem lógica.

Esses grupos de processos são definidos no Capítulo 3. A ordenação lógica desses processos é função das características do projeto. Este livro define cinco modelos de

CVGP diferentes. Cada um é construído para atender as necessidades específicas de um tipo de projeto ao qual ele está alinhado. Para essa finalidade, defini os cinco modelos a seguir sobre os quatro quadrantes:

- **quadrante 1: GTP** – Modelos Lineares e Incrementais;
- **quadrante 2: GAP** – Modelos Iterativos e Adaptativos;
- **quadrante 3: GEP** – Modelo Extremo;
- **quadrante 4: PEG** – Modelo Emertxe.

Esses cinco modelos formam um contínuo que abrange desde a certeza em relação à solução (a meta e a solução são claramente definidas) até alguma incerteza quanto à solução (a meta é claramente definida, mas a solução não é claramente definida) até uma grande incerteza quanto à solução (nem a meta nem a solução são claramente definidas).

Na Figura 2.1, a certeza é medida em relação aos requisitos e a uma solução. Quanto menos certeza você tem sobre a clareza da definição dos requisitos e de uma solução adequada, mais deverá escolher uma abordagem na extremidade mais alta do contínuo. Uma vez entendida a natureza do projeto que será realizado, você poderá escolher com ampla confiança o modelo que ofereça a melhor chance de término bem-sucedido.

**FIGURA 2.1 Abordagens de CVGP**

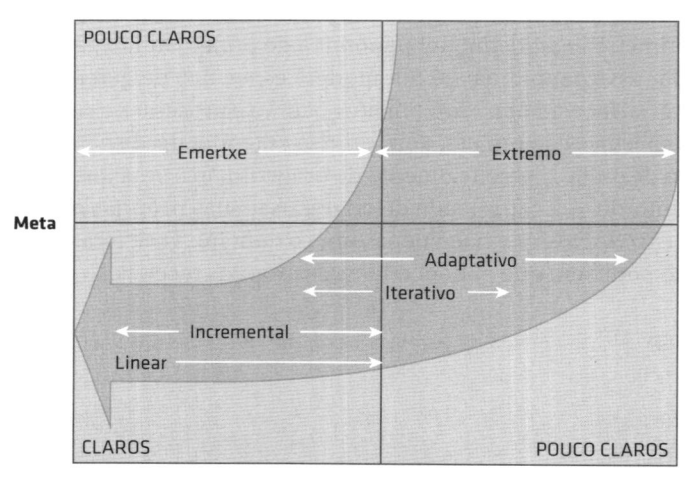

A Figura 2.1 mostra como os cinco modelos de CVGP são distribuídos pelos quatro quadrantes de projetos definidos no Capítulo 1. Observe que há alguma sobreposição. Parece que, à medida que a solução do projeto e seus requisitos ficam menos claros, o CVGP mais adequado poderia ser escolhido entre Linear, Incremental, Iterativo, Adaptativo ou Extremo. E é esse, de fato, o caso. Decidir qual desses cinco CVGPs é melhor para o projeto baseia-se em fatores que incluem a clareza da solução. Para projetos que estão próximos das fronteiras entre GTP e GAP, você sempre terá de julgar qual modelo de CVGP é o mais adequado. As ramificações dessa decisão subjetiva são descritas na Parte III.

Eu trabalho na área de gerenciamento de projetos desde 1963, alguns anos antes da existência do PMI. Ao longo dos anos, observei o amadurecimento do gerenciamento de projetos desde uma abordagem simples baseada principalmente em gráficos de Gantt, até um conjunto multidisciplinar de ferramentas, documentos padrão e processos concebidos para se ajustarem a todos os tipos de situações. O gerenciamento de projetos não é mais apenas mais uma ferramenta no conjunto de ferramentas de um engenheiro. Agora é um modo de vida, visto que muitas empresas se transformaram em organizações que, de alguma forma, hoje estão baseadas em projetos. Embora possam existir aplicações para as quais os métodos antigos ainda serão adequados, há todo um novo conjunto de aplicações para as quais aqueles métodos são totalmente inadequados. O paradigma tem de mudar e está mudando.

Considere o GAP, por exemplo, que formalmente entrou em cena em 2001.[16] Ele representou um afastamento formal e marcante com relação às práticas correntes da época. Qualquer empresa que não tivesse adotado tal mudança, certamente correria o risco de perder o gerenciamento de projetos como um ativo estratégico e, por consequência, participação de mercado. A expressão "mude ou morra" nunca foi tão verdadeira. Desde aquela humilde introdução em 2001, surgiu um portfólio inteiro de abordagens de gerenciamento de projetos. Muitas delas são mencionadas na Parte III.

Por que precisamos de mais um modo de gerenciar projetos? Já não temos opções suficientes? Sim, é fato que existe uma porção de opções; mas projetos ainda fracassam a uma taxa alta e inaceitável. No passado, os esforços dos gerentes de projeto não foram muito frutíferos. Há muitas razões para tal fracasso. Acredito que parte da razão é porque ainda não tínhamos definido completamente, em um nível prático e efetivo, como ajustar nossas abordagens de gerenciamento de modo a abarcar os tipos de projeto que são executados no ambiente de negócios de hoje. Um número demasiadamente alto de gerentes de projeto está tentando em vão inserir pinos quadrados em buracos redondos porque tudo o que eles têm são pinos quadrados. Precisamos abordar o gerenciamento de projetos como a arte e a ciência que ele realmente é. Isso significa baseá-lo em princípios e conceitos irrefutáveis e partir daí para a concepção de uma disciplina cientificamente definida. Este capítulo e as Partes II e III são a minha tentativa de fazer exatamente isso.

Para mim, a resposta para as nossas dificuldades no gerenciamento de projetos é óbvia. Os gerentes de projeto devem abrir suas mentes aos princípios básicos que sustentam o gerenciamento de projetos de modo a acolher mudanças, evitar perda de dinheiro, evitar perda de tempo e proteger posições no mercado. Práticas "enxutas" estão surgindo para lidar com essas dificuldades e serão discutidas no Capítulo 10. Desde que me lembro, sempre defendi que não existe um método único que serve para todos os projetos. As características do projeto devem ser a base para a definição das abordagens do gerenciamento de projetos. Esse conceito tem de estar embutido na sua abordagem do gerenciamento de projetos. A ideia que você tem do gerenciamento de projetos deve começar pela escolha do modelo de CVGP mais adequado tendo como base as características do projeto de que você dispõe. A EAR é o artefato que permitirá que faça isso. Então poderá escolher como tal modelo deve ser adaptado para gerenciar o projeto de um modo efetivo.

16  FOWLER, M.; HIGHSMITH, J. The agile manifesto. *Software Development 9*, n. 8, ago. 2001, p. 28-32.

## 2.4.1 Abordagens de gerenciamento tradicional de projetos

O que poderia ser melhor do que saber claramente qual é a meta e qual é a solução? Essa é a situação mais simples de todas as possíveis para um projeto, mas é também a menos provável de ocorrer no mundo atual dos negócios, que é veloz e em contínua mutação. Dados testemunhais agrupados por mim, com base em entrevistas no mundo inteiro, sugerem que cerca de 20% de todos os projetos caem legitimamente no quadrante GTP. Projetos que caem no quadrante GTP são bem conhecidos pelas organizações. Muitos projetos de infraestrutura cairão no quadrante GTP. Talvez sejam semelhantes a projetos que já foram executados várias vezes no passado. Não há surpresas. O cliente especificou claramente a meta, e a equipe de projeto definiu como alcançar essa meta. Esperam-se poucas mudanças. Há diferentes abordagens disponíveis para tais projetos, e você aprenderá como escolher aquela que melhor se adapta ao seu projeto. O fator limitativo nas abordagens de GTP orientadas por plano é que elas são intolerantes a mudanças. Elas estão focadas em realizar as entregas de acordo com as restrições de tempo e orçamento, e se preocupam mais em obedecer ao plano do que em entregar valor de negócio. O plano é sagrado, e a conformidade a ele é a característica que distingue uma equipe de sucesso. Essa atitude já provou ser equivocada.

Em razão da época em que vivemos, a frequência de projetos entregues legitimamente via quadrante GTP está diminuindo rapidamente. Todos os projetos simples já foram feitos. Os que sobram no quadrante GTP são do tipo daqueles que já foram executados muitas vezes antes e é provável que existam modelos muito bem estabelecidos e disponíveis para sua gestão. À medida que se tornam menos frequentes, as abordagens GTP estão dando lugar a todo um novo conjunto de abordagens mais focadas no cliente e que entregam valor de negócio em vez de estrita obediência a um cronograma e um orçamento.

Além de uma meta e uma solução claramente definidas, projetos que caem corretamente no quadrante GTP têm várias características identificadoras conforme apresentado nas seções seguintes.

### 2.4.1.1 Baixa complexidade

Fora o fato de que um projeto de baixa complexidade é realmente simples, essa característica costuma ser atribuída ao fato de que este tipo de projeto exala familiaridade. Ele pode ser uma aplicação direta de regras de negócios consagradas e que, portanto, aproveitam as vantagens de concepções e codificações já existentes. Como projetos similares já foram executados muitas vezes, esses projetos costumam ter à sua disposição um conjunto de modelos e documentos padrão relativamente completos para sua execução. Para o desenvolvedor, o projeto pode parecer um exercício de cortar e colar.

### 2.4.1.2 Poucas solicitações de mudança de escopo

É aqui que as abordagens GTP encontram dificuldades. A premissa é que a EAR e a EAP são relativamente completas, e haverá poucas solicitações de mudanças de escopo, se é que haverá alguma. Toda solicitação de mudança de escopo exige as seguintes providências:

- alguém precisa decidir se a solicitação justifica uma análise por um membro da equipe de projeto;
- o gerente de projeto tem de encaminhar a solicitação ao membro da equipe adequado;
- o membro da equipe adequado faz a análise e redige a Declaração de Impacto sobre o Projeto (DIP);
- o gerente de projeto repassa a análise de impacto e as consequências da mudança ao cliente;
- o gerente de projeto e o cliente têm de decidir se a mudança será aprovada e, se for, como ela será executada;
- se a solicitação de mudança de escopo for aprovada, o escopo, o custo, o cronograma, os requisitos de recursos e os critérios de aceitação do cliente são atualizados.

Tudo isso rouba tempo das atividades e compromissos já programados para o membro da equipe. Depois de muitas solicitações de mudança, você verá o efeito consequente sobre o cronograma do seu projeto. Além do mais, grande parte do tempo gasto com o planejamento do projeto antes da solicitação torna-se tempo sem valor agregado.

Portanto, a resposta a solicitações frequentes de mudança de escopo é alguma forma de monitoramento e controle do próprio gerenciamento. Esses controles do gerenciamento podem ser embutidos em todas as abordagens GTP, GAP, GEP e PEG, mas são diferentes para cada tipo de projeto.

### 2.4.1.3 Embasamento tecnológico bem compreendido

Um embasamento tecnológico bem compreendido é estável e certamente foi o fundamento para muitos projetos no passado. Isso significa que as capacidades e competências necessárias para trabalhar com as bases da tecnologia estão bem fundamentadas nas equipes de desenvolvimento. Se a tecnologia for nova ou não for muito bem compreendida pela equipe de projeto, devem existir estratégias alternativas para a abordagem do projeto. Essas estratégias serão discutidas na Parte III.

### 2.4.1.4 Baixo risco

O requisito para projetos GTP é que o seu ambiente seja conhecido e previsível. Não há surpresas. Tudo o que poderia acontecer para colocar o projeto em risco já ocorreu no passado, e já existem estratégias de mitigação bem testadas que podem ser utilizadas. A experiência eliminou todos os erros que poderiam ser cometidos. O cliente acredita que executou um ótimo trabalho na identificação de requisitos, funções, características e funcionalidades, e que é provável que tais informações não sejam modificadas. O gerente de projeto previu e se preparou para eventos prováveis (não incluindo atos da natureza e outras ocorrências inevitáveis). Haverá poucos riscos não previstos em projetos GTP. Isso não significa que você está livre do processo de gerenciamento de risco nesses projetos. Isso nunca será o caso, independentemente do quadrante que o projeto ocupa. Todavia, a intensidade, a análise e as estratégias de monitoramento e mitigação serão diferentes em cada quadrante.

### 2.4.1.5 Equipes de projeto experientes e competentes

Projetos anteriores podem ter servido como uma boa base de treinamento para equipes de projeto. Os membros da equipe tiveram oportunidades de aprender ou aprimorar suas habilidades e competências por terem trabalhado em outros projetos. Essas habilidades e competências são um fator crítico de sucesso em todos os projetos. Conforme as características dos produtos mudam, também muda o perfil da equipe que, por sua vez, pode ser mais efetiva no desenvolvimento dos produtos. Equipes de projeto GTP podem incluir membros e gerentes de projeto menos experientes. Eles podem trabalhar em áreas geográficas diferentes e, ainda assim, serem efetivos.

### 2.4.1.6 Projetos GTP orientados por plano

Como todas as informações que poderiam ser conhecidas sobre o projeto são conhecidas e consideradas estáveis, o modelo de CVGP adequado é aquele que chega ao fim o mais rapidamente possível. Tendo como base os requisitos, as funcionalidades desejadas e as características específicas, pode-se desenvolver um plano de projeto completo. Esse plano especifica todo o trabalho que será necessário para cumprir os requisitos, a programação do trabalho e os recursos de pessoal necessários para executar o plano. Projetos GTP são essencialmente orientados pelo planejamento – o sucesso desses projetos é medido pela aderência e cumprimento do plano do projeto.

Sabendo disso, você pode usar uma abordagem GTP para o gerenciamento de tais projetos. Por exemplo, pode montar uma EAP completa e, a partir dela, estimar a duração e a necessidade de recursos, montar o cronograma do projeto e redigir uma proposta para o projeto. É uma situação bem direta e simples. Quem dera a vida de um gerente de projeto fosse desse jeito! Mas não é, e é exatamente aí que o desafio real entra em cena. Você verá isso mais adiante quando eu mostrar como ajustar esse quadrante para situações de projeto mais complexas, discutidas nos Capítulos 10 e 11.

Entrevistas que realizei com mais de 10.000 gerentes de projetos no mundo inteiro sugerem que não mais de 20% de todos os projetos demandam alguma abordagem do tipo GTP. Os dois modelos discutidos nas subseções a seguir são casos especiais de abordagem GTP.

### 2.4.1.7 Modelo linear do gerenciamento do ciclo de vida do projeto

Começo com a abordagem mais simples do GTP – o Modelo de CVGP Linear – como sendo a base para as variações apresentadas nesta seção. A Figura 2.2 ilustra uma abordagem do modelo linear para o gerenciamento de projetos.

**FIGURA 2.2  Modelo de CVGP Linear**

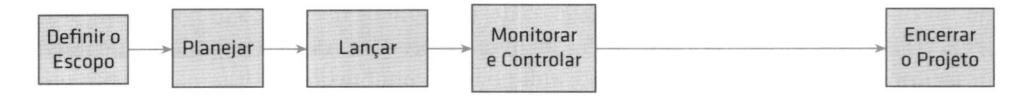

Observe que cada um dos cinco grupos de processos é executado uma vez, na ordem mostrada na figura. Não há nenhum *looping*[17] que permita repetir um grupo de processo mesmo que exista algum aprendizado que seja função da execução de um grupo de processo posterior. Essa é a principal fraqueza de todos os modelos lineares de CVGP, no sentido de o conhecimento adquirido em um determinado grupo do processo, por exemplo, Lançamento, não poder ser usado para revisar e melhorar as entregas de um grupo de processo concluído anteriormente, por exemplo, Definição do Escopo. Não se pode voltar atrás para melhorar as entregas e os produtos intermediários. Por exemplo, suponha que o projeto envolve o desenvolvimento de uma aplicação de *software*. O grupo de Monitoramento e Controle inclui um ciclo de vida de desenvolvimento de sistemas que poderia consistir simplesmente em Conceber, Desenvolver, Testar e Implantar. De acordo com esta filosofia, essas etapas também são executadas sem voltar a uma etapa anterior do ciclo de vida de desenvolvimento de sistemas. Portanto, uma solução melhorada descoberta durante a fase Desenvolver não pode se refletir em uma fase Conceber revisada e melhorada. Não há nenhum retorno.

Então, você poderia argumentar que voltar e aprimorar a solução é mais interessante e melhor para o cliente. Provavelmente é, mas se está disposto a aceitar essa possibilidade, então por que não tomar a decisão no início do projeto e escolher um modelo de CVGP que inclua a repetição de grupos de processo? E existem várias opções que você pode escolher.

Um pedido de mudança de escopo vindo do cliente perturba o equilíbrio do cronograma de um projeto elaborado de acordo com o modelo CVGP Linear e, possivelmente, também bagunça com a programação de recursos. Um ou mais membros da equipe terão de analisar a solicitação de mudança e emitir uma Declaração de Impacto sobre o Projeto.[18] Isso afasta estes colaboradores do trabalho programado para o projeto, o que potencialmente fará com que a iniciativa se atrase.

Você sempre pode escolher utilizar o CVGP Linear, mas se um outro CVGP for uma opção melhor para o seu caso, você enfrentará um rio bem turbulento.

 **ADVERTÊNCIA** O modelo de CVGP Linear é intolerante a mudanças.

### 2.4.1.8 Modelo de ciclo de vida de gerenciamento de projeto incremental

Na superfície, a única diferença entre as abordagens Linear e Incremental é que na abordagem Incremental as entregas são liberadas incrementalmente, de acordo com um cronograma. Isto é, uma solução parcial é liberada inicialmente e então, algum tempo depois, conforme programado, partes adicionais da solução são liberadas e agregadas à liberação anterior para formar uma solução mais completa. Liberações subsequentes são adicionadas à solução até que o incremento final libera a solução completa. A decisão de usar um modelo de CVGP Incremental em vez de usar o modelo de CVGP Linear é, geralmente, uma necessidade de mercado. Em ambos os modelos, a solução completa é conhecida desde o início. O lançamento de uma solução parcial no mercado é visto

---

17  NRT: em português, utiliza-se também o termo *laço de retorno*.
18  A Declaração de Impacto sobre o Projeto é discutida no Capítulo 6 desta obra.

como um modo de obter uma posição de entrada e com isso criar alguma alavancagem para gerar maior participação de mercado posteriormente. Falarei mais sobre as vantagens e desvantagens desse modelo no Capítulo 12.

A liberação dos incrementos ocorre de modo linear, como mostrado na Figura 2.3, fazendo com que, ao final, a solução seja a mesma que seria obtida caso um modelo de CVGP Linear tivesse sido empregado. Idealmente, o projeto termina com as mesmas entregas e leva aproximadamente o mesmo tempo. Há algumas atividades de gerenciamento adicionais associadas ao Modelo de CVGP Incremental, portanto esses projetos terminarão um pouco mais tarde do que o Modelo de CVGP Linear.

**FIGURA 2.3 Modelo de CVGP Incremental**

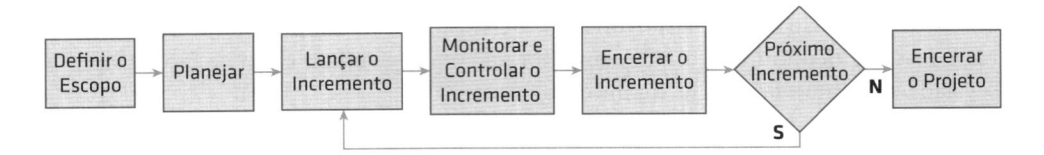

A sequência das etapas Execução do Incremento até Próximo Incremento é enfileirada em série ao longo do tempo.

Uma investigação mais profunda mostraria que há diferenças significativas entre o modelo de CVGP Incremental e o modelo de CVGP Linear. Vale a pena mencionar as duas seguintes:

- A primeira diferença tem a ver com as requisições de mudança de escopo. No modelo de CVGP Linear, elas não são esperadas ou incentivadas. Como proteção contra o tempo que elas tomam, costuma-se agregar uma reserva de gerenciamento no final do cronograma.[19] Em razão da estrutura do modelo de CVGP Incremental, na verdade a mudança é estimulada e ocorre de um modo sutil e despercebido. A liberação inicial de uma solução parcial dá ao cliente e ao usuário final uma oportunidade de experimentar a solução parcial em um cenário de operação e descobrir áreas que podem ser aperfeiçoadas. Isso incentiva requisições de mudança. Um gerente de projeto esperto vai inserir contingências na programação como prevenção para o caso de tais requisições ocorrerem.
- A segunda diferença está relacionada ao modo como a solução completa foi decomposta em soluções parciais cujo desenvolvimento seria, então, planejado de um modo sequencial e liberadas em uma dada ordem. A programação de entrega das soluções precisa ser consistente com as dependências que existem entre cada solução parcial. Para sermos claros, e se a liberação de uma solução em particular depender das características e funcionalidades programadas para serem desenvolvidas somente em uma liberação mais adiante? Lá se vai a integridade do cronograma das liberações incrementais. O resultado disso é, geralmente, um grande replanejamento, que gera mudanças significativas na programação das liberações das soluções parciais.

---

19  Veja o Capítulo 5 para uma discussão sobre reserva de gerenciamento.

**ADVERTÊNCIA** O modelo de CVGP Incremental incentiva mudanças de escopo indesejadas.

## 2.4.2 Abordagens de gerenciamento ágil de projetos

O que dizer dos casos em que o que é necessário atender está claramente definido, mas como produzir algo que atenda não é assim tão óbvio? Esses projetos são complexos e ocupam um espaço no panorama em algum lugar entre projetos tradicionais e projetos extremos. Muitos gerentes já observaram que a vasta maioria de seus projetos se ajusta mais às abordagens GAP do que às abordagens GTP ou GEP. É claro que o GTP não funcionará quando a solução não é conhecida. Para o GTP funcionar, precisa de requisitos completos e de um plano detalhado. Porém, se você não sabe o que é necessário, como poderá gerar um plano detalhado? Projetos que se enquadram apropriadamente em uma abordagem GAP possuem várias características específicas, que listamos resumidamente nas seções a seguir.

### 2.4.2.1 Um problema crítico sem uma solução conhecida

Esses projetos têm de ser executados. Você não tem escolha. Como não há solução conhecida, uma abordagem GTP, que exige EAR e EAP completas, não funcionará. Apesar das realidades, acho interessante o fato de muitos gerentes de projetos tentarem usar um martelo quando é preciso usar uma chave de fenda (talvez alguns deles só tenham martelos). Nos casos em que não se tem solução conhecida, as únicas abordagens que fazem sentido são as que o habilitam a encontrar uma solução aceitável ao longo da execução do projeto. Esses projetos desafiam as práticas tradicionais de gerenciamento de projetos. Os executivos sentem-se desconfortáveis com essa situação porque todas as abordagens ágeis válidas têm escopo variável. Recursos são solicitados sem saber ao certo qual será o produto final que será entregue e se ele terá o valor de negócio exigido.

### 2.4.2.2 Uma oportunidade de negócio ainda não explorada

Esses tipos de projetos são empregados quando a empresa está perdendo uma oportunidade de negócio e tem de encontrar um modo de aproveitá-la por meio de um novo produto, de um produto repaginado ou da oferta de um serviço. A pergunta é qual é essa oportunidade de negócio e como aproveitá-la? Nesse caso, muito pouco da solução é conhecido.

### 2.4.2.3 Projetos GAP orientados por mudanças

Ao passo que projetos GTP são orientados por planos, projetos GAP são orientados por mudanças. Essa diferença é significativa. Projetos GTP são intolerantes a mudanças e, neste tipo de projeto, mudanças provocam perda de tempo e de recursos em razão da necessidade de revisar os planos. Projetos GAP são bem-sucedidos quando existem mudanças e, para enfrentá-las, utilizam modelos de planejamento *just-in-time*. Não desperdiçam recursos e, nesse sentido, são "enxutos".

### 2.4.2.4 Projetos GAP são críticos para a organização

A essa altura, você já deve ter percebido que um projeto GAP pode ser muito arriscado. Se tentativas anteriores de resolver o problema falharam, isso significa que o problema é complexo e que é possível que não haja uma solução aceitável. A organização precisa aceitar essa realidade e fazer o melhor que puder. Projetos concebidos para encontrar a possível solução poderiam funcionar melhor se focassem em partes do problema ou se fossem tratados como projetos de melhoria de processo.[20]

### 2.4.2.5 O envolvimento significativo do cliente é essencial

A solução só será encontrada se o cliente e a equipe de desenvolvimento colaborarem de maneira significativa em um ambiente aberto e honesto. Para o cliente, isso significa participar ativamente junto da equipe de projeto e estar disposto a aprender como ser um cliente em um mundo ágil. Para a equipe de desenvolvimento, isso significa ter a vontade de aprender sobre o negócio do cliente e como se comunicar na linguagem dele. Para o gerente de projeto isso significa preparar ambas as equipes, tanto a equipe do cliente, como a equipe de desenvolvimento, para trabalharem juntas em um ambiente aberto e colaborativo. Significa também que o gerente de projeto terá de compartilhar responsabilidades e a liderança do processo com o gerente do cliente.

O meu modelo de governança de projeto é um modelo de cogerência do projeto: compartilho o gerenciamento do projeto com o representante do cliente, que pode ser, por exemplo, o gerente do cliente ou um analista de negócios sênior designado à unidade de negócios. Constatei que isso desperta um sentimento de propriedade por parte do cliente e é importante para o sucesso da implementação.

### 2.4.2.6 Projetos GAP usam equipes pequenas e colocalizadas

Se o projeto exigir uma equipe de mais de 30 profissionais, você provavelmente deveria dividi-lo em vários projetos menores, com escopos mais limitados. De forma geral, o GAP não funciona bem em grandes escalas. Para gerenciar uma equipe de projeto com mais de 30 pessoas, divida-a em equipes menores, cada uma delas responsável por parte do escopo. Monte um escritório de projeto temporário para gerenciar e coordenar o trabalho dessas equipes de projetos menores.

Dois tipos de modelo caem no quadrante GAP. O primeiro é o modelo de CVGP Iterativo, que é adequado para projetos nos quais estão faltando ou ainda não estão claramente definidas as características e funcionalidades. Quando a solução não está bem especificada – faltam funções, características e funcionalidades, ou elas não estão claramente definidas – então a opção mais adequada é o uso de outro tipo de modelo: o modelo de CVGP Adaptativo.

Há várias abordagens Iterativas e Adaptativas para gerenciamento de projetos GAP. Imagine um contínuo de projetos que abrange desde situações cuja solução está quase toda clara e completamente definida até situações nas quais uma parcela muito pequena da solução está clara e completamente definida. Essa é a faixa de projetos que ocupam o quadrante GAP. Ao pensar em qual posição desse quadrante os seus projetos estão situados, considere a possibilidade de que muitos, se não a maioria deles, estarão na região onde o GAP é a opção de CVGP recomendada. Se for esse o caso, será que você

---

20 Veja no Capítulo 4 do Volume 2 desta obra uma discussão sobre como conceber e implementar um programa de melhoria contínua dos processos e práticas organizacionais.

não deveria também considerar a utilização de uma abordagem de gerenciamento para esses projetos que contemplasse as características das metas e soluções destes projetos ao invés de tentar ajustá-los à força dentro de alguma outra abordagem que foi concebida para projetos cujas características são muito diferentes?

Eu sustento que as classes de projetos GAP Iterativa e Adaptativa estão em constante crescimento. Em todas as apresentações que faço, costumo perguntar com qual frequência os participantes encontram projetos GAP. Com variações muito pequenas nas respostas, eles dizem que por volta de 70% de todos os seus projetos são projetos GAP, 20% são projetos GTP e os restantes 10% se dividem em projetos GEP e PEG. Infelizmente, muitos gerentes de projetos tentam aplicar abordagens GTP (talvez porque isso é tudo o que eles têm em seu arsenal de gerenciamento de projetos) a projetos GAP e não são muito bem-sucedidos. Os resultados vão de sucesso medíocre a fracasso puro e simples. Projetos GAP apresentam um conjunto de desafios diferente e precisam de uma abordagem diferente. Abordagens GTP simplesmente não funcionarão com projetos GAP. Há muitos anos defendo que a abordagem do projeto deve ser guiada por suas características. Acho intrigante que nós definimos um projeto como uma experiência singular que nunca aconteceu antes e nunca mais acontecerá novamente sob o mesmo conjunto de circunstâncias, mas não avaliamos que a abordagem de gerenciamento de projetos adequada para esses projetos singulares também será singular. Eu diria que a abordagem do gerenciamento de projetos é singular até certo ponto. Sua singularidade está restrita à utilização de um conjunto de ferramentas, documentos padrão e processos validados e certificados. Não estabelecer as fronteiras nos modos como você pode gerenciar um projeto seria caótico – e mais, a organização nunca aprenderia e evoluiria quando se tratasse de processos e práticas de gerenciamento de projetos.

 **NOTA** Cabe repetir: definimos um projeto como uma experiência singular que nunca aconteceu antes e nunca mais acontecerá novamente sob o mesmo conjunto de circunstâncias, mas não avaliamos que a abordagem adequada para gerenciar esses projetos singulares também será singular. Acho isso verdadeiramente intrigante.

À medida que a solução passa daquelas que são claramente especificadas para aquelas que não são claramente especificadas, passa por várias situações que exigem tratamento diferente. Por exemplo, suponha que apenas alguns aspectos menores da solução não são conhecidos, por exemplo, a cor do pano de fundo e da fonte para as telas de acesso (tela de *login*). O que você faria? Uma abordagem que inclua tudo o que se sabe da solução na ocasião deve funcionar bem. Essa abordagem permitiria que o cliente examinasse, no sentido de um protótipo de produção, o que está presente na solução em uma tentativa de descobrir o que não está presente, mas deveria estar. Na outra extremidade do quadrante GAP, quando pouco se sabe sobre a solução, os projetos apresentam níveis de risco mais altos do que aqueles cuja solução se sabe muito mais. É preciso uma solução e é importante que uma solução seja encontrada. O que você faria? O que precisamos é de uma abordagem concebida para aprender e descobrir grande parte da solução no decorrer do projeto. De algum modo essa abordagem deve começar com o que é conhecido e partir em busca do que não é conhecido. No Capítulo 12, compartilharei um processo que desenvolvi, denominado Estrutura de Projeto Adaptativo (EPA). É o único modelo de CVGP GAP que conheço que inclui sequências de trabalho concebidas especificamente para aprender e descobrir em vez de implementar aspectos da solução. Dei a essas sequências de trabalho o nome de Raias de Prova (*Probative Swim Lanes*). Elas são definidas e discutidas a fundo no Capítulo 12.

Há diversas abordagens para projetos GAP. Todas elas têm uma coisa em comum – você não pode montar uma EAP completa sem adivinhação. Como adivinhar não é aceitável como boa prática no planejamento de projetos, tem de escolher uma abordagem concebida para funcionar na ausência de uma EAP completa. Todas as abordagens GAP são estruturadas de modo que você consiga aprender e descobrir quais são as partes que faltam na solução. Na medida em que são descobertas, essas partes faltantes são integradas na solução. Há dois modelos distintos de CVGPs para uso em projetos GAP: Modelos de CVGPs Iterativos e modelos de CVGPs Adaptativos. A escolha do modelo a usar depende, em certa maneira, da incerteza inicial que você tem em relação à solução.

### 2.4.2.7 Modelo de ciclo de vida de gerenciamento de projeto iterativo

Uma vez que alguns dos detalhes de uma solução não estejam claramente definidos, ou talvez estejam até faltando, você deve escolher alguma forma de modelo de CVGP Iterativo. Para o desenvolvimento de projetos de *software*, os modelos mais populares são: *Evolutionary Development Waterfall, Scrum*, Processo Unificado da Rational[21] [*Rational Unified Process* (RUP)], Método de Desenvolvimento de Sistemas Dinâmicos (MDSD) [*Dynamic Systems Development Model* (DSDM)].[22]

O Modelo de CVGP Iterativo é mostrado na Figura 2.4.

### FIGURA 2.4 Modelo de CVGP Iterativo

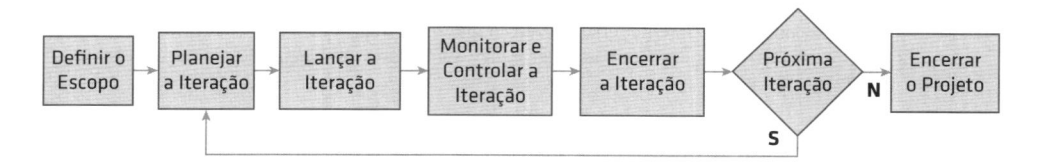

Você talvez tenha percebido que essa abordagem é bem semelhante à da produção prototipada. Isto é, uma solução operacional é entregue ao final de cada iteração. O objetivo é mostrar ao cliente uma solução intermediária e talvez incompleta e solicitar *feedback* sobre mudanças ou adições que ele gostaria de ver. Essas mudanças são integradas ao protótipo e uma outra solução incompleta é produzida. Esse processo é repetido até que o cliente fique satisfeito e não tenha nenhuma outra mudança para propor ou até que o orçamento e/ou o tempo se esgotem. O modelo de CVGP Iterativo é diferente do modelo de CVGP Incremental no sentido de que a mudança, no modelo Iterativo, é esperada. Na verdade, a mudança é uma parte necessária desse modelo.

---

21 NRT: método desenvolvido pela Rational *Software* Corporation em 2003. Em 2018 a empresa era uma subsidiária da IBM.
22 Consulte a seção Referências, no final do livro, para encontrar fontes para todos os quatro modelos.

CVGPs Iterativos definitivamente se ajustam bem à classe de projetos que dão oportunidade de aprender e descobrir. Na Figura 2.4, a experiência de aprendizado e descoberta ocorre como parte do *looping* de cada iteração. A cada iteração, aumentam a abrangência e a profundidade da solução. Isso decorre da oportunidade que o cliente tem de trabalhar com a solução corrente e realimentar a equipe de projeto. A premissa é que o cliente aprende e descobre mais detalhes sobre a solução operacional que foi resultado da iteração corrente. No modo de prototipagem, em geral a equipe de desenvolvimento toma as informações do cliente como entrada para o próximo ciclo de iteração e apresenta alternativas na próxima versão do protótipo. Como pode ver, há um forte ambiente colaborativo em abordagens GAP que não costumam estar presentes, bem como não são exigidas em abordagens GTP.

### 2.4.2.8 Ciclo de vida do modelo de gerenciamento de projeto adaptativo

O próximo passo para um pouco mais longe de uma solução completa é o modelo de CVGP Adaptativo. Nesse caso, as peças faltantes da solução estendem-se às funcionalidades que estão faltando ou que não estão claramente definidas. Na extremidade final do GAP, uma parte do panorama seria de projetos cujas soluções são praticamente desconhecidas. Em outras palavras, quanto menos souber sobre a solução, maior será a chance de que você escolha um Modelo de CVGP Adaptativo do que um Modelo de CVGP Iterativo. Infelizmente, todos os modelos de CVGPs Adaptativos correntes foram projetados para projetos de desenvolvimento de *software*. Como nem todos os projetos são de desenvolvimento de *software*, existe uma lacuna gigantesca no contínuo do modelo de CVGP. Em minha prática de consultoria, essa era uma séria deficiência no espaço ágil e me levou a desenvolver a EPA para aplicação em qualquer tipo de projeto. A EPA é uma abordagem GAP que abrange a lacuna entre as abordagens GTP e GEP para todos os tipos de projetos. Fui bem-sucedido na utilização da EPA em projetos de desenvolvimento de produtos, de concepção de processos de negócios e de melhoria de processos. O Capítulo 12 discute a EPA em detalhes.

A Figura 2.5 é uma representação gráfica da estrutura do CVGP Adaptativo. No nível de grupo de processo, ela é idêntica ao modelo de CVGP Iterativo. Dentro de cada grupo de processo, as diferenças se tornarão óbvias. O Capítulo 10 trata do modelo de CVGP Adaptativo com um detalhamento considerável.

 **ADVERTÊNCIA** O escopo é variável para todos os modelos de CVGPs ágeis.

### 2.4.3 Abordagem de gerenciamento extremo de projeto

O terceiro tipo de modelo surge para os projetos cuja solução e meta não são conhecidas ou não estão claramente definidas. Nesse caso, estamos no mundo dos Projetos de Pesquisa e Desenvolvimento (P&D) puros, desenvolvimento de novos produtos e melhorias de processos. Esses são projetos de alto risco e alto grau de mudança. Em muitos casos, são também de alta velocidade. As taxas de fracasso costumam ser muito altas.

## FIGURA 2.5 Modelo de CVGP Adaptativo

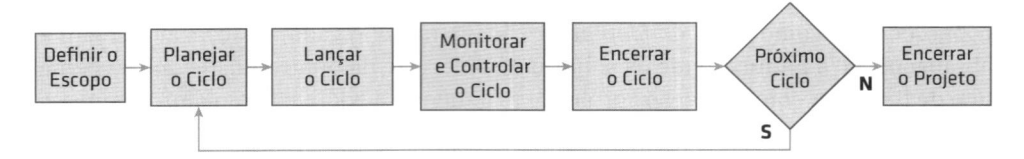

Quando se sabe tão pouco sobre a meta e a solução, você deveria se preocupar com o modo de abordar tais projetos. Quais ferramentas, documentos padrão e processos funcionarão nesses casos? E será que estes artefatos vão funcionar mesmo? Esse pode ser um momento de alta ansiedade para todos, exceto para as equipes de projeto mais corajosas, que enfrentam os riscos e que são flexíveis e criativas. O envolvimento intenso do cliente é essencial. Quando estiver se aventurando no vasto território do desconhecido, não irá muito longe a menos que tenha alguém que conheça do assunto (o cliente) ao seu lado.

O que faria se aquilo que é preciso não está claramente definido? E se não estiver nem definido? Muitos já tentaram encaixar à força a abordagem tradicional nessas situações e elas simplesmente não funcionam. O GEP foi concebido para lidar com projetos cuja meta só pode ser definida vagamente ou, talvez, nem possa ser definida. Montar um *site* B2B (*business-to-business*) sem nenhuma outra especificação é um excelente exemplo. Assim como os primeiros estágios de um projeto de P&D, a montagem de um *site* B2B começa com uma suposição ou, talvez, com várias suposições. Assim que o projeto começa a andar, o cliente pensa nas alternativas escolhidas e dá alguns direcionamentos para a equipe de desenvolvimento. Esse processo se repete. Ou a solução parcial converge para uma solução satisfatória, ou morre no caminho. Na maioria dos casos, não há orçamentos nem prazos fixos. Obviamente, o cliente quer concluir o projeto o mais rapidamente possível e com o menor custo possível. Além disso, a falta de uma meta e de uma solução clara expõe o projeto a muitas mudanças. Infelizmente, a natureza desses projetos não é compatível com prazos fixos e restrições de custo.

O Capítulo 11 define o projeto GEP e provê uma visão detalhada das fases que constituem o CVGP do modelo GEP.

### 2.4.3.1 O projeto GEP é um projeto de pesquisa e desenvolvimento

A meta de um projeto de P&D pode ser pouco mais do que um palpite de um estado final desejado. Se esse estado final é alcançável e para qual especificidade servirá são perguntas que serão respondidas pelo próprio projeto. Nesse tipo de projeto GEP, você está tentando estabelecer algum estado futuro por meio de alguma solução viabilizadora. Porém, como não sabe qual será a solução final, não é possível que saiba qual será a meta do projeto.

A esperança é que a meta possa ser alcançada com uma solução e que as duas juntas entregarão um valor aceitável de negócio.

### 2.4.3.2 O projeto GEP é de altíssimo risco

Qualquer jornada ao desconhecido está repleta de riscos. No caso de um projeto GEP, o risco é o projeto fracassar, e esse risco é muito alto. Mesmo que a meta seja atingida, o custo da solução pode ser proibitivo. A direção escolhida para encontrar a solução pode ser completamente errada e, por consequência, o resultado será o fracasso. Se o processo de gerenciamento de projeto conseguir detectar isso cedo, poupará dinheiro e tempo.

É difícil definir o fracasso em um projeto GEP. Por exemplo, o projeto pode não resolver o problema original, mas entregar um produto que terá usos em outros lugares. O projeto do bloco de notas adesivas Post-it da 3M é um desses exemplos. Quase 7 anos depois do projeto de desenvolvimento de um adesivo com certas propriedades de adesão temporária fracassar (era um Projeto GEP), um engenheiro descobriu uma aplicação que resultou no produto Post-it (que era um projeto PEG).

O GEP se estende até as fronteiras mais remotas do panorama de projetos. Projetos GEP são aqueles cuja meta e solução não podem ser claramente definidas. Por exemplo, projetos de P&D são projetos GEP. Qualquer pouco planejamento que seja feito, é feito conforme a necessidade, e o projeto prossegue por várias fases até convergir a uma meta e solução aceitáveis. É claro que o CVGP para um projeto GEP requer máxima flexibilidade para a equipe de projeto, ao contrário do CVGP para um projeto GTP, que exige obediência a um processo definido. Por outro lado, se não houver nenhum prospecto de convergência de meta e solução, o cliente pode cancelar e dar fim ao projeto a qualquer tempo e poupar os recursos restantes para abordagens alternativas.

Se não for possível ter clareza com relação à meta já no início do projeto, a situação é muito parecida com a de um projeto de P&D puro. E agora, o que você faria? Nesse caso, você usa uma abordagem que esclarece a meta e contribui para a solução ao mesmo tempo. A abordagem deve abranger várias "Raias de Prova" concorrentes e que tenham grandes chances de esclarecer a meta e o conjunto da solução ao mesmo tempo. Dependendo do tempo, do orçamento e dos recursos de pessoal, essas comprovações podem ser executadas em sequência ou ao mesmo tempo. Alternativamente, as comprovações poderiam eliminar e restringir o domínio de pares meta/solução viáveis. É claro que projetos GEP são uma classe inteiramente diferente de projetos e seu sucesso exige uma abordagem diferente.

Geralmente a meta não é muito mais do que um palpite em relação a um estado final desejado, acompanhado da esperança de poder encontrar uma solução para tal estado final. Na maioria dos casos, atinge-se alguma versão modificada da meta. Em outras palavras, a meta e a solução convergem para algo que, espera-se, tem valor de negócio. O Capítulo 11 dá mais detalhes.

Além de projetos cuja meta e solução não são claramente definidas, há outros corretamente classificados como GEP que apresentam diversas características identificadoras, conforme descritas resumidamente nas seções seguintes.

### 2.4.3.3 O modelo extremo

O modelo de CVGP Extremo (GEP) é mostrado na Figura 2.6. É, por sua própria natureza, um projeto desestruturado. Ele foi concebido para lidar com projetos com metas imprecisas ou, até mesmo, indefinidas. Aqui, o tema é que o aprendizado e a descoberta ocorrem entre o cliente e a equipe de desenvolvimento em cada fase, o que impulsiona o projeto para frente. Observe que a principal diferença entre os modelos de CVGP GAP e GEP é a utilização do Grupo de Processo de Escopo. Em um projeto GAP, o escopo é executado uma vez no início do projeto, visto que a meta é claramente definida. No projeto GEP, o escopo é ajustado em cada fase, visto que a meta pode mudar.

### FIGURA 2.6  Modelo de CVGP Extremo

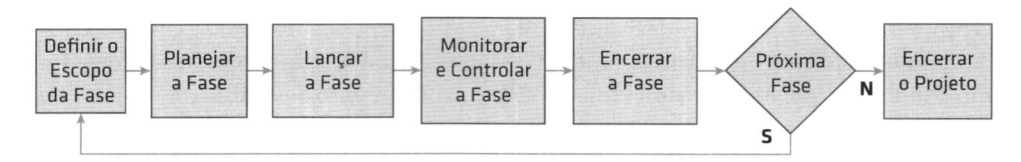

Semelhante aos modelos de CVGP GAP, o modelo de CVGP Extremo é iterativo. A iteração ocorre em uma séria de fases curtas (geralmente com duração entre 1 a 4 semanas) na busca da solução (e da meta). Não existe um número predeterminado de fases que serão realizadas. O modelo pode encontrar uma solução aceitável ou ser cancelado antes de chegar a qualquer solução. É diferente do GAP no sentido de que no GEP a meta é desconhecida ou, no máximo, alguém tem uma vaga noção, mas não específica, do que ela consiste. Um cliente desse tipo de projeto poderia dizer "eu saberei qual é a meta quando a vir". Esse tipo de afirmação não é nenhuma novidade para gerentes de projetos experientes – eles já ouviram isso muitas vezes. Mas, ainda assim, compete a eles encontrar a solução (com a ajuda do cliente, é claro).

Uma outra distinção entre GEP e GAP é que o GEP exige que o cliente se envolva mais nas fases e entre elas. Em muitos projetos GEP, o cliente assume uma posição de liderança em vez da posição colaborativa que assume em projetos GAP. A pesquisa de medicamentos é um bom exemplo. Suponha, por exemplo, que a meta é descobrir um aditivo alimentar natural que vai eliminar o resfriado comum – um projeto bem aberto. Restringir este projeto a um orçamento fixo ou a um cronograma fixo não faz absolutamente nenhum sentido. É muito provável que a equipe de projeto começará escolhendo alguma direção ou direções de investigação, na esperança de que descobertas e resultados intermediários concretizem as duas coisas a seguir:

1. a fase recém-concluída indicará uma direção mais bem informada e produtiva para as próximas fases. Em outras palavras, o GEP inclui experiências de aprendizado e descoberta, assim como o GAP;
2. o mais importante de tudo é que o agente financeiro veja esse aprendizado e essa descoberta como potencialmente compensadores e decida continuar com o financiamento do projeto.

Não há nenhum triângulo de escopo restritivo em projetos GEP como ocorre em projetos GTP e GAP. Lembre-se de que projetos GTP e GAP estão sujeitos a restrições significativas de tempo e financiamento. "Levar um homem à lua e trazê-lo de volta a salvo até o final da década" é uma declaração bastante específica. Há uma regra de encerramento incorporada em tal declaração. Quando o dinheiro ou o tempo terminar, o projeto também terminará. Os projetos GEP também têm regras de encerramento, mas elas são muito diferentes. Um projeto GEP é interrompido quando ocorre uma das seguintes situações:

- o projeto termina quando uma meta e uma solução relacionada são encontradas e ambas fazem sentido para o negócio. Sucesso!
- o projeto termina quando o patrocinador não está mais disposto a continuar com o financiamento. Ele pode encerrar o financiamento porque o projeto não está fazendo nenhum progresso significativo ou não está convergido para uma solução aceitável. Em outras palavras, o projeto é eliminado. Fracasso! Mas nem tudo está acabado. É comum reiniciar tais projetos, porém em busca de uma solução em direção diferente.

 **ADVERTÊNCIA** Todos os modelos de CVGP Extremo podem estar procurando soluções em todos os lugares errados.

## 2.4.4 Abordagem de gerenciamento de projetos Emertxe

A solução é conhecida, mas a meta não é. Não fique tentado a dispensar essa situação, conforme pregam os discursos de empresas de serviços profissionais que têm a resposta para o seu problema. Elas estão por aí e você provavelmente sabe quem são. Basta expor o seu problema que elas virão imediatamente em seu socorro armadas com uma solução que serve para qualquer situação! Não é nessa direção que vou com essa discussão.

Projetos PEG são um tipo de projeto de P&D, mas às avessas. Quando você pensa em um projeto de P&D, imagina algum estado final desejado e o projeto tem de descobrir se e como o estado final pode ser alcançado. Agindo assim, talvez seja necessário modificar o estado final. No caso do projeto PEG, você inverte a situação do projeto de P&D. Você tem algum tipo de solução, mas ainda não descobriu uma aplicação para essa solução (meta desconhecida). Você espera encontrar uma aplicação possível mediante alguma modificação da solução. Você será bem-sucedido se a aplicação tiver valor de negócio.

A Figura 2.6 funciona tanto para o projeto GEP quanto para o projeto PEG.

Observe que cada fase é um projeto completo por si só. A definição do escopo inicia cada fase, e a decisão de iniciar uma outra fase encerra a fase corrente. Em um projeto PEG, fase e projeto são basicamente idênticos.

 **ADVERTÊNCIA** Modelos de CVGPs Emertxe em geral encontram uma meta, mas na maioria das vezes essa meta não entregará valor de negócio aceitável. Não permita que a tecnologia o seduza e não perca de vista a tomada de boas decisões de negócios.

Essas abordagens são para projetos PEG cuja solução é completa e claramente definida, mas cuja meta não é. Isso pode parecer absurdo, mas na verdade não é (por enquanto, peço que confiem em mim – voltarei a essa abordagem no Capítulo 11). Acho mais fácil pensar nesses projetos como uma versão invertida de um projeto extremo (*extreme*), daí o nome "Emertxe" (i-mert-zi em inglês). A solução, ou uma variante dela, é utilizada para auxiliar a convergência a uma meta que ela pode apoiar e que, esperamos, entregará valor de negócio aceitável. Assim, em vez de procurar uma solução como no projeto GEP, você está procurando uma meta. Os CVGPs para ambos os projetos GEP e PEG têm muito em comum, portanto são discutidos juntos no Capítulo 11.

Você tem a solução; agora, tudo o que precisa é descobrir o problema que ela resolve. É desse tipo de coisa que os artigos acadêmicos são feitos, e tudo bem. É um tipo de projeto de P&D, mas ao contrário. Apresente a sua solução e torça para que alguém responda com um problema ao qual ela se ajusta. Isso já aconteceu. Considere a saga do Post-it da 3M, por exemplo. O produto ficou na prateleira por vários anos até que alguém tropeçasse em uma aplicação para ele. O resto é história. Grandes empresas farmacêuticas geralmente têm de lidar com esse tipo de projeto.

Além de uma meta que não está claramente definida e de uma solução que está claramente definida, projetos que caem corretamente na categoria PEG possuem várias características identificadoras, como apresentado resumidamente nas seções seguintes.

### 2.4.4.1 Uma nova tecnologia sem uma aplicação conhecida

Eu me lembro da tecnologia de Identificação por Radiofrequência (Radio Frequency Identification [RFID]) para ler informações codificadas, incorporadas em um objeto, à medida que ele passava por uma esteira transportadora e direcioná-lo a um destino com base na informação codificada encontrada. Quando a RFID foi anunciada pela primeira vez, várias aplicações de estocagem vieram à mente. Um dos maiores varejistas do mundo montou e financiou uma equipe de projeto para descobrir aplicações para a RFID em seus sistemas de gerenciamento logístico e da cadeia de suprimentos. Naquela época, a tecnologia garantia somente 70% de exatidão nas medidas, e a equipe concluiu que ela só teria valor de negócio se fosse possível melhorar significativamente tal exatidão. E isso ocorreu desde então, e agora a RFID é comumente utilizada em operações de armazenagem e distribuição.

### 2.4.4.2 Uma solução à procura de um problema para resolver

*Softwares* de prateleira para aplicações comerciais nos dão vários exemplos dessas situações. Por exemplo, digamos que um novo Sistema de Gerenciamento de Recursos Humanos (SGRH) ou Sistema de Informações de Recursos Humanos (SIRH) acabou de ser lançado no mercado de *software* por um fabricante importante. O seu projeto é avaliar se é possível integrá-lo ao novo projeto de SGRH/SIRH que acabou de ser aprovado pela alta administração da sua organização. Entre todos os projetos PEG, este exemplo é o caso mais simples. Você já sabe qual é a área de aplicação. O que precisa descobrir é o grau de ajuste e o valor de negócio. O outro extremo seria ter algo cuja aplicação não é conhecida. Um suco extraído da raiz de alguma árvore estranha da Amazônia seria um exemplo de uma situação mais complexa. O projeto é descobrir uma aplicação para o suco que teria valor de negócio suficiente.

## 2.4.5 Recapitulação de modelos de CVGP

Os cinco modelos de CVGP precisam de um exame e de uma comparação mais detalhados. Caso esteja contando, você esperaria ver seis modelos de CVGP. Como os modelos de CVGP GEP e CVGP PEG são idênticos, na realidade há apenas cinco modelos de CVGP distintos. A Figura 2.7 lhe dá essa visão.

Há um padrão muito simples e intuitivo que perpassa o ciclo de vida quando visto no nível de grupo de processo. Uma observação sobre terminologia antes de continuarmos. Nas abordagens GAP e GEP, uso os termos *iteração*, *ciclo* e *fase* para distinguir entre os tipos de modelos Iterativo, Adaptativo e Extremo, respectivamente. Precisarei deles mais adiante na discussão que esclarece a qual estou me referindo. Para reforçar o seu entendimento dos modelos de CVGP, quero destacar suas similaridades e diferenças.

### 2.4.5.1 Semelhanças entre os modelos de CVGP

As semelhanças entre os diferentes CVGPs são as seguintes:

- todos os cinco grupos de processos são utilizados em cada modelo de CVGP;
- cada modelo de CVGP começa com um Grupo de Processos de Definição do Escopo;
- cada modelo de CVGP termina com um Grupo de Processos de Encerramento.

**FIGURA 2.7  Os cinco modelos de CVGP**

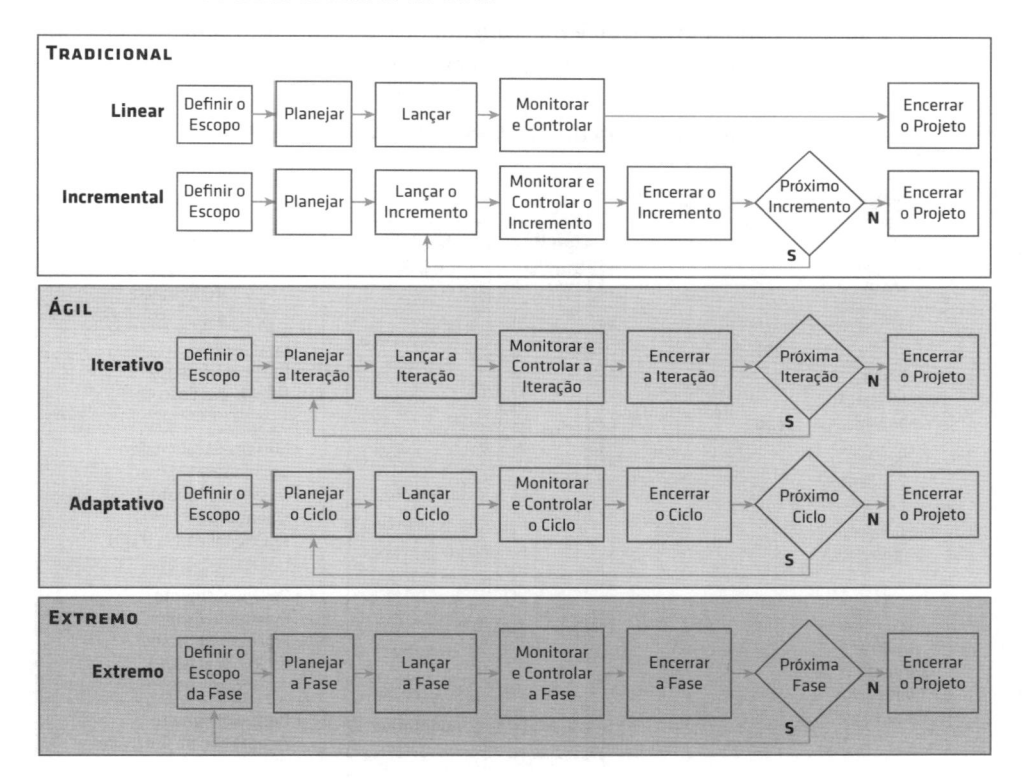

### 2.4.5.2 Diferenças entre os modelos de CVGP

As diferenças entre os modelos são evidentes quando vistas a partir do grau de incerteza da solução, como segue:

- os modelos formam uma ordem natural, indo do modelo com maior grau de certezas associadas para o modelo de maior grau de incertezas associadas (Linear, Incremental, Iterativo, Adaptativo, Extremo);

- os processos que formam os grupos de repetição reconhecem o efeito do aumento da incerteza à medida que percorre a ordem natural (da maior certeza para a maior incerteza). Esses grupos de repetição se movem mais na direção do início do ciclo de vida à medida que a incerteza aumenta;
- o planejamento completo do projeto é substituído por planejamento de projeto *just--in-time* à medida que o grau de incerteza aumenta;
- o gerenciamento de risco torna-se mais significativo à medida que o grau de incerteza da solução aumenta;
- a necessidade de envolvimento significativo do cliente aumenta à medida que o grau de incerteza da solução aumenta.

### 2.4.6 Escolhendo o modelo de CVGP mais adequado à situação

Escolher e adaptar o modelo de CVGP mais adequado é uma decisão subjetiva baseada em diversas variáveis. A Figura 2.8 ilustra o processo de decisão.

**FIGURA 2.8 Processo de escolha do Modelo de CVGP**

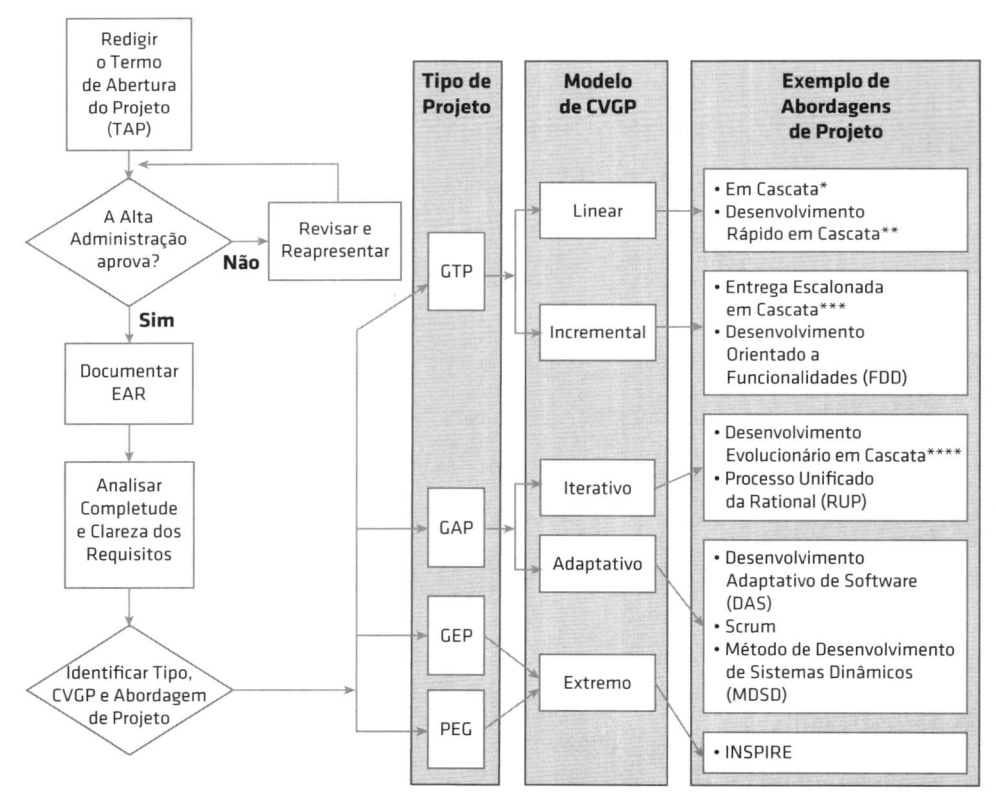

\* Também chamado de *Waterfall*.
\*\* Também chamado de *Rapid Development Waterfall*.
\*\*\* Também chamado de *Staged Delivery Waterfall*.
\*\*\*\* Também chamado de *Evolutionary Development Waterfall*.

A Parte III discute os detalhes com mais profundidade. Neste ponto, é suficiente estar ciente do fato de que, mesmo que tenha escolhido uma abordagem de projeto específica, você ainda não está preparado para iniciar o projeto. Fatores específicos, internos e externos, terão de ser levados em conta, e você ainda terá de fazer ajustes finais na abordagem escolhida.

Embora possa ter sido fácil chegar a uma abordagem mais adequada e a um modelo de CVGP mais adequado tendo como base a confiança que você tem na EAR e o grau de completude da EAP, há mais trabalho a ser feito antes de poder ir adiante com o projeto. Em primeiro lugar, você tem de avaliar o impacto, se houver, de vários outros fatores. Esses fatores são discutidos nas seções seguintes. Em segundo lugar, você tem de fazer os ajustes necessários ao modelo de CVGP que escolheu, para levar em conta esse impacto. Esses ajustes são discutidos nos Capítulos 9, 10, 11 e 12. Os fatores aos quais estou me referindo aqui são aqueles que poderiam afetar, ou até mesmo mudar, a sua escolha do modelo de CVGP mais adequado. Por exemplo, se o modelo de CVGP exigir envolvimento significativo do cliente, e você nunca conseguir obtê-lo, o que faria? Você examinará as opções nos capítulos da Parte III. Por enquanto, quero dar uma olhada naqueles outros fatores e no modo como eles poderiam causar impacto no modelo de CVGP.

### 2.4.6.1 Custo total

À medida que o custo total do projeto aumenta, também aumenta seu valor de negócio, assim como seu risco. Nesta situação, onde os custos totais do projeto são altos, seja qual for o modelo de CVGP que tenha escolhido, é bom dar mais ênfase ao plano de gerenciamento de risco do que o modelo escolhido exigiria. Se ainda não houver nenhum dos membros da equipe responsável pelo gerenciamento de risco, indique alguém. As perdas estão diretamente relacionadas ao custo total, portanto você precisará saber justificar gastos maiores para os seus esforços de mitigação com relação a um projeto de custo menor.

### 2.4.6.2 Duração

Um projeto de duração mais longa traz com ele maior probabilidade de mudança, de rotatividade de pessoal e de ajustes com relação à prioridade do projeto. Nada disso será para o bem do projeto. Preste mais atenção ao seu plano de gerenciamento de mudança de escopo e ao Banco do Escopo, em detalhes no Capítulo 6. O Banco do Escopo contém todas as ideias de mudança sugeridas que não foram incorporadas e o tempo total de trabalho necessário para incorporar tais mudanças à solução final. Certifique-se de que o cliente entende as implicações do uso do Banco do Escopo e como gerenciar suas próprias solicitações de mudança de escopo. A rotatividade do pessoal pode ser muito problemática. Dê mais ênfase aos planos de mitigação para tratar os potenciais problemas com a rotatividade. Mudanças na prioridade do projeto estão fora do seu controle. A única coisa que você controla é a programação de entrega de produtos. A programação dessas entregas deve ser a mais agressiva possível.

### 2.4.6.3 Estabilidade do mercado

Qualquer iniciativa em um mercado volátil será arriscada. Você poderia adiar o projeto até o mercado se estabilizar, ou poderia ir em frente, porém com alguma cautela. Um modo de proteger o projeto seria implementar as entregas de um modo incremental. Também pode fazer sentido utilizar intervalos com incrementos mais curtos do que o originalmente planejado. À medida que cada incremento é implementado, reveja a decisão de continuar ou adiar o projeto.

### 2.4.6.4 Tecnologia

Todos sabemos que a tecnologia está mudando com uma rapidez cada vez maior. Acompanhar essa evolução é difícil; mais difícil ainda é utilizar tal evolução a seu favor. Se a tecnologia corrente funciona, fique com ela. Se a nova tecnologia irá impulsionar seu negócio no mercado, pode até ser que você queira esperar, mas tenha certeza de que poderá integrá-la quando ela estiver disponível. Não esqueça que a concorrência estará fazendo o mesmo. Portanto, uma resposta rápida será uma vantagem para você.

### 2.4.6.5 Clima de negócios

Quanto mais volátil o clima de negócios, mais curta deve ser a duração do projeto. Para projetos GAP, os ciclos também podem ser mais curtos do que se costuma planejar. Lançamentos de soluções parciais têm maior importância do que em ambientes de negócios mais estáveis.

### 2.4.6.6 Número de departamentos afetados

Conforme o número de departamentos que afetam ou são afetados pelo projeto aumenta, a dinâmica do projeto muda. Essa mudança começa com a coleta de requisitos. As necessidades de vários departamentos terão de ser levadas em conta. Eis três possíveis resultados que você precisa considerar:

1. o primeiro resultado possível são as distorções de escopo durante o processo de definição do escopo do projeto. Cada departamento terá sua lista de "temos de ter" e "seria bom ter". Nem todos os elementos dessa lista serão compatíveis entre departamentos, porém uma coisa é certa: essas diferenças causarão distorção de escopo. Talvez tenha de pensar em criar versões do projeto – isto é, decompô-lo em diversas versões ou edições;
2. o segundo resultado possível é uma incidência mais alta de "disputa de necessidades", que é a situação na qual as necessidades de dois ou mais departamentos são contraditórias. Você terá de resolver esses conflitos como parte da validação dos requisitos;
3. o terceiro resultado possível causa impacto sobre o modelo de CVGP. À medida que o projeto começa a se transformar em algo que afeta toda a empresa, a probabilidade que ele tem de se tornar um projeto multiequipes aumenta. Haverá várias implicações, caso isso ocorra.[23]

---

23   O Capítulo 2 do Volume 2 desta obra retoma esse tópico importante.

### 2.4.6.7 Ambiente organizacional

Se a sua organização anuncia reestruturações e mudanças nas responsabilidades de seus principais executivos com muita frequência (por exemplo, uma vez por semana), você tem um problema. A razão isolada mais frequente para o fracasso de projetos, conforme apontado em várias pesquisas do Standish Group,[24] é a falta de apoio do nível executivo, o que inclui também a perda de apoio resultante de reorganização da empresa. Por exemplo, digamos que um patrocinador entusiasta do seu projeto e que também era sua principal base de apoio organizacional é substituído. O seu novo patrocinador sente a mesma coisa? Se sim, você conseguiu escapar com vida. Se não, terá de enfrentar um problema muito sério: precisará aumentar sua lista de riscos e propor as respectivas estratégias de mitigação.

### 2.4.6.8 Habilidades e competências da equipe

Muitas vezes você não conseguirá contar com os profissionais experientes que requisitou em seu plano. É quase como se a disponibilidade fosse tratada como uma habilidade! Um dos princípios que sigo ao propor as especificações para os recursos humanos é solicitar candidatos do tipo B e montar meu plano já prevendo que é isso mesmo que conseguirei. Requisitar candidatos do tipo A só resultará em desapontamento quando o que você conseguir serão candidatos do tipo B ou até mesmo C. Em geral, projetos GTP podem se dar bem com uma equipe de participantes do tipo B, e eles não precisam, nem mesmo, estar colocalizados. Projetos GAP são diferentes. Eles usam dois tipos diferentes de CVGPs. Quando você não dispõe de algumas características da solução, de modo geral colaboradores do tipo B, se supervisionados, serão suficientes. Quando não dispõe de algumas funções da solução, seria melhor preferir colaboradores do tipo A, mas você conseguirá trabalhar com alguns participantes do tipo B, se sob supervisão. Quanto menos souber sobre a solução, mais terá de dispor de participantes do tipo A na sua equipe de projeto ou, no mínimo, de membros da equipe que possam trabalhar de maneira independente, ou seja, sem supervisão.

## 2.5 RESUMINDO

A definição do panorama de projeto é minha e somente minha. Gosto de simplicidade e intuição, e é isso exatamente que a minha definição oferece. É também uma definição que abrange qualquer projeto que já existiu ou existirá, portanto não há nenhuma razão para mudá-la! Isso significa que ela pode ser usada como um fundamento para todas as discussões posteriores sobre modelos de CVGP. Essa abordagem tem uma certa solidez acadêmica e base teórica. Na verdade, ela é o início de uma disciplina de gerenciamento de projeto. Ao mesmo tempo, a definição tem uma aplicação muito simples e prática. Essa base será o fundamento para as tomadas de decisão acerca das abordagens mais adequadas para o gerenciamento dos projetos. Como verá no capítulo seguinte, explorarei essa base tanto de uma perspectiva conceitual quanto de uma perspectiva de aplicações.

---

24  Segundo seu site, "The Standish Group foi formado em 1985, com uma visão: coletar informações sobre casos verdadeiros de fracassos nas áreas de Tecnologia da Informação e assemelhadas."

Usando o panorama de projeto como o fundamento para o gerenciamento de projetos, defini os detalhes, no nível dos Grupos de Processos, para cinco modelos de CVGP. As definições resultam em um quadro intuitivo e claro que mostra como as abordagens de gerenciamento de projetos podem variar à medida que o grau de incerteza muda. Dentro de cada modelo de CVGP, haverá várias instanciações específicas do modelo. Você explorará cada uma delas nos Capítulos 9, 10, 11, e 12.

## QUESTÕES PARA DISCUSSÃO

1. Considere uma metodologia de gerenciamento de projetos que especifica somente as respostas para as seis perguntas apresentadas na seção **2.1 – Entendendo os fundamentos do gerenciamento de projetos** deste capítulo. Tudo o que se exige do gerente do projeto e do cliente é responder a essas seis perguntas. Essa abordagem poderia funcionar? Se sim, como? Se não, por que não?

2. Discuta as formas como as distorções de escopo ocorreram em projetos aos quais você esteve associado. O gerente de projeto conseguiu reverter uma eventual distorção de escopo? É possível reverter as distorções de escopo? Justifique a sua resposta, seja ela positiva ou negativa.

3. Compare e contraste as definições de gerenciamento de projetos entre a óptica do PMI e óptica do valor para o negócio. Inclua uma lista de vantagens e desvantagens de cada uma.

4. Para cada um dos cinco modelos de CVGP, identifique os pontos específicos nos quais o envolvimento do cliente é necessário. Como gerente de projetos, quais ações específicas você faria para garantir tal envolvimento?

5. Em que parte dos cinco modelos de CVGP você esperaria que ocorressem mais fracassos? Defenda a sua resposta.

6. Em que parte dos cinco modelos de CVGP você esperaria os maiores riscos? Quais estratégias de mitigação consideraria? Defenda as suas escolhas.

7. Com base na sua experiência e histórico, identifique um projeto aplicável para cada um dos cinco modelos de CVGP. Utilizar o CVGP adequado para tal projeto teria melhorado o resultado? Por quê?

---

**ANALISANDO O ESTUDO DE CASO SISTEMA DE ENTREGA RÁPIDA DE PIZZAS (SERP)**

8. Referindo-se ao estudo de caso SERP,[25] qual modelo de CVGP você usaria para cada um dos seis subsistemas: Entrada do pedido, Envio do pedido, Logística, Definição da rota, Gerenciamento de estoque e Localizador da fábrica de pizzas? Defenda as suas escolhas.

---

25 Veja a página 7 da Introdução.

# O que são os Grupos de Processos de gerenciamento de projetos?

Os Grupos de Processos do PMBOK do PMI não são um ciclo de vida de gerenciamento de projetos; são os blocos de construção de cada um dos ciclos de vida de gerenciamento de projetos.

– ROBERT K. WYSOCKI, PhD, Presidente, EII Publications, LLC

## OBJETIVOS DE APRENDIZAGEM DO CAPÍTULO

Depois de ler este capítulo, você estará apto a:

- definir os cinco Grupos de Processos;
- definir as dez Áreas de Conhecimento;
- explicar a relação entre os cinco Grupos de Processos e as dez Áreas de Conhecimento.

## PONTO DE PARTIDA

Todos os ciclos de vida de gerenciamento de projetos (CVGPs) apresentados no Capítulo 2 e nas Partes II e III são construídos a partir dos cinco Grupos de Processo apresentados neste capítulo. Os cinco Grupos de Processos foram definidos pela primeira vez pelo Project Management Institute (PMI) no seu *Guia para o conhecimento de gerenciamento de projetos – Guia PMBOK*. O *PMBOK Guide*[1] tornou-se o padrão *de facto* para as práticas do gerenciamento de projetos no mundo inteiro. Este livro é compatível com os cinco Grupos de Processos e com as respectivas dez Áreas de Conhecimento do *Guia PMBOK*. É importante que você entenda detalhadamente os processos tradicionais e as Áreas de Conhecimento porque eles são a base de todos os modelos de gerenciamento de projetos que você aprenderá nas Partes II e III. Este livro amplia seu tratamento para além das práticas tradicionais até o mundo contemporâneo de gerenciamento de projetos complexos.

---

1 PROJECT MANAGEMENT INSTITUTE. *Um guia para o conhecimento de gerenciamento de projetos – Guia PMBOK*. 6. ed. Newton Square, PA: Project Management Institute, 2018.

# 3.1 DEFININDO OS CINCO GRUPOS DE PROCESSO

Além de responder aquelas seis perguntas apresentadas no Capítulo 2, que uma metodologia de gerenciamento de projetos válida deve responder, qualquer modelo de ciclo de vida de gerenciamento de projetos que for utilizado deve conter todos os seguintes grupos de processos:

1. Grupo de Processos de Definição de Escopo (que o PMI denomina Grupo de Processos de Iniciação);
2. Grupo de Processos de Planejamento;
3. Grupo de Processos de Lançamento (que o PMI denomina Grupo de Processos de Execução);
4. Grupo de Processos de Monitoramento e Controle;
5. Grupo de Processos de Encerramento.

Esses cinco Grupos de Processo são os blocos essenciais de todos os CVGPs. No mais simples dos casos, o GTP Linear, cada um dos Grupos de Processo será executado e concluído uma vez, conforme a sequência apresentada aqui. Em situações mais complexas, alguns ou todos os Grupos de Processos serão repetidos várias vezes.

O que apresentamos a seguir é a adaptação que eu fiz desses Grupos de Processos, de forma a serem utilizados neste livro, bem como para preparar você para adaptá-los ao seu próprio uso. Adicionei alguns outros processos para ficar de acordo com os requisitos do CVGP na Parte III. Nenhuma dessas adaptações contradiz qualquer um dos princípios subjacentes ao *Guia PMBOK*, 6ª edição.

 **NOTA** Os Grupos de Processos não são um CVGP. São simplesmente agrupamentos de processos por fases de projeto. Um CVGP específico é definido utilizando esses processos.

## 3.1.1 O Grupo de Processos de Definição do Escopo

O *Guia PMBOK*, 6ª edição, inclui a definição inicial do escopo do projeto no Grupo de Processos de Iniciação.[2] Todavia, o termo *iniciação* pode ser confuso se você for novo no gerenciamento de projetos. Eu acho que o termo *definição do escopo* é mais claro. Definição do Escopo vem antes do Planejamento. Esse Grupo de Processos inclui todos os processos relacionados às respostas a duas perguntas: "Qual é a situação de negócio que está sendo abordada?" e "O que o negócio precisa fazer?". Não inclui nenhum processo relacionado a executar qualquer trabalho do projeto. O trabalho do projeto é definido no Grupo de Processos de Planejamento, que será executado mais adiante no ciclo de vida do projeto. O Grupo de Processo de Definição do Escopo também inclui o estabelecimento dos critérios de sucesso do negócio, que serão as métricas utilizadas para responder à pergunta: "Como você sabe que fez o que tinha de fazer?".

O Grupo de Processo de Definição do Escopo inclui os seguintes processos:

---

2   NRT: a 3ª edição do *Guia PMBOK* trazia, no Grupo de Processos de Iniciação, um processo específico onde se realizava a definição do escopo preliminar do projeto. A partir da 4ª edição, esse processo explícito de declaração do escopo preliminar foi removido e o Termo de Abertura do Projeto (TAP) passou a assumir a responsabilidade de abarcar a definição inicial do escopo do projeto. O planejamento detalhado do projeto, tanto de acordo com o PMI quanto com o autor, é realizado no Grupo de Processos de Planejamento. O autor explicará os detalhes de cada grupo de processos ao longo deste capítulo.

- identificar as partes interessadas;
- recrutar o gerente de projeto;
- elicitar as verdadeiras necessidades e requisitos de alto nível do cliente;
- documentar as necessidades do cliente;
- redigir a descrição do projeto em uma página;
- obter a aprovação dos executivos da organização para avançar no planejamento do projeto.

Como você pode ver, a conclusão bem-sucedida do Grupo de Processos de Definição do Escopo é obter a aprovação da alta gestão organizacional para passar para a fase seguinte do projeto. Porém, fique ciente de que nem todos os projetos são aprovados para passar para a Fase de Planejamento. Em todos os CVGPs, a próxima fase será definida pelo Grupo de Processos de Planejamento. Para alguns modelos, o planejamento vai considerar o projeto inteiro, e para outros abrangerá apenas o primeiro ciclo ou iteração do projeto. Essa ligação direta entre os Grupos de Processos de Definição do Escopo e de Planejamento está presente em cada um dos CVGPs que você estudará nas Partes II e III.

### 3.1.2 O Grupo de Processos de Planejamento

O Grupo de Processos de Planejamento inclui todos os processos relacionados às respostas para duas perguntas: "O que você fará?" e "Como você o fará?". Esses processos são os seguintes:

- definir todo o trabalho do projeto;
- estimar quanto tempo levará para concluir o trabalho;
- estimar os recursos necessários para concluir o trabalho;
- estimar o custo total do trabalho;
- sequenciar o trabalho;
- montar o cronograma inicial do projeto;
- analisar e ajustar o cronograma do projeto;
- redigir um plano de gerenciamento de risco;
- documentar o plano do projeto;
- obter a aprovação dos executivos da organização para lançar o projeto.

Cada um dos processos no Grupo de Processos de Planejamento pode ser executado de vários modos. Os modos de execução geralmente são função do modelo CVGP que está sendo usado, mas também existem situações em que isso pode ser definido por outros fatores. Com base nas minhas experiências de execução de cada processo em muitos casos, oferecerei vários modos alternativos de conduzir tais processos. Escolher qual processo utilizar em uma dada situação é onde o senso comum organizado entra em cena.

### 3.1.3 O Grupo de Processos de Lançamento

O *Guia PMBOK* chama este grupo de Grupo de Processos de Execução. E ele é isso e muito mais. O Grupo de Processos de Lançamento inclui todos os processos relacionados ao recrutamento e à organização da equipe e ao estabelecimento das regras de operação da equipe. Esses processos são preparatórios à execução do projeto. O Grupo de Processos de Lançamento também inclui todos os processos relacionados ao real início do trabalho de projeto – esses seriam os processos de execução.

O Grupo de Processo de Lançamento inclui os seguintes processos:

- recrutar a equipe de projeto;
- redigir um documento de descrição do projeto;
- estabelecer as regras de operação da equipe;
- estabelecer o processo de gerenciamento de mudança de escopo;
- gerenciar as comunicações da equipe;
- finalizar o cronograma do projeto;
- redigir os pacotes de trabalho.

Todos esses processos estão mais relacionados à arte do gerenciamento de projetos do que à ciência do gerenciamento de projetos. Geralmente é durante a execução desse Grupo de Processos que a equipe inteira se reunirá pela primeira vez. Participantes do cliente estarão presentes, bem como membros da sua equipe de entrega. Provavelmente a maioria deles não se conhece. Nesse ponto, eles são apenas um grupo – ainda não são uma equipe, mas terão de ser em prazo muito curto. Quando penso nas minhas primeiras experiências como gerente de projeto, ao me reunir com membros da minha equipe pela primeira vez, meu sentimento ao tentar criar o senso de equipe era muito parecido com a sensação de tentar pôr ordem em um balaio de gatos. Haverá confusão e ansiedade ao mesmo tempo que todos se encaram ao redor da mesa de trabalho imaginando porque estão ali, o que farão no projeto e o que está acontecendo com o projeto no qual deveriam estar trabalhando e que os aguarda em suas respectivas áreas. Como está bem ciente disso, o gerente de projeto conduzirá essa primeira reunião da equipe com atenção, dando aos membros da equipe a oportunidade de se apresentar uns aos outros e explicar como contribuirão com o projeto.

### 3.1.4 O Grupo de Processos de Monitoramento e Controle

O Grupo de Processos de Monitoramento e Controle inclui todos os processos relacionados à resposta à pergunta: "Como você saberá que fez o que tinha de fazer?". O Grupo de Processos de Monitoramento e Controle inclui todos os processos relacionados com o trabalho do projeto em curso. Esses processos são os seguintes:

- estabelecer o sistema de relatórios de desempenho do projeto;
- monitorar o desempenho do projeto;
- monitorar o ambiente e os riscos do projeto;
- gerar e distribuir os relatórios de situação do projeto;
- processar as solicitações de mudança de escopo;
- descobrir e solucionar problemas.

É aqui que o trabalho real do projeto ocorre. É um Grupo de Processos que consiste tanto da arte como da ciência do gerenciamento de projetos. Ocupa o gerente de projeto com atividades internas à equipe de projeto em si (em grande parte ciência, mas também uma dose de arte) e com atividades externas à equipe de projeto e interface com o cliente, com o patrocinador e com os executivos da empresa (em grande parte arte, mas também uma dose de ciência). À medida que surgem problemas e solicitações de mudança, a força da relação que o gerente do projeto tem com seu cliente contribuirá em grande medida para o sucesso ou o fracasso do projeto.

### 3.1.5 O Grupo de Processos de Encerramento

O Grupo de Processos de Encerramento inclui todos os processos relacionados à conclusão do projeto, incluindo respostas à pergunta: "Quão bem você o fez?" Esses processos são os seguintes:

- obter a aprovação do cliente quanto ao cumprimento dos requisitos do projeto;
- planejar e entregar os produtos;
- redigir o relatório final do projeto;
- conduzir a auditoria de pós-implementação.

Finalmente, o término está à vista. O cliente está satisfeito uma vez que você cumpriu com os critérios de aceitação. Chegou a hora de realizar as entregas, instalar os produtos e concluir o encerramento administrativo do projeto.

## 3.2 DEFININDO AS DEZ ÁREAS DE CONHECIMENTO

As dez Áreas de Conhecimento fazem parte do *Guia PMBOK* e todas estão presentes em cada um dos ciclos de vida de gerenciamento de projetos. Elas definem os processos dentro de cada Grupo de Processos e geralmente fazem parte de mais de um Grupo de Processo. Esta seção abrange todas as dez Áreas de Conhecimento. Os nomes das Áreas de Conhecimento usados aqui são os mesmos usados pelo PMI.

### 3.2.1 Gerenciamento da integração do projeto

Essa Área de Conhecimento aborda a ligação entre todas as entregas dos Grupos de Processos, de modo a formar um todo unificado. Essa ligação começa com o Termo de Abertura do Projeto e se estende ao plano do projeto e sua execução, incluindo monitoramento do progresso em relação ao plano do projeto e a realização das mudanças aprovadas e, por fim, o encerramento do projeto.

### 3.2.2 Gerenciamento do escopo do projeto

O principal foco da Área de Conhecimento do Gerenciamento do Escopo do Projeto é a identificação e a documentação dos requisitos do cliente. Existem muitas maneiras de abordar a coleta e a documentação dos requisitos. A escolha da abordagem ou abordagens que serão utilizadas depende de vários fatores. Após a coleta e a documentação dos requisitos, você escolhe o ciclo de vida de gerenciamento de projeto mais adequado e desenvolve a Estrutura Analítica do Projeto (EAP), que define o trabalho a ser executado para entregar esses requisitos. Isso prepara a equipe e o cliente com as informações necessárias para que eles realizem as estimativas de tempo, custos e recursos. A Área de Conhecimento do Gerenciamento do Escopo do Projeto se sobrepõe ao Grupo de Processos de Definição de Escopo e ao Grupo de Processos de Planejamento.

### 3.2.3 Gerenciamento do tempo de projeto[3]

O Gerenciamento do Tempo de Projeto inclui componentes de planejamento e de controle. O componente de planejamento inclui estimativas de tempo tanto para a duração de uma tarefa do projeto (isto é, quanto tempo, em termos de horas, levará para concluir a tarefa) como para o tempo do esforço ou trabalho real necessário para concluir a tarefa. A duração é utilizada para estimar o tempo total necessário para concluir o projeto. O tempo de trabalho ou esforço real é utilizado para estimar o custo total de trabalho do projeto. O componente de controle faz parte do Grupo de Processos de Monitoramento e Controle e envolve comparar tempos estimados e tempos reais, bem como gerenciar as variações de cronograma e custo.

### 3.2.4 Gerenciamento do custo do projeto

O Gerenciamento do Custo do Projeto inclui componentes de planejamento e de controle. O componente de planejamento inclui o desenvolvimento do orçamento do projeto e o mapeamento desses custos ao longo do cronograma do projeto. Isso oferece um meio de controlar o consumo dos recursos orçamentários ao longo do tempo. Relatórios de variação dos custos e relatórios de valor agregado são utilizados no Grupo de Processos de Monitoramento e Controle.

### 3.2.5 Gerenciamento da qualidade do projeto

O gerenciamento da qualidade é provavelmente uma das Áreas de Conhecimento à qual o gerente do projeto e a equipe do projeto dedicam um tratamento bastante casual. Um bom programa de gerenciamento da qualidade contém os três processos seguintes:

1. Processo de Planejamento da Qualidade;
2. Processo de Garantia da Qualidade;
3. Processo de Controle da Qualidade.

O foco da qualidade é geralmente os produtos ou entregas que serão produzidos. Se o produto ou entrega estiver de acordo com características físicas e de desempenho que foram especificadas, tal item será validado e considerado adequado para uso e, dessa forma, pode ser liberado para o cliente. Validar um produto, de forma que ele seja adequado para o uso, significa dizer que ele passou por vários testes em pontos específicos durante o seu ciclo de desenvolvimento. A aprovação nesses testes permite que o produto passe para o próximo estágio de desenvolvimento. Se não passar em um teste, o produto terá de ser retrabalhado até passar ou ser definitivamente rejeitado, caso tal retrabalho para eliminar quaisquer defeitos detectados não seja interessante em termos de negócios.

---

3   NRT: o PMI, na 6ª edição do seu *Guia PMBOK*, chama essa área do conhecimento de Gerenciamento do Cronograma do Projeto. Apesar disso, o autor é coerente com relação aos conceitos apresentados no *Guia PMBOK*.

Qualidade nesse contexto significa que o produto cumpre os seguintes critérios:

- está apto ao uso;
- cumpre todos os requisitos do cliente;
- foi entregue no prazo, dentro do orçamento e de acordo com a especificação.

Observe que não é dito nada sobre exceder os requisitos. Muitos gerentes de projeto estão imbuídos da ideia de que têm de "agradar o cliente". Por exemplo, se prometeu a entrega do produto na sexta-feira, você tenta entregá-lo na terça-feira. Ou se estimou que o produto custaria $ 2,00, você tenta reduzir o custo para $ 1,95. Ok, é nobre o sentimento, e isso faz parte de um excelente serviço ao cliente, mas não tem nada a ver com qualidade. Qualidade refere-se a cumprir os requisitos acordados, e não a excedê-los. O seu programa de gerenciamento da qualidade deve focar no cumprimento dos requisitos de produtos e de processos.

### 3.2.5.1 Processo de planejamento da qualidade

Haverá padrões que os produtos e os processos terão de cumprir. Esses padrões podem ser externos à organização (requisitos de qualidade governamentais ou de alguma agência) ou internos (políticas e diretrizes da organização). Além disso, haverá requisitos específicos do projeto que devem ser cumpridos. O planejamento da qualidade deve integrar tudo isso em um programa coeso.

### 3.2.5.2 Processo de garantia da qualidade

Garantia da qualidade inclui as atividades que asseguram o cumprimento do plano.

### 3.2.5.3 Processo de controle da qualidade

Esse processo envolve a utilização das ferramentas de monitoramento e controle previamente estabelecidas, de forma a cumprir com o que foi planejado.

## 3.2.6 Gerenciamento dos recursos humanos do projeto

Há quem sugira que a função do gerente de projeto é administrar o trabalho do projeto – alguns acrescentariam, ainda, que gerenciar os membros da equipe não é função do gerente de projeto. Segundo este ponto de vista, o gerenciamento dos membros da equipe de projeto é o domínio de seus gerentes funcionais.[4] Em um mundo utópico, essa poderia ser uma prática de gerenciamento aceitável, mas no mundo contemporâneo dos projetos, a situação é bem diferente. É quase certo que o seu pedido de um determinado perfil de habilidades e experiência para os membros da sua equipe não será cumprido pelos designados a trabalhar no seu projeto. Falta de pessoal habilitado, indisponibili-

---

4    NRT: gerente funcional também é chamado de gerente departamental, gerente da área ou gerente de linha. Trata-se do gerente do departamento onde um ou mais membros da equipe do projeto estão locados. Em estruturas matriciais (de qualquer natureza), os membros da equipe responderão em maior ou menor grau tanto para o gerente do projeto como para o gerente funcional. Neste livro, será adotado o termo *gerente funcional* para designar esse papel organizacional.

dade de alguém que seja perito em alguma área de conhecimento específica e outros fatores resultarão em uma equipe menos que adequada. Porém, é isso que você tem, então terá de tirar o melhor partido do que lhe é oferecido. Portanto, não acho que é assim tão simples, e tanto os gerentes funcionais, quanto o gerente do projeto compartilham as responsabilidades sobre gerenciamento de pessoal. Como as habilidades e/ou competências da equipe com a qual você tem de trabalhar podem não ser ideais, o desenvolvimento de pessoal será uma área cuja responsabilidade você e o gerente funcional terão de compartilhar. O gerente funcional é responsável por designar pessoas aos projetos de acordo com o perfil de habilidade e competência de cada uma, em combinação com seus planos de desenvolvimento de carreira e profissional. Tão logo um colaborador seja designado a um projeto, passa a ser do gerente de projeto a responsabilidade de designar tarefas de acordo com o perfil de competência e com os planos de desenvolvimento do pessoal designado. É óbvio que tal tarefa será um esforço de colaboração entre o gerente do projeto e o gerente funcional.

Contar com profissionais motivados na equipe é do melhor interesse do projeto, do gerente do projeto e da organização. A minha opinião é que, quando você alinha os interesses e as necessidades de desenvolvimento profissional dos colaboradores às respectivas designações de cada um no projeto, você gera um forte compromisso destes membros com a iniciativa. Novamente, o gerente funcional e o gerente de projeto compartilham a responsabilidade de fazer com que isso aconteça.

Nem todos podem ser motivados. Não admitir isso é arriscado. De fato, na maioria dos casos, tudo que o gerente pode fazer é criar um ambiente no qual o subordinado possa ser motivado e então esperar que isso aconteça. É como se fosse trabalhar com agricultura. Tudo o que o agricultor pode fazer é escolher o que vai plantar, a extensão do terreno onde vai plantar o que escolheu e o fertilizante que usará, e então esperar que a natureza forneça a quantidade certa de chuva, vento e sol. É uma analogia que se aplica ao gerente de projeto. Ele deve criar um ambiente de trabalho que induza e estimule o desenvolvimento dos membros da equipe, deixando a cargo deles reagir positivamente.

Felizmente, você dispõe de alguma informação sobre o que os quadros de profissionais percebem como *fatores motivacionais e fatores higiênicos* no trabalho. Fatores motivacionais são comportamentos ou situações que causam um impacto positivo sobre o trabalhador – motivam o trabalhador a apresentar um desempenho melhor. Fatores higiênicos, por outro lado, são coisas que, em razão de sua ausência, causam um impacto negativo sobre o desempenho, mas não necessariamente motivam o trabalhador se estiverem presentes. Em outras palavras, trabalhadores têm certas expectativas que, se não forem realizadas, os desmotivarão. Esses são fatores higiênicos. Por exemplo, trabalhadores esperam uma política razoável de férias; a não existência de tal política age como um elemento desmotivador. Ao contrário, dispor de uma boa política de férias não necessariamente motiva o trabalhador. A teoria dos fatores higiênicos (1959) é de Frederick Herzberg,[5] um professor conhecido por sua pesquisa em teoria motivacional.

---

5    Ambos os estudos, de Herzberg e Daniel Couger, são citados em TOLEDO, R. A. M.; UNGER, E. A. *Another look at motivating data processing professionals.* Department of Computer Science, Kansas State University, Manhattan, KS, 1985, p. 4.

Embora tenha sido realizada 50 anos atrás, a pesquisa tornou-se um estudo clássico e suas aplicações continuam (e continuarão) válidas.[6]

## 3.2.7 Gerenciamento das comunicações do projeto

No âmago de muitas das dez razões principais de fracasso em projetos está a má comunicação. Até 70% dos fracassos em projetos de sistemas de informação/tecnologia de informação podem ser relacionados à má comunicação. Não é difícil planejar um processo de gerenciamento efetivo das comunicações, mas aparentemente é muito difícil executar tal plano. Um bom processo de gerenciamento das comunicações conterá provisões para responder às seguintes perguntas:

- Quem são as partes interessadas no projeto?
- O que eles precisam saber sobre o projeto?
- Como suas necessidades devem ser atendidas?

### 3.2.7.1 Quem são as partes interessadas[7] no projeto?

Qualquer pessoa ou grupo que tenha interesse particular no projeto é uma parte interessada. Todos os que tenham de prover algum insumo ao projeto afetam o projeto e, portanto, são partes interessadas. Podem não ser interessados voluntários, porém, não obstante, são interessados. Os que são afetados pelo projeto são partes interessadas. Muitas vezes eles são o mesmo grupo que solicita o projeto, caso em que serão interessados voluntários. Há também partes interessadas involuntárias que são afetadas pelo projeto, mas teriam pouco ou nenhum poder de decisão sobre o real resultado dele em comparação com os requisitos declarados. O gerente de projeto precisa estar ciente de todos esses grupos de partes interessadas e se comunicar adequadamente com eles.

**O que eles precisam saber sobre o projeto?**

Haverá uma série de preocupações e questões advindas de cada grupo de partes interessadas. Algumas das que ocorrem com mais frequência são:

- Qual será a informação ou insumo que terei de prover à equipe do projeto?
- Como posso informar quais são as minhas necessidades?
- Quando o projeto será finalizado?
- Como ele me afetará?
- Eu serei substituído?
- Como aprenderei a como usar os produtos?

O seu plano de gerenciamento das comunicações só será efetivo se der conta de cada grupo e de suas necessidades individuais.

---

6  NRT: assim como Herzberg, existem outros estudiosos da motivação cujas pesquisas e teorias se aplicam à gestão de projetos. Uma lista não exaustiva destes pesquisadores que se soma a Herzberg, inclui McGregor, Oishi, Maslow, Victor Vroom, McClelland, entre outros.

7  NRT: também é comum a utilização do termo *interessados* ou do termo em inglês *stakeholders*.

**Como suas necessidades devem ser atendidas?**

Isso depende da finalidade da comunicação. Se for informar, haverá muitas alternativas a escolher. Se for para obter *feedback*, há um número menor de alternativas entre as quais escolher. O Capítulo 6 fornece todos os detalhes da elaboração de um plano efetivo de gerenciamento das comunicações.

### 3.2.8 Gerenciamento dos riscos do projeto

Em gerenciamento de projetos, um risco é algum evento futuro que tem alguma probabilidade de ocorrer e resulta em uma mudança, positiva ou negativa, no projeto. Geralmente, as pessoas associam riscos somente às potenciais perdas. Porém, pode haver um ganho se determinados eventos ocorrerem. Por exemplo, suponha que você sabe que um fornecedor de *software* está trabalhando em um tradutor de linguagem e que, se esse programa estiver disponível até uma certa data, você poderá usá-lo e economizar tempo de programação.

Porém, o mais comum é um evento de risco estar associado a algum tipo de perda. O resultado pode ser um aumento de custo, um atraso no cronograma ou alguma mudança catastrófica. O custo da perda pode ser estimado. A estimativa é o produto matemático da probabilidade de o evento ocorrer e da gravidade associada a esta ocorrência. Essa estimativa forçará o gerente de projeto a decidir o que fazer, se é que fará algo, para mitigar a chance de o risco ocorrer e reduzir a perda associada que eventualmente ocorrerá.

Essa estimativa é a base de uma série de escolhas que o gerente de projeto tem de fazer. Primeiro, é necessário tomar alguma ação? Se o custo da medida for maior do que a perda estimada, não se deve tomar nenhuma providência.[8] Simplesmente espere que o evento não ocorra. A segunda escolha trata da providência a ser tomada. Se for necessária, de que forma seria? Algumas ações podem simplesmente reduzir a probabilidade da ocorrência do evento. Outras reduzirão a perda resultante da ocorrência do evento. Em geral não é possível reduzir a probabilidade ou a perda a zero. Quaisquer que sejam as providências tomadas, elas apenas tenderão a reduzir a perda, em última análise.

A decisão organizacional é avaliar como as perdas esperadas se comparam com o custo de cobrir todas ou algumas das perdas e então executar as providências adequadas. Em gerenciamento de projetos, os riscos que precisam ser gerenciados são os que prejudicarão o projeto em si. Embora o projeto possa afetar o negócio inteiro, este não é o domínio do gerente de projeto.

 **NOTA** Como comentamos antes, teorias de risco mais modernas tratam do risco empresarial quando além de haver uma probabilidade de perda, há também uma possibilidade de ganho. Isso é comum em negócios quando coloca-se capital em risco para financiar um novo empreendimento de negócios. Na maioria das vezes, este livro trata do risco no sentido tradicional, quando risco é a possibilidade de perda.

---

8   NRT: aqui o autor indica casos em que a perda financeira ou técnica associada ao risco é menor do que o respectivo custo de mitigação. No caso de riscos que ameacem a integridade das pessoas / membros da equipe, não é possível realizar este tipo de análise.

O gerenciamento de riscos é um tópico amplo e profundo e, neste livro, só poderemos tratar dele superficialmente.[9] O processo de análise e gerenciamento de riscos que descrevo resumidamente aqui responde às seguintes perguntas:

- Quais são os riscos?
- Qual é a probabilidade de perda que resulta deles?
- Qual será o custo provável das perdas?
- Quais poderiam ser as perdas se o pior acontecer?
- Quais são as alternativas?
- Como as perdas podem ser reduzidas ou eliminadas?
- As alternativas produzirão outros riscos?

Para responder essas perguntas, as seções seguintes definem o gerenciamento de risco em quatro fases: identificação do risco, avaliação do risco, planejamento de resposta ao risco e monitoramento e controle.

Todo projeto está sujeito a riscos. Alguns podem ser identificados e podem-se antecipar planos para caso eles ocorram; outros não podem ser identificados e devem ser tratados quando ocorrerem. Os eventos que esta seção aborda são os que poderiam comprometer o sucesso da conclusão do projeto. Ninguém sabe quando eles ocorrerão, mas sempre há alguma probabilidade de que ocorram e causem algum dano ao projeto. Por exemplo, a perda de um membro da equipe que tenha uma capacidade crítica ou rara é um desses eventos. Quanto mais longa for a duração do projeto, maior será a probabilidade de os riscos ocorrerem. As histórias de algumas organizações sugerem que isso é um fato. Sabendo disso, o que você faria? Essa é a pergunta que respondemos nesta seção. A resposta se baseia na compreensão de qual é o ciclo de vida do gerenciamento de riscos e como montar um plano de gerenciamento dos riscos para o projeto.

Infelizmente, muitos gerentes de projetos veem o risco como algo ao qual dão atenção no início do projeto, quando montam algum tipo de plano de gerenciamento de risco e então o arquivam para que possam continuar com o "trabalho que importa" do projeto. Que miopia! O gerente efetivo de projetos trata o gerenciamento dos riscos como uma parte dinâmica de cada projeto. O plano dele terá as seguintes quatro partes:

1. identificar os riscos;
2. avaliar os riscos;
3. mitigar os riscos;
4. monitorar os riscos.

### 3.2.8.1 Identificação de riscos

Para estabelecer um programa de gerenciamento de riscos para o projeto, o gerente e a equipe de projeto devem passar por vários processos. O primeiro é a identificação de riscos que ocorre, em geral, como parte das atividades de planejamento do projeto. Nessa

---

9 No entanto, há vários livros de referência disponíveis sobre esse tópico. Ao final deste livro, na seção Referências, há uma lista com alguns títulos específicos que você pode usar como base ou pesquisa.

parte do processo, a equipe de planejamento inteira é reunida para discutir e identificar os riscos que são específicos do projeto em questão.

Desenvolver um plano de gerenciamento de riscos é uma parte significativa do processo de planejamento do projeto. Quanto mais complexo e incerto o projeto, mais importante será dispor de um plano de gerenciamento de riscos dinâmico e atualizado. Há quem diga que o gerente de projeto nada mais faz do que gerenciar os riscos do projeto. Essa visão é muito restritiva, mas ilustra a importância de um bom plano de gerenciamento dos riscos para qualquer projeto. Embora o gerente de projeto experiente certamente saiba quais são os tipos gerais de riscos existentes em cada projeto, o gerente de projetos profissional não se deixa levar por sua experiência e sempre envolve a equipe de planejamento do projeto na identificação dos potenciais riscos para a iniciativa. A lista de riscos pode ser desenvolvida de forma acumulativa, em paralelo com outras atividades de planejamento do projeto. Depois de montar a lista, a equipe pode passar para a segunda etapa do processo de gerenciamento dos riscos.

Há quatro categorias de risco:

1. riscos técnicos;
2. riscos do gerenciamento do projeto;
3. riscos organizacionais;
4. riscos externos.

### Planilha de avaliação de riscos

A Figura 3.1 mostra um modelo de planilha que você pode usar para definir riscos em cada uma dessas categorias e fazer uma avaliação preliminar de como tais riscos poderiam impactar a matriz de escopo.

### FIGURA 3.1  Planilha de avaliação de riscos

| Categorias de riscos e riscos | Elementos do triângulo de escopo | | | | |
|---|---|---|---|---|---|
| | Escopo | Tempo | Custo | Qualidade | Recursos |
| Técnicos | | | | | |
| Gerenciamento do projeto | | | | | |
| Organizacionais | | | | | |
| Externos | | | | | |

A primeira etapa no Processo de Gerenciamento dos Riscos é identificar os agentes de risco que podem entrar em operação em um dado projeto. Os agentes de risco são as condições ou situações que podem afetar desfavoravelmente o sucesso do projeto. Como exemplo, a Figura 3.2 mostra uma lista de candidatos a partir da qual podemos escolher os agentes de risco possivelmente associados a um determinado projeto.

## FIGURA 3.2 Planilha de candidatos a agentes de risco e avaliação

| Legenda Probab./ Impacto | Muito Alto | MA | Legenda Mitigação | Sim | S | | | |
|---|---|---|---|---|---|---|---|---|
| | Alto | A | | Monitorar | M | | | |
| | Médio | M | | Não | N | | | |
| | Baixo | B | | | | | | |
| | Muito Baixo | MB | | | | | | |

| Categoria do risco | Triângulo de escopo | Evento # | Evento | S/N | Prob. | Impacto | Prioridade | Mitigar S/M/N |
|---|---|---|---|---|---|---|---|---|
| Técnico | Escopo | TE01 | Tecnologia HW/SW disponível limita o escopo | | | | | |
| | | TE02 | Nova tecnologia não se integra à antiga | | | | | |
| Técnico | Tempo | TT01 | Tecnologias de integração causam impactos no cronograma | | | | | |
| Técnico | Custo | TC01 | Necessidade inesperada de aquisição de *hardware* | | | | | |
| Técnico | Custo | TC02 | Necessidade inesperada de aquisição de *software* | | | | | |
| Técnico | Qualidade | TQ01 | Tecnologia limita o desempenho da solução | | | | | |
| Técnico | Recurso | TR01 | Tecnologia nova/pouco conhecida | | | | | |
| Técnico | Recurso | TR02 | Determinação inadequada do tamanho do *software* | | | | | |
| Técnico | Recurso | TR03 | Determinação inadequada do tamanho do *hardware* | | | | | |
| Gerente de projeto | Escopo | GE01 | Solicitação de mudança muito significativa de escopo pela alta administração | | | | | |
| Gerente de projeto | Tempo | GT01 | Cronograma muito agressivo | | | | | |
| Gerente de projeto | Tempo | GT02 | Dependências entre projetos comprometem o cronograma | | | | | |
| Gerente de projeto | Tempo | GT03 | Estimativas muito otimistas da duração das atividades | | | | | |

| Gerente de projeto | Tempo | GT04 | Dificuldade para agendar reuniões | | | | | |
|---|---|---|---|---|---|---|---|---|
| Gerente de projeto | Qualidade | GQ01 | Premissa errada | | | | | |
| Gerente de projeto | Recurso | GR01 | Perda de membro crítico da equipe | | | | | |
| Gerente de projeto | Recurso | GR02 | Conflito de recursos inesperado | | | | | |
| Org. | Escopo | OE01 | Expectativas não realistas | | | | | |
| Org. | Escopo | OE02 | Requisitos maldefinidos | | | | | |
| Org. | Escopo | OE03 | Mudanças constantes de requisitos | | | | | |
| Org. | Escopo | OE04 | Solicitações de mudança de escopo muito frequentes | | | | | |
| Org. | Escopo | OE05 | Surgimento de prioridades concorrentes | | | | | |
| Org. | Tempo | OT01 | Mudanças em prioridades | | | | | |
| Org. | Custo | OC01 | Condições voláteis de orçamento | | | | | |
| Org. | Custo | OC02 | Orçamento inadequado | | | | | |
| Org. | Custo | OC03 | Aumentos inesperados de custo de pessoal | | | | | |
| Org. | Qualidade | OQ01 | Envolvimento inconsistente do cliente | | | | | |
| Org. | Recurso | OR01 | Mudanças organizacionais inesperadas | | | | | |
| Org. | Recurso | OR02 | Habilidades inadequadas dos membros da equipe | | | | | |
| Org. | Recurso | OR03 | Falta de apoio político para o projeto | | | | | |
| Org. | Recurso | OR04 | Pessoal qualificado não disponível quando necessário | | | | | |
| Org. | Recurso | OR05 | Falta de suporte organizacional | | | | | |
| Org. | Recurso | OR06 | Não conseguir contratar pessoal quando necessário | | | | | |
| Org. | Recurso | OR07 | Perda inesperada de pessoal | | | | | |
| Org. | Recurso | OR08 | Mudança inesperada de liderança | | | | | |

| Externo | Escopo | EE01 | Mudanças na concorrência | | | | | | |
|---|---|---|---|---|---|---|---|---|---|
| Externo | Escopo | EE02 | Mudanças inesperadas em política, padrões, regulamentações etc. | | | | | | |
| Externo | Tempo | ET01 | Prioridades concorrentes com fornecedores | | | | | | |
| Externo | Custo | EC01 | Aumentos inesperados de preços do fornecedor | | | | | | |
| Externo | Recurso | ER01 | Compreensão incorreta dos termos do contrato | | | | | | |
| Externo | Recurso | ER02 | Indisponibilidade de recursos do fornecedor | | | | | | |
| Externo | Recurso | ER03 | Cortes inesperados no orçamento do Estado | | | | | | |
| Externo | Recurso | ER04 | Cortes inesperados no orçamento do Município | | | | | | |
| Não Claro | Não Claro | NN01 | Obstáculos a propriedade intelectual & direitos autorais | | | | | | |
| Não Claro | Não Claro | NN02 | Detalhes do Problema/ Projeto não disponíveis | | | | | | |
| Não Claro | Não Claro | NN03 | Aversão à divulgação de informação sensível | | | | | | |
| Não Claro | Não Claro | NN04 | Acesso a informação | | | | | | |
| Não Claro | Não Claro | NN05 | Demanda de espaço é maior do que o espaço disponível | | | | | | |

Para estabelecer o gerenciamento de risco para o projeto, o gerente de projeto e a equipe de projeto devem passar por vários processos. O primeiro é a identificação do risco.

Nessa parte do processo, a equipe inteira é reunida para discutir e identificar os riscos específicos do projeto em questão. Eu recomendo que o foco da reunião seja exclusivamente o risco. Uma reunião com tal foco único permite que a equipe inteira do projeto entenda a importância do gerenciamento de risco, e coloca todos para pensar sobre os vários riscos envolvidos no projeto.

### 3.2.8.2 Avaliação de risco

Quando a equipe monta a lista de identificação de riscos, de início, nada deve ser descartado. Deixe que a equipe se esforce na determinação dos riscos sem adotar uma postura crítica. Alguns riscos são tão pequenos que você acabará por ignorá-los. Por exemplo, o risco de um meteoro destruir o prédio em que você trabalha é minúsculo. Se ficar se preocupando com coisas como essa, não será um gerente de projeto adequado. Você precisa gerenciar os riscos que realmente poderiam ocorrer.

Há dois fatores preponderantes na avaliação de riscos. O primeiro é a probabilidade da real ocorrência do risco. Por exemplo, quando um projeto envolve a migração de sistemas herdados para novos sistemas, geralmente é nos pontos de interface entre os dois sistemas que os problemas irão ocorrer. O gerente de projeto profissional perceberá facilmente esses tipos de risco e as chances que eles têm de ocorrer.

 **NOTA** Se você tiver certeza de que um evento ocorrerá, tal evento não é um risco; é uma certeza. Esse tipo de evento não é tratado pelo gerenciamento de risco. Como você tem certeza de que ele ocorrerá, não há nenhuma probabilidade envolvida. Nenhuma probabilidade, nenhum risco.

A segunda parte de avaliação de riscos é a perda esperada que o risco acarretará ao projeto. Se a probabilidade for alta e o impacto for baixo, você talvez possa ignorar o risco. Se a probabilidade for baixa, mas o impacto é alto, talvez também possa ignorar o risco. A decisão é baseada no produto entre a probabilidade de o evento ocorrer e o impacto que ele causará. Por exemplo, se a probabilidade de perder uma habilidade crítica for 0,8 (probabilidade é um número entre 0 e 1,0) e o impacto for de $ 50.000, a perda esperada é $ 40.000 (0,8 × $ 50.000). Como mais um exemplo, suponha que a probabilidade de alguém roubar o Touro que ornamenta a Wall Street é $1 \times 10^{-10}$ e o impacto é $ 75.000.000; então a perda esperada é $ 750.

Você deve ignorar o risco se o custo de evitá-lo for maior do que a perda esperada. Em outras palavras, não resolva um problema que custa $ 100 com uma solução que custa $ 1.000. Nos dois exemplos, é muito provável que você não ignorasse o risco de perder uma habilidade crítica, mas ignoraria o risco de alguém roubar o Touro da Wall Street.

### Avaliação de risco estática

Se você não quer ficar assoberbado com avaliações de risco numéricas, seria interessante, então, utilizar a matriz de riscos mostrada na Figura 3.3. Não há nada de mágico na utilização dessa matriz 3 × 3. Uma matriz 5 × 5 funciona igualmente bem.

Para cada risco, avalie a probabilidade de ocorrência em uma escala Baixa, Média, Alta e o impacto em uma escala Baixo, Médio, Alto. A combinação dessas duas avaliações identifica uma célula específica na matriz de risco, com a ação recomendada, se couber alguma. A situação em relação a esse risco pode mudar mais adiante no projeto. Portanto, o meu conselho é monitorar o risco, mas não agir, a menos que a razão o exija.

## FIGURA 3.3 Matriz de risco

**Probabilidade**

|  | B | M | A |
|---|---|---|---|
| **B** | Ignorar | Ignorar | Considerar |
| **Impacto M** | Ignorar | Considerar | Tomar providências |
| **A** | Considerar | Tomar providências | Tomar providências |

## Avaliação de risco dinâmica

A avaliação de risco anterior é basicamente estática. Com isso quero dizer que uma análise é realizada durante o planejamento e então implementa-se um plano de gerenciamento de risco para o projeto inteiro. A análise não muda à medida que o projeto avança. Essa é a abordagem mais simples e provavelmente menos efetiva do que a avaliação de risco dinâmica discutida nesta seção. Eu tenho utilizado a abordagem de avaliação de risco dinâmica, descrita a seguir, com grande sucesso. Nessa abordagem, o risco é reavaliado continuamente em cada fase do projeto. Um exemplo ajudará a explicar como ela é utilizada.

Depois de identificados, os agentes de risco devem ser classificados do mais provável ao menos provável de causar impacto no projeto. Identifique esses agentes de A (mais provável) a J (menos provável) e organize os dados como mostrado na Figura 3.4. As opções para as colunas são 1 = baixo risco, 2 = médio risco e 3 = alto risco. Na verdade, qualquer métrica pode ser utilizada, desde que os números mais baixos figurem na extremidade de baixo risco e os mais altos na extremidade de alto risco. Às vezes poderíamos usar um "0" para indicar inexistência de risco. Outras modificações que já vi e utilizei são alterar a escala de impacto para 1 a 5 ou até mesmo 1 a 10.

Os dados mostrados na planilha são de um projeto hipotético. As colunas são os agentes de risco mais importantes identificados em uma lista de candidatos e as linhas são etapas de um processo. Como exemplo, escolhi etapas do ciclo de vida do desenvolvimento de um sistema hipotético. Qualquer compilação de etapas de processo pode ser utilizada, portanto a ferramenta tem ampla aplicação para uma ampla variedade de contextos. Atribuímos a pontuação 1 a agentes de risco que não causarão impacto na etapa do processo caso ocorram, 2 é para médio impacto e 3 é por forte impacto. Na verdade, qualquer escala numérica pode ser utilizada. Os totais das linhas e colunas são avaliados em relação uma à outra e também em relação às pontuações obtidas em projetos semelhantes. Esses totais contam a história. Colunas com totalização alta sugerem um agente de risco que pode impactar em várias etapas do processo. Linhas com totalização alta sugerem uma etapa do processo que pode ser afetada por muitos agentes de risco. Por fim, o total para a planilha inteira fornece uma porcentagem que pode ser utilizada para comparar esse projeto com projetos semelhantes já concluídos. A porcentagem é relativa, mas pode sugerir uma regra que nos adverte, logo no início, sobre projetos que apresentem risco geral elevado.

**FIGURA 3.4  Planilha de avaliação de risco**

| Atividade de projeto | A | B | C | D | E | F | G | H | I | J | Pontuação |
|---|---|---|---|---|---|---|---|---|---|---|---|
| Análise de Requisitos | 2 | 3 | 3 | 2 | 3 | 3 | 2 | 2 | 1 | 1 | 22 |
| Especificações | 2 | 1 | 3 | 2 | 2 | 2 | 1 | 2 | 2 | 3 | 20 |
| Projeto Preliminar | 1 | 1 | 2 | 2 | 2 | 2 | 1 | 2 | 2 | 2 | 17 |
| Projeto | 2 | 1 | 2 | 2 | 2 | 3 | 1 | 2 | 2 | 1 | 18 |
| Implementação | 1 | 2 | 2 | 3 | 3 | 2 | 1 | 2 | 2 | 1 | 19 |
| Teste | 2 | 2 | 2 | 2 | 2 | 3 | 2 | 2 | 2 | 2 | 21 |
| Integração | 3 | 2 | 3 | 3 | 3 | 3 | 2 | 3 | 3 | 2 | 27 |
| Verificação | 1 | 2 | 2 | 3 | 3 | 3 | 2 | 3 | 2 | 2 | 23 |
| Operação | 2 | 2 | 3 | 3 | 3 | 3 | 3 | 3 | 1 | 1 | 24 |
| Pontuação | 16 | 16 | 22 | 22 | 23 | 24 | 15 | 21 | 17 | 15 | 191 |

A pontuação máxima é 270. O nível de risco para esse projeto é 191/270 = 71%.

Para analisar as pontuações resultantes, em primeiro lugar examine as colunas cujos totais são grandes em relação às demais. No exemplo, você deve focar nos agentes de risco associados às colunas C, D, E, e F. Como os totais dessas colunas são altos, os agentes associados têm o potencial de afetar várias etapas do processo. A equipe de projeto deve identificar estratégias para mitigar a probabilidade de ocorrência do risco ou para reduzir seu impacto, ou ambos, caso o evento associado a tal risco ocorra. Os totais nas linhas podem ser analisados do mesmo modo. No exemplo, a integração tem a maior totalização entre todas as linhas (27). Isso indica que diversos agentes de risco podem causar impacto na integração. A equipe do projeto deve prestar atenção ao trabalho associado à integração e procurar modos de aperfeiçoar ou gerenciar melhor tal trabalho. Por exemplo, sabendo de tal situação a equipe pode optar pela utilização de pessoal mais habilitado no trabalho de integração.

No exemplo, o fator de risco é 71%. Esse valor só pode ser interpretado em comparação com o fator de risco de outros projetos já concluídos. Conforme o histórico aumentar, haverá um padrão de fracassos de projeto para projetos cujo fator de risco seja mais alto do que um certo número. Se 71% estiver acima daquele número, o projeto dado como exemplo tem alto risco de fracasso.

A decisão de executar esse projeto terá de ser contrabalançada pelo valor de negócio que se espera que ele contribua.

### 3.2.8.3 Mitigação dos riscos

A etapa seguinte no gerenciamento de risco é planejar, o quanto for possível, as respostas que serão utilizadas se os riscos identificados ocorrerem. Por exemplo, pode ser que você queira incluir uma cláusula de multa no seu contrato de *hardware* com o fornecedor, caso os servidores não sejam entregues até uma certa data. Essa multa dá ao fornecedor um incentivo para analisar e mitigar os riscos envolvidos no atraso da entrega de equipamentos importantes. Para todos os riscos listados sobre os quais você acha que deve agir, é necessário pensar nas respectivas ações de resposta. Não basta simplesmente organizar uma lista de riscos; é preciso planejar o que você deve fazer em relação aos eventos de risco caso eles ocorram.

Um outro exemplo de planejamento de risco é o que se refere aos membros da equipe que são imprescindíveis. O que você fará se um dos principais desenvolvedores sair da organização antes de terminar a codificação? Esse risco, se ocorrer, causará sério impacto sobre o projeto. Designar alguém para capturar código à medida que é escrito e revisitá-lo junto com o desenvolvedor todos os dias são maneiras de tratar este tipo de risco. Quantos outros você pode imaginar? Providenciar planos de contingência como esse é o que chamamos de planejamento das respostas aos riscos.

Há cinco diferentes respostas aos riscos, resumidamente apresentadas na lista a seguir:

1. **aceitar** – não há nada que possa ser feito para mitigar o risco. Você tem de aceitá-lo e esperar que não ocorra;
2. **evitar** – o plano de projeto pode ser modificado de modo a evitar a situação que cria o risco;
3. **planejamento de contingência** – se o evento de risco ocorrer, o que você fará?
4. **mitigar** – o que você fará para minimizar a probabilidade ou o impacto caso o evento de risco ocorra?
5. **transferir** – passar adiante o impacto caso o evento de risco ocorra (isto é, comprar uma apólice de seguro).

### 3.2.8.4 Monitoramento dos riscos

Uma vez identificado o risco, avaliada sua probabilidade e impacto, e planejado o que fazer se o evento de risco ocorrer, você precisa monitorar e controlar os riscos do projeto. O processo de registrar os riscos, avaliá-los e apresentá-los na Sala de Crise[10] da Equipe faz com que todos os participantes da equipe de projeto fiquem cientes da existência dos riscos e é um bom lugar para começar. Comece criando um registro de riscos. Esse documento apresenta uma lista de todos os riscos que você quer gerenciar, identifica quem será o responsável por gerenciar cada um dos riscos, e especifica o que deve ser feito para gerenciar o evento de risco. Um registro de riscos é modelo simples que pode ser criado em um documento de texto ou em uma planilha eletrônica.

Um registro de riscos é uma tabela simples que você pode criar no Microsoft Word, por exemplo. Um registro de riscos típico contém os cinco campos seguintes:

---

10  NRT: também é comumente empregado o termo em inglês *War Room* ou o termo em japonês *Obeya*.

1. **número de Identificação (ID)** – esse número será sempre o mesmo, ainda que o evento de risco tenha ocorrido e sido gerenciado. Se você retirar o risco da lista e o arquivar em outro lugar, não atribua o número antigo a um novo risco. Mantenha o número original do risco descartado e nunca o use novamente, ou criará uma grande confusão;
2. **descrição do risco** – é uma curta descrição do evento de risco;
3. **dono do risco** – é a pessoa que tem a responsabilidade de monitorar o *status* do risco presente na lista;
4. **providência a ser tomada** – relata o que o dono do risco fará para lidar com o evento de risco;
5. **resultado** – descreve o que aconteceu como resultado da sua estratégia de mitigação.

Use o registro de riscos para monitorá-los no projeto, e você os controlará. Quando for a reuniões de *status*, fale sempre sobre riscos e seu gerenciamento com a equipe. Mantenha os riscos sempre presentes para que cada participante fique ciente dos riscos que estão surgindo e o que deve ser feito a esse respeito. Prestar atenção contínua aos riscos é uma boa apólice de seguro contra falhas no projeto.

### 3.2.9 Gerenciamento das aquisições do projeto

A Área de Conhecimento do Gerenciamento das Aquisições do Projeto consiste em processos que abrangem os Grupos de Processo de Planejamento, Lançamento, Monitoramento e Controle, e Encerramento. O ciclo de vida de um gerenciamento efetivo de aquisições consiste nas cinco fases seguintes:

1. solicitar as propostas dos fornecedores;
2. avaliar os fornecedores;
3. selecionar o fornecedor;
4. contratar o fornecedor;
5. gerenciar o fornecedor.

Na qualidade de gerente de projeto, você sempre terá projetos para os quais terá de obter *hardware*, *software* ou serviços de fontes externas. Esse processo é conhecido como *aquisição*, e o gerente de projeto profissional deve ter um entendimento básico do procedimento de aquisição para que possa garantir que a organização obtenha os materiais corretos ao melhor custo ou os melhores serviços ao melhor custo. Para gerenciar aquisições, você precisa passar por alguns processos, resumidos nas seções seguintes.

#### 3.2.9.1 Solicitar as propostas dos fornecedores

Depois de ter reunido os requisitos e decidido que precisa de um fornecedor externo, você pode começar a preparar os documentos de solicitação de proposta de venda. Esses documentos, denominados Solicitação de Proposta (RFP)[11] (*Request for Proposal* [RFP]), são os que os fornecedores utilizam para determinar se e como deverão atender as suas

---

11  NRT: neste livro será utilizado o acrônimo em inglês RFP para representar "solicitação de proposta", uma vez que é corrente a sua utilização.

necessidades. Quanto mais claro for o RFP, melhores serão os resultados para você e para o fornecedor, porque você estará dando as informações básicas sobre aquilo que quer (não esqueça da nossa discussão anterior sobre "necessidades *versus* desejos"). Quanto mais específico você for, melhor será a chance de o fornecedor responder com rapidez e eficiência.

Muitas organizações têm um departamento de aquisições. Nesse caso, você precisa enviar um documento com seus requisitos e deixá-lo trabalhar. Se você não tiver uma divisão de aquisições, precisará preparar um documento para enviar aos fornecedores. Seria bom dispor de um redator principal (que, de preferência, seja alguém que tenha a disponibilidade adequada e entenda de redação de contratos) e de alguém do departamento jurídico para garantir que o solicitado no documento está claro e forma a base de um contrato entre você e o fornecedor.

Há vários modos de montar uma lista de fornecedores potenciais, como descrevemos nas seções seguintes.

### Publicação de um pedido de informações

A Solicitação de Informações (RFI)[12] (*Request for Information* – RFI) costuma ser usada quando você não sabe exatamente o que está disponível no mercado ou não foi possível identificar potenciais fornecedores que tenham a capacidade específica que está procurando. O RFI tem uma grande abrangência, cujo objetivo é descobrir possíveis fornecedores que têm algum produto ou serviço a oferecer e que podem satisfazer as suas necessidades. O RFI é uma carta e, em geral, a resposta virá sob a forma de uma carta ou brochura. Tendo como base a resposta ao seu RFI, você decidirá o seguinte:

- quem deve ser convidado a responder às suas Solicitações de Propostas (RFPs);
- especificar o conteúdo a incluir nas suas RFPs;
- se um dos fornecedores deve ser convidado a colaborar na redação do RFP.[13]

### Divulgação

Escolha qualquer mídia que possivelmente seja consumida pelos potenciais fornecedores e anuncie ali o seu projeto. Muitos fornecedores pertencem a associações de profissionais. Se tais associações existirem, obtenha suas listas postais ou anuncie em suas publicações comerciais especializadas.

### Aluguel de uma lista direcionada

Há muitas fontes disponíveis para essas listas postais. As conceituadas terão capacidades exaustivas de caracterização de modo que você poderá especificar e reduzir a lista o quanto quiser.

---

12  NRT: neste livro será utilizado o acrônimo em inglês RFI para representar "solicitação de informações", uma vez que é corrente sua utilização.

13  NRT: repare que, dependendo do contexto do projeto, convidar eventuais fornecedores para colaborar na redação do RFP pode representar conflito ético e até mesmo, em determinados casos, conflito legal. É recomendada atenção à legislação aplicável e às normas organizacionais com relação a esta prática.

### Consulta a fornecedores anteriores

Fornecedores que já trabalharam com você no passado podem ser boas fontes para o seu projeto atual, ou podem recomendar outros fornecedores que podem atender às necessidades específicas do projeto em questão.

### Participar de feiras comerciais

Participar de feiras comerciais onde é provável que fornecedores potenciais exponham seus produtos – essa é uma abordagem não agressiva e você pode até obter referências de outros fornecedores.

### Preparar e distribuir uma solicitação de proposta (RFP)

Depois de criar a Estrutura Analítica dos Requisitos (EAR) você pode começar a preparar as RFPs. Essas RFPs são os documentos que os fornecedores utilizam para determinar como devem atender as suas necessidades. Quanto mais clara a RFP, melhor para você e para o fornecedor, porque você estará oferecendo informações básicas sobre o que quer. Quanto mais específico for, maior será a chance de o fornecedor responder com rapidez e eficiência.

 **NOTA** Lembre-se de que um contrato sempre implica algum tipo de relação entre adversários. Ambas as partes do contrato querem obter as melhores condições possíveis para o seu próprio lado. Quando estiver criando uma RFP tenha em mente que, embora queira, definitivamente, obter os melhores termos possíveis para o seu lado, você tem de ter certeza de que os termos não são tão duros a ponto de impedir que obtenha um número adequado de respostas. Você deve incentivar o mais que puder a participação em sua RFP. Não adote uma postura draconiana que quase pune quem está respondendo a sua solicitação.

É preciso determinar claramente as condições de prazo para a resposta, o que significa determinar quantos dias você dará aos fornecedores para que respondam, bem como de quanto tempo precisa para avaliar as respostas antes de realizar uma escolha. Ao determinar um prazo tanto para o fornecedor como também para a sua organização, o processo transcorre mais rapidamente, e as expectativas são claras já no início do processo.

A RFP está no âmago do processo de aquisição e provê a base para o contrato e para a conclusão do trabalho. Ela explica claramente todas as entregas que são esperadas do fornecedor.

Eu recomendo que a sua RFP tenha a seguinte estrutura:

- introdução;
- perfil do negócio;
- problema ou oportunidade;
- TAP (opcional);
- EAR (opcional);
- responsabilidades do fornecedor;
- administração do contrato;
- instruções ao fornecedor;

- ponto de contato com o fornecedor;
- estimativas de tempo e custo;
- estrutura de precificação;
- critérios de avaliação.

### Gerenciamento de perguntas e respostas da RFP

Você pode esperar questionamentos por parte dos fornecedores que receberam a sua RFP. Todos os fornecedores potenciais devem estar cientes de todas as perguntas e suas respostas. É a lei! Você precisa ter algum mecanismo que o habilite a responder as perguntas referentes à sua RFP.

### Respondendo às perguntas dos proponentes

Após a distribuição da RFP, você tem de decidir como tratar as perguntas que com certeza os fornecedores que receberam a sua RFP farão. Há três modos de lidar com essas perguntas:

1. **responder às perguntas individualmente** – receba as perguntas diretamente dos fornecedores e distribua as suas respostas por meios eletrônicos a todos os fornecedores presentes na lista de distribuição;
2. **organizar uma conferência com os proponentes** – esse é um evento comum. Todos os fornecedores que quiserem responder a RFP devem participar da reunião e fazer suas perguntas. Desse modo, cada fornecedor potencial ouvirá as perguntas e respostas em tempo real  A conferência de proponentes pode ser realizada em um hotel ou em um recinto adequado dentro de sua organização – a segunda opção é, em geral, a mais comum;
3. **publicar a sua RFP** *on-line* **e responder a perguntas também** *on-line* – esse arranjo dá a cada fornecedor que está registrado para responder à sua RFP uma chance de ver as perguntas das outras organizações e de manter um registro permanente das respostas que você apresentou. Esse processo só funciona se você tiver alguém que monitore constantemente o site em busca de perguntas, e alguém responsável por responder essas perguntas. Esse processo também elimina o incômodo de viajar, especialmente para os potenciais fornecedores que estão muito longe da sua organização. Ao prover uma ferramenta *on-line*, você nivela o campo de batalha para todos os fornecedores.

O importante é assegurar que todos os proponentes potenciais tenham a mesma informação. Caso contrário, você estará sujeito a ser acusado de práticas de negócios desleais.

### 3.2.9.2 Avaliação do fornecedor

Antes mesmo de começar a ler as respostas à sua RFP, determine os padrões para escolher o eventual fornecedor. Esses critérios podem ser baseados em conhecimento técnico, experiência, ou custo, mas, quaisquer que sejam os critérios que usar, eles têm de ser os mesmos para todos os fornecedores. Se você trabalha para uma organização do governo,[14] todos os fornecedores que você recusar pedirão uma cópia da proposta vencedora. Se eles acharem que a proposta deles é melhor, é possível que ocorra uma porção de coisas desagradáveis (leia-se: ação judicial). Se, todavia, você tiver uma planilha com os padrões utilizados para a avaliação das alternativas, poderá mostrar e explicar que todos foram avaliados pelos mesmos critérios e que o vencedor obteve o número total mais alto. Determinar os critérios de seleção de fornecedores logo no início do processo fará com que fique mais fácil tomar e defender, se necessário, uma decisão.

A avaliação de fornecedores consiste em criar uma regra na qual todas as respostas à RFP serão avaliadas de acordo com a mesma escala.

### Estabelecendo critérios de avaliação de fornecedores

Selecionar fornecedores subentende que você especificou um conjunto de critérios contra o qual os fornecedores serão avaliados. O principal objetivo é assegurar que a avaliação de todas as respostas à RFP seja consistente, objetiva e abrangente.

Embora existam muitos critérios desenvolvidos para a avaliação de fornecedores, é importante que, em primeiro lugar, você decida qual será a relação desejada com o fornecedor e defina o problema a ser resolvido. Então você pode desenvolver um conjunto específico de critérios de seleção de fornecedores que facilitarão a escolha sistemática de um deles. Isso implica no envolvimento de uma equipe de avaliação. Essa equipe revisará os *checklists* dos critérios de avaliação de fornecedores, debaterá com os outros participantes da equipe a importância relativa de cada critério e buscará um consenso. Isso implica que apenas os critérios essenciais são escolhidos para a avaliação de cada fornecedor, e critérios irrelevantes, que "poderiam" ser necessários, são eliminados. Os critérios também poderiam ser classificados como "deve ter", "deveria ter" ou "seria bom que tivesse" e algum tipo de algoritmo de pontuação deve ser aplicado a eles em cada classificação.

Há vários outros fatores qualitativos que também poderiam ser utilizados. Entre eles citamos os seguintes:

- experiência corporativa em trabalhos semelhantes;
- estabilidade financeira;
- abordagem técnica;
- experiência, habilidades e competências do pessoal;
- processos de gerenciamento de riscos;
- localização;
- ferramentas, documentos padrão e processos aplicáveis;
- referências de trabalhos semelhantes.

Algum tipo de algoritmo de classificação ponderada deve ser empregado para avaliar esses fatores qualitativos.

---

14  NRT: no Brasil, existe uma série de leis e instruções normativas que regulam os processos de aquisições dos órgãos públicos. Não é objeto desta publicação se estender em reflexões sobre compras públicas, mas o leitor deve estar consciente de que as leis e normas devem ser obrigatoriamente seguidas para o bem público. Da mesma maneira, recomenda-se aderência aos eventuais processos, normativas e legislações aplicáveis à sua organização, mesmo que privada.

Há vários modelos quantitativos para avaliar e classificar os fornecedores. Dois modelos que utilizei com sucesso e são fáceis de dominar e administrar são Classificação Forçada e Comparações aos Pares.

### Classificação Forçada

No exemplo de Classificação Forçada mostrado na Tabela 3.1, seis fornecedores (enumerados de 1 a 6) e quatro consultores (A, B, C e D) estão realizando a avaliação. O resultado de uma Classificação Forçada é uma lista priorizada de fornecedores. Cada consultor deve classificar os seis fornecedores do melhor para o pior em termos do cumprimento geral dos quesitos da RFP. (Uma variação poderia ser especificar os critérios e solicitar a classificação baseada nos critérios.) Neste exemplo, o Consultor A classificou o Fornecedor 4 com o melhor e o Fornecedor 3 como o pior. Some as classificações nas linhas para determinar, em termos globais, o fornecedor que alcançou a classificação mais alta. Nesse caso, o Fornecedor 2 é o que obteve a pontuação mais alta – logo, ficou classificado em primeiro lugar.

## TABELA 3.1  Classificação Forçada

| | Consultor | | | | | |
| Fornecedor | A | B | C | D | Soma das classificações | Classificação Forçada |
|---|---|---|---|---|---|---|
| 1 | 2 | 3 | 2 | 4 | 11 | 3 |
| 2 | 4 | 1 | 1 | 2 | 8 | 1 |
| 3 | 6 | 2 | 5 | 5 | 18 | 5 |
| 4 | 1 | 5 | 3 | 1 | 10 | 2 |
| 5 | 3 | 4 | 4 | 3 | 14 | 4 |
| 6 | 5 | 6 | 6 | 6 | 23 | 6 |

### Comparações aos Pares

Comparações aos Pares é outro modo de criar uma única classificação priorizada. Nesse caso, cada fornecedor é comparado com todos os outros fornecedores. No exemplo mostrado na Tabela 3.2, o Fornecedor 1 é comparado ao Fornecedor 2 na primeira linha. Se o Fornecedor 1 for preferido, o número 1 é colocado na linha 1 sob a coluna do Fornecedor 2 e o número 0 é colocado na linha do Fornecedor 2 sob a coluna do Fornecedor 1. Para determinar o fornecedor que alcançou a mais alta classificação geral, some os valores em cada linha. A linha que tiver o total mais alto identifica o fornecedor de prioridade mais alta.

**TABELA 3.2** Comparações aos Pares

|   | 1 | 2 | 3 | 4 | 5 | 6 | Soma | Classificação |
|---|---|---|---|---|---|---|------|---------------|
| 1 | X | 1 | 1 | 0 | 1 | 1 | 4 | 2 |
| 2 | 0 | X | 1 | 0 | 1 | 1 | 3 | 3 |
| 3 | 0 | 0 | X | 0 | 0 | 1 | 1 | 5 |
| 4 | 1 | 1 | 1 | X | 1 | 1 | 5 | 1 |
| 5 | 0 | 0 | 1 | 0 | X | 1 | 2 | 4 |
| 6 | 0 | 0 | 0 | 0 | 0 | X | 0 | 6 |

### Avaliando as respostas à RFP

A avaliação da resposta do Fornecedor à RFP é um método estruturado para estimar a capacidade que o fornecedor tem de ter sucesso no cumprimento dos requisitos determinados na RFP. Ela deve ser realizada por uma equipe que tenha um grande conhecimento das disciplinas representadas na RFP. Em muitos casos, essa equipe será externa e formada por especialistas no assunto em questão. O produto primário dessa avaliação imparcial é uma lista classificada. Em geral, solicitam-se comentários sobre os fornecedores que cumpriram os requisitos mínimos como demonstrado na RFP.

Não é incomum ter mais de uma fase de avaliação. Isso pode ser necessário se houver vários proponentes qualificados. A avaliação das respostas dos fornecedores à RFP é frequentemente utilizada para reduzir o número de potenciais fornecedores para uma quantidade mais gerenciável, em geral não mais que cinco. Então, esses mais bem avaliados serão convidados a fazer uma apresentação das soluções propostas na organização dona do projeto. Essas apresentações costumam ser assistidas por usuários finais e por outros que vão interagir com a solução. Eles avaliarão a solução proposta pelo fornecedor usando critérios desenvolvidos especificamente para o evento em questão. Os dados ali colhidos serão utilizados como apoio para a seleção final do proponente vencedor.

Na maioria dos casos, a lista curta conterá mais de um fornecedor, portanto a tarefa de avaliação de fornecedores ainda não acabou.

#### Seleção do fornecedor

O resultado da avaliação de fornecedores em geral não produz uma única "melhor escolha". O mais provável é que haja vários fornecedores competindo pela totalidade do trabalho ou por partes dele. Portanto, você terá mais uma outra decisão a tomar, isto é, qual fornecedor ou fornecedores ganharão o negócio que a empresa propõe.

Selecionar o fornecedor é uma decisão crítica. Não há nenhuma garantia de que, mesmo que tenha seguido rigorosamente o processo de avaliação, você acabará com um fornecedor com quem se sente bem e que pode ter confiança de selecionar. Alguns processos de seleção podem resultar em fracasso. Se esta for a situação, não se sinta obrigado a escolher um fornecedor da lista final. É uma boa prática já deixar os proponentes cientes de que você pode não outorgar o contrato depois de passar pelo processo.

Quando todo o trabalho será desenvolvido exclusivamente pelo fornecedor, o trabalho primário do gerente de projeto será o de gerenciar o contrato. Gerenciar o contrato envolve o seguinte:

- o fornecedor deve informar as datas das entregas para que você possa determinar se o projeto está ou não em dia;
- o fornecedor também deve apresentar uma EAP detalhando como ele repartirá o escopo do projeto e mostrando as tarefas que, quando concluídas, representam uma entrega completa;
- o gerente de projeto deve convocar reuniões de *status* periódicas para acompanhar o progresso. Essas reuniões devem ser formais e ocorrer em datas especificadas. As reuniões de *status* devem ocorrer, no mínimo, uma vez por semana, embora nos estágios iniciais do projeto você possa escolher realizá-las com maior frequência. Essas reuniões de *status* lhe darão uma ideia de como está o desempenho do fornecedor em relação ao cumprimento do contrato e, por serem semanais, não permitem que o projeto se afaste muito do programado. No máximo, você precisará corrigir apenas problemas acumulados em uma semana – qualquer coisa mais demorada do que isso pode rapidamente se tornar incontrolável.

Em seu contrato, defina quem será o gerente de contrato por parte da sua organização. Em geral ele é também o gerente de projeto (que será você se estiver gerenciando esse projeto), mas em algumas organizações, as funções de gerenciamento de contrato são desempenhadas por uma equipe ou departamento específico. Eu prefiro que o gerenciamento do contrato esteja nas mãos do gerente de projeto ou, no mínimo, que o gerente de projeto faça parte da equipe de gerenciamento do contrato.

 **NOTA** Se o contrato for gerenciado com base em entregas – isto é, o fornecedor concorda em realizar as entregas em determinadas datas – é extremamente importante determinar o mecanismo de pagamento. A pessoa que assina o recebimento de cada entrega é extremamente importante para o fornecedor e deve ser especificamente designada na RFP.

A seleção real pode ser muito simples e direta, dependendo do processo de avaliação. Há vários cenários possíveis a considerar.

### Não há um vencedor

Nesse cenário, nenhuma das avaliações resulta em um fornecedor que cumpre com os requisitos; portanto, não há nenhum vencedor. Nesse caso, provavelmente você queira repensar a RFP. Será que está pedindo aos seus fornecedores algo que está além do razoável? Se estiver, considere revisar o escopo do projeto.

### Há um único vencedor

Nesse cenário, os resultados da avaliação são claros, e surge um único fornecedor cuja avaliação é mais alta em todos os critérios. Em casos mais simples, os critérios de avaliação são concebidos para produzir uma nota única, e o fornecedor que alcançar a nota mais alta e cumprir com os requisitos mínimos vencerá a licitação. Todavia, não pense que você chegou ao fim e já tem um fornecedor. Você ainda tem um contrato para negociar e precisa que o fornecedor aceite tal contrato.

### Há vários vencedores

Quando há múltiplos critérios, cada um com seu próprio algoritmo de avaliação, pode ser que não haja um único fornecedor que tenha claramente obtido a nota mais alta em todos os critérios para vencer a licitação. Nesse caso, você pode decidir adjudicar partes do negócio a fornecedores diferentes. Se essa possibilidade existir, você terá de deixar claro na RFP que o negócio poderá ser adjudicado a vários fornecedores que terão de trabalhar em conjunto no projeto. A RFP deve exigir informações sobre quaisquer situações semelhantes nas quais o fornecedor já teve experiências. Se você tiver vários fornecedores, é óbvio que a carga do gerenciamento será mais pesada.

### 3.2.9.3 Tipos de contratos

Você pode considerar vários tipos de estruturas contratuais. Os quatro tipos de contratos mais populares são descritos nas seções seguintes.

### Preço fixo

Essa é a melhor forma de contrato quando os requisitos são bem conhecidos e o comprador (isto é, você) sabe que as possibilidades de mudanças serão mínimas. Embora aparentemente muitos compradores sempre queiram um contrato de Preço Fixo Garantido – PFG [*Firm Fixed Price* (FFP)] é interessante ter em mente que o fornecedor deve ter a capacidade de definir adequadamente o escopo de suas entregas, bem como ter a maturidade gerencial adequada para cumprir com as obrigações decorrentes de uma contratação desse tipo. Somente fornecedores cujos processos organizacionais são documentados, treinados, seguidos e atualizados terão um repositório organizacional suficientemente forte. Esses repositórios contêm os dados históricos baseados em muitos projetos, o que permite que os fornecedores apresentem suas propostas para participar de um contrato do tipo PFG. É claro que todos os fornecedores potenciais concordarão com um PFG, mas costumam fazer isso para conseguir participar da licitação na esperança de acertar detalhes mais adiante diretamente com o comprador. Não é possível fazer isso a partir de uma base de dados.

### Tempo e materiais

Os preços da mão de obra são estabelecidos em função das classes dos profissionais que serão alocados no projeto. Essas classes são declaradas na resposta à RFP e acordadas como parte das negociações do contrato. Os cartões de ponto são mantidos pelo fornecedor, e as faturas serão entregues conforme os termos e condições acordados em contrato.

Os materiais são adquiridos pelo fornecedor também conforme o contrato. A documentação necessária será fornecida como anexos às faturas.

### Adiantamento

Contratos de adiantamento especificam uma quantia fixa acordada a ser paga para o fornecedor em troca de um certo número de pessoas/dia em um determinado período. Contratos com cláusulas de adiantamento costumam ser usados quando não é possível fornecer uma Declaração de Trabalho detalhada. Nesses contratos, cabe a você a responsabilidade pela atribuição periódica de tarefas, com os respectivos prazos finais, ao fornecedor.

### Custos reembolsáveis

Essa forma de contrato é especialmente útil se você estiver disposto a pagar mais por alto desempenho e qualidade, porém não tem certeza de como determinar a verdadeira capacidade do fornecedor. Um contrato por Custos Reembolsáveis utiliza o custo direto da mão de obra e os custos indiretos (despesas gerais, trabalho realmente executado e assim por diante) para definir a conta a ser paga – os outros custos diretos são informados separadamente. Contratos por Custos Reembolsáveis dão mais ênfase ao desempenho e à qualidade do contratado e podem ser utilizados como um modo de impor padrões e procedimentos. Uma taxa de prêmio é negociada no início do contrato e está diretamente vinculada ao desempenho do fornecedor. O desempenho do fornecedor deve ser medido em termos de métricas quantitativas específicas, de modo a não haver nenhuma discussão em relação ao cumprimento da meta.

Contratos por Custos Reembolsáveis também podem incluir multas pelo não cumprimento dos critérios de aceitação.

#### 3.2.9.4 Pontos a discutir na negociação do contrato final

Esta seção da RFP especifica as áreas que serão discutidas em relação aos termos e condições finais do contrato, depois da seleção do fornecedor. Você não quer dar nenhuma surpresa de presente aos seus fornecedores. Algumas das áreas que você deve discutir na RFP incluem:

- cronograma de trabalho;
- cronograma de pagamento;
- taxas;
- pessoal designado ao contrato;
- direitos sobre os dados;
- outros termos e condições;
- propriedade;
- garantias;
- termos de cancelamento.

#### 3.2.9.5 Negociação final do contrato

Estabelecer e manter o acordo com o fornecedor dá a ele as necessidades, expectativas e medidas de efetividade do projeto.

O acordo com o fornecedor normalmente inclui o seguinte:

- declaração de trabalho para o fornecedor;
- termos e condições;
- lista de entregas, cronograma e orçamento;
- processo de aceitação definido, incluindo critérios de aceitação;

- identificação dos representantes do projeto e do fornecedor, que são os responsáveis autorizados a concordar com mudanças no acordo firmado com o fornecedor;
- descrição do processo de tratamento das solicitações de mudança de requisitos para ambos os lados;
- os processos, procedimentos, diretrizes, métodos, documentos padrão e assim por diante que serão seguidos;
- dependências críticas entre o projeto e o fornecedor;
- descrições da forma, frequência e profundidade da supervisão que o fornecedor pode esperar do projeto, incluindo os critérios de avaliação que serão utilizados no monitoramento do desempenho do fornecedor;
- definição clara das responsabilidades do fornecedor em relação à contínua manutenção e suporte dos produtos adquiridos;
- identificação da garantia, propriedade e direitos de uso para os produtos adquiridos.

### 3.2.9.6 Gerenciamento do fornecedor

Sempre recomendei que se faça o possível para que o fornecedor se sinta como um parceiro no projeto, como se fosse um membro da equipe. Isso significa incluí-lo em todas as atividades da equipe nas quais faça sentido envolvê-lo.

**Definição das expectativas – partida**

Iniciar um contrato com o pé direito evita muitas frustrações para ambas as partes. Um bom início permite que as relações de trabalho entre a equipe do projeto e a equipe do fornecedor sejam estabelecidas o mais cedo possível, de modo que possam funcionar como uma equipe unificada durante todo o projeto. A comunicação entre todas as partes interessadas relevantes precisa ser estabelecida logo no começo, de modo a otimizar o ambiente de desenvolvimento antes do início da implementação.

Fazer reuniões e discutir frente a frente são os modos mais fáceis de estabelecer expectativas claras e alcançar um entendimento mútuo dos requisitos e do desempenho esperado. É importante lembrar que os indivíduos que criaram e enviaram a resposta à RFP podem não ser os mesmos que trabalharão no projeto. Portanto, é boa prática manter algum tipo de orientação com a equipe do fornecedor, no início do projeto, para assegurar que ambas as partes compartilhem o mesmo entendimento da meta e dos objetivos do projeto.

Durante essa orientação ao fornecedor, você deve dar respostas às seguintes perguntas:

- Para quem o fornecedor trabalha?
- O que é esperado do fornecedor?
- Quais ferramentas e instalações estão disponíveis para o fornecedor?
- Qual treinamento está disponível para o fornecedor? E qual treinamento do fornecedor está disponível para sua equipe?
- O que o fornecedor deve entregar?
- Quando deve ser produzido?
- Quem receberá as entregas?
- Como as entregas serão avaliadas?

Todavia, se o fornecedor não trabalhar no mesmo local que o contratante, essa orientação se pagará mais de mil vezes.

## Monitorando progresso e desempenho

Monitorar e informar o progresso e o desempenho de um ou mais fornecedores exige esforço, e você não pode esperar que um fornecedor monitore o seu próprio desempenho. O melhor modo de considerar o fornecedor é como um membro da equipe de projeto. As atividades de acompanhamento do progresso dos participantes do projeto e de realização de revisões para discutir progresso, riscos, problemas e tarefas resultantes, tudo isso se aplica também a um fornecedor.

As reflexões a seguir, sobre o monitoramento das atividades do fornecedor, não pretendem ser completas nem absolutas. Mais exatamente, elas devem ser utilizadas como uma abordagem inicial para a realização de uma eventual adequação a estes métodos, que garantirão que o fornecedor receba a atenção adequada baseada em objetivos, restrições, requisitos e ambiente operacional do negócio.

### *Monitoramento de solicitações de mudanças de requisitos*

Uma das áreas mais importantes a considerar é a solicitação de mudança de requisitos. É mais provável que essas solicitações venham da sua equipe e do cliente, porém você deve estender esses mesmos privilégios também ao fornecedor. Afinal, todos são especialistas no que estão fazendo e com certeza podem contribuir para a melhoria e sucesso geral do projeto. A conclusão é que o gerenciamento de requisitos é um esforço colaborativo de ambas as partes.

Mudanças nos requisitos devem ser controladas à medida que eles evoluem ao longo do ciclo de vida de desenvolvimento do produto, em razão de mudanças nas necessidades e nos requisitos derivados. Todas as partes interessadas relevantes, de ambos os lados, devem avaliar as solicitações de mudança de requisitos e concordar com elas antes de aplicá-las. As mudanças aprovadas são rastreadas e seus respectivos históricos devem ser mantidos em conjunto com as justificativas que motivaram as mudanças. As alterações que foram realizadas nos requisitos devem ser informadas a todas as partes interessadas de maneira oportuna e no tempo adequado.

O processo de mudança é semelhante ao utilizado quando não há nenhum fornecedor envolvido, exceto pela adição da avaliação de impacto no projeto que o fornecedor também realiza (no seu respectivo pedaço do projeto). São realizadas as análises de impacto para cada uma das solicitações de mudança nos requisitos antes das negociações e das decisões de aceitá-las ou não. Isso implica que o fornecedor poderá solicitar ajustes no contrato e/ou no cronograma de atividades. Ainda que não seja esse o caso, e que o trabalho do fornecedor não sofra nenhum impacto, recomendamos que você mantenha o fornecedor na cadeia de aprovação para todas as solicitações de mudança. A aprovação do fornecedor para todas as solicitações de mudança é necessária – deixe que ele decida se seu trabalho sofrerá algum impacto. O relatório de análise de impacto sobre o projeto, por parte do fornecedor, pode concluir que a mudança proposta não causará nenhum impacto sobre a parte dele no projeto, mas é preciso que ele informe isso oficialmente ao gerente do projeto (você).

*Monitoramento do desempenho das atividades do fornecedor*

As seguintes métricas fundamentais precisam ser informadas pelo fornecedor para comparar o desempenho real *versus* o desempenho planejado contratado:

- horas trabalhadas;
- custo;
- cronograma.

Custo e cronograma fazem parte da análise do valor agregado, que você aprenderá no Capítulo 7.

Outras métricas de desempenho que podem ser acompanhadas tanto pelo fornecedor como pelo gerente do projeto, incluem:

- frequência de solicitações de mudança ao longo do tempo;
- incidência de problemas;
- riscos;
- resolução de questões pendentes;
- níveis do pessoal e mudanças por tipo de posição.

### Transição do fornecedor para o cliente

A transição do ambiente do fornecedor para o seu ambiente, de forma a realizar a integração e os testes de aceitação, exige reflexão e planejamento em avançado.

Você precisa determinar quais produtos e/ou serviços espera receber para executar uma transição bem-sucedida do produto ou componente do fornecedor para você. O gerente de projeto em colaboração com o fornecedor deve desenvolver um resumo de alto nível do *checklist* a seguir, de forma a auxiliar a transição dos produtos:

- O que você espera ser entregue e como o aceitará?
- Qual ambiente você deve proporcionar para aceitar as entregas do fornecedor?
- Qual apoio o fornecedor deve providenciar durante a aceitação das entregas?
- Como os problemas serão resolvidos?
- Que tipo de acordo de manutenção você espera?
- E sobre as mudanças futuras?

Estou assumindo que os critérios de aceitação já foram definidos e concordados.

### Encerramento do contrato com um fornecedor

O encerramento do contrato costuma ser uma função negligenciada pelo gerente de projeto. Porém, além de certificar o que foi feito, o encerramento dá a todas as partes uma chance de tratar as questões ainda não resolvidas e os pagamentos finais. O gerente de projeto deve estar ciente de todas as etapas que devem ser seguidas no processo de aquisição, embora possa não ser a pessoa diretamente responsável por gerenciá-las. Esse é apenas um outro aspecto de ser um gerente de projeto profissional. Considere os tópicos seguintes quando estiver encerrando um contrato:

- **É preciso que todos tenham uma clara compreensão e consigam identificar quando o projeto está encerrado.**
  Ao redigir a sua RFP, defina claramente a lista de entregas que espera receber para considerar o projeto concluído e qual é o produto final. Não fazer isso corretamente quase sempre resultará em excessos de custo, na forma de atividades de manutenção sob o título de trabalho do projeto. Defina qual deve ser o produto final do projeto, quem deve determinar que tal produto foi entregue, e o que deve ser feito com relação a quaisquer questões ainda em aberto. Essa informação deve ser a mais clara possível e, com isso, você economizará muito dinheiro da sua organização.

- **Após o encerramento do contrato, não esqueça de arquivar apropriadamente toda a documentação utilizada durante o projeto.**
  Essa documentação inclui a RFP original, as linhas de base do projeto, a declaração de escopo, a EAP, os vários planos utilizados para gerenciar o projeto, e todas as mudanças, incluindo, também, as que foram solicitadas, porém rejeitadas. Também será preciso registrar todos os pagamentos e assegurar que todos os subcontratados foram pagos. Cabe ao fornecedor confirmar e registrar oficialmente o pagamento dos subcontratados.

- **Organize e guarde um arquivo geral com todas essas informações.**
  Por quanto tempo? Eu já vi exemplos de pendências que apareceram anos depois da conclusão do projeto. No mínimo, mantenha o arquivo enquanto o produto do projeto estiver em uso. O ideal é manter esses registros permanentemente.

### 3.2.10 Gerenciamento das partes interessadas no projeto

O Gerenciamento das Partes Interessadas foi introduzido na 5ª edição do *Guia PMBOK*, como a décima Área de Conhecimento e aborda a identificação, planejamento, gerenciamento e controle de interessados. O *Guia PMBOK* define uma parte interessada como "um indivíduo, grupo ou organização que possa afetar, ser afetado, ou sentir-se afetado por uma decisão, atividade ou resultado de um projeto". Neste livro, eu expandirei essa definição geral e terei oportunidade de discutir os sete tipos de interessado a seguir:

1. patrocinadores;
2. clientes;
3. usuários;
4. engenheiros de processos empresariais;
5. gerentes de recursos;
6. gerentes de projetos;
7. analistas de negócios.

Esses sete interessados formam um conjunto interdependente. Os papéis e responsabilidades de cada um deles ficarão claros à medida que discutirmos os papéis de cada um nos processos de elicitação dos requisitos e de determinação do escopo de um Projeto GTP, conforme abordado no Capítulo 4.[15]

---

15  Isso também será abordado no modelo de gerenciamento organizacional de projetos, apresentado no Capítulo 6 do Volume 2.

## 3.3 MAPEANDO ÁREAS DE CONHECIMENTO PARA GRUPOS DE PROCESSOS

Como você pode ver na Tabela 3.3, Grupos de Processos e Áreas de Conhecimento estão intimamente ligados.

**TABELA 3.3 Mapeamento das dez Áreas de Conhecimento para os cinco Grupos de Processos**

| Áreas de Conhecimento | Grupos de Processos de definição de escopo | Grupos de Processos de planejamento | Grupos de Processos de lançamento | Grupos de Processos de monitoramento e controle | Grupos de Processos de encerramento |
|---|---|---|---|---|---|
| Integração | X | X | X | X | X |
| Escopo | | X | | X | |
| Tempo | | X | | X | |
| Custo | | X | | X | |
| Qualidade | | X | X | X | |
| Recursos | | X | X | X | |
| Comunicações | | X | X | X | |
| Riscos | | X | X | X | |
| Aquisições | | X | X | X | |
| Partes interessadas | X | X | X | X | |

### 3.3.1 O que o mapeamento significa

Esse mapeamento mostra o grau de interdependência entre as Áreas de Conhecimento e os Grupos de Processos. Por exemplo, oito das dez Áreas de Conhecimento começam ao mesmo tempo que o Grupo de Processos de Planejamento e quase todas são executadas ao mesmo tempo que o Grupo de Processos de Monitoramento e Controle. Isso dá uma clara percepção da importância de certas entregas no plano do projeto e uma orientação quanto ao conteúdo desse plano.

### 3.3.2 Como usar o mapeamento

O mapeamento oferece um excelente esquema para conceber a sua abordagem de gerenciamento para um projeto. Por exemplo, Gerenciamento de Aquisições abrange os Grupos de Processo de Planejamento, Lançamento, Monitoramento e Controle e Encerramento. Portanto, um modelo de CVGP para Gerenciamento de Aquisições será efetivo se tiver componentes em cada um desses Grupos de Processos.

### 3.3.3 Usando grupos de processos para definir CVGPs

Muitos dos iniciantes no gerenciamento de projetos cometem o erro de denominar os Grupos de Processos como uma metodologia de gerenciamento de projetos – o que é incorreto! Todavia, se você sequenciar apropriadamente e talvez repetir alguns dos Grupos de Processos, poderá definir CVGPs que são metodologias de gerenciamento de projetos. Portanto, os Grupos de Processos são os blocos que compõem as metodologias de gerenciamento de projetos. De modo semelhante, ao selecionar e adaptar os processos dentro de um Grupo de Processos, você pode estabelecer os processos específicos que regem um CVGP. Portanto, os processos dentro de um Grupo de Processos são os blocos detalhados das fases do CVGP.

### 3.3.4 Um olhar para o futuro: mapeamento de grupos de processo para formar CVGPs complexos

Cinco CVGPs são definidos nas Partes II e III. Esses cinco CVGPs incluem todos os CVGPs significativos que você poderia formar, e cobrem completamente os quatro quadrantes do panorama de projetos. Assim, independentemente do tipo de projeto, você poderá utilizar um dos cinco CVGPs como um modelo inicial para a metodologia de gerenciamento que irá utilizar no seu projeto. Um determinado CVGP pode ser modificado para se ajustar a um projeto específico, conforme descrito nas Partes II e III.

## 3.4 RESUMINDO

Este capítulo definiu todos os Grupos de Processos e apresentou uma lista de processos compreendidos por eles. Você aprendeu o que são Áreas de Conhecimento e como elas se interligam com os Grupos de Processos. O que você ainda não sabe é como todos esses processos são reunidos para produzir metodologias de gerenciamento de projetos específicas para as diversas necessidades gerenciais dos diferentes tipos de projetos. Esse é o tópico das Partes II e III.

Os capítulos da Parte II se aprofundam nas Áreas de Conhecimento e lhe mostram muitos "como fazer". Você aprenderá os vários métodos que podem ser utilizados para executar os processos dentro de cada Área de Conhecimento. Na Parte III, você aprenderá como escolher o método mais adequado para executar um processo, o que pode ser um resultado direto do tipo de projeto ou depender de um ou mais fatores externos.

## QUESTÕES PARA DISCUSSÃO

1. Fora a abordagem dos cinco Grupos de Processos e das dez Áreas de Conhecimento adotadas pelo PMI, de que outro modo você estruturaria a sua abordagem para definir uma metodologia de gerenciamento de projetos para a sua organização?
2. Do ponto de vista das necessidades que a sua organização tem sobre uma metodologia de gerenciamento de projetos, algum (ou alguns) dos Grupos de Processos são incompletos? Algum (ou alguns) dos Grupos de Processos contém (ou contêm) processos supérfluos que não são aplicáveis à sua empresa? Quais são e por que eles não funcionariam para você?
3. Você pode imaginar um sexto Grupo de Processos ou mais uma Área de Conhecimento que a sua empresa exigiria de uma metodologia de gerenciamento de projetos?

**PARTE II**

Gerenciamento
Tradicional
de Projetos

Gerenciamento Tradicional de Projetos (GTP) é a raiz histórica do gerenciamento de projetos moderno. Há quem o chame de "Caminho Feliz". São os projetos bem definidos que fazem parte do panorama de projetos e oferecem um bom ponto de partida para a sua jornada. Os Capítulos 4 a 8 descrevem essa jornada, que tem cinco fases básicas:

1. definir o escopo de um projeto GTP;
2. planejar um projeto GTP;
3. lançar um projeto GTP;
4. monitorar e controlar um projeto GTP;
5. encerrar um projeto GTP.

A finalidade da Parte I foi definir projetos, gerenciamento de projetos e os Grupos de Processos. Os cinco Grupos de Processos e as dez Áreas de Conhecimento são os blocos utilizados para compor todos os diferentes ciclos de vida de gerenciamento de projetos (CVGPs). Agora, os Capítulos de 4 a 8 (Parte II) apresentam o CVGP Linear e o uso robusto desses blocos de composição.

# 4 Como definir o escopo de um projeto GTP

Prever é muito difícil, especialmente se for o futuro.

– Neils Bohr

Defina o problema antes de buscar uma solução.

– John Williams, DP, Spence Corp.

## OBJETIVOS DE APRENDIZAGEM DO CAPÍTULO

Depois de ler este capítulo, você estará apto a:

- entender o que realmente significa "gerenciar as expectativas dos clientes";
- explicar o processo de desenvolvimento das Condições de Satisfação (CDS);
- desenvolver o documento CDS;
- reconhecer a importância de manter as CDS durante todo o ciclo de vida do projeto;
- planejar e conduzir a Reunião de Definição do Escopo do Projeto;
- usar entrevistas, dinâmicas de grupo com facilitador, prototipagem e *workshops* para elicitar os requisitos a partir das necessidades de negócio;
- montar a Estrutura Analítica de Requisitos (EAR);
- definir as partes básicas e a função Termo de Abertura do Projeto (TAP);
- redigir um TAP convincente para a sua ideia de projeto, utilizando a linguagem do seu negócio;
- entender o papel do TAP no CVGP;
- redigir declarações claras de meta e objetivo;
- estabelecer critérios mensuráveis para o sucesso do projeto;
- identificar premissas, riscos e obstáculos relevantes;
- discutir anexos ao TAP e o papel que desempenham na aprovação do projeto;
- entender o processo de aprovação do TAP.

## PONTO DE PARTIDA

O Grupo de Processos de Definição do Escopo define todas as ferramentas, documentos padrão e processos necessários para responder duas perguntas: "O que você fará?" e "Como saberá que fez o que tinha de fazer?" Se você não sabe para onde vai, como saberá quando e se chegou lá? Se eu tivesse de escolher o grupo de processos do qual a maioria das falhas se originou, seria o Grupo de Processos de Definição de Escopo. Além de ser o mais difícil dos cinco Grupos de Processos, geralmente, ele é também o que as pessoas dedicam menor atenção e cuidado em sua execução. É provável que isso tenha muito a ver com o desejo de começar logo e que qualquer coisa que tenha a ver com planejamento, como a definição do escopo, é uma perda de tempo. Já vi várias vezes projetos iniciarem de maneiras terríveis simplesmente porque nunca houve um entendimento claro e exato do que tinha de ser feito – por exemplo, a definição de completude ou encerramento não foi documentada e aprovada. Neste capítulo, você aprenderá todas as ferramentas, documentos padrão e processos necessários para começar com o pé direito a série de atividades que conduzem a definição clara e bem compreendida sobre o que é o projeto.

Depois de aprender como definir o escopo inicial do projeto, você aprenderá como manter esse escopo. Ele pode mudar à medida que você aprende mais sobre a solução, durante a execução do projeto – mas essa é a natureza dos projetos complexos. Pela minha experiência, se não houver mudança, é provável que o desfecho não seja satisfatório.

## 4.1 USANDO FERRAMENTAS, DOCUMENTOS PADRÃO E PROCESSOS PARA DEFINIR O ESCOPO DE UM PROJETO

A definição efetiva do escopo de um projeto é tanto arte quanto ciência. Várias ferramentas, documentos padrão e processos podem ser utilizados durante o esforço de definição do escopo, e todos são apresentados e documentados em detalhes neste capítulo. Essa é a ciência da definição do escopo. Conhecer o seu cliente, o ambiente da sua organização e a situação do mercado e como adaptar as ferramentas, documentos padrão e processos fazem parte da arte da definição do escopo. Praticamente todo o esforço de definição do escopo envolve interação e colaboração entre o cliente que está requisitando um serviço ou produto e o gerente de projeto que está provendo o serviço ou produto. Essa colaboração pode ser muito informal (a abordagem "anotar no guardanapo") ou muito formal (uma Reunião de Definição de Escopo planejada). Em ambos os casos se prepara um documento que responderá as perguntas: "O que você fará?" e "Como saberá que fez o que tinha de fazer." A natureza dessa relação contribuirá para estabelecer como o esforço de definição do escopo deverá prosseguir e o possível grau de sucesso que atingirá.

As seguintes ferramentas, documentos padrão e processos são descritos neste capítulo:

- Condições de Satisfação (CDS);
- reunião de Definição do Escopo do Projeto;
- elicitação dos requisitos;
- sessões de Grupo com Mediador;
- entrevistas;
- prototipagem;
- seminários para Coleta de Requisitos;
- redação do Termo de Abertura do Projeto;
- aprovação do plano do projeto.

## 4.2 GERENCIANDO AS EXPECTATIVAS DO CLIENTE

De certa forma, parece que sempre os clientes esperam mais do que os gerentes de projeto estão preparados ou são capazes de entregar. Já vi essa lacuna de expectativa se manifestar várias vezes. Acredito que isso resulte mais de um fracasso de comunicação do que de qualquer outra coisa. Essa falta de comunicação começa no início de um projeto e estende-se ao longo do tempo até o final. O gerente do projeto acha que sabe o que o cliente está pedindo e o cliente acha que o gerente do projeto entendeu o que ele está pedindo. Em muitos casos isso simplesmente não é verdade e pouco é feito para verificar se qualquer uma dessas duas premissas é válida. Esse comportamento tem de acabar! Acredito que a má comunicação simplesmente não tem de ocorrer. A seção **4.3.1 – Conduzindo o processo de Condições de Satisfação** descreve uma ferramenta que tenho utilizado com sucesso por muitos anos. É uma ferramenta que estabelece uma linguagem de comunicação e entendimento entre o gerente do projeto e o cliente. Entenda desde já que a ferramenta é fácil de explicar e compreender, mas exige constante atenção e dedicação se quisermos que ela faça a diferença.

### 4.2.1 Desejos *versus* necessidades

A causa principal de vários problemas de comunicação se origina da desconexão entre o que o cliente diz que quer e o que ele realmente precisa. Essa desconexão pode não ser muito óbvia no início da fase de definição do escopo, porém, quando se tornar evidente mais a frente no ciclo de vida do projeto, qualquer correção custará caro – por isso, o gerente do projeto precisa estar atento a este aspecto. A desconexão pode surgir porque o cliente está tão eufórico com uma tecnologia (por exemplo, ele pode estar apaixonado por alguma coisa que viu na internet) que se convenceu que tem de tê-la sem pensar minimamente no que ele realmente precisa.

Desejos e necessidades estão intimamente ligados, mas são fundamentalmente diferentes. Pela minha experiência, o que o cliente deseja tende a estar associado a uma solução imaginada por ele para um problema. As necessidades tendem a estar associadas ao problema real. Se o que ele deseja é derivado de um claro entendimento do que necessita, então é seguro continuar tendo como base o que o cliente quer – mas nem sempre você tem certeza de que esta é a situação real. Por segurança, sempre pergunto ao cliente por que ele quer o que diz que quer. Se você adotar essa prática de sempre perguntar por quê, a certa altura chegará à raiz do problema e então as necessidades ficarão claras. Isso não é diferente de uma Análise da Causa Raiz. A solução para esse problema será o que o cliente realmente precisa. O seu trabalho, como gerente de projeto, é convencer o cliente de que o que ele quer é o que ele realmente precisa.

A desconexão também pode ocorrer porque, na realidade, o cliente não sabe o que necessita. E, em muitos casos, ele não tem condições nem capacidade de saber. O que ele precisa só pode ser descoberto mediante a execução do projeto. O GTP os força a especificar o que querem. Se houver alguma razão para crer que aquilo que o cliente diz que quer é diferente do que ele realmente necessita, o gerente de projeto tem a responsabilidade de chegar à raiz dos fatos antes de executar qualquer planejamento ou trabalho significativo. Seria um erro prosseguir sem estar seguro de que aquilo que o cliente quer e aquilo que ele precisa estão alinhados ou podem ser alinhados. Nunca comece um projeto sem saber se a solução é, de fato, o que satisfará o cliente. Essa é uma das razões para levantarmos e registrarmos as Condições de Satisfação, discutidas na próxima seção. É uma ferramenta que utilizo há mais de 20 anos e que até agora funcionou muito bem.

## 4.3 PROCESSO DE DEFINIÇÃO DO ESCOPO DO PROJETO

A Figura 4.1 é um diagrama do Processo de Definição do Escopo do Projeto que utilizo na minha prática de consultoria, e descrevo detalhadamente nesta seção.

**FIGURA 4.1  Processo de Definição do Escopo do Projeto**

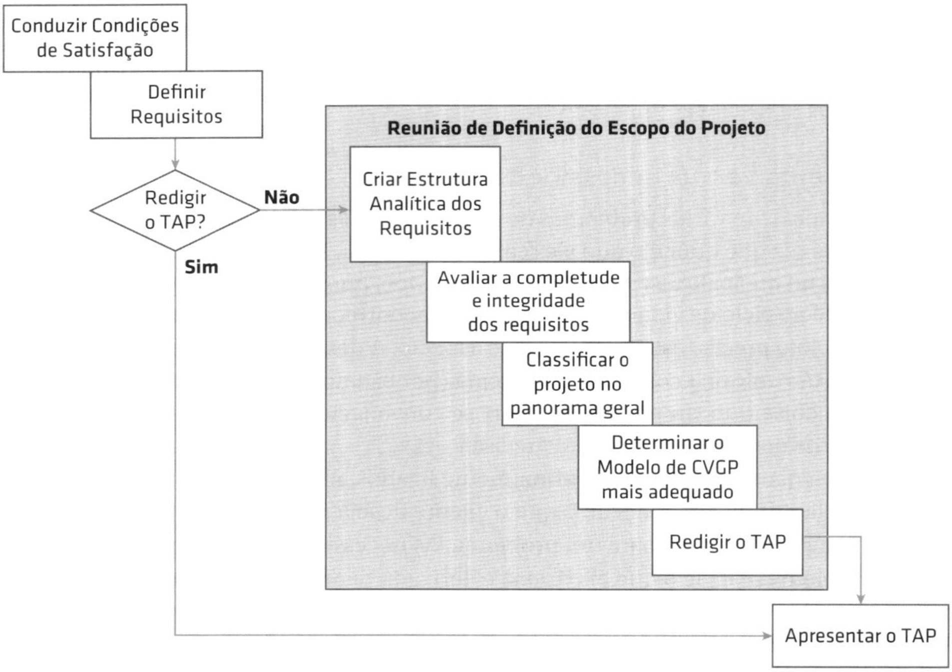

### 4.3.1 Conduzindo o processo de Condições de Satisfação[1]

Se eu tivesse de escolher uma etapa na qual um projeto enfrenta dificuldades, escolheria o início do projeto. Por alguma razão, as pessoas acham difícil entender o que estão dizendo umas às outras. Quantas vezes você já se pegou pensando no que vai dizer enquanto a outra pessoa está falando? Se quiser ser um gerente de projeto bem-sucedido, você tem de parar com esse tipo de comportamento. Na qualidade de gerente de projeto, é essencial que cultive suas habilidades para escutar o que os colaboradores estão dizendo.

---

1   NRT: o autor denominou o processo como "Condições de Satisfação" e utiliza este nome como substantivo. Também será utilizado o acrônimo CDS para referenciar esse processo.

Para tal, você deve iniciar qualquer exercício de definição de escopo com uma sessão de Condições de Satisfação (CDS). A CDS é uma conversação estruturada entre o cliente (o requisitante) e o provável gerente do projeto (o prestador de serviços). A Figura 4.2 ilustra o processo da CDS.

**FIGURA 4.2 Estabelecendo a CDS**

Negociar os acordos e redigir o TAP

O produto da CDS é um documento de uma página (com anexos) denominado Termo de Abertura do Projeto (TAP). O TAP é um modelo de documento padronizado, utilizado para definir claramente o que deve ser feito. É assinado pelo cliente e pelo gerente do projeto como registro da sessão de CDS. Quando o TAP é aprovado pela alta gestão, a Fase de Definição do Escopo está concluída e o projeto passa para a Fase de Planejamento, que é o tópico do Capítulo 5.

> **➕ NOTA** A CDS funciona bem para projetos menores, mas não para grandes projetos. Para projetos maiores é necessário um processo mais formal (descrito mais adiante neste capítulo).

O processo de desenvolvimento da CDS envolve as quatro partes seguintes:

1. **solicitação** – O cliente faz uma solicitação;
2. **esclarecimento** – O gerente do projeto explica o que entendeu da solicitação. Essa conversa continua até o cliente ter certeza de que o gerente do projeto entendeu claramente a solicitação. Agora, ambas as partes têm um claro entendimento da solicitação na linguagem do cliente;
3. **resposta** – O gerente do projeto declara o que pode fazer para atender à solicitação;
4. **acordo** – O cliente declara o que entendeu que o gerente do projeto entregará. A conversa continua até que o gerente do projeto se convença de que o cliente entendeu claramente o que será fornecido. Nesse ponto, ambas as partes têm um claro entendimento do que será fornecido na linguagem do gerente do projeto.

Estabelecer uma linguagem de comunicação comum é de fundamental importância. Se você ainda não o fez, trate de fazê-lo, ou estará plantando as sementes do fracasso.

### 4.3.2 Estabelecendo clareza de propósito

Ao encerrar a sessão de CDS, ambos, você e o cliente, declararam suas posições e sabem que a outra parte entendeu a posição assumida. Desse modo, fica estabelecido o início de uma linguagem comum com uma terminologia comum, o que é muito importante. Você e o cliente terão plantado as sementes de um diálogo continuado. À medida que o trabalho de projeto progride, quaisquer mudanças que surgirem podem ser resolvidas com efetividade porque o esforço de entendimento mútuo foi feito desde o início.

A etapa final do processo da CDS é negociar o exato teor do que será feito para atender à solicitação. Em geral, algum tipo de compromisso será negociado. O acordo final é documentado no TAP.

É muito provável que as partes não entrem em acordo na primeira passada. Como mostrado na Figura 4.2, esse processo é repetido até que se chegue em uma solicitação acordada que será resolvida por uma resposta, também acordada. Como parte desse acordo, o TAP deve incluir uma declaração do *critério de sucesso* que especifica quando e como a solicitação será considerada cumprida. É importante que essa declaração seja muito específica. Não permita que paire qualquer dúvida sobre o que será entendido como cumprimento adequado das condições – não deixe nada subentendido. Uma declaração ideal terá somente dois resultados possíveis: os critérios foram cumpridos ou os critérios não foram cumpridos. Aqui não pode haver nenhuma resposta intermediária e nenhuma dúvida sobre o resultado. Os critérios de sucesso (conhecidos como critérios de cumprimento) serão parte do TAP.

### 4.3.3 Especificando os resultados do negócio

Como indicado na seção anterior, é uma boa ideia especificar na CDS exatamente quais os resultados que demonstram que tal CDS foi atendida. Os resultados costumam ser denominados critérios de sucesso, critérios de aceitação, resultados explícitos do negócio, objetivos, entre outros. Seja qual for o termo usado, você está se referindo a uma métrica quantitativa que sinaliza o sucesso. Essa métrica é discutida em detalhes mais adiante neste capítulo. Por enquanto, basta entender que ela é uma medida quantitativa que define o sucesso (por exemplo, lucro, redução de custos e/ou melhores níveis de serviço).

### 4.3.4 Reuniões de revisão de marcos da CDS

A CDS não é um acordo estático. É um acordo dinâmico que se torna parte do processo contínuo de monitoramento do projeto. As situações mudam ao longo do ciclo de vida do projeto e as necessidades do cliente também mudarão. Isso significa que a CDS mudará. Faça uma revisão das CDS quando realizar as grandes revisões de *status* ou passar por algum marco importante do projeto. A CDS ainda faz sentido? Se não fizer, mude-a e ajuste o plano do projeto de acordo com essa mudança.

## 4.3.5 Reunião de definição do escopo do projeto

Há uma variedade de modos para determinar o escopo de um projeto. Em um extremo está uma reunião formal de vários dias e no outro extremo está a definição do escopo escrita em um guardanapo, tomando um cafezinho. Ambos os extremos e todas as variantes entre eles são válidos. Tudo depende. Esta seção sugere o melhor modo de definir o escopo de um projeto, tendo como base a minha experiência.

A Reunião de Definição do Escopo do Projeto é o seu primeiro encontro substantivo com o cliente. Você pode ter conduzido uma seção de CDS e concordado com um escopo de alto nível para o projeto, mas precisará de mais detalhes para redigir um TAP. A Reunião de Definição do Escopo do Projeto leva o produto CDS ao próximo nível de detalhe. Nessa reunião, a equipe central do projeto estará presente, bem como o cliente, vários gerentes importantes, o pessoal envolvido, um mediador e usuários representativos dos produtos do projeto.

### 4.3.5.1 Finalidade

A Reunião de Definição do Escopo tem duas finalidades. A primeira é criar a EAR. A segunda é produzir um rascunho do TAP. A EAR é utilizada para ajudar a equipe a decidir a abordagem de gerenciamento de projeto mais adequada para o tipo de projeto em questão.

### 4.3.5.2 Participantes

Uma Reunião de Definição do Escopo do Projeto com 15 a 20 pessoas é grande, mas administrável. Um mediador de reuniões experiente poderia administrar um grupo com mais de 20 pessoas, mas isso requer subgrupos de discussão separados e a coordenação desses subgrupos. Esse é, definitivamente, o território de um mediador habilidoso e não de um gerente de projeto. O gerente do projeto precisa focar na definição do escopo do projeto, e não na condução da reunião. As duas atividades exigem conjuntos de habilidades diferentes. Eu prefiro que o gerente do projeto tire partido de suas habilidades de gerenciamento de projetos e que o mediador tire partido de suas habilidades de mediação de reuniões. Infelizmente, a realidade é que o gerente do projeto costuma ser recrutado como mediador. Se a Reunião de Definição do Escopo exigir mais de 20 participantes, seria bom você considerar a divisão do projeto em dois ou mais subprojetos, cada um com escopos menores, ou fazer mais de uma Reunião de Definição do Escopo.

Os três grupos seguintes precisam estar representados na Reunião de Definição do Escopo:

1. **grupo do cliente** – tomadores de decisão bem como pessoal do nível operacional devem estar representados. Entre eles deve estar o indivíduo ou os indivíduos que sugeriram o projeto;
2. **gerente do projeto e os principais membros da equipe de projeto** – os membros principais são os profissionais experientes que trabalharão no projeto do início ao fim (e farão parte da equipe central do projeto). Para projetos de maior porte, eles serão os futuros subgerentes de projeto e gerentes de atividades. Em alguns casos, profissionais experientes e importantes, porém escassos, também deverão estar presentes;
3.  **grupo mediador** – este grupo pode abranger dois ou três indivíduos experientes na condução de Reuniões de Definição de Escopo e de Planejamento. O grupo mediador será composto por um mediador de reuniões, um mediador encarregado de coletar os requisitos e um profissional que eu denomino tecnógrafo. Na maioria das vezes os dois mediadores são a mesma pessoa. O tecnógrafo é o profissional que registra tudo o que acontece na Reunião de Definição de Escopo e de Planejamento e tem sólida experiência na utilização de várias ferramentas de alta tecnologia. Projetos de maior porte podem exigir dois desses profissionais.

### 4.3.5.3 Agenda

Uma agenda típica para a Reunião de Definição de Escopo inclui:

- introdução e apresentação dos presentes;
- finalidade da reunião (liderada pelo mediador);
- revisão da CDS, se esta existir;
- descrição do estado atual (liderada pelo representante do cliente);
- descrição do problema ou da oportunidade de negócio (liderada pelo representante do cliente);
- descrição do estado futuro (conduzida pelo representante do cliente);
- elicitação e decomposição dos requisitos (conduzida pelo mediador);
- discussão da lacuna entre o estado atual e o estado futuro;
- escolha da abordagem de gerenciamento de projetos mais adequada para fechar a lacuna (conduzida pelo gerente de projeto);
- rascunho e aprovação do TAP (o grupo inteiro);
- encerramento.

Para projetos muito pequenos, a agenda pode ser executada em um dia. Não é incomum que, no caso de projetos de maior porte e mais complexos, seja necessária uma semana inteira de trabalho para cumprir a agenda. Em uma das minhas últimas experiências, participei de um projeto muito complexo para o desenvolvimento de um sistema de suporte à decisão baseado na Web, cujo prazo inicial era de três anos e custaria 5 milhões de dólares. A Reunião de Definição do Escopo durou três dias. Porém, ao final desses três dias, o grupo tinha um entendimento comum do projeto e uma boa perspectiva de como abordá-lo. Como testemunho da efetividade do processo de determinação de escopo que usamos, o projeto terminou antes do prazo, dentro do orçamento e excedeu todos os critérios de sucesso.

## 4.3.6 Produtos da Reunião de Definição do Escopo do Projeto

Como mostrado na Figura 4.1, a Reunião de Definição do Escopo do Projeto inclui os seguintes produtos:

- criação da EAR;
- avaliação da completude da EAR;
- classificação do projeto;
- determinação do modelo de CVGP mais adequado;
- elaboração do TAP.

Esses produtos são descritos nas seções seguintes.

### 4.3.6.1 Criação da EAR

A definição de requisitos ocorre imediatamente após as sessões de CDS e antes da redação do TAP. A decomposição dos requisitos, que envolve a descrição detalhada de como cada requisito será cumprido, pode ocorrer em diferentes ocasiões ao longo do ciclo de vida do projeto:

- como esclarecimento adicional ao TAP;
- durante a Reunião de Definição do Escopo do Projeto, como esclarecimento de "o que" será feito;
- durante a Reunião de Planejamento do Projeto como definição do "como" será feito.

O meu conselho é começar a documentação dos requisitos pela identificação dos requisitos de alto nível, sem nenhuma decomposição. Esses requisitos de alto nível formam um conjunto necessário e suficiente para se alcançar o sucesso do projeto. Em geral, esse nível de detalhamento é suficiente para os propósitos do TAP. A decomposição dos requisitos pode ocorrer depois da aprovação do TAP e da decisão quanto à viabilidade do projeto. Tanto a Reunião de Definição do Escopo do Projeto, como a Reunião de Planejamento do Projeto são eventos adequados para realizar a decomposição de requisitos. Se você espera que a decomposição de requisitos será complexa, levará vários dias e consumirá uma quantidade muito grande de recursos, é uma boa ideia aguardar pela aprovação do TAP e pela decisão e confirmação da viabilidade do seu projeto antes de despender os recursos necessários para gerar a EAR. Criar a EAR antes de saber se o seu projeto tem alguma chance de ser aprovado será um grande desperdício, caso o TAP não seja aprovado. Ambas as opções são mostradas na Figura 4.1.

A EAR não é estática. Ao contrário, é muito dinâmica. Os detalhes podem mudar várias vezes durante toda a vida do projeto, devido a uma ou mais das seguintes razões:

- mudanças no mercado;
- ações de um concorrente;
- surgimento de novas tecnologias ou aprimoramento das tecnologias existentes;
- mudanças nas prioridades organizacionais;
- mudanças de patrocinadores;
- aprendizado e descoberta decorrentes da simples execução do projeto.

Devido à volatilidade dos requisitos, prefiro não usar a definição do IIBA para requisito (veja o Capítulo 2) porque ela afirma que os requisitos não podem ser totalmente identificados no início de um projeto. Em vez disso, recomendo que use a minha definição de requisitos, que resulta em uma lista completa de requisitos de alto nível no início do projeto. Essa diferença pode parecer trivial, mas causa um profundo impacto na avaliação do valor de negócio resultante, que não fica evidente pela definição do IIBA porque, naquela definição, os requisitos que geram valor de negócio estão embutidos em todos os outros requisitos.

A decomposição de requisitos é apresentada na forma de um diagrama hierárquico (Figura 4.3). Em sua apresentação mais detalhada, ela consiste nos seguintes níveis de decomposição:

- Requisito
- Funções
- Subfunções
- Processos
- Atividades
- Características/Funcionalidades

## FIGURA 4.3 A Estrutura Analítica de Requisitos

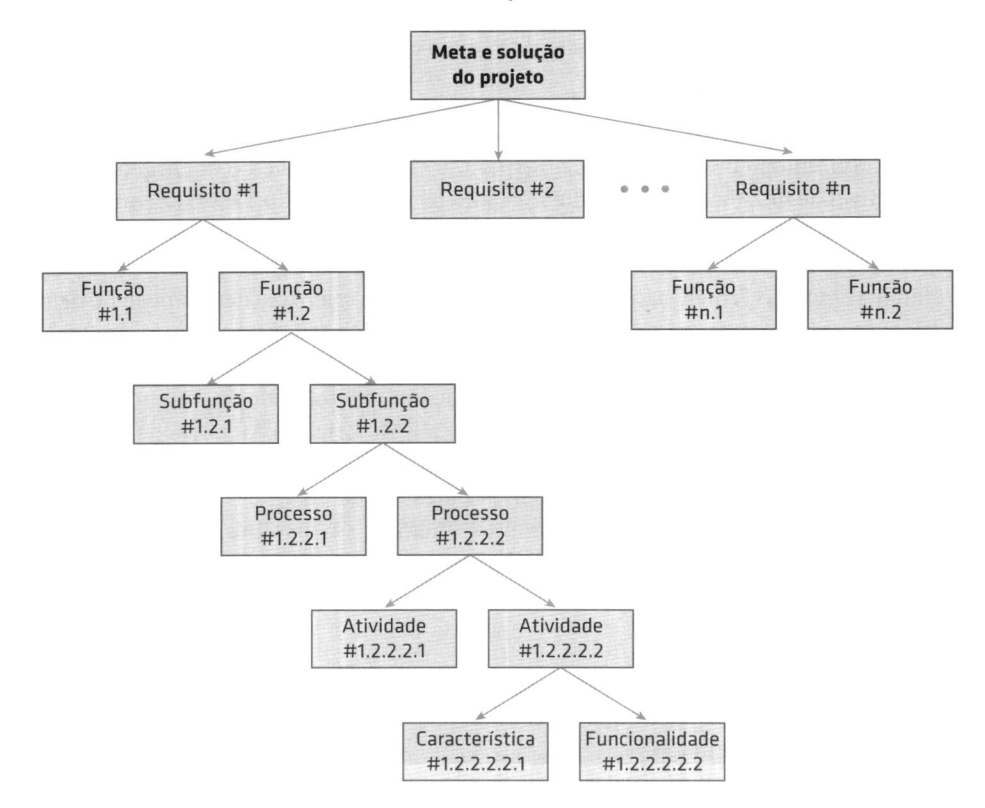

À medida que você coleta e documenta os requisitos, por qualquer método que escolher, coloque-os em seus níveis adequados na EAR. O formato gráfico mostrado na Figura 4.3 funciona bem. Como alternativa, você poderia apresentar a EAR sob o formato de parágrafos indentados. É tudo uma questão de gosto.

Damos aqui uma breve descrição de cada nível:

- **Função** – a critério do gerente de projeto, o nível mais alto de decomposição pode ser o nível de função. Esse nível compreende as funções que a solução deve executar para ser considerada aceitável. É importante entender que a EAR reflete o que se sabe sobre a solução no momento em que a EAR é definida pela primeira vez. Essa lista inicial de funções pode ser ou não completa. Não é esperado que você ou o cliente saibam se a lista está completa ou não. Você até poderia saber se ela está incompleta, mas não tem como saber se ela está completa. E como poderia? No caso da geração da EAR, você tem de proceder como se soubesse que a lista inicial é completa. Se não for, você descobrirá no transcorrer da execução do projeto.
- **Subfunção** – no nível seguinte de decomposição estão as subfunções. No caso de algumas funções, é possível que você não tenha nenhuma ideia de quais sejam essas subfunções – e tudo bem. Seja qual for o caso, a equipe de projeto deve realizar todos os esforços para identificar as subfunções que podem definir uma função de um modo mais detalhado. A função que as subfunções definem estarão completas na medida em que todas essas subfunções sejam desenvolvidas. Essa é a mesma premissa que embasa a arquitetura da EAR, e é muito intuitiva. No caso de muitos projetos adaptativos, subfunções adicionais serão descobertas como parte da própria execução do projeto.
- **Processo** – funções e subfunções complexas podem ser descritas mais detalhadamente com os processos de negócio que as compreendem. Esses processos de negócios são os comumente utilizados nas organizações de hoje. Para melhor entendê-las, as funções poderiam ser decompostas em subfunções e os processos de negócio que compreendem tais subfunções podem, por sua vez, ser decompostos em processos.
- **Atividade** – atividades são também conhecidas como etapas do processo.
- **Característica e funcionalidades** – no nível mais baixo da decomposição estão as características e funcionalidades. São as melhorias e especificidades evidentes da entidade que descrevem.

### Participação das partes interessadas na elicitação e decomposição de requisitos

Aqueles que afetam ou são afetados por um projeto definem o grupo de partes interessadas. Há sete tipos de partes interessadas, e o modo como elas interagem umas com as outras na questão do levantamento dos requisitos é ilustrado na Figura 4.4. Com a exclusão do patrocinador e do usuário, os outros cinco tipos de partes interessadas participam da Reunião de Determinação do Escopo.

- **Patrocinador** – esse é o membro da alta gestão organizacional que apoia e financia o projeto. Patrocinadores são aqueles que dão a ideia que origina o projeto ou aqueles que estão preocupados em atender a solicitação de um cliente para um produto ou serviço. Pode ser um projeto para um novo produto ou serviço, de modo a aproveitar uma oportunidade de negócio não explorada, ou um projeto que melhore um produto ou serviço existente.
- **Clientes** – são as pessoas ou o departamento que serão as donas dos produtos do projeto. Eles colaboram com o patrocinador e com o usuário no que diz respeito aos produtos e representam ambos, o patrocinador e o usuário, nos exercícios de elicitação e decomposição de requisitos. Frequentemente gerenciarão a implementação dos produtos advindos do projeto. Há situações em que os produtos pertencem a mais de um departamento, como será o caso de aplicações de âmbito geral na empresa. Essas situações apresentam desafios para a satisfação de necessidades concorrentes.
- **Usuários** – são as pessoas ou departamentos que utilizarão os produtos do projeto. Podem ser internos ou externos à organização. E também pode ser o cliente.
- **Engenheiros de Processos de Negócios** – são os técnicos que têm a responsabilidade de conceber, adaptar e implementar os processos de negócio que serão impactados, bem como impactarão as entregas e produtos do projeto.
- **Gerentes de Recursos** – são os gerentes de quaisquer recursos que serão necessários na produção dos produtos ou serviços entregues pelo projeto.
- **Gerente de Projeto** – são os maestros. São os mediadores do processo de elicitação e decomposição de requisitos. São os responsáveis pelo gerenciamento dos recursos utilizados para gerar os produtos do projeto.
- **Analistas de Negócios** – esses profissionais conhecem bem os processos do cliente e as práticas dos usuários e os processos que eles empregarão para utilizar os produtos ou serviços entregues pelo projeto. Frequentemente atuarão como suporte do gerente do projeto e como interface com o cliente ou com o grupo de usuários. Sua responsabilidade primária é ajudar o gerente de projeto e o cliente a transformar as necessidades declaradas do negócio em requisitos do negócio.

## FIGURA 4.4 O Modelo de Interação das Partes Interessadas

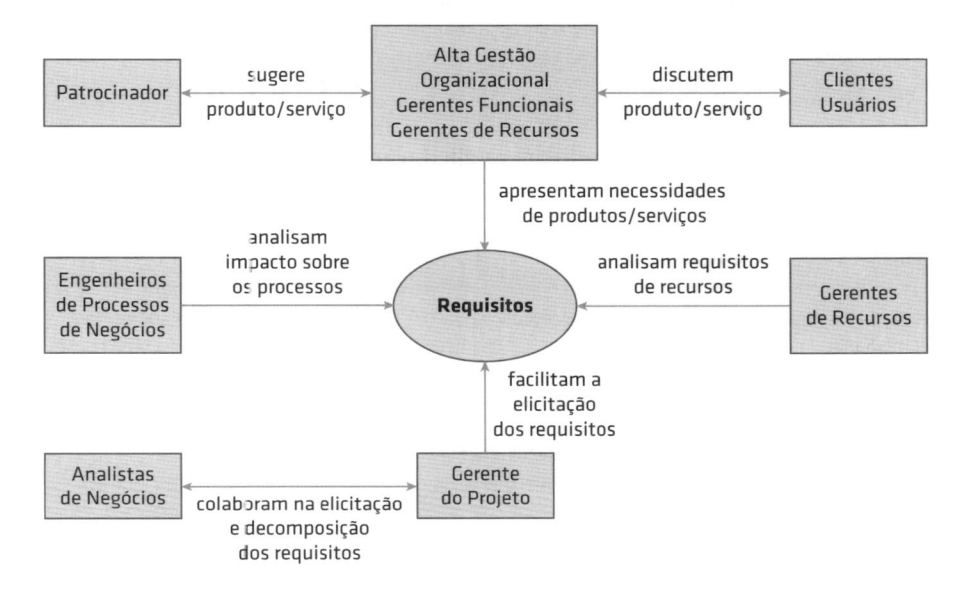

### Abordagens de elicitação e decomposição de requisitos

A elicitação dos requisitos é a primeira (e muito desafiadora) tarefa que o gerente do projeto e o cliente enfrentarão no ciclo de vida do projeto. Fazer isso de um modo efetivo é tanto arte quanto ciência. Como arte, o gerente do projeto terá de preparar o cliente para se engajar no processo de elicitação, decomposição e documentação. A atitude, o comprometimento, a vontade de estar significativamente envolvido e a preparação do cliente são fatores importantes para a escolha da abordagem. Essa preparação incluirá a escolha da abordagem a ser utilizada e talvez algum treinamento preliminar do cliente e da equipe central do projeto. Alguns clientes estarão abertos à participação e serão proativos; outros não. Alguns terão certeza do que precisam; outros não. Alguns expressarão o que querem, o que pode ser muito diferente do que precisam. A equipe de projeto deve procurar por necessidades.

Já como ciência, estarão as muitas técnicas que têm sido utilizadas com sucesso para decompor e documentar requisitos. Eu tive bastante sucesso utilizando Entrevistas, Dinâmicas de Grupo com Mediador, Prototipagem e Workshops para Coleta de Requisitos. Essas são as quatro abordagens que discutiremos mais adiante neste capítulo.

É muito importante perceber que a identificação e decomposição dos requisitos são críticas para o entendimento da direção do projeto. É nessa ocasião que a estrutura do projeto começa a tomar forma.

As etapas para gerar os requisitos começam pelo exame da função do negócio como um todo. Essa etapa é seguida pela seleção de um método ou métodos para coletar os requisitos. Esse esforço deve ser planejado. Há várias abordagens para a elicitação de requisitos (veja a Tabela 4.1).

**NOTA** A literatura sobre todos esses métodos é extensiva. Uma referência particularmente boa é *Mastering the Requirements Process*, 3ª edição, por Suzanne Robertson e James C. Robertson (Addison-Wesley Professional, 2012). Na seção Referências há também outras sugestões de obras, caso você queira mais informações sobre o tema.

**TABELA 4.1  Métodos selecionados para elicitar requisitos das necessidades de negócios**

| Método | Pontos fortes | Riscos |
|---|---|---|
| Dinâmicas de grupo com mediador | • Excelentes para processos transfuncionais.<br>• Requisitos detalhados podem ser documentados e verificados imediatamente.<br>• Resolve questões e desalinhamentos com um mediador imparcial. | • A utilização de mediadores não treinados pode levar a uma reação negativa dos usuários.<br>• O tempo e o custo do planejamento e/ou execução da sessão podem ser altos. |
| Entrevistas | • Participação do usuário final.<br>• São fornecidas descrições de alto nível das funções e processos. | • As descrições podem ser diferentes dos detalhes das atividades reais.<br>• Sem estrutura, as partes interessadas podem não saber qual informação fornecer.<br>• As necessidades reais podem ser ignoradas se o analista for preconceituoso. |
| Prototipagem | • Ideias inovadoras podem ser geradas.<br>• Usuários esclarecem o que querem.<br>• Usuários identificam requisitos que podem ter passado despercebidos.<br>• Focada no cliente.<br>• Prova de conceito já em etapas iniciais.<br>• Estimula processos de pensamento. | • Cliente pode querer implementar o protótipo.<br>• Difícil saber quando parar.<br>• São necessárias habilidades específicas.<br>• Ausência de documentação. |
| Workshop de requisitos | • Um bom modo para usuários de primeira viagem. | • Pode sobrecarregar o cliente. |

Escolhi esses quatro métodos porque funcionam melhor quando se tenta traduzir necessidades de negócio em requisitos de negócio. Já tive muita experiência e sucesso com eles. Na situação típica, escolhe-se mais de um método para elicitar requisitos das necessidades do negócio. Selecionar o(s) melhor(es) método(s) para o projeto é responsabilidade do gerente de projeto, que deve avaliar cada método quanto aos aspectos de custo, riscos, e facilidade de implementação e conforto com relação ao cliente. Além disso, a seleção de um método particular deve ser baseada em necessidades específicas do produto e do projeto, bem como em efetividade comprovada. Certos métodos provaram ser efetivos para grupos específicos de clientes, de indústrias e de produtos. Um exemplo disso é a utilização de protótipos físicos tridimensionais no desenvolvimento e fabricação do produto. Voltarei a uma discussão mais detalhada desses métodos de elicitação de requisitos mais adiante neste capítulo.

Esses métodos também podem ser utilizados para decompor requisitos e gerar a EAR. Independentemente do método que você utilizar para gerar a EAR, aconselho fortemente a criação de uma EAR para cada projeto pelas seguintes razões:

- a EAR é muito significativa para o cliente;
- a EAR é uma abordagem baseada em entregas;
- a EAR é consistente com o *Guia PMBOK*;
- a EAR continua voltada ao cliente, o máximo possível, durante o exercício de planejamento;
- a EAR é a ordem mais alta da Estrutura Analítica do Produto (EAP).

### Dinâmicas de grupo com mediador

Esta é, provavelmente, a abordagem usada em toda sessão de decomposição de requisitos e frequentemente abarca aspectos das outras abordagens. Há vários modos de estruturar essas sessões dos quais seria bom você estar ciente. Será necessário algum planejamento para decidir qual será a melhor forma de abordagem para a Dinâmica de Grupo com Mediador.

- **Dinâmica com um único grupo** – funciona bem para projetos menores e para projetos que envolvem apenas um grupo de negócio. Sempre que possível, adoto esta abordagem. Todas as partes envolvidas ouvem a mesma discussão e as mesmas conclusões em tempo real.
- **Dinâmicas com grupos separados** – à medida que o tamanho do projeto aumenta, seria interessante dividi-lo em subprojetos, com o objetivo de decompor os requisitos. Isso permite convidar grupos de negócios com experiência e conhecimentos técnicos específicos ou interesse em um subprojeto particular. Essa abordagem acrescenta uma etapa para combinação dos resultados das várias sessões. A resolução das diferenças e discordâncias pode tornar-se um problema e exigir algum tipo de diplomacia que envolva a ação de uma parte externa para servir de intermediária. Geralmente serão necessários compromissos e acordos entre as partes para se chegar a um encerramento.

### Entrevistas

São sessões dedicadas com as partes interessadas que possam dar orientações quanto aos requisitos. Essas entrevistas podem ser tendenciosas porque as trocas de informações se limitam entre os dois participantes – eu as uso apenas quando não é possível realizá-las entre grupos adequados (por questão de distância geográfica, por exemplo). Se forem utilizadas, será necessário algum tipo de revisão dos requisitos resultantes por todos os gerentes e usuários afetados.

### Prototipagem

Muitos clientes não conseguem se relacionar com a descrição narrativa de um sistema, mas podem compreender melhor uma representação visual do mesmo sistema. Há muitas décadas, surgiu a ideia de utilizar um protótipo com o objetivo de auxiliar na decomposição dos requisitos. Sua finalidade original era ajudar os clientes a definir o que queriam. A representação concreta de uma solução permitia que eles fizessem comentários e dava aos desenvolvedores uma melhor percepção do que constituiria uma solução aceitável. Originalmente, esses protótipos eram apenas esboços desenhados, e não versões realmente produzidas. Mais tarde os protótipos se tornaram versões produzidas da solução quando usados em projetos ágeis, mas isso é outra história, apresentada na Parte III.

### Workshop de requisitos

Você tem de estar sempre preparado para trabalhar com um cliente que não tem nenhuma experiência prévia com sessões de elicitação de requisitos. Obtive meus melhores resultados quando ofereci treinamentos de maneira simultânea à prática de elicitação dos requisitos. Isso insere o treinamento no contexto de uma aplicação real. Os clientes tendem a permanecer motivados durante todo o *workshop* porque têm uma necessidade que será atendida de maneira imediata, e a qualidade dos resultados tende a ser melhor do que a de outros métodos na situação de clientes sem experiência prévia.

## Tipos de requisitos

Quer você use a definição do IIBA ou a minha definição, requisitos definem o produto ou o serviço que constitui a entrega final do projeto. Esses requisitos são a base para a definição das necessidades que o cliente quer suprir para resolver um problema ou aproveitar a vantagem de uma oportunidade de negócio. Nesse estágio inicial, o cliente, o gerente de projeto e as equipes têm a tarefa de passar pelo processo de definição das linhas de base dos requisitos do projeto. Esse processo é um esforço sistemático e encadeado que exige paciência e diligência de ambas as equipes. São esses requisitos que serão utilizados, no momento apropriado, para estimar o custo, o tempo e os recursos exigidos para a execução do projeto. Em última instância, esses requisitos orientam a aceitação dos produtos ou serviços pelo cliente. Requisitos são separados nas quatro categorias seguintes:

1. requisitos funcionais;
2. requisitos não funcionais;
3. requisitos globais;
4. restrições de produto e/ou projeto.

### Requisitos funcionais

Requisitos funcionais especificam o que o produto ou serviço deve fazer. São ações que o produto ou serviço deve realizar, como verificar, calcular, gravar ou recuperar. Por exemplo: "O serviço deve aceitar o agendamento de uma data, horário e local para a realização da entrega".

### Requisitos não funcionais

Requisitos não funcionais demonstram as propriedades que o produto ou serviço deve ter para fazer o que deve fazer. Esses requisitos são as características ou qualidades que tornam o produto ou serviço atraente, utilizável, rápido ou confiável. A maioria dos requisitos não funcionais está associada a critérios de desempenho e costumam ser requisitos que estabelecerão os limites do produto ou serviço. Às vezes os requisitos não funcionais podem ser gerados mediante o refinamento de um requisito global. Requisitos não funcionais costumam ser associados a critérios de desempenho que determinam os parâmetros que regem o modo de funcionamento do sistema. Por exemplo: "O produto terá uma aparência de feito em casa" ou "A embalagem do produto deverá ser atraente para consumidores idosos".

### Requisitos globais

Requisitos globais descrevem o nível mais alto de requisitos dentro do sistema ou projeto. Requisitos globais descrevem as propriedades do sistema como um todo. Durante os estágios iniciais de um projeto, muitos requisitos acabarão sendo requisitos globais. Então, o gerente do projeto e a equipe os refinam por meio de métodos de geração de requisitos. *Requisitos globais* é uma expressão relativamente nova. No passado, eram denominados requisitos gerais, restrições do produto ou requisitos restritivos. Tenha cuidado na utilização de requisitos globais porque na maioria dos casos podem ser transformados em requisitos não funcionais simplesmente como resultado de perguntas associadas com "o quê?", "por quê?" ou "como?". Na verdade, é sensato transformar um requisito global em um requisito não funcional para focar melhor no que ele realmente é. Por exemplo: "O sistema deve operar na rede existente" ou "O sistema deverá ser escalável".

### Restrições de produto e/ou projeto

Restrições de produto e/ou projeto são os requisitos que, na superfície, parecem restrições de concepção ou restrições de projeto. Restrições de concepção são decisões preexistentes de concepção que definem terminantemente a aparência do produto final ou as exigências que ele deve cumprir em termos de tecnologia. Restrições de projeto abarcam as áreas de orçamento e questões relacionadas ao cronograma de atividades, como, por exemplo, os prazos finais. Aqui é importante observar que restrições de produto podem figurar na lista de requisitos globais, mas restrições de projeto *não podem*. Por exemplo: "O tempo máximo de resposta do sistema para uma transação baseada no cliente não deve exceder 4 milissegundos" ou "Os custos totais de desenvolvimento mais cinco anos de manutenção não devem passar de 35 milhões de dólares".

**Agentes externos e a resolução das diferenças na elicitação e decomposição de requisitos**

Uma situação que surge com frequência, especialmente em grandes projetos que têm vários clientes, merece especial atenção em razão dos desafios que se apresentam. Projetos que envolvem a organização inteira são apenas um exemplo. O tamanho sugere a divisão do exercício de elicitação de requisitos em dois ou mais grupos, realizando o trabalho em separado com cada um dos grupos e, então, a posterior integração dos resultados. Fácil de falar, mas não necessariamente fácil de fazer. Isso pode acontecer independentemente do método de elicitação e decomposição de requisitos que você utilizar. O problema surge quando os grupos separados não concordam com os requisitos ou com a decomposição de um requisito. E então, o que você faz?

Eu já tive algum sucesso na solução desse problema reduzindo os requisitos a um conjunto de requisitos comum a todos os grupos de clientes. Esse conjunto acaba sendo a primeira versão da solução com a qual todos os grupos de clientes podem concordar. A experiência com uma solução ajustará os outros requisitos para uma segunda versão e versões posteriores.

Uma outra técnica que funcionou para alguns projetos é montar concepções com base em diferentes visões de usuários para satisfazer cada grupo de clientes.

### 4.3.6.2 Avaliação da completude da EAR

Avaliar a completude da EAR é um exercício subjetivo. Pode ser que você seja capaz de afirmar quando uma EAR está completa; por outro lado, como o seu conhecimento da solução é imperfeito, pode ser, também, que você não reconheça uma EAR incompleta. Uma premissa segura é considerar a EAR incompleta e proceder de acordo com essa suposição. Errar para esse lado da decisão não é algo muito sério, mas errar para o outro lado, entendendo que a EAR está completa quando não está, pode ter sérias consequências. Eu prefiro adotar a solução mais segura!

### 4.3.6.3 Classificação do projeto

Aqui, o desafio é responder se o projeto deve ser gerenciado por um modelo de CVGP Linear, Incremental, Iterativo, Adaptativo ou Extremo (veja a Tabela 4.2). A resposta é, de certo modo, subjetiva e depende, em grande parte, do grau de completude que você e o cliente entendem que a EAR atingiu.[2]

---

2  Você explorará esses CVGPs com mais detalhes nos capítulos subsequentes: no Capítulo 10 eu discuto os modelos de CVGPs Iterativo e Adaptativo; no Capítulo 11, os modelos de CVGPs Extremo e Emertxe; por fim, no Capítulo 12 eu discuto os modelos específicos para os CVGPs Linear, Incremental, Iterativo, Adaptativo e Extremo.

**TABELA 4.2** Características do projeto como determinantes do modelo de CVGP a utilizar

| Tipo do modelo de CVGP | Quando utilizá-lo |
|---|---|
| Linear | • A solução e os requisitos estão claramente definidos.<br>• Você não espera uma quantidade muito grande de solicitações de mudança de escopo.<br>• O projeto é rotineiro e repetitivo.<br>• Você pode utilizar modelos e documentos padrão já existentes e comprovados. |
| Incremental | • As mesmas condições da abordagem Linear, porém o cliente quer que a implementação do valor de negócio seja de modo incremental.<br>• Existe alguma chance de que ocorram solicitações de mudança de escopo. |
| Iterativo | • Você acha que os requisitos não estão completos ou podem mudar.<br>• Você levantará os requisitos remanescentes no decorrer da execução do projeto.<br>• Algumas características da solução ainda não foram identificadas. |
| Adaptativo | • A solução e os requisitos são apenas parcialmente conhecidos.<br>• É possível que existam funcionalidades ainda não identificadas.<br>• Haverá várias mudanças no escopo solicitadas pelo cliente.<br>• O projeto é orientado ao desenvolvimento de um novo produto ou à melhoria de um processo.<br>• O cronograma de desenvolvimento é apertado e você não pode arcar com um retrabalho ou um novo planejamento. |
| Extremo | • A meta e a solução não são claramente conhecidas.<br>• O projeto é do tipo P&D. |

O quadro final é o de uma rica família de modelos que abrange todo o panorama de projeto e se ajusta a qualquer situação que você possivelmente encontrará.

Agora você atingiu o ponto no qual é preciso tomar uma decisão crítica sobre como gerenciar o projeto em questão. Nesse ponto, os gurus do gerenciamento de projetos concordariam que você não pode afirmar que a lista de requisitos está completa. Na verdade, nunca poderá dizer isso antes da conclusão do projeto e do cumprimento de todos os critérios de sucesso. Porém, você *poderá* dizer que os requisitos *não estão* completos. Certas partes estão faltando, e você sabe que estão faltando. Quantas mais estiverem faltando, mais complexo será o processo de gerenciamento do projeto. O gerente de desenvolvimento e o gerente do cliente devem tomar uma decisão inicial sobre o CVGP mais adequado, tendo como base o grau de completude dos requisitos. Neste contexto, *completude* é mais uma expressão que representa seu nível de conforto com relação ao que está definido na EAR do que qualquer medida quantitativa de uma eventual completude. É uma questão subjetiva, e não é uma decisão "escrita na pedra para todo o ciclo de vida do projeto" – ela pode mudar à medida que a clareza e a completude dos requisitos mudarem. Por exemplo, em algum ponto no ciclo de vida do projeto, a equipe de projeto pode passar por um grande momento de percepção e, por fim, entender qual seria a solução completa do projeto. Faz sentido mudar o CVGP? Talvez sim. Talvez não. Eis aqui alguns critérios a considerar:

- Quais serão os prejuízos em custo e tempo caso o CVGP atual seja trocado por um CVGP diferente?
- A equipe de projeto pode se adaptar ao novo CVGP?
- Qual é o grau de certeza que você e seu cliente têm de que uma mudança resultará em uma solução melhor?
- Qual é o custo *versus* o benefício da mudança?

Como você pode ver, elicitar e documentar os requisitos do cliente é extremamente difícil, mesmo na mais simples das situações. Requisitos mal definidos são a principal causa do fracasso de muitos projetos, portanto é fundamental que você enfrente essa tarefa com a abordagem de elicitação de requisitos mais adequada e que esteja disponível para o projeto. Para seus clientes, qualquer que seja a abordagem de coleta de requisitos que você venha a utilizar, ela será complicada, porque são forçados a pensar na satisfação de suas próprias necessidades, usando ferramentas que possivelmente não conhecem. Para gerentes de projetos, a abordagem de elicitação de requisitos que eles próprios escolheram pode ser difícil, porque é possível que não tenham distinguido entre as necessidades e os desejos dos clientes. Para ambas as partes, gerar a EAR é uma experiência de aprendizagem. A capacidade de aprender do cliente e do gerente de projeto será a chave do sucesso do projeto. Portanto, a escolha do CVGP será um fator crítico de sucesso para a aprendizagem e para a elicitação de requisitos bem-sucedida.

Além de ser uma boa representação dos requisitos, a EAR funciona muito bem como abordagem de elicitação de requisitos para qualquer projeto devido às seguintes características:

- não requer um mediador treinado;
- não requer aprender uma das abordagens contemporâneas de coleta de requisitos;
- apresenta uma abordagem intuitiva para a coleta de requisitos;
- permite que o cliente trabalhe com a equipe de projeto em um ambiente familiar, o que lhe permite permanecer em sua zona de conforto;
- apresenta um claro quadro do grau de definição da solução;
- fornece as entradas necessárias para escolher o modelo de CVGP apropriado e a abordagem de gerenciamento de projetos mais adequada.

### 4.3.6.4 Determinação do modelo de CVGP mais adequado

Há várias abordagens dentre as quais escolher, por exemplo: Cascata, Scrum, Processo Rational Unificado (RUP) e muitas, muitas outras. As organizações terão a sua própria preferência, bem como também possuem membros qualificados e experientes com potencial para compor as equipes dos projetos alinhados com aquela preferência. Scrum é uma opção extremamente poderosa e popular em muitas organizações, mas exige um profissional de alto nível, que possa trabalhar sem supervisão em uma situação de autogerenciamento. Isso provoca tensão em muitas organizações, uma vez que os profissionais geralmente não têm tanta experiência.

Tendo como base as características do projeto, qual é o modelo específico de CVGP mais adequado? Essa decisão é tomada sem considerar o ambiente no qual ele será implementado. É baseada exclusivamente na clareza da meta e da solução. A Parte II discute o modelo de CVGP Linear, o mais simples dos CVGPs. Ela dá as ferramentas, documentos padrão e processos que serão utilizados na Parte III, onde os modelos de CVGPs mais complexos são discutidos.

Tendo como base o ambiente do projeto, como o modelo precisa ser ajustado para determinar qual é o mais adequado? Um exemplo é o melhor modo de transmitir essa informação. Suponha que o projeto está na categoria Adaptativo e que Scrum é a escolha óbvia. Scrum exige envolvimento significativo do cliente por meio de seu representante, o Dono do Produto,[3] mas, no exemplo, tal indivíduo não está disponível. Como alternativa, uma abordagem iterativa, por exemplo, RUP ou Evolutionary Waterfall poderia ser utilizada. A diferença é que o gerente do projeto e um analista de negócios (AN) de alta senioridade podem funcionar como cogerentes de projetos, e juntos podem assumir um papel mais proativo que, caso contrário, seria assumido pelo Dono do Produto ausente do nosso exemplo.

Como outro exemplo, considere um projeto cuja melhor categorização é Iterativo e para o qual o RUP é a escolha mais adequada. Todavia, projetos anteriores para o cliente do projeto foram desapontadores porque ele não podia ter uma participação constante. Uma alternativa seria voltar atrás e utilizar uma abordagem incremental (um modelo de CVGP Linear) para compensar as deficiências do envolvimento do cliente e permitir que o gerente de projeto e o AN compensem essa ausência. Uma abordagem que tenho utilizado é seguir em frente com a escolha de uma abordagem RUP, mas fortalecê-la mediante a organização de atividades do projeto de maneira simultânea com *workshops*, ambos envolvendo o cliente, de forma a ajudá-lo a entender melhor o papel que ele desempenha e suas responsabilidades. Por exemplo, um *workshop* sobre casos de uso poderia ser útil se ocorresse ao mesmo tempo que os exercícios de elicitação de requisitos.

### 4.3.6.5 Redigindo o TAP

Quanto maior a complexidade e a incerteza associadas ao projeto, mais provável será que os executivos da empresa exijam garantias de que a abordagem que será utilizada para resolver o problema ou para aproveitar a oportunidade é um bom negócio. Uma pergunta muito importante será: "O valor de negócio resultante será maior do que o custo total dos produtos?". A validação pode utilizar os documentos padrão e processos da organização. É possível que tenha de simular os produtos construindo um protótipo

---

3   NRT: é largamente utilizado o termo *Product Owner*. Apesar disso, neste livro será utilizado o termo Dono do Produto em consonância com o Guia Ágil, do PMI (2017). Este Guia é uma extensão da *Guia PMBOK* (6. ed.), em que são tratadas as abordagens ágeis, incluindo o Scrum.

da solução. É também possível que tenha de executar várias análises financeiras como custo/benefício, Retorno Sobre o Investimento (ROI),[4] equilíbrio financeiro e análise de fluxo de caixa, entre outras. Estas análises geralmente acompanham o TAP.

A CDS e os produtos da Reunião de Definição do Escopo do Projeto, se esta ocorrer, são as principais entradas que você utilizará para gerar o TAP, que é um documento curto (o ideal é uma página) que expõe de forma concisa o que será feito no projeto, por que será feito e qual será o valor de negócio que o projeto trará para a empresa quando concluído.

A principal finalidade do TAP é garantir a aprovação da alta gestão organizacional e a provisão dos recursos necessários para o desenvolvimento de um plano detalhado do projeto. Esse plano será avaliado pelos executivos responsáveis pela determinação das prioridades organizacionais e pela decisão de quais projetos executar. É também uma declaração geral que pode ser lida por qualquer parte interessada da organização. Por essa razão, o TAP não pode conter nenhum jargão técnico que, de modo geral, não seria utilizado na organização. Depois de aprovado, o TAP se torna o fundamento para o futuro planejamento e execução do projeto. Ele se torna o documento de referência para as questões ou conflitos relacionados ao escopo e à finalidade do projeto.

A minha ideia do TAP se originou na Texas Instruments no início da década de 1960. A empresa usava um tipo de TAP como parte de um processo que habilitava qualquer pessoa na organização a sugerir uma ideia para aumentar a eficiência, melhorar a produtividade, ou aproveitar uma oportunidade de negócio. Um exemplo particular permaneceu na minha lembrança por todos esses anos. Envolvia um profissional de manutenção cujo único equipamento era uma chave de fenda Phillips. Ele circulava pelos corredores de um edifício de aproximadamente 167 mil metros quadrados apertando os parafusos que prendiam os cinzeiros às paredes na posição correta. Naquele tempo era permitido fumar dentro do edifício. Os cinzeiros ficavam frouxos porque pessoas e equipamentos colidiam com eles. O homem da manutenção teve a ideia de substituir esses parafusos por outro elemento fixador que não afrouxava com o tempo e apresentou tal ideia usando um TAP. O projeto foi financiado e ele foi designado como seu gerente. O projeto foi concluído com sucesso e a função que ele exercia foi eliminada. (Espero que ele tenha conseguido passar para alguma outra função mais desafiadora e compensadora!) Hoje, diversas organizações (IBM, por exemplo) usam o TAP ou alguma adaptação dele.

Como é possível ser rascunhado rapidamente por uma única pessoa, o TAP serve para captar uma breve declaração da natureza da ideia. Os executivos da organização podem reagir à ideia proposta sem perder muito tempo e, caso ela tenha mérito, solicitarão ao proponente que apresente um plano detalhado. Também existe a possibilidade de a ideia ser aceita em termos condicionais, dependendo de alguma justificativa adicional pelo proponente. Novamente, a ideia será estudada se tiver mérito. Caso contrário, será rejeitada logo no estágio inicial, antes de se perder muito tempo e recursos com planejamento desnecessário.

---

4 NRT: o livro adotará o acrônimo em inglês ROI (*Return on Investment*) para representar Retorno sobre o Investimento, devido a seu amplo emprego na língua portuguesa.

O TAP pode também servir a outros propósitos. Damos alguns exemplos.

- **Projeto Herdado** – às vezes você herda um projeto. Nesse caso, o projeto e seu escopo já foram definidos. O orçamento, os recursos e a data de conclusão também já foram determinados. Nesse cenário, você redigiria um TAP? Sim! Há no mínimo duas razões para você redigir um TAP quando herda um projeto. A primeira é se familiarizar com o projeto e entendê-lo, bem como saber quais são as expectativas do cliente e da alta gestão organizacional. Nunca é demais repetir a importância de que o requerente e o prestador de serviços garantam que o produto a ser entregue é o produto que o cliente espera. A segunda razão é que o TAP se tornará a referência para a equipe de planejamento. Ele é o fundamento sobre o qual o plano do projeto será desenvolvido. A equipe de projeto pode usar o TAP como desempate ou referência para resolver qualquer mal-entendido. Nesse caso, o escopo do projeto já está definido, e cabe à equipe de planejamento garantir que o plano de projeto resultante esteja de acordo com o escopo definido no TAP.
- **Instrumento de Divulgação** – uma razão igualmente importante para redigir um TAP é dar à sua equipe informações sobre o projeto. Além de você chegar a um consenso com o seu cliente sobre o que será feito, os membros da equipe precisam entender o projeto de acordo com seus respectivos níveis de atuação. Pense nisso como uma CDS para a equipe. Aqui, o foco é garantir que você (na qualidade de gerente do projeto) e a equipe tenham um entendimento comum do projeto. O TAP serve como um bom instrumento de contextualização para os outros profissionais que serão agregados depois do início do projeto. Ele os ajuda a ganhar velocidade no entendimento do projeto.

### Partes do TAP

O TAP tem as cinco partes componentes a seguir:

1. problema ou oportunidade;
2. meta do projeto;
3. objetivos do projeto;
4. critérios de sucesso;
5. premissas, riscos e obstáculos.

Sua estrutura foi concebida para conduzir a alta gestão da organização a partir da exposição de um fato (problema ou oportunidade conhecidos) até uma declaração daquilo que o projeto em questão abordará (meta do projeto). Os executivos da organização estão interessados na meta do projeto e em se tal meta encaminha uma questão de prioridade suficientemente alta; portanto, precisam de detalhes sobre o que, exatamente, o projeto inclui (objetivos do projeto). O valor de negócio é expresso como resultados quantitativos (critérios de sucesso). Por fim, as condições que podem afetar o sucesso do projeto são identificadas (premissas, riscos e obstáculos). As seções seguintes vão mais a fundo em cada uma dessas componentes do TAP. Um exemplo de TAP é mostrado na Figura 4.5.

## FIGURA 4.5 Um exemplo de TAP

| TERMO DE ABERTURA DO PROJETO | Nome do Projeto | Número do Projeto | Gerente do Projeto |
|---|---|---|---|
| Problema/Oportunidade | | | |
| Meta | | | |
| Objetivos | | | |
| Critérios de sucesso | | | |
| Premissas, Riscos, Obstáculos | | | |
| Preparado por | Data | Aprovado por | Data |

*Declarando o problema ou oportunidade*

A primeira parte do TAP é uma declaração do problema ou oportunidade que o projeto trata. Essa declaração é um fato – não precisa ser definida nem defendida. Todos na organização a aceitarão como verdadeira. Isso é crítico porque é um dos fundamentos para o resto do documento. O TAP pode não ter o benefício da presença do gerente de projeto para explicar o que está escrito ou defender a razão que embasa a proposta do projeto frente aos executivos da organização. A declaração de um problema ou oportunidade conhecido e aceito pela organização é a base da justificativa do projeto. Também determina a prioridade com que os executivos da organização considerarão o que vem a seguir. Se você estiver abordando uma área de alta prioridade ou de alto valor de negócio, a sua ideia atrairá mais atenção e os executivos da organização certamente continuarão a ler o TAP.

A seguir são apresentados alguns exemplos de situações que podem levar a uma declaração de problema ou oportunidade e que, por sua vez, darão origem a seus respectivos TAPs.

- **Problema ou oportunidade conhecido(a)** – toda organização tem uma série de problemas conhecidos. É possível que já existiram várias tentativas de corrigir parte do problema ou o problema inteiro. O TAP dá aos proponentes um meio de expor sua ideia para um problema conhecido e oferecer uma solução total ou parcial. Se o problema for suficientemente sério e se a solução proposta for viável, então, serão tomadas as devidas providências. Nesse caso, os executivos da organização solicitarão ao requerente um plano mais detalhado para a solução do problema.

Como o mundo dos negócios está em contínua mudança, as oportunidades para produtos e serviços novos ou melhorados surgem constantemente. As organizações precisam estar preparadas para aproveitar tais situações, uma vez que a janela de oportunidade não é grande e também está em constante movimento. O TAP oferece um modo fácil e rápido de aproveitar essas oportunidades.

- **Solicitação do cliente** – clientes internos ou externos solicitam produtos ou serviços, e suas solicitações são representadas na CDS. O TAP é um excelente veículo para captar a solicitação e encaminhá-la à alta gestão organizacional para avaliação. Mais recentemente, em razão da tendência de dar maior poder aos empregados, estes, além de receberem uma solicitação, também podem ter a autoridade de agir em relação a ela. O TAP, acoplado à CDS, estabelece um ponto de partida excelente e bem definido para qualquer projeto.
- **Iniciativa corporativa** – propostas para abordar novas iniciativas corporativas devem começar com o TAP. Várias ideias virão dos empregados, e o TAP oferece um documento padronizado a partir do qual os altos executivos da organização podem priorizar propostas e selecionar as que merecem atenção adicional. Um método com documentação padronizada para iniciativas corporativas simplifica o processo de tomada de decisão dos executivos da organização para a autorização de novos projetos.
- **Requisitos obrigatórios** – em muitos casos, é preciso executar um projeto em razão de um requisito obrigatório que surge de mudanças no mercado, solicitações de clientes, legislação federal, além de outras fontes. O TAP é um veículo para estabelecer um acordo entre o fornecedor e quem toma as decisões sobre o resultado do projeto. O TAP esclarece para todas as partes interessadas exatamente como a organização decidiu agir em relação ao requisito obrigatório.

### Estabelecendo a meta do projeto

A segunda seção do TAP declara a meta do projeto – o que você pretende fazer para abordar o problema ou oportunidade. O propósito da declaração de meta é atrair atenção suficiente dos altos executivos da organização para o valor da sua ideia, de forma que eles continuem a ler sua proposta. Em outras palavras, eles devem ter uma boa visão de sua ideia para concluir que lhe darão mais atenção e consideração. Outros podem propor a mesma questão. Como a sua não será a única proposta apresentada, é melhor que ela se destaque entre as várias outras.

Um projeto tem uma meta. A meta dá finalidade e direção ao projeto. Em alto nível, ela define, em termos claros, o produto ou o resultado final do projeto, de modo que todos possam entender o que se pretende alcançar. A declaração de meta será utilizada como um ponto de referência contínuo para quaisquer questões que surjam com relação ao escopo ou à finalidade do projeto.

A declaração de meta não deve conter nenhuma linguagem ou terminologia que não possa ser compreendida por todos que tenham a ocasião de ler o seu TAP. Em outras palavras, nenhum "tecnicalês" é permitido. Ele será redigido na linguagem do negócio, de modo que todos que o leiam o entendam sem mais nenhuma explanação do proponente. Sob todas as circunstâncias, evite jargão.

Exatamente como a declaração do problema ou da oportunidade, a declaração da meta é curta e direta. Tenha sempre em mente que quanto mais você escreve, mais aumentará o risco de alguém encontrar problemas com relação ao que você disse. A declaração de meta não inclui nenhuma informação que possa comprometer o projeto com datas ou produtos que não sejam factíveis. Lembre-se de que a essa altura você não tem muitos detalhes sobre o projeto.

A especificação de uma data merece uma discussão mais prolongada porque ela é de grande interesse para o cliente e para a alta gestão organizacional. Em primeiro lugar, e muito importante, você não controla a data de início, e, portanto, não pode saber qual é a data de término. Por exemplo, pode ser que a declaração mais específica que você consiga fazer nesse ponto é que o projeto pode ser concluído aproximadamente entre 9 e 12 meses após seu início. Mesmo tal declaração ampla está repleta de risco porque você ainda não tem um plano de projeto. Os altos executivos da organização precisarão de algum tipo de declaração relativa à conclusão antes de lhe darem autorização para continuar o projeto e passar para os estágios de planejamento. Infelizmente, a maioria dos executivos tem o hábito de aceitar, como se fosse uma lei gravada em pedra, qualquer número que veja escrito, independentemente da origem desse número. Se você tem a expectativa de que os executivos da organização pedirão uma data, estime-a para o próximo trimestre, mês ou semana, conforme adequado, mas com a advertência de que a data de entrega estimada será mais específica à medida que você souber mais detalhes sobre o projeto. O primeiro exemplo disso será o plano do projeto, que especificará a duração total do projeto, não uma data específica. É importante que os altos executivos da organização entendam como alguns dos números iniciais foram estimados, e que há grande variabilidade nessas estimativas iniciais. Assegure que serão providenciadas estimativas melhores à medida que o plano de projeto for montado e o trabalho de projeto iniciado. Deixe as datas específicas para a sessão de detalhamento do plano, quando for possível tomar uma decisão mais bem informada e embasada.

As características S.M.A.R.T., de George Doran, têm sido utilizadas há anos e nos dão os seguintes critérios para uma declaração de meta:[5]

- **Específica (S)** – seja específico na determinação de um objetivo;
- **Mensurável (M)** – estabeleça indicadores de progresso mensuráveis;
- **Atribuível (A)** – atribua a conclusão do objeto a uma única pessoa;

---

5  DORAN, G. T. There's a S.M.A.R.T. way to write management goals and objectives. *Management Review*, p. 35-36, 1981.

- **Realista (R)** – declare, de um modo realista, o que poderá ser feito com os recursos disponíveis;
- **Relacionada ao tempo (T)** – defina quando o objetivo pode ser alcançado – isto é, a duração.

Na prática, incorporei as características S.M.A.R.T. à combinação do TAP com o Plano do Projeto. A característica Específica (S) pode ser encontrada na declaração do problema ou da oportunidade e na declaração da meta (já discutida), e nas declarações de objetivo (discutidas a seguir). A característica Mensurável (M) está incorporada aos critérios de sucesso, discutidos mais adiante nesta seção. As características Atribuível, Realista e Relacionadas ao Tempo (T) fazem parte do plano de projeto e são discutidas no Capítulo 5.

### Definindo os objetivos do projeto

A terceira seção do TAP descreve os objetivos do projeto. Pense nas declarações dos objetivos como uma versão mais detalhada da declaração da meta. A finalidade das declarações dos objetivos é esclarecer as exatas fronteiras da declaração da meta e definir as fronteiras ou o escopo do seu projeto. De fato, as declarações de objetivos que você redige para uma declaração de meta específica nada mais são do que uma decomposição da declaração de meta em um conjunto de declarações de objetivos necessários e suficientes. Requisitos de alto nível costumam ser utilizados como objetivos do projeto, o que tem dado bons resultados para mim. Isto é, todo objetivo deve ser cumprido de modo a atingir a meta, e nenhum objetivo é supérfluo.

Um bom exercício para testar a validade das declarações dos objetivos é perguntar se elas esclarecem o que está e o que não está no projeto. Declarações de objetivos devem especificar um estado futuro, em vez de se basear em atividades. São declarações que esclarecem e detalham a meta previamente definida. Se você pensar nas declarações de objetivos como submetas, não estará de todo errado.

Uma variação que já vi funcionar particularmente bem é declarar o que não está no projeto. Quando encontrar dificuldades para definir o que está no projeto, pense nisso como uma ferramenta adicional para o esclarecimento. Não deixe de considerar esta opção. Eu também já vi altos executivos de organizações adicionarem declarações do tipo "não estão no projeto" aos objetivos do projeto.

É também importante ter em mente que essas são as declarações de objetivo *correntes*, e que elas podem mudar ao longo do curso do planejamento do projeto, à medida que os detalhes do trabalho de projeto são definidos. Todos temos a tendência de especificar mais do que o necessário. O resultado é que o cliente e, na sequência, a equipe de projeto incluirão atividades e tarefas de projeto que se estendem para além das fronteiras definidas no TAP. Quando isso ocorrer, interrompa a sessão de planejamento e pergunte se a atividade está fora do escopo do projeto; e, caso esteja, pergunte, agora, se você deve ajustar o escopo para incluir a nova atividade ou excluí-la do plano de projeto.

Os objetivos também podem mudar durante o curso da execução do projeto. Isso ocorre quando os requisitos não foram completa e claramente definidos durante as atividades de determinação do escopo, porém descobertos mais adiante durante o projeto. Isso acontece com alguma frequência e, portanto, não fique tão preocupado. A Parte III deste livro discute essas situações.

 **NOTA** Você perceberá que durante o planejamento das atividades de projeto discutido neste livro haverá ocasiões para parar e reafirmar os limites do projeto. Pedidos de esclarecimento com relação a esses limites surgirão continuamente. Adotar essa abordagem de questionamento é fortemente relacionado ao GTP.

Uma declaração objetiva deve conter as quatro partes seguintes:

1. **um resultado** – uma declaração daquilo que deve ser realizado;
2. **um período de tempo** – uma estimativa preliminar de duração;
3. **um modo de medição** – métricas que medirão o sucesso;
4. **uma ação** – como o objetivo será alcançado.

Em muitos casos, a declaração de objetivo completa estará espalhada pelo TAP em vez de reunida sob o título "Objetivos". Isso é especialmente verdade para o horizonte temporal e para as medições do sucesso.

### Identificando critérios de sucesso

A quarta seção do TAP responde à pergunta: "Por que queremos executar esse projeto?" É o valor mensurável do negócio que resultará da conclusão bem-sucedida desse projeto. É neste fator que os altos executivos da organização estão interessados e é um critério que pode ser utilizado para comparar diferentes projetos.

Quaisquer que sejam os critérios utilizados, eles devem responder à pergunta: "O que deve acontecer para que nós e os clientes digamos que o projeto foi um sucesso?" A CDS conterá o início de uma declaração de critérios de sucesso. Em outras palavras, critérios de sucesso formam uma declaração de completude. São também uma declaração do valor de negócio a ser atingido; portanto, dão aos altos executivos da organização uma base para priorizar o projeto entre alternativas concorrentes e autorizar o emprego de recursos para executar o planejamento detalhado. É essencial que os critérios sejam quantificáveis e mensuráveis e, se possível, expressos em termos de valor de negócio. Lembre-se de que você está tentando vender a sua ideia a quem toma decisões.

Não importa como você defina os critérios de sucesso, todos eles se resumem a um dos três tipos seguintes:

1. **aumentar a receita** – como parte dos critérios de sucesso, o aumento deve ser medido em moeda corrente ou como uma porcentagem de uma receita específica;
2. **evitar custo** – mais uma vez, esse critério pode ser tratado como uma quantia em moeda corrente ou como uma porcentagem de algum custo específico. Aqui é bom ter cuidado, porque muitas vezes uma redução de custo significa redução de pessoal. Reduções de pessoal não significam transferência de recursos para outros lugares da organização. Transferir pessoal de uma área para outra não é redução de custo;

3. **melhorar o serviço** – aqui, a métrica é mais difícil de definir. Costuma ser uma porcentagem de melhoria na satisfação dos clientes ou uma redução na frequência ou tipo de reclamação dos clientes. A melhoria do produto e a melhoria do processo estão ambas incluídas.

Esses três tipos costumam ser citados sob a forma do acrônimo IRACIS, em inglês: *Increasing Revenue* (IR) – Aumentar a Receita; *Avoiding Cost* (AC) – Evitar Custo; *Improved Services* (IS)– Melhorar o Serviço.

Em alguns casos, identificar os critérios de sucesso não é assim tão simples. Por exemplo, talvez a satisfação do cliente tenha de ser medida por algumas pesquisas anteriores e outras posteriores ao projeto. Em outros casos, uma medição substituta poderia ser aceitável, caso a medição direta do valor de negócio do projeto seja impossível. Todavia, tenha cuidado e certifique-se de que quem tem de tomar a decisão entende e aceita a sua medição substituta. Tenha cuidado também com armadilhas como essa: "Não temos recebido nenhuma queixa dos clientes; portanto, eles devem estar satisfeitos". Você já considerou a possibilidade de que a falta de reclamações pode ser o resultado direto da sua falta de ação na solução das reclamações anteriores? Os clientes podem muito bem achar que não vale a pena reclamar porque ninguém, até hoje, procurou resolver os seus problemas.

A melhor opção para critérios de sucesso é declarar o real impacto do projeto de maneira bem clara. Isso é feito em termos de margens crescentes, receitas líquidas mais altas, redução do tempo de resposta, melhor produtividade, redução do custo de manufatura ou vendas, e assim por diante. Como você quer que a alta gestão aprove a sua proposta, você deve expressar os benefícios em termos com os quais eles costumam trabalhar e, assim, captar a atenção deles.

Mesmo que você reconheça o impacto do resultado final como o melhor critério de sucesso, pode ser que não consiga utilizá-lo como tal. Como alternativa, considere declarações quantificáveis sobre o impacto que o seu projeto causará sobre a eficiência e a efetividade, taxas de erro, redução no tempo de atendimento para as solicitações do cliente, redução no custo de provimento do serviço, qualidade, ou melhoria na satisfação do cliente. Gerentes lidam com entregas, portanto sempre tente expressar seus critérios de sucesso em termos quantitativos. Fazendo isso, você evita qualquer possibilidade de desacordo com relação ao atingimento dos critérios de sucesso, bem como com relação ao sucesso do projeto em si.

A alta gestão também examinará os seus critérios de sucesso e atribuirá valor de negócio ao seu projeto. Na ausência de outros critérios, essa será a base da decisão de alocar recursos para o desenvolvimento do plano detalhado. Os critérios de sucesso são uma outra forma de vender o valor do seu projeto. Por exemplo, um critério de sucesso poderia ser:

Espera-se que esse projeto de reengenharia reduza em 6% o ciclo de tempo do atendimento dos pedidos.

Dessa declaração, os executivos da empresa podem concluir o seguinte:

*Se isto é tudo que você espera ganhar com esse projeto, não podemos financiar a iniciativa.*

Como alternativa, eles poderiam responder assim:

Conseguir 6% de melhoria no nosso processo atual será uma proeza notável – na verdade, tão notável, que gostaríamos que você detalhasse como espera obter esse resultado. Você pode providenciar uma análise para substanciar a sua declaração?

Medições de sucesso subjetivas não funcionarão. Você tem de falar em termos quantitativos sobre benefícios tangíveis – o que pode exigir alguma criatividade da sua parte. Por exemplo, ao propor um projeto que causará impacto sobre a satisfação do cliente, você precisará ser particularmente criativo. Pode ser que você tenha que utilizar medições substitutas para avaliar a satisfação do cliente. Uma abordagem popular para tais situações é preparar e aplicar pesquisas "antes" e "depois". A diferença medirá o valor do projeto.

### Listas de premissas, riscos e obstáculos

A quinta seção do TAP identifica quaisquer fatores que possam afetar o resultado do projeto e para os quais você quer atrair a atenção dos executivos da empresa. Esses fatores podem afetar as entregas, o cumprimento dos critérios de sucesso, a capacidade da equipe de projeto de concluir o projeto como planejado, e quaisquer outras condições ambientais ou organizacionais relevantes para o projeto. É bom registrar qualquer coisa que possa dar errado.

> ⚠️ **ADVERTÊNCIA** Tenha o cuidado de inserir no TAP apenas os itens para os quais você quer atrair a atenção dos executivos da organização e nos quais eles estarão interessados. O tratamento de itens muito específicos e demasiadamente detalhados para serem do interesse dos executivos da empresa deve ser reservado para a Declaração de Escopo do Projeto (DEP). A lista da DEP pode ser extensiva e gerar bons insumos para a análise de risco discutida no Capítulo 3. (Você aprenderá mais sobre a DEP no Capítulo 5.)

O gerente de projeto usa a seção de premissas, riscos e obstáculos para alertar os altos executivos da organização sobre quaisquer fatores que possam interferir no trabalho do projeto ou comprometer a contribuição que o projeto pode dar à organização. É possível que a alta gestão da organização possa neutralizar o impacto desses fatores. Porém, caso isso não aconteça, o gerente de projeto deve incluir no plano de projeto as contingências que possam ajudar a reduzir os prováveis impactos e seus respectivos efeitos sobre o sucesso do projeto.

Não dê como certo que todos sabem quais serão os riscos e os perigos do projeto. Planejamento é um processo de descoberta do próprio projeto, bem como dos riscos ocultos que podem causar problemas à equipe. Documente-os e os discuta.

Há várias áreas nas quais o projeto pode ser exposto a influências que podem inibir seu sucesso. São as seguintes:

- **tecnológicas** – a organização pode não ter muita experiência (até mesmo, nenhuma experiência) com a nova tecnologia, quer seja ela nova para a organização ou para o setor. O mesmo pode ser dito em relação a tecnologias que mudam rapidamente. Quem pode afirmar que as opções e tecnologias atuais continuarão a existir dentro de três ou seis meses?

- **ambientais** – o ambiente no qual o trabalho de projeto deve ser executado pode ser um importante determinante. Uma estrutura de gerenciamento instável pode alterar um projeto de alta prioridade para um projeto de baixa prioridade da noite para o dia. Se o patrocinador do seu projeto deixar a organização, haverá um novo patrocinador? E se houver, qual será a percepção dele acerca de seu projeto? A prioridade do projeto será afetada? Uma eventual alta rotatividade de pessoal também será fonte de problemas. A equipe de projeto não consegue avançar na curva de aprendizagem se a rotatividade for alta. Um problema relacionado é a necessidade de pessoas com habilidades e competências específicas. Quanto mais alto o nível de competência exigido, mais alto será o risco associado ao projeto;
- **interpessoais** – as relações entre os membros da equipe de projeto são críticas para o sucesso do projeto. Não é preciso que todos sejam amigos, mas, sim, colegas e participantes ativos na equipe. Se não existirem relações de trabalho sólidas entre os membros da equipe do projeto, então haverá problemas. Eventuais problemas interpessoais devem ser levados ao conhecimento da alta gestão da organização;
- **culturais** – como o projeto se encaixa na organização? É consistente com o funcionamento da organização, ou exigirá mudanças significativas para ser bem-sucedido? Por exemplo, se o produto do projeto for um processo novo que retira a autoridade sobre a tomada de decisões do pessoal que está acostumado a tomá-las, é quase certo que ocorrerão problemas de desenvolvimento, implementação e apoio;
- **relações causais** – todos os gerentes de projetos gostam de pensar que aquilo que estão propondo corrigirá a situação em questão. Eles assumem que existe uma relação de causa e efeito onde talvez tal relação não exista. O proponente dá como certo que, de fato, a solução resolverá o problema. Se for esse o caso, essas premissas precisam ser claramente declaradas no TAP. Lembre-se de que o resto do mundo não fica parado à espera da solução que você propôs. As coisas continuarão a mudar, e, assim, é razoável perguntar se sua solução depende de que todas as outras coisas permaneçam iguais.

### Anexos

Ainda que eu recomende fortemente que o TAP tenha apenas uma página, alguns projetos exigem um documento mais longo. Como parte da aprovação inicial dos recursos que serão utilizados no planejamento detalhado do projeto, é possível que os altos executivos da organização queiram alguma avaliação do valor econômico do projeto proposto. Eles sabem que muitas das estimativas são um pouco mais do que uma adivinhação sobre a ordem de magnitude do investimento e, dessa forma, podem solicitar tal informação. Há dois tipos de análises que, na minha experiência, costumam ser solicitadas:

1. análise de risco;
2. análise financeira.

As seções a seguir apresentam uma breve discussão desses dois tipos de análise. Verifique na seção de Referências fontes em que poderá encontrar mais informação sobre esses tópicos.

- **Análise de risco** – na minha experiência, a análise de risco é o anexo do TAP mais frequentemente utilizado. Em alguns casos, é realizada uma análise superficial. Em outros, é um rigoroso exercício matemático. Muitos modelos de decisão de negócios dependem da quantificação dos riscos, da perda esperada caso o risco se materialize, e da probabilidade de ocorrência do risco. Todos eles são quantificados, e a análise resultante orienta as decisões dos altos executivos da organização quanto à aprovação do projeto.

  Em empresas de alta tecnologia, a análise de risco está se tornando a regra, e não a exceção. Há procedimentos formais estabelecidos como parte da definição inicial de um projeto e que continuam por toda a vida do projeto. O conteúdo típico dessas análises são a identificação dos fatores de risco, a probabilidade de sua ocorrência, o dano que causarão e as ações preventivas para reduzir sua probabilidade ou seu potencial impacto. O custo do programa de prevenção é comparado com a perda esperada como base para decidir quais estratégias de prevenção serão adotadas.

- **Análise financeira** – algumas organizações exigem uma análise financeira preliminar do projeto antes de aprovar a execução do planejamento detalhado. Embora sejam muito rudimentares, porque ainda não há informação suficiente sobre o projeto, essas análises configuram um gatilho para a aprovação do planejamento do projeto. Em alguns casos, elas também servem como critérios de priorização para todos os TAPs que os executivos da empresa terão de analisar. A IBM, por exemplo, passou a exigir que os gerentes de projetos apresentassem a análise financeira como parte obrigatória na apresentação de um TAP. A seguir são apresentadas breves descrições dos tipos de análise financeira que podem ser solicitados. Não esqueça que o gerente de projeto pode não ser um analista financeiro e que uma análise financeira profunda pode estar além de sua capacidade.

  - **Estudos de viabilidade** – a metodologia para a execução de um estudo de viabilidade é muito semelhante ao método de resolução de problemas (ou método científico, se você preferir). Envolve as seguintes etapas:
    1. Definir claramente o problema;
    2. Descrever os limites do problema – isto é, o que está incluído no escopo do problema e o que está fora do escopo do problema;
    3. Definir as características e funcionalidades de uma boa solução;
    4. Identificar soluções alternativas;
    5. Classificar as soluções alternativas;
    6. Explicitar as recomendações acompanhadas das justificativas da escolha;
    7. Apresentar uma estimativa aproximada do tempo e dos custos esperados. Como é o gerente do projeto, é a você que os altos executivos da organização solicitarão o estudo de viabilidade quando quiserem rever a linha de raciocínio que resultou na solução proposta. Uma solução que considerou todos os pontos importantes de análise pode ajudar a aumentar a sua credibilidade como gerente de projeto.

- **Análises de Custo e Benefício** – essas análises são sempre difíceis de fazer porque, geralmente, você precisará incluir benefícios intangíveis no processo de decisão. Como mencionado anteriormente neste capítulo, coisas como aumento da satisfação do cliente não são fáceis de quantificar. Você poderia argumentar que aumentar a satisfação do cliente reduz sua rotatividade o que, por sua vez, aumenta as receitas, mas como atribuir um número a isso? Em muitos casos, os altos executivos levarão em conta essas inferências, mas ainda assim, querem ver comparações em moeda corrente. Prefira benefícios diretos e mensuráveis para compará-los com o custo de execução do projeto e com o custo de operação do novo processo. Se os benefícios compensarem os custos durante a vida esperada dos produtos do projeto, é possível que a alta gestão da organização apoie o projeto.
- **Análise do Ponto de Equilíbrio** – é uma análise ao longo do tempo que compara o custo cumulativo do projeto em relação às receitas ou economias cumulativas resultantes do projeto. Em cada ponto no qual as receitas ou economias cumulativas forem maiores que o custo cumulativo, o projeto terá recuperado seus custos – esse ponto é chamado de Ponto de Equilíbrio. Em geral, a alta gestão espera que o ponto de equilíbrio aconteça antes de uma determinada data estipulada. Se o projeto cumprir essa data-limite, talvez tenha suporte. Os prazos para atingir o ponto de equilíbrio estão cada vez mais curtos em razão das frequentes mudanças no negócio e em seus mercados.
- **Retorno sobre o Investimento (ROI)** – o ROI analisa os custos totais comparados com o aumento de receita acumulado ao longo do ciclo de vida dos produtos do projeto. Aqui a alta gestão da organização encontra uma base comum para comparar um projeto com outro. O que eles procuram são projetos de alto ROI ou projetos que, ao menos, alcancem algum ROI mínimo.

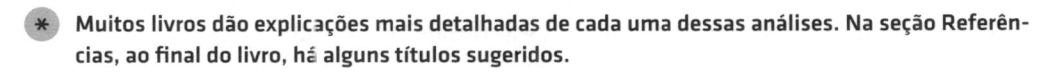 Muitos livros dão explicações mais detalhadas de cada uma dessas análises. Na seção Referências, ao final do livro, há alguns títulos sugeridos.

### 4.3.6.6 Apresentando o TAP

Depois de concluído o TAP, você precisa apresentá-lo aos altos executivos da sua organização para aprovação. O processo de aprovação está longe de ser uma mera formalidade. É uma decisão deliberada, por parte dos altos executivos da organização, de que o projeto, como apresentado, realmente tem valor de negócio e que vale a pena alocar os recursos necessários para executar a fase de planejamento detalhado. Como parte do processo de aprovação, os executivos fazem diversas perguntas relacionadas às informações apresentadas. Lembre-se de que eles estão tentando tomar boas decisões de negócios e, para isso, precisam verificar sua linha de raciocínio. O meu melhor conselho é lembrar que o documento deve falar por si só. Você não estará presente para explicar o que quer dizer com ele. Escreva o documento na linguagem do negócio, e preveja perguntas que eles poderiam fazer quando você concluir a sua revisão final do TAP.

Durante esse processo, espere diversas iterações. Apesar de todo o esforço que você dedicou ao TAP para que ele falasse por si só, prepare-se para revisões. Os altos executivos da organização sempre têm perguntas a fazer. Por exemplo, eles podem questionar o escopo do projeto e pedir que você considere expandi-lo ou reduzi-lo. Também podem solicitar documentação que mostre como chegou aos seus critérios de sucesso. Caso tenha anexado análises financeiras, é possível que você ainda tenha de apresentar justificativas ou explicações adicionais para os anexos.

O TAP aprovado atende três públicos, a saber:

1. **a alta gestão da organização** – a aprovação dos altos executivos da organização é a declaração de que o projeto faz sentido suficiente para o negócio e merece passar para o estágio de planejamento detalhado;
2. **o cliente** – a aprovação do cliente é a concordância de que o projeto foi corretamente descrito e que ele concorda com a solução oferecida;
3. **a equipe de projeto** – o TAP aprovado serve como uma mensagem que a alta gestão da organização e o cliente enviam à equipe do projeto para confirmar que o projeto foi satisfatoriamente definido em linhas gerais.

A aprovação do TAP aloca os recursos necessários para o desenvolvimento de um plano detalhado para o projeto. Repare que não se trata da aprovação para a execução do projeto. A permissão para a execução do projeto é o resultado da aprovação do plano detalhado. Nesse primeiro estágio, sabe-se muito pouco sobre o projeto. Estimativas de ordem de grandeza sobre aspectos de tempo ou de custo costumam ser solicitadas ao gerente do projeto e à equipe do projeto. Também é possível que lhe peçam para descrever o que será feito e quais serão os benefícios para a organização. Estimativas mais refinadas de tempo e custo são parte do plano detalhado.

A aprovação do TAP é um evento significativo no ciclo de vida do projeto. A alta gestão faz diversas perguntas ao gerente do projeto, e as respostas são examinadas com muito cuidado. Ainda que não exista muita análise detalhada para apoiá-lo, o TAP é fundamental para verificar a linha de raciocínio do proponente e a validade do projeto proposto. Não é incomum o gerente de projeto ter de voltar várias vezes à prancheta para realizar mais estudos e análises como uma forma de pré-requisito para a aprovação dos altos executivos da organização. À medida que os gerentes de alto escalão revisam o TAP, você pode esperar as seguintes perguntas:

- Quão importante é o problema ou oportunidade para a organização?
- Como o projeto está relacionado aos nossos Fatores Críticos de Sucesso (FCSs) ou Indicadores-Chave de Desempenho (KPIs)?[6]
- A declaração de meta está diretamente relacionada ao problema ou oportunidade?
- Os objetivos são representações claras da declaração de meta?

---

6   NRT: será utilizado o acrônimo em inglês KPI (*Key Performance Indicator*) para representar Indicadores-chave de Desempenho, devido ao seu amplo emprego na língua portuguesa. Ainda é comum em português o termo *Indicadores de Desempenho* para representar o mesmo conceito.

- Os critérios de sucesso do projeto apresentam valor de negócio suficiente para garantir que sejam realizados mais gastos com esse projeto?
- A relação entre os objetivos do projeto e os critérios de sucesso está claramente estabelecida?
- Os riscos são muito altos e o valor do negócio é muito baixo?
- Os executivos da empresa podem mitigar os riscos identificados?

A aprovação do TAP não é algo supérfluo ou mera formalidade. A aprovação do documento por profissionais e altos gerentes significa que, tendo como base o que eles entenderam sobre o que está envolvido no projeto e qual é seu valor de negócio, tal projeto apresenta uma boa justificativa de negócio para avançar para o próximo nível – isto é, alocar os recursos necessários para desenvolver um plano de projeto detalhado.

### Participantes no processo de aprovação

Os seguintes gerentes e profissionais costumam participar no processo de aprovação:

- **Equipe central do projeto**[7] – nos estágios preliminares do projeto, pode-se identificar uma equipe central do projeto. Essa equipe será composta pelos gerentes, seus apoiadores, e talvez pelo cliente que permanecerá na equipe de projeto desde o início até o fim. Eles podem participar do desenvolvimento do TAP e chegar ao consenso daquilo que o projeto contém;
- **Equipe do projeto** – são todos aqueles que trabalharão no projeto. Alguns membros potenciais da equipe do projeto costumam ser conhecidos de antemão. A experiência, o conhecimento e as ideias que eles têm do assunto principal do projeto devem ser considerados no desenvolvimento do TAP. No mínimo, você deve pedir que eles revisem o TAP antes de apresentá-lo à alta gestão da organização;
- **Gerente do projeto** – o ideal é que o gerente do projeto seja identificado desde o início e possa participar do rascunho do TAP. Como você gerenciará o projeto, deverá desempenhar um papel importante na elaboração, definição e aprovação de tal documento;
- **Gerente dos recursos** – são aqueles que fornecerão os recursos e pessoas com as habilidades necessárias para o projeto. É importante que participem tanto dessa definição inicial como também mais adiante, durante o detalhamento do plano. Não faz muito sentido propor um projeto se os recursos não estiverem disponíveis para tal projeto;
- **Gerentes funcionais ou do processo** – as entregas do projeto não existem no vácuo. Várias unidades de negócios ou funcionais fornecerão insumos para os produtos ou serviços do projeto ou receberão os resultados de tais entregas ou serviços. Seus conselhos devem ser solicitados. Dê a eles a chance de aderir ao seu projeto logo no início;

---

7   NRT: também é comum a utilização do termo em inglês *core team*. Não raro também é empregado o termo *equipe principal.*

- **Cliente** – clientes desempenham um papel significativo no CVGP. Como já discutimos, a CDS é, em algumas vezes, um pré-requisito para elaboração do TAP e, em outras, um exercício de desenvolvimento simultâneo ao TAP. Muitos profissionais não são habilidosos em comunicação interpessoal. Desenvolver a CDS é uma tarefa difícil.

  Em algumas situações, o cliente é o gerente de projeto – por exemplo, se o desenvolvimento do produto ou serviço afetar somente um departamento ou em projetos nos quais o cliente sente-se muito à vontade com as práticas de gerenciamento de projetos. Nessas situações, acho melhor o cliente ser o gerente do projeto. Os benefícios para a organização são muitos, a saber: maior adesão, menor risco de falha, maior sucesso na implementação, e entregas que terão maior probabilidade de atender as necessidades do cliente, entre outros. Comprometimento e adesão são sempre difíceis de obter. Esse problema é resolvido quando o cliente é também o gerente do projeto. Nesse tipo de abordagem, os membros técnicos da equipe do projeto assumem, também, os papéis de conselheiro e consultor. É tarefa deles apresentar as alternativas viáveis, e apenas as alternativas viáveis, para o gerente do projeto. A tomada de decisão será um pouco mais difícil e levará mais tempo. Todavia, engajado como gerente do projeto, o cliente não apenas apreciará os problemas encontrados, mas também terá competência para resolvê-los. Eu já observei efeitos maravilhosos na curva de aprendizado que são compensados, e muito, em projetos posteriores com o mesmo cliente;
- **Executivos da empresa** – o apoio dos executivos da organização é um fator crítico em projetos bem-sucedidos e na implementação dos produtos. A aprovação deles equivale a dizer: "Vá e faça o planejamento detalhado; nós autorizaremos os recursos necessários".

### Critérios de aprovação

Os critérios de aprovação nesse estágio do ciclo de vida do projeto não são tão rigorosos quanto serão na hora de aprovar o projeto para execução ou adicioná-lo ao portfólio de projetos da organização. Tudo o que os altos executivos querem nesse momento é uma estimativa aproximada do valor do projeto para a organização. A aprovação deles nesse estágio abrange apenas o desenvolvimento do plano do projeto. Esse plano de projeto detalhado lhes dará uma estimativa mais específica dos custos do projeto. Sabendo quais são os custos planejados, os executivos da organização podem calcular o retorno que podem esperar do projeto.

### Status de aprovação do projeto

Os altos executivos da organização podem não estar prontos ou dispostos a dar sua aprovação para planejar o projeto nesse momento. Em vez disso, eles podem adotar um dos seguintes cursos de ação:

- rejeitar a proposta de imediato. Muitas vezes tal decisão terá como base a comparação dos benefícios esperados *versus* a combinação do custo total e do prazo em que os benefícios serão realizados;

- solicitar um ajuste da meta e do escopo do projeto e uma eventual reapresentação do projeto para avaliar se ele segue ou não para a fase de planejamento;
- decidir que é melhor reapresentar a proposta mais tarde. Em outras palavras, eles não estão prontos para se comprometer com o projeto no momento em questão;
- por fim, a aprovação pode estar associada à consideração de adicionar o projeto ao portfólio de projetos da organização.[8]

## 4.4 RESUMINDO

Um claro entendimento do escopo do projeto é crítico para as fases de planejamento e execução do projeto. Este capítulo descreveu a CDS e o TAP como as duas ferramentas básicas para o desenvolvimento, em colaboração com o cliente, de um acordo conjunto e de uma declaração de escopo coesa. Como você verá em capítulos posteriores, esses documentos são os fundamentos de todas as abordagens de gerenciamento de projetos.

### QUESTÕES PARA DISCUSSÃO

1. GTP depende muito de saber definir claramente o que o cliente necessita. Você não pode criar um plano de projeto detalhado sem essa informação. Dentro do esquema do GTP, o que você poderia fazer se não fosse possível obter uma clara definição daquilo que o cliente precisa?
2. Você redigiu o TAP de maneira apropriada e seguindo todas as boas práticas, e seu instinto lhe diz que aquilo que o cliente quer pode ser algo muito exagerado e ambicioso. Na verdade, você suspeita, e muito, que o que ele precisa não é o que ele disse que quer. O que você pode fazer?

---

8   Esse caso é discutido no Capítulo 5 do Volume 2, como parte do tópico sobre gerenciamento de portfólio de projetos.

# 5 Como planejar um projeto GTP

Este relatório, em função de seu próprio comprimento, se defende contra o risco de ser lido.

– Winston Churchill, Primeiro-Ministro da Inglaterra

O homem que viaja sozinho pode começar hoje, mas quem viaja com outro tem de esperar até que esse outro esteja pronto.

– Henry David Thoreau, naturalista norte-americano

Cada momento gasto no planejamento equivale a três ou quatro na execução.

– Crawford Greenwalt, Presidente, DuPont

O martelo deve ser usado em cadência quando mais de um estiver martelando ferro.

– Giordano Bruno, filósofo italiano

## ⊕ OBJETIVOS DE APRENDIZAGEM DO CAPÍTULO

Depois de ler este capítulo, você poderá:

- entender a importância de planejar um projeto;
- entender a finalidade da Sessão Conjunta de Planejamento de Projeto (SCPP);
- planejar uma SCPP;
- entender qual é o conteúdo da proposta do projeto;
- reconhecer a diferença entre atividades e tarefas;
- entender a importânca dos critérios de completude para a sua capacidade de gerenciar o trabalho do projeto;
- explicar as abordagens para construir a Estrutura Analítica do Projeto (EAP);
- gerar uma EAP a partir da Estrutura Analítica de Requisitos (EAR);
- usar a EAP como ferramenta de planejamento e ferramenta de relatório;
- entender os processos ascendente e descendente[1] de construção da EAP;

---

1  NRT: também é muito comum o emprego dos termos em inglês *top-down* e *bottom-up* para representar os processos descendente e ascendente, respectivamente. O livro adotará a nomenclatura em português, em consonância com o *Guia PMBOK* do PMI.

- definir um pacote de trabalho e compreender a sua finalidade;
- entender a diferença entre esforço e duração;
- explicar a relação entre carregamento de recurso e duração de tarefas;
- listar e explicar as causas de variação na duração das tarefas;
- ser capaz de utilizar qualquer um dos seis métodos de estimativa de duração de tarefas;
- compreender o processo de criação de estimativas de custo no nível da tarefa;
- alocar pessoas nas atividades do projeto utilizando uma matriz de habilidades;
- compreender o processo de determinação dos requisitos de recursos no nível da tarefa;
- montar uma representação em rede das tarefas do projeto;
- compreender os quatro tipos de dependências entre tarefas e quando são utilizadas;
- reconhecer os tipos de restrições que criam sequências de tarefas;
- calcular as datas início mais cedo (IMC), término mais cedo (TMC), início mais tarde (IMT) e término mais tarde (TMT) para cada tarefa na rede;
- entender os tipos de antecipações e esperas e seus usos;
- identificar o caminho crítico no projeto;
- definir folga livre e folga total e saber o que significam;
- analisar a rede na busca de possíveis oportunidades de compressão do cronograma;
- utilizar relações de dependência da rede para melhorar o cronograma do projeto;
- entender e aplicar a reserva de gerenciamento;
- utilizar várias abordagens para nivelar recursos;
- determinar o uso adequado de recursos substitutos.

### ❯ PONTO DE PARTIDA

Quantas vezes você já ouviu falar que planejamento é uma perda de tempo? Tão logo o plano esteja concluído, vem alguém com alguma mudança. Esses mesmos opositores, que sempre gostam de negar tudo, também argumentariam que o plano, uma vez concluído, é desconsiderado e esquecido em alguma prateleira para que a equipe finalmente possa executar algum trabalho de verdade. Como este capítulo esclarece, esses pontos de vista são incorretos.

## 5.1 USANDO FERRAMENTAS, DOCUMENTOS PADRÃO E PROCESSOS PARA PLANEJAR UM PROJETO

Se fosse possível executar o mesmo projeto duas vezes – uma vez de forma bem planejada e uma vez com um planejamento ruim ou sem nenhum plano – o projeto bem planejado terminaria antes, incluindo o tempo gasto em planejamento. O projeto regido por um bom plano tem maior probabilidade de sucesso do que um projeto mal planejado. A qualidade é melhor, o custo é menor, e a lista de benefícios do bom planejamento continua. Então, por que o planejamento muitas vezes não é considerado um trabalho real? A Figura 5.1 expressa a minha mensagem com mais clareza do que meras palavras.

## FIGURA 5.1 Curvas do sofrimento

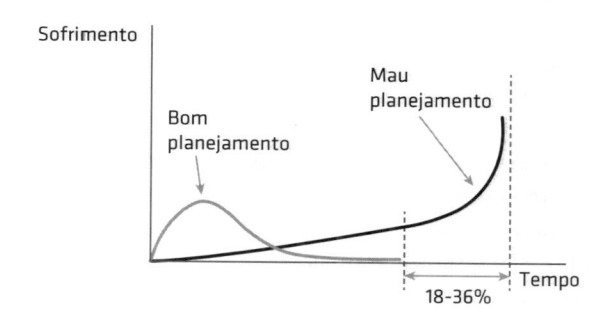

"Se você não tem tempo para planejar, então reserve muito dinheiro e tempo para consertar". Quando a equipe e os altos executivos da organização estão ansiosos para iniciar o trabalho, é difícil direcionar a energia dos envolvidos para o desenvolvimento de um sólido plano de ação antes que eles comecem a pressioná-lo para começar o serviço. Às vezes parece que o nível de detalhe no plano é excessivo, mas não é. O gerente do projeto deve resistir à pressão para iniciar o trabalho de projeto e, em vez disso, deve, desde o início, dedicar tempo à geração de um plano de projeto detalhado. Já foi demonstrado que um mau esforço de planejamento cobra seu preço mais tarde no ciclo de vida do projeto, quando as programações começarem a falhar, a qualidade a sofrer e as expectativas não forem cumpridas.

A curva do sofrimento demonstra que o planejamento adequado é doloroso, mas é compensado por um sofrimento menor quando estiver mais adiante no projeto. Não planejar é se expor a um sofrimento significativo à medida que o projeto segue em frente. Na verdade, o que geralmente acontece é que o sofrimento aumenta continuamente. E continuaria a aumentar indefinidamente até que alguém encerre o projeto quando o sofrimento alcançar níveis insuportáveis.

O International Benchmark Council (já saiu de cena e, até onde sei, não ressurgiu nem transferiu sua pesquisa para outra organização) forneceu os dados de mais de 5 mil projetos concluídos que geraram essas duas curvas. O projeto que utiliza bom planejamento termina 18% a 36% mais cedo do que um projeto mal planejado, incluindo o tempo gasto em planejamento. Se quiser atrair a atenção de seus executivos, mostre essa curva a eles. A curva do sofrimento é uma ferramenta poderosa, e recomendo fortemente que a use. Tão logo atraia a atenção dos altos executivos da organização, mostre a eles o apoio de que precisará para planejar o projeto que acabou de lhe ser designado!

Neste capítulo, você aprenderá todas as ferramentas, documentos padrão e processos de que necessitará para gerar bons planos de projeto. Todo o material apresentado aqui pode ser aplicado diretamente ao modelo de Ciclo de Vida de Gerenciamento de Projetos (CVGP) Linear. Os modelos Lineares são baseados em planos; isto é, um plano completo é gerado antes de iniciar o trabalho do projeto. Essa é a natureza do Gerenciamento Tradicional de Projetos (GTP). Por outro lado, projetos complexos discutidos na Parte III utilizam modelos *just-in-time* ou guiados por mudanças. Isto é, o plano é desenvolvido em incrementos durante a vida do projeto. Os conceitos que serão discutidos aqui também são adaptáveis para todos os modelos apresentados na Parte III. Mais especificamente, neste capítulo você aprenderá o seguinte:

- planejar e comandar uma SCPP;
- a relação entre a EAR e a EAP;
- criar a EAP;
- técnicas para estimar duração de tarefa, requisitos de recursos e custo;
- montar o cronograma inicial;
- analisar o cronograma inicial;
- técnicas de compressão de cronogramas;
- redigir uma proposta de projeto efetiva;
- obter aprovação da proposta de projeto.

## 5.2 A IMPORTÂNCIA DO PLANEJAMENTO

Se você quiser ser um gerente efetivo de projeto, um plano de projeto é indispensável. Além de ser um roteiro de como o trabalho é programado, é também uma ferramenta que o ajuda a tomar decisões. O plano sugere diferentes opções de abordagens, de programação das atividades e de requisitos de recursos, de forma que você possa selecionar a melhor alternativa.

 **NOTA** Entenda que um plano de projeto é dinâmico. É uma declaração de intenção, e não uma declaração de fatos. Você espera que ele mudará. Um plano completo determinará claramente as tarefas que precisam ser executadas, por que elas são necessárias, quem fará o quê, quando o projeto estará concluído, quais recursos serão necessários e quais critérios devem ser cumpridos para que o projeto possa ser declarado concluído e bem-sucedido. Todavia, os modelos de GTP não são concebidos para mudar, ainda que isso seja esperado. A Parte III deste livro descreve modelos de gerenciamento do CVGP concebidos de forma a considerar que as mudanças ocorrem. Uma das muitas vantagens desses modelos é que a mudança está embutida no próprio processo. Mudança no mundo do GTP é algo com que o gerente de projeto preferiria não ter de lidar, ao passo que o gerente de projeto que usar os modelos discutidos na Parte III vê a mudança como um ingrediente necessário de um projeto bem-sucedido.

Há três benefícios de se investir o esforço necessário para o desenvolvimento de um bom plano de projeto. São eles:

1. **planejamento reduz incerteza** – mesmo que você não espere que o trabalho do projeto ocorra exatamente como planejado, o planejamento do trabalho o habilita a considerar os resultados prováveis e usar as medidas corretivas necessárias quando as coisas não acontecem conforme o planejado;
2. **planejamento aumenta a compreensão** – o mero ato de planejar permite que entenda melhor as metas e objetivos do projeto. Mesmo que tenha de descartar o plano, você ainda se beneficiaria por ter feito o exercício;
3. **planejamento melhora a eficiência** – depois de definir o plano do projeto e os recursos necessários para executá-lo, você pode programar o trabalho de modo a aproveitar melhor as disponibilidades dos recursos. Além disso, pode programar trabalho em paralelo – isto é, executar tarefas concomitantemente em vez de em série. Desse

modo, pode maximizar o uso de recursos e concluir o trabalho de projeto em menos tempo do que conseguiria com outras abordagens.

O gerente de projeto precisa saber qual é a meta a ser atingida pelo projeto e as etapas que ocorrerão para atingir tal meta, isto é, a solução. Não saber quais são os parâmetros de um projeto impede a avaliação de seu progresso e resulta em nunca saber quando o projeto está concluído. O plano também provê uma base para comparar o trabalho executado em relação ao planejado.

## 5.3 USANDO PACOTES DE *SOFTWARE* PARA PLANEJAR UM PROJETO

Antes de começar a discutir as ferramentas, documentos padrão e processos necessários para o planejamento de projetos, quero dedicar algum tempo a pacotes de *software* e às razões por que você poderia ou não utilizá-los. Sempre defendi a utilização de ferramentas adequadas para planejar um projeto. As minhas experiências vão de anotações no guardanapo à utilização de ferramentas sofisticadas de modelagem e prototipagem. O tamanho e a complexidade do projeto têm muito a ver com a escolha de pacotes de *software*. Quanto maior o projeto, mais você precisará depender de pacotes de *software*. Mas o que dizer de pequenos projetos ou projetos executados de algum modo incremental ou iterativo? A resposta nem sempre é clara, mas a seção seguinte descreve a minha abordagem.

## 5.4 DETERMINANDO A NECESSIDADE DE UM PACOTE DE *SOFTWARE*

Pacotes de *software* de gerenciamento de projetos mais simples são ao mesmo tempo uma dádiva e um fracasso para as equipes de projeto. Do lado da dádiva, são ótimas ferramentas de planejamento e permitem que o gerente do projeto investigue diversas alternativas sem ter o trabalho de ajustar manualmente os parâmetros de planejamento. Do lado do fracasso, não são muito úteis para o gerenciamento de recursos e alguns produzem resultados às vezes bizarros.

A atualização do cronograma também é uma área complicada. O problema está na obtenção de estimativas confiáveis para a porcentagem de realização e o tempo estimado de conclusão informado pelos responsáveis das tarefas. Entra lixo, sai lixo. Esses dados são essenciais para manter o plano de projeto. Na média, o gerente de projeto deve estar ciente das economias de tempo, dos pontos onde ele vai perder tempo e da confiabilidade das atualizações do cronograma para decidir se usará ou não um pacote. Tudo se resume ao valor agregado em troca do esforço despendido. Quanto menor o projeto, menos provável será que encontre valor agregado na utilização do pacote de *software*. Por outro lado, é claro que, para projetos de grande ou médio porte, pacotes de *software* são indispensáveis.

Para os tipos de projetos de que este livro trata, as respostas não são tão óbvias. Nesses casos, os pacotes de *software* podem fazer com que a tarefa de montagem do plano de projeto inicial seja um pouco menos trabalhosa do que as alternativas manuais. Porém, até isso é uma questão de escolha e preferência. É tão fácil movimentar notas adesivas afixadas em um quadro branco quanto arrastar e mudar de lugar nós de tarefas em um gráfico PERT (Program Evaluation and Review Technique). PERT é uma ferramenta gráfica que mostra a relação entre tarefas dependentes. No que tange à atualização do cronograma, prefiro anotações adesivas afixadas em quadros brancos. Isso porque posso envolver a equipe inteira no exercício, e é muito mais fácil para as pessoas verem as alternativas no quadro branco do que na tela do computador. No caso de equipes distribuídas, podem ser utilizadas ferramentas *on-line* que simulam notas adesivas.

O melhor testemunho que posso dar são as minhas próprias experiências no gerenciamento de um projeto de três anos e que custou 5 milhões de dólares. Tudo o que usei foram as ferramentas de planejamento discutidas na seção seguinte. Foi adotada uma abordagem ágil e o projeto foi concluído com nove meses de antecedência, superou as expectativas do cliente, e bem abaixo do orçamento.

## 5.5 FERRAMENTAS DE PLANEJAMENTO DE PROJETO

Eu defendo a utilização de ferramentas, documentos padrão e processos adequados para tarefas específicas. Para o planejamento de projetos, a lista é muito curta: notas adesivas, canetas marcadoras e quadros brancos bem espaçosos. Não quero que pense que voltei atrás no tempo até uma época em que não havia nenhuma ferramenta automatizada. Muito pelo contrário: utilizo ferramentas automatizadas para planejar projetos. Ocorre que aquelas ferramentas que acabei de mencionar são as que prefiro para alguns projetos incrementais, para a maioria dos projetos iterativos, e para todos os projetos adaptáveis e extremos. Esses projetos são apresentados no Capítulo 10 e discutidos detalhadamente nos Capítulos 11 e 12. Projetos Ágeis, Extremos e Emertxes representam mais de 80% de todos os projetos. A razão por que uso tais ferramentas primitivas é simples: todos esses projetos evoluem em ciclos curtos de duas a quatro semanas. Você não precisa de uma marreta para matar um mosquito! Se realmente tiver de depender de ferramentas de *software*, vá em frente. Apenas lembre-se de que se criar o plano utilizando ferramentas de *software*, terá de mantê-lo também utilizando as ferramentas de *software*. Pergunte a si mesmo se o trabalho adicional vale a pena.

### 5.5.1 Notas adesivas

Notas adesivas são utilizadas para registrar informações sobre uma única tarefa no projeto. A informação que você talvez queira registrar em uma nota adesiva pode incluir (não se limitando a):

- identificação da tarefa;
- nome exclusivo da tarefa;
- duração da tarefa;
- mão de obra dedicada à tarefa;
- requisitos de recursos;
- líder da tarefa;

- valores calculados, como, por exemplo, data de início mais cedo (IMC), data de término mais cedo (TMC), data de início mais tarde (IMT) e data de término mais tarde (TMT);
- caminho crítico (calculado).

Notas adesivas coloridas oferecem várias alternativas para o planejador criativo. Por exemplo, você pode usar uma cor diferente para representar cada um dos seguintes:

- o tipo de tarefa (alto risco ou crítica, por exemplo);
- partes específicas da EAP (concepção, construção, teste e implementação, por exemplo);
- uma posição na equipe (uma competência crítica ou escassa, por exemplo).

Usar notas adesivas desse modo, além de ser um recurso visualmente atraente, também é muito informativo durante a programação de recursos e a finalização do plano de projeto. Com a experiência, o código de cores se torna intuitivo.

### 5.5.2 Canetas marcadoras

Para a finalidade de planejamento do projeto, você precisará de canetas marcadoras para quadro branco. Elas vêm em várias cores, mas você precisará apenas das pretas e das vermelhas. São utilizadas para a apresentação visual das dependências (canetas marcadoras pretas) que existem entre as tarefas do projeto ou o caminho crítico (canetas marcadoras vermelhas). O caminho crítico é discutido mais adiante neste capítulo.

### 5.5.3 Quadro branco

O quadro branco é indispensável. *Flipcharts* não são uma boa alternativa. Para projetos grandes, você precisará ter, aproximadamente, cerca de 10 metros lineares de quadro branco para as finalidades de planejamento. A sala que possa prover esse espaço será a sala de crise da equipe e, se possível, deve ser reservada para o uso exclusivo da equipe durante o projeto inteiro. Também terá de ser uma sala segura. Os quadros brancos poderão conter dados que a equipe não quer compartilhar com outros.

 **Veja o Capítulo 6 se quiser saber mais sobre a sala de crise da equipe.**

O quadro branco será usado para criar, documentar e, em alguns casos, apresentar o seguinte:

- Termo de Abertura do Projeto (TAP)*;
- EAP*;
- diagrama de rede*;
- cronograma inicial do projeto;
- cronograma final do projeto*;
- programação de recursos*;

- registro de questões*;
- cronograma atualizado do projeto*.

Os itens marcados com um asterisco (*) figuram permanentemente no quadro branco e são atualizados quando necessário.

Quadros brancos eletrônicos portáteis podem ser utilizados quando não há espaço dedicado disponível.

## 5.6 QUANTO TEMPO O PLANEJAMENTO DEVE DURAR?

Essa é uma das perguntas cuja resposta é "depende". Não é uma pergunta fácil de responder porque diversas variáveis afetarão o tempo de planejamento. As variáveis mais importantes para o planejamento das reuniões são a complexidade do projeto, a clareza da solução, a disponibilidade dos membros da equipe e o cliente. Uma boa estimativa para o trabalho envolvido na montagem de um plano para o projeto pequeno típico é de aproximadamente um dia. O ideal seria um dia de calendário, inteiro, mas isso pode ser impossível, em razão das outras atribuições que as pessoas têm. Quando encontrar dificuldades para agendar esta atividade com toda a equipe de planejamento, não recorra ao planejamento baseado em conversas particulares. Isso simplesmente não funciona. Acredite: Eu aprendi isso da pior maneira possível!

Como regra prática, as seguintes estimativas de tempo de planejamento são um bom guia.

- **Projetos muito pequenos** – meio dia ou menos;
- **Projetos pequenos** – um dia ou menos;
- **Projetos médios** – 2 dias;
- **Projetos grandes** – 3 a 4 dias;
- **Projetos muito grandes** – uma equipe de 30 membros significa um projeto grande. O tempo de planejamento pode variar muito, indo de 5 ou mais dias a vários meses.

Ainda mais complicado é estimar as necessidades de tempo para o planejamento de projetos GAP, GEP e PEG. Para todos os modelos de CVGPs nesses três quadrantes, o planejamento é iterativo ao longo do tempo. Se você ainda precisar de uma estimativa, eis o melhor que tenho a oferecer: se souber qual é o número total de iterações envolvidas, então considere cada iteração como um projeto muito pequeno e multiplique o número de iterações por meio dia.

## 5.7 PLANEJANDO E CONDUZINDO SESSÕES CONJUNTAS DE PLANEJAMENTO DE PROJETO

Todas as atividades discutidas até aqui para criar o plano de projeto detalhado ocorrem em uma SCPP.

Eu defendo e uso um grupo de processos para gerar o plano detalhado do projeto. A SCPP é uma sessão em grupo na qual todos os envolvidos no projeto se reúnem para desenvolver o plano detalhado. A sessão pode durar de um a três dias, e o trabalho pode ser bastante intenso. Conflitos entre os participantes da sessão são comuns, mas o resultado final dessa reunião é um acordo sobre como o projeto pode ser executado dentro de um determinado período de tempo, orçamento, disponibilidade de recursos e de acordo com os requisitos do cliente.

 **NOTA** O meu processo de planejamento compartilha muitas das mesmas características das sessões de *Joint Requirements Planning* (JRP) e de *Joint Application Design* (JAD).[2] A sessão de JRP costuma ser usada para projetar aplicações para computadores. A minha SCPP é robusta – isto é, pode ser usada para qualquer tipo de projeto.

O objetivo de uma SCPP é esse: desenvolver um plano de projeto que cumpra as Condições de Satisfação (CDS) conforme negociadas entre o cliente e o gerente do projeto, e, ainda, de acordo com o que foi descrito no TAP e na EAR. Parece simples, não é?

Infelizmente, muitas vezes esse acordo acontece de maneira parcial, por muitas razões. Em geral, o cliente e a equipe de projeto ficam impacientes para iniciar logo o trabalho de projeto. Afinal, há prazos a cumprir e outros projetos que demandam a atenção dos membros da equipe. Os participantes da equipe não têm tempo para o planejamento – há muito trabalho para fazer e muitos clientes que precisam ser satisfeitos. Infelizmente, a cinco minutos do fim do projeto, quando é muito tarde para se recuperar de um plano mal feito, a equipe e o cliente reconhecem a derrota. "Da próxima vez, vamos dar mais atenção ao planejamento dos detalhes". Porém, parece que essa vez nunca chega. É tempo de mudança!

Atualmente, equipes virtuais parecem ser a regra e não a exceção. Para trabalhar com este tipo de equipe, o gerente de projeto costuma fazer um planejamento particular, com cada membro da equipe, e consolidar os resultados mediante uma revisão com a participação de toda a equipe em uma sessão *on-line*.

## 5.8 PLANEJANDO A SCPP

O planejamento em equipe sempre foi considerado vantajoso em relação a outras formas de planejamento, por exemplo, melhor que aquela que o gerente de planejamento do projeto faz colhendo dados para o plano diretamente de cada um dos participantes. Na minha experiência, a sinergia do grupo provê estimativas mais precisas para as durações das atividades e informações mais completas para o processo de planejamento em si. É mais provável que o planejamento em equipe seja mais completo do que qualquer outra forma de planejamento. Talvez a melhor vantagem de todas é que ele cria um compromisso muito mais forte com o projeto por parte de todos os que passaram pela árdua tarefa de gerar e concordar com o plano de projeto completo. Há um senso de propriedade que a participação na sessão de planejamento transmite. Se nada disso for suficiente, então pelo menos é mais divertido do que fazer o planejamento em isolamento total.

Sei que às vezes você acha que o planejamento é um mal necessário. É algo que faz porque tem de fazer e porque daí pode dizer que pensou aonde quer ir e como fará para

---

2    NRT: em português utiliza-se os termos e os acrônimos em inglês para representar tanto as sessões JRP como as JAD.

chegar lá. Depois de redigidos, em geral os planos são encadernados em vistosas capas e se transformam em suportes para livros que ficam acumulando pó na prateleira de alguém ou em uma pasta na gaveta da sua escrivaninha. Tome a decisão de mudar agora mesmo! Considere o plano como uma ferramenta dinâmica para gerenciar o projeto e também como a base para tomada de decisões.

Planejamento é essencial para o bom gerenciamento de projetos. O plano que você gera é um documento dinâmico. Muda à medida que o projeto começa e avança. Servirá como um trabalho de referência para você e para os membros da equipe quando surgirem questões de escopo e mudança. Não se iluda: fazer um bom planejamento é doloroso, mas fazer um mau planejamento é ainda mais doloroso. Lembra das curvas de sofrimento na Figura 5.1? Qual delas escolhe?

O primeiro documento considerado na SCPP é o TAP. É possível que já exista um documento e portanto ele será o ponto de partida para a SCPP. Se não existir, tem de ser desenvolvido como a parte inicial ou como um pré-requisito para o início da SCPP.

A situação vai definir o que é melhor. O TAP pode ser desenvolvido de vários modos. Se for uma ideia a considerar, é provável que seja desenvolvido por um único indivíduo – em geral a pessoa que será o gerente do projeto. Ele pode afetar um único departamento ou vários departamentos. Quanto mais amplo for o impacto da iniciativa, mais provável será que o TAP seja desenvolvido como a primeira fase de uma SCPP. Por fim, o TAP pode ser desenvolvido por meio de um exercício de CDS. Seja qual for o caso, a SCPP começa com uma discussão e esclarecimento do que exatamente se pretende com o TAP. A equipe do projeto pode também usar essa oportunidade para redigir a Declaração de Escopo do Projeto (DEP) – o que ela entende do projeto. A DEP nada mais é do que uma versão expandida do TAP, porém da perspectiva da equipe de planejamento.

A SCPP deve ser planejada até o seu último detalhe, se quisermos que ela seja bem-sucedida. O tempo é um recurso escasso para todos nós, e a última coisa que você quer é desperdiçá-lo. Reconheça, antes de começar, que a SCPP será muito intensa. Muitas vezes os participantes ficam com os ânimos exaltados e até mesmo teimarão só para firmar a posição que defendem.

Antes de aprender como planejar e conduzir uma SCPP, vamos ver quem deve participar dela.

### 5.8.1 Participantes

Os participantes da SCPP são convidados entre os que podem ser afetados pelo projeto ou os que fornecerão insumos para o projeto. Se o projeto envolver produtos ou for um novo processo ou procedimento, então todos aqueles que tenham insumos a oferecer ao projeto, que receberão as saídas do projeto, ou que manusearão os produtos do projeto devem ser convidados a participar da SCPP. O cliente cai em uma ou mais dessas categorias e também deve estar presente na SCPP. Qualquer gerente, cujos recursos possam vir a ser requisitados pela equipe do projeto, também deve participar da SCPP. Em muitas organizações, o projeto tem um campeão[3] (que não é necessariamente o gerente de

---

3  NRT: também é comum utilizar o termo em inglês *champion* para designar este papel. Em algumas situações e/ou organizações também é chamado de patrocinador do projeto ou de patrocinador patronal.

projeto ou o gerente do cliente) que talvez queira participar ao menos no início. Damos a seguir uma lista de potenciais participantes da SCPP:

- **mediador** – uma SCPP bem-sucedida exige um mediador experiente. Essa pessoa é responsável por conduzir a SCPP. É importante que o mediador não tenha nenhum interesse pessoal ou contribua com vieses para a sessão porque isso diminuiria a efetividade do plano. A reunião deve ser desenvolvida com uma mente aberta, e não enviesada. Por essa razão, sugiro fortemente que o gerente do projeto não seja também o mediador da sessão. Se não for possível usar um consultor externo, recomendo que selecione um participante neutro para agir como mediador, como, por exemplo, um outro gerente de projeto que não esteja designado para outra iniciativa;
- **gerente de projeto** – como você não está liderando a sessão de planejamento, poderá se concentrar na elaboração do plano em si, que é o seu principal papel na SCPP. Ainda que você seja designado como gerente do projeto antes de qualquer planejamento, assumir o papel de mediador da SCPP pode parecer uma excelente opção, mas pode ser a opção errada se o projeto tiver um forte peso político ou contar com clientes advindos de mais de uma função, processo ou reserva de recursos. Você precisa se sentir bem e ter familiaridade com o plano de projeto. Afinal, é quem tem a responsabilidade final sobre a execução do projeto no prazo previsto, dentro do orçamento e de acordo com a especificação. A elaboração do plano exige total atenção do gerente do projeto;
- **um outro gerente de projeto** – mediadores de SCPP competentes são difíceis de encontrar. Como você não é uma boa opção para o papel de mediador, então talvez um outro gerente de projetos – reconhecidamente imparcial – seria uma boa opção, especialmente se tiver experiência em SCPP. Se a sua organização tiver um Escritório de Suporte aos Projetos[4] (ESP), provavelmente conseguirá indicar um mediador experiente;
- **consultor de SCPP** – em geral, consultores de gerenciamento de projetos são uma outra fonte de mediadores de SCPP qualificados. A ampla experiência desses profissionais em gerenciamento de projetos e em consultoria de gerenciamento de projetos será valiosa. Isso é especialmente válido em organizações que concluíram seus treinamentos em gerenciamento de projetos e estão no processo de implementar sua própria metodologia de gestão. Dispor de um consultor externo para mediar a SCPP é tanto uma experiência de aprendizagem quanto uma oportunidade de já partir, desde o início, com uma SCPP bem-sucedida;
- **tecnógrafo** – o mediador da SCPP é apoiado por um tecnógrafo, um profissional que, além de conhecer gerenciamento de projetos, é também um especialista nas ferramentas de *software* utilizadas para documentar o plano de projeto. Enquanto o mediador da SCPP está coordenando as atividades de planejamento, o tecnógrafo da SCPP está registrando decisões de planejamento no computador em tempo real.

---

4 NRT: é muito comum o emprego dos termos Escritório de Gerenciamento de Projetos (EGP) e *Project Management Office* (PMO) para designar esta estrutura de apoio. Apesar de o ESP ser conceitualmente igual ao EGP ou PMO, o autor justifica sua preferência de que a nomenclatura da entidade também enfatize a devida responsabilidade com o suporte ao ambiente de projetos organizacional. Assim sendo, será adotado o acrônimo ESP.

A qualquer instante – e haverá vários – o tecnógrafo pode imprimir ou apresentar o plano para que todos possam vê-lo e criticá-lo;

- **equipe central do projeto** – o engajamento e o comprometimento são tão importantes que excluir qualquer componente da equipe central que já tenha sido identificado seria uma tolice. Estimar as durações das atividades e os requisitos de recursos será muito mais fácil com a experiência e o conhecimento profissional que essas pessoas podem trazer para a sessão de planejamento. A equipe central do projeto é composta por indivíduos (tanto do cliente quanto da organização responsável pela iniciativa) que permanecerão no projeto desde o primeiro até o último dia. Isso não significa que trabalharão no projeto o tempo todo. Tipicamente, nas organizações de hoje, um indivíduo não fica dedicado a somente um projeto específico;

- **representante do cliente** – esse participante é sempre uma questão delicada. Você precisa encarar a realidade: alguns clientes realmente não querem ser incomodados. Cabe ao gerente ou ao campeão do projeto convencê-los da importância de sua participação na SCPP. Não digo que isso será fácil; porém, não obstante, é importante. O cliente deve colaborar e apoiar o plano de projeto e não o fará se o gerente do projeto simplesmente lhe enviar uma cópia do plano. O cliente tem de ser envolvido na sessão de planejamento. Prosseguir sem tal envolvimento é brincar com fogo. Acontecerão mudanças no plano do projeto e surgirão problemas. Se o cliente estiver envolvido na preparação do plano, ele poderá contribuir na resolução das solicitações de mudança e das situações problemáticas. Se não forem envolvidos no desenvolvimento do plano, não ficarão muito interessados em ajudá-lo a resolver os eventuais problemas que surgirem. O interesse declarado do cliente é crítico!

- **gerentes dos recursos** – esses gerentes controlam os recursos que o projeto utilizará. Montar a programação de um cronograma sem as informações e a participação desses gerentes é perda de tempo. Além disso, eles podem dar algumas sugestões que tornarão o plano mais realista. Em alguns casos, eles podem enviar um representante que também fará parte da equipe de projeto. O fator importante aqui é que os participantes representantes de cada área de recursos precisam ter o poder e a autonomia para empenhá-los no plano de projeto. Não me refiro à definição de uma pessoa ou espaço em específico, mas, sim, a um certo conjunto de competências ou tipo de instalação. Gerentes de recursos desempenham um papel crítico, como você perceberá quando discutirmos o modelo de gerenciamento organizacional de projetos no Capítulo 6 do Volume 2;

- **campeão do projeto** – o campeão do projeto dá impulso ao projeto e o vende aos altos executivos da organização. Em muitos casos, o campeão pode ser o cliente – o que é uma situação ideal porque o cliente já está comprometido com o projeto. Em outros casos, o campeão do projeto pode ser algum dos executivos da divisão, departamento ou processo que será o beneficiado com os produtos do projeto;

- **gerentes funcionais** – considerando que gerentes funcionais gerenciam áreas que podem fornecer recursos ou receber as entregas do projeto, eles, ou representantes deles, devem participar da sessão de planejamento. Esses gerentes garantem que os produtos do projeto serão integrados tranquilamente às funções existentes ou que tais funções serão modificadas como parte do plano do projeto;

- **donos dos processos** – pelas mesmas razões por que gerentes funcionais devem estar presentes, também deverão estar presentes os donos dos processos. Se os produtos do projeto não se integrarem tranquilamente a seus processos, o plano do projeto ou os processos afetados terão de ser alterados.

Um convite formal anunciando o projeto, sua macrodireção, seus propósitos gerais, e o esquema de planejamento devem ser emitidos pelo gerente de projeto a todos os outros participantes.

 **NOTA** RSVPs[5] são obrigatórios! O comparecimento de todos é tão importante que já cancelei a SCPP quando certos participantes fundamentais não poderiam comparecer. Em outra ocasião, cancelei a SCPP porque o cliente achava que sua presença não era suficientemente importante. A minha resposta ao cliente foi que, assim que ele achasse que a prioridade da reunião fosse alta o suficiente para ele comparecer, eu marcaria outra data para a SCPP. Ter esta atitude é difícil, mas a participação do cliente na SCPP é de uma importância tão crítica para o sucesso final do projeto que me dispus a adotar uma posição firme frente a ele.

### 5.8.2 Instalações

Como a equipe de planejamento pode passar até três dias consecutivos ou mais no planejamento, é importante que as instalações físicas sejam confortáveis e distantes das interrupções diárias. Para minimizar distrações, você poderia ser tentado a realizar a sessão de planejamento fora da organização – todavia, prefiro sessões de planejamento na organização. Sessões de planejamento na própria organização têm vantagens e também desvantagens, porém, com a preparação adequada, elas podem ser controladas. Na minha experiência, o fácil acesso às informações é uma importante vantagem das sessões de planejamento na própria organização, mas interrupções em razão do fluxo de trabalho diário são uma grande desvantagem. Devido ao fácil acesso ao escritório, possibilitado por telefones celulares e e-mails, o potencial para distrações e interrupções aumentou. Essas distrações precisam ser minimizadas de todas as maneiras possíveis.

Reserve espaço suficiente para que cada grupo de quatro ou cinco participantes possa dispor de uma área de trabalho separada com uma mesa, cadeiras e um *flipchart*. Todo o trabalho deve ser feito em uma única sala. Na minha experiência, salas de crise separadas tendem a ser disfuncionais. Dentro do possível, todos têm de estar presentes em tudo o que ocorre na sessão de planejamento. A sala deve dispor de um quadro branco com bastante espaço livre ou paredes vazias. Em muitos casos, colei papel de *flipchart* ou papel pardo nas paredes. Espaço disponível na sala de planejamento nunca é demais.

### 5.8.3 Equipamento

Você precisará dispor de um amplo estoque de bloquinhos de notas adesivas, fita crepe, tesouras e canetas marcadoras de várias cores. Quanto a equipamentos mais sofisticados, um projetor LCD e um PC é tudo o que precisará para que todos na sala vejam como os detalhes vão se combinando.

---

5 NRT: RSVP é acrônimo para *Répondez S'il Vous Plaît* e significa, em português "Responda, Por Favor". Trata-se do pedido para que se confirme a participação no evento em questão.

### 5.8.4 A agenda de planejamento completa

A agenda da SCPP é clara e direta. Pode ser concluída em uma, duas ou três sessões. Por exemplo, pode-se programar uma reunião mais cedo com o requerente, ao mesmo tempo que as CDS são rascunhadas. Elas alimentarão a segunda sessão, na qual será produzido o rascunho do TAP. Caso o TAP tenha de ser aprovado antes do início do planejamento detalhado, haverá uma interrupção até que tal aprovação ocorra. Depois de obtida a aprovação pode-se programar a terceira sessão. Nessa sessão (que em geral dura dois a três dias), pode-se rascunhar o plano detalhado do projeto para aprovação.

A seguir é apresentada uma amostra de agenda para as sessões de planejamento do projeto:

Sessão 1
1. Negociar a CDS.
2. Montar a EAR.

Sessão 2
1. Redigir o TAP.

Sessão 3 (SCPP)
1. A equipe de planejamento inteira cria o primeiro nível da EAP.
2. Especialistas no assunto em questão avançam na decomposição do trabalho, acompanhados por observações e comentários de toda a equipe de planejamento.
3. Estimar as durações das atividades e os requisitos de recursos.
4. Montar um diagrama de rede do projeto.
5. Determinar o caminho crítico.
6. Revisar e aprovar a data de término do projeto.
7. Finalizar a programação dos recursos.
8. Obter consenso sobre o plano do projeto.

### 5.8.5 Produtos

Os produtos da SCPP são:

- **estrutura de detalhamento do trabalho** – lembre-se de que a EAP é um esboço gráfico ou em parágrafos do trabalho (expresso como atividades) que deve ser executado para que o projeto seja concluído. É utilizada tanto como ferramenta de planejamento como, também, ferramenta de comunicação;
- **estimativas de duração das atividades** – o cronograma, que também é um produto importante, é desenvolvido a partir das estimativas da duração de cada atividade do projeto. Estimativas de duração de atividades podem ser estimativas de um único ponto e estimativas de três pontos, conforme discutiremos mais adiante neste capítulo;
- **requisitos de recursos** – para cada atividade no projeto será exigida uma estimativa dos recursos necessários para sua execução. Na maioria dos casos, os recursos

serão as capacidades e habilidades tanto técnicas como pessoais, embora também possam incluir instalações físicas, equipamentos e materiais;

- **programação da rede do projeto** – utilizando a EAP, a equipe de planejamento definirá a sequência de execução das atividades do projeto. Inicialmente, essa sequência é determinada somente pelas relações técnicas entre atividades, e não por prerrogativas de gerenciamento. Isto é, as entregas de uma ou mais atividades são necessárias para iniciar o trabalho da atividade seguinte. É muito mais fácil entender essa sequência mediante uma apresentação gráfica. A definição da rede de atividades e os detalhes da representação gráfica são discutidos mais adiante neste capítulo;
- **cronograma de atividades** – determinada a sequência de atividades, a equipe de planejamento programará a data de início e a data de término para cada atividade. A disponibilidade de recursos vai influenciar significativamente essa programação;
- **alocações de recursos** – com o cronograma de atividades, é realizada a alocação de recursos específicos (por exemplo, conjuntos de competências) às atividades do projeto;
- **documentação do projeto** – a produção da documentação pode ser um fardo. Mas não é esse o caso do método apresentado neste livro, no qual a documentação do projeto é um subproduto natural do trabalho do projeto. Tudo o que você precisa fazer é designar um membro da equipe de projeto como responsável pela coleta das informações já disponíveis, por colocá-las em um formato padrão e por arquivá-las nos meios eletrônicos. Essa responsabilidade começa com a sessão de planejamento do projeto e termina quando o projeto é formalmente concluído.

## 5.9 CONDUZINDO A SESSÃO DE PLANEJAMENTO

Considere a situação ideal. Todas as atividades a seguir fazem parte do processo de planejamento, e todas elas têm de ser concluídas em um único dia de trabalho. Esta seção oferece uma visão geral dessas atividades. Em seções subsequentes você aprenderá os detalhes de como elas devem ser executadas.

Em uma sessão de planejamento de um dia, para um típico projeto pequeno, a equipe de planejamento executará as seguintes atividades importantes:

- revisar o TAP para esclarecimentos;
- criar a EAP completa, incluindo a Lista de Atividades;
- estimar a duração das tarefas e as necessidades de recursos;
- montar o diagrama de rede e o cronograma do projeto;
- determinar o caminho crítico;
- revisar e aprovar a data de término do projeto;
- finalizar a programação dos recursos;
- obter consenso para o plano de projeto.

O gerente de projeto pode conduzir a sessão de planejamento para projetos pequenos e simples. No caso de projetos maiores ou mais complexos, vale a pena dispor de alguém que não seja o gerente do projeto para mediar as reuniões de planejamento. Para cumprir essa sessão de planejamento em um único dia, o gerente do projeto terá de controlar rigorosamente a discussão e manter a equipe de planejamento sempre seguindo em frente. Quaisquer materiais de esclarecimento que possam ser distribuídos com antecedência ajudarão a reduzir o tempo de alinhamento no início da reunião de planejamento. É preciso que a agenda da reunião seja bem estruturada, com intervalos predefinidos para cada assunto, e todos devem se ater a ela. É também necessário implementar regras básicas. Uma alternativa para poupar tempo é o gerente do projeto e o cliente concluírem as CDS e o TAP com antecedência e distribuírem esses documentos à equipe de planejamento antes da reunião.

A primeira prioridade do mediador é criar um ambiente aberto e colaborativo para a equipe de planejamento. Haverá divergências, e todos os membros da equipe de planejamento devem sentir-se livres para expressar o que pensam. Ao conduzir as sessões, o mediador deve incentivar a total participação de todos e também atrair os mais tímidos à conversação. Da mesma forma, deve controlar diplomaticamente os que tendem a dominar a conversação. É fundamental que o mediador tenha as habilidades adequadas para coordenar a reunião. É por isso que, quando se trata de conduzir uma SCPP, é melhor ter um mediador treinado do que um gerente de projeto.

## 5.10 MONTANDO A EAP

**#** **DEFINIÇÃO Estrutura Analítica do Projeto (EAP)** A EAP é uma descrição hierárquica de todo o trabalho que deve ser executado para concluir o projeto como definido na EAR corrente.

Admita que a EAR documenta detalhadamente os produtos necessários para produzir o valor de negócio esperado como descrito no TAP. A EAP é uma decomposição mais detalhada dos componentes da EAR e descreve minuciosamente como esses componentes serão criados. Em outras palavras, define o trabalho do projeto. Vários processos podem ser utilizados para criar essa descrição hierárquica, também apresentados nesta seção.

A EAR é o insumo para a montagem da EAP. Se a EAR estiver completa, então podemos adotar a abordagem tradicional do gerenciamento de projetos e desenvolver uma EAP completa. Este capítulo descreve como montar uma EAP completa. Todavia, na maioria dos casos a EAR não estará completa e, por consequência, a EAP também não estará completa e, assim, será necessário adotar alguma outra abordagem de gerenciamento de projetos. Essas abordagens serão discutidas mais adiante nos Capítulos 10, 11 e 12, que consideram todas as exceções.

### 5.10.1 Usando a EAR para montar a EAP

Um dos principais benefícios da EAR é que ela pode reduzir drasticamente o trabalho e melhorar a efetividade da EAP. A Figura 5.2 é a representação gráfica da EAR apresentada pela primeira vez no Capítulo 4.

## FIGURA 5.2  A EAR

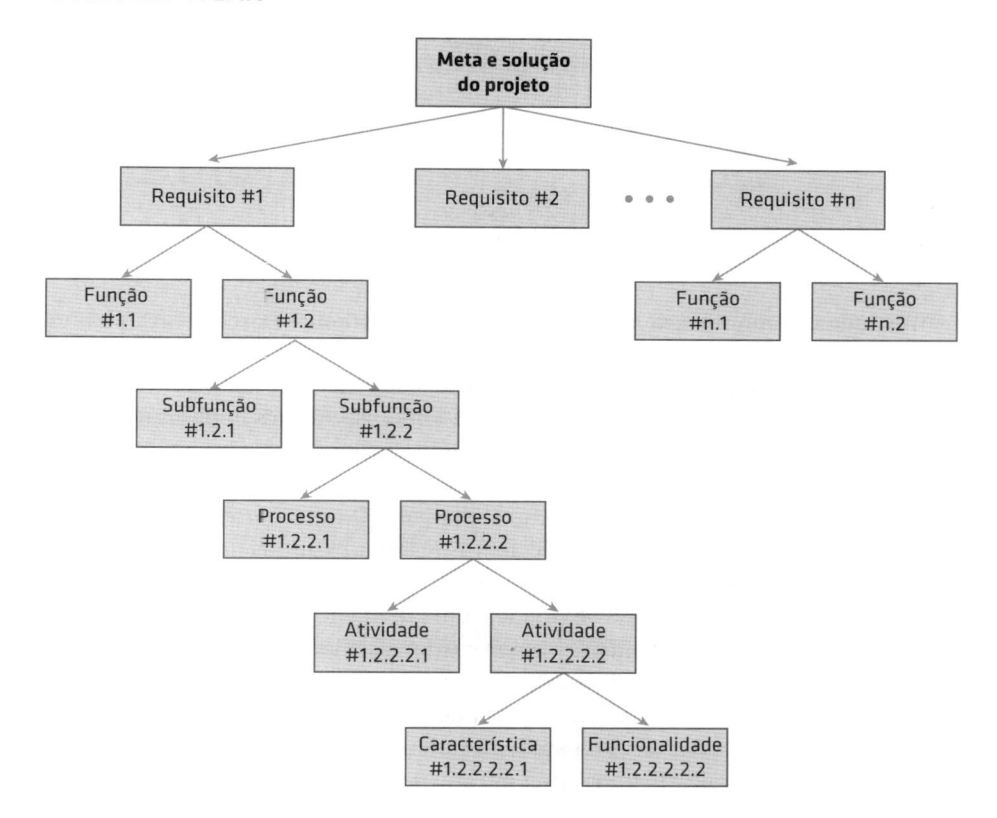

Excluindo o nível "Característica/Funcionalidade" por enquanto, o nível mais baixo de decomposição na EAR constitui as Atividades do nível "n" definidas na EAP na Figura 5.3. Portanto, adotando a Figura 5.2 como a EAR, a Função 1.1, a Subfunção 1.2.1, o Processo 1.2.2.1, a Atividade 1.2.2.2.1 e a Atividade 1.2.2.2.2 são seus níveis mais baixos de decomposição. As tarefas necessárias para construir esses produtos definem a EAP como mostrada na Figura 5.3.

## FIGURA 5.3 Visualização hierárquica da EAP

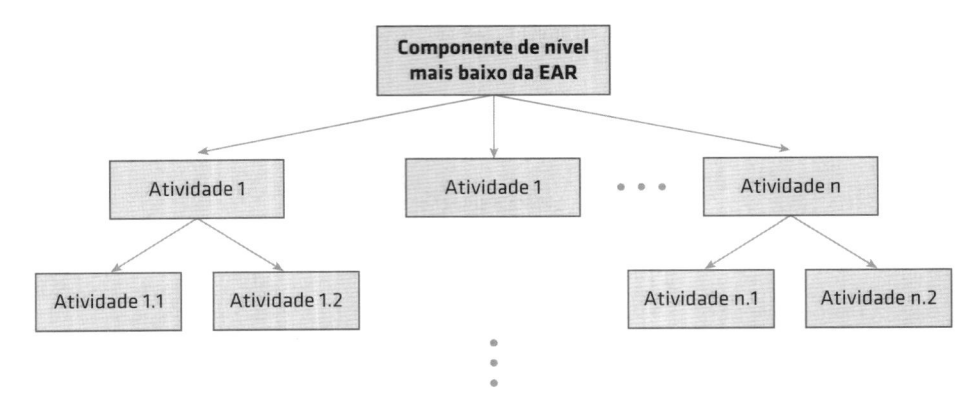

Atividades, como mostra a Figura 5.3, são simplesmente porções do trabalho. A decomposição dessas porções de trabalho continua para cada porção até que o nível mais baixo da decomposição passe nos seis testes de critérios para o término (descritos mais adiante neste capítulo) e então não será necessária mais nenhuma decomposição daquela porção. Embora não seja mostrado na Figura 5.3, o segundo termo é a *tarefa*. O nível mais baixo de decomposição, que cumpre os seis critérios de término, é denominado uma tarefa em vez de uma atividade. O termo *tarefa* é utilizado para diferenciar a porção do trabalho que ele define de todas as outras porções de trabalho, que são denominadas atividades. Embora essas definições possam parecer um pouco informais, a diferença entre uma atividade e uma tarefa ficará mais clara em breve.

A utilização dos termos *atividade* e *tarefa* costuma ser intercambiada pelos gerentes de projeto e pelos pacotes de *software* de gerenciamento. Alguns acham que atividades são compostas por tarefas, outros dizem que tarefas são compostas por atividades e ainda outros usam apenas um dos termos para representar ambos os conceitos. Neste livro, eu me refiro ao nível mais alto do trabalho como atividades. Uma atividade é composta por duas ou mais tarefas. Quando as tarefas que compõem uma atividade são concluídas, a atividade está concluída.

Um outro termo é *pacote de trabalho*. Um pacote de trabalho é uma descrição completa de como as tarefas que formam uma atividade serão executadas de fato. Inclui a descrição do quê, quem, quando e como o trabalho será realizado. Pacotes de trabalho são descritos com mais detalhes no Capítulo 6.

A decomposição até o nível da tarefa é importante para o plano de projeto como um todo porque permite que você estime a duração do projeto, determine os recursos exigidos e monte o cronograma de trabalho. Seguindo o processo de decomposição, as atividades nos níveis mais baixos da estrutura terão propriedades conhecidas que permitirão a você cumprir as necessidades do planejamento e da programação.

Esse processo de decomposição é análogo ao processo que muitos estudantes utilizam na escola para redigir artigos de pesquisa. Apesar de o professor enfatizar o valor de se preparar um roteiro detalhando os tópicos a serem abordados antes de redigir o artigo, o estudante prefere fazer do modo contrário – primeiro redige o artigo e depois extrai os tópicos desenvolvidos.

Isso não funcionará no planejamento dos projetos. Você tem de definir o trabalho antes de partir para sua execução.

Quem tem experiência em desenvolvimento de sistemas provavelmente percebe a semelhança entre decomposição hierárquica e decomposição funcional. Em princípio, não há nenhuma diferença entre uma EAP e uma decomposição funcional de um sistema. A minha abordagem para construir a EAP parte da geração de uma decomposição funcional, me valendo de um processo específico que incorpora uma regra de parada para a conclusão da EAP. Não conheço nenhum processo semelhante para gerar a decomposição funcional de um sistema. Veteranos no desenvolvimento de sistemas poderiam até perceber alguma semelhança com técnicas mais antigas como refinamento passo a passo e pseudocódigo. Na verdade, essas ferramentas têm muito em comum com as técnicas que eu uso para gerar a EAP.

## 5.10.2 Usos da EAP

A EAP tem quatro usos: como ferramenta para os processos de pensamento, ferramenta de concepção da arquitetura do projeto, ferramenta de planejamento e ferramenta de comunicação sobre o *status* de projeto. As seções seguintes descrevem como utilizar a EAP para cada uma dessas finalidades.

### 5.10.2.1 Ferramenta do processo de pensamento

Em primeiro lugar, e mais importante, a EAP reflete um processo de pensamento – assim sendo, é uma ferramenta de concepção e planejamento. Ajuda o gerente de projeto e a equipe de planejamento a visualizar exatamente como o trabalho do projeto pode ser definido e gerenciado com eficiência. É comum considerar modos alternativos de decomposição do trabalho até encontrar uma alternativa com a qual o gerente do projeto se sinta confortável.

### 5.10.2.2 Ferramenta de concepção da arquitetura do projeto

Levando tudo em consideração, a EAP é uma representação do trabalho do projeto e do modo como esses itens de trabalho estão relacionados uns com os outros. Tudo deve fazer sentido. Nesse contexto, é uma ferramenta de concepção.

### 5.10.2.3 Ferramenta de planejamento

Na fase de planejamento, a EAP dá à equipe de planejamento uma representação detalhada do projeto, na forma de uma coleção de atividades que devem ser finalizadas para que o projeto possa ser considerado como concluído. É no nível mais baixo de atividade (o nível da tarefa) da EAP que você: estimará o esforço, o tempo necessário e as necessidades de recursos; montará um cronograma para determinar quando o trabalho estará concluído; e estimará as datas das entregas e do término do projeto.

### 5.10.2.4 Ferramenta de comunicação sobre o status do projeto

Embora não seja comum, a EAP tem sido utilizada como estrutura para informar o *status* do projeto. Pode funcionar bem para projetos menores, mas não funciona como ferramenta de comunicação para projetos maiores. As atividades do projeto são consolidadas de baixo para cima, à medida que atividades de níveis mais baixos são concluídas. Quando o trabalho for concluído, as atividades estarão concluídas. A conclusão de atividades de níveis mais baixos resulta na conclusão parcial de atividades de níveis mais altos. É comum usar cores e efeitos diferentes para destacar tarefas e atividades concluídas. Algumas dessas atividades de níveis mais altos podem representar progresso significativo e cuja conclusão serão marcos no curso do projeto. Desse modo, a EAP define marcos que podem ser informados aos altos executivos da organização e ao cliente.

 **NOTA** Tentar chegar a um acordo sobre uma arquitetura de EAP que se preste bem ao processo de raciocínio do planejamento e, ao mesmo tempo, à consolidação de informações para o relatório de resumo pode ser uma tarefa difícil. É melhor buscar as opiniões de todas as partes interessadas que utilizarão a EAP antes de decidir por um modelo. Não existe um único modo certo para fazer isso; é subjetivo. Você vai melhorar com a prática.

Em última análise, é o gerente de projeto quem decide a arquitetura da EAP e o nível de detalhe exigido. Esse detalhe é importante porque o gerente do projeto é responsável pelo sucesso do projeto. A EAP deve ser definida de modo tal que o gerente de projeto possa gerenciar o projeto. Isso significa que a abordagem e o grau de detalhamento da EAP podem não ser os mesmos que outros teriam adotado. Fora requisitos dos altos executivos sobre a provisão de informações ou requisitos da própria organização com relação à documentação e execução de processos gerenciais, o gerente do projeto é livre para desenvolver a EAP de acordo com suas necessidades e com as necessidades do gerenciamento. Por causa dessa situação, a EAP não tem um formato ou padrão único. Porém, não fique apreensivo com isso, porque, no fim das contas, o que se espera é uma EAP que defina o trabalho do projeto de modo que você, o gerente de projeto, possa gerenciá-lo. O ditado "a beleza está nos olhos de quem vê" aplica-se igualmente bem à escolha feita dentre as diversas abordagens de construção da EAP. Na qualidade de gerente de projeto, é você que tem a responsabilidade de fazer tal escolha.

## 5.10.3 Gerando a EAP

Antes de discutir as abordagens de geração da EAP, quero lembrar a você qual é a sua posição no processo de planejamento e então oferecer alguns comentários gerais sobre procedimentos que eu mesmo sigo na prática.

⚠️ **ADVERTÊNCIA** Não monte a EAP andando por aí ou se valendo de e-mails para perguntar aos participantes, individualmente, qual é sua contribuição e para que definam suas respectivas partes da EAP. Pode até parecer uma maneira mais rápida e mais fácil de gerar a EAP do que conduzir a SCPP, mas não passa de ilusão; é caminho certo para o fracasso. Você precisa que várias pessoas examinem a EAP e a critiquem, especialmente sobre a completude em relação ao escopo do projeto e à EAR.

Nesse ponto do processo de planejamento, já deve ter concluído a EAR e aprovado o TAP. Pode ser que tenha de voltar atrás e revisar o TAP como resultado das atividades adicionais de planejamento, mas por enquanto imagine que o TAP está completo. A minha técnica para gerar a EAP reduz até mesmo o mais complexo projeto a um conjunto de atividades claramente definidas. A EAP será o documento que guiará o restante das atividades de planejamento.

Espera-se que 10 a 20 participantes estejam envolvidos na montagem da EAP, portanto não é possível reunir todos na frente de uma tela de computador. Também não é eficaz utilizar projetores com a esperança de que o conteúdo seja amplamente divulgado em uma tela ou parede. O único modo que encontrei e que funciona consistentemente é utilizar notas adesivas, canetas marcadoras e muito espaço de quadro branco. Na ausência de espaço de quadro branco, você pode colar folhas de papel de *flipchart* ou papel pardo nas paredes da sala de planejamento. Nunca é demais ter bastante espaço para escrever. Eu já usei papel pardo para cobrir as quatro paredes da sala de planejamento e mais alguns metros de corredor fora da sala. Parece desleixo, mas funciona.

### 5.10.4 Convertendo a EAR em EAP

Essa abordagem começa nos níveis mais baixos de decomposição em cada um dos ramos da EAR. A partir desse ponto, cada uma dessas entregas é decomposta hierarquicamente em um ou mais níveis de detalhe de trabalho até que os participantes estejam convencidos de que o trabalho está suficientemente definido. Os critérios de término, discutidos mais adiante neste capítulo, são o guia para o exercício de decomposição.

Ao utilizar esta abordagem e os critérios de término para a decomposição, as atividades estarão definidas em um nível de detalhe suficiente que permite que a equipe de planejamento estime o tempo, o custo e os requisitos de recursos primeiro no nível da tarefa, em seguida no nível da atividade e, por fim, no nível do projeto. Como as atividades estão definidas até esse nível de detalhe, a precisão das estimativas de tempo, custo e requisitos de recursos do projeto é muito maior.

Como toda atividade no nível mais baixo da decomposição do trabalho aparece como um elemento a ser gerenciado no plano do projeto, há uma boa razão para não detalhar demais o trabalho a ser realizado, de modo que a carga de gerenciamento torne-se mais pesada do que vale a pena. Por essa razão a equipe deve procurar oportunidades de agrupar algumas tarefas de forma a deixá-las em níveis menos detalhados, porém ao mesmo tempo condizentes com os critérios de término.

Eu já usei essa estratégia e posso recomendar duas variações dessa abordagem: a abordagem de equipe e a abordagem de subequipes. Já usei ambas em minha prática de consultoria.

### 5.10.5 Abordagem de equipe

Embora exija mais tempo para concluir do que a abordagem de subequipes, a abordagem de equipe é a melhor das duas. Nessa abordagem, a equipe inteira trabalha em todas as partes da EAP. Para cada um dos níveis mais baixos de decomposição na EAR, indique o membro da equipe de planejamento que mais conhece do assunto para ser o mediador que dará sequência à decomposição desse nível em questão. Prossiga com prática semelhante até concluir a EAP. Essa abordagem permite que todos os membros da equipe de planejamento prestem particular atenção ao desenvolvimento da EAP, apontando as eventuais discrepâncias em tempo real.

### 5.10.6 Abordagem de subequipes

Quando o tempo é escasso, o mediador do planejamento pode preferir utilizar a abordagem de subequipes. A primeira etapa é dividir a equipe de planejamento em tantas subequipes quantos forem os requisitos de alto nível na EAR. Designar requisitos semelhantes à mesma equipe também é bom. Então, siga essas etapas:

1. Cada subequipe inicia uma decomposição mais detalhada do nível de trabalho da parte da EAR associada ao(s) requisito(s) a ela designado(s).
2. Cada subequipe informa seus resultados a toda a equipe. A equipe inteira procura por sobreposições entre os seus resultados e os da subequipe, por trabalho que está faltando e levanta questões de fronteira do escopo.
3. A EAP inteira é aprovada pela equipe.

É importante prestar muita atenção a cada apresentação e fazer a si mesmo essas perguntas: Há algo na EAP que eu não esperava ver? Há algo faltando na EAP que eu esperava ver? Aqui, o foco é tentar produzir uma EAP completa. Nos casos em que a EAP será utilizada como ferramenta de comunicação, o gerente do projeto deve tomar cuidado ao anexar atividades de níveis mais baixos a atividades de níveis mais altos, de modo a preservar a integridade dos relatórios de *status* que serão gerados.

À medida que a discussão continua e atividades são adicionadas ou retiradas da EAP, ocorrerão perguntas relativas à concordância entre a EAP e o TAP. Durante o exercício, o TAP deve ser disponibilizado em um papel de *flipchart* e afixado às paredes da sala de planejamento. Cada participante deve comparar o escopo do projeto como descrito no TAP com o escopo apresentado na EAP. Se houver algum item na EAP que aparentemente está fora do escopo, discuta-o. Redefina o escopo de forma a incluir ou descartar adequadamente as atividades da EAP. De modo semelhante, analise se todo o escopo apresentado na EAP está conforme o TAP. Essa é a hora de ser crítico e definir cuidadosamente o escopo e o trabalho necessário para cumpri-lo. Erros encontrados agora, antes de executar qualquer trabalho, custam muito menos e são bem menos prejudiciais do que se encontrados mais adiante no projeto.

A dinâmica de trabalho aqui inclui alterações nos limites do projeto. Apesar de todos os esforços, não é possível definir claramente os do projeto no seu início. Sempre haverá razões para questionar o que está dentro e o que está fora do projeto, o que não é nenhum problema. Lembre-se de que os limites do projeto ainda não foram estabelecidos concretamente. Isso ocorrerá somente após a aprovação da data de início para a execução do projeto. Até então, você ainda está no modo planejamento.

## 5.10.7 Seis critérios para testar a completude da EAP

Montar a EAP corretamente é a parte mais crítica do exercício de planejamento. Se acertar essa parte, o resto será comparativamente mais fácil. Como sabe que montou a EAP da maneira adequada? Para poder afirmar que a decomposição da EAP está correta, cada atividade deve possuir as seis características citadas a seguir. Quando uma atividade atinge esse *status*, seu nome muda de atividade para tarefa. As seis características que uma atividade deve possuir para ser denominada uma tarefa são:

1. o *status* e a completude são mensuráveis;
2. a atividade tem limites claros;
3. a atividade tem uma entrega;
4. o tempo e o custo são fáceis de estimar;
5. a duração da atividade está dentro de limites aceitáveis;
6. as tarefas são independentes.

Se a atividade não possuir todas essas seis características, decomponha-a e verifique novamente no próximo nível de decomposição. Tão logo uma atividade possua as seis características, não há mais necessidade de continuar com a decomposição e ela pode ser denominada uma "tarefa". Uma vez que cada uma das atividades constantes na EAP possua essas seis características, a decomposição da EAP é aceitável e podemos prosseguir com o planejamento. As sessões a seguir examinam detalhadamente cada uma dessas características.

### 5.10.7.1 O *status* e a completude são mensuráveis

Se o gerente de projeto puder questionar o *status* de uma atividade a qualquer tempo e obter uma resposta clara, a definição da atividade foi adequada. Por exemplo, se o número de páginas estimado para a documentação de um sistema for aproximadamente 300 e a redação dessas 300 páginas exigir quatro meses de trabalho em tempo integral, eis algumas respostas possíveis que o membro responsável da equipe poderia apresentar:

- a duração estimada dessa atividade é quatro meses de trabalho em tempo integral. Estou trabalhando nela há dois meses em tempo integral. Acho que ela está 50% concluída;
- já redigi 150 páginas, portanto acho que a tarefa está 50% concluída;
- já redigi e obtive aprovação para 150 páginas e estimo que o restante do trabalho exigirá mais dois meses. A tarefa está 50% concluída.

Ninguém aceitaria a primeira resposta, porém quantas vezes essa é a informação que um gerente de projeto recebe? E o que é pior: Quantas vezes o gerente do projeto aceita essa declaração de progresso como válida? Embora um pouco melhor, a segunda resposta nada diz sobre a qualidade das 150 páginas que já foram redigidas, nem sobre alguma nova estimativa para o trabalho remanescente. Perceba que uma resposta aceitável deve informar o que realmente já foi concluído (isto é *aprovado*, e não apenas redigido) e o que resta a fazer, acompanhado de uma estimativa do término. Lembre-se de que amanhã você sempre saberá mais do que sabe hoje. Depois de executar aproximadamente metade da atividade, o responsável pela atividade deve ser capaz de informar uma estimativa muito precisa do tempo necessário para concluir o trabalho remanescente.

Uma métrica simples e que tem alguma efetividade é calcular a proporção de tarefas concluídas como uma porcentagem de todas as tarefas que compõem a atividade. Por exemplo, se houver seis tarefas associadas à atividade e quatro estão concluídas, a razão entre as tarefas concluídas e o total de tarefas é 4/6 – isto é, a atividade está 60% concluída. Mesmo que exista algum trabalho finalizado na quinta tarefa dessa atividade, como ela ainda não está totalmente concluída na data do relatório, não pode entrar no cálculo da razão. Essa métrica certamente representa uma medição muito objetiva. Embora não seja totalmente precisa (não inclui o tempo, por exemplo) essa métrica é indiscutível e pode ser aplicada consistentemente a todas as atividades. É uma boa técnica – e, melhor ainda, é rápida. Um gerente de projeto e um gerente de atividade não têm de se preocupar com as minúcias da porcentagem concluída. Você pode usar essa mesma abordagem para medir o valor agregado de uma atividade.

✱ **Valor agregado é definido e discutido no Capítulo 7.**

### 5.10.7.2 A atividade tem limites claros

Cada atividade deve ter um evento de início e um evento de término claramente definidos. Depois de ocorrer o evento de início, o trabalho na atividade pode começar. A entrega costuma ser mais associada ao evento de término, que sinaliza a finalização do trabalho na atividade. Por exemplo, o evento que dá início à documentação dos sistemas poderia ser avisar o membro da equipe que é o responsável por gerenciar a criação da documentação que os testes finais de aceitação do sistema foram concluídos. O evento de término seria avisar o gerente do projeto que o cliente aprovou a documentação dos sistemas.

### 5.10.7.3 A atividade tem uma entrega

O resultado da conclusão do trabalho que compõe a atividade é a produção de uma entrega. A entrega é um sinal visível da conclusão da atividade. Esse sinal pode ser a assinatura de um gerente, um produto ou documento físico, a autorização para iniciar a próxima atividade, ou algum outro sinal de término. A entrega de uma atividade é o resultado dela, que então se torna o insumo para uma ou mais atividades que vêm depois e dependem da sua conclusão.

### 5.10.7.4 O tempo e o custo são fáceis de estimar

Cada atividade deve ter um tempo e um custo estimados para sua execução. Ao fazer isso no nível mais baixo de decomposição da EAP, você será capaz de agregar estes valores nos níveis mais altos e, de forma sucessiva, será possível estimar o custo total do projeto e sua data de término. É possível que a decomposição sucessiva das atividades em níveis de granularidade cada vez menores faça com que você encontre atividades elementares que já executou antes. Essa experiência em níveis de definição mais baixos lhe dá uma base mais forte para estimar o custo e a duração de atividades semelhantes.

### 5.10.7.5 A duração da atividade está dentro de limites aceitáveis

Embora não haja regras fixas para a duração de uma atividade, recomendo que ela seja menor que duas semanas-calendário. Essa parece ser uma prática comum em muitas organizações. Mesmo quando se trata de projetos longos, cujos contratantes podem ser responsáveis por partes importantes do trabalho, eles gerarão planos que decompõem seu trabalho em atividades com duas semanas ou menos de duração. Existem exceções quando a atividade define trabalho executado em processos repetitivos, como é o caso em muitas situações de manufatura. Além disso, haverá exceções para atividades que envolvem trabalho repetitivo e simples. Por exemplo, se você terá de construir 500 dispositivos e levará 10 semanas para concluir essa atividade, não será necessário decompor o trabalho em cinco atividades, sendo cada uma a construção de 100 dispositivos. Esse tipo de atividade não demanda nenhuma subdivisão adicional. Se você puder estimar o tempo para verificar um único documento, então não fará muita diferença se a atividade exigirá dois meses para verificar 400 documentos ou quatro períodos de duas semanas para verificar 100 documentos em cada período. O perigo que você evita são atividades de longa duração, cujo atraso poderia criar um sério problema no cronograma do projeto (diferente desses exemplos apresentados).

### 5.10.7.6 As tarefas são independentes

É importante que cada atividade seja independente. Uma atividade precisa ser executada razoavelmente bem sem interrupção e sem necessitar de insumos ou informações adicionais até sua conclusão. O trabalho até pode ser contínuo, mas você pode querer programar a atividade de outro modo por uma variedade de razões, como, por exemplo, dividir o esforço em partes menores em função da disponibilidade de recursos.

Relacionada à independência da atividade está a tentação de realizar o microgerenciamento das ações. As melhores práticas sugerem que gerencie o trabalho de um indivíduo até o nível de unidades de uma semana. Por exemplo, Harry trabalhará em uma atividade que exigirá 10 horas de esforço. A atividade é programada para começar na segunda-feira de manhã e terminar na sexta-feira à tarde. Harry concordou que pode distribuir as 10 horas pela semana, dados os outros compromissos que tem no mesmo período. O gerente de Harry (ou o gerente do projeto) poderia pedir que ele informasse quando, exatamente, durante a semana trabalhará nessa atividade de 10 horas e, então, gerenciá-lo para que cumpra o plano acordado. Isso seria uma perda de tempo para todos os envolvidos! Por que não acreditar que Harry teria inteligência suficiente para gerenciar seus compromissos no período de uma semana? Não há nenhuma necessidade de descer a detalhes da semana de trabalho e sobrecarregar tanto Harry, como seu gerente, com um microplano de atividades. Na verdade, um cenário como esse aumentaria o tempo de conclusão da atividade porque ficaria sobrecarregada com horas desnecessárias de trabalho de gerenciamento.

### 5.10.7.7 O sétimo critério para julgar a completude

Eu separei esse critério dos seis precedentes porque ele não tem o mesmo sentido dos outros seis. Esse sétimo "critério" se baseia no julgamento do gerente do projeto.

É possível afirmar que a EAP está concluída tendo como base os seis critérios precedentes, mas ainda assim o gerente do projeto poderia ter uma dúvida pendente em razão do modo como o cliente se comportou durante o processo de decomposição da EAP. Algo poderia alertar o gerente do projeto de que as coisas talvez não sejam o que parecem. Por exemplo, talvez o cliente não tenha demonstrado um engajamento significativo no processo de decomposição ou não tenha concordado totalmente com tal processo. Ele simplesmente esteve presente durante o exercício, mas nunca ofereceu nenhuma contribuição realmente efetiva. Isso poderia lhe dar subsídios para suspeitar que existem solicitações iminentes de mudança de escopo e que, eventualmente, teria sido melhor a escolha de uma abordagem de gerenciamento de projeto que esperasse e pudesse acomodar tais mudanças, ao invés de uma que assume que a EAP está completa.

### 5.10.7.8 Exceções aos critérios da regra de completude

Em alguns casos, os critérios de completude não precisam ser satisfeitos para que a EAP seja considerada completa. Discutimos dois cenários comuns nas seções seguintes.

### 5.10.7.9 Parando antes de cumprir os critérios de completude

Uma situação comum na qual isso ocorre é quando existem condições de duração. Suponha que a atividade exige a construção de 100 dispositivos, e que leva 1 dia para construir 1 dispositivo. Por padrão no projeto em questão, foi acordado que nenhuma atividade poderia ser programada com mais de 10 dias. Seguindo essa regra, você decomporia a atividade de produção de 100 dispositivos em 10 atividades – cada uma produziria 10 dispositivos. Isso não agrega valor algum à EAP, apenas leva mais tempo e burocracia de gerenciamento. Conserve os 100 dias de duração da atividade e simplesmente peça relatórios de *status* em intervalos adequados. Adicionar atividades que simplesmente aumentam o tempo de gerenciamento mas não agregam valor ao projeto é uma perda de tempo.

### 5.10.7.10 Decomposição além da completude dos critérios

Para projetos de duração mais curta (por exemplo, quatro semanas), seria considerado uma prática errada de gerenciamento definir como aceitáveis atividades com duração de 10 dias. Isso criaria uma situação na qual haveria uma quantidade muito pequena de pontos de verificação e, por consequência, um projeto que seria mal gerenciado e estaria exposto a riscos adicionais. Em vez disso, um limite de duração aceitável seria de três dias, por exemplo. Seria possível até mesmo impor limites de duração mais curtos para projetos que contivessem procedimentos extremamente detalhados[6] ou outros processos de duração muito curta. Se todo o procedimento detalhado durar apenas algumas horas, o limite de duração aceitável poderia ser apenas alguns minutos. Essas decisões seriam sempre de caráter individual. Faça o que julgar aplicável ao invés de se conformar com

---

6   NRT: por exemplo, para atividades relacionadas ao lançamento de foguetes, existem sequências de atividades que são programadas em minutos.

uma regra que pode não ser adequada à sua situação. Lembre-se de que gerenciamento de projetos é senso comum organizado!

Uma outra situação surge quando faz sentido realizar a decomposição além dos critérios considerados como satisfatórios. Isso ocorre com atividades consideradas de alto risco ou quando existe uma grande variação nas estimativas de duração. Uma atividade que dura oito dias, mas cuja variação é de cinco dias, deve suscitar preocupação. Mesmo que a atividade tenha cumprido o limite de duração de 10 dias, você ainda deveria decompô-la na tentativa de isolar partes de alto risco ou as partes de alta variação da atividade. Novamente, faça o que for de senso comum.

### 5.10.8 Abordagens de montagem da EAP

Há muitos modos de montar a EAP. Ainda que você preferisse que tal montagem fosse uma escolha sua, que é o gerente do projeto (raciocinando que, como é o encarregado do gerenciamento do projeto, você é que deveria escolher a arquitetura que mais facilitasse tal tarefa), infelizmente não será isso que irá ocorrer em muitos casos. A escolha da abordagem deve levar em consideração os usos esperados para a EAP. O que pode ser a melhor opção para definir o trabalho a ser realizado pode não ser a melhor opção para o relatório de *status*.

Não há nenhum modo correto único para criar a EAP e a EAP de um projeto também não é única. Por exemplo, se isolar cada membro da equipe de planejamento em uma sala diferente e pedir que cada um desenvolva uma EAP para o projeto, é muito possível que todos apresentem propostas diferentes. E tudo bem – não existe uma resposta única para este exercício.

A escolha é subjetiva e baseada mais na preferência do gerente de projeto do que em quaisquer outros requisitos. Na prática, às vezes tentei seguir uma abordagem única e acabei percebendo, depois de algum tempo, que tinha tornado o trabalho do projeto mais confuso, em vez de mais simples. Nesses casos, aconselho simplesmente abandonar todo o trabalho que já fez e começar do início novamente, adotando outra abordagem.

As três abordagens gerais para a montagem da EAP são as seguintes.

- **Abordagens por substantivos** – essas abordagens definem as entregas do trabalho de projeto em termos dos componentes (físicos ou funcionais) que compõem tais entregas. Esses são os requisitos que compõem a EAR. Se você gerou a EAR, estará muito próximo de ter uma EAP baseada em produtos. A Figura 5.4 mostra a relação entre a EAR e a EAP. Em primeiro lugar, observe que a EAR é um subconjunto da EAP. Em outras palavras, a EAR define o que deve ser feito, e a EAP define como será feito;
- **Abordagens por verbos** – essas abordagens definem as entregas do trabalho de projeto em termos das ações que devem ser executadas para produzir tais entregas. Abordagens por verbos incluem as abordagens projetar-construir-testar-implementar e as abordagens por objetivos;
- **Abordagens organizacionais** – essas abordagens definem as entregas do trabalho de projeto em termos das unidades organizacionais que trabalharão no projeto. Esse tipo de abordagem inclui as abordagens de departamento, processo e localização geográfica.

É provável que já tenha visto uma ou mais dessas abordagens usadas na prática para criar a EAP. As seções seguintes examinam cada uma dessas abordagens com mais detalhes.

### 5.10.8.1 Abordagens por substantivos

Há dois tipos de abordagens por substantivos: decomposição física e decomposição funcional.

#### Decomposição física

Em projetos que envolvem a construção de produtos, é tentador seguir a abordagem de decomposição física. Considere uma *mountain bike*, por exemplo. Seus componentes físicos incluem um quadro, rodas, suspensão, engrenagens e freios. Se cada componente tiver de ser fabricado, essa abordagem poderia produzir uma EAP simples. Porém, como mencionamos antes, você deve ter em mente a questão dos relatórios que serão gerados pelo projeto.

**FIGURA 5.4  A relação entre a EAR e a EAP**

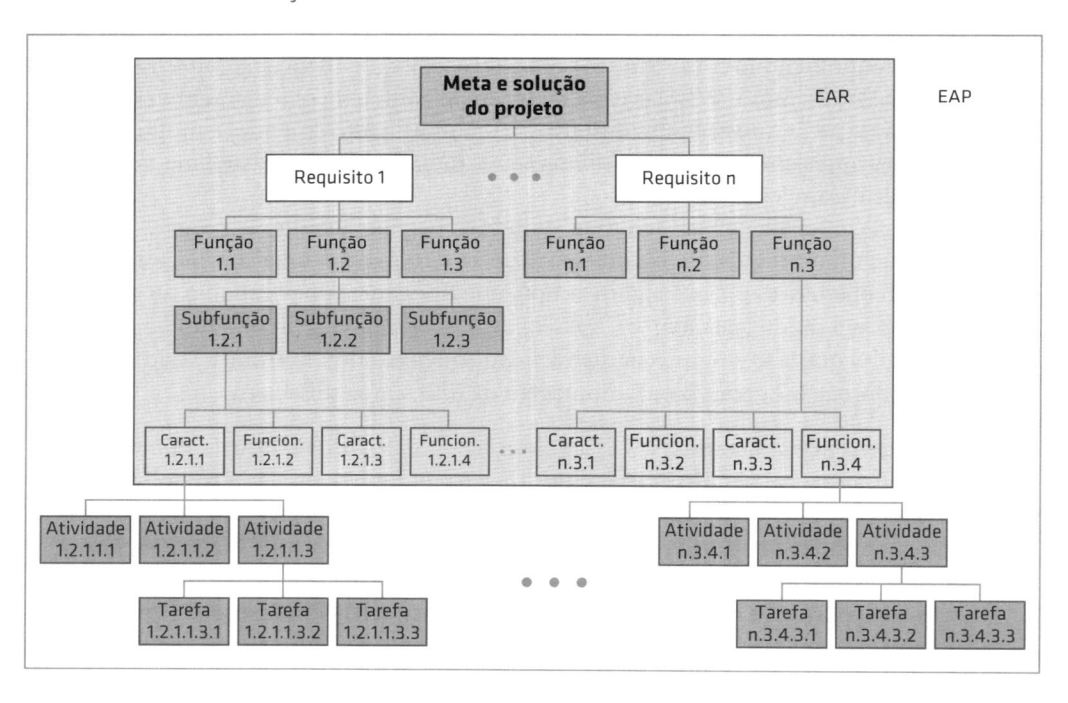

Por exemplo, considere agrupar todas as tarefas relacionadas às engrenagens (marchas da bicicleta). Se você fosse criar um gráfico de Gantt resumido para um relatório, a barra de resumo da atividade engrenagens começaria na data de início do projeto. Um gráfico de Gantt (veja o Capítulo 7) é uma representação gráfica simples do trabalho a ser realizado e da programação para concluí-lo.

## Decomposição funcional

A EAP também pode ser montada tendo como base os componentes funcionais do produto. Usando o exemplo da *mountain bike* da seção anterior, os componentes funcionais incluiriam o sistema de direcionamento, o sistema de troca de marchas, o sistema de frenagem e o sistema de pedais. As mesmas precauções aplicadas à abordagem da decomposição física também se aplicam aqui.

### 5.10.8.2 Abordagens por verbos

Há dois tipos de abordagens por verbos: a abordagem projetar-construir-testar-implementar e a abordagem por objetivos.

### Projetar-Construir-Testar-Implementar

A abordagem projetar-construir-testar-implementar é comumente usada em projetos que envolvem uma metodologia. O desenvolvimento de sistemas dedicados é um exemplo óbvio.

Aproveitando novamente o exemplo da bicicleta, podemos usar uma variação das clássicas categorias "em cascata". As categorias são projetar, construir, testar e implementar. Se você usar essa arquitetura para a sua EAP, então todas as barras no gráfico de Gantt teriam os mesmos comprimentos que correspondem à duração de cada uma das atividades projetar, construir, testar e implementar que, por sua vez, seriam mais curtas do que a barra que representaria o projeto inteiro. A maioria, se não todas, teria datas de início e término diferentes. Desenhadas no gráfico, elas formariam uma "cascata" como se fossem os degraus de uma escada. Essas categorias são apenas representativas – as suas podem ser diferentes. O ponto a destacar é que, quando os cronogramas detalhados de atividades são resumidos nestes níveis mais altos, eles representam um conjunto de informações mais significativas para aqueles que receberão os relatórios do projeto.

Lembre-se de que as atividades da EAP nos níveis mais baixos de granularidade devem sempre ser expressas em forma verbal. Afinal, todas são *trabalho*, o que implica ação, o que, por sua vez, implica a utilização de verbos.

### Objetivos

A abordagem por objetivos é semelhante à abordagem projetar-construir-testar-implementar e é utilizada quando serão preparados relatórios do projeto em vários estágios de seu progresso para a alta gestão organizacional. Divulgar relatórios de progresso do projeto de acordo com os objetivos (ou por requisitos de alto nível) dão uma boa indicação das entregas que foram produzidas pela equipe de projeto. Os objetivos estão quase sempre relacionados ao valor de negócio e serão bem recebidos pela alta gestão da organização, assim como pelo cliente. Todavia, há uma advertência. Essa abordagem pode causar alguma dificuldade, uma vez que muitos dos objetivos podem se sobrepor. Seus entornos podem ser confusos. Se você usar essa abordagem, terá de dar mais atenção à eliminação de redundâncias e à descoberta de lacunas na definição do trabalho.

### 5.10.8.3 Abordagens organizacionais

Projetos que são executados em várias localizações geográficas ou em diferentes departamentos costumam sugerir uma EAP que reflita a distribuição e organização do trabalho na empresa. Não é natural que o gerente do projeto escolha este tipo de abordagem – e ele somente o fará quando for forçado em decorrência da estrutura organizacional. Em outras palavras, esta escolha somente será feita quando o gerente de projeto não tem nenhuma outra opção razoável. Essas abordagens não oferecem nenhuma vantagem real e tendem a criar mais problemas do que resolvê-los. Todavia, elas são descritas aqui caso você não tenha nenhuma outra opção para montar a EAP. Grandes projetos ou programas costumam usar essa abordagem.

**Geográfica**

Se o trabalho de projeto for disperso em termos geográficos, pode fazer sentido, sob as perspectivas de coordenação e comunicação, repartir o trabalho primeiro por localização geográfica e então por alguma outra abordagem em cada localização. Por exemplo, em razão de seus componentes geográficos, um projeto para o programa espacial dos Estados Unidos pode exigir esse tipo de abordagem.

**Departamental**

Fronteiras e políticas departamentais, sendo o que são, podem fazer com que você, em busca de algum benefício, escolha dividir o projeto primeiro por departamento e então dentro de cada departamento por qualquer abordagem que faça sentido. Essa estrutura é benéfica no sentido de que uma grande porção do trabalho de projeto está sob controle organizacional de um único gerente, o que, por sua vez, simplifica a alocação de recursos. Por outro lado, utilizar essa abordagem aumenta a necessidade de comunicação e coordenação entre todos os entornos organizacionais. Organizações funcionais ou matriciais fortes, como as que utilizam gerentes e equipes de projetos em tempo integral, costumam empregar essa abordagem.

**Processo de negócio**

A última abordagem envolve decompor o projeto primeiro por processos de negócio e então por algum outro método para cada processo. Essa abordagem tem as mesmas vantagens e desvantagens da abordagem departamental, porém com a complicação adicional de que a integração das entregas resultantes de cada processo pode ser mais difícil. A dificuldade surge das interações do processo nas interfaces dos processos envolvidos. Por exemplo, na interface entre "entrada do pedido" e "atendimento do pedido", como a "comprovação do pedido" será definida? Poderia ser parte de qualquer um dos dois processos. O processo no qual você a situa causará impacto no cliente.

**Selecionando a melhor abordagem**

Novamente, não podemos afirmar que nenhuma abordagem é melhor para um dado projeto. O meu conselho é considerar cada abordagem no início da SCPP e escolher a que parece trazer mais clareza à definição do trabalho do projeto.

## 5.11 REPRESENTANDO A EAP

Seja qual for a abordagem que utilizar, a EAP pode ser representada genericamente, como já mostramos na Figura 5.3. A declaração da meta representa a razão da execução do projeto. No Nível 1, reparta a meta em um determinado número de atividades (também conhecidas como porções de trabalho). Essas porções de trabalho são um conjunto necessário e suficiente que define a meta. Isto é, quando todas essas atividades de primeiro nível estiverem concluídas, a meta foi cumprida e o projeto está concluído.

Divida qualquer atividade que não possua as seis características em um subconjunto de atividades necessárias e suficientes no nível de decomposição seguinte. O processo continua até que todas as atividades cumpram os seis critérios. O nível mais baixo de decomposição na EAP define um conjunto de atividades (renomeadas "tarefas") que terá, cada uma, um gerente de tarefa, alguém responsável pela conclusão da tarefa.

Tarefas são ainda definidas por um pacote de trabalho. Um pacote de trabalho é simplesmente uma lista de coisas a fazer para concluir a tarefa. O pacote de trabalho pode ser muito simples, por exemplo, obter a assinatura do gerente para um produto, ou pode ser um miniprojeto que tem todas as propriedades de qualquer outro projeto, exceto que as atividades que o definem possuem os seis critérios e não precisam ser repartidas.

✱ **O Capítulo 6 descreve como criar e utilizar pacotes de trabalho.**

Alguns exemplos ajudarão a esclarecer essa ideia. A Figura 5.5 é uma EAP parcial para a construção de uma casa, e a Figura 5.6 é a versão em parágrafos (para quem prefere um formato de lista indentada ao invés de um gráfico hierárquico). Ambas trazem as mesmas informações.

### FIGURA 5.5 EAP para uma casa

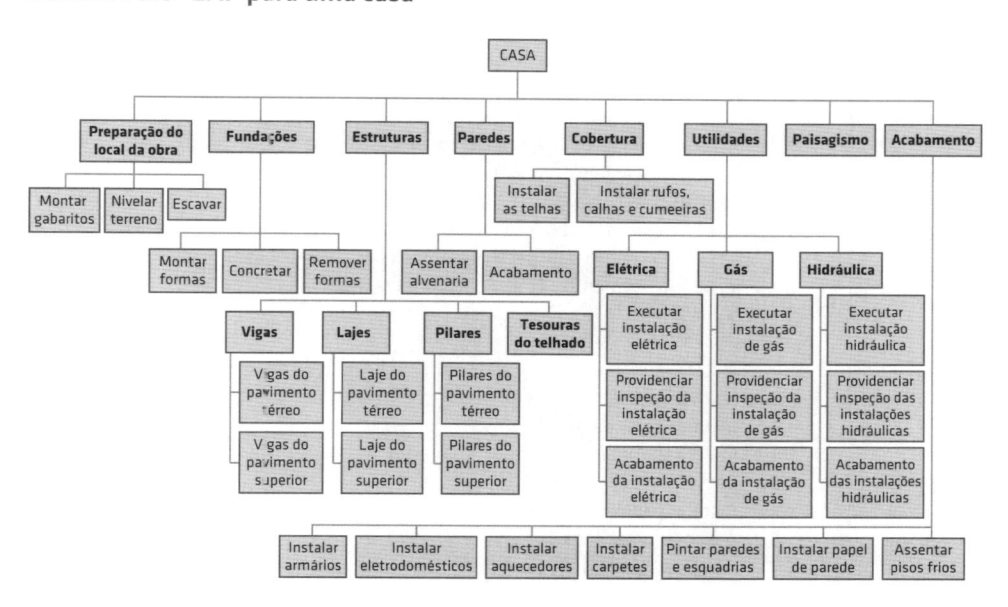

**FIGURA 5.6 Esboço de EAP em formato de lista indentada para uma casa**

1. PREPARAÇÃO DO LOCAL DA OBRA
   1.1. Montar gabaritos
   1.2. Nivelar o terreno
   1.3. Escavar
2. FUNDAÇÕES
   2.1. Montar formas
   2.2. Concretar
   2.3. Remover formas
3. ESTRUTURAS
   3.1. VIGAS
       3.1.1. Vigas do pavimento térreo
       3.1.2. Vigas do pavimento superior
   3.2. LAJES
       3.2.1. Laje do pavimento térreo
       3.2.2. Laje do pavimento superior
   3.3. PILARES
       3.3.1. Pilares do pavimento térreo
       3.3.2. Pilares do pavimento superior
   3.4. TESOURAS DO TELHADO
4. PAREDES
   4.1. Assentar alvenaria
   4.2. Acabamento alvenaria
5. COBERTURA
   5.1. Instalar telhas
   5.2. Instalar rufos, calhas e cumeeiras
6. UTILIDADES
   6.1. ELÉTRICA
       6.1.1. Executar instalação elétrica
       6.1.2. Providenciar Inspeção da instalação elétrica
       6.1.3. Acabamento da instalação elétrica
   6.2. GÁS
       6.2.1. Executar instalação de gás
       6.2.2. Providenciar inspeção da instalação de gás
       6.2.3. Acabamento da instalação de gás
   6.3. HIDRÁULICA
       6.3.1. Executar instalação hidráulica
       6.3.2. Providenciar inspeção das instalações hidráulicas
       6.3.3. Acabamento das instalações hidráulicas
7. PAISAGISMO
8. ACABAMENTO
   8.1. Instalar armários
   8.2. Instalar eletrodomésticos
   8.3. Instalar aquecedores
   8.4. Instalar carpetes
   8.5. Pintar paredes e esquadrias
   8.6. Instalar papel de parede
   8.7. Assentar pisos frios

A Figura 5.7 mostra a EAP para a metodologia de desenvolvimento de sistemas tradicional em cascata. Se você for um gerente de projeto que trabalha nesse tema, esse formato poderia se transformar em um modelo para todos os seus projetos de desenvolvimento de sistemas. É um bom modo de introduzir padronização em sua metodologia de desenvolvimento de sistemas.

**FIGURA 5.7 EAP para uma metodologia de desenvolvimento de sistemas em cascata**

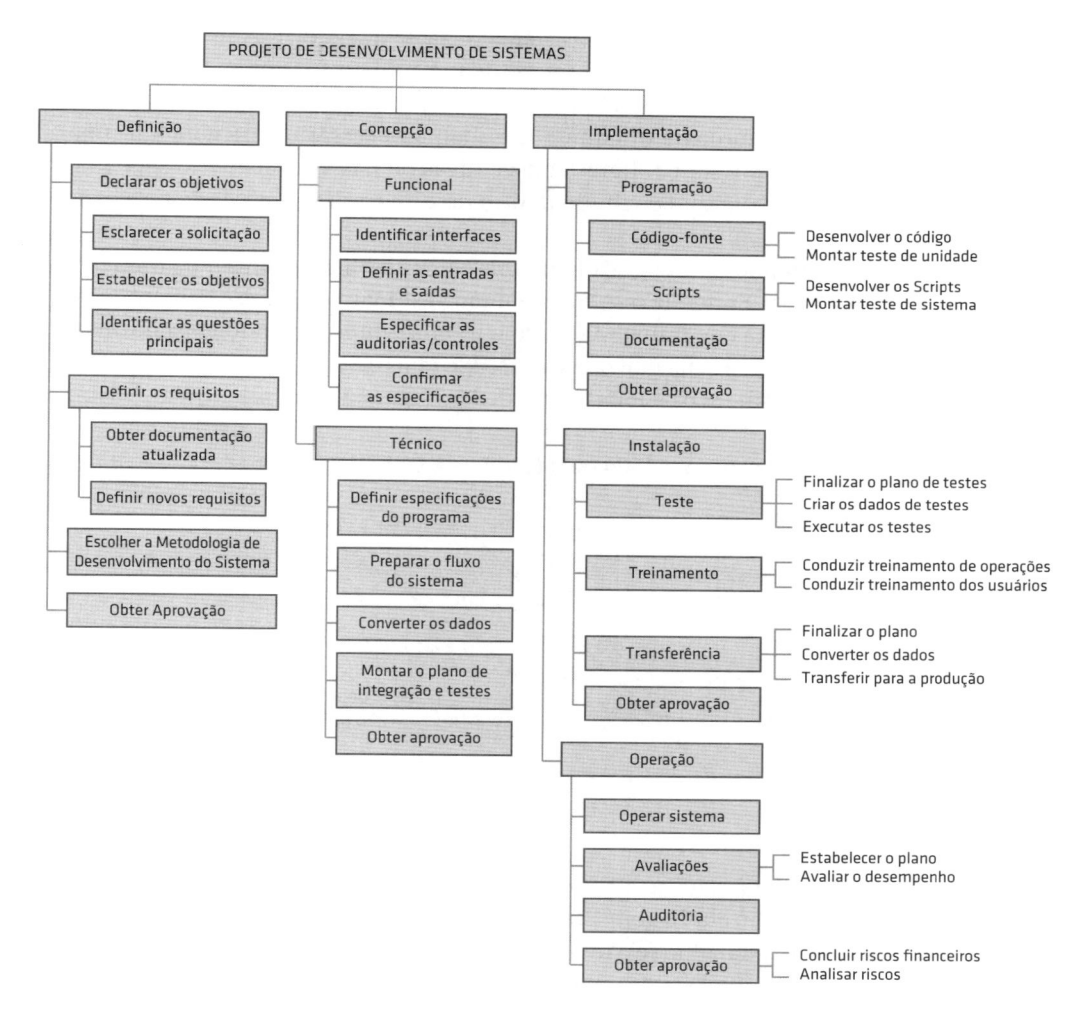

### 5.11.1 Estimando

Estimativa é a área na qual a maioria das equipes de projeto encontra problemas, uma vez que não existe padrão para a maneira como as pessoas pensam e estimam as coisas. Uma pessoa poderia ser otimista, outra pessimista, e você não saberá, a menos que disponha de evidências anteriores que justifiquem uma ou outra predisposição. Pedir ao profissional que será responsável pelo trabalho que estime a duração ou a mão de obra envolvida é uma boa ideia, mas ainda não é a resposta final. Será que ele apresentará uma estimativa pessimista só para ter certeza de que cumprirá o prazo final estimado para o seu próprio trabalho? A abordagem que uso é pedir estimativas a mais de uma pessoa, como explicado nesta seção.

### 5.11.1.1 Estimando duração

Antes de estimar as durações, você precisa ter certeza de que todos estão trabalhando com uma base conceitual comum. A duração de um projeto é o tempo transcorrido em dias de trabalho, o que não inclui finais de semana, feriados ou outros dias em que não haverá trabalho. Esforço de trabalho é o trabalho necessário para concluir uma tarefa. Esse trabalho pode ser em horas consecutivas ou não consecutivas. Seja qual for o caso, o trabalho deve ser concluído dentro do espaço de tempo dado pela estimativa de duração.

É importante entender a diferença entre tempo de trabalho e tempo de duração. Não são a mesma coisa. Suponha que você tem uma estimativa de que a conclusão de uma tarefa exige 10 horas de trabalho focado e ininterrupto. Sob condições normais de trabalho, quantas horas acha que precisará? Algo mais do que 10, com certeza. Para entender por quê, considere os dados mostrados na Figura 5.8.

**FIGURA 5.8 Tempo transcorrido *versus* tempo de trabalho**

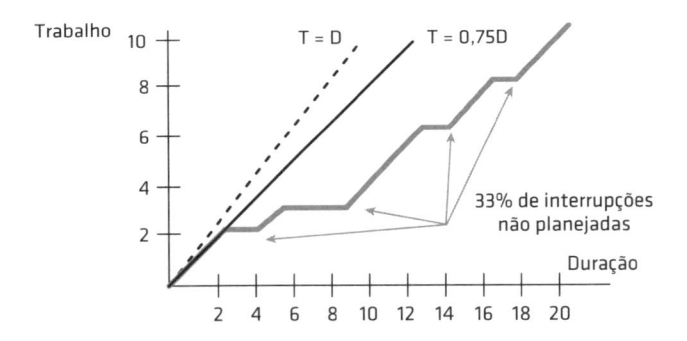

Se uma pessoa pudesse dedicar 100% do tempo em uma única tarefa, ela poderia executar 10 horas de trabalho em 10 horas. Tal pessoa seria realmente excepcional – porém, é mais provável que seu trabalho seja interrompido por e-mails, mensagens de telefones celulares ou de texto, reuniões, cafezinhos e socialização. Existem várias estimativas da porcentagem do dia que uma pessoa pode dedicar a trabalho de projeto. Dados anteriores que colhi de profissionais de tecnologia da informação (TI) indicam uma faixa de 66% a 75%. Mais recentemente, entre a mesma base de clientes, percebi uma tendência de declínio nessa estimativa para uma faixa de 50% a 65%. Se você usar 75% da estimativa, uma tarefa de 10 horas exige cerca de 13 horas e 20 minutos para ser concluída. Isso *sem* interrupções que, é claro, sempre ocorrem.

É nesse tempo decorrido que está interessado quando estima o tempo de execução para cada tarefa no projeto. É a verdadeira duração da tarefa. Para finalidades de custo, você está interessado no tempo de trabalho (esforço) realmente gasto em uma tarefa.

 **NOTA** Ao estimar a duração da tarefa, você terá uma escolha a fazer: Quer estimar horas de trabalho faturáveis (esforço) para concluir a tarefa, ou quer estimar horas-relógio (diferença entre o início e o fim da tarefa) necessárias para concluir a tarefa? É provável que precise de ambas. As horas de trabalho faturáveis (esforço) são necessárias para cobrar do cliente. As horas-relógio (diferença entre início e fim) são necessárias para estimar a data de término do projeto. Alguns gerentes de projeto estimarão horas de trabalho faturáveis e as converterão em duração dividindo as horas de trabalho faturáveis por um fator de eficiência estabelecido, na faixa de 0,6 a 0,75.

### 5.11.1.2 Alocação de recursos *versus* duração de tarefa

A duração de uma tarefa é influenciada pela quantidade de recursos que foi alocada para a execução do trabalho. Eu digo "influenciada" porque não existe necessariamente uma relação linear direta entre a quantidade de recursos alocados em uma tarefa e sua duração.

A adição de mais recursos para manter a duração de uma tarefa dentro dos limites do planejamento pode funcionar e é uma técnica denominada "compressão". Por exemplo, suponha que está em uma sala na qual uma cadeira comum está atrapalhando a passagem. A porta da sala está fechada. Alguém lhe pede para pegar a cadeira e levá-la para fora da sala até o corredor. Você poderia tentar executar essa tarefa sem qualquer ajuda, caso em que executaria as seguintes etapas:

1. Pegar a cadeira.
2. Levá-la até a porta.
3. Colocar a cadeira no chão.
4. Abrir a porta.
5. Manter a porta aberta com o pé enquanto levanta novamente a cadeira.
6. Passar a cadeira pela porta.
7. Colocar a cadeira no corredor.

Suponha que você dobre os recursos pedindo a alguém para ajudá-lo abrindo a porta e mantendo-a aberta enquanto pega a cadeira e a carrega até o corredor. Com duas pessoas trabalhando na mesma tarefa provavelmente concordará que o tempo necessário para retirar a cadeira da sala e colocá-la no corredor seria reduzido.

Dobrar os recursos parece uma tecnologia fantástica para reduzir a duração. Agora dobre-os novamente e veja o que acontece – você tem quatro recursos dedicados à tarefa. Seria mais ou menos assim: primeiro você faz uma reunião com o comitê para decidir papéis e responsabilidades. Quem está no comando? Quem mantém a porta aberta? Quem pega qual parte da cadeira? Na verdade, a duração aumenta!

O objetivo desse simples exemplo é demonstrar que pode haver retornos decrescentes com adição de mais recursos. Provavelmente você concorda que há uma carga máxima de recursos dedicados a uma tarefa que minimizaria a sua duração, e que adicionando mais outros recursos a partir desse ponto, a duração começará a aumentar. Você atingiu o ponto de saturação da tarefa. O ponto de saturação é o ponto no qual adicionar mais recursos aumentará a duração da tarefa. O gerente de projeto frequentemente tem de avaliar a carga ótima de um recurso dedicado a uma tarefa.

Uma segunda consideração para o gerente de projeto é de quanto será reduzida a duração em função da adição de recursos. A relação não é linear. Considere novamente o exemplo da cadeira. Dobrar os recursos reduz a duração ao meio? Duas pessoas podem cavar um buraco duas vezes mais rápido do que uma? Provavelmente não. A explicação é simples. Ao adicionar a enésima pessoa a uma tarefa, você cria a necessidade de mais $n$ canais de comunicação. Quem fará o quê? Como o trabalho de várias pessoas pode ser coordenado? Pode ser que existam outras considerações que, na verdade, adicionam trabalho. Assumir que a quantidade de trabalho permanece constante à medida que você adiciona recursos é algo simplesmente incorreto. Novos tipos de trabalho surgirão da adição de um recurso a uma tarefa. Por exemplo, adicionar mais uma pessoa adiciona a necessidade de se comunicar com mais pessoas, o que aumenta a duração da tarefa.

Uma terceira consideração para o gerente de projeto é o possível risco que resulta da adição de mais outro recurso. Se você limitar o recurso a pessoas, terá de considerar a possibilidade de que duas pessoas podem preferir abordar a tarefa de modos diferentes, com hábitos de trabalho diferentes e diferentes níveis de compromisso. Quanto maior o número de pessoas que trabalhar em uma tarefa, maior a chance de uma estar ausente, mais probabilidade de erros e aumenta a chance de uma atrapalhar a outra.

A quarta consideração tem a ver com a repartição da tarefa de modo que mais de um recurso possa trabalhar nela simultaneamente. Para algumas tarefas, isso será fácil; para outras pode ser impossível. Por exemplo, pintar uma casa é uma tarefa que pode ser repartida. Os cômodos poderiam ser pintados por pintores diferentes, e até mesmo cada parede poderia ser pintada por um pintor diferente. Aqui, o ponto de retorno decrescente não existe. Por outro lado, a tarefa de escrever um programa de computador pode ser simplesmente impossível de compartilhar. Acrescentar um segundo programador cria vários tipos de trabalho que não estavam presentes com um único programador – por exemplo, escolher uma linguagem e/ou convenções de nomes a utilizar, testar a integração e assim por diante.

### 5.11.1.3 Variação na duração da tarefa

A duração de uma tarefa é uma variável aleatória. Como não é possível saber quais fatores estarão vigentes no momento da execução da tarefa, não tem como saber, exatamente, quanto tempo ela levará. É claro que existirão estimativas com precisões variáveis para cada tarefa. Uma das coisas que deve fazer ao estimar as durações das atividades é garantir que a tarefa esteja definida em um nível de granularidade que lhe permita realizar estimativas com pequenas variações – isto é, buscar a melhor estimativa possível nos estágios de planejamento do projeto. Conforme o trabalho do projeto for executado, você será capaz de aprimorar as estimativas iniciais para as atividades que ainda serão executadas.

Os seguintes fatores podem causar variação na duração real da tarefa.

- **Variação nos níveis de habilidade** – a sua estratégia é estimar a duração da tarefa tendo como princípio que as pessoas que serão alocadas para trabalharem nas tarefas terão um nível de competência médio. Na verdade, isso pode não acontecer. Pode ser que pessoas de competência mais alta ou de competência mais baixa sejam alocadas de fato na tarefa, o que provocará variação na duração real em relação à duração planejada. Essas variações nos níveis de competência podem ser uma ajuda ou um estorvo.

- **Eventos inesperados** – a Lei de Murphy está à espreita em cada esquina e certamente revelará sua presença – você só não sabe como e quando isso irá acontecer. Atos aleatórios da natureza, atrasos de fornecedores, embarques incorretos de materiais, congestionamentos de trânsito, interrupções na energia elétrica e sabotagem são algumas das possibilidades.

- **Eficiência do tempo do trabalhador** – toda vez que é interrompido, um trabalhador leva tempo adicional para voltar ao nível de produtividade que ele tinha antes da interrupção. Você não pode controlar a frequência ou o tempo das interrupções, mas sabe que elas ocorrerão. Quanto ao efeito dessas interrupções sobre a produtividade do pessoal, o máximo que pode fazer é tentar adivinhar. Alguns serão mais afetados que outros.

- **Erros e mal-entendidos** – apesar de todos os seus esforços para descrever com clareza e concisão cada tarefa a ser executada, é provável que falhe em algumas. Isso cobrará um preço em retrabalho ou sucateamento de trabalho incompleto.

- **Variação por causas comuns** – a duração de uma tarefa variará simplesmente porque a duração é uma variável aleatória. O processo tem uma variação natural, e não há nada que você possa fazer para provocar uma mudança favorável nessa variação. Ela existe e deve ser aceita.

### 5.11.1.4 Seis métodos para estimar a duração de uma tarefa

Estimar a duração de uma tarefa é um exercício desafiador. Você pode conhecer muito bem algumas tarefas e não ter o mínimo conhecimento sobre outras. Seja qual for o caso, tem de produzir uma estimativa. É importante que os executivos da empresa entendam que, em alguns casos, a estimativa pode ser um pouco mais do que uma adivinhação. Em muitos projetos, as estimativas ficarão melhores à medida que você aprende mais sobre os produtos depois de ter concluído alguma parcela do trabalho do projeto. É comum realizar novas estimativas e, por consequência, um replanejamento do projeto. Na minha prática de consultoria, encontrei as seis técnicas seguintes que considero bastante adequadas para estimativas iniciais de planejamento:

- semelhança com outras tarefas;
- dados históricos;
- opinião especializada;
- técnica Delphi;
- técnica dos três pontos;
- técnica Delphi de faixa larga.

As seções seguintes descrevem cada uma dessas técnicas com mais detalhes.

### Extrapolação com base na semelhança com outras tarefas[7]

Algumas das tarefas na sua EAP podem ser similares a tarefas concluídas em outros projetos. O que você e outros recordam dessas tarefas e suas durações pode ser usado para estimar a duração da tarefa em pauta. Em alguns casos, esse processo pode exigir a extrapolação da duração da outra tarefa para a tarefa em questão. Na maioria dos casos, estimar com base em outras atividades similares produz resultados suficientemente bons.

### Estudar dados históricos

Toda boa metodologia de gerenciamento de projetos inclui um artefato onde serão registradas as durações estimadas e as durações reais das tarefas. Esse registro histórico pode ser utilizado em outros projetos. Os dados registrados se tornam a base do seu conhecimento para estimar as durações das tarefas. Essa técnica é diferente da anterior no sentido de que usa registros, em vez de depender da memória. Para estimar a duração de uma tarefa, você extrai tarefas similares do banco de dados e calcula uma média. Essa é uma aplicação simples do banco de dados.

Os dados históricos também podem ser utilizados de um modo mais sofisticado. Um dos meus clientes montou um banco de dados extensivo de históricos de durações de tarefas. Ele utiliza esse banco de dados para registrar não somente a duração estimada e a duração real, mas também as características da tarefa, as competências das pessoas que trabalharam nela e outras variáveis que ele julgou serem úteis. Quando é necessário fazer uma estimativa da duração de uma tarefa, ele recorre a seu banco de dados munido com uma definição completa da tarefa a ser analisada e, por meio de alguns modelos de regressão sofisticados, estima a duração de tarefa. Esse cliente particular cria produtos para o mercado, portanto é muito importante para ele poder estimar as durações com a maior precisão possível. Novamente, o meu conselho é que, se alguma ferramenta ou técnica particular agregar valor, use-a.

### Procurar opinião especializada

Quando o projeto envolve uma tecnologia inovadora ou que será utilizada pela primeira vez na organização, é possível que não haja nenhuma experiência organizacional com ela dentro da organização. Nesses casos, você terá de apelar a autoridades externas. Tanto fornecedores como organizações não concorrentes que utilizam tal tecnologia podem ser uma boa fonte de consulta.

### Aplicar a técnica Delphi

A técnica Delphi pode produzir boas estimativas na ausência de opinião especializada. Essa é uma técnica de grupo que extrai e resume o conhecimento do grupo para chegar a uma estimativa. Depois de receber informações sobre o projeto e a natureza da tarefa, pede-se a cada indivíduo no grupo que dê o melhor palpite que puder para a duração da tarefa. Os resultados são tabulados e apresentados ao grupo em um histograma denominado *Primeiro Passo*, como mostra a Figura 5.9. Em seguida, pergunta-se aos participantes cujas estimativas caíram nos quartis externos, qual foi a razão para que se tenha chegado

---

7    NRT: em português também é muito comum a utilização do termo *estimativa análoga* para representar este método de estimativa.

a este valor de estimativa. Depois de ouvir os argumentos, pede-se a cada membro do grupo que informe novamente as suas expectativas. Os resultados são apresentados em um histograma denominado *Segundo Passo* e, novamente, as estimativas que caem nos quartis externos são arguidas e defendidas. Faz-se uma terceira estimativa e o histograma resultante é denominado *Terceiro Passo*. Ajustes finais são permitidos. A média das estimativas do Terceiro Passo é usada como a estimativa do grupo. Ainda que pareça bastante simplista, essa técnica mostrou-se efetiva na ausência de opinião especializada.

## FIGURA 5.9 A técnica Delphi

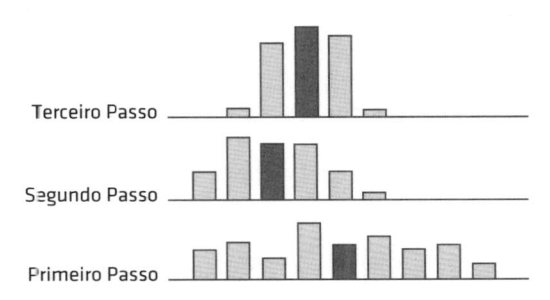

Há muitos anos, participei de uma reunião de parceiros de negócios na IBM. Uma das sessões tratava da estimativa do tempo de desenvolvimento de *software*, e a apresentadora demonstrou o uso da técnica Delphi com um exemplo bastante intrigante. Ela perguntou se alguém do grupo já tinha brincado de adivinhar o peso das pessoas. Como ninguém tinha essa experiência, a apresentadora informou ao grupo que eles usariam a técnica Delphi para estimar o peso médio das 20 pessoas que estavam presentes na sala. Ela pediu que todos anotassem seu peso em um pedaço de papel. A mediadora calculou e reservou as médias dos pesos. Cada um dos participantes fez uma estimativa inicial do peso médio das pessoas presentes na sala, anotou a resposta e a entregou ao mediador. Ela apresentou o histograma do passo inicial e pediu que os indivíduos que citaram os cinco pesos mais altos e os cinco pesos mais baixos comentassem o que pensavam com o grupo; em seguida foram tomadas uma segunda e uma terceira estimativa. A média da terceira estimativa tornou-se a estimativa da média do peso dos participantes do grupo. Surpreendentemente, a diferença entre a média das estimativas de pesos calculada pelo grupo e a média real dos pesos individuais informados pelos participantes do grupo era de apenas um quilograma.

A abordagem que a apresentadora usou é, na verdade, uma variação da técnica Delphi original. A versão original usava um pequeno painel de especialistas (digamos, cinco ou seis) que informavam suas estimativas independentes um do outro. Os resultados eram tabulados e compartilhados com os participantes do painel a quem então solicitava-se uma segunda estimativa. Desse mesmo modo, solicitava-se uma terceira estimativa. Então, a média da terceira estimativa era escolhida. Observe que a abordagem original não envolve qualquer discussão ou colaboração entre os membros do painel. Na verdade, eles nem sabiam quem eram os outros membros.

## Aplicar a técnica dos três pontos[8]

A duração de uma tarefa é uma variável aleatória. Se fosse possível repetir a mesma tarefa várias vezes sob circunstâncias idênticas, os tempos de duração variariam. Essa variação poderia se apresentar sob forte concentração ao redor de um valor central, ou poderia se apresentar sob ampla dispersão. Na primeira situação você poderá utilizar uma quantidade considerável de informações sobre a duração da atividade, porém, no segundo caso, em função da larga dispersão, terá uma quantidade muito pequena (ou nenhuma) de informação útil sobre a possível duração da atividade. Em qualquer das duas situações, não saberia em qual extremo a duração provavelmente cairia, mas poderia deduzir resultados probabilísticos para qualquer que seja o caso.

A Figura 5.10 ilustra o ponto.

**FIGURA 5.10  A técnica dos três pontos**

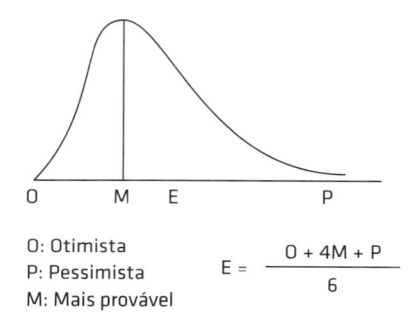

O: Otimista
P: Pessimista
M: Mais provável

$$E = \frac{O + 4M + P}{6}$$

Para usar a técnica dos três pontos, você precisa das seguintes três estimativas de duração da tarefa:

1. **otimista** – o tempo otimista é definido como a duração mais curta que alguém já vivenciou ou poderia esperar experimentar desde que tudo acontecesse como esperado;
2. **pessimista** – o tempo pessimista é a duração que alguém esperaria (ou já vivenciou) se tudo o que pudesse dar errado desse errado, e ainda assim a tarefa fosse concluída;
3. **mais provável** – o tempo mais provável é o que, em geral, as pessoas esperam que a atividade irá durar.

Então, a duração estimada (que é a média ponderada) é dada pela fórmula:

$$(O + 4M + P) / 6$$

Nesse método, você apela à memória coletiva dos profissionais que já trabalharam em tarefas semelhantes, mas para as quais não há nenhum histórico registrado.

---

[8]  NRT: a técnica dos três pontos também é comumente chamada de *Program Evaluation and Review Technique* (PERT).

### Aplicar a técnica Delphi de banda larga

A combinação dos métodos Delphi e dos três pontos resulta na Técnica Delphi de Banda Larga. Envolve um painel, como no método Delphi. Em vez de uma única estimativa, os membros do painel devem informar, a cada iteração, suas estimativas otimista, pessimista e mais provável para a duração de uma dada tarefa. Os resultados são compilados, e quaisquer estimativas extremas são eliminadas. Calculam-se as médias para cada uma das três estimativas, e essas médias são usadas como as estimativas otimista, pessimista e mais provável da duração da tarefa.

### Ciclos de vida de estimativas

Aqui cabe um conselho sobre estimativas. Estimativas precoces de duração de tarefa não serão tão boas quanto estimativas mais tardias. É pelo simples fato de que você aumenta seu conhecimento sobre os temas do projeto à medida que o trabalho se desenrola. Estimativas sempre estarão sujeitas a caprichos da natureza e a outros eventos imprevistos. Tudo o que pode esperar para melhorar as suas estimativas é obter algum conhecimento no desenrolar do projeto.

No modelo de planejamento de projetos de cima para baixo,[9] você começa com estimativas "mais ou menos corretas", com a intenção de melhorar a precisão dessas estimativas mais tarde no decorrer do projeto. A alta gestão, tanto da sua organização como do cliente, deve estar ciente dessa abordagem. A maioria dos altos gestores tem o hábito de assumir que um número, uma vez escrito, é inviolável e absolutamente correto independentemente das circunstâncias sob as quais foi determinado. Essa não é uma postura realista no mundo contemporâneo do gerenciamento de projetos. Pode ser que ela fosse aceitável no passado, mas não é mais o caso para homens e mulheres de negócios contemporâneos. A Figura 5.11 ilustra o ciclo de vida de uma estimativa típica.

### FIGURA 5.11 O ciclo de vida da estimativa

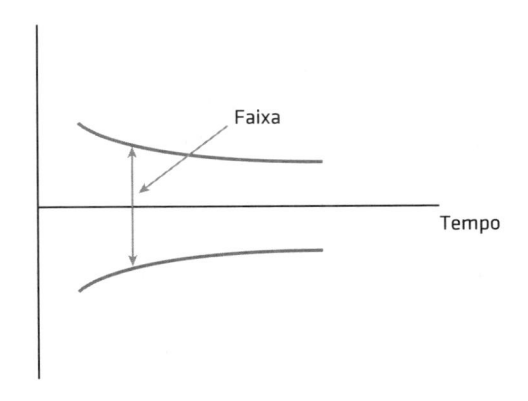

Durante o planejamento do projeto, a maioria das estimativas não são muito melhores do que atirar um dardo. É claro que, se a tarefa já foi executada muitas vezes antes, sob

---

9    NRT: também é comumente utilizado o termo em inglês *top-down*.

situações semelhantes, então a diferença entre a estimativa e a duração real será menor do que seria caso a tarefa nunca tivesse sido executada antes sob quaisquer circunstâncias. À medida que o trabalho de projeto começa, a equipe passa a conhecer e a entender melhor o projeto e o trabalho necessário para entregar uma solução aceitável, o que inclui estimativas melhores das tarefas futuras do projeto. Depois que a tarefa começa, uma quantidade muito maior de informações virá à luz, e a estimativa (ou uma melhor estimativa de término) será bem mais precisa.

### 5.11.1.5 Estimando requisitos de recursos

Para definir atividades de projeto de acordo com os critérios de término, é preciso que você tenha alcançado um certo ponto de granularidade em cada uma delas de maneira que já as conheça bem. Pode ser que já tenha executado essas tarefas, ou algo muito parecido com elas, em projetos anteriores. Essa lembrança, ou informação histórica, lhe dá a base para estimar os recursos necessários para concluir as tarefas no projeto atual. Em alguns casos, é uma lembrança direta. Em outros, é o resultado da manutenção de uma base de dados histórica de tarefas semelhantes. E, ainda em outros casos, a estimativa de recursos pode ser baseada na opinião de especialistas.

A importância dos recursos varia de projeto a projeto. Você pode usar as seis técnicas discutidas na seção anterior para estimar as necessidades de recursos para qualquer projeto.

Entre os tipos de recursos citamos os seguintes:

- **pessoas** – na maioria dos casos, os recursos que você terá de programar são os recursos humanos. Esse é também o tipo de recurso mais difícil de programar;
- **instalações** – o trabalho de projeto ocorre em algum lugar. Salas de planejamento, salas de conferência, salas de apresentação e auditórios são apenas alguns exemplos de instalações que os projetos exigem. As exatas especificações das instalações necessárias, bem como o tempo exato que cada uma necessitará, são algumas das variáveis que deve levar em conta. O plano de projeto pode prover os detalhes exigidos. A disponibilidade das instalações também influenciará o cronograma do projeto;
- **equipamento** – equipamentos são tratados da mesma forma que as instalações. A disponibilidade de equipamentos também influenciará a programação de tarefas;
- **dinheiro** – contadores lhe dirão que tudo sempre será reduzido a moeda corrente, o que é verdade. Entre as despesas típicas de um projeto estão viagens, acomodações, refeições e suprimentos;
- **materiais** – a disponibilidade oportuna de peças que serão utilizadas na fabricação de produtos e outros itens fará parte da programação do trabalho do projeto.

Por exemplo, entre os materiais necessários para fabricar uma bicicleta poderíamos citar porcas, parafusos, arruelas e espaçadores.

### Pessoas como recursos

Pessoas são o tipo de recurso mais difícil de programar porque você geralmente planeja o projeto especificando os tipos de competências de que precisa, quando precisa e em que quantidades, mas não especifica o recurso pelo nome (isto é, o indivíduo de que precisa) – e é aí que surge o problema.

Há algumas ferramentas que você pode utilizar para ajudá-lo a programar pessoas.

### 5.11.1.6 Matrizes de competências

Constatei que um número cada vez maior dos meus clientes está desenvolvendo matrizes de disponibilidade de competências considerando as suas equipes e matrizes de necessidades de competências para atividades que serão realizadas. As duas matrizes são usadas para designar pessoal e atividades. A designação pode ser baseada nas características da tarefa tais como risco, valor de negócio, criticalidade, e/ou desenvolvimento de competência. A Figura 5.12 ilustra como o processo pode funcionar.

**FIGURA 5.12 Alocação de pessoal nas atividades**

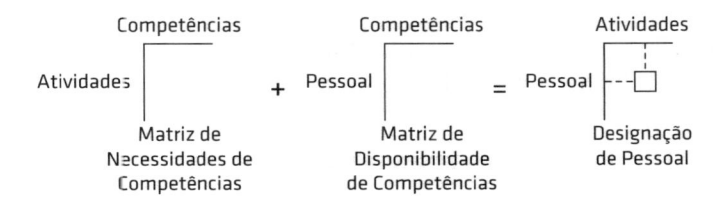

Esse processo envolve reunir dados para os dois inventários seguintes:

- Matriz de Necessidades de Competências: um inventário da demanda por competências necessárias para executar as tarefas associadas a atividades específicas representado como uma matriz cujas linhas são as atividades e cujas colunas são as competências. A matriz inclui as necessidades atuais, bem como as de longo prazo;
- Matriz de Disponibilidade de Competências: um inventário das competências existentes no pessoal profissional disponível pela organização e que é representado como uma matriz cujas linhas identificam o pessoal e cujas colunas representam as competências.

As colunas em ambas as matrizes definem o mesmo conjunto de competências, o que proporciona um modo de ligar as duas matrizes e alocar pessoal nas atividades. Essa abordagem pode ser utilizada para o desenvolvimento de pessoal na execução do próprio trabalho.[10] Como uma estratégia de desenvolvimento no próprio trabalho, o gerente deve se reunir anteriormente com cada membro do pessoal, ajudando-o a definir metas de carreira e traduzindo essas metas em necessidades de desenvolvimento de competências. Então, essa informação pode ser utilizada no planejamento do projeto para alocar os membros nas atividades de modo que o trabalho que eles realizarão na tarefa faça com que cumpram com as respectivas metas de desenvolvimento de competências.

10  NRT: também é comumente utilizado o termo em inglês *on-the-job training*.

### Categorias de competências

Essa parte da matriz de competências é desenvolvida examinando cada tarefa que a unidade terá de executar e descrevendo as competências necessárias para executar tal tarefa. Como competências podem surgir em atividades não relacionadas, a lista de possíveis competências deve ser padronizada na organização inteira.

### Níveis de competência

Uma avaliação binária que simplesmente determine se uma pessoa tem ou não a competência necessária é, com certeza, mais fácil de administrar, mas não é suficiente para o gerenciamento de projetos. Competências devem ser qualificadas mediante uma declaração do grau de competência que a pessoa possui. Há vários métodos disponíveis e as organizações costumam desenvolver seus próprios sistemas de níveis de competência.

### Estrutura de recursos organizacionais

Exatamente como há uma EAR e uma EAP, há também uma Estrutura de Recursos Organizacionais (ERO). A Figura 5.13 dá um exemplo simples.

**FIGURA 5.13** Exemplo de uma Estrutura de Recursos Organizacionais

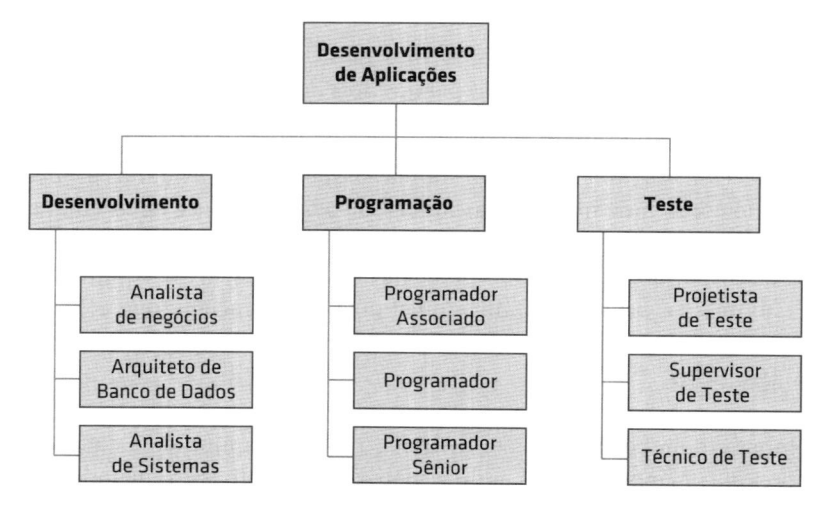

A ERO é utilizada para auxiliar tanto as estimativas de recursos, como também as estimativas de custos. É determinada pelas famílias de serviços, que são definidas, por sua vez, pelo departamento de recursos humanos. Essa definição é inserida de forma direta nessa estrutura hierárquica e então utilizada como base para identificar as posições e níveis necessários para definir os membros do projeto. Em seguida, isso é utilizado para montar o orçamento de pessoal.

## Determinando as necessidades de recursos

A equipe de planejamento inclui os gerentes dos recursos ou seus representantes. Ao mesmo tempo que está definindo a EAP e estimando a duração das tarefas, a equipe de planejamento também estima os requisitos de recursos.

Na minha opinião, a seguinte prática funciona bem.

1. Crie uma lista de todos os recursos necessários para o projeto. No caso de recursos humanos, organize uma lista somente com o título do cargo ou o nível de competência necessário. Não cite nenhum nome específico, mesmo que apenas um profissional da organização tenha a competência necessária. Imagine que uma pessoa com as competências necessárias esteja alocada no projeto. As durações das tarefas são estimadas considerando trabalhadores com nível médio de competência e consistentes com os requisitos de recursos necessários. Mais adiante, na sessão de planejamento, você terá a oportunidade de mudar a premissa de utilizar pessoas com competência média.
2. O gerente de projeto pode apresentar requisitos de recursos como parte da EAP.

Com isso, você estimou os parâmetros necessários para começar a montar o cronograma do projeto. As estimativas de duração fornecem insumos ao planejamento da ordem e da sequência da conclusão do trabalho definido pelas atividades. Depois de montar o cronograma inicial, você pode usar os requisitos de recursos e os dados de disponibilidade para modificar esse cronograma.

### 5.11.1.7 Planejamento de recursos

Você precisa levar em conta vários fatores com relação aos recursos para o seu projeto. Como falado antes neste capítulo, o fato de adicionar recursos não significa necessariamente que conseguirá reduzir o tempo necessário para diversos tipos de atividades. Na verdade, acrescentar uma quantidade muito grande de pessoas pode aumentar o tempo de execução do projeto. Um outro fator a considerar trata do nível de competência dos recursos.

Suponha que terá uma equipe de desenvolvedores para trabalhar em uma aplicação. Ao planejar recursos, você tem de saber qual é o nível de competência dos recursos potenciais. Pode ser que você tenha de trocar dinheiro por tempo. Isso significa que pode conseguir um custo mais baixo alocando um desenvolvedor júnior, mas é muito provável que também perceba que a atividade levará mais tempo. Saber quais são os conjuntos de competências do pessoal disponível e levar isso em conta ao fazer a programação é crítico para o planejamento de recursos.

Um outro fator a considerar é a utilização de pessoal em regime de tempo parcial. À primeira vista, usar pessoal em regime de tempo parcial pode parecer uma boa ideia porque você pode trabalhar bem com a programação de pessoal e conseguir fazer uso extremamente eficiente do tempo deles. Todavia, essa não é a realidade, em particular se as atividades forem de desenvolvimento intelectual. Desenvolvimento é uma tarefa mental, e o que precisa são trabalhadores de conhecimento. Não é possível desligar um processo mental à vontade.

De modo semelhante, programar pessoas para trabalhar em dois projetos no mesmo dia não será um uso eficiente dos recursos. Leva algum tempo para que uma pessoa ganhe contexto e velocidade no desenvolvimento da tarefa. Esse tipo de programação pode parecer bom no papel, mas não funciona. Dê a seus recursos a chance de entrar no fluxo de trabalho, e será mais bem-sucedido.

### E se o recurso específico for conhecido?

Sabendo que o recurso específico será utilizado com bastante frequência, quando necessário, você se deparará com algumas perguntas. Tal pessoa deve fazer parte do plano? E se a pessoa que você julga necessária não estiver disponível quando precisar dela, como isso afetará o seu plano de projeto? Se tal pessoa for de altíssima competência e você usou essa informação para estimar a duração da tarefa que ela cumprirá, poderá ter um problema. Se não puder substituí-la por outra de igual competência, você sabe se haverá um aumento de tempo que causará um efeito dominó no cronograma do projeto? Faça a sua escolha.

## 5.11.1.8 Estimando custo

Depois de estimar a duração das tarefas e as necessidades de recursos, você terá os dados de que precisa para determinar o custo do projeto. Esse é o seu primeiro encontro com o dinheiro envolvido no projeto. Você sabe quais são os recursos necessários e a quantidade demandada desses recursos. Agora, pode estimar o custo do projeto aplicando os dados de custos unitários à quantidade de recursos necessários.

Ao fazer uma estimativa, você precisa considerar alguns conceitos. Não importa o quão bem estime o custo, será sempre uma estimativa. Uma das razões pela qual um número tão grande de projetos estoura o orçamento é que as pessoas realmente acreditam que suas estimativas são perfeitas e que tais estimativas básicas estão gravadas em pedra. Lembre-se de que ela é e sempre será uma estimativa. Toda vez que prever o futuro, como faz ao planejar um projeto, estará lidando com algumas incertezas. Projetos frequentemente estouram o orçamento porque o orçamento é, em si, uma estimativa, e não um cálculo matemático exato. Mesmo profissionais com larga experiência em estimativas de custos podem errar o alvo.

Com essas advertências em mente, você ainda precisará fazer o melhor que puder para buscar um orçamento adequado para o projeto. Há vários modos de fazer estimativas. Um deles é procurar um projeto análogo – um projeto concluído muito parecido com o que está planejando. Ao utilizar esse projeto anterior como guia, terá um ponto de referência para os custos. Porém, sempre tenha em mente que cada projeto é único, o que significa que o orçamento que estimou será ligeiramente diferente da estimativa daquele projeto anterior. Não utilize de maneira direta os números do projeto anterior para fazer sua estimativa, ou isso poderá vir a assombrá-lo em algum ponto do projeto.

Uma outra boa prática de estimativa é convidar especialistas no assunto em questão (EAQ) para ajudá-lo a preparar a sua estimativa. O ideal é que esses EAQs contribuam com experiências e conhecimentos técnicos em suas respectivas áreas, de forma a lhe dar um domínio melhor das estimativas para os seus projetos atuais.

A equipe deve ter acesso a uma tabela de custos-padrões. Essa tabela apresentará uma lista de todos os recursos, unidades de medida e custos por unidade. Dessa forma, calcular o custo por recurso tendo como base o número de unidades requeridas e o custo por unidade passa a ser um exercício simples. Muitas organizações utilizam um documento padrão, o que facilita o exercício. Esses números calculados podem ser transferidos para a EAP e agregados de acordo com sua estrutura para obter um custo total para cada nível de tarefa na EAP.

Os três tipos de estimativas a seguir são comuns em gerenciamento de projetos. É comum que a execução siga a sequência apresentada.

- **Estimativa de ordem de magnitude** – esse tipo significa que pode existir uma variação de 25% a mais e até 75% a menos do que o número da estimativa apresentado. Estimativas por ordem de magnitude costumam ser usadas logo no início do processo de estimativas, quando a quantidade de detalhes conhecida para o trabalho de projeto é muito pequena e uma estimativa aproximada é tudo o que a alta administração precisa. É sabido que essa estimativa será melhorada ao longo do tempo. Em geral ela é muito preliminar e é calculada apenas para se ter uma ideia da viabilidade financeira do projeto.
- **Estimativa de orçamento** – esse tipo de estimativa, em geral, pode ter uma faixa de variação de 10% acima e 25% abaixo da estimativa declarada. Essas estimativas são geradas durante o planejamento do projeto e são baseadas no conhecimento já um pouco mais detalhado sobre as atividades do projeto.
- **Estimativa definitiva** – esse tipo é geralmente utilizado para o resto do projeto e tem uma faixa de variação de 5% acima e 10% abaixo da estimativa declarada. É calculada ao longo da execução do projeto, quando novas informações ajudam a melhorar ainda mais a faixa das estimativas geradas durante o planejamento do projeto.

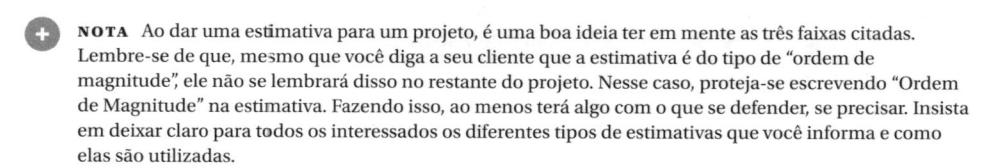 **NOTA** Ao dar uma estimativa para um projeto, é uma boa ideia ter em mente as três faixas citadas. Lembre-se de que, mesmo que você diga a seu cliente que a estimativa é do tipo de "ordem de magnitude", ele não se lembrará disso no restante do projeto. Nesse caso, proteja-se escrevendo "Ordem de Magnitude" na estimativa. Fazendo isso, ao menos terá algo com o que se defender, se precisar. Insista em deixar claro para todos os interessados os diferentes tipos de estimativas que você informa e como elas são utilizadas.

### Orçamento de custo

Depois de fazer uma estimativa, você entra na fase do orçamento de custo. Essa é a fase na qual atribui custos às tarefas presentes na EAP. Para montar o orçamento de custos, você utilizará fórmulas matemáticas. Você pega os recursos necessários e multiplica seus respectivos custos pelo número de horas que deverão ser empregadas no projeto. No caso de o custo ocorrer uma única vez (tal como *hardware*), você simplesmente informa o custo.

O orçamento de custo dá ao patrocinador a oportunidade de avaliar a aprovar a versão final dos custos do projeto. A premissa subjacente é que seus números são suficientemente bons para apresentar este orçamento. Em geral, você tem o custo certo de um recurso, porém muitas vezes é difícil dispor do total exato de horas no qual o recurso será usado. Lembre-se de que, apesar de tudo, você ainda está fazendo uma estimativa. Orçamento de custo é diferente de estimativa no sentido de que é mais detalhado. Todavia, o resultado final é ainda um melhor esforço para expressar o custo do projeto.

### Controle de custo

O controle de custo apresenta as seguintes questões importantes para o gerente de projeto:

- Com que frequência você precisa receber os relatórios de custos? É claro que seria bom se pudesse saber de tudo o que ocorre no projeto em tempo real. Porém, em geral isso seria muito caro e levaria muito tempo. O mais provável é que obtenha números uma vez por semana. Conseguir levantar a situação dos custos uma vez por semana, será um bom retrato dos custos que estão ocorrendo. Se esperar mais de uma semana para obter os números dos custos, é possível que o projeto tenha saído do seu controle.
- Como você avaliará os números que está recebendo? Se montou uma linha base de custos, terá alguns números que poderá utilizar como instrumento de comparação com os custos reais – e o que você busca levantar é justamente a variação entre os custos reais e os custos planejados. Nesse ponto, os dois custos de que dispõe são a sua linha base de custos e os custos reais que ocorreram no projeto. A linha de base foi a estimativa dos custos do projeto no final da fase de planejamento. A sua tarefa é examinar os dois e decidir se deve tomar alguma providência.

> **SUGESTÃO** Qual deve ser a diferença entre a sua estimativa final e seus custos reais que o fará entrar em ação e buscar corrigir os eventuais problemas? Em geral, permite-se 10%. Todavia, se começar a perceber uma tendência de ultrapassagem do orçamento, ou atraso no cronograma, ou ambos, deve examinar as razões que estão por trás dessas variações, antes que elas atinjam o nível de 10%. Veja o Capítulo 7 se quiser mais detalhes.

Um conselho: tenha sempre em mente que, para alguns projetos, o tempo é a restrição mais importante. Nesses casos, você deve equilibrar a sua necessidade de controle de custo com a necessidade de terminar o projeto em uma data específica. Podem ser necessárias trocas, no sentido de aumentar os custos na busca de cumprir com as restrições de prazo. Na qualidade de gerente de projeto, deve estar ciente dessas trocas e estar pronto para justificar mudanças em custos perante o patrocinador, tendo como base outras considerações tais como tempo e qualidade.

## 5.12 MONTANDO O DIAGRAMA DE REDE DO PROJETO

Nesse ponto do CVGP, um dos resultados da elaboração da EAR e da EAP foi a definição de um conjunto conhecido de tarefas e suas respectivas durações. Em seguida, a equipe de planejamento precisa determinar a ordem de execução dessas tarefas.

As tarefas (com suas respectivas durações) são os componentes construtivos básicos para montar uma representação gráfica do projeto. Essa representação gráfica lhe dá as seguintes informações adicionais sobre o cronograma do projeto:

- a data mais cedo na qual pode iniciar o trabalho em cada tarefa que compõe o projeto;
- a data mais cedo esperada para o término do projeto.

Essa é uma informação crítica para o gerente do projeto. O ideal é que os recursos necessários estejam disponíveis nas datas estabelecidas no plano do projeto. Isso não é muito provável, e o Capítulo 6 discute como lidar com esse problema. Porém, em primeiro lugar, você precisa saber como criar um diagrama de rede para o projeto e o cronograma associado, que é o foco desta seção.

### 5.12.1 Visualizando um diagrama de rede de projeto complexo

Um *diagrama de rede de projeto* é uma representação gráfica da sequência na qual o trabalho de projeto pode ser executado. Você precisa seguir algumas regras simples para montar o diagrama de rede de um projeto.

Lembre-se de que no Capítulo 1 dissemos que um projeto é definido como uma sequência de tarefas interconectadas. Você poderia simplesmente executar as tarefas uma de cada vez até que todas estivessem concluídas, porém, na maioria dos projetos, essa abordagem não resultaria em uma data de conclusão aceitável. Na verdade, ela resultaria no tempo mais longo de conclusão do projeto. Neste caso, qualquer ordenação que permita que ao menos um único par de tarefas seja executado ao mesmo tempo resultará em uma data mais cedo de término do projeto.

Uma outra abordagem é montar uma rede de relações entre as tarefas. Você pode fazer isso ao analisar como será o futuro do projeto. Quais tarefas devem estar completas para que uma outra tarefa específica possa começar? De outra maneira, pode pegar um grupo de tarefas e olhar a partir do ponto em que você estaria: Agora que um determinado conjunto de tarefas está completo, quais tarefas podem vir a seguir? Ambos os métodos são válidos – utilize aquele que for de sua preferência. Você prefere olhar para frente ou analisar o que já tem concluído? Meu conselho é que analise as tarefas por ambos os métodos. Um pode verificar a completude do outro.

As relações entre as tarefas no projeto são representadas em um fluxograma denominado *diagrama de rede* ou *diagrama lógico*.

### 5.12.2 Benefícios da programação baseada em rede

A programação das atividades (cronograma) de um projeto pode ser montada utilizando qualquer um dos seguintes:

- gráfico de Gantt;
- diagrama de rede.

O gráfico de Gantt[11] é o mais antigo dos dois e é utilizado de maneira efetiva em projetos simples e de curta duração. Para construir um gráfico de Gantt, você começa associando uma barra retangular a cada tarefa do projeto. O comprimento da barra corresponde à duração da tarefa. Então, posiciona as barras horizontalmente, ao longo de uma linha do tempo, na ordem em que as tarefas devem ser concluídas. Em alguns casos, será capaz de programar e trabalhar nas tarefas de modo simultâneo. Geralmente, o principal fator para o sequenciamento das atividades é a disponibilidade dos recursos.

Há duas desvantagens na utilização do gráfico de Gantt. São as seguintes:

- por causa de sua simplicidade, o gráfico de Gantt não contém informações detalhadas. Ele apresenta somente a ordem das tarefas imposta pelo gerente e, de fato, esconde muita informação. Em outras palavras, o gráfico de Gantt não abarca todas as informações relativas ao sequenciamento das atividades. A não ser que tenha muita familiaridade com as tarefas do projeto, não será capaz de dizer o que vem antes do que analisando somente um gráfico de Gantt básico;
- o gráfico de Gantt não diz ao gerente do projeto se a programação nele apresentada é a que finalizará o projeto no menor tempo possível ou se utiliza os recursos da maneira mais eficiente. O gráfico de Gantt apenas apresenta quando o gerente quer que as tarefas sejam feitas.

Embora um gráfico de Gantt seja mais fácil de montar e não exija a utilização de um *software* específico, recomendo a utilização do diagrama de rede. O diagrama de rede fornece uma representação visual da sequência na qual o trabalho do projeto será executado. Isso inclui informações detalhadas e serve como uma ferramenta analítica para a programação do projeto e para o gerenciamento de eventuais problemas relacionados a recursos que podem surgir ao longo do ciclo de vida do projeto. Ainda mais, o diagrama de rede permite que calcule o tempo mais cedo no qual o projeto pode ser concluído. Essa informação não é obtida de um gráfico de Gantt tradicional.

Diagramas de rede podem ser utilizados para detalhar a programação do projeto durante a fase de planejamento, para analisar programações alternativas durante a fase de implementação e como ferramenta de controle, conforme descrito a seguir.

- **Planejamento** – mesmo para grandes projetos, o diagrama de rede fornece, graficamente, uma visão clara das relações entre as tarefas do projeto. Isso é, ao mesmo tempo, uma visão de alto nível e detalhada do projeto. Eu percebi que é benéfico apresentar o diagrama de rede em um quadro branco ou em um *flipchart* durante a fase de planejamento. Desta forma, todos os membros da equipe de planejamento podem utilizá-lo para as decisões sobre a programação das atividades.

---

11  NRT: aqui o autor se refere ao gráfico de Gantt em sua versão original e mais básica. De fato, os *softwares* atuais evoluíram significativamente o conceito original, combinando esse conceito com diagramas de rede, mapeamento do caminho crítico (CPM), análises estatísticas (PERT), alocação de recursos, entre outros fatores, o que agregou muita informação e permitiu que os gerentes e planejadores pudessem realizar análises de maior profundidade com relação ao gráfico original. O leitor precisa ter em mente que o gráfico de Gantt dos *softwares* atuais é uma evolução considerável do gráfico de Gantt original.

- **Implementação** – se estiver utilizando um *software* específico para o gerenciamento do projeto, poderá atualizar as atividades com seus respectivos *status* e, dessa forma, o diagrama de rede será automaticamente atualizado, de forma que poderá visualizar e imprimir sempre uma versão atual de seu cronograma. As decisões sobre as necessidades de reprogramação e de realocação de recursos podem ser determinadas com base no diagrama de rede, embora alguns digam que este método é oneroso demais em função do tamanho do projeto. Mesmo para um projeto de tamanho modesto (que envolva 100 tarefas, por exemplo), é gerado um diagrama de rede relativamente grande e complexo que dificulta a sua utilização. Eu não discordo, porém acredito que a culpa seja dos fabricantes dos *softwares*, que ainda não desenvolveram uma boa maneira de representar os diagramas de rede.
- **Controle** – mesmo que o diagrama de rede atualizado tenha o *status* de todas as tarefas, a melhor maneira de representar o projeto nas atividades de monitoramento e controle será uma visão do gráfico de Gantt montada a partir do diagrama de rede. Este gráfico de Gantt não poderá ser utilizado com a finalidade de controlar o projeto a não ser que você o tenha programado em coerência com o diagrama de rede ou incorporado a lógica de relacionamento das atividades dentro do gráfico de Gantt. Ao comparar o cronograma planejado com o cronograma real, poderá descobrir variações no projeto e, dependendo de suas gravidades, será capaz de rapidamente implementar um plano de adequação e ajuste do projeto.

✳ O Capítulo 7 examina o monitoramento e controle do progresso com mais detalhes e descreve ferramentas de comunicação adicionais para analisar o *status* do projeto.

### 5.12.3 Montando o diagrama de rede com a utilização do método de diagramação de precedências

Um dos primeiros métodos para representar as tarefas de um projeto no formato de rede data do início da década de 50 e remonta ao Programa de Mísseis Polaris. Esse método é chamado de *Atividade na Seta (ANS)*. Conforme ilustrado na Figura 5.14, cada seta representa uma respectiva tarefa. O nó na extremidade esquerda da seta é o evento que inicia a tarefa e o nó na extremidade direita da seta é o evento que finaliza a tarefa. Todas as tarefas do projeto são representadas de acordo com esta configuração. Os nós são numerados sequencialmente e, nas versões originais desse método, a ordem sequencial tinha de ser preservada. Em funções de limitações do método ANS, atividades fantasmas podem ser adicionadas de forma a preservar a integridade da rede. Somente as relações de dependência mais simples podem ser utilizadas. Este método acabou caindo em desuso em função de sua complexidade, à medida que outras técnicas de diagramação de redes evoluíram. Atualmente, esta abordagem é raramente utilizada.

**FIGURA 5.14** O método ANS

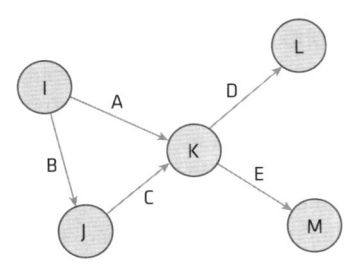

Com o advento dos *softwares* de planejamento, o método ANS perdeu importância e foi substituído pelo Método *Atividade No Nó* (ANN), ou como é mais comumente chamado, *Método do Diagrama de Precedências* (MDP).

A *unidade de análise* básica de um diagrama de rede é a tarefa. Cada tarefa em um diagrama de rede é representada por um retângulo, chamado de *nó de tarefa*. As setas representam as relações de precessão e sucessão entre as tarefas. A Figura 5.15 mostra um exemplo do diagrama de rede de um projeto no formato MDP. Você terá informações detalhadas sobre o funcionamento do MDP mais à frente neste capítulo.

**FIGURA 5.15** Formato MDP de um diagrama de rede de projeto

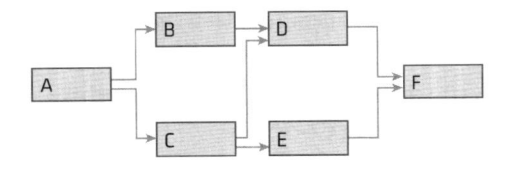

Toda tarefa no projeto terá seu nó (veja a Figura 5.16). As informações apresentadas nos nós descrevem as propriedades das tarefas relacionadas com o tempo. Algumas das informações descrevem as características da tarefa, como sua duração esperada (D), enquanto outras descrevem valores calculados (IMC, TMC, IMT e TMT) para a respectiva tarefa. (Definiremos estes termos logo adiante, acompanhados de exemplos de sua utilização.)

**FIGURA 5.16** Nó da tarefa

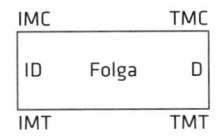

Para criar um diagrama de rede utilizando MDP, você precisa determinar as predecessoras e as sucessoras de cada tarefa. Para fazer isso, se pergunte: "Quais tarefas devem ser finalizadas de forma que eu consiga começar esta tarefa?". Aqui, você está procurando por dependências técnicas entre as tarefas. À medida que uma tarefa seja finalizada, ela produzirá entregas (saídas) que, por sua vez, se tornam insumos (entradas) para suas tarefas sucessoras. O trabalho das atividades sucessoras depende somente das entregas (saídas) de suas respectivas tarefas predecessoras.

> **+ NOTA** Mais adiante você poderá incorporar restrições de gerenciamento que podem alterar essas relações de dependência. Pela minha experiência, considerar tais restrições neste ponto do planejamento do projeto só complica o processo.

Qual é o próximo passo? Embora a lista de predecessoras e sucessoras de cada tarefa contenha todas as informações de que precisa para avançar com o projeto, ela não apresenta tal informação em um formato que conta a história do projeto de maneira apropriada. Seu objetivo é fornecer uma representação gráfica adequada de seu projeto – e, para isso, é necessário compreender algumas regras. Conhecendo as regras, você criará uma representação gráfica adequada de seu projeto. Essa seção ensina as regras simples para a construção de um diagrama de rede do projeto.

A sequência lógica do diagrama de rede é montada para ser lida da esquerda para a direita. Com exceção da tarefa inicial e da tarefa final, todas as tarefas na rede devem possuir ao menos uma tarefa que vem antes dela (sua predecessora imediata) e uma que vem após ela (sua sucessora imediata). Uma tarefa começa quando suas predecessoras forem finalizadas. A tarefa inicial não tem predecessora e a tarefa final não tem sucessora. Essas redes são chamadas de *redes conectadas* e são o tipo de rede utilizada neste livro. A Figura 5.17 apresenta exemplos de como podem ser diagramadas as relações que podem existir entre duas ou mais tarefas.

## FIGURA 5.17 Convenções de diagramação

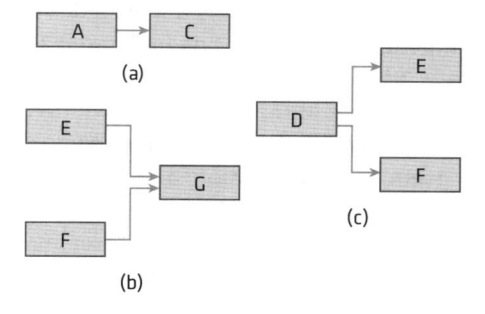

### 5.12.3.1 Dependências

Uma *dependência* é a relação que existe entre pares de tarefas. Dizer que a tarefa B depende da tarefa A significa que a tarefa A produz uma entrega necessária para que o trabalho associado à tarefa B possa ser realizado. Existem quatro tipos de dependências entre as tarefas, conforme ilustrado na Figura 5.18.

**FIGURA 5.18** Relações de dependência

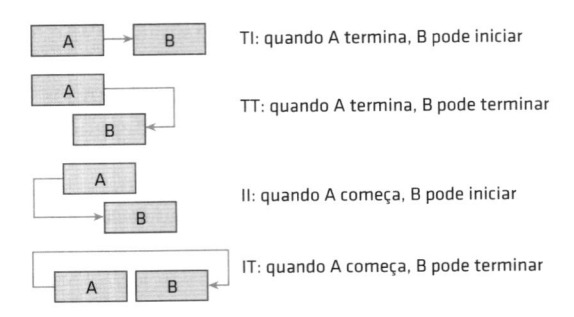

As quatro dependências entre tarefas mostradas na figura são as seguintes.

- **Término para Início (TI)** – essa dependência define que a tarefa A deve ser finalizada para que a tarefa B possa começar. É a mais simples e a que traz menos risco dentre os quatro tipos. Por exemplo, a tarefa A pode representar a coleta de dados e a tarefa B pode representar a entrega desses dados no computador. Dizer que a dependência entre A e B é do tipo término para início significa dizer que, uma vez finalizada a coleta dos dados, você poderá registrá-los no computador. Recomendo utilizar TI nas sessões iniciais de planejamento do projeto. A dependência TI é representada por uma seta que inicia na extremidade direita da tarefa predecessora e aponta para a extremidade esquerda da tarefa sucessora.
- **Início para Início (II)** – esse tipo de dependência informa que a tarefa B pode começar desde que a tarefa A já tenha começado. Repare que é uma relação do tipo "não comece antes de" entre as tarefas A e B – a tarefa B não pode iniciar antes do início da tarefa A. Na realidade, ambas podem começar ao mesmo tempo. Por exemplo, você pode trabalhar com a dependência entre a tarefa de "coleta de dados" e a tarefa de "entrada de dados": tão logo inicie a "coleta dos dados" (tarefa A), poderá começar, simultaneamente, a "entrada dos dados" (tarefa B). Nesse caso, existe uma dependência II entre as atividades A e B. A dependência II é representada por uma seta que inicia na extremidade esquerda da predecessora (A) e aponta para a extremidade esquerda da sucessora (B). Vamos utilizar este tipo de dependência na seção **Comprimindo a programação** mais à frente neste capítulo.
- **Início para Término (IT)** – esse tipo de dependência é um pouco mais complexo do que as dependências TI e II. Aqui, a tarefa B não pode ser finalizada antes de a tarefa A ser iniciada. Por exemplo, suponha que tenha que instalar um novo sistema de informação. Não é aconselhável que elimine o sistema antigo até que o novo sistema esteja operacional. Quando o novo sistema começar a operar (tarefa A), o sistema antigo pode ser descontinuado (tarefa B). A dependência IT é representada por uma seta que inicia da extremidade esquerda da tarefa A e aponta para a extremidade direita da tarefa B. Dependências do tipo IT podem ser utilizadas para programações *just-in-time* entre duas tarefas, mas raramente são utilizadas na prática.

- **Término para Término (TT)** – essa dependência indica que a tarefa B não pode ser finalizada antes do término da tarefa A. Por exemplo, a "entrada dos dados" (tarefa B) não pode ser finalizada antes do término da "coleta dos dados". Nesse caso, as tarefas A e B têm uma dependência de término para término. A dependência TT é representada por uma seta que tem origem na extremidade direita da tarefa A e que aponta para a extremidade direita da tarefa B.

### 5.12.3.2 Restrições

O tipo de dependência que descreve a relação entre tarefas é função das *restrições* que existem entre essas tarefas. Cada tipo de restrição pode gerar qualquer um dos quatro tipos de relação de dependência. Os quatro tipos de restrição seguintes afetarão o sequenciamento das tarefas do projeto e, dessa forma, as relações de dependência entre tais tarefas:

- restrições técnicas;
- restrições gerenciais;
- restrições entre projetos;
- restrições de datas.

As seções seguintes descrevem cada um desses tipos de restrições com mais detalhes.

**Restrições técnicas**

As dependências técnicas entre as tarefas surgem porque uma das tarefas (sucessora) precisa do resultado final da outra tarefa (predecessora) para começar a ser executada. No caso mais simples, a predecessora deve ser finalizada antes que a sucessora possa começar. Aconselho utilizar as relações TI na construção inicial do diagrama de rede porque esse tipo de relação é a menos complexa e a menos susceptível a riscos. Se o projeto pode ser finalizado dentro da data esperada utilizando somente dependências TI, então não há necessidade de complicar o planejamento com a introdução de outros tipos de dependência mais complexas e sujeitas a maiores riscos. Dependências II e TT podem ser utilizadas mais tarde, quando avaliar o diagrama de rede na busca de melhorias na programação do cronograma.

Dentro da categoria de restrições técnicas, deve-se dar atenção às seguintes quatro situações relacionadas.

- **Restrições discricionárias** – nesse tipo de restrição é inserida programação do cronograma de acordo com o julgamento do gerente do projeto e resulta na introdução de dependências entre tarefas. Essas restrições podem ser função da intuição do gerente ou de sua aversão ao risco. Em certa maneira, tarefas sequenciadas representam algum alívio no trabalho do gerente do projeto. Por exemplo, vamos pegar o exemplo das atividades "coleta de dados" e "entrada de dados" apresentado anteriormente neste capítulo. O gerente do projeto sabe que a equipe que está coletando os dados é de pessoas que foram recentemente contratadas. Ele também sabe que, de acordo com a prática usual, esses recém-contratados deveriam entrar com os dados no sistema à medida que fossem coletados (dependência II). Realizar as duas tarefas ao mesmo tempo gera riscos ao processo – e como os novos funcionários vão realizar ambas as tarefas, o gerente do projeto decide utilizar uma relação TI ao invés de II entre as tarefas de "coleta de dados" e "entrada de dados".

- **Restrições de melhores práticas** – essas restrições são baseadas em experiências anteriores e que funcionaram bem para o gerente do projeto ou em experiências similares de outros e de que o gerente do projeto tem conhecimento. As práticas vigentes de um setor podem influenciar de maneira significativa, especialmente se estiverem relacionadas a tecnologias inovadoras e de fronteira. Em alguns casos, as dependências que resultam das restrições de melhores práticas, as quais são adicionadas pelo gerente do projeto, podem fazer parte de uma estratégia de aversão aos riscos, com base na experiência de outros. Por exemplo, considere a dependência entre as tarefas de "concepção do *software*" e de "programação do *software*". A abordagem mais segura tem sido a de finalizar a concepção do *software* antes de iniciar a programação. Por outro lado, no ambiente de negócios atual, a entrada cada vez mais rápida no mercado tornou-se uma estratégia de sobrevivência.

  No esforço de entregar mais rapidamente uma solução para o mercado, muitas organizações introduziram o desenvolvimento concorrencial no cenário de concepção-programação, modificando a dependência TI entre as tarefas de concepção e programação por uma relação de dependência do tipo II, conforme explicado a seguir. Em algum ponto da tarefa de "concepção do *software*" já se sabe o suficiente da estrutura final do *software*, de modo que é possível iniciar a tarefa de "programação do *software*" (mesmo que seja de maneira limitada). Ao introduzir este trabalho concorrencial entre as tarefas de concepção e programação, o gerente do projeto pode reduzir o tempo de lançamento do novo *software*. Apesar de o gerente do projeto saber que esta dependência II introduz riscos (especialmente de mudanças na concepção do *software*, que podem fazer com que partes do código programado precisem ser retrabalhadas ou perdidas), ele adotará esta melhor prática na busca por entregar o *software* o mais rápido possível para o mercado.

- **Restrições lógicas** – essas restrições, assim como as restrições discricionárias, surgem daquilo que o gerente do projeto entende ser o modo lógico de sequenciar os pares de atividades. É importante que o gerente do projeto esteja confortável com o sequenciamento do trabalho do projeto, afinal de contas, é ele que tem de gerenciar a iniciativa. Baseado em experiências passadas e no senso comum, você pode preferir sequenciar suas tarefas de um determinado modo. Isso é aceitável, mas não utilize este argumento como desculpa para criar uma sequência inconveniente de atividades. Enquanto existir uma razão boa e lógica, você tem justificativa. Por exemplo, no cenário de concepção-programação, muitos aspectos da "concepção do *software*" invariavelmente levarão a uma certa simultaneidade com as atividades de "programação do *software*". Entretanto, parte do trabalho de "concepção do *software*" envolve a utilização de uma tecnologia recentemente introduzida no mercado, com a qual a organização não tem experiência. Por essa razão, o gerente do projeto decide que a parte do trabalho de concepção que envolve esta nova tecnologia deve ser finalizada antes que qualquer programação associada seja iniciada.

- **Requisitos exclusivos** – essas restrições ocorrem em situações nas quais um recurso crítico – como um especialista insubstituível ou um equipamento único – está envolvido em diversas tarefas do projeto. Por exemplo, suponha que um novo equipamento de testes será utilizado em projeto de desenvolvimento de *software*. Existe apenas um espécime deste equipamento e ele pode ser utilizado em somente uma parte do *software* por vez. Ele será utilizado para testar várias partes diferentes do *software*. Para garantir que não acontecerão conflitos de agenda com relação à utilização do novo equipamento, o gerente do projeto cria dependências TI entre cada uma das partes do *software* que utilizarão este equipamento de testes. Excluindo eventuais restrições técnicas, o gerente do projeto pode impor tais dependências para garantir que não acontecerão problemas na programação de uso dos recursos escassos.

### Restrições gerenciais

Um segundo tipo de dependência pode surgir em função de restrições impostas pela gerência. Por exemplo, suponha que o gerente de produto em um projeto de desenvolvimento de *software* tem a informação de que, em breve, um competidor irá introduzir um novo produto no mercado com funcionalidades similares. Ao invés de seguir a estratégia concorrente de concepção-programação, o gerente de produto quer garantir que a concepção do novo *software* vai gerar um produto que possa competir em nível de igualdade com a versão do concorrente. Ele espera que existam mudanças significativas ao longo do esforço de concepção em resposta ao novo produto do concorrente e, ao invés de arriscar desperdiçar o tempo dos programadores, impõe a dependência de TI entre as tarefas de concepção e programação.

Você perceberá que utiliza este tipo de restrição gerencial quando analisa o diagrama de rede do projeto e toma suas decisões de programação do cronograma de tarefas. As dependências baseadas em restrições gerenciais são diferentes das dependências baseadas em restrições técnicas, na medida em que as dependências gerenciais podem ser revertidas e desfeitas e as dependências técnicas não. Por exemplo, suponha que o gerente do produto descubra que o concorrente encontrou uma falha fatal como resultado de um teste beta e decidiu suspender seu projeto e o lançamento de seu *software* por tempo indefinido, até que a falha seja resolvida. A decisão de seguir com a dependência TI entre concepção e programação agora pode ser revista e a natureza concorrencial entre concepção-programação pode ser reestabelecida. Dessa forma, a alta gestão fará com que o gerente do projeto modifique a dependência entre concepção-programação de TI para II.

### Restrições entre projetos

Restrições entre projetos surgem quando a entrega de um projeto é necessária para a continuidade de outro projeto. Tais restrições resultam em dependências entre as tarefas que produzem as entregas em um projeto e as tarefas no outro projeto que irão utilizar essas entregas. Por exemplo, suponha que um novo equipamento de testes está sendo fabricado pela mesma organização que está desenvolvendo o *software* que irá utilizar este equipamento de testes. Nesse caso, o início das tarefas de testes no projeto de desenvolvimento do *software* depende do equipamento de testes fabricado, que, por sua vez, é uma entrega do outro projeto. Na essência, são dependências técnicas, porém são entre tarefas de dois ou mais projetos diferentes (e não dependências técnicas de atividades dentro de um mesmo projeto).

Restrições entre projetos também surgem quando um projeto grande e complexo é decomposto em projetos menores e mais fáceis de gerenciar. Por exemplo, a fabricação do Boeing 777 aconteceu em várias unidades fabris dispersas geograficamente. Cada unidade fabril definiu um projeto para produzir suas partes. Para realizar a montagem final da aeronave, as entregas das diferentes partes que vieram dos diferentes projetos tiveram que ser coordenadas com um plano de projeto para a montagem final. Dessa forma, existiram atividades no projeto de montagem final que dependiam de entregas oriundas dos subprojetos de fabricação e montagem.

 **NOTA** Essas restrições entre projetos são comuns. Ocasionalmente, grandes projetos são decompostos em projetos menores ou divididos em um número de projetos que são definidos em função da estrutura organizacional ou da distribuição geográfica. Em todos esses exemplos, os projetos são decompostos em projetos menores que estão relacionados entre si. Esta abordagem cria restrições entre os projetos. Apesar de eu preferir evitar este tipo de decomposição (uma vez que ela cria riscos adicionais), às vezes ela pode ser necessária.

### Restrições de datas

Já de início, quero deixar claro que não aprovo a utilização de restrições de datas. Eu as evito o quanto posso. Em outras palavras "diga não" ao ato de inserir datas manualmente em seu *software* de gerenciamento de projetos. Se tem o hábito de utilizar restrições de datas, prossiga na leitura.

Restrições de datas impõem datas de início ou término para uma tarefa, forçando-as a ocorrer de acordo com uma programação particular. Nesse mundo regido por datas, é tentador utilizar a data esperada como data final necessária para produzir a entrega contratada. Essas restrições geralmente conflitam com o cronograma que é calculado e governado pelas relações de dependência entre as tarefas. Em outras palavras, as restrições de datas criam complicações desnecessárias na interpretação do cronograma do projeto.

Os três tipos de restrições de datas são os seguintes:

- **não antes de** – especifica a data mais cedo na qual uma tarefa pode ser concluída;
- **não depois de** – especifica uma data limite na qual a tarefa deve estar concluída;
- **nessa data** – especifica a data exata na qual a tarefa deve ser concluída.

Todas essas restrições podem ser utilizadas tanto na data de início como na data de término da tarefa. A aplicação mais problemática é a restrição "nesta data". Ela define uma restrição rígida no cronograma e afeta todas as tarefas que a seguem. O resultado é a geração de complicação desnecessária na programação do cronograma do projeto e na comunicação de seu *status*, à medida que o projeto avança. Na sequência, o segundo tipo mais problemático é restrição "não antes de". Ela não vai permitir que uma tarefa aconteça além de uma data específica. Novamente, você introduzirá complexidade no projeto sem necessidade. Ambas as restrições, "nesta data" e "não antes de", podem resultar em folga negativa. Faça de tudo para não utilizá-las. Existem alternativas que serão apresentadas no próximo capítulo.

A restrição de datas menos prejudicial é a restrição "não antes de". Na pior das hipóteses, ela atrasa a programação de uma tarefa e, por si só, não é capaz de gerar uma flutuação negativa na programação.

### 5.12.3.3 Usando a variável de defasagem

Pausas ou atrasos entre as tarefas são indicados no diagrama de rede por meio de *variáveis de defasagem*. Elas são mais bem descritas com um exemplo. Suponha que os dados de uma pesquisa estejam sendo coletados por correio e são computados à medida que as respostas chegam. Impor uma dependência de II entre a tarefa "envio das pesquisas" e "entrada dos dados" é, de certa maneira, improdutivo, a não ser que introduza algum atraso entre o envio das pesquisas e o recebimento do material que poderá ser computado. Ainda dentro deste exemplo, suponha que esperará 10 dias a partir da data que enviou as pesquisas para iniciar a tarefa de "entrada de dados". Dez dias é o tempo que acredita que levará entre as pesquisas serem recebidas pelos participantes, respondidas e retornadas a você. Nesse caso, deve definir uma dependência II com uma defasagem de 10 dias. Em outras palavras, a tarefa B ("entrada dos dados") poderá iniciar 10 dias depois do início da tarefa A ("envio das pesquisas").

### 5.12.3.4 Criando uma programação inicial para a rede do projeto

Conforme foi dito, todas as tarefas em um diagrama de rede têm ao menos uma tarefa predecessora e uma tarefa sucessora, com exceção das tarefas de início e término do projeto. Se essa convenção for seguida, a sequência das tarefas é relativamente fácil de ser identificada. Entretanto, se a convenção for ignorada, se restrições de datas forem impostas para algumas tarefas e se os recursos forem alocados de acordo com outros calendários e programações, a compreensão da sequência de atividades que resulta deste exercício inicial de programação do cronograma do projeto pode ser um tanto complicada.

Para estabelecer a programação do cronograma do projeto, você precisa calcular duas programações: a programação mais cedo, que calcula utilizando o caminho do início ao término do projeto, e a programação mais tarde, que calcula utilizando o caminho do término para o início do projeto.

A programação mais cedo consiste em definir as datas mais cedo nas quais as tarefas podem começar e terminar. São valores calculados em função das dependências entre todas as tarefas do projeto. A programação mais tarde consiste em definir as datas mais tarde nas quais as tarefas podem iniciar e finalizar de forma que não causem atrasos na data final de conclusão do projeto. Também são valores calculados com base nas dependências entre todas as atividades do projeto.

A combinação dessas duas programações lhe dá as seguintes duas informações adicionais sobre a programação do projeto:

- a janela de tempo dentro da qual cada tarefa deve ser iniciada e finalizada para que o projeto seja concluído no prazo acordado;
- a sequência de tarefas que determina a data de término do projeto.

A sequência de tarefas que determina a data de conclusão do projeto é denominada *caminho crítico*. O caminho crítico pode ser definido dos seguintes modos:

- o caminho de mais longa duração no diagrama de rede;
- a sequência de tarefas cujas programações mais cedo e mais tarde são as mesmas;
- a sequência de tarefas que tenha folga ou flutuação zero (como definida mais adiante neste capítulo).

Todas essas definições dizem a mesma coisa: o caminho crítico é a sequência de tarefas que devem ser concluídas de acordo com as datas programadas para que o projeto seja concluído conforme o cronograma.

As tarefas que definem o caminho crítico são denominadas *tarefas do caminho crítico*. Qualquer atraso em uma tarefa do caminho crítico atrasará a conclusão do projeto na mesma quantidade de dias que o atraso daquela tarefa. Tarefas do caminho crítico representam sequências de tarefas que merecem especial atenção do gerente do projeto.

A data de *início mais cedo* (IMC) de uma tarefa é a data mais cedo na qual todas as suas predecessoras podem ser finalizadas e a tarefa em questão pode iniciar. A data IMC de uma tarefa sem predecessoras é definida de forma arbitrária como sendo igual a 1, ou seja, o primeiro dia disponível para trabalho no projeto. As datas IMC das tarefas com uma atividade predecessora são determinadas a partir da data de *término mais cedo* (TMC) dessa atividade predecessora. As datas IMC de tarefas com duas ou mais atividades predecessoras são determinadas como a maior data dentre as TMC das atividades predecessoras. O término mais cedo (TMC) de uma tarefa é calculado como ((IMC + Duração) – Uma Unidade de Tempo). A razão para subtrair uma unidade de tempo é levar em conta o fato de que a tarefa inicia no começo de uma unidade de tempo (hora, dia e assim por diante) e termina no final de uma unidade de tempo. Em outras palavras, uma tarefa de um dia tem início no começo do dia e termina no final do dia. Por exemplo, perceba que na Figura 5.19 a tarefa E tem somente uma predecessora: a tarefa C. O TMC da tarefa C é o fim do dia 3. Como ela é a única predecessora da tarefa E, o IMC da tarefa E é o próximo dia, no caso, o início do dia 4. Por outro lado, a tarefa D tem duas predecessoras: a tarefa B e a tarefa C. Quando existem duas ou mais predecessoras, o IMC da sucessora (tarefa D na Figura 5.19) é calculado com base no maior valor dentre os TMC das tarefas predecessoras. O maior valor, nesse caso, é 4 – dessa forma, o IMC da tarefa D é a manhã do dia 5. Os cálculos completos para toda a programação mais cedo são apresentados na Figura 5.19.

**FIGURA 5.19** Cálculo da programação progressiva (início para o término do projeto)

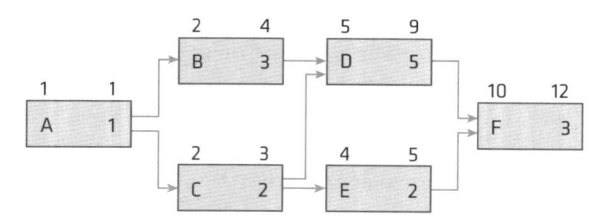

As datas de *início mais tarde* (IMT) e *término mais tarde* (TMT) de uma tarefa são as datas mais tarde nas quais uma tarefa pode começar ou terminar sem causar atrasos na conclusão do projeto. É muito importante para o gerente do projeto conhecer essas datas, uma vez que ele deve tomar decisões acerca da alocação de recursos que poderão afetar as datas de conclusão. A janela de tempo entre o IMC e o TMT de uma tarefa é janela de tempo na qual o recurso necessário para a realização do trabalho deve estar alocado de forma a evitar atrasos nas datas de conclusão. Para calcular essas datas, você deve trabalhar do término para o início do diagrama de rede. Primeiro defina o TMT da última tarefa da rede de acordo com o seu valor calculado de TMC. O seu IMT é calculado como ((TMT – Duração) + Uma Unidade de Tempo). Novamente, você adiciona uma unidade de tempo para ajustar o início e o término de uma tarefa dentro de um mesmo dia. A data de TMT de todas as predecessoras imediatas é determinada como sendo o valor mínimo dentre os IMT de todas as tarefas para as quais a tarefa em questão é a predecessora, menos uma unidade de tempo.

Por exemplo, calcule a programação mais tarde para a tarefa E na Figura 5.20. Sua única sucessora, a tarefa F, tem uma data IMT igual ao dia 10. A data TMT de sua única predecessora, a tarefa E, será, portanto, o final do dia 9 – caso contrário, essa tarefa irá atrasar o início da tarefa F e, por consequência, atrasar a conclusão do projeto. Utilizando a fórmula, a data de IMT da tarefa E será 9-2+1, ou seja, o início do dia 8. Vamos agora considerar a tarefa C. Ela tem duas tarefas sucessoras: a tarefa D e a tarefa E. As datas IMT para essas tarefas são o dia 5 e o dia 7, respectivamente. O valor mínimo entre esses dois dias, dia 5, é utilizado para calcular o TMT da tarefa C – no caso, o fim do dia 4. Os cálculos completos para a programação mais tarde são ilustrados na Figura 5.20.

**FIGURA 5.20** Cálculos de programação regressiva (término para o início do projeto)

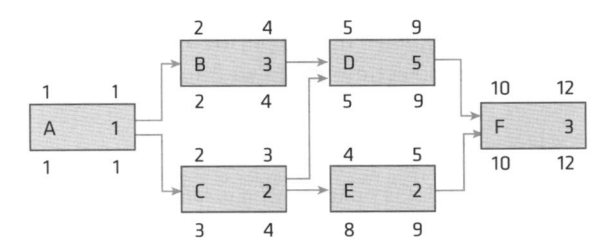

### 5.12.3.5 Caminho crítico

Conforme foi dito, o caminho crítico é o maior caminho ou sequência de tarefas (em termos de duração das tarefas) no diagrama de rede. O caminho crítico governa a data de conclusão do projeto. Qualquer atraso na conclusão de qualquer uma das atividades que fazem parte dessa sequência irá atrasar a data de conclusão do projeto. Você deve prestar especial atenção às atividades que fazem parte do caminho crítico. O caminho crítico do exemplo utilizado para calcular a programação mais cedo e a programação mais tarde é apresentado na Figura 5.21.

**FIGURA 5.21** Caminho crítico

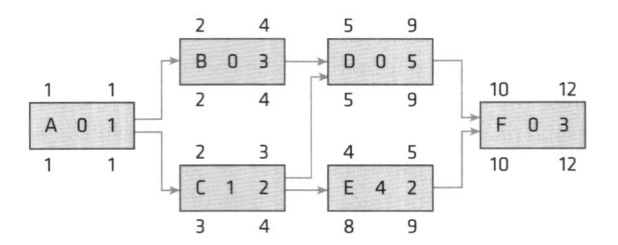

## Calculando o caminho crítico

Uma maneira de identificar o caminho crítico no diagrama de rede é identificar todos os possíveis caminhos do diagrama e somar as durações das tarefas que fazem parte desses caminhos. O caminho com a maior duração de tempo é o caminho crítico. Esse método não é viável para todos os tipos de projeto, de forma que você deve contar com o segundo método para determinar o caminho crítico: calcular o tempo de folga de uma tarefa.

## Calculando a folga

Esse método de determinação do caminho crítico requer que calcule a o *tempo de folga* da tarefa. O tempo de folga (também chamado de *flutuação*) é a quantidade de atraso, expresso em unidades de tempo, que pode ser tolerado na data de início ou de conclusão de uma tarefa sem causar atraso na data de conclusão do projeto. O tempo de folga é um número calculado. É a diferença entre o término mais tarde e o término mais cedo (TMT – TMC) de uma tarefa. Se o resultado for maior que zero, a tarefa tem um intervalo de tempo no qual ela pode começar e terminar sem atrasar a conclusão do projeto, conforme ilustrado na Figura 5.22.

Como finais de semana, feriados e outros períodos nos quais não se trabalha não são, por convenção, considerados como parte da folga, devem ser subtraídos do período de folga.

Há dois tipos de folga, como a seguir:

- **folga livre** – é o intervalo de datas no qual uma tarefa pode ser finalizada sem causar atraso na programação mais cedo de qualquer uma das tarefas que são suas sucessoras imediatas. Observe na Figura 5.22 que a tarefa C tem a data de IMC como sendo o início do dia 2 e a data de TMT igual ao final do dia 4. Sua duração é de dois dias e ela possui uma janela de 3 dias, na qual deve ser concluída de forma a não afetar o IMC de qualquer uma de suas tarefas sucessoras (tarefa D e tarefa E). Dessa forma, ela tem uma folga livre de um dia. A folga livre pode ser igual, mas nunca maior que a folga total. Quando precisar postergar o início de alguma tarefa, possivelmente por razões de alocação de recursos, primeiro leve em conta as atividades que tenham alguma folga livre associada a elas. Por definição, se a conclusão de uma tarefa fica dentro do intervalo da folga livre, ela não afetará as datas de IMC de quaisquer outras atividades do projeto;

- **folga total** – é o intervalo de datas no qual uma tarefa pode ser concluída sem afetar a data de conclusão do projeto. Considere a atividade E na Figura 5.21. Esta tarefa tem uma folga livre (ou flutuação) de quatro dias, bem como uma folga total (ou flutuação) de quatro dias. Em outras palavras, se a tarefa E for concluída mais do que três dias depois de sua data de TMC, ela irá atrasar a conclusão do projeto. Se uma tarefa tem folga zero, então ela determina a data de conclusão do projeto. Em outras palavras, todas as tarefas do caminho crítico devem ser executadas buscando sua programação mais cedo ou a data de conclusão do projeto poderá ser ameaçada. Se uma tarefa com folga total maior do que zero se atrasar além de sua data de TMT, ela se tornará uma tarefa do caminho crítico e causará atrasos na data de conclusão do projeto.

Tendo como base o método que utilizou para calcular as programações mais cedo e mais tarde, a sequência de tarefas com folga zero é definida como o caminho crítico. Se uma tarefa foi restrita por data utilizando a restrição do tipo "nessa data", ela também terá folga zero. Entretanto, esta restrição usualmente fornece uma falsa indicação de que a tarefa está no caminho crítico. Por fim, no caso geral, o caminho crítico é o caminho que tem a menor folga.

**FIGURA 5.22** Janela IMC a TMT de uma tarefa

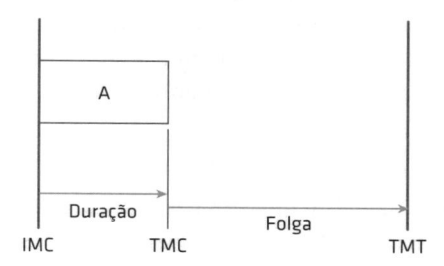

### Caminho quase crítico

Ainda que os gerentes de projeto fiquem tentados a fixar sua atenção nas tarefas do caminho crítico, outras tarefas também demandam sua atenção. Essas tarefas compõem o que é chamado de *caminho quase crítico*. A compreensão plena das ferramentas e métodos para se trabalhar com tarefas quase críticas está além do escopo deste livro. Apresento o conceito aqui de forma que esteja ciente de que outros caminhos, além do caminho crítico, também necessitam de sua atenção. Como exemplo geral, suponha que as tarefas do caminho crítico são tarefas nas quais a equipe do projeto tem experiência e conhecimento consideráveis. Nesse caso, as estimativas de duração serão bem precisas, de forma a serem bem próximas da duração real.

Por outro lado, suponha que exista uma sequência de tarefas que não estejam no caminho crítico, com as quais a equipe tem pouca experiência, de forma que as estimativas de duração apresentem grandes variâncias. Suponho, ainda, que tais tarefas estejam em um caminho que tem pouca folga total. É bem provável que este caminho quase crítico possa governar a data de conclusão do projeto, mesmo que sua duração esperada seja ligeiramente menor que a do caminho crítico. Essa situação irá ocorrer se as durações reais forem maiores do que as respectivas estimativas. Essa situação é bem provável, justamente em função das grandes variâncias associadas às estimativas de duração. Obviamente, este caminho quase crítico não pode ser ignorado.

## 5.13 ANALISANDO O DIAGRAMA DE REDE INICIAL DO PROJETO

Depois de ter criado o diagrama de rede inicial do projeto, uma das duas situações seguintes estarão presentes:

- a data esperada de acordo com os cálculos para a conclusão do projeto está de acordo com a data de término requisitada. Em geral esse não é o caso, mas às vezes acontece;
- a situação mais provável é que a data esperada para a conclusão do projeto seja maior do que a data de término requisitada. Em outras palavras, você tem de encontrar um meio de melhorar um pouco mais a programação do cronograma do projeto.

Eventualmente, você terá de levar em conta dois aspectos na revisão da programação do cronograma do projeto: a data de conclusão do projeto e a disponibilidade de recursos. A seção seguinte está baseada na premissa de que os recursos estarão disponíveis de forma a cumprir com o cronograma comprimido do projeto. Mais para o final do capítulo, o problema de agendamento dos recursos será abordado. Esses aspectos são dependentes um do outro, mas devem ser tratados de forma separada.

### 5.13.1 Comprimindo a programação

Quase sempre, os cálculos iniciais da programação do cronograma do projeto resultarão em uma data de conclusão que ultrapassa a data requisitada pela organização. Isso significa que a equipe do projeto deve encontrar maneiras de reduzir a duração total do projeto de forma a cumprir com as datas necessárias.

Para tratar esse problema, analise o diagrama de rede de forma a identificar onde pode comprimir a duração do projeto. Procure por pares de tarefas que permitam transformar um trabalho que foi originalmente programado para ser executado em série para, agora, ser executado de forma paralela. É possível que o trabalho na tarefa sucessora possa iniciar tão logo a tarefa predecessora tenha alcançado um certo estágio de execução. Em muitos casos, algumas das entregas da predecessora podem ser disponibilizadas para a sucessora de forma que seu trabalho possa ser iniciado.

⚠️ ADVERTÊNCIA Mudanças na predecessora após o início do trabalho na sucessora criam uma situação potencial de retrabalho e aumentam o risco do projeto. Compressões de cronogramas afetam somente o período de tempo para a execução do trabalho; não reduzem a quantidade de trabalho que será executada. Será necessária uma maior coordenação e comunicação, especialmente entre as tarefas afetadas pelas mudanças de dependência.

Primeiramente, precisa identificar estratégias para localizar as potenciais mudanças de dependências. Tenha foco nas atividades do caminho crítico, uma vez que são essas as tarefas que determinam a data de conclusão do projeto – que é justamente o que quer melhorar. Você pode ficar tentado a olhar as tarefas do caminho crítico que ocorrem mais no início do ciclo de vida do projeto, pensando que pode contornar o problema de programação – porém, essa não é uma boa ideia pelo seguinte motivo: em estágios iniciais do projeto, a equipe do projeto nada mais é do que um grupo de pessoas que nunca trabalharam em conjunto antes (eu me refiro a elas como um balaio de gatos). Como você realizará modificações nas dependências entre as tarefas (TI para II), irá introduzir riscos em seu projeto. O seu balaio de gatos ainda não está pronto para assumir riscos no início do projeto. Você deve dar tempo para que eles se tornem uma equipe de verdade antes de intencionalmente aumentar os riscos com que eles terão de lidar. Isso significa que deve olhar o caminho crítico do término para o início na busca de oportunidades de compressão.

Um segundo fator a considerar é focar nas tarefas que podem ser subdivididas. Uma tarefa *divisível* é aquela cujo trabalho pode ser atribuído a dois ou mais indivíduos que sejam capazes de trabalhar em paralelo. Por exemplo, pintar uma sala é uma tarefa divisível. Uma pessoa pode ser atribuída para cada parede. Quando uma parede for finalizada, uma tarefa sucessora, como pendurar os quadros, pode ser executada. Dessa forma, não terá de esperar até que a sala esteja totalmente pintada para que possa começar a decorar as paredes com quadros.

Escrever um programa de computador é uma tarefa que pode ou não ser divisível. Se ela for divisível, você pode começar uma tarefa sucessora, como testar partes que já estejam completas, antes que o *software* inteiro esteja finalizado. A possibilidade de repartir um programa depende de muitos fatores, por exemplo, como o programa é concebido, se o programa tem uma única função ou múltiplas funções, entre outras. Se uma tarefa for divisível, é uma potencial candidata a ser considerada. Você deve ser capaz de subdividi-la de forma que, quando uma parte dela estiver concluída, possa começar a trabalhar em tarefas sucessoras (que dependem dessa parte concluída). Depois que identificou um conjunto de tarefas divisíveis, precisará avaliar o quanto do cronograma poderá ser comprimido ao iniciar as tarefas sucessoras de maneira antecipada. Não tem muito ganho em considerar tarefas de curta duração. Espero ter dado sugestões suficientes para uma estratégia que o ajude a encontrar oportunidades para comprimir a programação do cronograma com alguma facilidade. Se não conseguir, não se preocupe. O próximo capítulo lhe dará outras dicas de como comprimir seu cronograma.

Considere que encontrou uma ou mais tarefas candidatas com as quais trabalhar. Veja o que acontece com o diagrama de rede e com o caminho crítico conforme as dependências são ajustadas. Conforme você começa a substituir as sequências em série (dependências do tipo TI) por sequências em paralelo (dependências do tipo II), o caminho crítico pode mudar para uma nova sequência de tarefas. Essa mudança acontecerá se, em função de suas decisões de compressão, o tamanho do caminho crítico for reduzido a uma duração que é menor do que a de algum outro caminho. O resultado será um novo caminho crítico. A Figura 5.23 mostra duas iterações da análise. O diagrama no topo ilustra o caminho crítico original, que resultou da construção do diagrama de rede inicial, utilizando somente dependências TI. As tarefas do caminho crítico são identificadas com um círculo preenchido.

## FIGURA 5.23 Iterações para compressão da programação do cronograma

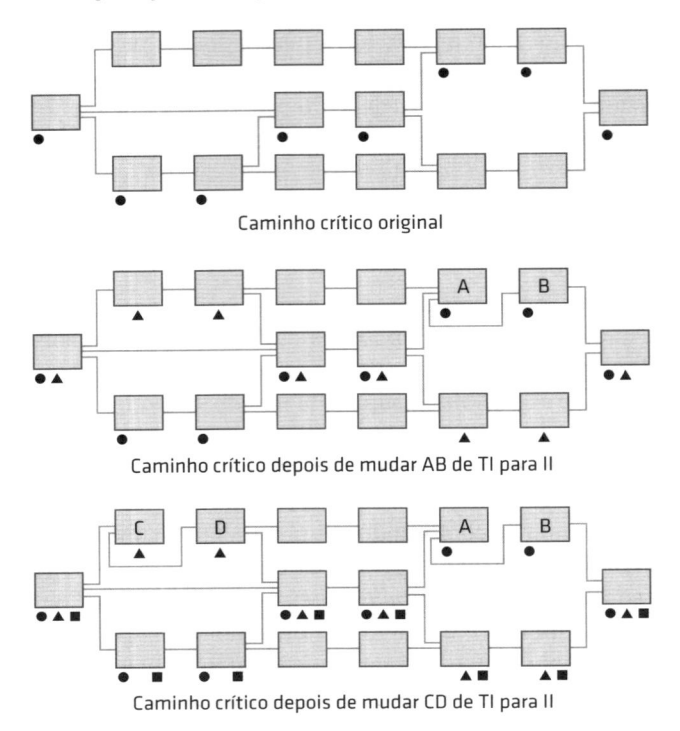

Caminho crítico original

Caminho crítico depois de mudar AB de TI para II

Caminho crítico depois de mudar CD de TI para II

O diagrama do meio na Figura 5.23 ilustra o resultado da mudança das dependências entre as tarefas A e B de TI para II. Agora, o caminho crítico mudou para uma nova sequência de tarefas. As tarefas com os triângulos preenchidos ilustram o novo caminho crítico. Se você modificar as dependências TI entre as tarefas C e D, o caminho crítico mudará de novo, resultando na sequência de tarefas identificada pelos quadrados preenchidos.

Ocasionalmente, algumas tarefas permanecerão no caminho crítico. Por exemplo, note o grupo de tarefas que estão marcadas simultaneamente com um círculo, um quadrado e um triângulo na Figura 5.23. Essas tarefas permaneceram no caminho crítico mesmo com as mudanças na programação. Esse grupo de tarefas identifica um gargalo no cronograma do projeto. Embora uma compressão adicional possa resultar em mudanças nesse grupo de tarefas, esse conjunto de "tarefas gargalo" identifica um ponto que demanda atenção particular à medida que o projeto iniciar. Devido ao fato de que todos os caminhos críticos gerados passam por esse gargalo, você deverá tomar providências de forma a garantir que essas tarefas não sofram atrasos.

### 5.13.2 Reserva de gerenciamento

Reserva de gerenciamento é um tópico associado a estimativas de duração de tarefas, porém é mais adequado discuti-la nesta seção por ser mais uma propriedade da rede do projeto do que das tarefas individuais.

No nível das tarefas individuais, você poderia ficar tentado a ajustar as estimativas de forma aumentar as chances de concluir a tarefa no prazo. Por exemplo, você sabe que uma tarefa particular demanda três dias de seu tempo para ser finalizada, mas submete uma estimativa de quatro dias somente para garantir que tenha os três dias de trabalho efetivo dentro dos quatro dias de calendário agendados. Esse um dia a mais que você adicionou é segurança individual. Primeiro, vamos combinar que não fará isso. A lei de Parkinson (que define que o trabalho irá expandir de forma a ocupar todo o tempo que lhe é dado) certamente irá lhe pegar e a tarefa irá, de fato, levar todos os quatro dias que você solicitou. Fique com três dias e se esforce para finalizar nesse prazo – essa é uma estratégia melhor. Agora que sabe que segurança individual (no nível da tarefa) é ruim, vai parecer uma contradição dizer que é uma boa ideia ter segurança no nível do projeto. Existem algumas boas razões para trabalhar com segurança no nível do projeto.

*Reserva de gerenciamento* nada mais é do que um "orçamento reserva" de tempo. O tamanho dessa contingência pode ser de 5% a 10% do total de todas as durações das tarefas do seu projeto. O tamanho pode ser mais próximo de 5% para projetos com poucas incertezas, ou ser próximo de 10% para projetos que utilizem tecnologias inovadoras ou que sejam muito complexos. Depois que definir o tamanho de sua reserva de gerenciamento, criará uma tarefa cuja duração será igual ao tamanho dessa reserva e colocará essa tarefa no final do seu projeto. Ela será a tarefa final do seu projeto e sua conclusão significará que o projeto foi concluído. Essa tarefa representando a reserva gerencial será a última tarefa de seu plano de projeto, sucedida apenas pelo marco de conclusão do projeto.

Para que essa reserva de gerenciamento é utilizada? Primeiramente, a equipe do projeto deve trabalhar no projeto como se a reserva gerencial não fosse necessária – embora isso seja raramente possível. A data prometida para o cliente será a data calculada como sendo a data final da tarefa que representa a reserva de gerenciamento. A duração dessa tarefa da reserva de gerenciamento pode ser encurtada, conforme necessário. Por exemplo, se o caminho crítico "escorrega" em dois dias, a duração da tarefa com a reserva de gerenciamento será reduzida em dois dias. Isso permite que a data de conclusão do projeto permaneça constante.

Essa técnica mantém a tarefa da reserva de gerenciamento em evidência e permite que gerencie qual é sua taxa de utilização. Por exemplo, se 35% de todo o projeto foi executado e 50% de sua tarefa de reserva de gerenciamento foi consumida, você sabe que em breve terá problemas.

Em segundo lugar, a reserva de gerenciamento pode ser utilizada como incentivo para a equipe do projeto. Por exemplo, muitos contratos incluem penalidades por atrasos na entrega de marcos contratados, bem como também oferecem prêmios para marcos que forem concluídos antes do prazo. Pense na reserva de gerenciamento como um fundo de contingência que não quer gastar. Cada dia economizado no fundo de contingência para a conclusão do projeto será um dia à frente do cronograma que será recompensado pelo cliente. Por outro lado, se gastou todo seu fundo de contingência e ainda solicita mais tempo para finalizar o projeto, isso significa que o projeto será finalizado após o que foi planejado. Para cada dia que o projeto estiver atrasado, você deve esperar alguma penalidade.

## 5.14 REDIGINDO UMA PROPOSTA EFETIVA DE PROJETO

A entrega resultante das atividades de planejamento realizadas durante a SCPP é a proposta do projeto. É o documento que você irá encaminhar para a equipe de membros da alta gestão organizacional na busca da aprovação para a execução do projeto. Na maioria dos casos, esta é a mesma equipe que aprovou o planejamento do projeto com base no TAP. A proposta de projeto descreve de maneira completa o caso de negócio do projeto. Isso inclui o valor esperado do negócio, bem como as estimativas de custo e tempo. Além dessa informação, a proposta detalha o que será feito, quem irá fazer, quando estará pronto e como será feito. É o roteiro para o projeto.

 **NOTA** Espere que existam sugestões e *feedbacks* e várias revisões antes da aprovação final. Não é objetivo desta seção apresentar em detalhes como uma proposta de projeto deve ser. Sua organização terá um formato preestabelecido para ser seguido. Essa seção apenas apresenta o que se espera como conteúdo dessa proposta.

### 5.14.1 Conteúdo da proposta de projeto

Cada organização terá um formato preestabelecido para encaminhar suas propostas de projeto – apesar disso, a maioria das propostas possui seções similares às seções apresentadas a seguir. A proposta de projeto é uma reafirmação de todo o trabalho de planejamento que foi realizado até agora.

#### 5.14.1.1 Sumário executivo

Essa seção não pode passar de uma página e, na maioria dos casos, é recomendado que utilize somente meia página. Para evitar erros, pense em uma conversa de dois minutos no elevador (se não consegue resumir seu projeto em um trajeto de dois minutos dentro de um elevador, então não fez bem o seu trabalho). Recomendo que essa seção inclua três breves parágrafos, cada um descrevendo um dos tópicos a seguir:

- a situação do negócio (expandida a partir do TAP);
- a meta do seu projeto (expandida a partir do TAP);
- o valor do negócio (expandida a partir do TAP).

Agora ficou fácil, concorda?

Se sua organização tiver um plano estratégico, então é interessante que adicione um quarto parágrafo descrevendo como o seu projeto colabora com o plano estratégico. Isso será necessário se seu projeto estiver competindo com outros projetos por um lugar no portfólio organizacional de projetos. Veja o Capítulo 5 do Volume 2 para mais detalhes sobre a importância desse tópico.

### 5.14.1.2 Histórico

É uma breve descrição da situação que levou à proposta do projeto. Geralmente apresenta as condições de negócio, as oportunidades e quaisquer problemas que originaram o projeto. O histórico prepara o cenário para as seções seguintes e insere o projeto no contexto do negócio.

### 5.14.1.3 Objetivo

Esta também é uma seção curta que apresenta, em termos gerais, o que espera alcançar por meio do projeto. Evite jargões – você não sabe quais as pessoas que teriam motivos para ler essa seção. Utilize a linguagem da organização e não a linguagem técnica do seu departamento. O objetivo deve ser claramente especificado, de forma que não restem dúvidas sobre o que será feito e o que significa o seu cumprimento.

### 5.14.1.4 Visão geral da abordagem a ser adotada

Para aqueles que não estão interessados nos detalhes de como você irá alcançar seu objetivo, esta seção fornece uma visão de alto nível de como será sua abordagem. É aconselhável apresentar alguma menção sobre o CVGP que será utilizado. Novamente, evite jargões sempre que possível. Apresente uma breve declaração de cada passo e inclua algumas sentenças que sustentam a narrativa. Brevidade e clareza são importantes.

### 5.14.1.5 Declaração detalhada do trabalho

É aqui que você fornece um resumo de alto nível do que será feito, quando será feito, quem fará o quê, quanto tempo será necessário e qual critério será utilizado para medir a completude do projeto. É um roteiro para todo o trabalho do projeto. Gráficos de Gantt são úteis para apresentar a informação sobre as programações, uma vez que são facilmente compreensíveis e geralmente intuitivos, mesmo para pessoas que estejam trabalhando com esse tipo de gráfico pela primeira vez.

### 5.14.1.6 Sumário de tempo e custo

Eu tenho a prática de incluir uma página com o resumo dos custos e prazos do projeto. Isso geralmente funciona melhor se for apresentado em uma única tabela, trazendo a informação em alto nível. Com certa frequência, os dados precisarão ser apresentados em várias páginas e resumidos aqui para facilitar a análise e os comentários por parte dos clientes.

### 5.14.1.7 Apêndices

Eu recomendo reservar o apêndice para todos os outros dados de apoio e que não sejam pertinentes ao corpo principal da proposta. Antecipe questões que seu cliente possa ter e inclua as respostas aqui. Lembre-se de que aqui são apresentados detalhes mais aprofundados do que a descrição básica do trabalho do projeto. Geralmente informações de suporte são encontradas aqui.

## 5.15 FORMATO DA PROPOSTA DE PROJETO

Não existem regras rígidas com relação ao formato da proposta de projeto. Você certamente será capaz de encontrar exemplos de propostas bem-sucedidas em seu departamento ou na sua organização e que possam servir de guia para seu trabalho. Depois que esquadrinhar suas ideias, compartilhe sua proposta com colegas de sua confiança – a opinião deles pode ser o conselho mais valioso que pode ter.

## 5.16 OBTENDO APROVAÇÃO PARA LANÇAR O PROJETO

Ter o seu TAP aprovado significa que a equipe da alta administração organizacional entende que sua ideia dá tratativa para uma situação de negócio importante e que lhe darão os recursos necessários para desenvolver o seu plano do projeto. A sua proposta de projeto tem que convencê-los de que a sua abordagem é boa e faz sentido dentro do contexto organizacional e que os recursos que está solicitando estão de acordo com o valor de negócio que será gerado.

Para obter essa aprovação, talvez tenha de apresentar e revisar a proposta várias vezes, o que ocorrerá por uma ou mais das seguintes razões:

- **o custo-benefício não está a seu favor** – decomponha a sua solução e estime os benefícios por função. Talvez possa reduzir a solução eliminando funções cujas relações custo/benefício não sejam favoráveis;
- **os riscos de fracasso são demasiadamente altos** – isso acontece com muita frequência. Por exemplo, uma nova tecnologia ou uma tecnologia com a qual a sua organização não tem experiência e é a principal fonte geradora de grandes riscos. Substitua essa tecnologia por uma mais estável e mais conhecida e espere que o tempo corrija a situação;
- **o custo total do projeto excede o financiamento disponível** – o triângulo de escopo provoca uma redução de escopo ou a divisão do projeto em fases;
- **outros projetos estão disputando os mesmos recursos** – talvez seja a hora de pressionar o seu patrocinador a interceder a seu favor. A contribuição política ou de alavancagem do seu patrocinador pode ser suficiente para que os recursos necessários sejam disponibilizados para seu projeto.

Por qualquer uma ou por todas essas razões, pode ser que receba a solicitação de revisar e submeter novamente sua proposta de projeto.

## 5.17 RESUMINDO

Agora o trabalho de planejamento do projeto está finalizado. Você redigiu e submeteu uma proposta detalhada do projeto, baseada no plano do projeto. No melhor dos seus esforços e de sua capacidade, você forneceu um cronograma, um orçamento e uma lista dos requisitos de recursos. A aprovação nesse estágio significa a aprovação para executar o projeto de acordo com o que foi definido no plano do projeto. No próximo capítulo, munido com a proposta do projeto aprovada, com o plano do projeto e com os recursos necessários para suportar o projeto, você irá iniciar o recrutamento dos membros da equipe do projeto e colocará tal equipe para executar os papéis que foram definidos no planejamento.

## QUESTÕES PARA DISCUSSÃO

1. Quais são as vantagens e desvantagens de realizar uma sessão de SCPP dentro ou fora da empresa?

2. A sua sessão de planejamento parece ter chegado a um impasse. A equipe de planejamento está dividida entre dois modos de abordar uma parte particularmente difícil do projeto. Aproximadamente dois terços dos membros da equipe querem utilizar uma abordagem bem testada e bem entendida. O terço restante (do qual você faz parte) quer utilizar uma nova abordagem que promete significativa redução no tempo de conclusão dessa parte do projeto. Você é o gerente do projeto e tem a firme convicção de que deve usar a nova abordagem. Você deve impor a sua autoridade como gerente de projeto e adotar a nova abordagem, ou seguir a maioria? Qual é a base da sua decisão? Seja específico. Há algo mais que possa fazer para resolver o impasse?

3. Por que montar a EAP somente fazendo algumas perguntas para as pessoas de forma isolada ou por e-mail é um bilhete para o fracasso?

4. A EAP identifica todo o trabalho que deve ser executado para concluir o projeto. O que você faria se a resposta para uma questão apresentada como parte do trabalho de definição da EAP determinasse a escolha de uma das alternativas mencionadas na Questão 2?

5. Sob quais condições você poderia optar por decompor uma atividade que obedece a todos os seis critérios de completude? Dê exemplos específicos.

6. Você consegue pensar em atividades que não cumpririam todos os seis critérios de completude e que, apesar disso não precisariam ser decompostas? Dê exemplos específicos.

7. Você utilizou o método dos três pontos para estimar a duração de uma atividade que sabe que será crítica para o projeto. A estimativa produz uma diferença bem grande entre as estimativas otimista e pessimista. O que você deveria fazer, caso seja possível fazer algo, com relação a essa tarefa?

8. Discuta um projeto no qual trabalhou e no qual o tempo era o fator determinante de sucesso ou fracasso do projeto. O que fez com relação aos custos do projeto? Os patrocinadores concordaram com eventuais custos adicionais? O projeto teve sucesso?

9. Prepare um orçamento simples mostrando estimativa de ordem de magnitude, uma estimativa de orçamento e uma estimativa definitiva. O que teve de fazer para refinar cada um dos orçamentos no sentido de se aproximar do orçamento final do projeto?

10. O diagrama de rede do projeto foi montado e a data de término do projeto está além do prazo final imposto pela alta gestão organizacional. Você comprimiu o cronograma o máximo possível ao introduzir caminhos paralelos para a execução das tarefas por meio da substituição de dependências TI para II e, mesmo assim, não foi possível atender o prazo imposto. O que faria? (Sugestão: utilize o triângulo do escopo discutido no Capítulo 1).

11. Mesmo que todas as suas tarefas tenham cumprido os critérios de término da EAP, quais problemas de programação o justificariam a decompor um pouco mais uma ou mais tarefas e como isso resolveria tais problemas?

**12.** Você é o gerente de um projeto de desenvolvimento de um novo sistema para a organização. Você tem duas opções de recursos para trabalhar em uma atividade específica de programação. A tarefa não está no caminho crítico, mas é, de alguma forma, complexa. Suas opções são as seguintes:

a) uma opção é Harry. Ele é o programador mais habilidoso da organização e, dessa forma, existe uma demanda constante por seu trabalho. Como resultado disso, ele geralmente está alocado em vários projetos ao mesmo tempo. Ele dispõe de apenas metade de seu tempo para o seu projeto, já que está ocupado com mais dois outros projetos na outra metade do tempo;

b) a sua outra opção é, na verdade, uma equipe de dois programadores, onde ambos têm habilidades intermediárias. Eles foram contratações recentes da organização e nunca trabalharam em conjunto antes. Dentro dessa opção, você ainda tem outras duas alternativas e é livre para escolher qualquer uma das duas. Primeira: pode escolher um desses dois novos programadores para trabalhar metade do tempo em seu projeto. Segunda: ambos podem ser designados para seu projeto, alocando um quarto do tempo de cada. Seja qual for sua escolha, esse será o único projeto com o qual eles estarão trabalhando. O restante do seu tempo será gasto com treinamentos relativos aos processos e sistemas da organização e também com relação às políticas e práticas vigentes.

Você pode escolher uma das duas alternativas. Identifique e avalie as vantagens e desvantagens de cada alternativa. Quais são os riscos associados com cada alternativa? Como poderia mitigar tais riscos? Qual alternativa escolheria e por quê? Existem condições sob as quais uma escolha seja preferível com relação às outras? Seja específico.

---

### SISTEMA DE ENTREGA RÁPIDA DE PIZZAS (SERP)

**13.** O sistema SERP consiste nos seguintes seis subsistemas:

1. Localizador da fábrica de pizzas;
2. Entrada do pedido;
3. Logística;
4. Encaminhamento do pedido;
5. Definição da rota;
6. Gerenciamento de estoque.

Escolha um desses subsistemas e monte uma EAP completa. Você talvez tenha de adotar algumas premissas para concluir o exercício. Se isso acontecer, registre a declaração dessas premissas e quais as razões e justificativas para tê-las adotado.

# 6 Como lançar um projeto GTP

A produtividade de um grupo de trabalho parece depender de como os membros do grupo veem suas próprias metas em relação às metas da organização.

– Paul Hersey e Kenneth H. Blanchard

Quando o trabalho do melhor líder é concluído, as pessoas dizem: "Fomos nós que o fizemos".

– Lao-Tzu, filósofo chinês

Pela confiança mútua e ajuda mútua, grandes proezas são realizadas e grandes descobertas são feitas.

– Homero, filósofo grego

## OBJETIVOS DE APRENDIZAGEM DO CAPÍTULO

Depois de ler este capítulo, você saberá:

- descrever as características de um membro eficaz de uma equipe de projeto;
- entender os diferentes papéis e responsabilidades dos membros da equipe principal do projeto em comparação com as dos membros da equipe que trabalham por subcontratação;
- ajudar os membros da equipe de subcontratados a se tornarem parte da equipe;
- estabelecer regras operacionais para solução de problemas, tomada de decisão e solução de conflitos;
- quais são os tipos de reuniões de equipe e quando utilizar cada tipo;
- estabelecer e usar uma sala de crise da equipe;
- definir processos de mudança de escopo e processos de gestão das mudanças;
- conhecer quais são os requisitos das comunicações e como utilizar os eventos de comunicação;
- designar recursos;
- finalizar a programação do cronograma do projeto;
- descrever o formato e explicar o conteúdo de um pacote de trabalho;
- saber quando solicitar a descrição de um pacote de trabalho.

O plano do projeto foi aprovado e chegou a hora de seguir em frente com o trabalho do projeto. Antes de liberar a equipe para o trabalho, você terá que se dedicar a algumas tarefas de governança.

## 6.1 UTILIZANDO FERRAMENTAS, DOCUMENTOS PADRÃO E PROCESSOS PARA LANÇAR UM PROJETO

Os principais tópicos deste capítulo são sobre o recrutamento da equipe completa do projeto e a sua preparação para iniciar o trabalho do projeto. Esse é um passo importante no projeto, especialmente para aquelas circunstâncias nas quais a equipe do projeto irá trabalhar em conjunto pela primeira vez. Nessa altura, a equipe é apenas um grupo de pessoas unidas por um propósito comum do qual, possivelmente, sabem muito pouco. Cabe a você, como gerente do projeto, transformar esse grupo em uma equipe. As ferramentas e documentos padrão que tem à disposição incluem o seguinte:

- recrutamento dos membros da equipe do projeto;
- a Declaração do Escopo do Projeto (DEP);
- estabelecimento de regras de operação da equipe para:
    - solução de problemas;
    - tomada de decisões;
    - solução de conflitos;
    - obtenção de consenso;
    - *brainstorming*;
    - reuniões da equipe.
- o processo de gerenciamento de mudança de escopo;
- planejamento do gerenciamento das comunicações com as partes interessadas;
- pacotes de trabalho;
- o processo de atribuição de recursos;
- finalização da programação do projeto.

## 6.2 RECRUTAMENTO DA EQUIPE DO PROJETO

Depois de cerca de 40 anos de prática em gerenciamento de projetos, finalmente fui designado para gerenciar um projeto no qual tive permissão para selecionar exatamente a equipe que eu queria. Minha seleção recebeu a mais alta prioridade e consegui todo mundo que requisitei – 100%. Achei que tinha morrido e ido para o céu. Que prazeroso foi trabalhar com uma equipe cujos membros me eram todos familiares e com quem eu já havia trabalhado em projetos anteriores. Eram pessoas comprometidas até o último fio de cabelo – você podia contar totalmente com seu comprometimento e sabia que tal compromisso era firme. Com aquela equipe, não foi surpresa o fato de terminarmos o projeto antes da data programada e abaixo do orçamento. Não houve rotatividade de pessoas ao longo de todos os 27 meses do projeto. Eu não tenho a expectativa de que uma situação ideal dessas possa ocorrer novamente.

A realidade é que, na maioria das vezes, os membros da equipe serão designados pelo simples fato de que estão disponíveis (como se disponibilidade fosse algum tipo de habilidade ou competência). Sendo assim, este capítulo começa discutindo as realidades do recrutamento de uma equipe de projeto.

O sucesso dos planos do projeto e de sua execução somente será possível se o gerente e a equipe do projeto forem um time de sucesso. Montar equipes efetivas é uma mistura de arte e de ciência.

Ao recrutar e montar uma equipe efetiva, você deve considerar tanto as competências técnicas de cada pessoa como também os papéis críticos que devem ser desempenhados e a química que deve existir entre o gerente do projeto e os membros da equipe. Sua atribuição para ser o gerente do projeto e a escolha dos membros de sua equipe não será perfeita – sempre existirão riscos associados à seleção de pessoal.

Além de você, que foi escolhido como gerente do projeto, a equipe do projeto terá mais dois ou três componentes separados. São necessários os clientes (internos ou externos à organização) e a equipe principal. Equipes subcontratadas somente serão necessárias quando o projeto terceirizar blocos do trabalho do projeto. A equipe do projeto tem os três componentes separados a seguir:

- equipe principal;
- equipe do cliente;
- equipe de subcontratados.

Esteja atento às características que devem fazer parte de uma equipe de projeto efetiva. As seções seguintes descrevem as responsabilidades de cada um dos três componentes da equipe do projeto. Também fornecem uma lista de verificação que deve ajudá-lo no seu processo de seleção, bem como linhas gerais para estruturar um projeto dentro de uma organização.

## 6.3 MEMBROS DA EQUIPE PRINCIPAL

Os membros da equipe principal acompanharão o projeto desde o seu início até a sua conclusão. Tais membros geralmente têm um papel maior a desempenhar no projeto e colaboram com um conjunto amplo de competências e habilidades e que tem aplicabilidade em todo o trabalho que será realizado pelo projeto. Eles também podem ter responsabilidade sobre tarefas ou conjunto de tarefas importantes no projeto.

Embora a designação ideal para projetos com ciclo de vida GAP ou GEP seja a dedicação por tempo integral, isso raramente acontece no ambiente de negócios de hoje. Em organizações matriciais, a equipe de profissionais pode ser alocada em mais de um projeto por vez. Esse caso é especialmente verdade quando um profissional da organização possui uma habilidade ou competência não encontrada nos outros profissionais. Esse profissional habilidoso será alocado em vários projetos de forma simultânea. Um membro da equipe principal terá alguma porcentagem de seu tempo alocada no projeto – é improvável que você os consiga por tempo integral.

### 6.3.1 Quando selecionar os membros da equipe principal

Os membros da equipe principal devem ser identificados o mais cedo possível, uma vez que são necessários para a Sessão Conjunta de Planejamento do Projeto (SCPP). De forma geral, a equipe principal é identificada no início da fase de definição do escopo. Isso permite que os membros participem nas definições e planejamento iniciais do projeto.

### 6.3.2 Critérios de seleção

Em função das necessidades atuais de redução de pessoal, definição apurada do número de colaboradores e reestruturações organizacionais, grande parte da responsabilidade sobre a escolha dos membros da equipe principal recai sobre o gerente do projeto. Entretanto, mesmo que você, na figura do gerente do projeto, tenha recebido essa responsabilidade, é muito provável que tenha pouca (ou até mesmo nenhuma) liberdade para escolher os indivíduos que gostaria que fizessem parte de sua equipe principal. Esse problema pode ser causado por uma das seguintes situações:

- a maioria das organizações tem um portfólio muito agressivo de projetos, com constantes mudanças de prioridades e requisitos;
- a pessoa que você quer já tem uma carga de trabalho tão pesada que não é possível ela assumir mais uma responsabilidade;
- a rotatividade de pessoal, especialmente entre os profissionais altamente capacitados (e que são muito requisitados), está fora de controle em muitas organizações. A rotatividade entre esses profissionais é alta em função da alta demanda por seus serviços.

Todas essas situações dificultam o trabalho do gerente do projeto na seleção de sua equipe dos sonhos. Por exemplo, suponha que o gerente de um projeto tenha que escolher entre a equipe A e a equipe B. A equipe A é a mais habilidosa em uma tecnologia específica. Ela é composta pelos especialistas da organização. Já a equipe B é composta pelos indivíduos que gostariam de estar na equipe A, mas ainda não têm a experiência e as competências necessárias. O gerente do projeto gostaria de ter todos os membros da equipe A trabalhando na equipe principal do seu projeto, mas ele sabe que isso não acontecerá. A mera sugestão de uma equipe assim seria imediatamente rejeitada pelos gerentes funcionais dessa equipe de profissionais altamente capacitados. O gerente de projeto politicamente habilidoso determinaria qual o trabalho do projeto que deve ter, obrigatoriamente, um membro da equipe A alocado e qual trabalho pode ser realizado por um membro da equipe B e, então, negociaria as disponibilidades com os respectivos gerentes funcionais desses potenciais membros da equipe.

O gerente do projeto deverá ser bem cuidadoso na escolha de suas batalhas, isso porque possivelmente ele quer alocar recursos da equipe A nas tarefas do caminho crítico, nas tarefas mais arriscadas e nos projetos com maior valor para o negócio e aceita membros da equipe B para tarefas e projetos de menor criticidade. Permita que os gerentes funcionais utilizem as tarefas que não estão no caminho crítico do projeto para treinar seu pessoal. Lembre que os problemas deles com desenvolvimento e alocação do pessoal são equivalentes aos seus problemas de planejamento e programação do projeto. Pode ser uma boa estratégia negociar o desenvolvimento de um determinado profissional em troca do compromisso de alocação de um outro profissional que faça parte da equipe A.

Como resultado de meu trabalho de consultoria em gestão de projetos, identifiquei uma lista de características que muitos gerentes de projeto entendem como sendo as de uma equipe principal bem-sucedida – a lista é apresentada logo a seguir. Em grande parte, são características observadas nos indivíduos, com base nas experiências desses gerentes de projeto ou daqueles que trabalharam com tais indivíduos. Tipicamente, a presença ou ausência dessas características não pode ser determinada por meio de entrevistas.

Em muitos casos, o gerente do projeto acaba assumindo um risco calculado de que o candidato a membro da equipe possua essas características, mesmo que o indivíduo não tenha demonstrado previamente que ele as possui. Ficará óbvio, muito rapidamente, se o candidato possui ou não tais características. Se não possuir e se essas características forem essenciais para o papel a ser desempenhado pelo membro da equipe no projeto, o gerente do projeto ou o gerente funcional terão que corrigir esse problema, trabalhando e desenvolvendo o membro da equipe.

As seguintes características foram identificadas por gerentes de projetos como as mais importantes que os membros da equipe principal devem possuir.

- **Compromisso com o projeto** – esse fator é crítico para o sucesso do projeto. O gerente do projeto deve ter a certeza de que cada um dos membros da equipe principal do projeto atribui alta prioridade para o cumprimento de seus papéis e responsabilidades dentro do projeto. A equipe principal deve ser proativa no cumprimento dessas responsabilidades, de forma que o gerente do projeto não precise lembrá-los constantemente sobre suas programações e suas entregas.
- **Responsabilidade compartilhada** – isso significa que o sucesso e o fracasso são igualmente atribuídos como recompensa e culpa de cada um dos membros da equipe. Ter responsabilidade compartilhada significa que nunca ouvirá um membro da equipe levando o crédito individualmente pelo sucesso do projeto, ou então, culpando outro membro da equipe por uma falha no projeto. Todos compartilham igualmente o sucesso e o fracasso. E mais, quando um problema surge, todos se prontificam para ajudar de todas as formas possíveis. Se um membro da equipe está com problema, outro se apresentará voluntariamente para ajudá-lo.
- **Flexibilidade** – os membros da equipe devem estar dispostos a se adaptar às diferentes situações. "Isso não é minha responsabilidade" não é uma visão que se deseja no ambiente de projetos. Talvez seja preciso mudar as programações de última hora, com o objetivo de acomodar uma situação inesperada. A prioridade é o sucesso do projeto e não a programação de qualquer um dos membros da equipe do projeto.
- **Orientado a tarefa** – em última análise, o que conta é a capacidade que os membros da equipe têm de executar o trabalho que lhes foi designado de acordo com o plano do projeto.
- **Capacidade de trabalhar dentro dos cronogramas e respeitando as restrições** – parte de ser um membro da equipe é a sua capacidade de consistentemente finalizar

seus compromissos dentro do cronograma combinado, em vez de dar desculpas por não ter conseguido concluí-las. Os membros da equipe encontrarão muitos obstáculos, como atrasos em entregas causados por outros – de toda forma, eles terão de encontrar uma maneira de contornar esses contratempos. A equipe depende de seus membros para finalizar o trabalho de acordo com o plano.

- **Confiança e apoio mútuo** – essas são as características marcantes de uma equipe efetiva, e cada um de seus membros deve expressar essas qualidades. Os membros da equipe devem ser confiantes e confiáveis. Eles têm empatia e rapidamente oferecem ajuda quando fica claro que tal ajuda é necessária? Suas interações com outras equipes indicarão claramente se os membros da equipe do projeto possuem essas características. Indivíduos que não tenham essas características terão dificuldades para trabalhar de modo efetivo em uma equipe de projeto.
- **Gostar de trabalhar em equipe** – isso significa colocar a prosperidade da equipe à frente da sua própria. Comportamentos simples como a utilização da palavra *nós* em vez de *eu* em reuniões de equipe e conversas com outros membros da equipe são fortes indicadores de quem gosta de trabalhar em equipe.
- **Ter a mente aberta** – o membro de equipe que tem a mente aberta aceitará e incentivará outros pontos de vista e outras soluções para as situações problemáticas. Claramente, seu objetivo é fazer o que for o melhor para a equipe, sem buscar por reconhecimento individual. O principal atributo é o de não esconder os problemas – revele-os o mais cedo possível e dê aos outros membros da equipe a chance de ajudar.
- **Capacidade de trabalhar com estruturas e com autoridades** – nas organizações contemporâneas, os projetos tendem a cruzar as linhas organizacionais. Equipes compostas por membros de vários departamentos diferentes são comuns. Projetos como esses requerem que os membros da equipe trabalhem com profissionais das mais variadas áreas do negócio. Muitas dessas pessoas terão sistemas de valores diferentes e abordagens tratativas diferentes daquelas que o membro da equipe possa estar acostumado. Adaptabilidade, flexibilidade e abertura são características desejáveis.
- **Capacidade de utilizar ferramentas de gerenciamento de projetos** – o membro da equipe deve ser capaz de utilizar a tecnologia disponível ao cumprir com suas responsabilidades dentro do projeto. Os projetos são planejados utilizando uma grande variedade de ferramentas de *software* e, por consequência, os membros da equipe devem ter alguma familiaridade com essas ferramentas. Muitos gerentes de projetos solicitarão que os membros das equipes informem o *status* de suas tarefas e outros dados de progresso pertinentes diretamente nos sistemas e *softwares* de gerenciamento de projetos.

## 6.4 EQUIPE DO CLIENTE

É provável que não possa escolher quem o cliente designará para trabalhar na sua equipe. Entretanto, tome cuidado, porque esses indivíduos, talvez, tenham sido designados apenas porque não estão muito ocupados em seus próprios departamentos – e pode existir uma boa razão para isso (você pode muito bem adivinhar quais seriam as possíveis razões).

### 6.4.1 Quando selecionar a equipe do cliente

Essas pessoas devem ser designadas a tempo de participar da Reunião de Início do Projeto (reunião de *kick-off*). Muitas delas podem ter participado da Sessão Conjunta de Planejamento de Projeto (SCPP), e isso seria um bônus. Elas provavelmente serão designadas ao seu projeto apenas em tempo parcial. Em alguns casos, elas poderão fazer parte da equipe quando o trabalho em suas respectivas áreas estiver sendo executado. Mesmo que seja esta a situação, essas pessoas devem ser identificadas em conjunto com as demais e serão informadas sobre o *status* do projeto.

#### 6.4.1.1 Critérios de seleção

Provavelmente, o máximo que você poderá fazer é descrever as competências e experiências que os membros da equipe do cliente devem possuir. Talvez o cliente e o gerente do projeto prefiram especificar o título da posição a ser ocupada. Além disso, seria bom que os membros da equipe do cliente tenham algum tipo de autoridade para tomar decisões – se não, os membros do cliente precisarão consultar seus supervisores ou gerentes para que a decisão seja tomada, o que pode retardar o progresso do projeto.

## 6.5 MEMBROS DA EQUIPE SUBCONTRATADOS

O ambiente de negócios está mudando e muitas dessas mudanças são permanentes. As organizações estão constantemente terceirizando processos que não fazem parte de seu negócio ou expertise principal. Como resultado, os gerentes de projetos têm sido forçados, cada vez mais, a trabalhar com equipes compostas por membros subcontratados em vez dos empregados de suas próprias organizações. Isso se deve a uma ou a ambas das razões a seguir:

- escassez de pessoal;
- escassez de competências.

Essas carências possibilitaram o crescimento de um tipo de negócio completamente novo – *técnicos temporários* (*tech-temps*) é o nome que associo a essa nova oportunidade de negócio. A era dos pequenos empresários e do profissional especialista em um nicho de mercado veio para ficar. Para o gerente de projeto, isso cria a necessidade de gerenciar efetivamente uma equipe cuja composição provavelmente contará com membros externos subcontratados. Alguns trabalharão no projeto por um curto período de tempo enquanto outros podem trabalhar de forma integral na equipe principal do projeto, mesmo não sendo funcionários da organização dona do projeto.

Geralmente, os membros da equipe subcontratados estão disponíveis para trabalhar no projeto apenas por curtos períodos de tempo. Um membro da equipe subcontratado pode ter uma competência que será necessária por apenas um breve período e será designado ao projeto apenas durante esse período. Assim que as tarefas a eles designadas forem concluídas, eles sairão do projeto. Consulte o Capítulo 3 para discussões adicionais sobre Gerenciamento de Aquisições do Projeto.

### 6.5.1 Implicações da adição de membros subcontratados à equipe

Membros da equipe subcontratados apresentam vários desafios ao gerente do projeto. Na maioria dos esforços que envolvem o desenvolvimento de sistemas, é pouco provável que os profissionais sejam designados em tempo integral na equipe do projeto. Pelo contrário, eles trabalharão com a equipe do projeto apenas pelo período de tempo no qual suas expertises particulares serão necessárias. O gerente do projeto deve estar atento às implicações que a utilização de profissionais subcontratados têm nos projetos, o que pode incluir o seguinte:

- pode haver pouca ou nenhuma variação no tempo em que os membros da equipe subcontratados estarão disponíveis, de modo que as tarefas nas quais eles trabalharão devem permanecer de acordo com o cronograma de atividades programado;
- eles devem ser instruídos quanto ao papel que irão desempenhar no projeto e como a tarefa na qual trabalharão está relacionada com outras tarefas no projeto;
- a dedicação de membros subcontratados costuma ser um problema porque é provável que suas prioridades não sejam as mesmas do projeto em questão;
- a qualidade do trabalho pode ser uma questão em razão de baixos níveis de dedicação. Tudo que eles querem é terminar o trabalho e partir para uma nova empreitada. E frequentemente qualquer uma servirá;
- em geral, membros da equipe subcontratados exigirão mais supervisão do que membros da equipe principal.

### 6.5.2 Critérios de seleção

Se, na qualidade de gerente do projeto, você decidiu contratar ao invés de construir uma equipe de projeto, deverá determinar quem será contemplado com seu contrato. Membros de equipes subcontratados costumam ser empregados ou representados por agências que trabalham com profissionais técnicos que preferem trabalhar por conta própria em vez de serem empregados em tempo integral. Esses profissionais estão disponíveis para trabalhar em curtos intervalos de tempo, em suas respectivas áreas de atuação. Para contratar esses profissionais, deve tomar as seguintes decisões: quais processos vai seguir, quem deve ser convidado a oferecer as propostas e como irá avaliar as propostas recebidas. A avaliação geralmente assume a forma de uma tabela de pontuação. A tabela de pontuação contém questões agrupadas por características e funções relevantes e cada resposta tem um peso. A proposta de cada licitante recebe uma pontuação calculada, de forma a classificar as diferentes propostas. Informações não quantitativas, como as relações com os clientes e os serviços prestados para tais clientes, também são levantadas, com base nas referências indicadas pelos proponentes.

A seguir estão os passos que deve seguir, na figura de gerente do projeto, para contratar os serviços de membros de equipe externos:

1. identificar o número de pessoas com as respectivas competências necessárias, bem como o período de tempo no qual serão necessários;
2. identificar uma lista de empresas que serão convidadas a apresentar uma proposta;
3. redigir a Solicitação de Proposta (SDP);

4. estabelecer os critérios de avaliação de respostas e seleção dos proponentes;
5. distribuir a SDP;
6. avaliar as respostas;
7. reduzir a lista de proponentes a uns poucos que serão convidados para uma apresentação formal na empresa contratante;
8. conduzir as apresentações formais na empresa contratante;
9. escolher os profissionais e assinar o contrato.

 **Veja o Capítulo 3 se quiser mais detalhes sobre o processo de aquisição.**

---

**SERVIÇO DE ENTREGA RÁPIDA DE PIZZAS (SERP)**

O SERP não tem pessoal que possa prover as competências e experiências necessárias para esse projeto. Será necessário contratar vários profissionais externos. Isso significa que a equipe do projeto será composta por pessoal sem muitas competências técnicas do SERP e por profissionais experientes subcontratados. O tratamento eficaz dessa mistura é desafiador para o gerente do projeto.

## 6.6 DESENVOLVIMENTO DE UMA ESTRATÉGIA DE MOBILIZAÇÃO DA EQUIPE

Na realidade, o fator mais preponderante na formação da equipe do projeto é a disponibilidade dos futuros membros. Parece até que "disponibilidade" é uma espécie de competência! O resultado é que as equipes não são balanceadas – mas, antes de tudo, ainda são equipes. Você tem de fazer o melhor que puder com elas. O que é esperado que o gerente do projeto faça?

Primeiro, o gerente do projeto sabe bem onde o desequilíbrio está. Quais características a equipe tem? Quais são suas forças e suas fraquezas? Por exemplo, suponha que surgiu um conflito com o cliente. Quem na equipe tem as melhores propostas de resolução do problema? O mais provável é que as situações de desequilíbrio apareçam quando um conflito surgir, apesar de as equipes desde antes já estarem devidamente formadas.

O gerente do projeto precisa determinar quais membros da equipe têm maior chance de sucesso em quais tipos de trabalho. Monte a estratégia. Se ainda existirem lacunas, você precisará de um plano de desenvolvimento de equipe. Esse é o tópico da próxima seção.

## 6.7 ELABORANDO UM PLANO DE DESENVOLVIMENTO DA EQUIPE

Depois de montar sua equipe e avaliar as características de cada um dos membros, você pode descobrir várias áreas nas quais a equipe é visivelmente fraca. Apesar de o seu trabalho, enquanto gerente do projeto, ser o de gerenciar o trabalho do projeto e não o de ser um gerente de desenvolvimento de carreiras, você ainda tem que concluir o projeto e qualquer desequilíbrio na equipe pode ser uma barreira para seu sucesso. Como gerente do projeto, identifique as áreas de riscos mais altos que ainda não estão cobertas por pelo menos um membro da equipe que seja capaz de lidar com tais riscos. Como parte de seu plano de gerenciamento de riscos, implemente um plano de desenvolvimento para membros específicos da equipe.

Qual seria a forma desse plano de desenvolvimento? São apresentadas duas possibilidades:

- pode ser que queira utilizar um comportamento de gerenciamento da solução de conflitos chamado *comportamento mascarado*. Em resumo, você encontra uma pessoa na sua equipe cujo comportamento normal é o mais próximo possível do comportamento ausente e necessário. Essa pessoa passa então a atuar como se seu comportamento normal fosse aquele comportamento faltante;
- você também pode considerar treinamentos de sensibilidade para alguns ou todos os membros da equipe. Esse treinamento envolve a criação de uma percepção acerca do comportamento que está faltando e sua prática, sob supervisão. Por exemplo, profissionais de tecnologia geralmente não são muito bons em habilidades relacionais. Um treinamento de sensibilidade para esses membros da equipe pode incluir o desenvolvimento da capacidade de ouvir o outro, aprender como ser um membro de equipe colaborador, aceitação da mudança, treinamento em diversidade e outros treinamentos relacionados às habilidades interpessoais.

## 6.8 CONDUZINDO A REUNIÃO DE INÍCIO DO PROJETO

A Reunião de Início do Projeto é o anúncio formal à organização de que o projeto foi planejado e aprovado para a execução. Essa reunião acontece uma única vez em cada projeto – no começo do projeto, depois que o plano do projeto e o projeto propriamente dito foram aprovados e antes da execução de qualquer trabalho que esteja programado. É a primeira reunião para que todos os membros da equipe se conheçam e, também, sua oportunidade para dar um bom início para o projeto.

## 6.9 FINALIDADE DA REUNIÃO DE INÍCIO DO PROJETO

Essa é a reunião que dá início ao projeto. Você quer tornar essa reunião um evento memorável. A seguir é apresentado um exemplo de agenda para a reunião:

- apresente o patrocinador à equipe de projeto;
- comente a importância do projeto para o patrocinador;
- apresente o cliente do projeto;
- apresente o gerente do projeto;
- apresente os membros da equipe do projeto;
- redija a DEP;
- estabeleça as regras de operação da equipe;
- faça uma revisão do plano do projeto;
- finalize a programação do cronograma do projeto;
- redija os pacotes de trabalho.

A reunião deve durar até que a agenda seja finalizada. Em projetos de médio/grande porte, essa reunião geralmente dura um dia inteiro. Os três primeiros itens da agenda são conduzidos pelo patrocinador. Os itens restantes ficam a cargo do gerente do projeto.

## 6.9.1 Participantes

Em geral, os participantes da Reunião de Início do Projeto são:

- patrocinador;
- outros gerentes;
- equipe de projeto;
- fornecedores.

O papel do patrocinador é despertar o interesse da equipe com relação ao projeto, bem como da respectiva importância desse projeto para a organização. Em organizações maiores, podem existir algumas ramificações políticas, de forma que outros membros da alta administração podem ser convidados pelo patrocinador para que estejam cientes do projeto e de seu valor para a organização. Para o patrocinador, é uma boa maneira de cultivar um grupo de suporte para futuras decisões que afetem esse projeto no âmbito do portfólio organizacional de projetos.

Você pode estar se questionando sobre a razão de eu ter incluído os fornecedores na lista de participantes. O objetivo é fazer com que eles sintam que fazem parte da equipe do projeto tanto quanto a equipe da própria organização. Sempre que posso, os incluo nas atividades pertinentes. Se possível (e se fizer sentido) tento fazê-los sentir que são uma parte igual dentro do projeto. Mais ainda, gosto que eles tenham seu próprio espaço na sala de crise do projeto. Fazer com que participem da Reunião de Início do Projeto é uma boa maneira de começar a construir uma relação colaborativa e de suporte com seus fornecedores.

## 6.9.2 Instalações e equipamentos

A Reunião de Início do Projeto é uma reunião de trabalho e, dessa forma, o local da reunião deve ser adequado a essa finalidade. Exceto por um breve período de tempo introdutório, no qual muitos gerentes e o patrocinador devem estar presentes, o restante da reunião contará com a participação somente da equipe do projeto e dos fornecedores. Em alguns casos, a primeira parte da reunião pode ser realizada em um auditório e a parte posterior, de trabalho, pode ser desenvolvida em um ambiente mais apropriado, com mesas dedicadas às frentes de trabalho. Para grandes projetos, você provavelmente precisará de algumas salas adicionais, anexas a uma sala central maior. Uma excelente opção é a sala de crise do projeto, caso ela já exista.

Você precisará de um amplo estoque de notas adesivas, fitas adesivas, tesouras e marcadores coloridos. É bom ter *flipcharts* à disposição de cada grupo de trabalho. Também é recomendado ter quadros brancos com bastante espaço. Podem ser utilizados projetores e microcomputadores, de forma que todos na sala vejam os detalhes conforme os assuntos forem definidos. Os membros da equipe do projeto devem trazer seus notebooks. Você deve distribuir o Termo de Abertura do Projeto (TAP), a Estrutura Analítica de Requisitos (EAR) e a proposta de projetos antecipadamente aos participantes, que, por sua vez, devem trazer tais documentos devidamente arquivados em seus computadores.

## 6.10 A REUNIÃO SINALIZA O INÍCIO DO PROJETO E É COMPOSTA POR DUAS PARTES IMPORTANTES

- a parte conduzida pelo patrocinador;
- a parte conduzida pelo gerente do projeto.

### 6.10.1 Parte conduzida pelo patrocinador

A primeira parte é basicamente uma apresentação do projeto para a organização. Membros selecionados da alta administração e outras partes interessadas são convidados para essa reunião, que, geralmente, é breve – não deve durar mais do que 30 minutos. O patrocinador do projeto fornece um breve resumo do projeto, as razões por que está sendo executado, o que será alcançado, quais valores de negócio serão gerados e, finalmente, apresenta o gerente e o cogerente do projeto (se existir um). O TAP é um bom roteiro do que essa apresentação deve incluir.

### 6.10.2 Parte conduzida pelo gerente do projeto

A segunda parte é uma sessão de trabalho inicial para toda a equipe do projeto. Essa parte ocupará praticamente o restante do dia. Exceto para pequenos projetos, os membros da equipe podem não se conhecer ou até podem ter trabalhado juntos em outros projetos, mas não obrigatoriamente já tenham interagido. O time do projeto não é composto somente por membros responsáveis pelo desenvolvimento, mas também por membros da equipe do cliente. Em organizações maiores, pode ser que esses dois grupos nunca tenham tido a oportunidade de trabalhar em conjunto antes. Essa primeira reunião com toda a equipe do projeto pode ser confusa, especialmente sobre o que é para ser feito, quem deve fazer o que e quando cada coisa deve ser finalizada. Alguns devem se perguntar: "Como será o gerente do projeto e o que ele espera de mim?"

## 6.11 A AGENDA DA SESSÃO DE TRABALHO

A agenda para a parte da sessão de trabalho da Reunião de Início do Projeto é direta. Damos a seguir uma lista típica dos itens:

- apresentar os membros da equipe do projeto uns aos outros;
- redigir a DEP;
- revisar o plano do projeto;
- finalizar a programação do cronograma do projeto;
- redigir os pacotes de trabalho.

### 6.11.1 Apresentação dos membros da equipe de projeto

"Olá, meu nome é Earnest F. Forte e sou o Analista de Negócios Sênior na Gerência da Cadeia de Suprimentos" não é o tipo de apresentação na qual eu penso. Essa parte da reunião é crítica para o gerente do projeto porque é a primeira oportunidade de começar a construir um relacionamento aberto e honesto com e entre cada membro da equipe do projeto. Lembre-se de que ainda não tem uma equipe de projeto – tudo que tem é um grupo de pessoas tentando entender onde seus respectivos gerentes as colocaram. As apresentações são um convite sincero para o desenvolvimento da estima e da credibilidade entre todos os membros da equipe. A melhor maneira de fazer isso é propiciar uma conversação com cada membro da equipe. Você terá que fazer uma tarefa de casa, de forma que saiba alguma coisa de cada pessoa e a razão de tal pessoa estar na equipe. Envolva-as em uma conversação que começa com você apresentando-as pelo nome, título do cargo que ocupam, alguma informação sobre elas e por que elas estão no projeto. Isso vai despertar a autoestima dos colaboradores de forma imediata. Então, faça uma pergunta aberta de forma a iniciar a conversação. Por exemplo, uma boa questão aberta é: "Quais são as contribuições que você pode dar ao projeto?"

## 6.12 REDAÇÃO DA DESCRIÇÃO DO ESCOPO DO PROJETO

Uma das primeiras coisas que o gerente do projeto quer fazer é garantir que todos os membros da equipe tenham o mesmo entendimento sobre o que é o projeto. Há muita documentação para apoiar esse exercício: Condições de Satisfação (CDS), TAP, RBS, Estrutura Analítica de Projetos (EAP) e a proposta do projeto. Todos esses documentos devem ser distribuídos para cada um dos membros da equipe antes da Reunião de Início do Projeto, de forma que a equipe do projeto tenha a chance de revisar as informações antecipadamente.

Todos virão à Reunião de Início do Projeto com perguntas sobre o projeto e com diferentes pontos de vista sobre qual é o propósito do projeto. Não é uma boa base para seguir em frente. É essencial que todos tenham o mesmo ponto de vista. Eu percebi que funciona bem quando a equipe do projeto elabora um rascunho da DEP. Assim como o cliente e o gerente do projeto se beneficiam da CDS e do TAP, o gerente do projeto e a equipe se beneficiarão da DEP. A DEP utiliza as mesmas cinco partes do TAP, mas incorpora um nível considerável de detalhes. Enquanto o TAP é um documento de uma página, a DEP será um documento com várias páginas. O gerente do projeto e a equipe do projeto utilizam a informação fornecida na DEP para:

- servir de base para o planejamento continuado do projeto;
- esclarecer o projeto para a equipe de projeto;
- servir como referência para manter a equipe focada na direção correta;
- servir de orientação para novos membros da equipe;
- servir como um método de descoberta para a equipe.

Na maioria dos casos, a DEP expande duas seções do TAP. A primeira parte e a declaração dos objetivos do projeto. No TAP, os objetivos do projeto são escritos de forma que eles possam ser entendidos por qualquer um que tenha acesso ao projeto. Na DEP, a situação é um pouco diferente. A DEP não circula fora da equipe do projeto – dessa forma, a linguagem pode ser técnica e o desenvolvimento mais detalhado. Os objetivos do projeto assumem uma forma mais parecida com a RBS. O propósito é fornecer uma descrição que possa ser assimilada pela equipe do projeto.

A segunda parte são as declarações de premissas, riscos e obstáculos. As declarações apresentadas no TAP são de interesse da alta gestão organizacional. Já na DEP, a lista será do interesse da equipe do projeto, sendo mais longa e bem mais detalhada. Na minha experiência, as listas da DEP são construídas durante a SCPP, enquanto as listas do TAP são construídas como parte das atividades de definição do escopo do projeto.

O documento da DEP foi apresentado pela primeira vez na segunda edição deste livro. Desde então, as experiências que vivi comprovaram que a DEP pode ser utilizada pela equipe para ajudá-la a compreender o projeto em detalhes. O TAP não satisfaz essa necessidade, então desenvolvi a DEP. É apenas uma variação do TAP concebida especificamente para a equipe do projeto. Ao implementar a DEP, percebi que ela poderia ajudar muito a resolver problemas de comunicação que geralmente acontecem quando os membros da equipe transitam pelo projeto. Em muitos casos nos quais utilizei a DEP, ela se mostrou de grande valor para a equipe.

## 6.13 REVISÃO DO PLANO DO PROJETO

Alguns membros da equipe estão vendo o plano do projeto pela primeira vez – e suas considerações são necessárias. Você deve dar uma chance a eles de se integrarem ao projeto e começarem a pensar em seus papéis dentro da iniciativa. Eles serão os melhores observadores que você terá, então não perca a oportunidade de levar em conta suas considerações.

## 6.14 FINALIZAÇÃO DA PROGRAMAÇÃO DO CRONOGRAMA DO PROJETO

A programação do cronograma do projeto foi desenvolvida na fase de planejamento e certas premissas foram assumidas com relação à disponibilidade de recursos. Agora é a hora de integrar a disponibilidade de todos os membros da equipe com o cronograma do projeto, de forma a apresentar um cronograma operacional que atenda às necessidades do cliente. Também podem ser feitas atribuições de última hora e resolvidas questões pendentes que ficaram do cronograma inicial.

## 6.15 REDAÇÃO DOS PACOTES DE TRABALHO

Devem ser escritos os pacotes de trabalho para todas as tarefas que estejam no caminho crítico, que sejam de alto risco, que tenham grande variação de duração e que utilizem recursos escassos. Você deve proteger o projeto o máximo possível de potenciais perdas de membros da equipe. Saber como os membros da equipe vão completar suas tarefas e saber o *status* de suas tarefas no momento dessas eventuais perdas fornecem uma boa proteção para o projeto.

## 6.16 DEFINIÇÃO DAS REGRAS DE OPERAÇÃO DA EQUIPE

Acredito que um fator crítico para o sucesso do projeto é ter essas regras definidas e acordadas com todos os membros da equipe. As regras de mobilização ajudarão a estabelecer um ambiente propício para a solução de muitos problemas relacionados ao projeto. Frequentemente as equipes de projeto não definem e nem buscam o acordo da equipe com as regras de operação logo no início dos trabalhos do projeto. Isso pode ser um problema real, especialmente quando você está gerenciando um projeto com múltiplas equipes. (Veja o Capítulo 2 do Volume 2 para uma discussão mais aprofundada sobre esse tipo de situação). Essas regras de operação definem como a equipe trabalha em conjunto, toma as decisões, resolve os conflitos, comunica o progresso do projeto e trata uma série de outras necessidades administrativas. Mesmo antes de o trabalho do projeto começar, a equipe deve entrar em acordo sobre como será o trabalho em conjunto. Essa seção examina as áreas onde as regras de operação são necessárias e então trata de seus aspectos específicos.

## 6.17 SITUAÇÕES QUE NECESSITAM DE REGRAS DE OPERAÇÃO DA EQUIPE

Ao longo do ciclo de vida do projeto, podem surgir algumas situações que demandarão alguma ação por parte da equipe. Agrupei essas situações em seis áreas de atuação:

- solução de problemas;
- tomada de decisões;
- solução de conflitos;
- obtenção de consenso;
- *brainstorming*;
- reuniões da equipe.

### 6.17.1 Solução de problemas

Conforme o trabalho do projeto se desenrola, existirão muitas situações nas quais a equipe do projeto será desafiada a descobrir como atender satisfatoriamente às necessidades dos clientes enquanto mantém o cronograma e o orçamento de acordo com os recursos que foram alocados. Algumas situações serão fáceis de resolver, enquanto outras serão um desafio até mesmo para as mentes mais criativas. O processo de solução de problemas é bem conhecido e existem várias publicações que tratam do tema. Criatividade e solução de problemas andam lado a lado – um bom remediador de problemas sempre se vale da criatividade para identificar abordagens que poderiam passar despercebidas.

O modelo que aparenta ser o mais apropriado para solução de problemas e que resistiu ao teste do tempo é o modelo apresentado por J. Daniel Couger, em seu livro *Creative problem solving and opportunity finding* (Boyd and Fraser Publishing, 1995). O modelo é ilustrado na Figura 6.1.

**FIGURA 6.1** Modelo de solução criativa de problemas de Couger

| | |
|---|---|
| **Estímulo** ⮕ | |
| Etapa um | Delinear a oportunidade e definir o problema. |
| Etapa dois | Compilar as informações relevantes. |
| Etapa três | Gerar ideias. |
| Etapa quatro | Avaliar e priorizar as ideias. |
| Etapa cinco | Desenvolver o plano de implementação. |
| | ⮕ **Ação** |

O processo de Couger começa com um estímulo externo: algo acontece e cria uma situação fora de controle no projeto e que deve ser retificada. Isso inicia uma série de ações que esclarecem a situação, identificam e reúnem dados relevantes e provocam a proposição de várias ideias e abordagens que serão apresentadas e discutidas. A partir daí, adota-se a ideia que se apresente como a mais promissora como a maneira para retificar a situação e fazê-la retornar ao normal. Por fim, um plano de ação é elaborado e colocado em prática (o ponto de saída do modelo é a própria ação). Couger identifica as cinco etapas a seguir que compõem esse processo de solução de problemas.

- **Etapa 1: delinear a oportunidade e definir o problema** – esta é uma etapa de definição de escopo, na qual os membros da equipe buscam estabelecer uma formulação e uma definição do problema e dos resultados desejados que a solução para o problema propiciará. Isso ajuda a equipe a definir claramente os limites do problema – ou seja, o que está dentro e o que está fora do escopo. Para a escolha do líder do processo, é recomendável que você selecione um membro da equipe que seja capaz de avaliar o problema de maneira independente de qualquer viés pessoal e que tente apresentá-lo no nível conceitual e devidamente esquadrinhado de acordo com uma estrutura lógica. Coletar os dados e apresentá-los de maneira concisa é uma tarefa inicial nesse modelo.
- **Etapa 2: compilar as informações relevantes** – com uma definição do problema nas mãos, a equipe pode, agora, identificar e especificar os dados e elementos que serão necessários para avançar na compreensão do problema e que também serão a base na qual possíveis soluções serão formuladas.
- **Etapa 3: gerar ideias** – essa etapa é tipicamente iniciada com uma sessão de *brainstorming*. A equipe deve identificar o maior número de soluções possíveis. É a hora de

ter a mente aberta e pensar em maneiras criativas e inovadoras para encontrar uma solução. Ideias gerarão novas ideias até que a equipe esgote suas energias criativas. O trabalho do líder do processo é avaliar o problema de várias perspectivas diferentes. Nessa etapa, o líder tem o interesse em coletar os dados de forma a gerar ideias de solução, e ainda não está interessado em escolher uma ou duas soluções propostas.

- **Etapa 4: avaliar e priorizar as ideias** – nessa etapa, a lista de possíveis soluções precisa ser reduzida a uma ou duas opções que efetivamente serão planejadas. É necessário desenvolver os critérios de seleção das melhores ideias de solução, bem como desenvolver as métricas que serão utilizadas tanto para avaliar as vantagens e desvantagens de cada proposta como também as que serão utilizadas para priorizar as soluções. O cálculo dos valores das métricas de cada alternativa e a classificação das alternativas baseada nas pontuações obtidas dessas métricas são exercícios que qualquer membro da equipe pode realizar. O líder do processo tem a capacidade de reunir uma grande variedade de ideias e transformá-las em soluções. Entretanto, o trabalho dessa pessoa não está finalizado até que tenha estabelecido os critérios para avaliar as soluções e recomendar ações.

- **Etapa 5: desenvolver o plano de implementação** – a solução foi identificada e agora é a hora de montar um plano para implementar tal solução. Essa etapa é um exercício que envolve toda a equipe e que se valerá justamente do conhecimento e experiência de todos para o planejamento e implementação. A contribuição da equipe será a de montar um plano para implementar a solução recomendada e garantir que tal plano será executado.

Muitas das etapas, apesar da aparência de morosas e complexas, podem ser executadas de maneira simples e direta. Situações que demandam um esforço de solução de problemas ocorrem frequentemente no projeto e muitas vezes são resolvidas do início ao fim por somente um membro da equipe do projeto. É claro que situações mais complexas demandam muitos colaboradores e a criatividade coletiva da equipe inteira. As cinco etapas deveriam se tornar parte da essência de cada membro da equipe. À medida que os membros da equipe criam o hábito de utilizar o processo de cinco etapas, elas formam uma sequência comum compartilhada pela equipe e, desse modo, não se tornam um fardo para ninguém da equipe.

## 6.17.2 Tomada de decisões

À medida que se dedicam ao trabalho do projeto, os membros da equipe passam a tomar decisões a todo momento. Algumas das decisões são óbvias e diretas e podem não demandar o envolvimento de outros membros da equipe; outras decisões são mais complexas e podem necessitar do envolvimento e participação ativa da equipe, do cliente e, até mesmo, de pessoas de fora do projeto. Os três principais tipos de modelo de tomada de decisão são os seguintes:

- **diretivo** – nesse modelo, a pessoa com a autoridade (o gerente do projeto para o projeto e o gerente da tarefa para a tarefa) toma a decisão por todos os membros da equipe. Embora essa abordagem seja rápida, ela apresenta sérias desvantagens. A única informação disponível é a informação que o tomador de decisão possui, e que pode ou não estar correta e/ou completa. Um outro perigo é que quem discorda da decisão ou é deixado de fora do processo pode se tornar resistente ao que foi decidido ou não estar disposto a executar o que foi determinado. A abordagem diretiva costuma ser utilizada quando o tempo é um fator importante e é preciso tomar uma decisão imediatamente – nessas situações não faz sentido organizar uma reunião com um comitê de forma a coletar as opiniões de todos antes de agir;

- **participativo** – nesse modelo, todos os membros da equipe contribuem com o processo de tomada de decisão. Cria-se uma sinergia à medida que o grupo busca pela melhor solução. Como todos têm a oportunidade de participar, o compromisso com a decisão será muito mais forte do que na abordagem diretiva. Obviamente, existe um benefício adicional – o aumento do poder da equipe. Do ponto de vista político, é muito melhor para o gerente do projeto utilizar essa abordagem do que a abordagem diretiva. Recomendo que utilize a abordagem participativa sempre que possível;

- **consultivo** – essa é uma abordagem intermediária, que combina o melhor das duas outras abordagens. A pessoa com autoridade toma a decisão final, mas essa decisão é tomada somente após consultar todos os membros, de forma a coletar suas ideias, opiniões e subsídios. Essa abordagem é participativa no estágio de coleta das informações, mas diretiva no ponto de tomada de decisão. Em alguns casos, quando é necessária rapidez no processo, essa é uma boa abordagem a ser adotada. Em vez de envolver a equipe inteira, o gerente do projeto decide quais opiniões, ideias e subsídios buscar e, baseado nesses insumos, toma a decisão. Politicamente, essa é uma estratégia muito boa e pode ter efeito positivo naqueles que foram ouvidos.

A escolha de um modelo para utilizar em uma situação específica se dá, em geral, em função da gravidade da situação e do tempo disponível para a tomada de decisão. Algumas organizações possuem categorias padronizadas de decisão, onde cada categoria é definida por algum parâmetro financeiro, como, por exemplo, o valor da decisão ou então por algum parâmetro de escopo, como o número de unidades de negócio ou clientes afetados pela decisão. Também são definidas as pessoas ou os papéis organizacionais que serão responsáveis por tomar a decisão em cada categoria – quanto mais séria a categoria, mais alto será o nível organizacional do tomador de decisão. Algumas decisões podem ser tomadas por uma pessoa ou um membro isolado da equipe, algumas pelo gerente da tarefa, algumas pelo gerente do projeto, algumas pelo cliente e algumas pela alta gestão da organização. Existem ainda algumas que demandam um grupo de decisão, onde será utilizada uma abordagem participativa ou consultiva.

### 6.17.3 Solução de conflitos

A próxima área que demanda regras operacionais é a que trata como a equipe resolve os conflitos. Conflitos surgem quando dois ou mais membros da equipe têm opiniões diferentes, quando o cliente discorda de uma ação a ser executada pela equipe ou em uma variedade de outras situações envolvendo duas ou mais partes com diferentes pontos de vista. Em todos esses exemplos, a diferença deve ser resolvida. É claro que a solução de conflitos é uma situação muito mais sensível do que a regra de tomada de decisão porque tem um aspecto situacional e de confrontação, enquanto a regra de tomada de decisão é muito mais procedural e estruturada. Dependendo da situação particular do conflito, a equipe pode adotar um dos estilos de solução de conflito a seguir:

- **esquivamento** – algumas pessoas farão de tudo para evitar uma confrontação direta. Elas concordam, mesmo que sejam contrárias ao resultado final. Esse estilo não pode ser tolerado na equipe do projeto. Deve-se buscar as considerações e opiniões de todas as pessoas. O gerente do projeto tem a responsabilidade de garantir que isso aconteça. Uma maneira simples de fazer isso é pedir para os membros da equipe, um de cada vez, que pensem sobre a situação e que apresentem suas sugestões sobre o que pode ser feito. Geralmente, essa abordagem desarmará qualquer confronto direto entre dois indivíduos da equipe.

- **combativo** – algumas pessoas evitam o confronto a todo custo; outras parecem procurar conflitos. Alguns membros da equipe se tornam advogados do diabo frente às menores provocações. Em algumas situações, isso pode ser vantajoso – por exemplo, testar a opinião da equipe antes de tomar a decisão. Em outras situações, isso tende a elevar o nível de estresse e tensão, fazendo com que muitos membros da equipe percebam a situação como não produtiva, uma verdadeira perda de tempo. O gerente do projeto deve ser capaz de identificar esses membros da equipe combativos e agir de forma a mitigar as chances de surgimento das situações combativas.

> ..............
> **SUGESTÃO** Uma técnica que tenho utilizado com sucesso é encarregar os indivíduos potencialmente combativos de apresentar uma recomendação para a consideração da equipe. Essa abordagem oferece menos oportunidades para a discussão combativa porque o membro combativo compartilha as suas recomendações antes de os outros apresentarem suas considerações, que seriam motivos para o membro combativo discordar.

- **colaborativo** – nessa abordagem, a equipe busca por oportunidades ganha-ganha. A abordagem procura uma base comum de forma a avançar no sentido da solução. Essa abordagem encoraja que cada membro da equipe apresente suas opiniões e não evita que eventuais conflitos possam surgir disso. Ao mesmo tempo, os membros da equipe não procuram criar conflitos desnecessários. Essa abordagem é construtiva, não destrutiva.

O aprofundamento sobre os estilos de resolução de conflito está além do escopo deste livro. Se for de seu interesse, você poderá consultar várias referências no assunto. Duas que entendo como particularmente úteis são *The dynamics of conflict resolution: a practitioner's guide*, de Bernard S. Mayer (Jossey-Bass, 2000), e *Conflict and conflict management*, de Kenneth Thomas, presente em *The handbook of industrial and organizational psychology* (Wiley, 1983).

### 6.17.4 Obtenção de consenso

A obtenção de consenso é um processo utilizado pela equipe para chegar a um acordo sobre qual alternativa deve ser adotada dentre as várias opções levantadas. O acordo não é obtido por meio de votação. Ao contrário, o acordo é alcançado por meio de discussões, até que se chegue a um ponto no qual os participantes não tenham grandes discordâncias com relação à decisão que está para ser tomada. A decisão terá sido revisada várias vezes pelos participantes até que se chegue a esse ponto.

A obtenção de consenso é uma ferramenta excelente que pode ser utilizada pela equipe do projeto. Em quase todos os casos, existirá uma diferença legítima de opinião com relação ao modo como um problema ou questão deva ser abordado. Nessas situações, a equipe deve buscar uma ação ou decisão com a qual nenhum membro da equipe tenha grandes discordâncias, ainda que possa não concordar totalmente com ela. Para ter êxito na utilização do método, tenha certeza de que todos da equipe do projeto tenham chance de falar. Discuta a questão até que uma ação aceitável seja identificada. Tudo bem se acontecerem conflitos, mas tente ser criativo na busca de uma ação de compromisso. Você saberá que chegou a um consenso no momento que ninguém mais tenha sérias objeções com relação à ação definida. Depois que se alcançou o consenso com relação a uma decisão, todos os membros da equipe devem suportá-la.

Se você (na qualidade de gerente de projeto) optar por trabalhar de forma consensual, deve definir claramente quais as situações nas quais o consenso será aceitável e divulgar essa posição para toda a sua equipe.

### 6.17.5 *Brainstorming*

*Brainstorming* é uma parte essencial das regras de operação da equipe, porque, em diversos pontos no ciclo de vida do projeto, a criatividade da equipe será testada. *Brainstorming* é uma técnica que canaliza a criatividade e ajuda a equipe a encontrar soluções. Em algumas situações, ideias e alternativas aceitáveis não surgem das deliberações normais da equipe. Nesses casos, o gerente do projeto deve sugerir uma sessão de *brainstorming*. Nesse tipo de dinâmica, a equipe contribui com ideias em um modo de fluxo de consciência, conforme descrito no próximo parágrafo. Sessões de *brainstorming* funcionaram na descoberta de soluções para situações nas quais, aparentemente, não existiam opções viáveis. A equipe precisa saber como o gerente do projeto irá conduzir tais sessões e o que será feito com o resultado da dinâmica.

A seguir é apresentado um método simples e rápido para realizar uma sessão de *brainstorming*:

1. reúna um grupo qualquer de indivíduos, sejam eles membros da equipe, consultores, ou outros que possam ter algum conhecimento na área do problema em questão. Eles não precisam ser especialistas – na verdade, é até melhor que não sejam. Você precisa de pessoas com espírito criativo e que proponham soluções inusitadas. Especialistas tendem a manter os paradigmas tradicionais de pensamento;
2. ao iniciar a sessão, as pessoas começam a apresentar suas ideias. Nenhuma discussão (exceto esclarecimento) é permitida. Isso continua até que não sejam apresentadas novas ideias. Períodos de silêncio e pausas são normais;
3. depois que todas as ideias forem apresentadas, discuta os itens da lista. Tente combinar ou revisar ideias com base na perspectiva dos demais membros da equipe;

4. com o tempo, algumas soluções começarão a surgir. Não apresse o processo, e, com a mente aberta, teste todas as ideias o máximo possível. Lembre-se de que está buscando por uma solução que nenhum indivíduo poderia identificar sozinho e espera que o grupo seja capaz de identificá-la coletivamente.

Todavia, lembre-se de que este é um processo criativo, um processo que deve ser abordado com a mente aberta. Fortes convicções e convenções, bem como frases do tipo "nós sempre fizemos isso assim", não têm lugar em uma verdadeira sessão de *brainstorming*.

### 6.17.6 Reuniões da equipe

O gerente do projeto e a equipe do projeto precisam definir e concordar sobre aspectos das reuniões de equipe como frequência, duração, datas, preparação e distribuição da agenda dos encontros, quem chama a reunião e quem será o responsável por registrar e distribuir as atas. Toda a equipe deve participar dessas definições, de forma a entender as regras e a estrutura das reuniões, que acontecerão ao longo de todo o ciclo de vida do projeto. Diferentes tipos de reuniões, com diferentes regras e formatos, podem existir.

As reuniões de equipe acontecem em função de uma variedade de razões, incluindo definição e solução de problemas, programação do trabalho, planejamento, discussão sobre situações que afetam o desempenho da equipe e tomada de decisão. A equipe precisa definir diversas questões de procedimento, entre elas:

- **frequência das reuniões** – com que frequência a equipe deve se reunir? Se a frequência for muito alta, será perdido um tempo precioso de trabalho. Se a frequência for muito baixa, os problemas irão surgir e pode-se perder a janela de oportunidade para se discutir e resolver tais problemas (uma vez que a reunião pode não acontecer dentro dessa janela). Uma frequência muito baixa pode fazer com que o gerente perca o controle sobre o projeto. A frequência das reuniões vai variar de acordo com a duração e o tamanho do projeto – não existe uma fórmula exata para definir a frequência. O gerente do projeto deve utilizar seu bom senso;
- **preparação da agenda** – quando a equipe do projeto tem a sorte de contar com um assistente administrativo, este pode receber os itens e preparar e distribuir a agenda. Na ausência desse assistente, a atribuição deve ser alternada entre os membros da equipe. O gerente do projeto pode preparar um modelo padronizado de agenda de forma que cada membro da equipe se atenha, essencialmente, aos mesmos tópicos gerais;
- **coordenador da reunião** – da mesma forma que a responsabilidade por organizar a agenda, esta pode ser uma atribuição rotativa entre os membros da equipe. A coordenação fica responsável por reservar o calendário, um local e o equipamento necessário para a reunião;
- **registro e distribuição das atas das reuniões** – as atas das reuniões são uma parte importante da documentação do projeto. No curto prazo, as atas são as evidências das discussões sobre as situações problemáticas e as solicitações de mudança, as

ações tomadas e o raciocínio que levou à tomada de tais decisões. Quando surgem confusões e são necessários esclarecimentos, as atas das reuniões podem ajudar a resolver a questão. Registrar e distribuir as atas são responsabilidades importantes e não devem ser tratadas com descaso. O gerente do projeto deve estabelecer um rodízio entre os membros da equipe para a função de registro e distribuição das atas.

## 6.18 REUNIÕES DIÁRIAS DE *STATUS*

Para algumas pessoas, esse tipo de reunião é um exagero, além de não gostarem de participar delas. Você já deve ter visto algumas expressões nos rostos dos membros de sua equipe de projeto quando anuncia que serão realizadas reuniões diárias. Eu me lembro da primeira vez que tive de encarar uma dessas reuniões. A minha reação foi exatamente essa, mas mudei de opinião rapidamente – e espero que você perceba isso também.

Por um lado, a reunião dura apenas 15 minutos e todos ficam em pé. Os participantes são os gerentes de todas as tarefas que estão em execução e ainda não foram finalizadas. Em outras palavras, a data de início da tarefa já passou e seu trabalho ainda não foi finalizado. As únicas respostas aceitáveis para o acompanhamento dessas tarefas são:

- estou dentro do cronograma;
- estou $x$ horas atrasado em relação à programação, mas tenho um plano para zerar o atraso até amanhã;
- estou $x$ horas atrasado em relação à programação e preciso de ajuda;
- estou $x$ horas adiantado em relação à programação e tenho tempo disponível para ajudar em outras tarefas.

Não são realizadas discussões para a busca de solução para atrasos na programação. As reuniões são curtas e não devem tratar de assuntos não relacionados. Tais discussões são realizadas em outras oportunidades e devem envolver somente os membros da equipe afetados pela questão ou problema levantado.

Você provavelmente passará por uma curva de aprendizagem para esse processo. A minha primeira reunião de "15 minutos" durou 45 minutos – mas, com poucas reuniões, a equipe aprendeu a realizar a reunião, de forma consistente, dentro do limite de 15 minutos.

-----

**SERVIÇO DE ENTREGA RÁPIDA DE PIZZAS (SERP)**

Em razão da complexidade e da falta de clareza na definição da solução, reuniões diárias são essenciais. Porém, os fornecedores podem não gostar muito da ideia. O desafio para o gerente de projeto é obter deles um compromisso firme e, para isso, é preciso que sintam que fazem parte da equipe.

## 6.19 REUNIÕES PARA RESOLVER PROBLEMAS

A busca pela solução dos problemas nunca deve ser realizada em uma reunião de *status* do projeto. Em vez disso, uma reunião especial deve ser agendada e devem ser convocados somente os membros da equipe diretamente relacionados com o problema e com sua solução. A razão para não tratar os problemas na reunião de *status* é o fato de que nem todos os participantes têm interesse ou conexão direta com tais problemas. Você não quer desperdiçar o tempo dos membros da equipe obrigando-os a participar da discussão de algo que não os interessa e nem os envolve.

A reunião para resolver problemas deve ser planejada conforme a metodologia de solução de problemas apresentada anteriormente.

## 6.20 REUNIÃO DE REVISÃO DO PROJETO

São reuniões formais realizadas nos marcos importantes, ou em outros pontos predefinidos, ao longo do ciclo de vida do projeto. Muitas vezes, o ponto de passagem de um estágio para outro do projeto é utilizado como oportunidade para uma reunião de revisão do projeto. Essas reuniões contam com a participação do gerente do projeto, do cliente, do patrocinador, das partes interessadas, um membro da alta administração e dois ou três técnicos especialistas nos assuntos do projeto (como gerentes de projetos ou atividades similares). O gerente do projeto pode, ainda, convidar outros participantes que possam fornecer colaborações valiosas. A reunião tem foco nas variações entre o que foi executado e o que foi planejado e na identificação de ações corretivas, geralmente sugeridas pelos especialistas em cada área. A partir da segunda reunião de revisão do projeto, também acontecerá a avaliação sobre os *status* das ações corretivas propostas na reunião de revisão do projeto anterior.

## 6.21 SALA DE CRISE DA EQUIPE

Em um cenário ideal, a sala de crise é a instalação física destinada exclusivamente à equipe durante o ciclo de vida do projeto. Idealmente, todos os membros da equipe estão colocalizados nessa sala e todas as reuniões acontecem nesse ambiente. Entretanto, reconheço que isso não é possível para todos os projetos e, dessa forma, algumas variações são apresentadas nas seções seguintes.

### 6.21.1 *Layout* físico

De preferência, todas as paredes devem estar cobertas por quadros brancos. Dependendo do tamanho da equipe, a sala de crise pode ser uma sala grande, que acomode todo mundo, ou várias salas menores e adjacentes a uma sala maior (do tipo comunitária) destinada a reuniões e apresentações. Essas salas adjacentes também podem funcionar como salas para descanso ou para reuniões informais. Cada membro da equipe tem o seu ambiente de trabalho privado, mas, mesmo assim, existe uma preocupação geral em minimizar o número de divisórias. O ideal é que exista uma linha de visão direta entre cada membro da equipe. Os artefatos do projeto são dispostos de maneira que todos tenham acesso imediato às informações.

### 6.21.2 Variações

Entendo que o *layout* físico que acabamos de descrever pode parecer utópico, mas diversos fornecedores e empresas de consultoria com quem trabalhei fazem questão de oferecer tais instalações para suas equipes. Alguns de meus clientes, inclusive, conceberam suas instalações utilizando a premissa de acomodar salas de crise para suas equipes e de fornecer esse tipo de instalação quando o fornecedor não o fizer.

O primeiro ponto a ser sacrificado (com relação à instalação ideal) é a colocalização. O mercado global, as equipes do projeto e o cliente estão, geralmente, espalhados pelo globo. O custo de reuniões presenciais é proibitivo (despesas com viagens) e conseguir que todos os interessados estejam presentes nessas reuniões é um grande desperdício de tempo (especialmente com o tempo gasto nos traslados). Embora existam algumas vantagens (por exemplo, um dia de trabalho de 24 horas), uma ampla distribuição geográfica cria um pesadelo logístico para o gerente do projeto e para os membros da equipe. No lugar de tentar reuniões presenciais, utilize teleconferências e videoconferências.

O segundo ponto a ser sacrificado é a sala dedicada para a equipe do projeto. Muitas organizações simplesmente não possuem espaços contíguos que possam desocupar em favor da equipe do projeto, por toda a duração do projeto. Espaço é um ativo valioso e deve ser compartilhado. Nessas situações, os artefatos do projeto devem ser móveis. Apesar de ser uma inconveniência, isso não pode ser um empecilho. Disponibilizar os artefatos por meio de arquivos computacionais é uma outra alternativa.

O terceiro ponto a ser sacrificado é a dedicação de 100% a um único projeto. Os compromissos, a fidelidade e as prioridades dos membros da equipe do projeto podem ser compartilhados por dois ou mais projetos.

### 6.21.3 Usos operacionais

Uma sala de crise bem planejada não se destina somente ao uso da equipe, à medida que ela executa o trabalho, mas também atenderá a outras necessidades do projeto, como local para as reuniões de definição de escopo, de planejamento, de iniciação do projeto, de acompanhamento de *status* e de revisão do projeto. Dependendo do *layout*, partes do espaço podem ser reservadas para o uso de outras pessoas de fora do projeto, conforme necessidade e disponibilidade do espaço. Isso aliviará, mesmo que parcialmente, o problema da escassez de espaço em algumas organizações.

## 6.22 GERENCIANDO AS MUDANÇAS DE ESCOPO

Independentemente do modelo de Ciclo de Vida de Gerenciamento do Projeto (CVGP) que escolheu para seu projeto, terá de lidar com solicitações de mudança de escopo vindas tanto do cliente como da equipe do projeto. Em alguns casos, você já estará esperando por essas solicitações de mudança e estará pronto para atendê-las. Em outros casos, não as estará esperando (ou, no mínimo, não quer recebê-las), mas isso não o alivia de ter um meio de processá-las. Você precisa implantar um processo de gerenciamento de mudança de escopo já no início do projeto, de forma que possa lidar com as mudanças que porventura venham a surgir, tanto as esperadas como as inesperadas.

### 6.22.1 O processo de gerenciamento de mudança de escopo

É difícil para qualquer um, independentemente de sua competência em realizar previsões e fornecer prognósticos, definir completamente e com exatidão as necessidades de um produto ou serviço que será implementado em 6, 12 ou 18 meses no futuro. A competição, as reações dos clientes, as mudanças tecnológicas, uma série de situações relacionadas aos fornecedores e muitos outros fatores podem transformar um produto ou serviço fantástico em obsoleto, antes mesmo que ele seja implementado. A situação mais frequente começa com uma declaração parecida com essa: "Ah, esqueci de lhe dizer que nós também precisaremos de..." ou "Acabei de perceber que nós teremos que lançar o produto no máximo até o final do terceiro trimestre, e não mais no final do ano". Encare os fatos: as mudanças existem e fazem parte do trabalho do projeto – é bom que esteja preparado para lidar com elas.

Como as mudanças são uma constante, uma boa metodologia de gestão de projetos sempre terá incorporado um processo de gerenciamento da mudança em seu conjunto de processos. Como efeito da mudança, o processo de gerenciamento da mudança o forçará a revisar e adequar o plano do seu projeto. Pense nisso como uma "mini SCPP".

Todo bom processo de gerenciamento de mudança conta com esses dois documentos: a Solicitação de Mudança no Projeto e a Declaração de Impacto sobre o Projeto. A seguir é apresentada uma breve descrição do conteúdo desses documentos:

- **solicitação de mudança no projeto** – o primeiro princípio a aprender é que *toda mudança é uma mudança significativa*. Adote essa máxima e dificilmente estará errado. O que isso quer dizer é que toda mudança solicitada pelo cliente deve ser documentada em uma *Solicitação de Mudança no Projeto*. Esse documento pode ser tão simples quanto um memorando ou um e-mail, como também pode ter de seguir um modelo fornecido pela equipe do projeto. Em qualquer caso, é o início de uma outra rodada para estabelecer novas CDS. Somente após compreender plenamente a solicitação de mudança é que a equipe do projeto poderá avaliar seu impacto e determinar se a solicitação poderá ser acomodada;
- **declaração de impacto sobre o projeto** – a resposta a uma solicitação de mudança é um documento chamado *Declaração de Impacto sobre o Projeto*. Esse documento identifica os diferentes caminhos possíveis que o gerente do projeto está disposto a considerar. Na sequência, o solicitante deve escolher a melhor alternativa. A Declaração de Impacto sobre o Projeto descreve as alternativas viáveis que o gerente do projeto foi capaz de identificar, os aspectos positivos e negativos de cada uma delas e, talvez, uma recomendação sobre qual alternativa ele julga ser a melhor. A decisão final é tomada pelo solicitante.

Uma solicitação de mudança pode resultar em uma das seis respostas a seguir.

- **A mudança pode ser atendida dentro dos recursos já alocados e do cronograma já aprovado para o projeto** – para o gerente do projeto, essa é a situação mais simples de ser gerenciada. Depois de considerar o impacto da mudança no cronograma do projeto, o gerente do projeto decide que a mudança pode ser atendida sem gerar efeitos danosos no cronograma e na alocação dos recursos.
- **A mudança pode ser atendida mas vai demandar uma extensão no cronograma das entregas** – o único impacto que a mudança vai gerar será uma extensão no cronograma das entregas. Não são necessários recursos adicionais para atender a solicitação de mudança.
- **A mudança pode ser atendida dentro do atual cronograma de entregas, mas serão necessários recursos adicionais** – para atender essa solicitação de mudança, o gerente do projeto precisará de recursos adicionais, porém, por outro lado, o cronograma de entregas atual e o cronograma revisado poderão ser cumpridos.
- **A mudança pode ser atendida, mas serão necessários recursos adicionais e uma extensão no cronograma das entregas** – para atender essa solicitação de mudança, serão necessários recursos adicionais e um novo cronograma de entregas (que será mais extenso que o originalmente planejado).
- **A mudança pode ser atendida com uma estratégia de lançamentos múltiplos por meio da priorização das entregas conforme as datas de lançamento** – essa situação ocorre com mais frequência do que possa imaginar. Para acomodar a solicitação de mudança, o plano do projeto precisará ser significantemente revisado, mas, ainda assim, será uma alternativa. Por exemplo, suponha que a solicitação original era composta por uma lista de 10 características/funcionalidades que constam no plano vigente. A solicitação de mudança pede que sejam acrescidas duas novas características/funcionalidades. O gerente do projeto pede ao cliente que determine a prioridade das 12 características/funcionalidades listadas e informará ao cliente que será possível entregar 8 das 12 características/funcionalidades antes do prazo estabelecido e as demais somente após o prazo originalmente acordado. Em outras palavras, o gerente do projeto entregará ao cliente parte do que ele tinha solicitado antes da data original e o restante após o que foi acordado. Já vi diversos casos em que essa tática funcionou muito bem.
- **A mudança não pode ser atendida sem uma mudança significativa no projeto** – a mudança solicitada é tão substancial que, se atendida, tornará o plano original do projeto inútil. Nesse caso, existem duas alternativas: a primeira é negar a solicitação de mudança, finalizar o projeto conforme planejado e tratar a solicitação de mudança como um novo projeto; a outra é parar tudo, replanejar o projeto de forma a atender a mudança e lançar um novo projeto.

Uma parte importante do processo de controle de mudança é a documentação. Recomendo fortemente que toda mudança seja tratada como uma mudança importante até que se prove o contrário. Não fazer isso é flertar com o desastre. Isso significa que toda solicitação de mudança segue o mesmo procedimento. A Figura 6.2 é um exemplo das etapas de um típico processo de controle de mudança. O processo é iniciado e a solicitação de mudança é submetida pelo cliente, que utiliza um formulário similar ao ilustrado na Figura 6.3. Esse formulário é encaminhado para o gerente ou os gerentes encarregados de revisar tais solicitações. Eles podem aceitar a mudança da maneira como foi submetida ou retorná-la para o cliente para que este a retrabalhe e faça uma nova submissão. Depois que a solicitação de mudança for aceita, ela é encaminhada para o gerente do projeto, que realiza um estudo de impacto.

**FIGURA 6.2** Um processo de controle de mudança típico

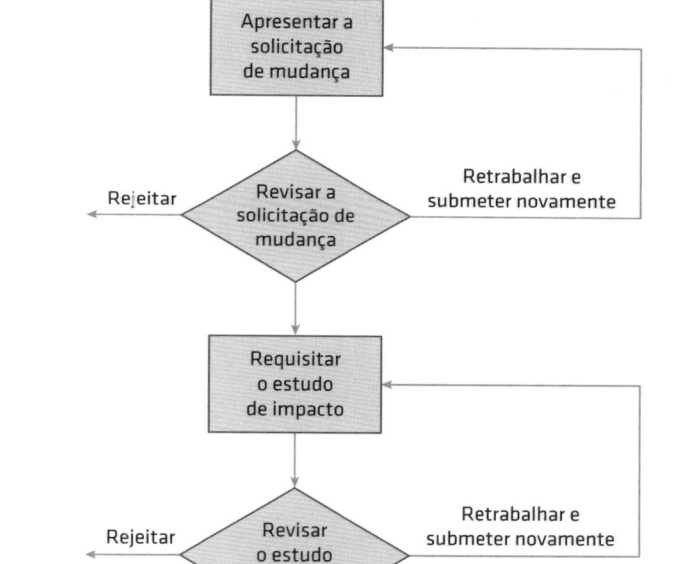

O estudo de impacto envolve examinar o plano do projeto, avaliando como a solicitação de mudança impacta tal plano e, ao final, tal estudo é encaminhado para a alta administração para uma disposição final. Eles podem solicitar ao gerente do projeto que realize análises mais aprofundadas e forneça recomendações ou então, podem rejeitar a proposta e notificar o cliente de suas decisões. Caso análises detalhadas sejam solicitadas, o gerente do projeto retrabalha o estudo de impacto e envia essa revisão novamente para a alta gestão organizacional para uma disposição final. Caso aprovem a mudança, o gerente do projeto revisará o plano do projeto de forma a incorporá-la nas futuras ações.

### 6.22.2 Reserva de gerenciamento

Uma maneira de controlar o abuso de solicitações de mudança de escopo geradas pelo cliente é incluir uma contingência de tempo no planejamento do projeto. Da mesma maneira que um orçamento financeiro tem uma linha de contingência para lidar com despesas inesperadas, o cronograma do projeto deve ter uma contingência de prazo para lidar com o inesperado. Isso é denominado *reserva de gerenciamento*. Existe uma maneira boa e uma ruim de definir a reserva de gerenciamento para programação do cronograma de um projeto.

**FIGURA 6.3** Formulário para controle de mudança

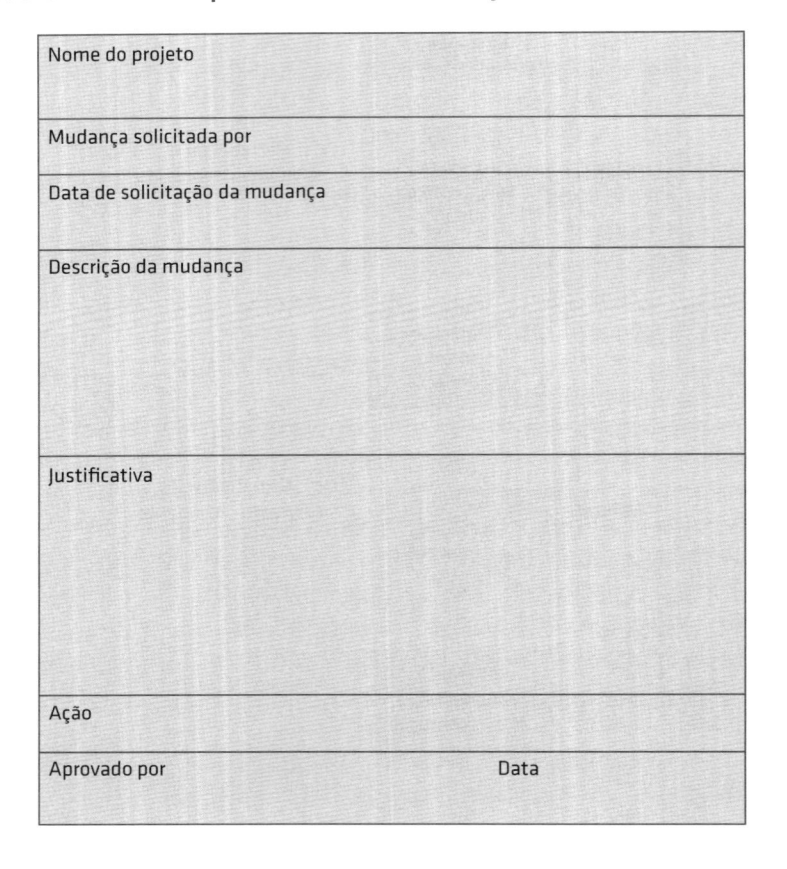

Vamos considerar a maneira ruim primeiro. Nesse caso, você ouviria um gerente de tarefa dizendo: "Essa tarefa deve levar cerca de três dias para ser finalizada e, sendo assim, vou atribuir 5 dias na programação do cronograma para lidar com o inesperado". O que há de errado com essa abordagem? Praticamente tudo! Primeiro, os dois dias de "reserva" estão escondidos dentro do cronograma. A tarefa que duraria três dias será misteriosamente expandida para uma tarefa de 5 dias. Essa é a Lei de Parkinson[1] (o trabalho se expandirá até preencher todo o tempo disponível para sua execução) e é justamente o que não se queria. Em segundo lugar, os dois dias de reserva foram definidos de maneira arbitrária e somente gerarão confusão no cronograma do projeto, bem como acabarão com a capacidade do gerente de projeto de gerenciar efetivamente tal cronograma.

Agora, vamos considerar uma boa maneira de definir a reserva de gerenciamento. Primeiro, some todos os dias de trabalho de todas as tarefas do projeto. Uma porcentagem desse total será a reserva de gerenciamento, que, por sua vez, será alocada no final das tarefas do projeto, no formato de uma última tarefa antes de o projeto ser finalizado. A porcentagem que irá alocar como reserva de gerenciamento pode variar. Eu já vi faixas de 5% a 10%. A mesma abordagem pode ser adotada para uma sequência de tarefas que desembocam no caminho crítico do projeto. Faça os mesmos cálculos para essa sequência e adicione a reserva de gerenciamento no final de tal sequência, imediatamente antes de ela se juntar ao caminho crítico. Essa abordagem tem muito em comum com o conceito de *pulmão* da metodologia de Corrente Crítica para Gerenciamento de Projetos (*Critical Chain Project Management* – CCPM).[2]

O cliente precisa saber quanto tempo de contingência foi acrescentado na tarefa que representa a reserva de gerenciamento. Você terá de explicar para o cliente que toda solicitação de mudança de escopo "custará" um tempo, que é o tempo para processar a requisição e o tempo para inserir a mudança no cronograma. Esse tempo será debitado da tarefa que representa a reserva de gerenciamento. Quando este tempo acabar, a única maneira de o cliente realizar novas solicitações de mudança no escopo do projeto será reduzindo o escopo original do projeto. Isso pode ser feito eliminando alguns requisitos que ainda não foram implementados na solução – o tempo associado com esse requisito eliminado será creditado à reserva de gerenciamento e poderá ser utilizado para encaminhar a mudança solicitada pelo cliente.

### 6.22.3 Banco de escopo

Uma outra maneira de controlar as solicitações de mudança de escopo geradas pelo cliente é criar um Banco de Escopo, com um depósito de tempo incorporado. Em princípio, essa abordagem é bem similar à reserva de gerenciamento e a operação se dá da mesma maneira. O tempo para processar e incorporar uma solicitação de mudança no cronograma do projeto é debitado do Banco de Escopo e esse tempo é adicionado à programação do cronograma do projeto. Os clientes podem realizar depósitos no Banco de Escopo ao excluírem requisitos da solução. O Banco de Escopo fará parte de alguns dos modelos de CVGP apresentados nas Partes II e III.

---

1   NRT: Cyril Northcote Parkinson publicou sua famosa "Lei de Parkinson" na edição de novembro de 1955 da revista *The Economist*. No artigo original, Parkinson avalia o crescente número de funcionários e gastos associados dentro das organizações para a geração do mesmo valor que outrora era criado com menos recursos.

2   NRT: Mesmo em português é utilizado o acrônimo CCPM para representar a metodologia de Corrente Crítica para Gerenciamento de Projetos.

# 6.23 GERENCIAMENTO DE COMUNICAÇÕES DA EQUIPE

A comunicação entre os membros técnicos da equipe não é algo que surge naturalmente. Geralmente, os técnicos não costumam ser bons comunicadores. Na maioria dos casos, vão preferir ficar imersos nos detalhes técnicos de suas atividades. Entretanto, para que os membros da equipe sejam, de fato, efetivos, terão de se comunicar abertamente uns com os outros. Para alguns, isso será muito difícil; para outros, será apenas uma questão de prática. Nesta seção, examinaremos a importância e o papel das comunicações em uma equipe efetiva.

## 6.23.1 Estabelecimento de um modelo de comunicações

Entregar as informações corretas para os membros da equipe que devem receber tais informações e no momento apropriado pode determinar o sucesso ou o fracasso do projeto. O gerente do projeto deve gerenciar os processos de comunicação da mesma forma que gerencia os processos técnicos ou de gestão de riscos. Não é possível gerenciar todas as comunicações em um projeto; isso, por si só, é mais do que seria possível fazer em tempo integral. O que o gerente do projeto deve fazer é examinar as necessidades da equipe do projeto e garantir que as comunicações ocorram na hora certa e com a informação correta. As seções seguintes tratam desses conceitos.

### 6.23.1.1 Sincronia

A sincronia da informação pode ser crítica. Os seguintes problemas podem surgir se a informação chegar adiantada ou atrasada:

- se a informação chegar muito antes do necessário para a execução da ação, a informação será esquecida. É quase impossível lembrar a informação que foi dada um ano antes de sua utilização. O gerente do projeto tem de entender o que os vários membros da equipe precisam saber e quando precisam saber de forma que possam executar suas tarefas. De onde vem essa informação? Assim como várias outras coisas no projeto, você pode encontrar o que precisa ser comunicado na EAP, que foi discutida no Capítulo 5. Ao examinar as tarefas presentes na EAP, você será capaz de levantar o que deve ser alertado para cada membro com relação às tarefas e necessidades que estão chegando, de forma que eles se comuniquem com os outros membros da equipe cujas tarefas são precedentes. O gerente do projeto pode fazer com que isso aconteça;
- um segundo problema é quando a informação chega para os colaboradores depois do momento em que eles precisavam dela. Já foi dito que os membros da equipe do projeto podem precisar de alguns dias para assimilar a informação que forneceu a eles, particularmente se forem informações relacionadas a uma nova tecnologia. Isso exige que você, como gerente do projeto, gerencie a sincronização de maneira cuidadosa, de forma que todos os membros da equipe tenham o máximo de informação possível e tempo suficiente para absorver e processar tal informação, de modo que possam realizar o trabalho que lhes cabe.

### 6.23.1.2 Conteúdo

A próxima questão de gerenciamento de comunicações com que deve se preocupar é com o envio da informação correta. Isso significa que deve entender o que os membros da equipe do projeto precisam para serem bem-sucedidos na execução de suas atividades. Se não sabe quais informações que os membros da equipe precisam, então pergunte a eles. Se o membro da equipe não souber, então sente-se com ele e levante qual tipo de informação precisa ser dado para a equipe de forma a fazer com que o projeto avance de maneira tranquila. Às vezes, você saberá quais informações são necessárias de maneira intuitiva; outras, precisará se reunir com a equipe do projeto para levantar quais são as informações críticas necessárias. Seja qual for o caso, você é o responsável por entregar a informação para os membros de sua equipe no momento certo e com o conteúdo correto.

### 6.23.1.3 Escolha de canais eficazes

Depois que você determinou quando a comunicação precisa acontecer e qual o conteúdo, de forma que a equipe do projeto tenha sucesso em suas atividades, torna-se importante definir como a informação será transmitida para os membros da equipe. Você, no papel de gerente do projeto, deve estipular como os membros vão transmitir as informações necessárias entre si. Você pode escolher entre vários canais disponíveis, desde que a comunicação possa fluir. A lista a seguir examina cada um desses canais:

- **reunião presencial (face a face)** – uma reunião falada, face a face, de forma presencial é, geralmente, a melhor maneira de se comunicar. Além de poder receber um *feedback* imediato sobre o que é comunicado, você também poderá observar as reações da pessoa com relação à informação que apresentou, por meio das atitudes corporais e da comunicação não verbal do receptor da informação. Entretanto, apesar de esse ser o melhor meio de se comunicar, nem sempre é possível.
- **videoconferência** – o custo das videoconferências caiu drasticamente e, agora, essa opção é muito mais barata do que viajar pelo país – sem falar na economia de tempo. Os *softwares* disponíveis para esse tipo de reunião se tornaram extremamente acessíveis. E a lista de opções continua a crescer (pesquise na internet a opção que mais se ajusta às suas necessidades). Entretanto, apesar de a videoconferência dar a oportunidade de os membros da equipe se verem, algumas pessoas são avessas a esse tipo de comunicação ou são tímidas e não gostam de aparecer na TV. Apenas tenha consciência de que a videoconferência não é a mesma coisa que uma reunião presencial, face a face.
- **e-mail** – e-mail não é, repito *não é*, a bênção de comunicação que todos acham que é. Certamente tem algumas vantagens: é rápido, você pode ler os e-mails como e onde quiser, e tenho certeza que conhece todas as pessoas que demoram para responder os recados mas que responderão os e-mails imediatamente. Todavia, o e-mail tem as seguintes desvantagens:
  - **volume** – muitas pessoas recebem centenas de e-mails por dia. Existe uma grande chance de que seu e-mail não será o único visível na caixa de entrada do destinatário, mesmo que acrescente um ponto de exclamação no título. Esteja ciente de que o e-mail não terá a visibilidade necessária para entregar informações importantes

para as pessoas justamente em função da grande quantidade de "ruído" que existe por aí.

- **tom** – e-mails tendem a ser muito mais curtos do que mensagens de voz e, além disso, muitas vezes as pessoas interpretam mal o tom pretendido na mensagem. Paciência, isso acontece. Esteja ciente de que o tom transmitido em sua mensagem de e-mail pode não ser o tom que utilizaria em uma comunicação falada.
- **qualidade** – enviar uma mensagem por e-mail não significa que você, automaticamente, virou um bom escritor. Ainda é difícil enviar uma informação clara a outras pessoas por escrito.

E-mails são muito valiosos, mas é sempre bom que se lembre das ressalvas acima. Embora o e-mail seja uma ótima ferramenta, gerenciá-lo demanda tanta atenção do gerente do projeto quanto quaisquer outros canais de comunicação.

> **SUGESTÃO** Gerencie a frequência que você utiliza o e-mail. Não exagere, senão suas mensagens podem ser classificadas como *spam* e descartadas. Você também precisa gerenciar as listas de distribuição dos seus e-mails. É fácil acrescentar nomes à lista, mas deve resistir a fazer isso indiscriminadamente. Trabalhe como se tivesse apenas uma certa quantidade de "moedas" de e-mail para gastar – gaste-as com sabedoria e de maneira moderada.

- **materiais impressos** – são os registros permanentes – essa é a boa notícia. Se quiser manter registros permanentes, tenha-os por escrito. Entretanto, assim como ocorrem com todos esses canais, é necessário um esforço para que as informações sejam bem escritas. Muitas pessoas têm dificuldade de escrever sucintamente – já outros acham que escrever muito é sinônimo de boa comunicação. Mantenha sua redação curta e clara, o que será benéfico para a equipe do projeto.
- **telefone** – o telefone é muito bom se precisa falar com uma pessoa ao vivo, ao invés de mandar uma mensagem de voz. Tenha em mente que muitas pessoas deixam o telefone tocar até que caia na caixa de mensagens (existem pessoas que estão tão acostumadas a isso que até se surpreendem quando algum ser humano atende à ligação). O telefone tem alguns dos pontos bons e ruins dos outros canais de comunicação. Assim como a comunicação presencial (face a face), a sua força reside no fato de que você pode obter um *feedback* imediato sobre a informação apresentada e, com isso, trocar ideias de forma rápida com o interlocutor. Você, no papel de gerente do projeto, participará frequentemente de reuniões por telefone, desde uma conversa com apenas um interlocutor até teleconferências com vários participantes. É importante gerenciar seus telefonemas do mesmo modo que faria com quaisquer dos outros canais de comunicação.

Gerenciar efetivamente as comunicações é um fator crítico para o sucesso do gerenciamento do projeto. Um tratamento aprofundado e completo sobre o tema está além do escopo deste livro, mas ainda assim é válido apresentar um exemplo de gerenciamento de comunicações.

Suponha que parte do seu projeto envolve solicitar comentários e opiniões de um grupo de pessoas que irão utilizar o processo que está sendo concebido e implantado. Você distribuirá um documento que descreve o processo e quer que esses potenciais usuários enviem seus comentários e críticas sobre a sua proposta. Qual é o modo mais efetivo de distribuir tal documento e receber um *feedback* significativo dos destinatários? No caso do exemplo, assuma que o documento tenha 50 páginas. O seu primeiro impulso poderia ser enviar tal documento por meio eletrônico e solicitar que os colaboradores assinalem seus comentários e críticas no próprio documento eletrônico. Se estiver utilizando o Microsoft Word, por exemplo, pode solicitar que seja ativada a função "Controlar Alterações". Esse seria o modo mais efetivo? Ele mantém tudo em formato eletrônico e faz com que a incorporação das sugestões na versão final do documento seja quase que direta – mas considere essa solicitação do ponto de vista do destinatário. Com base na minha experiência, sei que muitas pessoas não gostam de fazer comentários em um documento eletrônico. Muitos preferem realizar suas anotações em uma versão impressa. O seu processo não lhes deu essa opção, mas deveria. A tarefa de tratar e incorporar as anotações feitas a mão é um pouco mais trabalhosa do que o método eletrônico, mas é muito provável que o *feedback* seja maior em número e melhor em qualidade. Obter *feedbacks* significativos é a meta e você deve utilizar os meios de que dispõe para garantir que isso aconteça.

E o que dizer do fato de o documento ter 50 páginas? Será que é uma barreira para que tenhamos *feedbacks* significativos? Eu acho que é. Se concordar, então, como resolver o problema? Minha sugestão é que divida o documento e distribua as seções. Todo mundo que está na lista de distribuição precisa receber as 50 páginas? Talvez não. Talvez você receba um *feedback* mais significativo se dividir o documento com base no nível de interesse e envolvimento daqueles que irão recebê-lo, ao invés de pedir que todos leiam o documento inteiro e comentem as 50 páginas.

O gerente de projeto profissional é ciente dos padrões de comunicação que precisa gerenciar de modo a garantir o sucesso da equipe do projeto como uma unidade. As áreas a serem gerenciadas são o sincronismo, o conteúdo e o canal de comunicação. Embora seja provável que a maioria dos gerentes de projeto realize o gerenciamento da comunicação de maneira *ad hoc*, é importante estar ciente das diferentes áreas de comunicação que pode gerenciar. A competência no gerenciamento das comunicações é tão importante quanto quaisquer outras competências técnicas no gerenciamento do projeto. Na verdade, na maioria das pesquisas que vi, a comunicação no projeto é apontada como a área mais importante a ser gerenciada. Se estiver ciente de alguns dos componentes da comunicação em projetos, poderá ser um gerente de projeto mais eficaz.

#### 6.23.1.4 Gerenciando as comunicações com outras partes interessadas

Para ter sucesso como gerente de projeto, você precisará se comunicar com várias partes interessadas além da equipe do projeto. Você pode até achar que seu projeto é bem-sucedido, mas se isso não for percebido pelas pessoas certas de fora da equipe do projeto, seu esforço não terá servido para nada. Então, a questão é: "Quem são essas 'pessoas certas'?"

### Gerenciando as comunicações com o patrocinador

A ação de comunicação mais importante para o projeto é aquela que você faz com o patrocinador do projeto. O patrocinador é a pessoa ou grupo de pessoas que concordaram em lhe dar os recursos necessários para realizar o projeto – o que torna o patrocinador o seu melhor amigo para esse projeto. Sem o envolvimento dos patrocinadores em todas as fases do projeto, você terá problemas. Esta seção discute algumas boas ideias para gerenciar a comunicação com o patrocinador do seu projeto.

A primeira ação a tomar quando estiver prestes a iniciar o projeto é perguntar diretamente ao patrocinador o que ele quer saber e quando quer receber a informação.

O patrocinador é alguém que de fato utiliza a informação que você envia e é, em última instância, aquele que tem que justificar os gastos com seu projeto. O patrocinador pode querer um tipo de informação diferente do que você está acostumado a fornecer. Não importa – o patrocinador é quem paga as contas, então ele tem o direito de solicitar e receber a informação que quiser, no formato que desejar, quando se trata de comunicação no projeto.

> ⚠️ **ADVERTÊNCIA** Não diga ao patrocinador o que ele vai receber. Por exemplo, não comece a falar sobre valor agregado e outras questões (que o deixariam confuso) antes que ele mesmo lhe diga o que quer saber.

Uma segunda consideração é garantir que o patrocinador receba a informação regularmente. Os relatórios de *status* devem ser enviados ao patrocinador, no mínimo, uma vez por semana. Não é uma boa ideia segurar alguma informação do projeto se ela é importante para o patrocinador. Se as informações afetarão o projeto, então entregue-as para o patrocinador o mais rápido possível.

Agora chegou a hora de dar atenção a um outro tópico de comunicação que, na qualidade de gerente de projeto, você precisa considerar: a filtragem da comunicação enviada aos escalões superiores.

### Filtragem de comunicações ascendentes e "boas notícias"

*Filtragem de comunicações ascendentes* (que são as comunicações "de baixo para cima" na hierarquia do projeto) é uma forma peculiar de distorcer as informações encontrada em praticamente todos os tipos de organização. Também pode ser chamada de *síndrome das boas notícias*. Infelizmente, esse tipo de comunicação acaba com o projeto assim como qualquer outra faceta da má gestão da comunicação. O primeiro tipo acontece quando a pessoa que está transmitindo a informação para os níveis superiores – por exemplo, para o patrocinador – distorce ou oculta alguma informação de forma que a comunicação seja percebida somente como boas notícias. Por exemplo, ao invés de dizer que um prédio da companhia pegou fogo, a pessoa diz que tudo está sob controle, que os bombeiros e a companhia de seguros já foram chamados e que todas as pessoas estão a salvo. Claro que algumas dessas informações o patrocinador precisa saber, mas um filtro de boas notícias faz com que tudo seja visto por um lado positivo e, geralmente, às custas da precisão e exatidão na informação.

Se algo está indo mal em um projeto, deixe que o patrocinador saiba o que está acontecendo o mais rápido possível. É uma boa ideia falar sobre o que planejou fazer sobre o problema, mas isso não justifica filtrar tais problemas da comunicação ascendente.

O segundo tipo de filtragem de comunicações ascendentes envolve segurar as informações. Talvez exista um problema que acha que pode ser resolvido no futuro, portanto, oculta do patrocinador a informação atualizada, acreditando que poderá resolver o problema. Tais ações quase sempre se voltarão contra você. Não segure a informação somente porque está preocupado com a reação. É melhor dar todas as notícias para o patrocinador do que torcer para que possa consertar algo que está errado porque, se não conseguir resolver o problema, a situação ficará cada vez pior. Vá em frente e diga a verdade ao patrocinador.

### Comunicações com outras partes interessadas

O patrocinador não é a única parte interessada externa à equipe do projeto. As outras partes interessadas podem incluir os gerentes funcionais das pessoas alocadas na equipe ou clientes que estarão envolvidos nos testes de aceitação. A melhor maneira de manter as partes interessadas informadas é enviar cópias das atas das reuniões de *status*, de forma que estejam cientes do progresso do projeto. Fazer isso é simples, mas muitas vezes é ignorado. O gerente efetivo de projetos garante que todas as partes interessadas do projeto estejam devidamente informadas. Se existe alguma informação que afetará somente um parte interessada, então entregue a informação para essa parte imediatamente. Novamente, você inicia todo esse processo perguntando o que as partes interessadas querem saber e quando querem receber tal informação – e então providencia.

Por fim, a comunicação acontece o tempo todo ao longo do ciclo de vida do projeto. Um professor, cujo nome esqueci muito tempo atrás, certa vez disse: "Você *não* pode *não* comunicar". Embora não possa gastar todo seu tempo gerenciando as comunicações, precisa estar, o tempo todo, ciente das necessidades de comunicação da sua equipe e das demais partes interessadas. Quanto mais atender as necessidades de comunicação da sua equipe e das partes interessadas, melhores serão suas chances de sucesso no seu projeto.

## 6.24 ALOCAÇÃO DE RECURSOS

A etapa final da elaboração do plano do projeto é alocar os recursos de acordo com o cronograma programado no Capítulo 5. Até esse ponto, você identificou as tarefas do projeto e desenvolveu um cronograma que atende a data de conclusão esperada para ele. Agora, precisa determinar se pode atender esse cronograma com os recursos oferecidos e nas suas respectivas datas disponíveis. Esta seção examina as ferramentas e métodos disponíveis para ajudá-lo nessa definição.

 **NOTA** Podem existir casos em que o comprometimento atual dos recursos necessários é tal que inviabiliza a alocação de tais recursos de acordo com a sua programação para o projeto. Nessas situações, você terá de revisar as definições originais do projeto, tais como orçamento, cronograma e alocação de recursos de forma a resolver o problema da programação – o que pode demandar mais tempo, orçamento e recursos para cumprir com as entregas solicitadas, nas datas programadas.

### 6.24.1 Nivelamento de recursos

O nivelamento de recursos é parte de um tópico mais amplo sobre gerenciamento de recursos. Essa é uma área que sempre gera problema para os gerentes de projeto e para a programação do cronograma do projeto. Pacotes de *software* que afirmam serem capazes de realizar o nivelamento de recursos apenas pioram ainda mais os problemas de programação. A seguir são apresentadas algumas situações com as quais as organizações têm de lidar:

- agendar para as pessoas mais atividades do que elas podem, razoavelmente, lidar em um determinado período, na esperança de que descubram um modo de realizá-las e, com isso, atribuir ainda mais risco para os projetos nos quais tais pessoas estão trabalhando;
- alterar as prioridades do projeto e não considerar o impacto sobre a programação existente dos recursos;
- a falta de uma função de gerenciamento de recursos que possa monitorar a capacidade da reserva de recursos e, também, qual é o nível de recursos já alocados nos projetos;
- a rotatividade e as promoções dos empregados que não são consideradas nas programações de recursos.

Qualquer organização que não tenha uma maneira eficiente para lidar com essas situações enfrentará uma situação semelhante à de um fluxo que tem de passar por um funil, um gargalo, como ilustrado na Figura 6.4.

**FIGURA 6.4  O problema da programação de recursos**

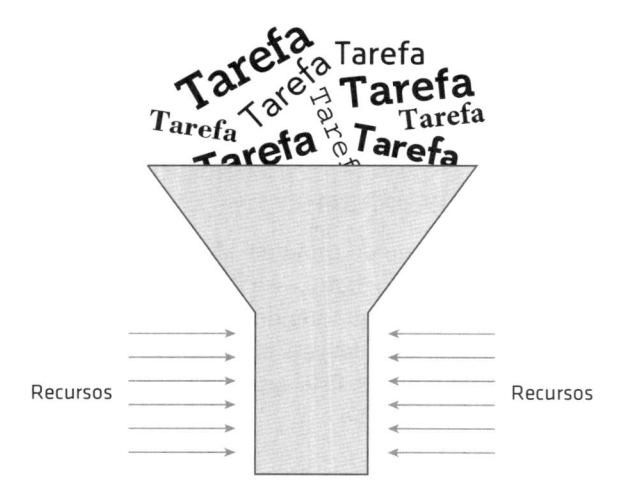

A Figura 6.4 é uma representação gráfica do problema da programação de recursos. O diâmetro do funil representa o total de recursos disponíveis para o projeto. As tarefas conseguem passar pelo funil em uma taxa que é limitada pela quantidade de trabalho que pode ser finalizada pelos recursos disponíveis, de acordo com o cronograma de tarefas. Você pode tentar forçar a passagem de mais tarefas pelo funil do que ele pode suportar, mas isso só resultará em turbulência. Sem dúvida, você já enfrentou situações nas quais os gerentes tentaram forçar a inclusão de mais trabalho na sua programação já sobrecarregada. O resultado será atraso no cronograma ou uma entrega abaixo do aceitável. No exemplo do funil, acontece uma ruptura devido à sobrecarga (tal como solicitar que os membros da equipe trabalhem aos finais de semana e façam horas extras).

O trabalho principal da equipe acontece no centro do tubo do funil. Esse centro, onde as tarefas fluem pelo funil, é a região menos turbulenta – isso porque ela é baseada em uma programação bem realizada. O trabalho designado às equipes contratadas ocorre ao longo da borda do funil. De acordo com as leis de fluxo em dutos fechados, existe mais turbulência nas paredes da estrutura. As entregas são os trabalhos finalizados das tarefas. Como o diâmetro do funil é fixo, apenas uma quantidade de trabalho finalizado pode fluir por ele.

Muitas organizações acreditam que ao simplesmente adicionar mais carga no topo do funil, mais resultado aparecerá na saída. O seu raciocínio é de que as pessoas vão trabalhar com mais dedicação e de maneira mais eficiente se souberem que é esperado que produzam mais. Embora isso possa ser verdade dentro de um certo limite, não é interessante para o projeto porque resulta em erros e diminuição da qualidade final. Os erros são resultado direto da pressão sobre as pessoas de um cronograma demasiadamente ambicioso. Neste capítulo, fornecerei estratégias de nivelamento de recursos que podem ser adotadas pelos gerentes de projeto, de forma que possam evitar a situação representada no exemplo do funil.

Vamos dar um passo atrás, por enquanto. Quando você estava criando o diagrama de rede do projeto, o caminho crítico era o principal aspecto que deveria ser gerenciado para tentar finalizar o projeto em uma data específica. A sub ou superalocação de recursos não foi levada em conta e há uma razão para isso: é importante que você mantenha sua atenção em planejar uma parte do projeto por vez. Se não consegue finalizar o projeto na data desejada com base somente na ordem em que as tarefas devam ser finalizadas, por que se preocupar com a sub ou superalocação de recursos? Você tem que resolver o problema da ordem das tarefas primeiro – depois disso, poderá tratar o problema de sub ou superalocação de recursos.

O nivelamento de recursos é um processo que o gerente do projeto executa para programar como cada recurso será alocado nas tarefas, de forma a realizar o trabalho de acordo com as datas de início e término de cada tarefa. Lembre-se de que as datas agendadas de início e término de cada tarefa são limitadas pelo plano do projeto, de forma que tais tarefas permaneçam dentro de suas janelas de início mais cedo (IMC) e término mais tarde (TMT). Se não fosse assim, o projeto poderia sofrer um atraso com relação à sua data de conclusão programada. Os recursos, uma vez que são nivelados, devem respeitar as janelas de IMC e TMT das tarefas nas quais estão alocados – caso isso não aconteça, o gerente do projeto deve procurar por alternativas para resolver o conflito entre disponibilidade de recursos e cronograma do projeto.

A programação de recursos precisa ser nivelada pelas duas razões seguintes:

- para garantir que não exista superalocação de recursos – ou seja, garantir que não foi alocado mais de 100% do tempo disponível de um determinado recurso;
- você, no papel de gerente do projeto, quer que a quantidade de recursos (pessoas, na maioria dos casos) siga um padrão lógico ao longo do ciclo de vida do projeto. Você não quer que o número de pessoas que trabalham no projeto sofra grandes variações no dia a dia ou de semana para semana – isso geraria muitos problemas de gerenciamento e coordenação. O nivelamento de recursos ajuda a evitar isso ao garantir que o número de recursos que trabalha no projeto se mantenha razoavelmente constante ao longo do tempo. De forma ideal, o projeto deve manter seus recursos nivelados e constantes durante a fase de planejamento, deve aumentar gradualmente a alocação de recursos até um máximo, conforme o trabalho do projeto é executado e deve decair conforme o projeto avançar para as fases de encerramento. Esses aumentos e decréscimos são gerenciáveis e esperados para o ciclo de vida de um projeto bem planejado.

### 6.24.2 Programação aceitavelmente nivelada

Ao iniciar essa discussão de nivelamento de recursos, quero esclarecer um ponto. É muito improvável, talvez impossível, desenvolver uma programação de recursos que possua, simultaneamente, todas as características desejáveis que apresento. É claro que você fará o seu melhor para prover uma programação de recursos que seja aceitável pela alta gerência e por aqueles que gerenciam os recursos que serão utilizados no seu projeto. Quando uma programação de recursos é nivelada, o processo de nivelamento é realizado de acordo com a disponibilidade dos respectivos recursos para o projeto em questão. Quando abordei as estimativas das tarefas e alocações de recursos no Capítulo 5, disse que os recursos não estão disponíveis para trabalhar em uma tarefa 100% do tempo em um dado dia. Baseado nas experiências de meus clientes, esse número varia de 50% a 75%. Esse valor, para um dia médio típico, é a disponibilidade máxima do recurso. Os *softwares* de gerenciamento de projetos se referem a isso como disponibilidade máxima (de recurso) ou como unidades máximas (de recursos). Alguns *softwares* permitem que esse valor varie ao longo do tempo, enquanto outros *softwares* não trazem tal funcionalidade.

O ideal seria ter um projeto cujas programações de recursos pudessem ser acomodadas de acordo com a máxima disponibilidade dos recursos. Entretanto, isso nem sempre é possível, especialmente quando as datas de conclusão dos projetos forem de grande importância (o que pode exigir algumas horas extras). Todos nós conhecemos essa situação. Entretanto, horas extras devem ser a sua última opção. Use-as com moderação e somente por curtos períodos de tempo. Se possível, não inicie seu projeto adotando como norma a utilização de horas extras. É provável que precise delas ao longo do ciclo de vida do projeto, portanto, mantenha essas horas como parte da sua reserva de gerenciamento.

### 6.24.3 Estratégias de nivelamento de recursos

Para nivelar os recursos do projeto, você pode adotar uma das três abordagens a seguir:

- utilização de folgas disponíveis;
- alteração da data de término do projeto;
- estabilização.

Esta seção descreve cada uma dessas estratégias com mais detalhes.

#### 6.24.3.1 Utilização de folgas disponíveis

O conceito de "folga" foi definido no Capítulo 5 como sendo a quantidade de atraso, expressa em unidades de tempo, que pode ser tolerada na data de início ou na data de término de uma tarefa sem causar atraso no término do projeto. Lembre-se de que folga é o quanto sobra quando se subtrai a duração de uma atividade da janela de tempo entre seu IMC e seu TMT. Por exemplo, se a janela de tempo IMC-TMT for de quatro dias e a duração da tarefa for de três dias, então a folga é 4 – 3, ou seja, um dia.

A folga pode ser utilizada para aliviar a superalocação de recursos. Com essa abordagem, uma ou mais atividades do projeto são adiadas para uma data posterior aos seus IMCs, mas ainda dentro do limite de seus TMTs. Em outras palavras, as tarefas são reagendadas, mas permanecem dentro de suas janelas IMC-TMT.

Quando você está buscando o nivelamento dos recursos, a folga livre pode vir a calhar. Folga livre, conforme apresentado no Capítulo 5, é a quantidade de atraso que pode ser tolerada em uma tarefa sem afetar as datas de IMC de qualquer uma de suas sucessoras. Quando tiver de resolver a "pilha" de tarefas na programação, em primeiro lugar verifique quais dessas tarefas têm folga livre. Se alguma delas possuir e se o adiamento dessa tarefa resolver o seu problema de superalocação de recursos, então está bem. Por outro lado, se mudar a data de início da tarefa não resolver a superalocação, você terá de utilizar a folga total e, no mínimo, uma das tarefas sucessoras terá sua data de IMC alterada.

### 6.24.4 Alteração da data de término do projeto

Nem todos os projetos são regidos por suas datas de término. Para alguns, a disponibilidade de recursos é a sua mais severa restrição. Nesses projetos, o caminho crítico pode ser alongado, de forma a buscar uma programação nivelada de recursos que seja aceitável. Essa situação significa que a programação paralela das atividades do cronograma, que em uma etapa anterior permitiu que a data de término do projeto fosse adiantada, precisa ser revista. Talvez seja necessário desmontar as relações Início-Início (II) e Término-Término (TT) e transformá-las em relações lineares do tipo Término-Início (TI).

Em alguns casos, a prioridade de um projeto dentro da organização é suficientemente baixa para permitir que ele seja utilizado, principalmente, como um esforço "tapa-buraco". Nesse caso, a data de conclusão não é significativa e ele não tem a urgência de um projeto que será desenvolvido para atender a uma necessidade de mercado. Entretanto, para a maioria dos projetos, mover a data de término para além da data desejada é a alternativa menos atraente.

Se você se encontrar em uma situação na qual é impossível realizar o nivelamento adequado dos recursos e também existe uma data de conclusão clara e fixa, então, a opção pode ser considerar uma redução no escopo do projeto. Por exemplo, pode considerar adiar algumas das características e funcionalidades para o próximo lançamento ou versão do produto.

### 6.24.5 Estabilização

Às vezes é necessário se valer de algumas horas extras para finalizar o trabalho dentro das datas programadas para o início e o término das tarefas. Horas extras podem ajudar a aliviar alguma superalocação de recursos porque permitem que mais trabalho possa ser realizado dentro das mesmas datas programadas de início e término. Chamo isso de *estabilização*. Você pode utilizá-la para eliminar superalocações de recursos, que são representadas como picos nos gráficos de utilização de recursos. Na verdade, o que faz é transferir uma parte do trabalho que seria executado em dias úteis para dias que não estão disponíveis para o trabalho em situações normais. Para a pessoa que executa o trabalho, isso é hora extra.

### 6.24.6 Métodos alternativos de programação de tarefas

Ao invés de tratar a lista de tarefas como fixa e nivelar os recursos segundo essa restrição, você pode resolver o problema de nivelamento considerando a composição adicional de uma ou mais tarefas. Uma das seis características de uma EAP completa, conforme mencionado no Capítulo 5, é que "as tarefas são independentes". Essa independência significa que o trabalho, uma vez iniciado em uma tarefa, pode continuar sem interrupção até a conclusão dessa tarefa. Em geral, você acaba não programando o trabalho de maneira contínua por várias razões, como, por exemplo, a disponibilidade de recursos, mas poderia, se necessário.

#### 6.24.6.1 Decomposição adicional de tarefas

A disponibilidade de recursos, ou melhor, a falta deles, pode exigir alguma criatividade do gerente do projeto para realizar a programação das atividades do cronograma. Por exemplo, suponha que uma tarefa demanda uma pessoa por três dias dentro de uma janela de cinco dias. Existem dois dias de folga na programação dessa tarefa. Em outras palavras, a janela IMC-TMT da tarefa é de cinco dias e a duração da tarefa é de três dias. O gerente do projeto gostaria de programar a tarefa para sua data de IMC, mas a indisponibilidade do recurso por três dias consecutivos a partir dessa data de IMC exigirá que a programação do trabalho na tarefa aconteça em um período mais longo. Uma solução poderia ser a utilização do recurso por três dias não consecutivos, iniciando o trabalho o mais cedo possível dentro da janela de cinco dias. Continuando com o exemplo, suponha que o recurso está disponível nos dois primeiros dias e, depois, somente no último dia da janela de cinco dias. Para simplificar a programação do recurso, o gerente do projeto poderia decompor a tarefa com duração de 5 dias em duas tarefas – uma tarefa com dois dias e uma tarefa com um dia. A tarefa de dois dias terá uma relação de TI com a tarefa de um dia. A programação das datas de início e término das duas tarefas será realizada de forma a se ajustar à disponibilidade do recurso. Existem outras maneiras de resolver esse problema de programação, mas não vamos discuti-las aqui – essa que apresentei é a melhor abordagem para situações similares às do exemplo.

### 6.24.6.2 Alongamento de tarefas

Uma outra alternativa que preserva a continuidade do trabalho na tarefa é alongar o trabalho por um período maior, fazendo com que o recurso trabalhe na tarefa com uma porcentagem do tempo diário menor do que a originalmente planejada.

O exemplo anterior pode ser modificado para ilustrar esse caso de alongamento da tarefa. Suponha que o recurso esteja disponível 80% de cada dia na janela de cinco dias e que você precisa de 4 dias de trabalho. Dessa forma, o recurso está disponível por $(0,80)$ × cinco dias, ou, em outras palavras, quatro dias de trabalho efetivo durante a janela de cinco dias. Você só precisa de quatro dias efetivos de trabalho do recurso, então, como programar o trabalho na janela de cinco dias de forma a cumprir os quatro dias de trabalho necessários? A solução é alongar a tarefa de quatro para cinco dias e programar o recurso para trabalhar nessa atividade de 5 dias. Como o recurso só pode trabalhar 80% do tempo na tarefa, ele realizará quatro dias efetivos de trabalho em um período de cinco dias.

Nesse exemplo simples, a porcentagem foi constante ao longo dos cinco dias, mas isso não é obrigatório – ela pode seguir qualquer outro perfil de alocação. Por exemplo, suponha que precisa do recurso por três dias e a disponibilidade do recurso é de tempo integral nos dois primeiros dias e de meio período para os três dias seguintes da janela de cinco dias. Primeiro, pode dividir a tarefa em duas – uma tarefa de dois dias e uma tarefa de um dia. A tarefa de dois dias pode utilizar a totalidade do recurso e, com isso, concluirá dois dias de trabalho. A segunda tarefa precisará ser alongada para dois dias e o recurso deve ser alocado meio período ao longo desses dois dias de forma a cumprir o dia de trabalho remanescente. Em outras palavras, os três dias efetivos de trabalho foram realizados em quatro dias – os dois primeiros dias em tempo integral e os dois dias posteriores em meio período. A disponibilidade do recurso pode ser o fator que determina como poderá alongar uma tarefa dentro da sua janela de IMC-TMT e ainda assim realizar a quantidade de trabalho necessário de tal recurso.

### 6.24.6.3 Alocação de recursos substitutos

A sua estimativa original para a duração de uma tarefa foi baseada na premissa de que um recurso com a competência necessária estaria disponível para trabalhar na tarefa. Entretanto, isso pode não ser possível, em função da indisponibilidade de tal recurso. Essa indisponibilidade tem grande chance de se manifestar, especialmente quando se trata de recursos escassos e relacionados a novas tecnologias. Nesse caso, o gerente do projeto precisa utilizar outra estratégia. Uma abordagem pode ser utilizar recursos com menos capacidade e adicionar mais horas ao número total de horas já requisitado. Nesse caso, adotamos como premissa que um recurso menos capacitado exigirá um período de tempo maior para concluir o trabalho da tarefa.

**⚠ ADVERTÊNCIA** Tenha cuidado ao utilizar recursos com menos capacidade porque, além do risco adicional que será gerado, também não é exato qual é o aumento na duração da tarefa necessário para compensar as dificuldades que enfrentará tal recurso com menor capacidade. Essa estratégia funciona somente para atividades que não estão no caminho crítico. Utilizar esta abordagem em tarefas do caminho crítico atrasaria a data de término do projeto.

## 6.25 IMPACTO DO NIVELAMENTO DE RECURSOS SOBRE O CUSTO

Deve ser óbvio para você que nivelar recursos quase sempre alonga o cronograma do projeto. Por exemplo, um alongamento pode ser empregado quando existem folgas em determinados lugares da programação. Programar o trabalho de um recurso durante um período de tempo maior não apenas elimina os conflitos de programação, como também remove qualquer superalocação desse recurso. Para fazer tudo isso, a data de conclusão do projeto acaba sendo postergada, o que pode gerar os seguintes resultados:

- se os recursos são faturados tendo como base o trabalho executado, os custos do projeto não aumentarão;
- se os recursos são faturados com base em um calendário, os custos do projeto aumentarão. Por exemplo, contratos de aluguel de equipamentos ou espaços gerariam esse tipo de despesa. Em alguns casos, também pode existir aumento de custos relacionados aos recursos humanos;
- se existirem incentivos para que o projeto seja finalizado antes e multas para o término após a data final prevista, um impacto sobre o custo também será sentido.

## 6.26 FINALIZAÇÃO DA PROGRAMAÇÃO DO PROJETO

A última programação de atividades foi montada pela equipe de planejamento na SCPP. Naquela época, você conhecia a equipe principal do projeto pelo nome, porém, sobre a equipe completa do projeto, o que se sabia era somente os títulos dos cargos que seriam ocupados. Agora que tem todos os membros da equipe do projeto nomeados, tem todas as informações de que precisa para finalizar a programação do cronograma do projeto. A disponibilidade dos membros da equipe do projeto deve ser levada em conta na programação. Esse tipo de coisa, assim como compromissos de outros projetos, ou então compromissos não relacionados a projetos (como reuniões departamentais, treinamentos, trabalhos rotineiros, férias previamente aprovadas, e assim por diante), causará impacto no cronograma do seu projeto.

Microplanejamento é uma outra etapa na decomposição das tarefas que foram designadas a um indivíduo. Envolve a decomposição do que eu chamo de *subtarefas*. Em alguns casos, essas subtarefas podem ser uma simples lista de afazeres ou, em situações mais complexas, podem ser representadas por uma pequena rede de atividades. Lembre que está lidando com tarefas que cumpriram com os seis critérios de completude da EAP e, dessa forma, são relativamente simples e de curta duração.

O microplanejamento do projeto começa quando a tarefa de nível mais baixo definida na EAP – e como ela aparece na EAP, será supervisionada pelo gerente do projeto. A responsabilidade de concluir a tarefa dentro de uma janela de tempo definida será atribuída a um gerente da tarefa (ou líder de equipe, se você preferir). A tarefa pode ser simples o suficiente de forma que o próprio gerente da tarefa seja capaz de executar todo o trabalho necessário para concluí-la. Porém, em situações mais complexas, uma pequena equipe, sob responsabilidade do gerente da tarefa, será responsável por executar o trabalho necessário para concluir a tarefa em questão. Eu utilizo o termo *subequipe* na discussão a seguir, mas tenha em mente que essa equipe pode ser de apenas uma pessoa – o gerente da tarefa.

A primeira coisa que a subequipe deve fazer é continuar a decomposição que foi realizada durante a elaboração da EAP, atendo-se ao fato de que essa decomposição será abaixo do nível da tarefa. Conforme contextualizado anteriormente, as subtarefas podem ser simplesmente uma lista de afazeres que serão executados de maneira linear. Tarefas mais complexas, de fato, vão gerar um diagrama de rede composto de subtarefas e suas relações de dependências. Lembre-se de que a tarefa deve cumprir os critérios de completude apresentados no Capítulo 5. Essas tarefas terão duração individual inferior a duas semanas e, dessa forma, as subtarefas que as compõem terão durações menores. A decomposição deve ser razoavelmente simples e espera-se que o resultado seja de subtarefas com um a três dias de duração. Eu ficaria surpreso se fossem necessárias mais do que 10 subtarefas para definir o trabalho de uma tarefa.

É exagero utilizar um *software* de gerenciamento de projetos para criar o microplanejamento e um cronograma associado. Minha sugestão é que você defina as subtarefas e suas dependências e as programe em um quadro branco, utilizando notas adesivas e canetas marcadoras. A Figura 6.5 é um exemplo de como o quadro branco poderia ser utilizado. A tarefa é composta por sete subtarefas que são apresentadas na porção superior da figura, em conjunto com suas respectivas dependências. A porção inferior da figura mostra a programação em uma escala de tempo diária (ao longo de duas semanas) para os três membros da subequipe. As áreas sombreadas da programação representam os finais de semana e os dias nos quais o recurso não estará disponível. O nível mais baixo de granularidade a ser utilizado são segmentos de meios dias.

> **SUGESTÃO** Você pode ficar tentado a utilizar uma escala de tempo mais refinada. Todavia, percebi que fazer isso só é útil em pouquíssimas situações.

Esse tipo de tarefa é típico dentro do plano do projeto. É simples o suficiente para que todo o seu trabalho seja representado no quadro branco. A atualização é bem simples. Não é necessário utilizar qualquer *software*, o que geraria um excesso de trabalho de gestão e uma perda de tempo que seria investido para programar e gerenciar tal *software*.

Na próxima seção, você aprenderá como desenvolver e utilizar os pacotes de trabalho. O que fez até agora foi decompor tarefas em subtarefas – você tem uma lista de coisas que têm de ser feitas para concluir a tarefa. O pacote de trabalho descreve exatamente como completará a tarefa por meio das subtarefas identificadas. Em outras palavras, é um "miniplano" para sua tarefa.

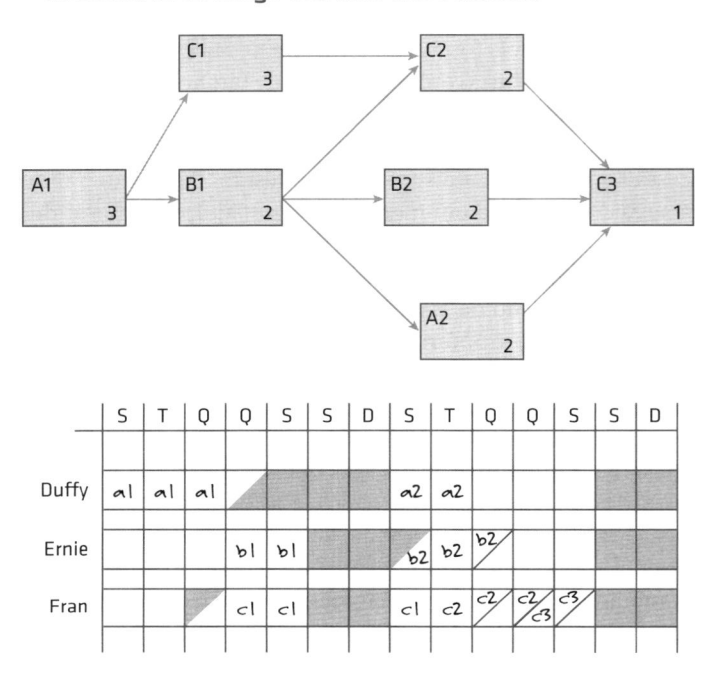

## 6.27 REDAÇÃO DE PACOTES DE TRABALHO

O pacote de trabalho é uma declaração elaborada pelo gerente de tarefa que explica como ele planeja completar a tarefa dentro das datas de início e término programadas. É como uma apólice de seguro. Para o gerente do projeto, o pacote de trabalho é um documento que descreve o trabalho em um nível de detalhe tal que, se o gerente da tarefa ou qualquer outro trabalhando na tarefa não estiver disponível, seja qual for a razão, outra pessoa pode utilizar o pacote de trabalho para compreender o que deve ser feito e continuar o trabalho com um mínimo impacto de tempo. Essa salvaguarda é especialmente importante para as atividades do caminho crítico, cujos atrasos devem ser evitados.

Um pacote de trabalho pode consistir em uma ou várias subtarefas. No caso de uma subtarefa, o pacote de trabalho pode ser uma simples lista de afazeres que podem ser concluídos em qualquer ordem. Na outra situação, o pacote de trabalho pode consistir de subtarefas que tomam a forma de um "miniprojeto", com o respectivo diagrama de redes que o descreve. Nesse caso, os pacotes de trabalho são atribuídos a um indivíduo, chamado de gerente da tarefa ou gerente do pacote de trabalho. Esse gerente é responsável por completar a tarefa no tempo, dentro do orçamento e de acordo com a especificação. Parece um gerente de projeto, não é? Essa pessoa tem a autoridade e o acesso aos recursos necessários para completar o compromisso.

## 6.28 FINALIDADE DE UM PACOTE DE TRABALHO

O pacote de trabalho torna-se o alicerce para todo o trabalho do projeto. Ele descreve em detalhes as subtarefas que são necessárias para completar o trabalho de uma tarefa. Além da descrição das subtarefas, o pacote inclui as datas de início e término para a tarefa.

O gerente do pacote de trabalho (ou gerente da tarefa) pode decidir incluir as datas de início e término de cada subtarefa no pacote, de modo que qualquer um que venha a utilizar o pacote de trabalho tenha conhecimento de como o plano para completar o trabalho deve ser executado.

⚠ ADVERTÊNCIA Tenha cuidado ao adotar essa abordagem porque ela incentiva o microgerenciamento por parte do gerente do projeto. Quanto mais você fala, mais incentiva o aparecimento de objeções Por outro lado, essa abordagem protege a programação do projeto. Há sempre uma permuta entre a necessidade de detalhes e a necessidade de investir tempo na execução das atividades.

O pacote de trabalho também pode ser adaptado para funcional como relatório de progresso. As tarefas constituem o trabalho que precisa ser realizado. Ter uma lista com as tarefas concluídas permite que tenha a medida de qual a porcentagem de conclusão geral do projeto. Algumas organizações utilizam a porcentagem de tarefas completas como a porcentagem de conclusão das tarefas. Em outras palavras, se 80% das tarefas já foram executadas, então significa dizer que 80% do total de tarefas foi concluído.[3] Essa métrica simples, mas ainda assim efetiva, serve de base para os cálculos de valor agregado. Valor agregado é apresentado em detalhes no Capítulo 7.

## 6.29 FORMATO DE UM PACOTE DE TRABALHO

Recomendo que utilize os dois documentos de pacote de trabalho descritos a seguir.

- **Planilha de atribuições dos pacotes de trabalho** – é um tipo muito especial de "agenda telefônica" utilizada como consulta rápida pelo gerente do projeto. Contém algumas informações básicas sobre cada pacote de trabalho e sobre seu respectivo gerente.
- **Relatório descritivo dos pacotes de trabalho** – é uma descrição detalhada do plano de tarefas. Contém essencialmente o mesmo tipo de informação que é encontrado no plano do projeto, mas foca em tarefas e não em projetos. É, dessa forma, um documento mais simples do que um plano de projeto, ainda que contenha o mesmo tipo de informação que é apresentado em um plano de projeto.

---

3  NRT: essa afirmação é válida para projetos que sejam compostos de tarefas com pouca variação de duração e esforço entre si. O leitor deve ficar atento para o caso de projetos que apresentem atividades de curta duração e baixo esforço combinadas com atividades de longa duração e grande esforço. Nesse segundo caso, o raciocínio de igualdade entre porcentagem de atividades concluídas e porcentagem de conclusão do projeto não será válido.

### 6.29.1 Planilha de atribuições dos pacotes de trabalho

A planilha de atribuições dos pacotes de trabalho, ilustrada na Figura 6.6, é um relatório criado pelo membro da equipe responsável por gerenciar o pacote de trabalho e encaminhado exclusivamente para o gerente do projeto. Inclui as datas de início mais cedo e término mais tarde para cada tarefa. Essa planilha é um dos poucos recursos disponíveis somente para o gerente do projeto e que não devem ser compartilhados com outras pessoas. Por exemplo, é pouco provável que o gerente do projeto diga ao gerente da tarefa que a data de término de sua tarefa é 15 de julho se ele souber que, em função das folgas, ela pode finalizar em 15 de agosto. Os gerentes de tarefa devem ter acesso somente às datas agendadas para o início e término de suas tarefas.

**FIGURA 6.6** Planilha de atribuições dos pacotes de trabalho

| Planilha de atribuições dos pacotes de trabalho | | Nome do projeto | | N. do projeto | Gerente do projeto |
|---|---|---|---|---|---|
| Pacote de trabalho | | | Programação | | |
| Número | Nome | Início mais cedo | Término mais tarde | Gerente do pacote de trabalho | Informação de contato |
| A | Concepção | 1º-3-2021 | 1º-4-2021 | Anna Lyst | |
| B | Aval. do prod. | 2-4-2021 | 2-7-2021 | Hy Rowler | |
| C1 | Locação ponto 1 | 2-4-2021 | 4-3-2022 | Sy Yonara | |
| C2 | Locação ponto 2 | 3-7-2021 | 4-3-2022 | Hy Rowler | |
| D | Previsão de produção | 3-7-2021 | 4-3-2022 | Sy Yonara | |
| E | Previsão de estoque | 5-3-2022 | 2-6-2022 | Hy Rowler | |
| F | Região de promoção | 5-3-2022 | 6-7-2022 | Terri Tory | |
| H | Definição do preço | 4-8-2022 | 5-2-2023 | Hy Rowler | |
| I | Design local de vendas | 5-6-2022 | 3-8-2023 | Hy Rowler | |
| J | Elaboração campanha vendas | 7-7-2022 | 5-11-2022 | Terri Tory | |
| G | Mídia da promoção | 7-7-2022 | 5-2-2023 | Sy Yonara | |
| K | Relatório vendas promoção | 7-10-11 | 5-2-2023 | Terri Tory | |
| L | Teste dos sistemas | 8-2-2023 | 10-5-2023 | Anna Lyst | |
| M | Aceitação dos sistemas | 10-5-2023 | 10-6-2023 | Anna Lyst | |
| Preparada por | | Data | Aprovada por | Data | Folha 1 de 1 |

A planilha de atribuições dos pacotes de trabalho tem valor limitado em projetos menores, mas pode ser de valor inestimável para projetos de maior porte. Por exemplo, certa vez a minha empresa se envolveu em um projeto que tinha mais de 4.000 tarefas. Ao longo dos sete anos de vida do projeto, mais de 10.000 gerentes de tarefas foram envolvidos. Essa planilha se transformou em uma espécie de "agenda telefônica" que precisava de atualização constante à medida que os membros da equipe entravam e saíam. Em função da complexidade e das mudanças dos colaboradores, o que faz parte da natureza desse tipo de projeto, o gerente do projeto precisa de uma maneira efetiva e eficiente de se manter atualizado com relação à composição da equipe do projeto, quem está designado em cada tarefa e como cada membro da equipe realizará o seu trabalho.

## 6.29.2 Relatório descritivo dos pacotes de trabalho

Um relatório descritivo dos pacotes de trabalho é um documento preparado pelo gerente da tarefa, no qual descreve os detalhes de como o trabalho da tarefa será realizado. Um exemplo bem simples de um relatório descritivo de um pacote de trabalho ou declaração de trabalho[4] encontra-se ilustrado na Figura 6.7.

Depois da aprovação do plano do projeto, é responsabilidade do gerente da tarefa gerar a documentação do pacote de trabalho. Nem todas as tarefas a exigirão. A documentação pode ser limitada às tarefas do caminho crítico, tarefas próximas às do caminho crítico, tarefas de alto risco e tarefas que utilizem recursos escassos ou altamente qualificados. O gerente do projeto decide quais tarefas precisarão ter os relatórios descritivos dos pacotes de trabalho.

As descrições devem ser completas, de modo que qualquer pessoa que tenha acesso a elas possa ler o que está registrado e entender o que deve ser feito para executar a tarefa. Cada tarefa deve ser descrita de forma a facilitar a determinação do *status* do pacote de trabalho em questão. Idealmente, a lista de tarefas é também uma lista de verificação. Depois que todas as tarefas foram devidamente finalizadas e verificadas, a tarefa é considerada finalizada. Além disso, uma estimativa de duração será associada para cada uma das tarefas. É possível que essas estimativas tenham sido fornecidas pelo método de baixo para cima (*bottom-up*) ao longo das seções de planejamento do projeto.

## 6.30 RESUMINDO

Este capítulo discutiu a equipe, seus membros, as competências necessárias dos membros da equipe e as regras que a equipe deve seguir durante o trabalho do projeto. Mesmo que tenha se esforçado ao máximo para montar a equipe do projeto e definido as regras de operação, ainda há muito a fazer. A equipe precisa aprender como trabalhar em conjunto – e isso acontecerá quando os membros de fato começarem a trabalhar em conjunto. Erros acontecerão, procedimentos não serão executados sempre da maneira esperada e as primeiras reuniões de equipe serão confusas. A aprendizagem está em curso e isso deve ser permitido. A equipe está passando por um estágio chamado de *normatização*,[5] no qual está aprendendo a trabalhar em conjunto, da maneira que uma equipe deve trabalhar. É uma fase natural do desenvolvimento. Infelizmente, você não pode esperar que a transformação da equipe em uma máquina bem ajustada aconteça de maneira rápida. O trabalho do projeto precisa começar.

O mundo contemporâneo dos projetos traz ainda outros desafios. Talvez o maior seja o fato de que as equipes raramente estão colocalizadas. Os membros podem estar em diferentes prédios, estados, países e, até mesmo, continentes. Nos dias de hoje, realizar uma reunião efetiva significa ter a capacidade de programar a reunião de forma a acomodar diferentes fusos horários. Eu mesmo já participei de projetos cujos membros da equipe estavam separados por até 12 fusos horários. Frequentemente as equipes abarcam

---

4   NRT: também é comumente utilizado o termo em inglês *Statement of Work* (SOW).
5   NRT: alguns autores empregam o termo *normalização* para esse estágio. Os cinco estágios de formação de um grupo, segundo Tuckman (Developmental sequence in small groups, *Psychological bulletin*, v. 63, n. 6, p. 384, 1965), são: formação, confrontação, normatização, atuação e dissolução.

diversas culturas, cujos hábitos e interações sociais são diferentes daqueles com os quais está habituado. Se não entender essas diferenças, o projeto poderá se transformar em um verdadeiro desastre.

**FIGURA 6.7** Relatório descritivo do pacote de trabalho

| RELATÓRIO DESCRITIVO DO PACOTE DE TRABALHO | | Nome do projeto | | N. do projeto | | Gerente do projeto | |
|---|---|---|---|---|---|---|---|
| Nome do pacote de trabalho | | N. do pacote de trabalho | Gerente do pacote de trabalho | | | Informação de contato | Data |
| Data de início | Data de término | Caminho crítico (S/N) | Pacote(s) de trabalho predecessor(es) | | Pacote(s) de trabalho sucessor(es) | | |

**TAREFA**

| N. | Nome | Descrição | Duração (em dias) | Responsabilidade | Informação de contato |
|---|---|---|---|---|---|
| | | | | | |
| | | | | | |
| | | | | | |
| | | | | | |
| | | | | | |
| | | | | | |
| | | | | | |
| | | | | | |

| Preparado por | Data | Aprovado por | Data | Página 1 de 1 |
|---|---|---|---|---|

O próximo capítulo descreve como monitorar e informar o progresso do projeto em relação ao plano, e as mudanças que pode esperar à medida que o trabalho do projeto é executado.

## QUESTÕES PARA DISCUSSÃO

1. Recentemente você foi promovido ao cargo de gerente de projeto. A sua equipe é composta por membros experientes do pessoal técnico e chegou a hora de estabelecer as regras operacionais da equipe. Você espera encontrar alguma resistência porque a equipe é experiente e você é um gerente de projetos que ainda entendem que está "verde". O que faria nessa situação?

2. Seus gerentes de projeto sempre conseguiram se comunicar com muita eficiência com todos os seus clientes, exceto um. Obter *feedback* desse cliente sempre foi um problema incômodo. O que deve fazer?

3. Os seus projetos anteriores davam ao cliente uma ampla abertura quando se tratava de sugerir mudanças sempre que ele julgava necessário. Muitas vezes, ele expressava um entusiasmo esfuziante por mudanças frequentes, muitas das quais não eram bem pensadas. Os tempos mudaram e você precisa implementar um sistema de controle de mudanças efetivo. Descreva o seu plano para implementar boas práticas de controle de mudanças de escopo.

4. Um grande número dos seus clientes está, aparentemente, abusando do processo de solicitação de mudanças. Você tem visto um aumento no número de solicitações frívolas – e tais solicitações, é claro, devem ser avaliadas e resolvidas, o que reduz o tempo que os membros da sua equipe do projeto têm para se dedicar na execução do trabalho real do projeto. Do ponto de vista do processo, o que poderia fazer? Seja específico.

5. Discuta o conceito de pacote de trabalho como uma apólice de seguros. De que forma ele pode ser encarado como uma apólice de seguros e o que deve conter para que, de fato, seja tomado como tal?

# Como monitorar e controlar um projeto GTP

Quando você estiver se afogando em números, precisará de um sistema que separe o joio do trigo.

– ANTHONY ADAMS, Vice-Presidente, Campbell Soup Co.

Se duas linhas de um gráfico se cruzam, deve ser importante.

– ERNEST F. COOKE, University of Baltimore

Você não pode monitorar e controlar um projeto simplesmente lendo relatórios. É preciso validar o progresso em pessoa.

– ROBERT K. WYSOCKI, PhD, Presidente, EII Publications, LLC

## ● OBJETIVOS DE APRENDIZAGEM DO CAPÍTULO

Depois de ler este capítulo, você será capaz de:

- entender as razões para a implementação de controles no projeto;
- acompanhar o progresso de um projeto;
- determinar um plano de relatórios adequado;
- medir e analisar variações no plano do projeto;
- utilizar gráficos de Gantt para rastrear o progresso e identificar sinais de alerta para problemas de programação;
- utilizar gráficos de consumo para comparar uso efetivo de recursos em relação ao planejado;
- montar e interpretar gráficos de tendência de marcos para detectar tendências no progresso;
- utilizar Análise de Valor Agregado (AVA) para detectar tendências na evolução do cronograma e do orçamento;
- integrar gráficos de tendência de marcos e AVA para aperfeiçoar a análise de tendências;
- montar e manter um registro de questões;
- gerenciar reuniões de *status* do projeto;
- determinar as ações corretivas adequadas para fazer com que um projeto retorne ao planejamento original;
- identificar adequadamente medidas corretivas e estratégias de escalonamento de problemas.

## ❯ PONTO DE PARTIDA

O plano de projeto é um sistema definido pelo triângulo de escopo. Como tal, pode perder o equilíbrio, quando então será necessário recorrer a um plano de recuperação para restaurar o equilíbrio do sistema. Quanto mais o gerente do projeto esperar para lançar mão do processo de melhorias, mais tempo levará para restaurar o equilíbrio. Os controles que você aprenderá foram projetados para descobrir rapidamente situações fora do equilíbrio e lançar mão de planos de melhoria também rapidamente.

Você pode utilizar uma variedade de relatórios como ferramentas de controle. A maioria pode ser utilizada sob forma numérica ou tabular, mas sugiro utilizar recursos gráficos sempre que possível. Um gráfico bem construído é um recurso intuitivo. Não requer nenhuma longa explicação e certamente não exige muita leitura. Tenha sempre em mente que os executivos das organizações não dispõem de muito tempo para gastar com o seu relatório. Dê a eles o que precisam do modo mais sucinto possível. Gráficos são particularmente efetivos nesse ponto. Em geral, executivos não estão interessados em ler longos relatórios só para ficar sabendo que tudo está dentro do que foi planejado. Embora fiquem contentes com o fato de o seu projeto estar no caminho certo, assim podem gastar o tempo de que dispõem em outras atividades que também exigem sua atenção. Porém, quando os projetos não estão cumprindo o planejado, querem saber disso o mais rápido possível e ver qual é a ação corretiva que você planejou tomar e como eles poderiam ajudar.

## 7.1 UTILIZAÇÃO DE FERRAMENTAS, DOCUMENTOS PADRÃO E PROCESSOS PARA MONITORAR E CONTROLAR UM PROJETO

Insisto em utilizar relatórios de *status* sob a forma de gráficos. E esses relatórios devem ser intuitivos para quem os recebe – sempre. Eis algumas das ferramentas de relatórios que tenho usado há anos:

- relatórios referentes ao período em curso;
- relatórios cumulativos;
- relatórios de exceções;
- relatórios de alerta;
- relatórios de variações;
- gráficos de Gantt;
- gráficos de consumo;
- gráficos de tendência de marcos;
- Análise de Valor Agregado (AVA);
- gráficos integrados de tendência de marcos e AVA;
- reuniões de *status* do projeto;
- estratégias de escalonamento de problemas.

## 7.2 MONTAGEM DO SEU SISTEMA DE RELATÓRIOS DE PROGRESSO

Depois que o trabalho do projeto já está em marcha, é bom garantir que ele prossiga de acordo com o planejado. Para tal, será necessário montar um sistema de relatórios que o mantenha informado das muitas variáveis que descrevem o progresso do projeto em comparação com o plano.

Um sistema de relatório tem as seguintes características:

- fornece informações de *status* oportunas, completas e precisas;
- não consome muito tempo para ser mantido a ponto de ser contraproducente;
- é facilmente acessível à equipe do projeto e aos executivos da organização;
- tem um sistema de alerta rápido contra problemas pendentes;
- é fácil de ser entendido por quem tem necessidade de saber o que está acontecendo.

Para montar esse sistema de relatório, você pode escolher entre as centenas de relatórios padronizados e comumente existentes em pacotes de *software* de gerenciamento de projetos. Tão logo decida o que quer rastrear, essas ferramentas de *software* oferecem diversas sugestões e relatórios padronizados que fazem o que você precisa. A maioria das ferramentas de *software* de gerenciamento de projetos o habilita a padronizar os relatórios oferecidos de modo a atender até a mais específica das necessidades.

## 7.3 TIPOS DE RELATÓRIOS DE *STATUS* DE PROJETOS

Há cinco tipos de relatórios de *status* de projetos: período em curso, acumulado, de exceções, de alerta e de variações. Cada um desses tipos de relatórios é descrito aqui.

### 7.3.1 Relatórios referentes ao período em curso

Esses relatórios abrangem somente o período mais recentemente concluído. Informam o progresso das atividades que estavam inacabadas ou programadas para execução durante o período. Esses relatórios podem destacar atividades concluídas, bem como a variação entre datas de término programadas e reais. Se quaisquer atividades não estiverem cumprindo o que foi planejado, o relatório deve citar as razões da variação e as medidas corretivas adequadas que serão implementadas para recuperar o atraso na programação do projeto.

### 7.3.2 Relatórios cumulativos

Esses relatórios descrevem o histórico do projeto desde o início até o final do período abrangido pelo relatório em pauta. São mais informativos do que relatórios de períodos em curso, pois mostram tendências no progresso do projeto. Por exemplo, uma variação no cronograma poderia ser rastreada por vários períodos sucessivos para mostrar melhoria. Os relatórios podem se referir ao que ocorre no nível da atividade ou no nível do projeto.

### 7.3.3 Relatórios de exceções

Relatórios de exceções indicam variações em relação ao plano. Esses relatórios costumam ser dirigidos aos executivos da organização para leitura e interpretação rápidas. Relatórios produzidos para a alta administração da organização merecem especial consideração. Esses executivos não dispõem de muito tempo para ler relatórios que informam que tudo está dentro da programação e que não há nenhum problema sério o suficiente para precisar da sua atenção. Em tais casos, um relatório de alto nível, resumido, de uma única página, e que informe que tudo está bem é, em geral, suficiente. Também poderia ser interessante incluir um relatório anexo mais detalhado, para os que queiram mais informações. Essa mesma solução também poderia ser adequada para os relatórios de exceções. Ou seja, o relatório de exceções de uma página informa aos executivos da organização as variações em relação ao plano que seriam de seu interesse, acompanhado de um anexo que dá mais detalhes para o leitor interessado.

### 7.3.4 Relatórios de alerta

Relatórios de alerta são uma variação que pode se valer de qualquer um dos tipos de relatórios já citados – mas também acho que uma certa concisão é bem-vinda nesses casos. Eis uma técnica que você pode experimentar: quando o projeto está dentro do programado e tudo parece correr como planejado, acrescente um marcador verde no canto direito da primeira página do relatório de progresso do projeto. Esse marcador sinalizará aos executivos da organização que tudo está correndo como planejado, e que eles não precisam nem mesmo ler o relatório anexo.

Quando o projeto está com algum problema – atraso no cronograma de atividades, por exemplo – você poderia acrescentar um marcador amarelo no canto direito da primeira página do relatório de progresso do projeto. Isto sinalizaria aos executivos da organização que o projeto não está dentro do programado, mas você já tem um plano de recuperação para corrigir o ocorrido. Um resumo do problema e o plano de recuperação para resolvê-lo podem aparecer na primeira página, bem como também podem se referir aos detalhes descritos no relatório anexo. Esses detalhes descrevem o problema, as etapas de correção adotadas e alguma estimativa de quando a situação será sanada.

Marcadores vermelhos no canto direito da primeira página sinalizam que o projeto está fora de controle. Relatórios com marcadores vermelhos devem ser evitados a todo custo, mas podem ser utilizados como um sistema de advertência para chamar a atenção dos executivos da organização e do patrocinador. Relatórios com marcadores vermelhos indicam que o projeto encontrou um problema para o qual você não tem um plano de recuperação ou nem mesmo uma recomendação a dar aos executivos da organização. Quanto mais cedo você puder detectar e informar tal situação, melhor será para o projeto. É óbvio que os executivos da organização lerão esses relatórios porque eles sinalizam um problema importante no projeto. Sob um ponto de vista mais positivo, a condição vermelha pode ter ocorrido por razões que estão fora do controle do gerente do projeto ou da equipe do projeto.

Damos a seguir um exemplo de quando uma condição vermelha seria aceitável: ocorreu uma interrupção em uma rede de energia elétrica na Costa Leste e várias organizações perderam seus sistemas de *computação*. O seu ambiente de processamento de dados secundário (*hot site*) está sobrecarregado com organizações em busca de capacidade de processamento. A sua própria organização é uma delas, e a perda de capacidade de processamento provoca um sério atraso no sistema de teste do projeto. Há pouco que se possa fazer para evitar tais atos da natureza.

### 7.3.5 Relatórios de variações

Relatórios de variações fazem exatamente o que seu nome sugere – informam diferenças entre o que foi planejado e o que realmente aconteceu. A versão tabular do relatório tem as três colunas seguintes:

1. o número planejado;
2. o número real;
3. a diferença, ou variação, entre os dois.

Um relatório de variações pode ter um dos dois formatos seguintes:

1. o primeiro é um formato numérico que contém linhas que mostram os valores reais, os valores planejados e as variações entre esses valores para as variáveis que exigem esse tipo de cálculo. Tempo e custo são variáveis típicas rastreadas em um relatório de variações. Por exemplo, as linhas poderiam corresponder às atividades abertas para o trabalho durante o período do relatório, e as colunas poderiam ser o custo planejado até a data, o custo real até a data e a diferença entre os dois. O impacto das diferenças entre o planejado e o realizado é representado por valores mais altos dessas diferenças (a variação);
2. o segundo formato é uma representação gráfica (veja a Figura 7.1) dos dados numéricos. Tal representação poderia seguir o seguinte modelo: os dados planejados são mostrados para cada período do relatório do projeto e denotados por uma curva de uma cor; os dados reais são mostrados para cada período do relatório do projeto e denotados por uma curva de cor diferente. A variação não precisa ser representada no gráfico porque é a mera diferença entre as duas curvas em algum ponto no tempo. Uma vantagem da versão gráfica do relatório de variações é que ela mostra qualquer tendência de variação durante os períodos dos relatórios do projeto, ao passo que o relatório numérico geralmente mostra dados apenas para o período do relatório em questão.

**FIGURA 7.1  Um gráfico de variação cumulativa**

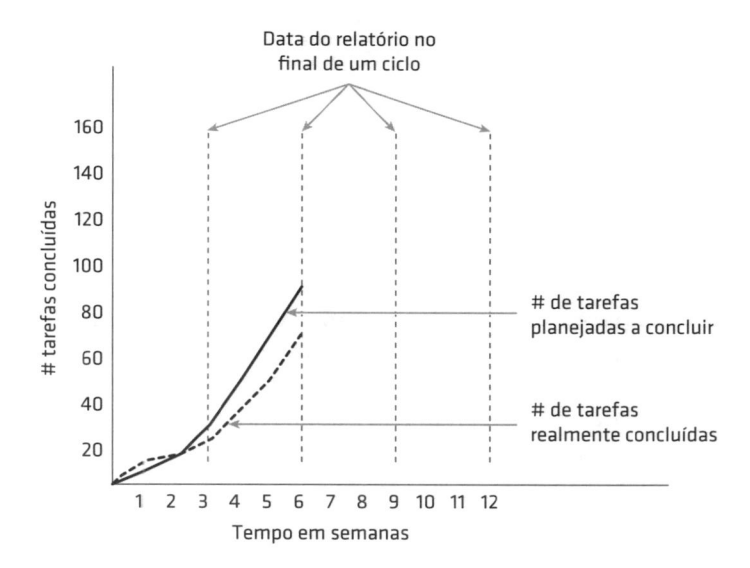

Relatórios de variações típicos são retratos instantâneos no tempo (o período corrente) do *status* de uma entidade que está sendo rastreada. A maioria dos relatórios de variações não inclui pontos de dados que informem como o projeto chegou a esse *status*. Os que mostram tendências, como o da Figura 7.1, são relatórios de valor agregado simples, que serão discutidos mais adiante neste capítulo. Relatórios de variações de projeto podem ser utilizados para informar variações no projeto bem como nas atividades. Como deferência aos gerentes que terão de ler esses relatórios, recomendo a utilização de um único formato de relatório, independentemente da variável que está sendo rastreada. Os executivos da sua organização se acostumarão rapidamente com um formato de relatório que seja consistente para todos os projetos ou atividades que compõem um projeto. Isso também facilitará um pouco a sua vida no cargo de gerente de projeto.

Damos a seguir cinco razões pelas quais você deve medir variações de duração das tarefas e dos custos associados.

1. **Perceber rapidamente desvios em relação à curva** – o custo real acumulado ou a duração real acumulada podem ser representados em gráfico em relação ao custo planejado acumulado ou à duração acumulada. À medida que as curvas acumuladas reais e as curvas acumuladas planejadas para cada um dos casos (custo e duração) começam a demonstrar variações, o gerente do projeto deve impor medidas corretivas para aproximá-las. Isso restabelece a concordância entre o desempenho planejado e o desempenho real, como descreveremos detalhadamente na seção **7.9 – Análise de valor agregado**, mais adiante neste capítulo.

2. **Reduzir a oscilação** – o desempenho planejado *versus* o desempenho real deve exibir um padrão semelhante no decorrer do tempo. Flutuações violentas entre os dois são sintomas de um projeto que não está sob controle. Tal projeto ficará atrasado em relação ao cronograma planejado ou gastará mais recursos em um período do relatório, será corrigido no próximo período, e ficará fora de controle no período seguinte. Relatórios de variações podem emitir uma advertência tão logo existam as chances de essas condições ocorrerem, o que dará ao gerente do projeto uma oportunidade de corrigir a anomalia antes que fique séria. Oscilações menores são mais fáceis de corrigir do que as maiores.

3. **Permitir rápidas ações corretivas** – como acabamos de sugerir, o gerente do projeto certamente preferiria ficar ciente de um problema de programação ou de custo tão logo tal problema começasse a se desenvolver, e não mais tarde. A detecção precoce do problema pode oferecer mais oportunidades de ações corretivas do que se percebido mais tarde.

4. **Determinar a variação semanal na programação do cronograma** – constatei que o progresso das atividades em aberto[1] deve ser informado toda semana. Esse é um bom motivo para a frequência do relatório ser semanal e oferece ao gerente do projeto a melhor oportunidade de disparar planos de ações corretivas antes que a situação chegue a um ponto em que será difícil recuperar quaisquer atrasos na programação do cronograma de atividades.

5. **Determinar a variação do esforço semanal (homens horas/dia)** – a diferença entre o esforço planejado e o esforço real causa um impacto direto tanto sobre o custo

---

1   NRT: atividades "em aberto" são aquelas que foram iniciadas, mas ainda não finalizadas.

acumulado planejado quanto sobre o cronograma. Se o esforço for menor que o planejado, poderá sugerir potencial atraso no cronograma caso a pessoa não seja capaz de aumentar seu esforço na atividade na semana seguinte. Ao contrário, se o esforço semanal for maior do que o planejado e o progresso não for proporcional a tal esforço, é possível que esteja ocorrendo uma situação de custos superiores aos previstos.

A detecção precoce de situações fora de controle é importante. Quanto mais você demorar para descobrir um problema, mais tempo levará para que a sua solução devolva o projeto a uma condição estável.

## 7.4 COMO E QUAIS INFORMAÇÕES ATUALIZAR

Como entrada para cada um dos tipos de relatórios, os gerentes de atividades e o gerente do projeto devem informar o progresso ocorrido em todas as atividades que estavam em aberto (em outras palavras, as que deveriam ter sido concluídas durante o período do relatório) no período de tempo coberto pelo relatório de *status*. Lembre-se de que as suas estimativas no planejamento da duração das atividades e do custo tinham como base pouca ou nenhuma informação. Agora que já concluiu algum trabalho na atividade, você poderá informar uma estimativa melhor de duração e custo. Isso se reflete em uma nova estimativa do trabalho que resta para concluir a atividade. Essas informações atualizadas também devem ser fornecidas.

Os tópicos a seguir descrevem o que realmente deve ser informado.

### 7.4.1 Determinar um período de tempo e um dia da semana fixos

A equipe do projeto deverá estabelecer o dia da semana e o horário da apresentação de todas as informações atualizadas exigidas. Um administrador de projetos ou qualquer outro membro da equipe será responsável por garantir que todas as informações atualizadas estejam prontas e arquivadas na data final acordada para o relatório.

### 7.4.2 Informar o trabalho executado durante esse período

O que foi planejado e o que foi realmente executado são, frequentemente, duas coisas diferentes. Para não desapontar o gerente do projeto, é provável que os gerentes de atividades informem que o trabalho planejado foi realmente executado. Eles têm a esperança de conseguir atender ao cronograma até o próximo período de relatório. Gerentes de projetos precisam confirmar a veracidade dos dados informados em vez de simplesmente aceitá-los. Verificações pontuais aleatórias em geral são suficientes.

### 7.4.3 Registrar dados históricos e estimar novamente o trabalho restante (apenas para o trabalho em andamento)

Os dois tipos de informações a seguir devem ser relatados:

1. todo trabalho concluído antes da data do relatório é informação histórica que habilita a apresentação e a análise de relatórios de variações e de outros dados de rastreamento;

2. o outro tipo de informação refere-se ao futuro. Na maior parte, essa informação consiste em novas estimativas de duração e custo e estimativas de término (ambos, custo e duração) das atividades ainda inacabadas.

### 7.4.4 Informar datas de início e término

São as datas reais de início e término de atividades iniciadas ou concluídas durante o período do relatório.

### 7.4.5 Informar dias de duração cumpridos e restantes

A primeira informação a ser registrada é quantos dias de trabalho foram gastos na atividade em questão até a data do relatório. A segunda informação é baseada na nova estimativa de duração refletida no tempo calculado até o término da atividade.

### 7.4.6 Informar os esforços de recursos (horas/dia) gastos e remanescentes (apenas do trabalho em andamento)

Enquanto os números já citados informam tempo de calendário, esses dois números informam o tempo de trabalho real despendido durante a atividade. Um informa o trabalho concluído no período em questão. O outro informa o trabalho a ser gasto no período que resta para a conclusão do trabalho.

### 7.4.7 Informar a porcentagem concluída

A porcentagem concluída é o método mais comum utilizado para registrar o progresso do projeto porque é o modo como as pessoas tendem a pensar no que foi realizado em relação ao total do trabalho a ser concluído. Todavia, a porcentagem concluída não é o melhor método de informar o progresso do projeto porque é uma avaliação subjetiva. O que passa pela cabeça de uma pessoa quando você pergunta: "Quantos por cento do trabalho você já concluiu nessa atividade"? A primeira coisa é, certamente, "Quantos por cento deveria ser?", seguida de perto por "Qual é o número que deixará ambos felizes?". Para calcular a porcentagem de conclusão de uma atividade, você precisa de alguma coisa quantificável. Várias abordagens diferentes já foram usadas para calcular a porcentagem concluída, entre elas as seguintes:

- duração;
- recursos dedicados ao trabalho;
- custo.

## 7.5 FREQUÊNCIA DA COLETA DE DADOS E DO RELATÓRIO DE PROGRESSO DO PROJETO

A frequência lógica do relatório de progresso do projeto é uma vez por semana, em geral na tarde de sexta-feira. Para alguns projetos, por exemplo, a remodelação de um avião de grande porte, o progresso é registrado depois de cada turno, três vezes por dia. Já vi outros projetos cuja prioridade era tão baixa e a duração tão longa que eram atualizados apenas uma vez por mês. Para a maioria dos projetos, comece a colher informações na sexta-feira por volta do meio-dia. Permita que as pessoas extrapolem os dados até o final do dia de trabalho.

## 7.6 VARIAÇÕES

Variações são desvios em relação ao plano. Pense na variação como a diferença entre o que foi planejado e o que realmente ocorreu. Há dois tipos de variações: variações positivas e variações negativas, que serão detalhadas a seguir.

### 7.6.1 Variações positivas

*Variações positivas* são desvios em relação ao plano que indicam que uma situação programada para mais tarde já ocorreu ou que algum custo real foi menor do que o custo planejado. Esse tipo de variação é boa notícia para o gerente do projeto que, é claro, prefere saber que o projeto está adiantado em relação ao cronograma ou abaixo do orçamento.

Todavia, variações positivas trazem com elas um conjunto de problemas, que pode ser tão sério quanto variações negativas. Variações positivas podem resultar em reprogramação destinada a antecipar a data de término, abaixo do orçamento, ou ambos. Recursos podem ser realocados de projetos cuja programação está adiantada para projetos cuja programação está atrasada. Variações positivas também podem resultar de atrasos em relação ao cronograma! Considere o orçamento. Estar abaixo do orçamento significa que nem toda a quantia de dinheiro destinada ao projeto foi gasta, o que pode ser resultado direto da não conclusão do trabalho que foi programado para terminar durante o período do relatório.

(*) **Abordaremos novamente essa situação na seção 7.9 – Análise de Valor Agregado, mais adiante neste capítulo.**

Ao contrário, se a situação de adiantamento em relação ao cronograma resultar do esforço que a equipe do projeto fez para encontrar um modo melhor ou um atalho produtivo para concluir o trabalho, o gerente de projeto ficará contente. Todavia, essa situação pode resultar em um benefício de curta duração. Estar adiantado em relação à programação do cronograma é ótimo, mas continuar adiantado é outra coisa. Para continuar adiantado em relação à programação do cronograma, o gerente do projeto tem de negociar mudanças na programação de recursos. Dado o portfólio de projetos agressivo existente na maioria das organizações, é improvável que ele consiga mudar a programação de recursos vigente. Em última análise, estar adiantado em relação ao cronograma pode ser um mito.

### 7.6.2 Variações negativas

*Variações negativas* são desvios em relação ao plano que indicam a ocorrência de uma situação de atraso em relação à programação do cronograma ou que um custo real foi maior do que o custo planejado. Estar atrasado em relação ao cronograma ou estar acima do orçamento não é o que o gerente do projeto ou o gerente de informações quer ouvir. Todavia, variações negativas não são necessariamente más notícias. Por exemplo, você poderia ter gasto mais do que devia porque executou mais trabalho durante o período do relatório do que foi planejado. Ao gastar mais do que o planejado durante esse período, é possível que você tenha executado o trabalho a um custo menor do que o originalmente planejado, mas isso não pode ser percebido no relatório de variações. Você precisará dos detalhes disponíveis nos relatórios de AVA.

★ **Há mais detalhes sobre esse tópico na seção 7.9 – Análise de Valor Agregado.**

Na maioria dos casos, variações negativas de tempo só afetam o término de um projeto quando estão associadas a atividades do caminho crítico ou quando o atraso em atividades que não estão no caminho crítico é maior do que a folga da atividade.[2] Pequenas variações esgotam o tempo de folga para aquela atividade; variações mais sérias causarão mudança no caminho crítico.

Variações negativas de custo podem resultar de fatores incontroláveis como aumento de custo de fornecedores ou mau funcionamento inesperado de equipamentos. Algumas variações negativas podem resultar de ineficiências ou erros. Discuto uma estratégia de escalonamento de problemas para resolver tais situações mais adiante neste capítulo.

## 7.7 RELATÓRIOS E ABORDAGENS DIVERGENTES DE GERENCIAMENTO DE PROJETOS

Nem todo projeto utilizará a mesma abordagem de gerenciamento de projetos, o que pode criar problemas quando relatórios de *status* de projetos são escalados na cadeia hierárquica até os executivos da organização. Você bem que poderia não se importar com os possíveis resultados disso e obrigar os executivos da organização a compor os dados segundo a preferência de cada um. Nunca vi nenhum executivo concordar com o acréscimo de tal carga ao trabalho de seu pessoal. Em vez disso, é preciso estabelecer um modelo padrão de relatório e cada gerente de projeto terá de ser responsável por informar o *status* de acordo com esse modelo.

## 7.8 APLICAÇÃO DE FERRAMENTAS GRÁFICAS DE RELATÓRIO

Como mencionamos antes neste capítulo, executivos das organizações dificilmente dispõem de muito tempo sem interrupções para digerir o seu relatório. Respeite esse tempo. Eles não conseguirão ler e entender completamente o seu relatório se forem obrigados a ler 15 páginas antes de obter quaisquer informações úteis. Ser obrigado a ler várias

---

2   Folga é definida no Capítulo 5.

páginas só para ficar sabendo que o projeto está obedecendo o cronograma é frustrante e uma perda de tempo valioso.

### 7.8.1 Gráficos de Gantt

Um *gráfico de Gantt* é uma das representações de atividades de projeto mais convenientes, mais frequentemente utilizadas e das mais fáceis de entender que conheço. O gráfico é uma representação bidimensional do cronograma do projeto que mostra a programação das atividades do projeto, trazendo os nomes das atividades no eixo vertical, uma em cada linha, e o tempo no eixo horizontal, um em cada linha também. Pode ser utilizado durante o planejamento para programar recursos e informar o progresso. A única desvantagem em utilizar gráficos de Gantt é que ele não mostra as relações de dependência entre tarefas ou atividades.[3] Algumas ferramentas automatizadas de *software* de gerenciamento de projetos oferecem uma opção que demonstra essas dependências, mas o resultado é um relatório gráfico tão atulhado de linhas que representam as dependências, que o torna quase inútil. Em alguns casos é possível adivinhar as dependências em gráficos de Gantt, mas na maioria das vezes isso não é possível.

A Figura 7.2 mostra uma representação do Projeto de Contenção de Custos em um gráfico de Gantt que utiliza o formato que prefiro. É o formato do *Microsoft Project*, típico na maioria dos pacotes automatizados de *software* de gerenciamento de projetos.

### 7.8.2 Relatórios de alerta

Como mencionamos antes neste capítulo, relatórios de alerta são um modo muito efetivo de comunicar *status* intuitivamente sem sobrecarregar os executivos da organização com a necessidade de ler qualquer coisa. É claro que a explicação deve ser anexada ao relatório, caso eles estejam interessados em ler os detalhes.

### 7.8.3 Gráficos de consumo[4]

Gráficos de consumo são uma outra ferramenta intuitiva que mostra o consumo acumulado de qualquer recurso ao longo do tempo, expresso como uma porcentagem do recurso alocado ao projeto ou a quantidade do recurso. Se você optar por demonstrar a quantidade, terá de acrescentar uma linha horizontal que mostrará a quantidade máxima disponível do recurso. Gráficos de consumo são muito simples, mas seu valor para o gerenciamento pode ser aumentado se mostrarem o consumo planejado juntamente com o consumo real do recurso, como mostrado na Figura 7.3. Caso seja necessária uma demonstração mais sofisticada da utilização do recurso em relação ao plano, utilize a AVA.

---

3 NRT: o gráfico de Gantt original, de fato, não traz as linhas que mostram as dependências entre as atividades. O diagrama de rede é um outro tipo de diagrama que ilustra as atividades em blocos e os correlaciona por meio de ligações que representam as dependências entre esses blocos. Os pacotes de *software* evoluíram o gráfico de Gantt e trouxeram as relações entre as atividades que originalmente eram apresentadas no diagrama de rede.

4 NRT: outros exemplos de gráficos de consumo são os gráficos de *Burn Up* e *Burn Down*, muito comuns em abordagens ágeis para controlar o consumo do *backlog*.

**FIGURA 7.2 Relatório de *status* de projeto em gráfico de Gantt**

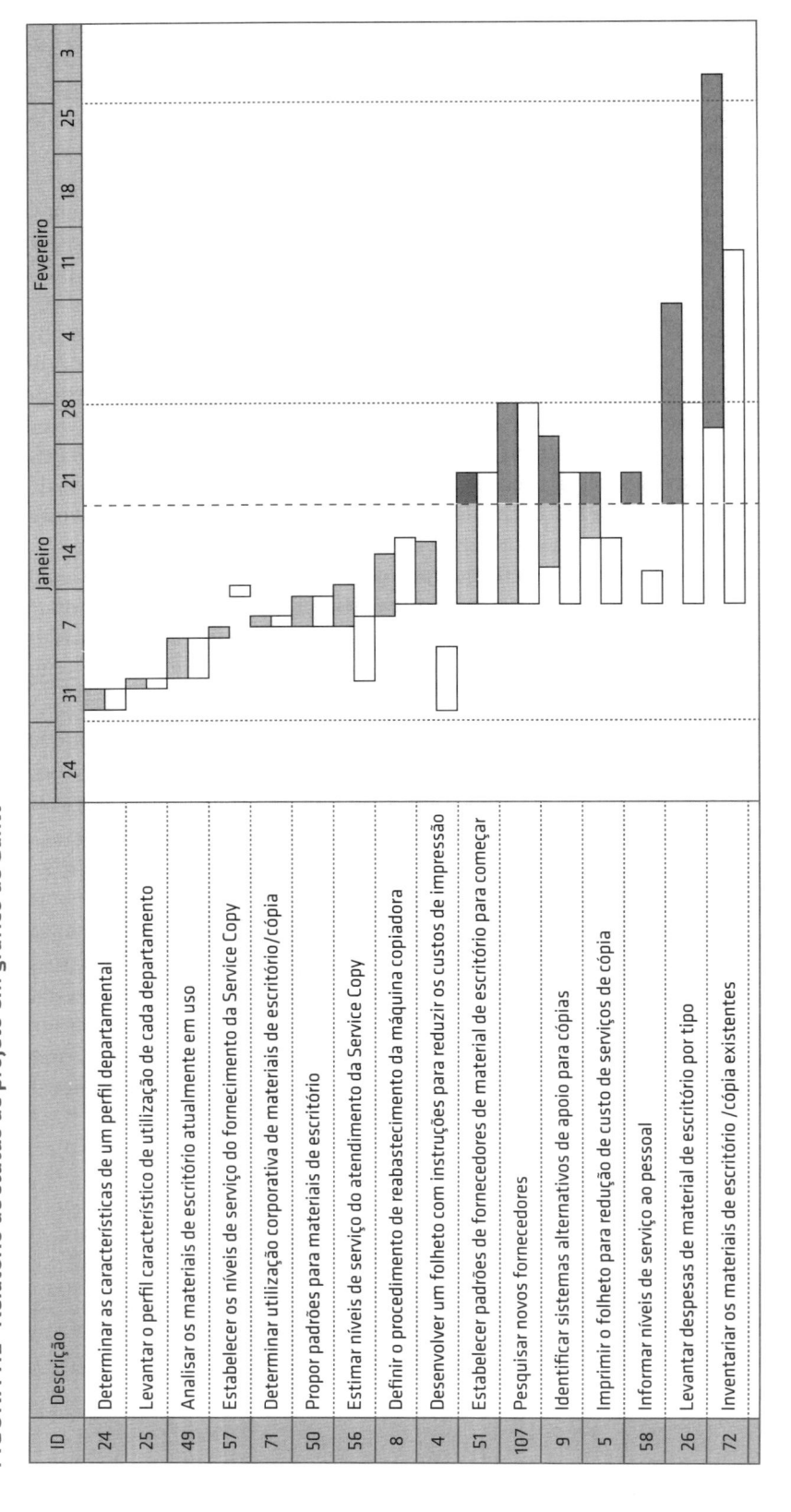

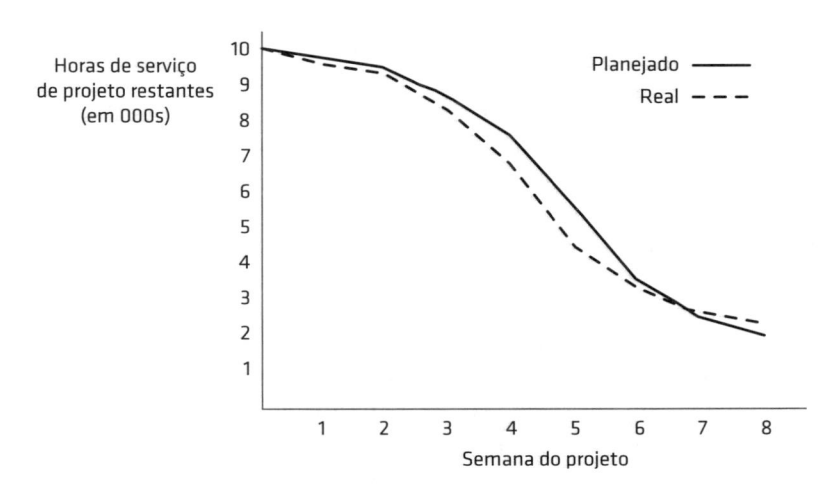

Este é um exemplo de projeto cujo consumo planejado de horas de trabalho está se desenvolvendo muito próximo do real. Entre as semanas 3 e 5, a quantidade real de horas de trabalho consumidas foi maior do que a planejada, mas isso foi corrigido na semana seguinte.

Gráficos de consumo são utilizados para rastrear custos. Ambas as versões apresentadas são parecidas com a versão AVA e poderiam ser utilizadas enquanto a organização não adota uma AVA completa. A versão AVA combina o cronograma e o custo em um único gráfico.

Gráficos de consumo também são utilizados como ferramentas de previsão. Suponha que na Figura 7.3 o eixo vertical represente horas de trabalho remanescentes até o término. Tendências determinam um padrão provável do futuro e podem ser extrapoladas até uma data de término estimada para o projeto.

### 7.8.4 Gráficos de tendência de marcos

*Marcos* são eventos significativos na vida do projeto que seria interessante rastrear. Esses eventos significativos são atividades de duração zero e limitam-se a indicar que uma certa condição existe no projeto. Por exemplo, um evento de marco poderia ser a aprovação de vários projetos de diferentes componentes. Esse evento não consome nenhum tempo no cronograma do projeto. Simplesmente reflete o fato de que todas aquelas aprovações foram concretizadas. O término desse evento de marco pode ser o predecessor de vários tipos de atividades construtivas presentes no plano do projeto. O planejamento de eventos de marco do projeto segue o mesmo método do planejamento de atividades e, em geral, têm relações término para início (TI) com atividades predecessoras e sucessoras.

A Figura 7.4 mostra um gráfico de tendência de marco para um projeto hipotético. O gráfico de tendência mostra a diferença entre as datas planejadas e estimadas de um marco do projeto em cada período de relatório do projeto. No plano original do projeto, o marco está planejado para ocorrer no nono mês do projeto, que é o último mês do projeto nesse gráfico de marco. As linhas horizontais representam um, dois e três desvios padrões acima ou abaixo da data projetada para o marco. Todas as atividades no projeto têm uma data de término esperada que segue aproximadamente uma distribuição normal. A média e a variância da data de término de uma atividade são função do caminho mais longo até a atividade em relação à data do relatório. Nesse exemplo, a unidade de medida é um mês. Para esse projeto, o primeiro relatório (no mês 1) mostra que a nova data prevista para o marco estará uma semana atrasada em relação à planejada. No segundo relatório do projeto (mês 2 do projeto), a data do marco prevista foi cumprida. Os três relatórios de projeto seguintes indicam um atraso de duas semanas, depois um atraso de três semanas e então quatro semanas de atraso e, finalmente, seis semanas de atraso (no mês 6 do projeto). Em outras palavras, o marco foi programado para ocorrer seis semanas mais tarde e faltam apenas mais três meses para tentar recuperar esse atraso. É óbvio que o projeto está em apuros. Parece estar saindo de controle – e de fato está. O gerente do projeto precisa disparar alguma ação corretiva.

**FIGURA 7.4  Uma série de quatro ou mais dados sucessivos**

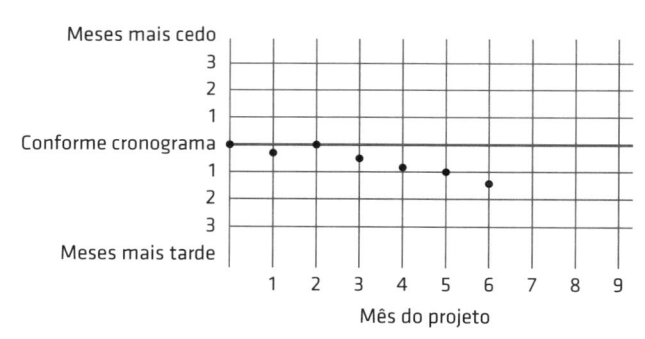

Certos padrões sinalizam uma situação fora de controle. Esses padrões são mostrados nas Figuras 7.4 a 7.7 e descritos a seguir.

### 7.8.4.1 Atrasos sucessivos

A Figura 7.4 (mostrada anteriormente) descreve um projeto que está saindo de controle. Cada período do relatório mostra atraso adicional desde o relatório referente ao período anterior. Quatro ocorrências sucessivas como essas, por menores que pareçam, exigem especial ação corretiva da parte do gerente de projeto.

### 7.8.4.2 Mudança radical

A Figura 7.5 mostra que o marco está adiantado em relação ao cronograma, mas também informa uma mudança radical nos períodos entre os relatórios. É possível que a duração da atividade tenha sido grosseiramente superestimada. Pode ser um erro de dados. Seja qual for o caso, a situação exige investigação mais profunda.

**FIGURA 7.5  Uma mudança de mais de três desvios padrões**

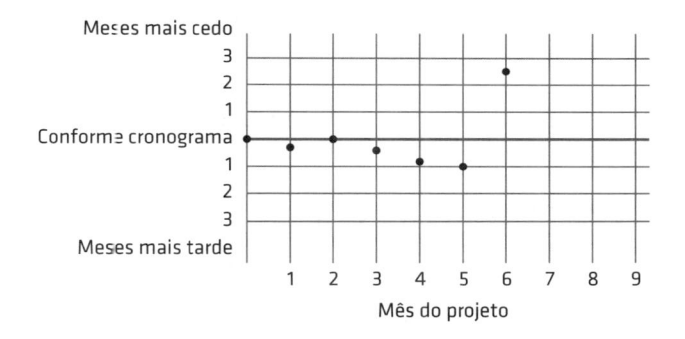

### 7.8.4.3 Rodadas sucessivas

A Figura 7.6 sinaliza um projeto que pode estar enfrentando um desvio de cronograma permanente. No exemplo, os dados do marco parecem variar em torno de aproximadamente um mês de adiantamento em relação ao cronograma. Se não ocorrer nenhuma mudança radical e se houver disponibilidade de recursos nos próximos dois meses, é provável que o marco seja alcançado com um mês de antecedência. Lembre-se de que você negociou um determinado empenho de recursos que aconteceria ao longo de dois meses, e agora tentará renegociar a disponibilização desses recursos para um cronograma que está adiantado.[5]

---

5   NRT: No caso de cronogramas adiantados, pode ser que o recurso negociado não esteja disponível em data anterior a que foi originalmente acordado. Sendo assim, pode acontecer a situação de o projeto parar e ficar esperando a disponibilidade do recurso – o que seria uma situação complicada de gerenciar.

**FIGURA 7.6** Sete ou mais dados sucessivos acima ou abaixo das datas planejadas para o marco

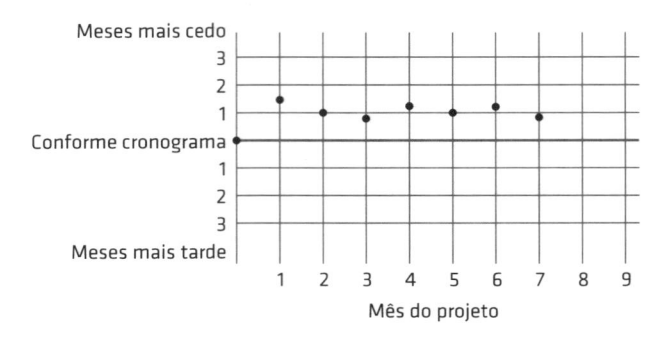

### 7.8.4.4 Desvio de cronograma

A Figura 7.7 ilustra um grande deslocamento na data do marco. É preciso isolar a causa e adotar as medidas corretivas adequadas. Uma possibilidade é descobrir se alguma atividade que viria depois das atuais não seria mais necessária. Diante disto, talvez o gerente do projeto possa comprar um produto em vez de construí-lo, e eliminar do plano do projeto as atividades associadas a ele.

**FIGURA 7.7** Dois dados sucessivos situados a três desvios padrões em relação à data planejada para o marco

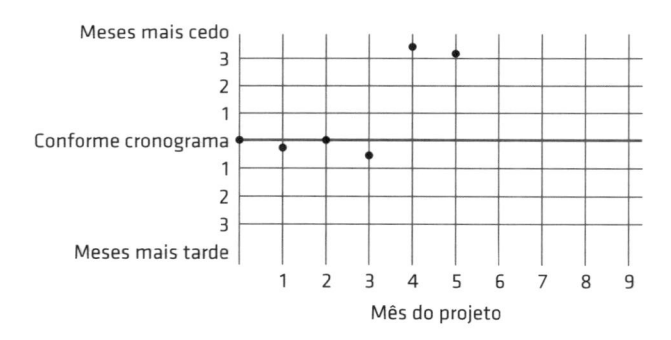

## 7.9 ANÁLISE DE VALOR AGREGADO

A Análise de Valor Agregado (AVA) é utilizada para medir o desempenho do projeto e, por tradição, utiliza o valor em moeda corrente do trabalho como métrica. Uma alternativa é utilizar o recurso homens horas/dia para casos em que o gerente do projeto não gerencia diretamente o orçamento do projeto. O trabalho real executado é comparado com o trabalho planejado e orçado, expresso nesses equivalentes. Essas métricas são utilizadas para determinar variações em tempo e em custo tanto para o período corrente quanto para o período acumulado até a data em questão. Moeda corrente ou recursos expressos em homens horas/dia não são indicadores bons, objetivos, para medir desempenho ou progresso. Infelizmente, não há nenhum outro indicador bom e objetivo. Isso posto, só lhe resta utilizar moeda corrente ou homens horas/dia, que ao menos você já conhece em outros contextos. Nenhum dos dois, tomados isoladamente, contam toda a história. Você terá de relacionar um com o outro.

Uma desvantagem dessas métricas é que elas informam o que já aconteceu. Embora possam ser utilizadas para extrapolar previsões para o futuro, elas fornecem, a princípio, uma medida da saúde geral do projeto, que o gerente do projeto pode corrigir conforme necessário de modo a recuperar a boa saúde do projeto.

A Figura 7.8 mostra uma curva S, que representa a linha de base de progresso do projeto de acordo com o plano de projeto original. Ela pode ser utilizada como ponto de referência. Isto é, você pode comparar o seu progresso real até a data em questão com as datas ilustradas na curva e determinar quão bem o projeto está indo. Novamente, o progresso pode ser expresso em moeda corrente ou em homens horas/dia.

**FIGURA 7.8  A curva S padrão**

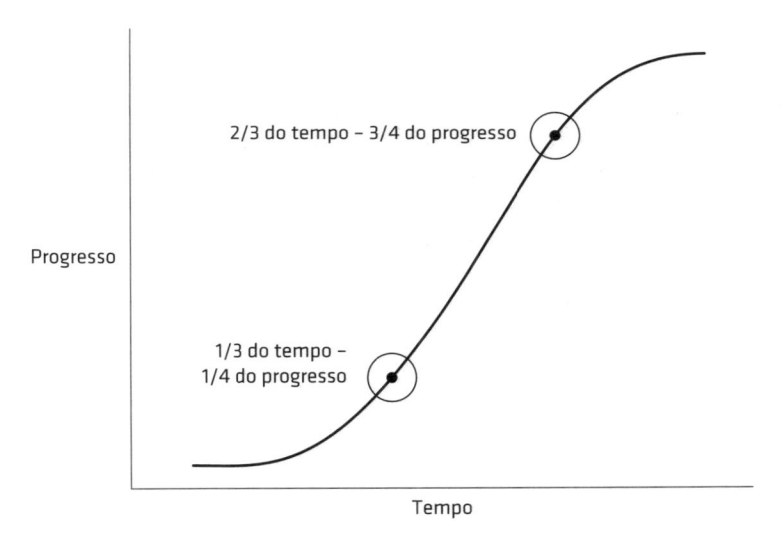

Agregando a curva de progresso real à curva de base, você pode ver o *status* atual do projeto *versus* o *status* planejado. A Figura 7.9 mostra que a curva de progresso real está abaixo da curva de progresso planejada. Se essa situação fosse representada em moeda corrente, você poderia ser tentado a pensar que o projeto está sendo executado abaixo do orçamento. Mas isso é realmente verdade?

**FIGURA 7.9** Curva de custo base *versus* curva de custo real ilustrando a variação do custo

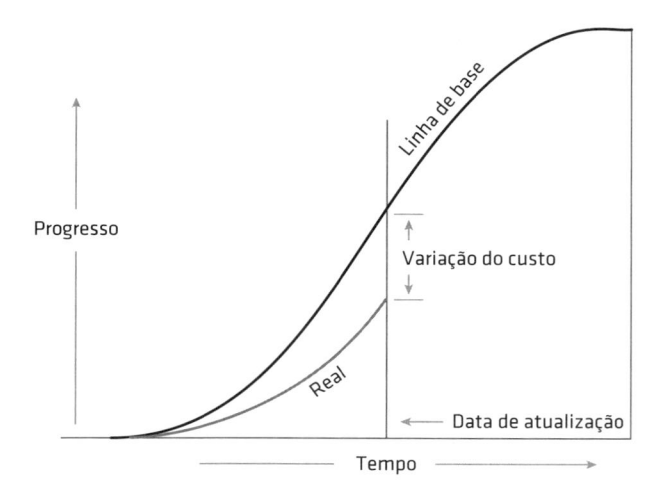

Projetos raramente são executados significativamente abaixo do orçamento. A razão mais comum para a curva real estar abaixo da curva de base é que as atividades que deveriam ter sido executadas não o foram e, por consequência, as quantidades de moeda corrente ou de homens horas/dia planejadas para serem gastas não foram utilizadas. A possível variação do cronograma é destacada na Figura 7.10.

**FIGURA 7.10** Linha base *versus* custo real ilustrando variação no cronograma

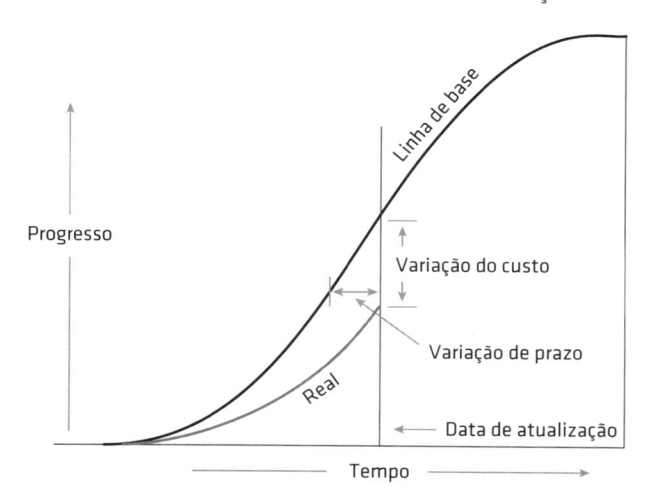

Para determinar a real variação do progresso do cronograma, você precisa de algumas informações adicionais. A AVA compreende três medições básicas: custo orçado do

trabalho planejado (valor planejado), custo orçado do trabalho executado (valor agregado) e custo real do trabalho executado (custo real). Essas medições resultarão em dois valores de variação: variação do tempo e variação do custo. A Figura 7.11 é uma representação gráfica das três medições.

## FIGURA 7.11 Indicadores de custo e desempenho

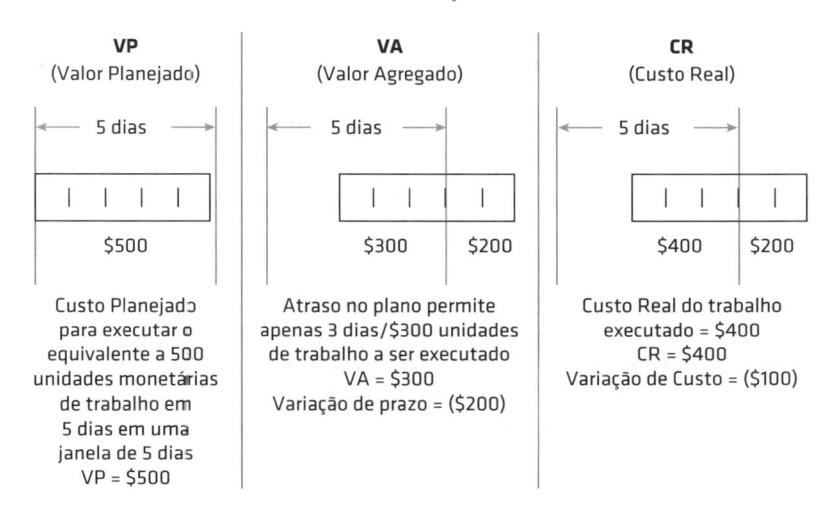

A figura mostra uma única atividade que tem cinco dias de duração e orçada em $500. O orçamento é distribuído *pro-rata* nos cinco dias a um valor médio diário de $100. O painel à esquerda da Figura 7.11 mostra um plano inicial (linha de base) no qual a atividade começa no primeiro dia da semana (segunda-feira) e termina no final da semana (sexta-feira). O valor de $500 orçado para o trabalho é previsto para ser realizado naquela semana. Esse é o Valor Planejado (VP). O painel central mostra o trabalho real executado. Observe que o cronograma está atrasado e o trabalho só foi iniciado no terceiro dia da semana. Usando um orçamento diário médio de $100, podemos perceber que só conseguiríamos concluir $300 do trabalho planejado. Esse é o Valor Agregado (VA). O painel à direita mostra a condição real, como no painel central, mas agora podemos ver a quantia em dinheiro gasta para executar o trabalho de três dias. Esses $400 são o Custo Real (CR).

VP, VA e CR são utilizados para calcular e rastrear duas variações. A primeira é a *Variação de Prazo (VPr)*. VPr é a diferença entre VA e VP, que é –$200 (VA – VP) nesse exemplo. Isto é, VPr é a diferença no cronograma entre o que foi executado e o que foi planejado para ser executado, expressa em moeda corrente ou em homens horas/dia equivalentes. A segunda é a *Variação de Custo* (VC). VC é a diferença entre VA e CR, que é $100 nesse exemplo. Isto é, (VA – CR), o custo do trabalho concluído, ultrapassou o orçamento em $100.

### 7.9.1 Terminologia da AVA

Para quem conhece a terminologia mais antiga de controle de custo/tempo, usada no *PMBOK Guide*, 1ª edição (1996), usei a nova terminologia lançada no *PMBOK Guide*, 2ª edição (2000), e ainda usada na edição mais recente do *PMBOK Guide*, 6ª edição (2018). A correspondência entre a terminologia antiga e a nova é a seguinte:

- ACWP é o custo real (CR);
- BCWP é o valor agregado (VA);
- BCWS é o valor planejado (VP).

Os executivos da organização poderiam reagir positivamente à informação mostrada na Figura 7.9, mas também poderiam fazer uma leitura errada desses dados. A história real é contada pela comparação entre a variação no orçamento e a variação no cronograma como mostrado na Figura 7.12.

Para interpretar corretamente os dados mostrados anteriormente na Figura 7.10, você precisará adicionar os dados do VA mostrados na Figura 7.11 para produzir a Figura 7.12. Comparando a curva do VA com a curva do VP, você verá que houve uma redução no gasto porque o trabalho total programado não foi concluído. A comparação entre a curva VA e a curva CR também indica que você gastou mais do que o planejado no trabalho executado. É claro que os executivos da organização fariam uma leitura errada da Figura 7.9 se tivessem ignorado os dados da Figura 7.11. Qualquer um desses dados, se considerado isoladamente, poderia contar uma meia-verdade.

**FIGURA 7.12  A história inteira**

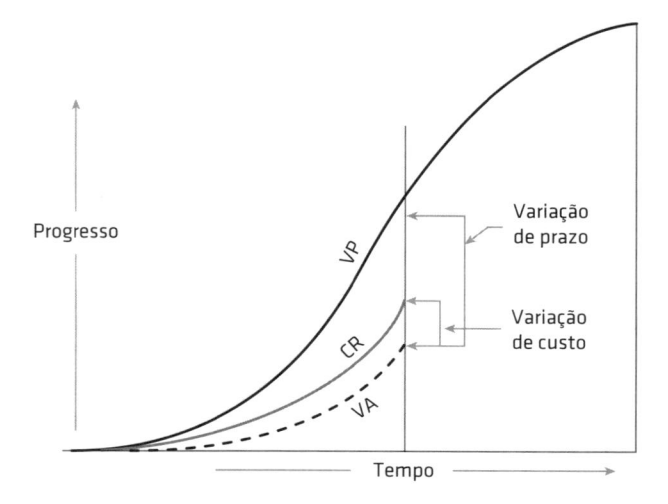

Além de medir e informar o histórico, a AVA pode ser utilizada para prever o futuro de um projeto. Dê uma olhada na Figura 7.13. Cortando a curva do VP na altura da data do relatório em relação ao eixo horizontal propiciado pelo VA, e justapondo essa curva ao final da curva do VA, você pode extrapolar o término do projeto. Observe que a base desse raciocínio é a utilização das estimativas originais no trabalho remanescente a ser concluído. Se continuar no mesmo passo vigente até agora, o projeto terminará depois da data de encerramento planejada. Fazendo a mesma coisa para a CR, observamos que você terminará acima do orçamento. Esse é o método mais simples de tentar "estimar até o término", mas ilustra claramente que será preciso fazer uma mudança significativa no modo como esse projeto está sendo desenvolvido.

**FIGURA 7.13 Curvas VP, Vae CR**

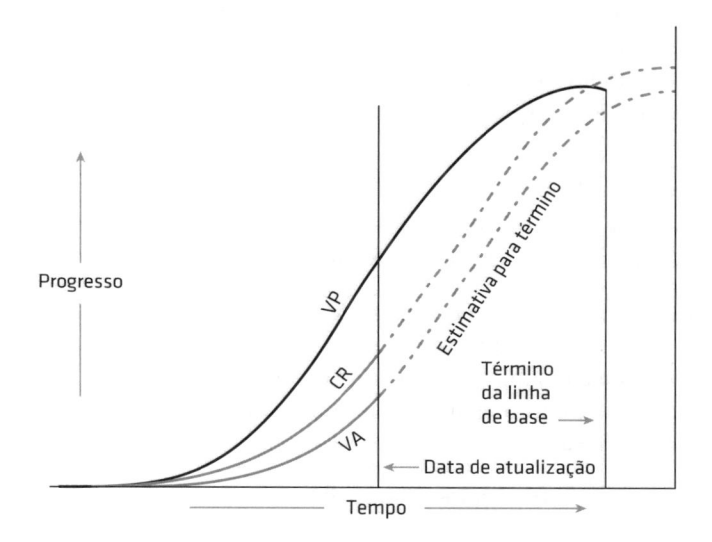

Esses três indicadores básicos se adequadamente conjugados produzem para você um nível adicional de análise. O *Índice de Desempenho de Prazo* (IDP) e o *Índice de Desempenho de Custo* (IDC) são refinamentos adicionais calculados do seguinte modo:

IDP = VA/ VP
IDC = VA/ CR

- **Índice de Desempenho do Prazo** – o IDP é uma medida da relação entre o desempenho real e o desempenho planejado do trabalho do projeto. Se estiver adiantado em relação ao cronograma, VA será maior do que VP e, portanto, o IDP será maior do que 1. É óbvio que isso é desejável. Ao contrário, um IDP abaixo de 1 indica que a quantidade de trabalho executada foi menor do que a planejada – o que não é bom.
- **Índice de Desempenho do Custo** – o IDC mede a relação entre a quantia gasta e a quantia orçada para o trabalho executado. Se estiver gastando menos do que o orçado para executar o trabalho, o IDC será maior que 1. Ao contrário, se estiver gastando mais do que o orçado para executar o trabalho, o IDC será menor que 1.

Alguns gerentes preferem esse tipo de análise porque comparar cada índice com uma linha básica igual a 1 é intuitivo e bem simples. Qualquer valor menor que 1 é indesejável; qualquer valor maior que 1 é bom. Esses índices são apresentados graficamente como tendências comparadas com um valor básico de 1.

## 7.10 INTEGRAÇÃO DE GRÁFICOS DE TENDÊNCIA DE MARCOS E ANÁLISE DE VALOR AGREGADO[6]

Tanto os gráficos de tendência de marcos como os de valor agregado podem ser facilmente integrados ao ciclo de vida do projeto. Todas essas métricas podem ser utilizadas para acompanhar melhorias no nível prático resultantes de um programa de melhoria do processo. Afinal, é aqui que a coisa fica séria.

### 7.10.1 Integração do valor agregado

Em cada emissão de relatório, atividades que estão inacabadas ou foram programadas para estar inacabadas podem se encontrar em uma das três situações seguintes:

1. foram concluídas e, por consequência, alcançaram 100% de valor;
2. ainda estão inacabadas e, por consequência, alcançaram uma porcentagem de valor igual à proporção das subatividades concluídas;
3. ainda estão inacabadas, mas nenhuma subtarefa foi concluída; por consequência, alcançaram 0% de valor.

Some todos os valores realizados desde a data do último relatório ao total acumulado do projeto. Apresente esses dados sobre a linha de base na curva S.

### 7.10.2 Integração dos dados de tendência de marcos

Em cada emissão de relatório, os gerentes das atividades que estão inacabadas ou foram programadas para estar inacabadas devem atualizar o *status* do projeto. A informação atualizada indicará o seguinte:

- a atividade foi concluída em uma data específica;
- uma certa porcentagem da atividade foi concluída (igual ao reportado previamente em termos de valor agregado) e é dada uma estimativa para o término da atividade;
- nenhum progresso aconteceu.

Se for usado um *software* de gerenciamento de projetos, ele produzirá um arquivo do projeto atualizado com novas datas previstas para os marcos que está acompanhando. Os dados de IDP e IDC ao longo do tempo podem ser representados sob o mesmo formato usado para informar os dados de tendência do marco. Em seguida, damos três exemplos.

A Figura 7.14 demonstra uma situação comum. Nesse caso, o projeto está atrasado em relação ao cronograma (denotado pelo "S" na figura) mas ainda dentro do orçamento

6   Esta seção foi adaptada de um outro livro de minha autoria, *Effective software project management* (Wiley, 2006).

(denotado por "C" na figura). Isso provavelmente se deve ao fato de que o trabalho que estava planejado não foi executado e, por consequência, os custos do trabalho associados a ele não foram incorridos.

**FIGURA 7.14  Um projeto que está abaixo do orçamento e atrasado em relação ao cronograma**

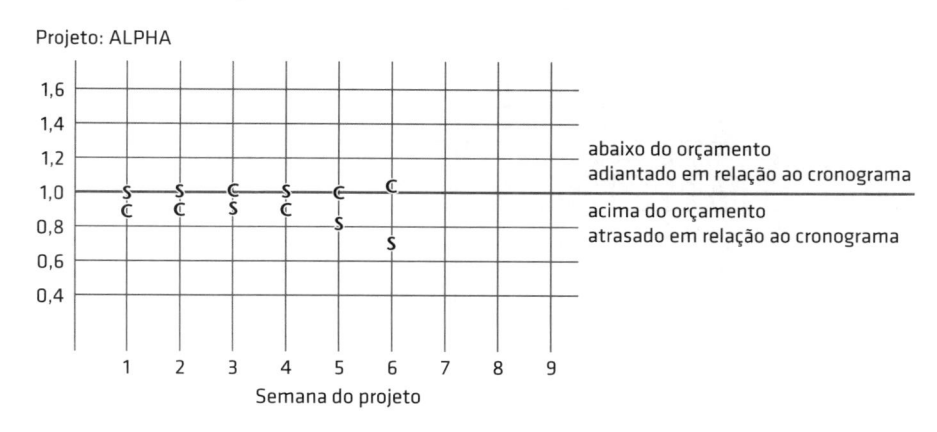

São raras as ocasiões em que você poderia experimentar a situação mostrada na Figura 7.15. O projeto está adiantado em relação ao cronograma e abaixo do orçamento. Isso significa que foram encontrados modos menos dispendiosos de concluir o trabalho, e ele foi concluído em menos tempo do que o planejado.

Caso isso ocorra com você, saboreie o momento. Aceite todas as congratulações que o seu cliente ou os executivos da sua organização lhe dirigirem. Você as merece. Isso não acontece com muita frequência.

**FIGURA 7.15  Um projeto que está abaixo do orçamento e adiantado em relação ao cronograma**

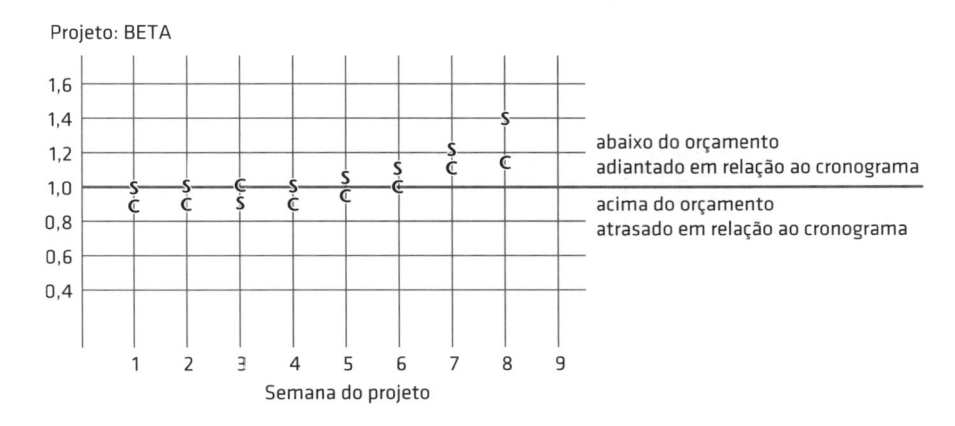

A Figura 7.16 é o pior dos piores cenários. Não precisamos dizer mais nada.

**FIGURA 7.16  Um projeto que está acima do orçamento e atrasado em relação ao cronograma**

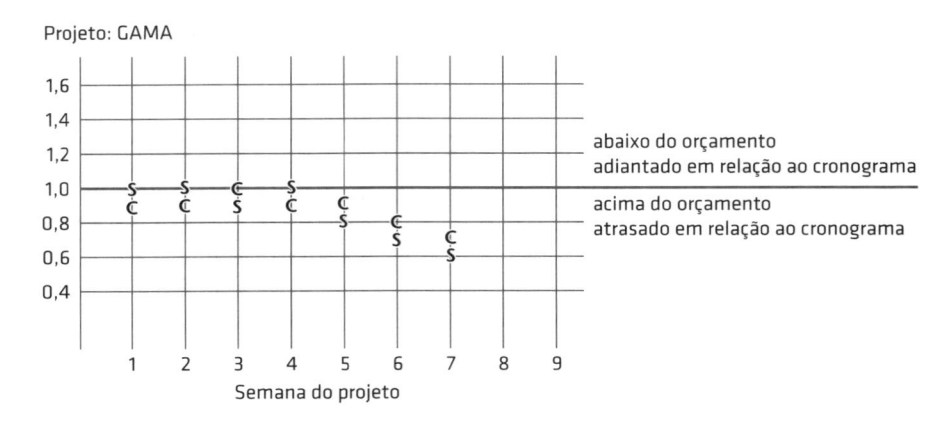

A mesma abordagem pode ser utilizada para acompanhar um portfólio de projetos ao longo do tempo, como mostrado na Figura 7.17.

O gráfico mostra os valores do IDP dos projetos individuais que formam o portfólio. Esse gráfico também é útil para resumir as mudanças de práticas advindas do seu programa de melhoria de processos. Se uma tendência for claramente visível no nível do portfólio, isso indica uma transição bem-sucedida de processo à prática.

**FIGURA 7.17  Adaptação do ciclo de vida para um cronograma de um portfólio de projetos**

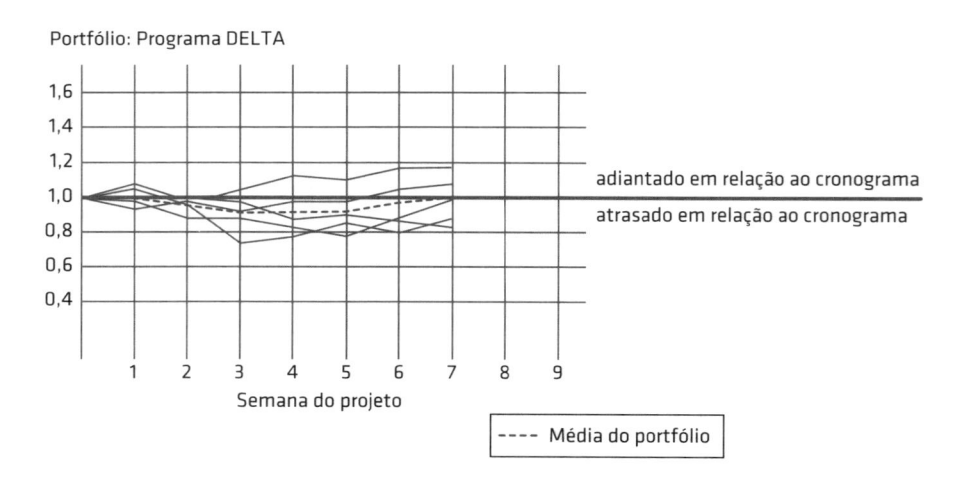

# 7.11 GERENCIAMENTO DO BANCO DE ESCOPO

O Banco de Escopo foi apresentado no Capítulo 6. Agora, proponho examinarmos com mais detalhes como, exatamente, ele poderia ser utilizado como uma ferramenta de monitoramento e controle. Estabelecemos o processo de gerenciamento de mudança de escopo, como parte da Fase de Lançamento. O Banco de Escopo é uma parte integrante daquele processo. Lembre-se de que, ao estabelecer o Banco de Escopo, faz-se um depósito inicial de uma certa quantidade de dias, 10% do total de dias de trabalho foi o que consideramos como sendo um depósito razoável. Certifique-se de que o cliente entende que, quando esse tempo é utilizado para acomodar mudanças no escopo que tenham sido aprovadas, quaisquer outras mudanças posteriores irão afetar diretamente a data de término do projeto. O seu trabalho como gerente de projeto é assegurar que esse tempo seja gerenciado efetivamente. O trabalho do cliente é garantir que esse tempo seja gasto da melhor forma possível para agregar valor às entregas finais do projeto. Solicitações de mudanças e outras sugestões serão apresentadas e, na ocasião adequada, decisões serão tomadas para definir quais serão implementadas e quando. O tempo necessário para analisar as solicitações e o tempo de implementação que tais solicitações serão deduzidos do montante de tempo depositado no Banco de Escopo.

Cedo ou tarde, o saldo de tempo no Banco de Escopo será zero. Isso significa que não será possível aceitar nem executar nenhuma solicitação de mudança adicional sem efetuar um depósito de tempo no Banco de Escopo que compense as retiradas. Esse depósito virá da realocação das horas de trabalho exigidas para implementar funções, características e funcionalidades que ainda não foram integradas à solução. Para fazer tal depósito, o cliente tem de priorizar as funções, características e funcionalidades que ainda não estão integradas à solução que deve incorporar as novas solicitações de mudança. Algumas das funções, características e funcionalidades cujas prioridades são menores do que as das mudanças solicitadas serão eliminadas da solução e, dessa forma, se tornam as fontes dos depósitos.

Desde que, já no início do projeto, deixemos bem claro para o cliente como o Banco de Escopo é definido e gerenciado, provavelmente não teremos nenhum problema com a sua implementação. É importante que você mantenha o cliente atualizado quanto ao *status* do Banco de Escopo.

# 7.12 MONTAGEM E MANUTENÇÃO DO REGISTRO DE QUESTÕES

O Registro de Questões é um documento dinâmico que contém todos os problemas que surgiram no decurso do projeto e que ainda não foram resolvidos. A solução desses problemas é importante para que a continuação do projeto seja bem-sucedida. O Registro de Questões contém as seguintes informações:

- número de identificação;
- data de registro;

- descrição do problema;
- impacto se não resolvido;
- o dono do problema;
- ação a ser executada;
- *status* e data;
- resultado.

Se houver também um Registro de Riscos, em geral será integrado ao Registro de Questões. Em cada reunião de *status* do projeto ou da equipe, o Registro de Questões é revisado e atualizado.

## 7.13 GERENCIAMENTO DAS REUNIÕES DE *STATUS* DO PROJETO

Para manter um bom acompanhamento do progresso do projeto, o gerente do projeto precisa obter informações periódicas de sua equipe. Essas informações serão comunicadas em uma reunião de *status* do projeto. No mínimo, você precisará fazer uma reunião de status ao menos uma vez por semana. Em alguns dos meus maiores projetos, reuniões de *status* diárias eram a norma para as primeiras semanas e, quando a necessidade de informações diárias não era tão crítica, fazíamos reuniões duas vezes por semana e, por fim, apenas reuniões semanais.

### 7.13.1 Quem deve comparecer às reuniões de status?

Para utilizar as reuniões de *status* de um modo correto e eficiente, é importante ter um bom critério na escolha de quem deve frequentá-las. Essa informação deve fazer parte do seu plano de comunicação.

Ao escolher quem deve estar presente nessas reuniões, tenha sempre em mente os seguintes pontos:

- no início, a sua equipe de *status* pode incluir apenas os membros necessários à Fase de Planejamento. Se não for necessário que os outros membros da equipe conheçam as informações discutidas na reunião, não os obrigue a ir lá para ficar sentados sem uma boa razão para tal. De qualquer modo, você distribuirá atas da reunião, portanto, os membros da equipe que não precisarem comparecer a certas reuniões ficarão informados dos acontecimentos;
- às vezes, durante uma reunião de *status* pode surgir uma discussão entre dois membros da equipe da qual os outros presentes não precisam participar. Se isso ocorrer, peça que eles programem uma reunião à parte para que a sua reunião de *status* possa continuar. Em uma *reunião à parte*, o número de participantes é pequeno e os problemas podem ser resolvidos com mais eficiência, longe da reunião de *status*. Não é produtivo que todos os presentes na reunião de *status* tenham que se envolver com os tópicos discutidos nesse tipo de reunião específica.

### 7.13.2 Quando as reuniões de status ocorrem?

Em geral, reuniões de *status* são marcadas mais para o final da semana. Apenas garanta que elas sejam realizadas sempre no mesmo dia da semana. Os participantes se acostumarão a preparar informações para uma reunião de *status* se souberem exatamente quando ela ocorrerá.

### 7.13.3 Qual é a finalidade de uma reunião de status?

Reuniões de *status* servem para obter informações da equipe inteira. No caso de projetos de grande porte, os participantes podem ser representantes de seus respectivos departamentos. É impossível reunir uma equipe de projeto formada por 250 pessoas uma vez por semana, portanto garanta que alguém estará presente representando os demais que trabalham em suas respectivas seções. A finalidade da reunião é incentivar o livre curso de informações e isso significa garantir que quem precisa de informações para fazer seu trabalho as obterá na reunião de *status*. Lembre-se, mais uma vez, de que você distribuirá atas da reunião mais tarde, o que será satisfatório para quem não esteve presente.

 **NOTA** O tamanho do projeto pode determinar a duração da reunião de *status* mas, em geral, uma hora deve ser suficiente. Isso é o máximo, e é provável que até menos de uma hora seja suficiente. Aqui é preciso ter bom senso – não desperdice o tempo das pessoas.

### 7.13.4 Qual é o formato de uma reunião de *status*?

Embora o formato das reuniões de revisão de *status* deva ser flexível, de acordo com as necessidades do projeto, certos itens serão sempre obrigatórios. Recomendo que adote o seguinte formato:

1. o defensor do projeto informa quaisquer mudanças que possam influenciar o futuro do projeto;
2. o cliente informa quaisquer mudanças que possam influenciar o futuro do projeto;
3. o gerente do projeto informa o estado geral do projeto e o impacto causado por problemas, mudanças e ações corretivas anteriores no nível do projeto;
4. os gerentes de atividades informam o estado atual das atividades inacabadas ou planejadas para serem iniciadas conforme a última reunião de *status*;
5. os gerentes de atividades futuras informam quaisquer mudanças ocorridas desde a última reunião que possam causar impacto no *status* do projeto;
6. o gerente do projeto revisa a situação dos problemas ainda em aberto desde a última reunião de *status*;
7. os participantes identificam novos problemas e designam os responsáveis pelas respectivas soluções (nesse caso, as únicas discussões permitidas serão apenas as de esclarecimento);
8. o defensor do projeto, o cliente, ou o gerente de projeto (o que for mais adequado) faz os comentários finais;

9. o gerente do projeto informa a data, o horário e o local da próxima reunião e encerra a reunião.

Atas fazem parte da documentação formal do projeto e são redigidas em cada reunião, expostas a comentários, revisadas quando adequado, distribuídas e arquivadas no registro eletrônico do projeto. Como não há muita discussão, as atas serão acompanhadas de quaisquer anexos relevantes e informarão os itens que serão discutidos na próxima reunião. As atas devem conter também a lista de participantes, um resumo dos comentários e as responsabilidades atribuídas.

Um auxiliar administrativo deve estar presente nas reuniões de revisão do *status* do projeto para redigir as atas e monitorar a distribuição. Essa responsabilidade também pode ser compartilhada pelos membros da equipe do projeto. Em algumas organizações, a mesma pessoa é responsável por distribuir com antecedência a agenda e os materiais de uma próxima reunião. Essa distribuição antecipada é especialmente importante se a reunião prevê tomada de decisões. Nenhum participante gostará de receber informações importantes pela primeira vez e ter de ler, entender e tomar decisões imediatamente sobre os assuntos em pauta.

### 7.13.5 A reunião de *status* diária de 15 minutos

Essas reuniões de *status* de curta duração começaram a ser realizadas como uma ferramenta para monitorar e controlar Projetos GAP (Gerenciamento Ágil de Projetos), GEP (Gerenciamento Extremo de Projetos) e PEG (Gerenciamento de Projetos Emertxe). No caso de projetos de pequeno porte (equipes com menos de 10 membros), a equipe do projeto inteira se reúne com frequência (toda manhã, por aproximadamente 15 minutos, na sala de crise da equipe, por exemplo). Quando se trata de projetos de maior porte, os líderes de atividades devem se reunir todas as manhãs. São reuniões em que todos ficam em pé e informam o *status* das atividades sob sua responsabilidade. Cada participante que tiver uma atividade inacabada deve fornecer informações. Atividade inacabada significa que a data de início da tarefa já passou e a tarefa ainda não foi concluída. Os participantes da reunião informam a situação das atividades que estão sob sua responsabilidade em relação ao cronograma (adiantadas, em dia ou atrasadas) e informam também de quantas horas ou dias será o adiantamento ou o atraso. Se as atividades estiverem atrasadas, eles devem informar sucintamente se já têm um plano de recuperação e quando esperam retomar o cronograma planejado. Se algum participante da reunião puder ajudar, deve se apresentar e tratar do assunto em particular. Problemas e questões não são discutidos na reunião diária de *status*, exceto para adicioná-los ao Banco de Escopo e ao Registro de Questões. A solução desses assuntos deve ser tratada entre as partes afetadas e em particular. Não use o tempo da equipe para discutir assuntos que são do interesse de apenas alguns participantes.

### 7.13.6 Reuniões de gerenciamento de problemas

Reuniões de gerenciamento de problemas exercem a função de fiscalização para identificar, monitorar e resolver problemas que surgem durante a vida de um projeto. Todo projeto tem problemas. Não importa quão bem seja planejado ou gerenciado, o projeto sempre terá problemas. Muitos desses problemas surgem apenas como acidentes da natureza. Considere o seguinte cenário como exemplo: um dos principais participantes do projeto pede demissão exatamente quando começaria a trabalhar em uma atividade do caminho crítico. A competência desse participante está em alta demanda, e será difícil substituí-lo. Cada dia que o cargo que ele ocupava permanece vazio é mais um dia de atraso no projeto. Parece um problema insolúvel. Não importa – você, na qualidade de gerente do projeto, tem de estar pronto para agir nesses casos. A reunião de gerenciamento de problemas é um veículo para abordar todos os problemas que têm de ser escalados na hierarquia da organização para definição, identificação da solução e solução propriamente dita.

Essa é uma função importante no gerenciamento de projetos, especialmente se o projeto for de grande porte. Em geral, os problemas são identificados na reunião de *status* do projeto e referidos aos membros da equipe adequados a resolvê-los. Cria-se um grupo para trabalhar no problema. Relatórios de progresso são apresentados e discutidos em uma reunião de gerenciamento de problemas. Em geral, essas reuniões começam com uma revisão do *status* da atividade que resultou no problema, seguida por uma descrição do problema e uma discussão para garantir que todos tenham o mesmo entendimento do problema. Nesse ponto, a reunião deve passar para o processo de solução de problemas discutido detalhadamente no Capítulo 6.

### 7.13.7 Definição de uma estratégia de escalonamento do problema

Algo aconteceu que colocou o plano do projeto em risco. Atraso no envio de material pelos fornecedores, mau funcionamento de equipamentos, doenças, fenômenos aleatórios da natureza, pedidos de demissão, mudanças de prioridade, erros e uma porção de outros fatores podem resultar em problemas que afetam produtos, programações de produtos e programações de recursos. O problema é da equipe do projeto e é a equipe que deve encontrar uma solução.

Essa situação é muito diferente para o gerente do projeto do caso de uma solicitação de mudança. Quando ocorre uma solicitação de mudança, o gerente do projeto ainda tem um certo poder de influência sobre o cliente. O cliente quer algo e poderia estar disposto a negociar uma solução aceitável. Não é esse o caso quando surge um problema na equipe de projeto. O gerente de projeto não tem qualquer influência e está em uma posição muito mais difícil.

Quando acontece algo não planejado, o gerente do projeto precisa determinar quem é o dono do problema, qual é a extensão do problema, e então adotar as medidas de correção adequadas. Entre essas medidas, está ajudar o dono do problema a encontrar uma solução aceitável seguindo a hierarquia de escalonamento discutida mais adiante neste capítulo. Pequenas variações em relação ao plano certamente ocorrerão e podem não exigir medidas corretivas. Há graus de medidas corretivas disponíveis para o gerente do projeto. Ao tentar resolver um problema, o gerente do projeto começa no topo da hierarquia de escalonamento e desce por ela examinando cada opção até encontrar uma que resolva o problema.

Há três níveis de estratégia de escalonamento: baseada na equipe do projeto, baseada no gerente de recursos e baseada no cliente.

### 7.13.7.1 Estratégias baseadas no gerente do projeto

Se ocorrer em uma atividade que não está no caminho crítico, o problema pode ser resolvido mediante a utilização de folga disponível, definida no Capítulo 5. Um exemplo é reprogramar a atividade para mais tarde dentro de sua janela IMC – TMT ou aumentar a duração para utilizar um pouco da folga disponível. Observe que essa estratégia não afeta quaisquer outras atividades no projeto. Ao utilizar a folga, você afeta a programação de recursos para todas as atividades que tenham a atividade em questão como predecessora. Uma outra abordagem é dar continuidade às técnicas de compressão do cronograma empregadas na definição do plano original do projeto. Essa estratégia pode afetar cronogramas de recursos exatamente como no caso anterior. A última opção à sua disposição é considerar o montante de recursos sob o seu controle na qualidade de gerente do projeto. É possível desviar alguns recursos de atividades que não estão no caminho crítico para ajudar na solução do problema da atividade em questão?

### 7.13.7.2 Estratégias baseadas no gerente de recursos

Depois de esgotar todas as opções sob o seu controle como gerente do projeto, chegou a hora de pedir ajuda adicional ao gerente de recursos. Essa ajuda pode tomar a forma de recursos adicionais ou reprogramação de recursos já comprometidos. Nesse caso, espere fazer uma permuta. Por exemplo, você poderia ser atendido agora, porém mediante o sacrifício de atividades que seriam realizadas mais adiante no projeto. No mínimo, você conseguiria "comprar" algum tempo para resolver o problema que surgirá mais tarde, em troca de resolver o que está em questão no momento. Se estiver gerenciando outros projetos, algumas permutas entre projetos podem resolvê-lo.

### 7.13.7.3 Estratégias baseadas no cliente

Quando todas as estratégias anteriores falharem, você terá de abordar o cliente. A primeira opção seria considerar algumas estratégias de múltiplas entregas. Entregar alguma funcionalidade antes da data programada e o restante mais tarde do que o planejado pode ser um bom ponto de partida. O último recurso é pedir aumento de prazo, o que não é tão desagradável quanto parece porque pode ser que a programação do cliente também tenha sofrido algum atraso e é possível que ele até fique aliviado com o seu atraso na entrega do produto.

### 7.13.7.4 A hierarquia da estratégia de escalonamento

O problema da estratégia de escalonamento apresentada aqui é que ela parte da premissa que você, na qualidade de gerente de projeto, tentará resolver o problema com os recursos que você mesmo controla. Caso isso não seja possível, você pode apelar para os seus gerentes de recursos. Como último recurso, pode apelar para o cliente.

Uma coisa a observar aqui, que é muito diferente da situação de solicitação de mudança que discutimos antes, é o suporte para a negociação. Como mencionamos, você, na qualidade de gerente do projeto, tem suporte quando o cliente solicitar uma mudança, mas não tem nenhum apoio quando tiver um problema de projeto a resolver. O cliente nada tem a ganhar, portanto é menos provável que coopere. Na maioria dos casos, o problema pode ser reduzido a como recuperar o tempo perdido. Os seis resultados descritos a seguir são possíveis nessa situação do problema.

1. **Nenhuma ação será necessária (uma folga de programação resolverá o problema)** – nesse caso, o atraso envolve uma atividade que não está no caminho crítico e será corrigida por si só.
2. **Examinar as dependências TI em busca de oportunidades de compressão no cronograma** – lembre-se de que você comprimiu o cronograma desde o início para conciliar a data de término exigida para o projeto mudando dependências TI para dependências II. Use a mesma estratégia novamente. A programação do projeto terá mudado diversas vezes desde o início do trabalho, e é possível que haja várias novas oportunidades de comprimir ainda mais o cronograma e resolver o problema em questão.
3. **Transferir recursos originalmente destinados a atividades que não estão no caminho crítico para corrigir o atraso** – até certo ponto, você controla os recursos designados a esse e a outros projetos que gerencia, e talvez possa transferir recursos destinados a atividades que não estão no caminho crítico para atividades em atraso. Essas atividades que não estão no caminho crítico podem pertencer ao mesmo projeto no qual ocorreu o atraso ou a um outro projeto que você também gerencia.
4. **Negociar recursos adicionais** – esgotados todos os recursos que você controla, a próxima estratégia será recorrer ao gerente de recursos. Para recuperar o tempo perdido, você precisa de recursos adicionais. Eles podem vir sob a forma de pessoal adicional ou de recursos monetários adicionais para contratar auxílio.
5. **Negociar estratégias de múltiplas entregas** – essa estratégia envolve o cliente. Exatamente como no caso de uma solicitação de mudança, você pode utilizar uma estratégia de múltiplas entregas a seu favor. Um exemplo ilustrará a estratégia: o gerente do projeto compartilha o problema com o cliente e então solicita que ele priorize as características e funcionalidades requisitadas no plano do projeto. Então, o gerente do projeto propõe entregar as características e funcionalidades de mais alta prioridade antes das respectivas datas de entrega programadas e as prioridades remanescentes depois das datas de entrega programadas. Em outras palavras, o gerente do projeto ganha uma extensão no cronograma de entrega, mas dá ao cliente algo melhor do que a barganha original – a saber, entregar algo antes da data programada.
6. **Solicitar uma extensão de cronograma ao cliente** – essa é a última alternativa. Embora semelhante à de múltiplas entregas, essa estratégia nada oferece em troca. O atraso é tal que a única solução é pedir uma extensão do prazo.

Você, na qualidade de gerente de projeto, deve tentar resolver o problema começando no topo dessa lista de seis alternativas e percorrendo o caminho de cima para baixo até encontrar uma solução. Ao utilizar essa abordagem, você tentará resolver o problema em primeiro lugar com recursos que controla, em seguida com recursos que o gerente de recursos controla e, por fim, com recursos e restrições que o cliente controla.

## 7.14 SOLICITAÇÃO DE APROVAÇÃO PARA ENCERRAR O PROJETO

O cliente decide quando o projeto pode passar para a Fase de Encerramento. Essa não é uma decisão arbitrária, mas é uma decisão que tem como base os critérios de aceitação propostos e aceitos durante o planejamento do projeto e mantidos em todo o desenrolar do projeto. Sempre que uma solicitação de mudança de escopo é aprovada, os critérios de aceitação são atualizados de modo a refletir tal resolução.

Na maioria dos casos, os critérios de aceitação nada mais são do que uma lista de verificação que reflete os requisitos do cliente. Depois que todos os itens foram verificados e considerados satisfatoriamente concluídos, o projeto está pronto para passar às atividades de encerramento.

## 7.15 RESUMINDO

O monitoramento e o controle do progresso de um projeto não ocorrerão só porque a equipe está comprometida com o projeto. É preciso instaurar um processo de supervisão organizado e entendido pelo cliente, pelos executivos da organização, pelo gerente do projeto e por todos os membros da equipe. Como você viu, há relatórios para todos esses públicos. Você também já percebeu até que ponto o alcance dos relatórios de progresso é necessário e que a quantidade de esforço para gerá-los exige um equilíbrio razoável entre esforço e valor. Exigir muito toma muito tempo disponível para o trabalho no projeto. Exigir pouco expõe o gerente do projeto ao risco de não conseguir concluir o projeto dentro das restrições de tempo e custo. Você também viu que há formatos de relatórios numéricos, bem como gráficos. Alguns gerentes preferem dados numéricos, outros preferem dados gráficos. O sistema de relatórios que você escolher deve atender as necessidades desses dois tipos de gerentes.

## QUESTÕES PARA DISCUSSÃO

1. Quais são as vantagens e desvantagens da confirmação da exatidão dos relatórios de progresso arquivados pelos membros da sua equipe?

2. Você definiu e apresentou corretamente o Banco de Escopo ao seu cliente que, inicialmente, concordou em utilizá-lo. Todavia, aparentemente ele esqueceu tal acordo. O Banco de Escopo precisa de um depósito para processar uma nova solicitação de mudança, e o cliente insiste em integrar a solicitação de mudança mais recente sem eliminar quaisquer funções, características ou funcionalidades ainda não integradas à solução. Há um impasse. Como você o resolverá?

**ANALISANDO O ESTUDO DE CASO SISTEMA DE ENTREGA RÁPIDA DE PIZZAS (SERP)**

O trabalho de projeto logo começará e você está conversando com os membros da sua equipe para decidir os requisitos e a frequência dos relatórios. Leve em conta os interessados nesse projeto e quais seriam suas necessidades. Consulte o estudo de caso citado na Introdução desta obra (p. 7) como referência em relação aos insumos de que precisará para responder as seguintes perguntas:

1. Quem são as pessoas que precisa ouvir para determinar se estão satisfeitas com o progresso desse projeto?
2. Como obterá informações da sua equipe e como as distribuirá aos outros interessados nesse projeto?

# 8 Como encerrar um projeto GTP

Julgamos a nós mesmos pelo que nos sentimos capazes de fazer, enquanto os outros nos julgam pelo que já fizemos.

– HENRY WADSWORTH LONGFELLOW, poeta norte-americano

Não podemos nos dar o luxo de esquecer quaisquer experiências, mesmo as mais dolorosas.

– DAG HAMMERSKJÖLD, ex-Secretário Geral das Nações Unidas

## OBJETIVOS DE APRENDIZAGEM DO CAPÍTULO

Depois de ler este capítulo, você será capaz de:

- entender as etapas necessárias para encerrar um projeto;
- desenvolver uma estratégia de encerramento;
- identificar os componentes da documentação do projeto;
- executar uma auditoria pós-implementação;
- explicar o significado de cada pergunta da auditoria pós-implementação.

## PONTO DE PARTIDA

Encerrar um projeto é, muito frequentemente, um suspiro de alívio da parte da equipe de desenvolvimento, bem como da equipe do cliente. O martírio finalmente terminou e todos podem voltar às suas ocupações originais. É provável que ainda haja algumas responsabilidades atrasadas do projeto esperando que você as inicie. É assim que se lembra de encerramentos de projetos? Ou você lembra deles como celebrações de sucesso?

## 8.1 UTILIZAÇÃO DE FERRAMENTAS, DOCUMENTOS PADRÃO E PROCESSOS PARA ENCERRAR UM PROJETO

Utilizando as seguintes ferramentas, documentos padrão e processos você pode transformar o encerramento de um projeto em um processo ordenado e definido:

- Procedimentos de Testes de Aceitação (PTA);
- estratégias de implementação;
- documentação do projeto;
- auditoria pós-implementação;
- relatório final do projeto.

## 8.2 REDAÇÃO E MANUTENÇÃO DOS PROCEDIMENTOS DE ACEITAÇÃO DO CLIENTE

O pior momento para negociar a conclusão de um projeto é "aos 45 do segundo tempo". Se esperou até então, estará à mercê do cliente. Trabalhei em uma organização que desenvolvia soluções de Internet e intranet para seus clientes usando contratos de orçamento fixo (preço fechado ou empreitada por preço fixo). A organização era um pouco negligente com relação ao controle de mudanças de escopo e não estabelecia critérios formais para o término de projetos. O resultado é que ela estava sempre enfrentando mudanças de última hora solicitadas pelo cliente, o que resultava em séria erosão das margens de lucro. Na verdade, a própria organização criou armadilhas para si mesma em mais de uma ocasião e acabou gastando mais para concluir os projetos do que recebeu de seus clientes.

A mensagem é clara. O processo de redação e manutenção dos Procedimentos de Testes de Aceitação do Cliente começa durante a coleta de requisitos, é documentado no decurso do planejamento do projeto, é mantido durante a execução do projeto e é aplicado como o único critério para passar à Fase de Encerramento do projeto.

## 8.3 ENCERRAMENTO DE UM PROJETO

Encerrar o projeto é um procedimento rotineiro uma vez que o cliente tenha aprovado as entregas. Envolve as seguintes seis etapas:

1. obter a aceitação das entregas pelo cliente;
2. garantir que todas as entregas foram instaladas;
3. garantir que a documentação está em dia;
4. obter a assinatura do cliente no relatório final;
5. executar a auditoria pós-implementação;
6. celebrar o sucesso.

Este capítulo descreve cada uma dessas etapas com mais detalhes.

### 8.3.1 Obter a aceitação do cliente

O cliente decide quando o projeto está encerrado. Cabe a você, na qualidade de gerente de projeto, demonstrar que as entregas (quer sejam produtos ou serviços) estão de acordo com as especificações. Para projetos de pequeno porte, essa aceitação pode ser muito informal e *pro forma*, ou pode ser muito formal e envolver testes de aceitação minuciosos em relação às especificações de desempenho do cliente.

### 8.3.1.1 Aceitação *pro forma*

A aceitação *pro forma* é uma aceitação informal pelo cliente. Não há assinatura de nenhum termo de aceitação ou encerramento. A aceitação simplesmente acontece. As duas situações descritas a seguir podem ser classificadas como aceitação *pro forma*:

1. a primeira envolve datas de término nas quais o cliente deve aceitar o projeto como concluído, quer cumpra ou não as especificações. Por exemplo, se o projeto é planejar e conduzir uma conferência, a conferência ocorrerá quer a conclusão do trabalho do projeto tenha sido ou não satisfatória;
2. a segunda envolve um produto de projeto que exige pouca ou nenhuma verificação para determinar se as especificações foram cumpridas, por exemplo, o planejamento e a realização de uma temporada de férias. Um colega meu me deu o seguinte exemplo. O projeto envolvia recomendar ou não a renovação de um serviço de hospedagem de TI. Na realidade não havia nenhum cliente a satisfazer – havia apenas uma decisão a ser tomada. O projeto foi encerrado com uma comunicação *pro forma* logo após o cumprimento da recomendação.

### 8.3.1.2 Aceitação formal

Aceitação formal ocorre em projetos para os quais você e o cliente redigiram um PTA. Em muitos casos, especialmente nos de projetos que envolvem o desenvolvimento de aplicações para computadores, a redação de um PTA pode ser um esforço conjunto do cliente e membros adequados da equipe de projeto e costuma ser realizado no início do projeto. Esse PTA exige que a equipe de projeto demonstre a conformidade com todas as características presentes na especificação de desempenho do cliente. Em geral usa-se uma lista de verificação que exige a aprovação de cada uma das características exigidas por vez, tendo como base os testes de desempenho. Esses testes são realizados e executados em conjunto pelo cliente e por membros adequados da equipe de projeto.

 **NOTA** A lista de verificação do PTA é redigida de tal modo que a conformidade em relação às especificações é demonstrada pelo teste ou não é demonstrada pelo teste. Deve ser redigida de modo que não seja necessária nenhuma interpretação para determinar se a conformidade foi demonstrada.

## 8.3.2 Instalação das entregas do projeto

A segunda etapa do encerramento de um projeto é a utilização das entregas na vida real, o que costuma ocorrer em projetos de sistemas de computação. A instalação pode envolver fases, ações diretas ou alguma outra estratégia de implantação. Em outros casos, envolve nada mais do que o acionamento de um interruptor. Seja como for, algum evento ou atividade entrega coisas ao cliente. Essa instalação aciona o início de várias atividades de encerramento que, em sua maioria, estão relacionadas a preparação de documentação e relatórios. Depois de concluída a instalação, os produtos passam para suporte e manutenção e o projeto está oficialmente encerrado.

Há quatro métodos populares para instalar produtos, discutidos nas próximas subseções.

### 8.3.2.1 Abordagem por fases

A abordagem por fases decompõe as entregas em porções significativas e as implementa na sequência adequada. Essa abordagem seria adequada em casos nos quais limitações de recursos impedem a utilização de qualquer outra abordagem.

### 8.3.2.2 Abordagem direta

A abordagem direta (ou imediata) substitui o produto antigo pelo novo em uma única ação. Para usar essa abordagem, o teste do novo sistema tem de ser executado e concluído com sucesso em um ambiente de teste exatamente igual ao ambiente de produção.

### 8.3.2.3 Abordagem paralela

Na abordagem paralela, as novas entregas são instaladas enquanto as antigas ainda estão em operação. Ambos os produtos, o velho e o novo, estão simultaneamente em modo de produção. Em casos em que não seria possível testar o novo sistema em um ambiente exatamente igual ao da produção, essa abordagem fará sentido. Ela permite que o novo sistema seja comparado ao antigo com dados da vida real.

### 8.3.2.4 Abordagem por unidade de negócio

Na abordagem por unidade de negócio, os novos produtos são instalados em uma unidade de negócio por vez, em geral na ordem cronológica em que o sistema é utilizado. Como a abordagem por fases, essa abordagem é adequada quando restrições de recursos proíbem uma implementação total de uma vez só. Semelhante à abordagem por unidade de negócio seria uma espécie de abordagem geográfica na qual o sistema é instalado em uma localização geográfica por vez, o que também simplifica o problema das diferenças geográficas.

## 8.3.3 Documentação do Projeto

Aparentemente, a documentação é sempre a parte do projeto mais difícil de concluir. Não há nada de charmoso em redigir documentação, o que não diminui sua importância. Há no mínimo cinco razões pelas quais você precisa redigir a documentação. Essas cinco razões são descritas aqui.

### 8.3.3.1 Referência para futuras mudanças nas entregas

Mesmo que o trabalho de projeto esteja concluído, é muito provável que haja mudanças futuras que darão origem a outros projetos. Ao usar as entregas, o cliente identificará oportunidades de melhorias, características e funcionalidades a adicionar e funções a modificar. A documentação do projeto que acabou de ser concluído é o fundamento para projetos futuros.

### 8.3.3.2 Registro histórico para estimar duração e custo para futuros projetos, atividades e tarefas

Projetos concluídos são ótimas fontes de informação para projetos futuros, mas só se os dados e outras documentações a eles referentes forem arquivados de modo que possam ser recuperados e utilizados. Durações e custos estimados e reais para cada atividade presente em projetos concluídos são particularmente valiosos para estimar essas variáveis em projetos futuros.

### 8.3.3.3 Recurso de treinamento para novos gerentes de projetos

A história é uma grande mestra e não há nenhuma ocasião em que isso seja mais significativo do que em projetos concluídos. Itens como a definição da Estrutura Analítica do Projeto (EAP); a análise de solicitações de mudanças e as decisões tomadas; a identificação, análise e solução de situações problemáticas e uma variedade de outras experiências são lições valiosas para o gerente de projeto novato.

### 8.3.3.4 Insumo para o treinamento e o desenvolvimento futuro da equipe de projeto

Como referência, a documentação de um projeto pode ajudar a equipe de projeto a lidar com situações que surgem no projeto em que estão trabalhando no momento. O modo como um problema ou solicitação de mudança semelhante foi tratado no passado é um excelente exemplo, especialmente se as causas do problema ou mudança estiverem incluídas.

### 8.3.3.5 Insumos para a avaliação de desempenho da equipe de projeto pelos gerentes funcionais

Em muitas organizações, a documentação do projeto pode ser utilizada como insumo para avaliações de desempenho do gerente de projeto e dos membros da equipe.

> ⚠ **ADVERTÊNCIA** É preciso tomar cuidado ao utilizar a documentação do projeto para avaliações de desempenho. Em alguns casos, um projeto estava destinado a fracassar, mesmo que o desempenho dos membros da equipe fosse exemplar. O inverso também é provável. O projeto estava destinado a ser um sucesso mesmo que o desempenho dos membros da equipe fosse aquém do esperado.

Tendo em vista tudo o que pode fazer por você, no sentido de ajudá-lo a ser mais eficiente e útil, a documentação de determinado projeto deve incluir, mas não de forma limitada, os seguintes itens:

- Termo de Abertura do Projeto (TAP);
- proposta e dados de apoio do projeto;
- programações do projeto, como cronogramas e alocações de recursos, tanto originais como revisados;

- atas de todas as reuniões da equipe do projeto;
- cópias de todos os relatórios de progresso;
- documentos de projeto;
- cópias de todas as notificações de mudança;
- cópias de todas as comunicações escritas;
- relatórios de questões significativas;
- relatório final;
- amostras das entregas (quando aplicável);
- documentos de aceitação do cliente;
- relatório de auditoria pós-implementação.

Para cada projeto, o gerente do projeto tem de determinar qual documentação é adequada. Referir-se sempre às considerações de valor agregado. Se o projeto tiver valor potencial para projetos futuros, como ocorre em muitos casos, então inclua-o na documentação. Observe também que na lista que acabamos de apresentar há pouca coisa que não surja naturalmente na execução do projeto. Acrescentamos apenas a designação de alguém para manter o registro de anotações do projeto. Essa tarefa envolve coletar os documentos na ocasião em que são criados e garantir que estejam mantidos sob uma forma fácil de recuperá-los (a forma eletrônica é obrigatória).

### 8.3.4 Condução da auditoria pós-implementação

A auditoria pós-implementação é uma avaliação das metas do projeto e das atividades nele executadas em comparação com o plano do projeto, orçamento, prazos, qualidade das entregas, especificações e a satisfação do cliente. Os registros das atividades do projeto servem como dados básicos para essa auditoria. As seis perguntas importantes a seguir devem ser respondidas:

1. **A meta do projeto foi cumprida?**
   a. A meta atingida é aquela que o time do projeto disse que entregaria?
   b. A meta está de acordo com o que o cliente especificou?

   O projeto foi justificado tendo como base uma meta a ser atingida. Essa meta foi atingida ou não, e as razões para essas duas situações devem ser informadas na auditoria. Essa questão pode ser abordada de duas perspectivas diferentes. O prestador de serviços pode ter sugerido uma solução que produziria certos resultados prometidos. Isso aconteceu? Ao contrário, o requerente pode ter prometido que, se o prestador de serviços produzisse, digamos, um sistema novo ou melhorado, então certos resultados ocorreriam. Isso aconteceu?

2. **O trabalho de projeto cumpriu o cronograma, ficou dentro do orçamento e está de acordo com a especificação?**
   Lembre-se de que, no triângulo de escopo discutido no Capítulo 1, as restrições aplicadas a um projeto são tempo, custo e a especificação do cliente, bem como a disponibilidade e a qualidade dos recursos. Aqui, a questão é saber se as especificações foram cumpridas dentro das restrições do tempo e dos custos orçados.

### 3. O cliente ficou satisfeito com os resultados do projeto?

É possível que as respostas às duas primeiras perguntas sejam "sim", mas a resposta a esta pergunta seja "não". Como isso pode acontecer? É simples: as Condições de Satisfação (CDS) mudaram, mas ninguém se deu conta disso. O gerente do projeto não verificou com o cliente se as necessidades mudaram, ou o cliente não informou ao gerente de projeto que tais mudanças tinham ocorrido.

**NOTA** Quero lembrá-lo, mais uma vez, que é absolutamente essencial que as CDS sejam revisadas toda vez que ocorrer um evento importante na vida do projeto, incluindo mudanças de membros da equipe, especialmente um novo gerente de projeto, e mudanças de patrocinador. Reorganização da empresa, aquisições e fusões são outras razões para verificar novamente as CDS.

### 4. O valor do negócio foi realizado? (Verifique os critérios de sucesso.)

Os critérios de sucesso foram a base do caso de negócio que sustentou o projeto e foram a razão primária para a aprovação do projeto. Você entregou o valor prometido? Quando os critérios de sucesso estão atrelados ao aumento dos lucros, participação de mercado ou outros parâmetros refletidos na linha de resultados do balanço anual, é possível que você só consiga responder a essa pergunta algum tempo depois do encerramento do projeto.

### 5. Quais lições você aprendeu sobre a sua metodologia de gerenciamento de projetos?

Empresas que desenvolveram ou estão desenvolvendo uma metodologia de gerenciamento de projetos provavelmente usarão projetos concluídos para avaliar quão bem a metodologia está funcionando. Diferentes partes da metodologia podem funcionar bem para certos tipos de projetos ou em certas situações, e isso deve ser observado na auditoria. Essas lições serão valiosas para fazer pequenas correções na metodologia ou simplesmente observar como aplicá-la quando surge uma determinada situação. Essa parte da auditoria poderia também considerar quão bem a equipe usou a metodologia, o que está relacionado, ainda que sob forma diferente, a quão bem a metodologia funcionou.

### 6. O que funcionou? O que não funcionou?

As respostas a essas perguntas são alusões e sugestões proveitosas para futuros gerentes e equipes de projetos. As experiências de equipes de projeto anteriores são verdadeiros "diamantes não lapidados" – seria bom que você as transmitisse às equipes futuras.

A auditoria pós-implementação é raramente executada, o que é muito ruim, porque ela tem grande valor para todos os interessados. Entre as razões por que as auditorias não são realizadas estão:

- **os gerentes não querem saber** – eles concluem que o projeto já foi executado e se perguntam que diferença faria saber se as coisas aconteceram do jeito que você disse que aconteceriam? É hora de ir em frente;

- **os gerentes não querem pagar o custo** – as pressões orçamentárias (ambas, tempo e dinheiro) são tais que os gerentes preferem gastar recursos no próximo projeto do que em projetos já concluídos;
- **não é uma alta prioridade** – outros projetos estão na fila para iniciar o trabalho, e projetos já concluídos não ocupam um lugar muito alto na lista de prioridades;
- **há muito trabalho a executar que pode ser cobrado** – a auditoria pós-implementação não é um trabalho que pode ser cobrado e o pessoal tem trabalho a executar em outros projetos que pode ser cobrado.

> **NOTA** Nunca é demais realçar a importância da auditoria pós-implementação, que contém inúmeras informações valiosas que podem ser recuperadas e utilizadas em outros projetos. As organizações sofrem e gastam tanto para desenvolver e melhorar seu processo e prática de gerenciamento de projetos que seria uma vergonha desprezar a maior fonte de informações que poderia ajudá-la nesse esforço. Porém, não quero enganá-los – na verdade, fazer uma auditoria pós-implementação é difícil porque dentre todas as outras tarefas que estejam demandando a sua atenção, a menor delas é provavelmente um projeto que já esteja atrasado em relação ao cronograma programado.

### 8.3.4.1 Redação do relatório final

O relatório final do projeto age como memória ou histórico do projeto. É o arquivo que outros podem consultar para estudar o progresso e os impedimentos do projeto. Há muitos modelos que podem ser utilizados para um relatório final, mas o conteúdo deve incluir comentários relativos aos pontos a seguir.

- **Sucesso geral do projeto** – levando em conta todas as medidas de sucesso utilizadas, você pode considerar que esse projeto foi bem-sucedido?
- **Organização do projeto** – resenhas retrospectivas são sempre perfeitas, mas agora que o projeto está encerrado, você o organizou da melhor maneira possível? Se a resposta for não, como ele poderia ter sido, então, melhor organizado?
- **Técnicas usadas para obter resultados** – referindo-se a uma lista de resumo do projeto, o que você fez que realmente ajudou a obter tais resultados? Comece essa lista no início do projeto.
- **Forças e fraquezas do projeto** – quais características e funcionalidades, práticas e processos foram realmente forças ou fraquezas? Você teria qualquer conselho a dar a futuras equipes de projeto em relação a essas forças e/ou fraquezas? Comece essa lista no início do projeto.
- **Recomendações da equipe de projeto** – várias percepções e sugestões ocorreram durante toda a vida do projeto. Este é o lugar onde devem ser registradas para a posteridade. Comece essa lista no início do projeto.

O cliente deve participar das atividades de encerramento e da auditoria pós-implementação. Peça que faça comentários imparciais e ateste a exatidão e a validade da auditoria assinando o relatório final.

### 8.3.5 Celebrar o sucesso

A equipe de projeto deve ser reconhecida ao final do projeto. Esse reconhecimento pode ser tão simples quanto uma carta de agradecimento, uma caneca ou uma camiseta decorada comemorativa, uma reunião alegre em uma pizzaria ou entradas para um bom jogo de futebol; ou pode ser algo mais formal, como um bônus pecuniário. Eu lembro que, quando a Versão 3 do pacote de planilhas de cálculo Lotus 1-2-3 foi lançada, cada membro da equipe de projeto recebeu uma gravação que mostrava a equipe trabalhando durante a última semana do projeto. Esse foi certamente um toque de delicadeza que será lembrado por muito tempo por todos os membros da equipe.

Ainda que a equipe possa ter começado como um "balaio de gatos", o projeto que seus membros concluíram os transformou em uma equipe de verdade. Surgiram ligações, forjaram-se novas amizades e também se estabeleceram relações de mentoria. Os membros individuais da equipe cresceram em termos profissionais, por meio das associações que surgiram entre eles, e agora chegou a hora de passar para o próximo projeto. Essa experiência pode ser muito traumática, e eles merecem uma conclusão. E é isso que celebrar o sucesso significa. Minha mensagem, dirigida em alto e bom som à equipe dos altos executivos da organização, é: não deixem passar a oportunidade de demonstrar o seu apreço à equipe. Esse simples gesto da parte dos executivos da organização promove fidelidade, motivação e compromisso entre os profissionais envolvidos.

## 8.4 RESUMINDO

Agora você já concluiu todas as cinco fases do ciclo de vida do projeto. Só me resta esperar que as ferramentas e técnicas práticas que compartilhei com você lhe darão um valioso e duradouro repertório de recursos que poderá utilizar à medida que desenvolve sua carreira nessa profissão tão interessante. Quer você seja um gerente de projeto em tempo integral, um gerente de projeto eventual, um gerente de projeto experiente ou queira seguir a carreira de gerente de projeto, certamente encontrará valor nestas páginas.

Todavia, ainda não terminei de acrescentar ferramentas e processos ao seu cabedal de gerenciamento de projetos. Há muito mais por vir na Parte III deste livro.

Boa sorte em sua jornada rumo à expansão da sua mente com as muitas possibilidades de gerenciamento efetivo de projetos!

## QUESTÕES PARA DISCUSSÃO

1. Defendi a utilização de uma lista de verificação como procedimento de teste de aceitação para determinar que o projeto está encerrado. Qual outro tipo de teste de aceitação você poderia sugerir? Seja específico.
2. Você pode sugerir uma abordagem de custo/benefício para vender gerenciamento tendo como base o valor da auditoria pós-implementação? Seja específico.
3. A auditoria pós-implementação é de vital importância para a melhoria da prática e do processo de gerenciamento de projetos. Ainda assim, é sempre difícil conseguir que os executivos da organização e o cliente aloquem tempo para autorizar e participar dessas auditorias. Sabendo disso, o que faria, na qualidade de gerente de projeto, para ajudar a mitigar esse problema?

# PARTE III

## Gerenciamento de Projetos Complexos

S e o Gerenciamento Tradicional de Projetos (GTP) é o "Caminho Feliz", então o Gerenciamento Ágil de Projetos (GAP) e o Gerenciamento Extremo de Projetos (GEP) são algo totalmente diferente. A felicidade está nos olhos de quem vê, e há os que acham que o gerenciamento de projetos complexos é uma felicidade porque gostam dos desafios que tais projetos propõem. Eles são os *chefs de cuisine* entre nós. Os outros, que somos apenas *cozinheiros*, tememos ter de encontrar um modo de resolver um desafio de projeto e preferiríamos o conforto de uma receita que pudéssemos seguir sem ter de pensar – não muito, em todo caso.

O panorama de projeto definido no Capítulo 1 abrange desde os projetos cuja meta e solução são conhecidas e claramente definidas até projetos nos quais ambas, a meta e solução, são desconhecidas e não definidas. À medida que você percorre esse panorama, diversos fatores afetam o projeto. Esses fatores serão discutidos no Capítulo 9.

No mundo dos projetos complexos, no mínimo uma das metas ou soluções não é claramente conhecida desde o início do projeto. Em geral, isso significa que os modelos GTP não funcionarão e será necessário fazer alguns ajustes. Porém, se isso servir de consolo, saiba que as fases, bem como as ferramentas, documentos padrão e processos que dão apoio aos projetos GTP, ainda podem ser aplicados nesse panorama complexo, mas não do mesmo modo que no mundo dos projetos tradicionais GTP.

O primeiro passo no mundo dos projetos complexos é com aqueles cuja meta está claramente definida, mas faltam soluções para algumas partes ou para a maioria delas. Esses são os chamados projetos ágeis (GAP). O Capítulo 10 discute esses projetos. O problema, nesse caso, é que, qualquer que seja a solução encontrada, o valor de negócio que ela entrega pode não ser aceitável. Infelizmente, o resultado desses projetos pode ser encontrar a melhor solução possível. Isso propõe novos desafios ao patrocinador, ao cliente e à equipe de projeto e serão necessários novos modelos. Essa é a finalidade do Capítulo 10.

Já o segundo passo no mundo dos projetos complexos é mais intenso e envolve projetos cuja meta não está claramente definida. Ela será, frequentemente, um estado final desejável e que, talvez, não possa ser alcançado. Esses projetos, denominados Extremos (GEP), são objeto de estudo do Capítulo 11. Um outro tipo de projeto complexo poderia ser imaginado como soluções em busca de problemas para resolver e é isso que realmente são, porém com um senão. Deixarei os detalhes dessa discussão para o Capítulo 11.

E, por fim, há modelos de Ciclos de Vida do Gerenciamento de Projetos (CVGP) específicos para os projetos ágeis GAP e Extremos GEP, que serão discutidos no Capítulo 12. Este capítulo mune os gerentes de projetos com as informações necessárias para fazer boas escolhas com relação à seleção do CVGP e à sua respectiva manutenção.

# 9 Complexidade e incerteza no panorama do gerenciamento de projetos

O desenho, a adaptação e o desenvolvimento dos ciclos de vida e dos modelos de gerenciamento de projetos têm como base as diferentes características do projeto e são os princípios que regem a prática do gerenciamento efetivo de projetos.

Não imponha processos e procedimentos que reprimam a criatividade da equipe e do indivíduo! Ao contrário, crie e apoie um ambiente que incentive tal comportamento.

– ROBERT K. WYSOCKI, PhD, Presidente, EII Publications, LLC

## ● OBJETIVOS DE APRENDIZAGEM DO CAPÍTULO

Depois de ler este capítulo, você será capaz de:

- saber como a complexidade e a incerteza afetam o panorama de projeto;
- incorporar requisitos, flexibilidade, adaptabilidade, mudança, risco, coesão da equipe, comunicações, envolvimento do cliente, especificações e valor de negócio ao modo como escolherá e utilizará um modelo de Ciclo de Vida do Gerenciamento de Projetos (CVGP);
- usar a Estrutura Analítica de Requisitos (EAR) como o principal ingrediente do modelo de decisão mais adequado.

## ● PONTO DE PARTIDA

Nesse momento, você concluiu o alicerce do que chamo de processo tradicional de gerenciamento de projetos. Houve uma época em que esse era o único modo existente de gerenciar projetos. Então vieram a complexidade, a incerteza, e um mercado que demandava velocidade e agilidade. A era da agilidade foi oficialmente inaugurada com a publicação do Manifesto Ágil (*Agile Manifesto*) em 2001 e, desde então, entramos no século XXI com uma enorme coleção de abordagens do gerenciamento ágil de projetos. A maioria era dirigida essencialmente a projetos de desenvolvimento de *software*. Nos capítulos da Parte III, organizaremos todas essas abordagens no panorama definido no Capítulo 2 e discutiremos quando utilizá-las, suas forças e fraquezas e, finalmente, como adaptá-las à variedade dos desafios propostos pelo gerenciamento de projetos que enfrentará. O material apresentado nas Partes I e II será adaptado a essas situações de alto risco exclusivas e desafiadoras. É um mundo de projetos repleto de complexidade e incerteza, como descrito neste capítulo.

## 9.1 ENTENDENDO O DOMÍNIO DA COMPLEXIDADE/ INCERTEZA DOS PROJETOS

O panorama de projeto de quatro quadrantes (Figura 9.1) é utilizado em primeiro lugar para categorizar o projeto segundo um quadrante e, dentro desse quadrante, selecionar um modelo de CVGP mais adequado. Porém, mesmo depois de categorizar e selecionar um modelo de CVGP mais adequado, tendo como base a clareza da meta e da solução, a questão ainda não está resolvida. Os projetos contemporâneos ficaram mais incertos e, acompanhando o aumento da incerteza, a complexidade e o risco também aumentaram. A incerteza é o resultado de mudanças nas condições de mercado que exigem respostas de alta velocidade com alto conteúdo de mudança para produzir uma solução competitiva. A complexidade é o resultado de uma solução que não foi percebida e será difícil de encontrar. Isso desafia o gerente de projeto a reagir adequadamente. Por consequência, a complexidade do gerenciamento de projetos também aumentou. A incerteza e a complexidade estão positivamente correlacionadas. E, por fim, o risco aumenta à medida que a complexidade e a incerteza aumentam.

**FIGURA 9.1** O panorama do projeto

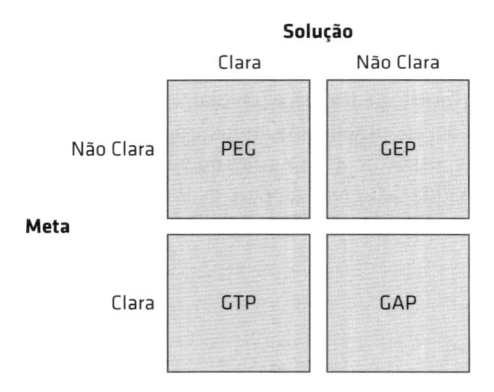

À medida que percorre os quadrantes, passando da clareza para a falta de clareza e da baixa incerteza para a alta incerteza, os processos de gerenciamento de projetos que vai utilizar devem acompanhar as respectivas necessidades de cada tipo de projeto. Aqui dou um conselho: enquanto percorre os quadrantes, lembre-se de que "muito é ruim, menos é melhor, e mínimo é melhor ainda". Em outras palavras, não sobrecarregue a si mesmo e a sua equipe com documentação e planejamento desnecessários que só servirão para atrapalhar os esforços de todos. Como disse o meu colega Jim Highsmith em seu livro *Gerenciamento ágil de projetos:*[1]

---

1   HIGHSMITH, J. *Gerenciamento ágil de projetos*. Rio de Janeiro: Alta Books, 2012.

A ideia da estrutura suficiente, mas não demasiada, induz os gerentes ágeis a fazerem sempre a mesma pergunta: "Qual seria a dimensão mínima de uma estrutura com a qual eu poderia executar o trabalho?" Uma estrutura muito grande sufocaria a criatividade. Uma estrutura muito pequena geraria ineficiência.

Projetos GTP são regidos por planos, repletos de processos e documentação e, por consequência, muito estruturados. Ao passar para os Quadrantes 2 e 3, o aspecto pesado do projeto dá lugar à leveza. Planos dão lugar ao planejamento *just-in-time*, gerido por mudança e valor, processos rígidos dão lugar a processos adaptativos e a documentação é substituída em grande parte por conhecimento tácito compartilhado entre os membros da equipe. Essas são algumas das características das muitas abordagens que caem nos quadrantes GAP, GEP e PEG. Você aprenderá como escolher e adaptar diversos modelos e abordagens que caem sob o guarda-chuva dos métodos ágeis.

Essa ideia de pesado *versus* leve é interessante. Sempre achei que qualquer gerente de projeto deve verificar o valor de uma ferramenta, documento padrão ou processo de gerenciamento de projetos antes de se dispor a utilizá-los. Sobrecarregá-los com o que perceberão como muito trabalho sem valor agregado é contraproducente, deve ser evitado, e provavelmente não será utilizado por eles do modo originalmente pretendido. Isso torna-se mais significativo à medida que o tipo de projeto que está gerenciando cai nos quadrantes GAP, GEP ou PEG. Além disso, os gerentes de projetos resistirão e você só conseguirá um esforço de fachada em relação à conformidade. A minha filosofia geral é que, quanto menos tempo e trabalho que não geram valor agregado lançar sobre os seus gerentes de projetos, melhor para você. Substituir trabalho que não gera valor agregado para dar mais espaço a trabalho que gera valor agregado aumentará a possibilidade de sucesso do projeto. Essa é a filosofia que embasa as abordagens enxutas de gerenciamento de projetos complexos (veja o Capítulo 10). O tempo é um recurso precioso (e escasso) para todos os projetos. Você precisa resistir à tentação de adicionar trabalho que não contribui diretamente para as entregas finais. Até certo ponto, os gerentes de projeto devem determinar o que gera valor agregado aos processos e à documentação de seus projetos. Dê-lhes a responsabilidade de decidir o que utilizar, quando utilizar e como utilizar. Um bom gerente dá todas as condições para que os seus gerentes de projetos sejam bem-sucedidos e então sai de cena. Agora vou descer do palanque e voltar à discussão da complexidade e da incerteza dos projetos.

**DEFINIÇÃO Trabalho que não gera valor agregado** Trabalho que não gera valor agregado é aquele que envolve o consumo de recursos (em geral pessoas ou tempo) em atividades que não agregam valor de negócio ao produto ou processo final.

Cada quadrante do panorama de projeto tem perfil diferente quando se trata de risco, equipe, comunicações, envolvimento do cliente, especificação, mudança, valor de negócio e documentação. Esta seção examina a mudança de perfil em cada domínio à medida que um projeto passa de um quadrante para o outro.

Complexidade e incerteza são positivamente correlacionadas. À medida que ficam mais complexos, os projetos tornam-se mais incertos.

Nos modelos GTP, você sabe para onde está indo e sabe exatamente como chegará lá. A definição de aonde você está indo é descrita na EAR e como você chegará lá é descrito na Estrutura Analítica de Projetos (EAP). O seu plano reflete todo o trabalho, a programação e os recursos que o levarão até lá. Não há nenhuma complexidade de meta ou solução aqui. Assim que se distanciar de uma solução claramente especificada, sairá da zona de conforto do mundo GTP e entrará no mundo do GAP, que já não é tão bondoso com você. No instante em que houver alguma incerteza em qualquer lugar do projeto, a complexidade do projeto aumenta. Você tem de arquitetar um plano para colocar no lugar as peças que estão faltando. Haverá algum risco adicional – pode ser que não encontre a peça que está faltando ou, se a encontrasse, verificaria que ela não se adapta àquilo que já construiu. Volte duas etapas, desfaça algum trabalho prévio e execute o trabalho requisitado. O plano muda. A programação do cronograma das atividades muda. Grande parte do esforço despendido anteriormente no desenvolvimento de um plano detalhado será desperdiçado. Em razão das circunstâncias, o trabalho em questão se transformou em trabalho que não gera valor agregado. Ah, se você soubesse antes!

À medida que cada vez menos se sabe sobre a solução, o impacto do trabalho que não gera valor agregado para o sucesso do projeto torna-se cada vez mais um fator de preocupação. Perdeu-se tempo. Modelos GAP são mais bem equipados do que modelos GTP para lidar com essa incerteza e com a complexidade que dela resulta. Os modelos são montados sob a premissa de que é preciso descobrir a solução. O planejamento torna-se cada vez menos uma tarefa que é executada apenas uma vez no início e cada vez mais uma tarefa *just-in-time,* realizada o mais tarde possível durante a execução do projeto. Confia-se cada vez menos em um plano e cada vez mais no conhecimento tácito da equipe. Isso não reduz a complexidade, mas a concilia. Portanto, ainda que a complexidade aumente ao percorrermos o panorama do GTP, passando pelo GAP e chegando no GEP e PEG, você dispõe de um modo de lidar com isso para o bem do seu cliente e da sua sanidade como gerente de projeto. Lembre-se de que gerenciamento de projetos é senso comum organizado e estará sempre alinhado com boas decisões de negócio.

### 9.1.1 Requisitos

O primeiro lugar onde você encontra complexidade é na EAR. À medida que a complexidade do projeto aumenta, a probabilidade de acertar exatamente a definição dos requisitos diminui. Sob qualquer ponto de vista, aparentemente você definiu o conjunto de requisitos necessário e suficiente que, quando inserido na solução, resultará na entrega do valor esperado do negócio. Porém, devido às complexas interações entre os requisitos, pode ser que aquele valor não seja realizado. Talvez surja um requisito que estava faltando. No nível mais fundamental, talvez seja necessário ampliar o escopo do projeto para incluir os requisitos adicionais necessários para alcançar o valor de negócio esperado.

Em um projeto de desenvolvimento de um *software* complexo, a quantidade de requisitos pode ser assombrosa. Alguns podem até mesmo entrar em conflito com outros. Outros podem ser redundantes quando se trata de contribuir para o valor esperado do negócio. Alguns estarão faltando, e é possível que muitos desses só se tornem óbvios quando as tarefas de projeto, desenvolvimento, e até mesmo de testes de integração, já estejam bem adiantadas.

Lembro-me de um projeto de desenvolvimento de um sistema de administração de salários e proventos. O sistema que pretendia montar era muito mais avançado em relação aos que existiam naquela época e sobrecarregaria as tecnologias e as ferramentas de desenvolvimento de *software* disponíveis. Eu era o chefe do orçamento na organização, o analista de negócios e o cliente do projeto e era também responsável por facilitar o processo de reunir e documentar requisitos. Conhecia todos os processos convencionais de coleta de requisitos e achava que tinha executado um trabalho exemplar. A EAR e a EAP resultantes compunham uma descrição de 70 páginas com mais de 1.400 funções, características e funcionalidades. Examinando aquele projeto em retrospectiva, não consigo entender como alguém poderia absorver um documento de 70 páginas e concluir que a EAP estava completa. Nós achávamos que estava, porém mais tarde descobrimos que na realidade não estava.

### 9.1.2 Flexibilidade

À medida que a complexidade do projeto aumenta, também aumenta a necessidade de flexibilidade no processo. Maior complexidade traz consigo a necessidade de ser criativo e adaptativo. Nenhuma dessas qualidades é compatível com processos rígidos. É fácil comprometer projetos GAP com uma avalanche de processos, procedimentos, documentação e reuniões. Muitos desses não estão relacionados a uma abordagem guiada por resultados. São resquícios de abordagens guiadas por planos. Além de maior flexibilidade, projetos GAP e GEP também precisam de maior adaptabilidade. Organizações que estão passando por uma mudança de abordagem reconhecem a necessidade de apoiar não somente projetos GTP, mas também projetos GAP, enfrentam uma mudança significativa e diferente em sua cultura e em seus negócios. Por um lado, as regras do negócio e as regras de engajamento no projeto sofrerão uma mudança radical. Espere resistência.

Aqui, flexibilidade refere-se ao processo de gerenciamento de projetos. Se estiver usando uma abordagem única, que deva servir para todos os projetos, não terá nenhuma flexibilidade. O processo é o processo. Essa não é uma situação muito confortável se o processo impedir de algum modo comportamentos de bom senso e comprometer a sua capacidade de entregar valor ao seu cliente. Você não preferiria seguir uma estratégia que permitisse que se adaptasse a situações mutantes em vez de ficar limitado por uma estratégia que só atrapalha?

Em geral, projetos GTP seguem uma metodologia fixa. O plano é desenvolvido juntamente com a programação das entregas do projeto e outros marcos. Um processo formal de gerenciamento de mudança faz parte do plano de jogo. O progresso em relação ao cronograma estabelecido é acompanhado e ações corretivas são implementadas para recuperar o controle sobre o cronograma e o orçamento. Um pacote bem bonitinho, não é? Tudo corre bem até o processo atrapalhar o desenvolvimento do produto. Por exemplo, se a situação e as prioridades do negócio mudarem e resultarem em uma enxurrada de solicitações de mudança de escopo para adaptá-lo ao novo clima de negócios, então uma grande quantidade de tempo será gasta no processamento de solicitações de mudança e em novo planejamento do cronograma à custa de trabalho que gera valor agregado. A programação do projeto passa do ponto de recuperação. O plano do projeto, por ter mudado várias vezes, tornou-se uma confusão forçada. Qualquer integridade que existisse no plano e no cronograma iniciais foi perdida em consequência das muitas mudanças.

GAP é algo totalmente diferente. Lembre-se de que GAP, como todo gerenciamento de projeto, na realidade nada mais é do que senso comum organizado. Portanto, quando o processo em uso começa a atrapalhar, você o adapta. As mudanças no processo visam a manter o foco na execução daquilo que faz sentido para proteger a criação de valor de negócio. Ao contrário dos processos GTP, os processos GAP esperam e adotam mudanças como um modo de encontrar uma solução melhor e de maximizar valor de negócio dentro de restrições de tempo e orçamento. Isso significa escolher e mudar continuamente o modelo de CVGP de modo a aumentar o valor do negócio que resultará do projeto. Entenda que, até certo ponto, o escopo é uma variável no mundo do gerenciamento de projetos complexos.

Projetos GEP e PEG são ainda mais dependentes de abordagens flexíveis. Aprendizagem e descoberta ocorrem durante todo o projeto e a equipe e o cliente devem ajustar, a qualquer momento, e sem aviso prévio, o modo como abordam o projeto. O risco de fracasso é muito alto e o modo como você usa os recursos disponíveis deve ser protegido pelo processo de gerenciamento do projeto.

### 9.1.3 Adaptabilidade

Quanto menos você se sentir seguro em relação aos requisitos, funcionalidades e características do projeto, maior será a necessidade de adaptação em relação a processo e procedimento. A adaptabilidade está diretamente relacionada ao grau de poder de ação que a organização concede à sua equipe. A capacidade de adaptação da equipe aumenta à medida que tal poder de ação se torna mais difuso. Para promover a capacidade produtiva dos membros da sua equipe, é necessário que os executivos da organização interfiram o mínimo possível. Um modo de não interferir é definir e concordar claramente com a equipe o que terá de ser feito e quando, mas tomar cuidado para não exagerar o seu papel de gerente de projetos eficiente dizendo a eles como executar e concluir suas tarefas. Não imponha processos e procedimentos que sufoquem a criatividade individual e da equipe! Isso seria o golpe mortal para qualquer projeto complexo. Ao contrário, crie um ambiente que incentive a criatividade. Não sobrecarregue os membros da equipe com a necessidade de obter concordância oficial que nada tenha a ver com a entrega de valor de negócio. Escolha cuidadosamente o seu gerente de projeto e os membros da equipe e confie que eles agirão tendo em mente a busca dos interesses do cliente.

### 9.1.4 Risco *versus* o domínio da complexidade/incerteza

O risco do projeto aumenta à medida que ele cai nas categorias, do menos arriscado para o mais arriscado, GTP, GAP, GEP e PEG. No GTP, você sabe claramente qual é a meta e a solução e pode desenvolver um plano definitivo para chegar lá. Em geral usam-se documentos modelos padronizados que passaram no teste do tempo e, por isso, os riscos associados à sua utilização são mínimos. A exposição a riscos associados ao fracasso do produto também será baixa. Então, o foco pode mudar para o fracasso do processo. É quase certo que já exista uma lista de possíveis agentes de risco compilada no passado para projetos semelhantes. A probabilidade, o impacto e as estratégias de mitigação adequadas serão conhecidas e estarão documentadas. Como um bom atleta, você terá previsto o que pode acontecer e como agir caso aconteça.

À medida que o projeto assume as características de GPA, duas forças entram em cena. A primeira é que o modelo de CVGP torna-se mais flexível e mais leve. A carga do processo diminui à medida que se dá mais atenção à entrega de valor de negócio do que à obediência a um plano. Ao mesmo tempo, o risco do projeto aumenta. O risco aumenta em relação ao grau de desconhecimento da solução. Em suma, isso significa que se deve exercer mais esforço no gerenciamento do risco à medida que o projeto passa pelo GAP e fica mais parecido com um projeto GEP. A experiência em relação a esses riscos será menor porque eles são específicos do produto que está sendo desenvolvido. Em projetos GEP e PEG, o risco alcança picos ainda mais altos porque você está em um ambiente de P&D. O risco do processo é quase inexistente porque o último estágio de flexibilidade foi alcançado nesse quadrante, mas o risco do produto é extremamente alto. Haverá numerosos fracassos de produto em razão da natureza altamente especulativa dos projetos GEP e PEG, mas isso não importa. Esses fracassos são esperados. Cada fracasso do produto o levará para muito mais perto de uma solução viável, se tal solução puder ser encontrada dentro das restrições de tempo operacional e orçamento. Na pior das hipóteses, esses fracassos eliminam uma ou mais rotas de investigação e, assim, diminuem a gama de possíveis soluções para projetos futuros.

### 9.1.5 Coesão da equipe *versus* o domínio da complexidade/incerteza

No GTP, falando bem a verdade, a equipe bem-sucedida não precisa nem mesmo ser uma equipe. Você reúne um grupo de especialistas e designa a cada um as suas respectivas tarefas em datas e períodos e tempo adequados. Ponto final. A localização física dos componentes da equipe não é importante. Eles podem estar geograficamente dispersos e ainda assim ser bem-sucedidos. O plano é sagrado e guiará a equipe na execução de suas tarefas. Dirá a eles o que precisam fazer, quando precisam fazê-lo e como saberão que terminaram cada tarefa. Portanto, o plano da GTP tem de ser bastante específico, claro e completo. Cada membro da equipe conhece sua própria disciplina e entra na equipe quando necessário, para aplicar suas habilidades e competências a um conjunto de tarefas específicas. Quando cumpre sua obrigação, frequentemente sai da equipe para retornar mais adiante se necessário.

A situação muda rapidamente se o projeto for GAP, GEP ou PEG. Antes de mais nada, há uma guinada gradual de uma equipe de especialistas para uma equipe de generalistas. A equipe passa a ser mais auto-organizada, mais autossuficiente e mais autodirigida à medida que o projeto percorre os quadrantes. As equipes GTP não precisam trabalhar no mesmo local. Embora facilitasse a vida do gerente do projeto, não é uma necessidade.

É muitíssimo recomendável que equipes GAP, GEP e PEG estejam colocalizadas. Pesquisas demonstraram que trabalhar no mesmo local aumenta significativamente a probabilidade de conclusão bem-sucedida desses projetos complexos. Todavia, muitas vezes as condições existentes não favorecem a colocalização, apesar dos argumentos contrários. Não trabalhar no mesmo local cria problemas de comunicação e coordenação para o gerente de projeto. A maioria dos projetos complexos requer um ambiente criativo e equipes colocalizadas facilitam um pouco as coisas. Um dos primeiros projetos GAP que gerenciei tinha uma equipe de 35 profissionais dispersos em 11 fusos horários. Trinta e cinco componentes formam uma equipe GAP grande, mas gerenciável. Ainda assim, conseguíamos realizar as reuniões de 15 minutos da equipe! Apesar do obstáculo das comunicações, o projeto foi bem-sucedido, mas devo admitir que exigiu uma quantia bem maior em despesas indiretas do que teria exigido se a equipe inteira trabalhasse de maneira colocalizada.

### 9.1.6 Comunicações *versus* o domínio da complexidade/incerteza

Pesquisas do *Standish Group* realizadas na década passada ou mais constataram que a falta de comunicação pessoal oportuna e clara é a causa mais comum do fracasso de projetos. Aqui estou me referindo a meios de comunicação escritos e verbais. Damos, a seguir, uma lista classificada das 10 razões principais para o fracasso de projetos publicada no *CHAOS 2010 Report* do *Standish Group*.

Projetos fracassam devido a:

1. falta de envolvimento de usuários;
2. requisitos e especificações incompletas;
3. mudança de requisitos e especificações;
4. falta de suporte dos executivos;
5. existência de incompetência em relação à tecnologia;
6. falta de recursos;
7. expectativas irreais;
8. falta de clareza dos objetivos;
9. estabelecimento de prazos irreais;
10. surgimento de uma nova tecnologia.

Os três primeiros itens da lista estão relacionados a comunicações interpessoais, diretas ou indiretas.

À medida que a complexidade e a incerteza de um projeto aumentam, os requisitos de comunicação aumentam e mudam. Quando a complexidade e a incerteza são baixas, a forma predominante das comunicações é de apenas uma via (escrita, por exemplo). Relatórios de *status*, solicitações de mudança, atas de reunião, relatórios de problemas, solução de problemas, atualizações no plano de projeto e outros relatórios escritos são corriqueiros.

Muitos desses são reproduzidos no site do projeto para acesso geral. À medida que a incerteza e a complexidade aumentam, as comunicações de uma única via têm de dar lugar a comunicações de duas vias. Portanto, as comunicações escritas dão lugar a reuniões e a outros foros de comunicação verbal. Estruturas de equipes distribuídas dão lugar a estruturas de equipes colocalizadas para dar suporte à mudança nos modos de comunicação. A carga das abordagens regidas por plano é aliviada e substituída por abordagens de comunicação regidas por valor.

Abordagens de comunicações regidas por valor se derivam do envolvimento significativo do cliente, quando as discussões geram atualizações de *status* e progresso nos planos. Como projetos de alto grau de complexidade e incerteza dependem de mudanças frequentes, a tolerância em relação a comunicações escritas é baixa. Nessas situações de projeto a preparação, a distribuição, a leitura e a resposta a comunicações por escrito são vistas como uma carga pesada e apenas mais um exemplo de trabalho que não gera valor agregado. Valem mais para registro histórico do que para itens de ação. Devem ser evitadas, e a energia deve ser gasta em trabalho que gera valor agregado.

### 9.1.7 Envolvimento do cliente *versus* o domínio da complexidade/incerteza

Considere por um instante um projeto cuja meta e solução considerava como certas. Você estaria disposto a apostar o seu primogênito contra a hipótese de que sabia exatamente quais eram os requisitos e que eles não mudariam? (Sim, esse tipo de projeto pode ser apenas um sonho, mas peço que me conceda o benefício da dúvida só por alguns instantes.) Em projetos como esse, você bem que poderia perguntar: "Por que preciso que o meu cliente se envolva, exceto para atestar eventos *pro forma* de conclusão de marcos?" Essa é uma pergunta razoável, e o ideal seria que não precisasse do envolvimento do cliente. E se fosse um projeto situado no outro extremo, cuja meta é muito incerta ou não passa de uma visão para a qual aparentemente não há nenhuma solução à vista? Nesses casos, o envolvimento total do cliente, talvez na qualidade de um membro da equipe, mas no mínimo como um Especialista no Assunto em Questão (EAQ), seria indispensável. O que descrevi aqui são os casos extremos no panorama de projeto.

Projetos GTP são regidos por planos e por equipes. O envolvimento do cliente costuma se limitar a responder questões de esclarecimento à medida que surgem e assinar termos de conclusão e aprovação nos estágios adequados do ciclo de vida do projeto. Não seria demais dizer que o envolvimento do cliente em projetos GTP é reativo e passivo. Mas tudo isso muda quando você passa para projetos GAP. Nestes, os clientes têm de assumir um papel mais ativo do que assumiam em projetos GTP. Para projetos GEP, o envolvimento significativo do cliente é essencial. Na verdade, o cliente deve assumir um papel proativo. O projeto dará em nada sem esse nível de comprometimento do cliente.

Encontrar a solução para uma meta de projeto não é um esforço individual. Em GTP, a equipe de projeto sob a liderança do gerente de projeto tem a seu cargo a implementação de uma solução conhecida. Em alguns casos, o envolvimento do cliente será passivo, porém, na maior parte das vezes, caberá à equipe implementar a solução conhecida.

A disposição que os clientes têm de se envolver, ainda que passivamente, dependerá de como se comportou com eles durante a execução do projeto. Eles desempenham, claramente, um papel de seguidores. Se você se deu ao trabalho de incluí-los no planejamento do projeto, pode até ser que sintam alguma simpatia por você e o ajudem. Mas não conte com isso. Começando pelo GAP e estendendo-se até o GEP, a dependência do envolvimento significativo do cliente é cada vez mais significativa. Os clientes passam do papel de seguidores para um papel de colaboradores e até mesmo para um papel de liderança. No seu esforço de manter o foco no cliente e entregar valor de negócio, você está tratando de um problema de negócios, mas não de um problema de tecnologia. Você tem de encontrar uma solução de negócios. E quem está mais bem equipado para ajudar do que os clientes? Afinal, está lidando com a parte deles do negócio. Não deveriam ser eles a melhor fonte de ajuda e parceria na busca da solução? Você deve fazer tudo o que puder para alavancar tal expertise e percepção. O envolvimento do cliente é tão crítico que sem ele não terá nenhuma chance de ser bem-sucedido em projetos complexos.

Conseguir e sustentar o envolvimento significativo do cliente pode ser uma tarefa assustadora por, no mínimo, as três razões citadas nas subseções seguintes.

### 9.1.7.1 A zona de conforto do cliente

Desde a década de 1950, os gerentes de projetos acostumaram os clientes a adotarem um papel passivo. Nós os treinamos bem, e agora temos de treiná-los novamente. Em muitas instâncias, o papel deles era mais *pro forma* do que formal. Eles não entendiam o que estavam aprovando, mas não tinham nenhum recurso senão assinar. A aceitação da conclusão de eventos de marco era frequentemente uma formalidade porque o cliente não entendia o jargão técnico, tinha medo de não assinar em razão da ameaça de outros atrasos e não entendia muito de desenvolvimento para saber que tipos de pergunta fazer, quando fazê-las e quando recuar. Agora estamos pedindo que eles assumam um novo papel e adotem uma postura significativamente engajada durante todo o ciclo de vida do projeto. Muitos deles não estão à altura de tal responsabilidade, que aumenta gradativamente à medida que o projeto passa pelo quadrante GAP e se dirige aos quadrantes GEP e PEG, nos quais a situação não é tão bem conhecida. A equipe do projeto encara um fator crítico de sucesso que é obter o envolvimento significativo do cliente para todo o CVGP. Em um projeto GEP, o envolvimento do cliente é ainda mais proativo e engajado. Projetos GEP exigem que o cliente assuma uma liderança compartilhada com o gerente do projeto para manter o progresso ajustado na direção do aumento do valor de negócio.

Ao mesmo tempo, a zona de conforto dos clientes está aumentando. Eles ficaram mais espertos. Não é incomum encontrar clientes que agora estão mais dispostos a se envolver em questões técnicas. Eles vão a conferências que frequentemente abordam aspectos técnicos. Agora eles sabem como revidar. Sabem o que é preciso fazer para desenvolver soluções. Eles mesmos também já desenvolveram algumas usando pacotes de planilhas e outras ferramentas de aplicação. Mas toda situação tem dois lados. Esses tipos de clientes podem ser solidários ou podem ser obstáculos ao progresso.

Dou aqui a minha sugestão para obter e sustentar o envolvimento significativo do cliente. Treinamento, treinamento e mais treinamento. Eu já treinei clientes (e, sim, equipes) em preparação para um projeto, e também já os treinei em pleno desenvolvimento da execução do projeto. Ambos podem ser eficazes.

### 9.1.7.2 O cliente assume a propriedade do projeto

Estabelecer a propriedade do cliente em relação ao produto e ao processo de projetos GAP e GEP é crítico. Costumo garantir que haja esse sentimento de propriedade organizando a equipe do projeto ao redor de dois gerentes colaboradores (que chamo de cogerentes) – um do lado do desenvolvedor e um do lado do cliente. Esses dois indivíduos são igualmente responsáveis pelo sucesso e pelo fracasso do projeto. Isso coloca um interesse declarado exatamente nos ombros do cogerente do lado do cliente. Na minha experiência, a abordagem de dois cogerentes é a única consistentemente bem-sucedida que conheço para estabelecer e sustentar o envolvimento significativo do cliente.

Isso parece muito bom no papel, mas não é fácil de fazer. Posso até ouvir os meus clientes dizendo: "Esse é um projeto de tecnologia e não sei nada de tecnologia. Como posso atuar como gerente?" A resposta é simples e mais ou menos assim: "É verdade. Você não entende nada da tecnologia envolvida, mas isso não é muito importante. O seu real valor nessa empreitada é manter o foco do negócio constantemente à frente da equipe. Você pode trazer essa dimensão à equipe muito melhor do que qualquer um dos técnicos da equipe. Você será um parceiro indispensável em cada situação de decisão que enfrentaremos nesse projeto". Esse sentido de propriedade é tão importante que eu já adiei a contratação de serviços porque o cliente não pôde enviar um representante qualificado à reunião de planejamento. E, quando o cliente concorda, você tem de garantir que ele não envie um representante fraco que por acaso está desocupado na época em questão ou que realmente não entende do contexto do negócio de que trata o projeto. Talvez haja alguma razão para essa pessoa não estar ocupada.

### 9.1.7.3 Assinatura de aprovação do cliente

Essa é quase sempre a tarefa que mais provoca ansiedade nos clientes. Alguns acham que estão assinando suas sentenças de morte quando aprovam um documento ou uma entrega. Cabe a você eliminar essa percepção. Todos sabemos que vivemos em um mundo de constante mudança, alta velocidade e alto risco. Isso posto, como alguém poderia razoavelmente esperar que o que funciona hoje funcionará amanhã? Pode ser que as necessidades de hoje nem mesmo apareçam na tela do radar na próxima semana. Não há projeto, não importando quanta certeza você tenha de que a EAR não mudará, que permanecerá estático em toda a sua duração. Isso simplesmente não acontecerá. Portanto, é melhor adotar a premissa de mudança como meio de vida na maioria dos modelos de CVGP.

A assinatura de aprovação do cliente deixa de ser um problema na abordagem da gerência compartilhada. O cliente está totalmente ciente do *status* corrente do projeto e, de fato, participou das decisões que resultaram nesse *status*. Suas ansiedades e receios serão mitigadas.

### 9.1.8 Especificação *versus* o domínio da complexidade/incerteza

O que isso significa? Em termos simples, isso o adverte de que a escolha do modelo de CVGP deve ser baseada no entendimento de que você confia que as especificações foram completa e claramente definidas e documentadas e que não surgirão solicitações de mudança de escopo provocadas por quaisquer insuficiências nos documentos das especificações. À medida que a incerteza em relação às especificações aumenta, o melhor que tem a fazer é escolher os modelos Iterativos que populam o quadrante GAP e, então, os modelos Adaptativos que constam no quadrante GAP – que permitem que a solução se torne mais específica e completa à medida que o projeto começa ou permitem que encontre a solução enquanto o projeto começa. Se não tiver muita confiança de que documentou clara e completamente as especificações, o seu modelo de CVGP fica mais parecido com modelos de pesquisa e desenvolvimento que constam nos quadrantes GEP e PEG.

Os modelos de CVGP que exigem alto nível de certeza na especificação (Linear e Incremental) tendem a ser intolerantes à mudança. Considere a situação na qual uma solicitação de mudança significativa é apresentada logo no início do ciclo de vida do projeto. Isso poderia tornar obsoleto grande parte do trabalho de planejamento, o que resultará em refazê-lo. Isso contribui para o tempo de trabalho que não gera valor agregado do modelo de CVGP que escolheu. Caso haja expectativas de mudanças como essas, deve-se escolher um modelo de CVGP mais tolerante e propício a mudanças. O trabalho que não gera valor agregado adicionado poderia ter sido muito reduzido ou até eliminado. Modelos ágeis enxutos resolvem a questão do trabalho que não gera valor agregado. A Estrutura de Projeto Adaptativo (EPA) é um exemplo de modelo de Projeto Ágil Enxuto (veja Capítulos 10 e 12).

Se examinar o documento de especificações, há mais informações detalhadas que poderiam ajudá-lo a decidir o melhor modelo de CVGP. Especificações são compostas pela EAR e pela EAP. Essas duas estruturas costumam ser apresentadas em uma estrutura hierárquica apresentada no Capítulo 4 e reproduzida aqui na Figura 9.2.

No nível mais alto estão os requisitos. Eles formam um conjunto necessário e suficiente para realizar o valor esperado do negócio. A hierarquia ilustrada é a hierarquia completa que até o mais complexo e abrangente requisito poderia precisar para ser claramente entendido. Na maioria dos casos somente algum subconjunto da hierarquia será necessário para um requisito. Lembre-se de que o seu objetivo quanto à definição dessa hierarquia é que o cliente e a equipe de projeto entendam claramente o que o requisito acarreta. Use o senso comum ao decidir como será a decomposição. Não há nenhum critério objetivo para decidir a decomposição.

## FIGURA 9.2 A estrutura analítica de requisitos

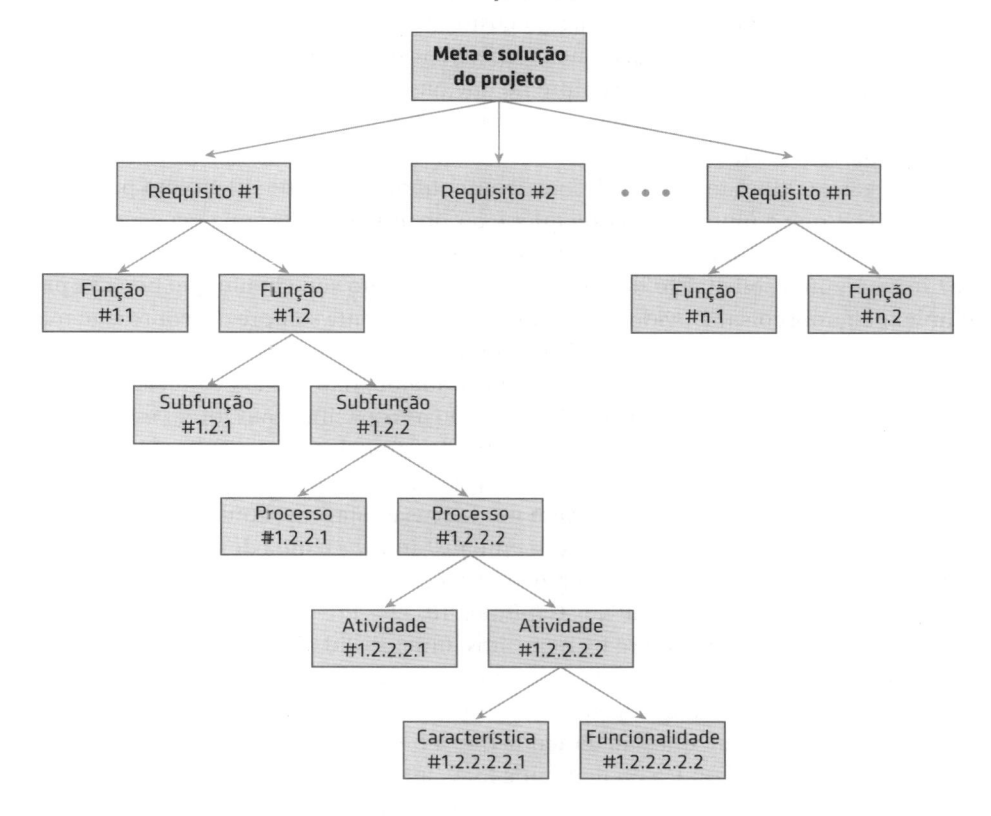

A incerteza no nível dos requisitos causa mais impacto sobre a sua escolha de modelo de CVGP do que a incerteza no nível das funções, que causa mais impacto do que a incerteza no nível das características e funcionalidades. E, apesar de todos os seus esforços em contrário, ainda poderá ter mudanças em qualquer uma dessas três frentes que poderiam causar impactos significativos sobre as suas decisões e melhores esforços. Essas são apenas algumas das surpresas que você, na qualidade de gerente de projeto, encontrará em sua vida diária.

Aferir a integridade do documento de especificação sempre será uma avaliação subjetiva. Tendo como base essa avaliação subjetiva, você escolhe um modelo de CVGP, faz as adaptações adequadas e espera ter tomado uma boa decisão. O tempo dirá.

### 9.1.9 Mudança *versus* o domínio da complexidade/incerteza

À medida que a complexidade aumenta, também aumenta a necessidade de receber e processar solicitações de mudanças. Uma abordagem de gerenciamento de projetos guiada por plano não é projetada para ser eficiente na resposta a mudanças. Mudanças perturbam a ordem das coisas à medida que algumas partes do plano do projeto tornam-se obsoletas e precisam ser refeitas. Programações de recursos ficam comprometidas e talvez tenham de ser renegociadas a algum custo. Quanto mais for preciso lidar com tais mudanças, mais tempo será gasto nos respectivos processamentos e avaliações. Esse tempo, que estará perdido para sempre no que tange ao projeto, deveria ter sido gasto em trabalho que gerasse valor agregado. Em vez disso, foi gasto no processamento de solicitações de mudança.

Você gastou tanto tempo no desenvolvimento de um plano de projeto para o seu projeto GTP, que a última coisa que quer é ter de mudá-lo. Porém, essa é a realidade em projetos GTP. Mudanças de escopo sempre significam trabalho adicional. Alguma vez recebeu uma solicitação de mudança de escopo do seu cliente que pedisse para eliminar alguma coisa? Duvido! A realidade é que o cliente sempre descobre algo mais que deveria ter pedido na solução. Eles não perceberam ou não sabiam disso no início do projeto e, é claro, o pedido gera mais trabalho, não menos. A decisão de usar modelos GTP é clara. Use modelos GTP quando as especificações forem estáveis (ou, pelo menos, o máximo possível). Os arquitetos dos modelos GAP e GEP sabiam quanto a estabilidade das especificações afetava a escolha do modelo de CVGP e, portanto, elaboraram abordagens que esperavam mudanças e estavam prontas para acomodá-las. Recorrer a um modelo de planejamento *just-in-time* é uma dessas técnicas. Você verá com mais detalhes como a estabilidade e a completude da EAP causam impacto na escolha do modelo do CVGP nos Capítulos 10, 11 e 12.

Quanto menos souber sobre os requisitos, funcionalidades e características, mais terá de esperar mudanças. Em GTP, você admite que você e o cliente sabem tudo o que é possível saber sobre os requisitos, sobre as funções e sobre as características e funcionalidades do projeto em questão. Entende que a EAR e a EAP são completas. Então, a premissa é que haverá pouca ou nenhuma força interna para mudanças durante o desenvolvimento do projeto. Todavia, no âmbito externo, não é esse o caso. Ações de concorrentes, forças de mercado e avanços tecnológicos podem causar mudança, mas isto também vale para quaisquer outros projetos e sempre será esperado. O melhor que a organização pode fazer é manter uma posição de flexibilidade em face de tais eventos imprevisíveis, mas que certamente ocorrerão.

Quando se trata de GAP, a história é totalmente diferente. Qualquer mudança na posição do projeto nesse quadrante ocorrerá por meio de um processo normal de aprendizagem que ocorre em qualquer projeto. Quando tem a oportunidade de examinar e experimentar uma solução parcial, o cliente invariavelmente voltará aos desenvolvedores com sugestões para outros requisitos, funcionalidades e características que deveriam fazer parte da solução. Essas sugestões podem cair em uma de duas categorias: ou são *algo que o cliente quer* ou são *algo de que o cliente precisa* (veja o Capítulo 4). Se quiser mais detalhes sobre como distinguir entre querer e precisar, consulte *The new rational manager*, de Charles H. Kepner e Benjamin B. Tregoe (Kepner-Tregoe Publishers, 1997).

O que se quer pode ser pouco mais do que dar um banquete com orçamento que cobriria apenas migalhas. Cabe ao gerente do projeto ajudar os clientes a defender o que querem como se fossem necessidades verdadeiras e, dali em diante, desenvolver um caso de negócio para integrar as mudanças à solução. Se os clientes não conseguirem fazer isso, as sugestões apresentadas devem ser relegadas a uma lista de desejos.

Listas de desejos raramente são consultadas novamente. Por outro lado, se um cliente demonstrar o verdadeiro valor daquilo que quer, é possível transformar tal querer em uma necessidade verdadeira. Cabe ao gerente do projeto integrar esse novo requisito, funcionalidade, ou característica ao conjunto da solução. Talvez esse novo requisito tenha de ser priorizado na lista de todas as necessidades ainda não integradas à solução. A sessão Condições de Satisfação (CDS) é o melhor lugar para tomar essas decisões. Muitas vezes você terá de respaldar essa priorização com uma Análise de Causa Raiz (ACR) (veja o Capítulo 13). Em Projetos GEP, ainda há uma dependência adicional – a possibilidade de a mudança afetar um produto de bom valor de negócio. De fato, Projetos GEP exigem mudança para haver alguma chance de encontrar uma solução bem-sucedida. A mudança é o único veículo que levará a uma solução.

Aqui, a questão de fundo é que, à medida que o tipo do projeto percorre o panorama, o processo de gerenciamento de mudança de escopo também muda.

## 9.1.10 Valor de negócio *versus* o domínio da complexidade/incerteza

Esse domínio é aparentemente trivial. Afinal, o propósito de todos os projetos não é entregar valor de negócio? Esses projetos foram encomendados tendo como base o valor de negócio que devolveriam à organização. Tudo isso é verdade. Todavia, projetos GTP focam no cumprimento de parâmetros guiados por plano: tempo, custo e escopo. Quando o projeto foi proposto pela primeira vez, o clima de negócios era tal que a solução proposta era a melhor que poderia ser obtida na ocasião. Em um mundo estático, essa condição não mudaria. Infelizmente o mundo dos negócios não é estático, e as necessidades do cliente também não são. A conclusão é: o que entregará valor de negócio é um alvo em movimento. Os modelos de CVGP GTP não estão equipados com os aspectos corretos que assegurem a entrega de valor de negócio. Os modelos de CVGP GTP entregam o(s) produto(s) conforme uma especificação e dentro de restrições de custo e tempo. Em última análise, isso nada tem a ver com entregar valor de negócio – o que só pode ser realizado por meio de modelos GAP, GEP e PEG.

Decorre, então, que projetos GTP entregam potencialmente o mínimo valor de negócio, e que tal valor aumenta à medida que passamos de GTP para GAP e para GEP. Ao mesmo tempo, o risco também aumenta, o que significa que podemos esperar encomendas de projetos de valor mais alto à medida que percorremos os quadrantes. Lembre-se de que o valor de negócio esperado de um projeto é o produto entre (1 – risco) e o valor. Aqui, o risco é expresso como a probabilidade de fracasso – e, portanto, a probabilidade de sucesso é (1 – risco). Assim, se pudesse repetir esse projeto várias vezes, o valor de negócio médio a que chegaria é o produto entre (1 – risco) e o valor.

O que isso significa? Em termos simples, seja qual for o modelo de CVGP que adotar para o projeto, ele terá de ser um modelo que permita redirecionamento à medida que as condições do negócio mudam. Quanto maior a incerteza presente no projeto de desenvolvimento, maior será a necessidade de poder redirecionar o projeto de modo a aproveitar a vantagem de mudanças em condições e oportunidades.

À medida que passam por GTP, GAP e GEP, os projetos voltam-se mais para os clientes. O foco muda de conformidade com um plano para entrega de valor de negócio. Os modelos GTP focam na conformidade em relação ao plano. Se, por acaso, também entregarem máximo valor de negócio, isso resultaria mais da inevitável probabilidade estatística que diz que às vezes as coisas se resolvem de um modo melhor do que se resolveriam se fossem produto de um plano de projeto clarividente. O foco na entrega de valor de negócio é aparente e inequívoco em todas as abordagens de gerenciamento de projetos GAP e GEP. Está projetado no seu modelo de CVGP.

## 9.2 RESUMINDO

A definição do panorama de projeto é minha e exclusivamente minha. Gosto de simplicidade e intuição, e é exatamente isso que a minha definição oferece. É também uma definição que abrange todos os projetos que já existiram e ainda existirão, portanto não há nenhuma razão para mudá-la! Isso significa que ela pode ser utilizada como um fundamento para todas as discussões posteriores sobre modelos de CVGP. Há uma certa solidez acadêmica e uma base teórica nessa abordagem. De fato, é o início de uma disciplina de gerenciamento de projetos. Ao mesmo tempo, a definição tem uma aplicação muito simples e prática. Essa base será o fundamento sobre o qual todas as decisões relacionadas à abordagem mais adequada do gerenciamento de projetos podem ser tomadas. Como verá nos capítulos seguintes, explorarei essa base tanto da perspectiva conceitual quanto da perspectiva de aplicações.

Usando o panorama do projeto como fundamento para gerenciar projetos, defini os quatro modelos restantes de CVGP no nível de detalhe do Grupo de Processos. As definições dão um quadro claro e intuitivo de como as abordagens de gerenciamento de projetos podem mudar à medida que o grau de incerteza muda. Dentro de cada modelo de CVGP haverá várias instanciações específicas do modelo, que serão discutidas nos Capítulos 10, 11 e 12.

## QUESTÕES PARA DISCUSSÃO

1. Suponha que dois projetos têm o mesmo valor de negócio esperado. O Projeto A tem um valor de negócio estimado muito alto, porém alta probabilidade de fracasso. O Projeto B tem um valor de negócio estimado muito mais baixo, porém baixa probabilidade de fracasso. Se pudesse executar apenas um dos projetos, qual escolheria e sob quais condições?

2. O planejamento de projetos GAP, GEP e PEG é executado *just-in-time*, em vez de no início do projeto como ocorre em projetos GTP. Como defenderia a declaração de que projetos GTP levam mais tempo do que qualquer outro projeto no panorama?

3. Como a sua abordagem do gerenciamento de risco muda à medida que você passa de projetos GTP menos arriscados para projetos GAP, GEP e PEG mais arriscados?

4. O que poderia fazer para aumentar o envolvimento significativo do cliente?

5. A mudança é uma praga para o gerente de projetos GTP e é uma necessidade para o gerente de projeto GPA. O cliente provavelmente ficaria confuso em relação ao papel da mudança. O que faria para diminuir tal confusão?

# 10 Gerenciamento ágil de projeto

Tendo como base dados testemunhais coletados de mais 10.000 gerentes de projetos no mundo inteiro, mais de 70% dos projetos são mais bem gerenciados por processos que se adaptam à aprendizagem e a descobertas contínuas da solução do projeto. Na dúvida, deixe de fora.

Quando a dor de uma organização provocada por projetos fracassados alcança um certo patamar, a saúde do negócio sofre e a linha de resultados é afetada. Quando todos os planos de ação corretivos anteriores falharem, os executivos da organização estarão prontos a ouvir.

– ROBERT K. WYSOCKI, PhD, Presidente, EII Publications, LLC

## ⚡ OBJETIVOS DE APRENDIZAGEM DO CAPÍTULO

Depois de ler este capítulo, você será capaz de:

- apreciar e entender a história do Gerenciamento Ágil de Projetos (GAP);
- descrever o GAP e quando utilizá-lo;
- explicar o que é o pensamento enxuto (*Lean thinking*) e como esta filosofia está relacionada com o GAP;
- usar e conseguir se adaptar aos modelos iterativos do Ciclo de Vida do Gerenciamento de Projetos (CVGP) e suas variações;
- explicar os benefícios do Modelo de CVGP Iterativo e utilizá-lo;
- prever e resolver os problemas potenciais decorrentes da utilização do Modelo de CVGP Iterativo;
- usar e saber adaptar os modelos de CVGP Adaptativos;
- explicar os benefícios da utilização do modelo Adaptativo de CVGP;
- prever e resolver os problemas potenciais decorrentes da utilização de um modelo Adaptativo de CVGP.

## ➤ PONTO DE PARTIDA

Uma profusão de dados testemunhais sugere que mais de 70% de todos os projetos deveriam ter utilizado algum tipo de modelo de GAP, mas não usaram.

Em termos simples, GAP é uma coleção de modelos de CVGP que podem ser utilizados para gerenciar projetos cujas metas estão claramente especificadas, mas cujas soluções não são conhecidas no início do projeto. Esses são os projetos que denominamos "complexos". Alguns dos modelos de CVGP que você já conhece são antigos (em cascata e prototipagem, por exemplo), e até esses talvez tenham de ser adaptados à situação particular apresentada pelo projeto. Alguns dos modelos de CVGP são novos (Scrum e EPA, por exemplo), e mesmo esses talvez tenham de ser adaptados à situação apresentada pelo projeto. O resultado, no caso de todos os modelos de CVGP e GAP, é que a abordagem de gerenciamento de projeto mais adequada é adaptada de modo dinâmico e contínuo às mudanças na situação e no ambiente do projeto. Adotei a expressão *gerenciamento de projeto é senso comum organizado* e, até o ponto que essa expressão pode abranger, a abordagem de gerenciamento de projeto mais adequada é exclusiva para cada projeto.

Muitos gerentes de projeto tentaram adaptar à força o modelo de CVGP errado porque tal modelo era o único aprovado para uso pelos executivos da organização, ou porque eles não sabiam que havia outros modelos que seriam opções melhores para uma abordagem de gerenciamento. O histórico ruim dos projetos em muitas organizações é um triste testemunho das más decisões de gerenciamento.

Espero que explore este capítulo com uma mente aberta às possibilidades. Muitos de vocês, e também os seus superiores na cadeia de comando da organização, terão de desaprender alguns hábitos enraizados ou improdutivos de gerenciamento de projetos para dar lugar a hábitos mais eficientes.

Neste capítulo, você aprenderá, com alto nível de detalhe, quais são os tipos de projetos que se prestam a abordagens Ágeis. Muitos desses projetos abordam problemas e oportunidades de negócios para os quais ainda não foi encontrada uma solução aceitável ou cuja oportunidade de negócio ainda não foi bem-sucedida. Esses projetos são caracterizados por alta complexidade e incerteza e representam um desafio significativo para a organização. O fato de que esses projetos de alto risco chegaram a ser abordados significa que uma conclusão bem-sucedida é crítica para o negócio. Esses projetos desafiarão a capacidade criativa do gerente do projeto, da equipe do cliente e da equipe de desenvolvimento.

Há mais duas classificações de modelos de CVGPs GAP: Iterativos e Adaptativos. Modelos de CVGPs Iterativos são adequados para projetos cuja solução já foi, em grande parte, determinada. Falta apenas decidir algumas poucas características e funcionalidades de menor importância. Em muitos casos, as alternativas já são conhecidas, mas ainda não foi tomada uma decisão final quanto a qual delas implementar. Modelos de CGVPs Adaptativos são adequados para projetos sobre cuja solução sabe-se muito pouco. Entender e integrar funções à solução é indispensável para a parte da aprendizagem e descoberta dos modelos de CGVPs Adaptativos.

Há vários modelos Ágeis entre os quais escolher. Prototipagem e Desenvolvimento Evolucionário em Cascata são dois modelos robustos de CVGPs Ágeis que podem ser utilizados para qualquer tipo de projeto. As quatro escolhas populares para o desenvolvimento de *software* são o Processo Unificado da Rational (RUP), Scrum, Método de Desenvolvimento de Sistemas Dinâmicos (MDSD) e Desenvolvimento Adaptativo de

*Software* (DAS). Todos os quatro são modelos de CVGP Iterativos. Esses modelos são semelhantes no sentido de que são projetados para facilitar a descoberta de uma solução de *software*. Há um quinto modelo de CVGP Adaptativo que também aprenderá, denominado Estrutura de Projeto Adaptativo (EPA). Desenvolvi esse modelo em 1994 como parte de dois contratos com clientes diferentes. O modelo EPA é diferente dos outros quatro porque foi projetado para o desenvolvimento de projetos tanto de *software* como também para projetos que não são de *software*. As duas primeiras aplicações que resultaram do desenvolvimento do modelo EPA foram a concepção de um processo e um projeto de concepção de um novo produto. A demonstração da aplicação do modelo EPA ao desenvolvimento de produtos, concepção de processos e projetos de melhoria de processos foi bem-sucedida. Fiquei sabendo recentemente que a EPA foi adaptada com sucesso ao planejamento de operações antiterrorismo. A EPA é uma abordagem robusta do gerenciamento de projetos útil para qualquer tipo de projeto.

 **O Capítulo 12 apresenta uma discussão mais profunda sobre vários desses modelos.**

Para um Projeto Ágil dado, a decisão de qual dos dois tipos de modelos de CVGP Ágeis seria a escolha mais adequada será sempre subjetiva. Muitos dos modelos Ágeis também funcionam muito bem para Projetos GEP e PEG. Neste capítulo, tentarei lançar alguma luz sobre a decisão de usar um Modelo de CVGP Iterativo ou um Modelo de CVGP Adaptativo, tendo como base outros fatores que podem causar impacto no sucesso do projeto.

## 10.1 O QUE É GERENCIAMENTO ÁGIL DE PROJETOS?

O GAP é a novidade mais recente. Poderíamos até dizer que o desenvolvimento do GAP é, em si, um Projeto Ágil. Sua história começou há pouco mais de 25 anos. Já em 2001, o desenvolvimento Ágil de *software* foi formalizado pelo *Agile Manifesto*, ou Manifesto Ágil (mostrado na próxima observação), apresentado por Martin Fowler e Jim Highsmith.[1] Dezessete profissionais assinaram o Manifesto Ágil original.

### O Manifesto Ágil

"Estamos descobrindo maneiras melhores de desenvolver *software*, fazendo-o nós mesmos e ajudando a outros a fazerem o mesmo. Através desse trabalho, passamos a valorizar:

**Indivíduos e interações** mais que processos e ferramentas

***Software* em funcionamento** mais que documentação abrangente

**Colaboração com o cliente** mais que negociação de contratos

**Responder a mudanças** mais que seguir um plano

Ou seja, mesmo havendo valor nos itens à direita, valorizamos mais os itens à esquerda."

---

1 FOWLER, M.; HIGHSMITH, J. The Agile Manifesto. *Software Development*, v. 9, n. 8, ago. 2001, p. 28-32.

O Manifesto Ágil tem sido o princípio que nos guia em todos os modelos GAP, incluindo os discutidos neste livro, e marca o início oficial do movimento Ágil. A maioria dos modelos GAP surgiu com o desenvolvimento de *software* e, como resultado, tem como base práticas muito específicas de desenvolvimento de *software*. Prototipagem (que precede o GAP), Desenvolvimento Evolucionário em Cascata e EPA são os únicos modelos de CVGPs GAP projetados para a utilização em qualquer tipo de projeto. Prototipagem e EPA são discutidos no Capítulo 12. Ali compartilharei com você diversos modelos de GAP com algum detalhe e mostrarei como eles correspondem ao Modelo de CVGP Iterativo e ao Modelo de CVGP Adaptativo.

Este capítulo abrange vários modelos diferentes de EPA para CVGP, mas há duas questões importantes que cercam todos os projetos GAP, independentemente do modelo utilizado. Essas questões merecem especial atenção. Eu as abordo agora para que tome conhecimento delas à medida que explora a variedade de modelos discutidos neste capítulo.

## 10.2 IMPLEMENTAÇÃO DE PROJETOS GAP

Adicionar mais funções, características e funcionalidades à solução e implementá-las ao mesmo tempo parece ótimo. O cliente e o usuário final podem se beneficiar de qualquer valor de negócio passível de ser obtido, experimentar a solução que se desenvolve e se revela em curtos períodos de tempo, trabalhar com a solução e dar um *feedback* valioso aos desenvolvedores no que se refere a aspectos adicionais e mudanças na solução. Mas há um outro lado nessa história: a implementação de uma solução em constante evolução. Iterações e ciclos são de curta duração – 2 a 4 semanas é a duração típica. Os usuários finais desistirão e se renderão se você esperar que eles mudem seus respectivos modos de trabalhar implementando uma nova solução em intervalos de poucas semanas. E o que dizer da sua organização? Qual é sua velocidade organizacional? Ela pode absorver mudanças com tal velocidade? A maioria não pode ou simplesmente não o fará. Portanto, o que o cliente e o gerente de projeto devem fazer? Obter *feedback* frequente do cliente é crítico para descobrir a solução completa e, por fim, o sucesso do projeto, mas a organização não pode absorver mudança tão rapidamente quanto os modelos GAP gostariam. Há também a questão da capacidade que a equipe de projeto tem de apoiar lançamentos frequentes. É preciso treinamento, documentação e um grupo de apoio. "Qual é a versão que você está utilizando mesmo"?

O que vem a seguir explica como escapar desse dilema e já usei esse método com vários dos meus clientes.

### 10.2.1 Versões de soluções parciais de produção com suporte completo são lançadas para o usuário final a cada trimestre ou duas vezes por ano

Isso parece estar de acordo com outras práticas organizacionais de implementação de mudanças, portanto não será visto como algo diferente daquilo que já estão fazendo. Os insumos recebidos do usuário final e de outros que afetam ou são afetados pela solução ainda devem ser colhidos. Essa será a sua mais valiosa informação. Há um benefício quando se dispõe de períodos mais longos para experimentar e sentir-se à vontade com uma nova ferramenta. Você obterá valiosa percepção das propriedades intuitivas da sua solução e terá uma ideia do comportamento da curva de aprendizagem.

Essa abordagem não livra a equipe de projeto da necessidade de dar apoio aos lançamentos trimestrais. Menciono esse fato para que você se lembre de incorporar ao seu plano de projeto o esforço e o tempo de apoio que terão de ser providos.

### 10.2.2 Versões intermediárias de desenvolvimento são liberadas para um grupo de foco em intervalos de 2 a 4 semanas

Você não fica inativo esperando pelo *feedback* do usuário final em relação aos lançamentos trimestrais, o que contradiz claramente a entrega de valor de negócio de maneira antecipada e com frequência. Em vez disso, reúna um grupo de foco composto por pessoal e gerentes respeitados por seus companheiros e que conquistaram o direito de criticar a solução. Peça a eles que revejam e critiquem cada versão da solução. Você precisará aproveitar a vantagem de quaisquer efeitos da curva de aprendizagem decorrentes da revisão da solução em evolução sempre pelos mesmos membros do grupo de foco. O grupo de foco deverá abrigar alguns membros da equipe de projeto do cliente, bem como alguns outros usuários finais importantes. Um grupo de foco de 10 membros é um bom grupo de trabalho, porém recorra ao seu bom senso na questão do tamanho do grupo. O modelo de decisão que escolheu utilizar também pode influenciar o tamanho – por exemplo, você precisa ter um número ímpar de participantes no caso de alguma votação? A equipe de projeto trabalhará muito próxima do grupo de foco em cada versão da solução – tanto as que são liberadas trimestralmente aos usuários finais quanto as que não são liberadas. A documentação, o treinamento e o apoio necessários para que o grupo de foco entenda as soluções não liberadas serão mínimos. Se você escolher os membros do grupo de foco de modo que componham uma amostra representativa de todos os grupos de usuários, eles também poderão dar apoio limitado aos usuários finais para as versões de produção trimestrais ou semestrais. Desse modo, eles podem se transformar "nos caminhos" entre os usuários finais e a equipe de projeto.

### 10.2.3 Equipes de projetos GAP que trabalham colocalizadas

Todos os proponentes de abordagens GAP aconselham usar pequenas equipes de profissionais de alta competência que trabalham no mesmo local, se dedicam exclusivamente ao projeto e podem trabalhar sem supervisão. Essa é uma meta interessante a favor da qual vale a pena lutar, mas não é muito prática nem muito fácil de atingir no ambiente de negócios de hoje. Não encontrei entre meus clientes um único exemplo de equipe que trabalha colocalizada há no mínimo cinco anos. E a probabilidade de isso ocorrer está diminuindo.

A maioria dos modelos de CVGP Iterativos e todos os modelos de CVGP Adaptativos exigem uma equipe de altíssima competência profissional. As equipes de projetos Adaptativos que realmente usam profissionais de altíssima competência se organizam por conta própria e trabalham muito bem e produtivamente sem supervisão.

Uma das minhas colegas está gerenciando um projeto GAP e nunca viu, e provavelmente nunca verá, seus colegas de equipe. Ela não teve nem mesmo a opção de selecioná-los e nenhum deles dedica 100% de seu tempo ao projeto que ela gerencia. Eles estavam disponíveis, e estão distribuídos por todo o país. Não há no orçamento do projeto nenhuma quantia alocada para viagens de membros da equipe. Ela colou fotos deles no computador que usa. É óbvio que o sucesso do projeto que ela gerencia está nas mãos dos membros da equipe que sabem o que tem de ser feito e o fazem com pouca ou nenhuma supervisão. Franqueza e honestidade são os fatores críticos para seu sucesso. Uma coisa que aprendi na prática é que, quanto mais complexo o projeto, mais provável será que uma equipe distribuída em diferentes regiões geográficas fracasse.

### 10.2.4 Dependências entre projetos

Considere esse cenário. Harry é o seu único profissional que trabalha com armazenamento de dados. Quando ele termina o projeto de banco de dados no Projeto Alfa, já está programado para iniciar o projeto de banco de dados no Projeto Beta. Esse fato suscita as seguintes perguntas em relação ao gerenciamento:

- Harry está sobrecarregado?
- Se o Projeto Alfa ficar atrasado, qual será o impacto sobre o Projeto Beta?
- Quem decide as prioridades do projeto caso ocorra um conflito na programação de Harry?
- O trabalho de Harry no Projeto Alfa pode ser executado ao mesmo tempo que seu trabalho no Projeto Beta?
- E se Harry sair da empresa?

Essas são perguntas difíceis e complexas de responder, mas têm de ser respondidas. O seu plano de gerenciamento de risco é um bom lugar para procurar a maioria das respostas.

### 10.2.5 Gerenciamento do portfólio de projetos

Muitas das situações que deram origem às questões de pessoal que acabamos de citar podem ser atenuadas por meio de um processo de gerenciamento de portfólio de projetos. As decisões para aprovar um projeto para o portfólio podem ter como base um Sistema de Gerenciamento de Recursos Humanos (SGRH). Esse sistema deve incluir o levantamento das competências de todos os profissionais, seus compromissos atuais e futuros e sua disponibilidade para designação a projetos adicionais. Infelizmente, não são muitas as organizações que dispõem de tais sistemas. Em vez disso, elas adicionam um projeto ao portfólio tendo como base seu valor de negócio. Até aí, tudo bem, mas só isso não é suficiente.

> ✳ Os Capítulos 5 e 6 do Volume 2 tratam de processos para gerenciamento de recursos em diversos projetos a partir de uma perspectiva de portfólio. O Capítulo 6 (Volume 2) é novo e apresenta um modelo de gerenciamento de projeto que abrange a empresa inteira. A principal questão é alocar recursos escassos a um portfólio de projetos cujos componentes são conjuntamente dependentes em relação a esses recursos finitos e manter o portfólio alinhado com o plano estratégico.

O que é suficiente e o que você poderia querer adotar é o Modelo Graham-Englund,[2] que responde as quatro perguntas a seguir:

- O que devemos fazer?
- O que podemos fazer?
- O que faremos?
- Como faremos isso?

A resposta à primeira pergunta é uma lista de projetos potenciais em geral priorizados por valor de negócio. As respostas às duas perguntas seguintes podem ser baseadas exclusivamente no levantamento das competências e na disponibilidade dessas competências no horizonte de planejamento do portfólio e nas necessidades de programação dos projetos presentes no portfólio. O gerenciamento efetivo do conteúdo do portfólio de projetos depende do acesso a um sólido Sistema de Gerenciamento de Recursos Humanos (SGRH). Há sistemas de *software* de gerenciamento de portfólio disponíveis no mercado sob uma variedade de restrições de recursos. Para máxima efetividade, esse SGRH deve estar abrigado em um Escritório de Suporte aos Projetos (ESP).

A localização dos membros da equipe de projeto em um único lugar é fortemente aconselhável no modelo de CVGP Iterativo e exigido no modelo de CVGP Adaptativo, mas em sua ausência, Projetos Ágeis ainda podem sobreviver e ser bem-sucedidos. O desafio é oferecer uma gestão sólida de tais projetos, apesar dos desafios da distância física e das diferenças de horários.

Desenvolvi uma EPA quando enfrentava restrições semelhantes. Minha equipe era composta por 35 profissionais experientes (grande para uma equipe de Projeto Ágil) dispersos por 12 fusos horários. O projeto tratava da concepção e implementação de um processo de desenvolvimento de *software* integrado de CVGP para aplicações de internet/intranet para clientes externos sob um contrato de preço fixo – uma empreitada difícil, mesmo sob as melhores das circunstâncias. Apesar de alguns problemas logísticos que tiveram de ser resolvidos antes de iniciar o projeto, conseguimos fazer reuniões de equipe de 15 minutos! É claro que tivemos de fazer alguns malabarismos em relação aos horários das reuniões para minimizar a tortura infligida a qualquer um dos membros da equipe.

---

2  GRAHAM, R. J.; ENGLUND, R. L. *Creating an environment for successful projects*: the quest to manage project management. 2. ed. San Francisco: Jossey-Bass Publishers, 2003.

Há todos os tipos de tecnologias para nos ajudar. Reuniões pela Web, mensagens instantâneas e quadros brancos eletrônicos – todas são alternativas efetivas em custo. Alguns membros da equipe de desenvolvimento da EPA organizavam apresentações de slides e as distribuíam com antecedência a todos os que participariam de uma reunião de equipe diária ou de outras reuniões comandadas por eles. Um outro montou um painel simples no qual todos os membros da equipe podiam informar o *status* do trabalho em andamento através de apresentações em reuniões diárias. Zero firulas, mas cumpria o objetivo. A conclusão é que equipes de GAP distribuídas podem funcionar. Basta um pouco de esforço e alguma criatividade. Acima de tudo, é preciso que o valor agregado por essas ferramentas compense o tempo gasto para criá-las e mantê-las. Sobrecarregar um Projeto Ágil com trabalho que não gera valor agregado é algo a ser evitado.

## 10.3 O QUE É GERENCIAMENTO ÁGIL E ENXUTO DE PROJETO?

Gerenciamento Ágil e Enxuto de Projeto implica que qualquer etapa de um processo que não contribua para o valor de negócio deve ser eliminada. Cada processo de Gerenciamento Ágil de Projetos possui essas etapas com vários graus de efetividade.

Há sete princípios que descrevem práticas enxutas. São eles:

1. **Elimine a perda** – se algo não agregar valor de negócio, é definido como perda. Algo que está por ali e não é usado é uma perda. Etapas de processo que não agregam valor são uma perda. Descubra o que o cliente deseja e entregue isso a ele o mais rapidamente possível.

2. **Amplifique a aprendizagem** – cozinheiros preparam pratos a partir de receitas. *Chefs de cuisine* criam receitas.[3] Processos GAP são iterativos e por meio da iteração descobre-se a solução.

3. **Adie a decisão o máximo que puder** – processos GAP criam aprendizagem e conhecimento. As decisões devem ter como base o máximo de informação que seja razoavelmente possível colher. Mantenha todas as opções em aberto até ter de tomar uma decisão. Então decida, tendo como base o máximo de informação colhida até aquele ponto.

4. **Entregue o mais rapidamente que puder** – clientes aprendem com o processo GAP exatamente como os desenvolvedores. Entregar produtos ao cliente o mais rapidamente possível lhes dá insumos adicionais que adotarão como base para aprendizagens e descobertas futuras.

5. **Dê poder à equipe** – a equipe deve trabalhar em um ambiente franco, honesto e criativo e não ficar acorrentada a processos e procedimentos pesados. O ambiente será informal e livre de restrições gerenciais, porém, de um ponto de vista criativo, esse é o modo mais eficiente de procurar uma solução até então não encontrada.

---

3   WYSOCKI, R. K. Are you a cook ou a chef? *Cutter Executive Report*, v. 9, n. 10, 2008.

6. **Promova a integridade** – o sucesso de uma entrega quando o cliente diz que ela é exatamente o que tinha em mente e, por fim, o sucesso de mercado dos produtos finais confirmam a integridade.
7. **Veja o todo** – especialistas costumam fixar a atenção no sucesso da parte da solução que lhes cabe e não pensam muito na efetividade geral da solução como um todo. A visão de túnel tem de ser secundária em processos GAP efetivos.

## 10.4 CICLO DE VIDA DE GERENCIAMENTO DE PROJETO ITERATIVO

Na linha da certeza/incerteza, os modelos vão de Linear, passando por Incremental, Iterativo, Adaptativo e chegando a Extremo. Tanto o modelo Iterativo quanto o Adaptativo foram propostos para abordar a dificuldade que muitos gerentes de projetos enfrentam quando tentam decompor requisitos claramente e não conseguem. O processo de duas fases para a extração da EAR descrito no Capítulo 4 evita esses problemas de decomposição precoce. Em alguns casos, aquela dificuldade surge porque o cliente não tem um quadro claro de suas necessidades e em outros casos porque ele não sabe qual é a solução. Em qualquer dos casos, algum tipo de abordagem GAP é necessária.

## 10.5 DEFINIÇÃO DO MODELO DE CVGP ITERATIVO

Um modelo de CVGP Iterativo consiste em diversos grupos de processos que são repetidos em sequência dentro de uma iteração e têm uma rodada de realimentação ao final de cada uma delas. Caso o cliente queira, o último grupo de processo em uma iteração pode liberar uma solução parcial.

Abordagens iterativas são utilizadas quando você tem uma versão inicial da solução, mas sabe que ela ainda está aquém do exigido em termos de características e funcionalidades e, talvez, funções. Os ciclos iterativos são projetados para identificar, selecionar e integrar as peças que faltam na solução. Imagine o modelo de CVGP Iterativo como uma variante de prototipagem de produção. As soluções intermediárias estão prontas em termos de produção, mas o cliente talvez não queira liberá-las para o usuário final até a versão final estar pronta. As versões intermediárias dão ao cliente algo com que trabalhar enquanto tenta aprender e descobrir características e funcionalidades adicionais necessárias. Ele preferiria liberar uma solução parcial ao usuário final em uma tentativa de obter insumos em relação a mais detalhes da solução.

A Figura 10.1 representa o modelo de CVGP Iterativo no nível do grupo de processo.

**FIGURA 10.1** Modelo de CVGP iterativo

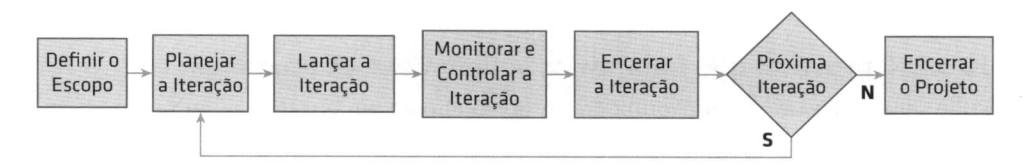

O modelo de CVGP Iterativo requer uma solução que identifique os requisitos no nível da função, mas talvez faltem alguns dos detalhes no nível da característica. Em outras palavras, as funções são conhecidas e serão integradas à solução por meio de diversas iterações, mas os detalhes (as características e funcionalidades) não são completamente conhecidos no início do projeto. As características e funcionalidades que faltam virão à luz à medida que o cliente trabalha com a solução mais recente no sentido de prototipagem. O modelo de CVGP Iterativo é do tipo "aprenda fazendo". A utilização de soluções intermediárias é a rota para a descoberta dos detalhes íntimos da solução completa.

O modelo de CVGP Iterativo abarca diversos tipos de iteração. A iteração pode ocorrer nos requisitos, nas funcionalidades, nas características e funcionalidades, na concepção, no desenvolvimento, nas soluções e em outros componentes da solução. Uma iteração consiste em Grupos de Processo de Planejamento, Lançamento, Monitoramento e Controle e Encerramento. Encerrar uma iteração não é o mesmo que encerrar o projeto.

O modelo de CVGP Iterativo entra em cena quando ocorre uma das seguintes situações:

- a maior parte, mas nem toda a solução é claramente conhecida;
- você poderia ter optado pelo modelo de CVGP Incremental, mas tem uma forte suspeita de que haverá mais do que um número mínimo de solicitações de mudança de escopo;
- você poderia ter optado pelo modelo de CVGP Adaptativo, mas está preocupado com a falta de envolvimento do cliente. Há algum risco agregado a essa decisão.

## 10.5.1 A maior parte da solução é claramente conhecida

Alguns dos detalhes da solução estão faltando. É provável que as alternativas para agregar esses detalhes (isto é, características e funcionalidades) sejam conhecidas até um certo ponto. Falta apenas mostrar ao cliente como tais características e funcionalidades poderiam ser implementadas na solução e obter sua aprovação para a alternativa a implementar ou suas recomendações para mais mudanças. Essa é a mais simples das situações Iterativas que encontrará. Na maior parte das vezes, o cliente opta por protótipo de produção. O modelo de Prototipagem do CVGP é discutido no Capítulo 12. Até onde a equipe de projeto sabe, todas as funções e as subfunções foram identificadas e integradas à solução em curso. À medida que são adicionadas características e funcionalidades, é possível que ocorram mudanças no modo de implementar as funções e subfunções à solução e, por consequência, a recomendação de mais mudanças. Essa é a natureza de uma abordagem Iterativa. E tudo continua nessa mesma toada até o cliente dizer que acabou ou até que o tempo e/ou dinheiro acabem.

## 10.5.2 É provável que haja várias solicitações de mudança

Pode ser apenas um palpite, ou pode ser que o cliente em questão já tenha uma certa reputação de ter solicitado muitas mudanças em projetos anteriores. É melhor prevenir do que remediar. No modelo pronto para uso do CVGP Incremental não há lugar no cronograma do projeto para receber e processar solicitações de mudança de escopo. Em vez de arriscar e vir a sofrer as consequências, prefira um modelo de CVGP Iterativo que deixe espaço na programação do projeto para *feedback* do cliente e do usuário final ou para acomodar solicitações de mudança de escopo.

### 10.5.3 Preocupação com a falta de envolvimento do cliente

Considerando o lado do panorama de projeto do modelo de CVGP Adaptativo, se você optou por utilizar um modelo de CVGP Iterativo, há alguns riscos que precisa conhecer. Haverá algum grau de envolvimento significativo do cliente, mas não até o ponto em que acha que precisará dele. Em vez de depender do envolvimento significativo do cliente, você terá de adivinhar qual será a solução completa. Quanto mais envolvido o cliente estiver, menos você dependerá de adivinhação. Pode até ser que seja bom de adivinhação ou apenas sortudo, mas sempre estará adivinhando. Quanto mais você e a sua equipe conhecerem os sistemas e processos do cliente, melhor para todos.

Se houver mais de um grupo de clientes, por exemplo, departamentos diferentes que terão de utilizar a mesma solução, você terá de lidar com complicações. A primeira é chegar a um acordo quanto à solução final. Isso é tão difícil que é bom planejar como enfrentar uma oposição considerável. Pode ser que exista uma única solução possível, mas essa solução terá de conciliar requisitos diferentes para cada grupo de clientes. Pode até acontecer de conseguir encerrar um requisito, mas não a representação dele na solução. Essas diferenças poderiam começar com visões diferentes de usuários e chegar a características e funcionalidades diferentes e até a funções diferentes. O desenho da solução será mais complexo, mas ainda factível.

### 10.5.4 Fase de Definição do Escopo em um modelo de CVGP Iterativo

A Fase de Definição do Escopo do modelo de CVGP Iterativo é um pouco mais complexa do que a Fase de Definição do Escopo dos modelos de CVGP Lineares ou Incrementais, e exige decisões que não fazem parte dos modelos de CVGP Lineares ou Incrementais. O principal insumo para a sua decisão de usar um modelo de CVGP Iterativo é a definição dos requisitos expressa pela Estrutura Analítica de Requisitos (EAR). Você e o cliente revisarão e discutirão a EAR, dando particular atenção ao grau de completude que ambos acham que foi atingido. Exceto na mais simples das situações, nem você nem o cliente jamais poderão saber ao certo se a EAR está completa. Essa será sempre uma decisão subjetiva. O meu conselho é errar para o lado de uma EAR menos completa do que mais completa. Isto é, escolher um modelo de CVGP Iterativo em vez de um modelo de CVGP Linear ou escolher um modelo de CVGP Adaptativo em vez de um modelo de CVGP Iterativo é a opção mais segura.

### 10.5.5 Fase de Planejamento de um modelo de CVGP Iterativo

O planejamento no modelo de CVGP Iterativo ocorre em dois níveis. A Fase de Planejamento inicial desenvolve um plano de alto nível sem muitos detalhes. A razão é que a totalidade dos detalhes não é conhecida no estágio inicial. As funções são conhecidas, e seu projeto e desenvolvimento podem ser planejados para qualquer número de iterações. Há dois modos de estruturar o plano de alto nível no modelo de CVGP Iterativo.

### 10.5.5.1 O plano completo para construir a solução conhecida

A primeira iteração nesse plano pode ser de longa duração de modo a abranger a construção de uma versão de produção da solução conhecida inteira, porém incompleta. Se você achar que essa iteração será demasiadamente longa, então poderá considerar a utilização de uma ferramenta para modelar a solução. Você usará esse modelo no projeto inteiro e criará a versão de produção da solução completa ao final do projeto.

Para criar esse plano, use o Grupo de Processo de Planejamento como definido no Capítulo 3 e lembre-se de que não tem uma solução completa.

### 10.5.5.2 O plano parcial para as funções de alta prioridade

Para essa abordagem, você iniciará o plano parcial priorizando as funções, características e funcionalidades na EAR inicial. A principal regra de priorização será, mais provavelmente, o valor do negócio, de modo que as entregas de uma iteração possam ser liberadas para o usuário final, se o cliente assim o preferir. Como alternativa, a priorização poderia ser baseada no risco ou na complexidade: funções de alto risco no topo da lista ou funções de alta complexidade no topo da lista. Ao desenvolver essas funções já no início do projeto, você garante a conclusão bem-sucedida do projeto. Em alguns casos, todas as funções, características e funcionalidades conhecidas serão desenvolvidas nas primeiras poucas iterações. Então, iterações posteriores se aprofundarão até áreas possíveis para identificar e desenvolver mais funcionalidades e características. Essa é provavelmente a mais eficiente de todas as alternativas de desenvolvimento que poderia considerar. Ainda uma outra estratégia seria desenvolver as partes de alto risco do sistema em primeiro lugar. Isso elimina uma das mais importantes variáveis que poderiam afetar desfavoravelmente o projeto caso fosse deixada para uma iteração posterior. Uma regra final pode ser satisfazer o máximo de usuários possível com a sua escolha de funções ou características e funcionalidades.

Dentro de cada iteração, você poderia ter várias raias concorrentes – cada uma desenvolvendo um pedaço diferente de funcionalidade ou expandindo suas características. O fator determinante é o conjunto de recursos do qual está retirando os membros da sua equipe. Se precisar comprimir o cronograma de desenvolvimento, poderá estruturar o projeto de um modo muito parecido com aquele que usaria para estruturar o modelo de CVGP Linear ao passar do modelo de CVGP Linear para o modelo de CVGP Linear Rápido ou para o modelo de CVGP FDD Linear (Desenvolvimento Orientado por Funcionalidades [FDD]), acrescentando mais raias simultâneas, cada uma desenvolvendo uma parte diferente da solução.

Iterações são projetadas para ajudar o cliente a escolher características e funcionalidades adicionais ou detalhe de uma característica e funcionalidade fazendo com que ele e o usuário final trabalhem por algum tempo com a solução parcial já existente. Uma iteração apresentará alternativas para o usuário escolher qual delas será incorporada à solução e então preparar a próxima iteração. Presume-se que as características e funcionalidades ou detalhes de uma característica ou funcionalidade recém-encontradas serão priorizadas e acrescentadas à próxima versão da solução. Esse plano de jogo sugere que iterações serão mantidas por duas semanas ou menos. Já gerenciei projetos nos quais a nova solução prototipada foi produzida da noite para o dia.

### 10.5.6 Fase de Lançamento de um modelo de CVGP Iterativo

Há uma diferença significativa entre a equipe de projeto para um projeto GTP (Gerenciamento Tradicional de Projetos) e uma equipe de projeto para um projeto GAP. A Tabela 10.1 resume essas diferenças.

**TABELA 10.1 Diferenças entre uma equipe de projeto GTP e uma equipe de projeto GAP**

| Característica | Equipe de projeto GTP | Equipe de projeto GAP |
|---|---|---|
| Tamanho | Pode ser muito grande | Em geral menos que 15 |
| Nível de competência | Todos os níveis | Os mais competentes |
| Localização | Colocalizado ou localização distribuída | Colocalizado |
| Nível de experiência | Júnior a sênior | Sênior |
| Responsabilidade do cargo | Requer supervisão | Sem supervisão |

O perfil da equipe para um modelo de CVGP Iterativo pode ser um pouco descontraído, ao passo que o perfil para o modelo de CVGP Adaptativo requer mais disciplina.

Além das diferenças entre equipes que você tem de considerar, há uma diferença importante no modo como o escopo é tratado. Em projetos GTP, é preciso ter um Processo de Gerenciamento de Mudança de Escopo formal. Não é esse o caso quando se trata de um projeto GAP. Não há nenhuma necessidade de um processo formal de gerenciamento de mudança de escopo em um projeto GAP, porque toda a aprendizagem e a descoberta que ocorrem durante uma iteração em um projeto GAP são salvas (em um Banco de Escopo, por exemplo) e revistas entre iterações. Os itens no Banco de Escopo são priorizados para integração à solução em uma iteração posterior.

### 10.5.7 Fase de Monitoramento e Controle de um modelo de CVGP Iterativo

No modelo de CVGP Iterativo, a Fase de Monitoramento e Controle começa a mudar. Em razão da natureza especulativa da estratégia iterativa, grande parte da documentação pesada e do relatório de *status* dá lugar a um modo de relatório mais informal. Grande parte do formalismo se transforma em trabalho que não gera valor agregado e começa a sobrecarregar a equipe com tarefas que não a levam nem um pouquinho mais para perto da solução final. Você precisa ter cuidado para não sobrecarregar os arquitetos e desenvolvedores com esses tipos de tarefa. Procure deixá-los relativamente livres para se dedicarem às partes criativas do projeto. Nas revisões entre iterações, você deve verificar o *status* e o progresso da definição da solução e fazer quaisquer ajustes necessários.

### 10.5.8 Fase de Encerramento de um modelo de CVGP Iterativo

A Fase de Encerramento para o modelo de CVGP Iterativo é semelhante à Fase de Encerramento para o modelo de CVGP GTP no sentido de que não há critérios especificados pelo cliente que devam ser cumpridos para considerar concluídos a iteração ou os produtos do ciclo em questão. Esses critérios foram especificados durante o planejamento da iteração. Cada iteração tem critérios de encerramento, porém apenas no que tange aos produtos da iteração para o ciclo em questão. A única diferença é que o projeto poderia terminar (não há mais tempo nem dinheiro) e talvez ainda houvesse características que não foram integradas à solução. Esses aspectos são anotados no relatório final e serão considerados sempre que a próxima versão da solução for encomendada.

Lições aprendidas adquirem uma dimensão adicional. O que a equipe e o cliente aprenderam sobre fazer projetos segundo o modelo de CVGP Iterativo? Como a abordagem pode ser melhorada para a próxima iteração ou projeto?

## 10.6 CICLO DE VIDA DO GERENCIAMENTO DE PROJETO ADAPTATIVO

Os modelos Adaptativos são mais adequados para projetos que envolvem níveis de incerteza e complexidade mais altos do que os dos modelos Iterativos. Nesse sentido, eles preenchem um vazio entre os modelos Iterativo e Extremo. Modelos adaptativos são mais úteis do que modelos Iterativos em situações em que pouco se sabe sobre a solução. Tenha em mente que encontrar a solução ainda é o foco desses modelos. Cada iteração nos modelos adaptativos deve abordar não somente a conclusão da tarefa para funcionalidades e características recentemente definidas, mas também definição de solução subsequente por meio de descoberta de funções, características e funcionalidades. Essa é a parte da descoberta dos modelos de CVGP Adaptativos que os diferencia dos modelos de CVGP Iterativos.

### 10.6.1 Definição

Um modelo de CVGP Adaptativo consiste em várias fases repetidas em ciclos, com uma rodada de *feedback* após a conclusão de cada ciclo. Cada ciclo funciona tendo como base um entendimento incompleto e limitado da solução. Cada ciclo aprende com os ciclos precedentes e planeja o ciclo seguinte na tentativa de convergir para uma solução aceitável. A critério do cliente, um ciclo pode oferecer a liberação de uma solução parcial.

Diferentemente do modelo de CVGP Iterativo, no qual algumas camadas mais profundas da solução não são conhecidas (características e funcionalidades, por exemplo), no modelo de CVGP Adaptativo faltam profundidade e amplitude no que se refere à solução. A Figura 10.2 ilustra o modelo de CVGP Adaptativo para projetos que cumprem as condições de uma solução incompleta em razão da falta de características e funcionalidades.

## FIGURA 10.2 Modelo de CVGP Adaptativo

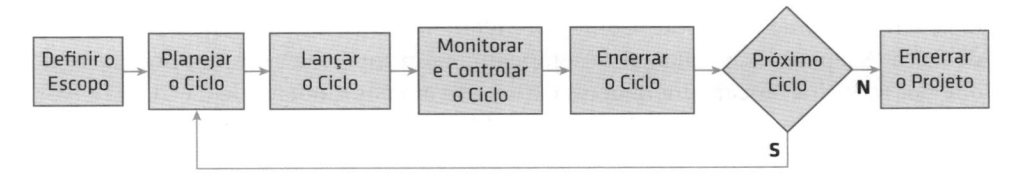

Exceto a utilização do termo **ciclos** em vez de **iterações**, o diagrama de níveis do Grupo de Processo do modelo de CVGP Adaptativo é idêntico ao do modelo de CVGP Iterativo. Mas a similaridade termina ali.

Há somente um modelo Adaptativo – Estrutura de Projeto Adaptativo (EPA). A EPA foi desenvolvida para ser aplicável a qualquer tipo de projeto. Por essa razão, ofereço uma discussão mais profunda sobre ela. A EPA prospera pela aprendizagem, descoberta e mudança. Com o tempo e com ciclos suficientes, você espera que surja uma solução aceitável.

 **Você pode ler mais sobre EPA e ver a comparação dela com outros modelos no Capítulo 12.**

No modelo de CVGP Adaptativo, assim como ocorre com outras abordagens Ágeis, o grau de conhecimento da solução pode variar dentro de uma larga faixa que vai de saber muito mas não tudo (projetos que se enquadram muito bem aos modelos de CVGP Iterativos) a saber muito pouco (projetos que se enquadram muito bem aos modelos de CVGP Adaptativos). Quanto menos se souber sobre a solução, mais presentes estarão o risco, a incerteza e a complexidade.

Para eliminar a incerteza associada a esses projetos, é preciso descobrir a solução, o que ocorrerá por meio de um processo de mudança contínuo de ciclo a ciclo. Esse processo de mudança é projetado para criar convergência em direção a uma solução completa. Na ausência dessa convergência, em geral os projetos Adaptativos são cancelados e então reiniciados em alguma outra direção promissora.

> **NOTA** Esse cancelamento não é um sinal de fracasso. Ao contrário, é o resultado da constatação de que a solução será encontrada se adotarmos uma linha de ataque diferente. Para aproveitar a vantagem dessa característica dos modelos Adaptativos, considere os gatilhos que adota para detectar uma situação fora de controle.

O sucesso dos modelos de CVGP Adaptativos deve-se à expectativa e à possibilidade de acolher mudanças frequentes. Mudança é o resultado da aprendizagem e da descoberta pela equipe e, mais importante, pelo cliente. Como a mudança causará drástico impacto no projeto, emprega-se apenas uma abordagem minimalista do planejamento. Na realidade, o planejamento será *just-in-time* e somente para o próximo ciclo. Nenhum esforço é desperdiçado no planejamento do futuro. O futuro é desconhecido, e qualquer esforço para planejá-lo será visto como trabalho que não gera valor agregado, o que não é consistente com a noção de "enxuto". Todas as abordagens no Quadrante 2 foram projetadas para minimizar trabalho que não gera valor agregado.

Comparado com o modelo de CVGP Iterativo, o modelo de CVGP Adaptativo exige mais envolvimento do cliente. Como aprenderá na discussão de modelos específicos de CVGP Adaptativos, os clientes desempenham um papel mais diretivo no projeto do que nos modelos Linear e Incremental, e até mesmo nos modelos de CVGP Iterativos. Uma vez decidido qual é o modelo de CVGP Adaptativo que melhor se adapta ao seu projeto, o envolvimento significativo do cliente é necessário. Sem tal envolvimento significativo, o projeto que segue o modelo de CVGP Adaptativo tem pouca chance de sucesso. Para ser significativo, o cliente deve ser totalmente envolvido nas decisões de prosseguir com o projeto e em qual direção. Eu já coordenei projetos nos quais era sempre o cliente que tomava as decisões, e o meu papel restringia-se a manter os projetos na direção correta. Alguns clientes têm a confiança e a capacidade de liderança necessárias para assumir esse papel; outros não, e então exercerão o papel mais tradicional de um gerente de projeto.

### 10.6.2 Fase de Definição de Escopo de um modelo de CVGP Adaptativo

A Fase de Definição de Escopo do Modelo de CVGP Adaptativo é uma atividade de alto nível porque pouco se sabe sobre a solução. As funções, características e funcionalidades que estão faltando têm de ser descobertas e aprendidas por meio de ciclos repetidos de um modo muito parecido com a estratégia Iterativa de Gerenciamento de Projeto Dirigido ao Sucesso (GPDS). No caso do modelo de CVGP Adaptativo, as atividades de determinação do escopo apenas estabelecem as fronteiras e os parâmetros de alto nível que fundamentarão os procedimentos de aprendizagem e descoberta. Como parte dos produtos da Fase de Definição de Escopo, você documentará requisitos, como os conhece; funcionalidade, como a conhece; e características e funcionalidades, se conhecer alguma. Além disso, especificará o número de ciclos e a duração do primeiro ciclo. Se tiver uma percepção suficiente da solução, poderá tentar mapear os objetivos do ciclo em alto nível. Uma Estrutura Analítica de Projetos (EAP) parcial e de alto nível pode ajudá-lo a concluir esse exercício.

### 10.6.3 Fase de Planejamento de um modelo de CVGP Adaptativo

Nesse ponto do modelo de CVGP Adaptativo, faz-se o planejamento para o próximo ciclo. O planejamento de alto nível foi executado como parte da Fase de Determinação de Escopo. Tendo como base as funcionalidades e as características conhecidas que serão inseridas no próximo ciclo, desenvolve-se um plano detalhado. Esse plano utiliza todas as ferramentas, modelos e processos que foram definidos para o Grupo de Processo de Planejamento.

Lembre-se de que o prazo típico para o ciclo é 2–4 semanas. Portanto, as ferramentas, modelos e processos que você utiliza para planejar um ciclo não precisam ser muito sofisticados. Um Projeto Ágil que gerenciei recentemente tinha um prazo de três anos e orçamento de 5 milhões de dólares. Usei notas adesivas, canetas marcadoras e quadros brancos para cada plano de ciclo. O projeto foi concluído antes do programado e abaixo do orçamento! Poderia ter usado um pacote de *software* de gerenciamento de projetos, mas percebi que as despesas operacionais associadas ao uso desse *software* equivaleriam a matar mosquitos com uma marreta.

 **NOTA** As notas adesivas frequentemente incluíam informações de esclarecimento que foram preservadas na documentação para uso futuro.

### 10.6.4 Fase de Lançamento de um modelo de CVGP Adaptativo

A Fase de Lançamento será igual à discutida no modelo de CVGP Iterativo. As atividades de lançamento incluirão definição das regras de operação da equipe, processo de tomada de decisão, gerenciamento de conflitos, reuniões da equipe e uma abordagem para resolver problemas. A única diferença será definir a abordagem que será utilizada para montar subequipes e seus respectivos planos de trabalho referentes a tarefas que ocorram em raias concorrentes.

### 10.6.5 Fase de Monitoramento e Controle de um modelo de CVGP Adaptativo

À medida que você passa do modelo de CVGP Iterativo para o modelo de CVGP Adaptativo, ocorre uma notável guinada da formalidade para a informalidade quando se chega a esta fase. Essa passagem para a informalidade dá espaço para o notável aumento na criatividade que a equipe é convocada a entregar. Criatividade e formalidade não são boas companheiras. Você precisa dar à equipe e ao cliente a melhor oportunidade que puder para que ambos sejam bem-sucedidos e isso significa relaxar a necessidade de relatórios de *status* e o controle estrito da programação das atividades. A natureza desses projetos é que eles focam a entrega de valor em vez de horários de reuniões e critérios de custo.

As funções de monitoramento e controle são pertinentes às tarefas de construção de ciclos. Deve-se manter um histórico cumulativo de métricas de desempenho do projeto. Essas métricas devem informar à equipe de projeto a taxa à qual a convergência para uma solução aceitável está ocorrendo. Frequência de mudanças, gravidade de mudanças e métricas semelhantes podem ajudar. Como parte dessa função de controle, a equipe coleta quaisquer aprendizagens e descobertas que tenham ocorrido e as registram no Banco de Escopo. Todas as solicitações de mudanças também serão registradas no Banco de Escopo. Nenhuma mudança será implementada dentro de um ciclo. Todas as mudanças e outras características aprendidas e descobertas serão revisadas no ponto de controle. A revisão resulta na inserção de funções, características e funcionalidades recém-descobertas em uma lista de prioridades a considerar no próximo ciclo ou em algum ciclo futuro.

Uma métrica que acho útil é acompanhar o tamanho do Banco de Escopo em cada ciclo. A Figura 10.3 mostra três tendências para o tamanho do Banco de Escopo que já observei no decorrer de contratos com meus clientes.

**FIGURA 10.3** Acompanhando o tamanho do Banco de Escopo

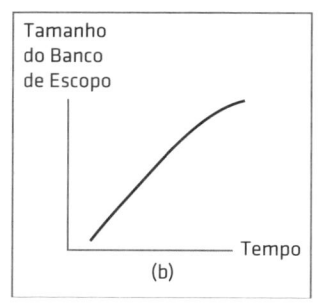

### 10.6.5.1 Aumento a uma taxa crescente

Essa é a tendência apresentada na Figura 10.3(a). Ela indica um cliente cujo envolvimento aumentou ao longo do tempo e indica que a solução está divergindo. Mudanças geram mudanças, e essas mudanças geram ainda mais mudanças. Embora seja bom ter um envolvimento crescente com o cliente, esse envolvimento veio muito tarde. Se vir um padrão como esse, será demasiadamente tarde para tomar qualquer ação corretiva. A sua intervenção deveria ter ocorrido muito antes para que tivesse uma chance de trabalhar com o cliente no sentido de aumentar o envolvimento dele mais cedo no projeto. A solução teria sido inserir alguns gatilhos logo que começaram a aparecer sinais de alerta em relação ao baixo rendimento do envolvimento do cliente.

### 10.6.5.2 Aumento a uma taxa decrescente

A Figura 10.3(b) mostra que o tamanho do Banco de Escopo está aumentando a uma taxa decrescente, o que pode ser um bom sinal de que a certa altura o tamanho do Banco de Escopo pode até diminuir. O fato de ainda estar aumentando não é bom.

Como o painel (a), isso poderia indicar que a solução está divergindo. Poderia ser tarde demais.

### 10.6.5.3 Decréscimo a uma taxa crescente

A Figura 10.3(c) é a tendência desejada. Mostra um nível exemplar de envolvimento do cliente e uma boa convergência da solução.

## 10.6.6 Fase de Encerramento de um modelo de CVGP Adaptativo

A fase de encerramento produz os artefatos típicos: lições aprendidas, validação de critérios de sucesso e assim por diante. Além desses, é possível que haja itens restantes no Banco de Escopo que não foram incluídos em qualquer montagem de ciclo. Esses itens devem ser documentados e conservados para a próxima versão da solução.

## 10.7 ADAPTAÇÃO E INTEGRAÇÃO DA CAIXA DE FERRAMENTAS DO GAP

Os modelos de CVGP GAP definem um mundo que é um fascinante desafio para os *chefs de cuisine* e um imenso problema para os *cozinheiros*.

Os *chefs de cuisine* considerarão as características atuais da meta e solução do projeto; procurarão em suas ferramentas, modelos e processos a solução mais adequada e a adaptarão ao projeto. Em muitos casos, eles farão valer sua criatividade no que concerne a suas necessidades de gerenciamento.

Os *cozinheiros* tentarão usar um modelo de CVGP GAP padrão e fracassarão. É possível que a organização para a qual trabalham os tenha restringido a usar um determinado modelo de CVGP dentre alguns poucos e assim tenha lançado à terra as sementes do fracasso. Eu lhes darei o benefício da dúvida e admitirei que poderão muito bem escolher a ferramenta, o modelo ou o processo mais adequado e então tentarão encaixar tal ferramenta, modelo ou processo no projeto à força. Frustração e altas taxas de fracasso são o resultado previsível.

Se o que quer é ser um *chef de cuisine*, terá de ser flexível e discernir com clareza o que está fazendo. Não há nenhum substituto para o raciocínio, e você deve raciocinar o tempo todo para se manter à altura de um projeto GAP. Portanto, descreverei em seguida algumas situações típicas que demandam flexibilidade e adaptabilidade.

Esta seção examina sucintamente cada parte do modelo de CVGP GAP para ver como você poderia usar as ferramentas, modelos e processos do Grupo de Processos a seu favor em um projeto GAP.

### 10.7.1 Definição do escopo da próxima iteração/ciclo

O Grupo de Processo de Definição de Escopo inclui o seguinte:

- esclarecer as verdadeiras necessidades do cliente;
- documentar as necessidades do cliente;
- negociar com o cliente como essas necessidades serão enfrentadas;
- redigir uma descrição do projeto de apenas uma página;
- obter a aprovação dos executivos da empresa para planejar o projeto.

Os três primeiros itens incorporam as Condições de Satisfação (CDS) e as EAR, e executá-los corretamente é crítico. Lembre-se de que quando se trata de um projeto GAP você está explorando o desconhecido. A missão do projeto é crítica e você não pode se dar ao luxo de deixar alguma ponta solta nesse estágio de definição. Seria interessante considerar a execução de uma Análise de Causa Raiz se houver qualquer dúvida de que o cliente poderá confundir o que ele quer com o que ele precisa. Lembre-se de que o que o cliente quer costuma estar associado ao modo como ele vê a solução de um problema; é possível que ele não lhe tenha informado nada disso. Necessidades são o que você precisa para elaborar uma solução. No que diz respeito à EAR, erre para o lado de decidir que a solução não está concluída, o que o levará a escolher o modelo de CVGP GAP mais adequado.

O Termo de Abertura do Projeto (TAP) será o documento que venderá as suas declarações de meta e objetivo ao gerente que deverá aprová-las. O mais importante é utilizar uma linguagem que quem quer que a leia a entenderá (a declaração do problema/oportunidade descrita no Capítulo 4). Os critérios de sucesso devem declarar de maneira inequívoca o valor quantitativo de negócio que resultará da conclusão bem-sucedida do projeto. Você não estará presente para defender o TAP. Ele deve valer por seu próprio mérito.

### 10.7.2 Planejamento da próxima iteração/ciclo

O Grupo de Processo de Planejamento inclui o seguinte:

- definir todo o trabalho do projeto;
- estimar o tempo que será gasto para concluir o trabalho;
- estimar os recursos exigidos para concluir o trabalho;
- estimar o custo total do trabalho;
- sequenciar o trabalho;
- montar o cronograma inicial do projeto;
- analisar e ajustar o cronograma do projeto;
- redigir o plano de gerenciamento de risco;
- documentar o plano do projeto;
- obter a aprovação dos executivos da empresa para lançar o projeto.

A maioria dessas ferramentas, documentos padrão e processos faz parte da abordagem tradicional do planejamento de um projeto, e pode ser utilizada como descrito no Capítulo 5. A única diferença é que você está planejando para um horizonte de duas a quatro semanas. Erre para o lado de usar o mínimo de tecnologia que faça sentido. Sobrecarregar a si mesmo com um plano de projeto automatizado pode ser um exagero no sentido de que herdará também a manutenção desse plano. O risco de projetos GAP é muito mais alto do que o de projetos GTP, portanto, precisa dar particular atenção ao seu plano de gerenciamento de risco. Dê a um dos membros da sua equipe a responsabilidade de gerenciar tal plano. Como parte da reunião diária de 15 minutos da equipe, reveja e atualize o plano de gerenciamento de risco.

### 10.7.3 Lançamento da próxima iteração/ciclo

O Grupo de Processo de Lançamento inclui o seguinte:

- recrutar o gerente do projeto (em geral faz parte da Fase de Definição do Escopo);
- recrutar a equipe de projeto (equipe principal durante a Fase de Definição do Escopo);
- redigir um documento de descrição do projeto;
- estabelecer regras de operação da equipe;
- estabelecer o processo de gerenciamento de mudança de escopo;
- gerenciar as comunicações da equipe;
- finalizar a programação do projeto;
- redigir pacotes de trabalho.

Esses processos serão executados apenas uma vez no projeto GAP. Você não precisará de um processo de gerenciamento de mudança de escopo. O Ponto de Controle do Cliente incorporará a avaliação e a resposta sob a forma de uma nova lista de prioridades de funções, características e funcionalidades.

### 10.7.4 Monitoramento e controle da próxima iteração/ciclo

O Grupo de Processo de Monitoramento e Controle inclui o seguinte:

- estabelecer o sistema de desempenho e relatório do projeto;
- monitorar o desempenho do projeto;
- monitorar o risco;
- informar o *status* do projeto;
- processar solicitações de mudança de escopo;
- descobrir e resolver problemas.

Meu melhor conselho é evitar fazer quaisquer mudanças no plano da iteração ou do ciclo no meio do caminho. Faça o que planejou dentro do prazo planejado. Ideias e mudanças sugeridas surgirão durante o plano da iteração ou do ciclo. Isso é natural, porque um projeto GAP é um projeto de aprendizagem e descoberta. Registre as ideias e sugestões no Banco de Escopo, e então espere o encerramento da iteração ou do ciclo e decida como lidar com eles.

### 10.7.5 Encerramento da próxima iteração/ciclo

Diferentemente de um projeto GTP cuja programação de atividades (cronograma) pode atrasar ou sofrer mudanças, isso não acontece em um projeto GAP. A duração de tempo do ciclo é gravada em pedra. Nunca será ampliado para ajustar uma das raias que está atrasada em relação à programação. A iteração ou ciclo pode ser encerrada se todas as raias estiverem concluídas antes da programação.

### 10.7.6 Decidir como executar a próxima iteração/ciclo

Essa tarefa não faz parte de nenhum modelo de CVGP GTP. É exclusiva de projetos GAP e GEP. O cliente é quem comanda esse processo de decisão. A solução atual e seu histórico, juntamente com o Banco de Escopo, são os insumos. Se as métricas que está coletando sugerem que a solução está convergindo para a meta, há uma boa razão para continuar com mais uma outra iteração ou ciclo.

Você precisa ter em mente os seguintes aspectos desse processo de tomada de decisão:

- o cliente gerencia o processo de decisão;
- o cliente deve estar totalmente engajado no processo;
- a atmosfera deve ser totalmente franca e honesta;
- a decisão deve ser baseada no valor esperado do negócio;
- a solução deve estar convergindo para uma solução que se alinha à meta.

### 10.7.7 Encerramento do projeto

O Grupo de Processo de Encerramento inclui os seguintes processos:

- obter a aprovação do cliente quanto ao cumprimento dos requisitos do projeto;
- planejar e instalar as entregas;
- redigir o relatório final do projeto;
- conduzir a auditoria pós-implementação.

Um projeto GAP termina quando o seguinte ocorrer:

- o prazo e/ou o orçamento terminaram;
- chega-se a uma solução aceitável que tenha o valor de negócio esperado;
- o projeto é abandonado.

Todos os processos no Grupo de Processo de Encerramento são executados em um projeto GAP exatamente como seriam em um projeto GTP. O Banco de Escopo em um projeto GAP ainda conterá algumas sugestões e ideias para a melhoria da solução quando o projeto terminar. Essas sugestões e ideias, bem como a solução atual encontrada, serão utilizadas como a justificativa de negócio para a próxima versão.

## 10.8 RESUMINDO

A utilização de Modelos de CVGP Iterativos e Adaptativos pode estar entre as experiências mais desafiadoras e satisfatórias que você poderia ter na qualidade de gerente de projeto. Esses modelos têm muitas similaridades e diferenças. Projetos são esforços dinâmicos e as condições poderiam sugerir mudar a sua escolha do modelo e como melhor usá-lo. Há muitas outras opções para quem estiver interessado. Se quiser mais sugestões, consulte a bibliografia na seção Referências. Há sempre algo novo a aprender. Aprender a ser bem-sucedido em projetos ágeis é tanto arte quanto ciência.

Projetos ágeis o convidam a ser um *chef de cuisine* e não um simples cozinheiro. Eu lhe dei detalhes suficientes para que possa iniciar a sua jornada na direção de ser um *chef de cuisine*. Espero que tenha a coragem de partir para essa jornada e nela permanecer.

## QUESTÕES PARA DISCUSSÃO

1. O seu projeto Ágil está correndo muito bem, e até agora não houve muitas surpresas. Sem qualquer advertência, o cogerente do cliente (que compartilha com você a gerência do projeto) resolve sair da empresa e é substituído por um subordinado. O novo cogerente não quer que o pessoal dele participe do projeto no mesmo nível que o cogerente anterior autorizava, e você acha que essa atitude causará um sério impacto no projeto. O que você deveria fazer e por quê? Se você citou a perda do cogerente do cliente em seu plano de gerenciamento de risco, qual seria a sua estratégia de mitigação?

2. Todas as ideais sugeridas vieram da equipe de desenvolvimento e não da equipe do cliente. Você concluiu corretamente que o produto final não será tão bom quanto poderia ter sido se o cliente tivesse se envolvido mais. Como você abordaria essa situação e por quê? Se você

identificou o envolvimento precário do cliente em seu plano de gerenciamento de risco, qual seria a sua estratégia de mitigação?

---

**SERVIÇO DE ENTREGA RÁPIDA DE PIZZAS (SERP)**

3. Você está gerenciando o projeto do subsistema de Gerenciamento de Estoque. Gere a EAR e escolha o modelo de CVGP que utilizará. Classifique os modelos específicos do que melhor se adapta ao que pior se adapta e exponha os princípios racionais dessa classificação. A seleção deve abranger os modelos de CVGP Linear, Incremental, Iterativo e modelo Adaptativo. Seja específico.

4. Referindo-se ao estudo de caso, quais subsistemas desenvolveria se usasse um modelo Ágil? Seja específico em relação ao modelo que escolheria e por qual motivo. Organize uma lista de quaisquer vantagens ou desvantagens que resultarão dessa sua decisão.

---

5. Que tipo de abordagem utilizaria para um Projeto Ágil se o seu cliente não estivesse disposto ou não pudesse participar? Quais são as forças e/ou fraquezas da sua escolha?

6. Que tipo de abordagem utilizaria se o seu cliente se envolvesse tanto no projeto que provocasse um efeito adverso na produtividade da equipe? Quais são as forças e/ou fraquezas da sua escolha?

7. Você está considerando se apresentar como voluntário para gerenciar um projeto crítico mas muito desafiador que tem toda a aparência de um Projeto Adaptativo. Você leu este livro e aprendeu muito sobre Projetos Adaptativos, e o livro está cheio deles. Acima de tudo, você quer que o projeto seja bem-sucedido, mas a sua organização não apoia Projetos Adaptativos. O que fará? Você sempre quis enfrentar desafios e desistir desse não será uma alternativa.

---

**SERVIÇO DE ENTREGA RÁPIDA DE PIZZAS (SERP)**

8. Gere a EAR para a aplicação de *software* de localização da fábrica do SERP. Comente as funções, características e funcionalidades que estão faltando ou apenas parcialmente definidas. Ao gerar a EAR considere perguntas como essas: Quantas fábricas estão previstas? Onde devem estar localizadas? Quais critérios devem ser utilizados para avaliar uma localização? Quantos caminhões de entrega a mais serão necessários?

# 11 Gerenciamento extremo de projetos

É claro que nenhum grupo, como entidade, pode criar ideias. Só indivíduos podem fazer isso. Todavia, um grupo de indivíduos pode, mutuamente, estimular a criação de ideias.

– ESTILL I. GREEN, antigo Vice-Presidente do Bell Telephone Laboratories

## OBJETIVOS DE APRENDIZAGEM DO CAPÍTULO

Depois de ler este capítulo, você saberá:

- quando utilizar o Gerenciamento Extremo de Projeto (GEP) ou o Gerenciamento de Projetos Emertxe (PEG);
- utilizar e adaptar o modelo de CVGP Extremo;
- antecipar e resolver os problemas potenciais decorrentes da utilização de um modelo de CVGP Extremo.

## PONTO DE PARTIDA

Neste capítulo, você aprenderá, em um nível muito detalhado, os tipos de projetos que se adequam aos modelos de CVGP GEP Extremo. Ambos os projetos, Extremo e Emertxe, utilizam os mesmos modelos de Gerenciamento do Ciclo de Vida de Projetos (CVGP), porém tendo em mente finalidades muito diferentes. As principais diferenças são observadas no planejamento e interpretação das entregas de cada iteração. A vasta maioria desses projetos é de Pesquisa e Desenvolvimento (P&D). Para projetos situados no quadrante GEP, a meta é uma melhor estimativa e em geral reflete a ideia que o proponente tem de um estado final ideal que o projeto deve atingir. Dois modelos diferentes de CVGP são discutidos neste capítulo. Não pretendo ser impertinente, mas o primeiro modelo, GEP, é adequado para projetos cuja meta está em busca de uma solução. O segundo, PEG, é um modelo para projetos cuja solução está em busca de uma meta. Não se preocupe – Eu não estou louco. Consulte o Capítulo 2 para refrescar sua memória quanto aos quatro quadrantes.

## 11.1 O QUE É GERENCIAMENTO EXTREMO DE PROJETOS?

Gerenciamento Extremo de Projetos (GEP) é o modelo de gerenciamento menos estruturado e mais criativo dos cinco modelos que definem o panorama do gerenciamento de projetos apresentados no Capítulo 2. Projetos Extremos estão situados no limite do panorama, posição na qual a incerteza e a complexidade atingem seus mais altos níveis. Por isso, as taxas de fracasso de Projetos Extremos são as mais altas entre todos os tipos de projetos. A razão da taxa de fracasso ser comparativamente alta é a natureza dos Projetos Extreme. Esses projetos estão em busca de metas e soluções onde nenhuma foi encontrada antes. Em geral, metas desse tipo de projeto são nada mais do que uma expressão de um estado final desejado, sem nenhuma certeza de que tal final possa ser alcançado. Muitas vezes as soluções nunca foram exploradas. No máximo haverá algumas poucas direções alternativas para iniciar a busca. Mesmo que se encontre uma solução, ela será a revisão de uma declaração que originou o projeto anteriormente. Então entra em cena a questão do valor de negócio da meta final e sua solução. Arriscado, não é mesmo? Convergir para uma meta e uma solução que tenham valor de negócio é como procurar dentro de um quarto escuro algo que não existe naquele quarto, mas poderia existir em outro, se você souber buscar por esse outro quarto. Portanto, um dos maiores desafios em Projetos GEP é encerrar a direção escolhida no ponto mais cedo possível quando se percebe que é quase certo que a direção levará a um fracasso futuro. Isso permite economizar recursos para um redirecionamento de esforços.

## 11.2 CICLO DE VIDA DO GERENCIAMENTO EXTREMO DE PROJETOS

O modelo de CVGP Extremo é o mais complexo dos cinco modelos principais no panorama de gerenciamento de projetos. A Figura 11.1 é uma representação gráfica do modelo de CVGP Extremo. A primeira coisa a notar no modelo é que as fases repetem todos os Grupos de Processo de um modo linear. (Eu uso a palavra *fases* nesse modelo para distingui-la das palavras *incrementos*, *iterações* e *ciclos* utilizadas nos modelos discutidos anteriormente neste livro.) Se for tomada a decisão de passar para a próxima fase, ela começa com a definição do escopo da nova direção do projeto. A razão disso é que a fase que acaba de ser concluída pode sugerir que talvez seja possível encontrar a solução conduzindo o projeto em uma direção inteiramente diferente da originalmente planejada. Repetindo a Fase de Definição do Escopo, você talvez constate que a meta pode mudar em razão da nova direção que o projeto seguirá.

**FIGURA 11.1  Modelo de CVGP extremo**

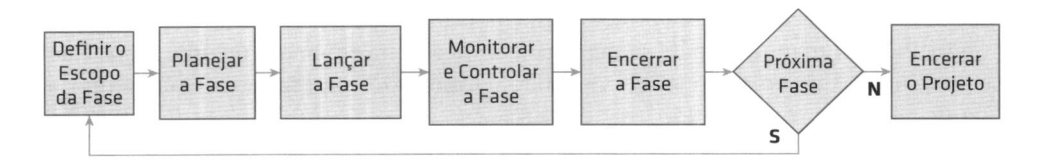

### 11.2.1 Definição

Modelos de CVGP Extreme consistem em uma sequência de fases repetidas na qual cada fase é baseada em um entendimento muito limitado da meta e da solução. Cada fase aprende com as precedentes e redireciona a fase seguinte em uma tentativa de convergir para uma meta e solução aceitáveis. Se o cliente quiser, uma fase encerrada pode liberar uma solução parcial. Uma fase consiste nos cinco Grupos de Processo, cada um deles executado uma vez na sequência: Definição do Escopo ▸ Planejamento ▸ Lançamento ▸ Monitoramento e Controle ▸ Encerramento. Na verdade, uma fase é um ciclo de vida de projeto completo muito parecido com aquele que ocorre no modelo de CVGP Incremental, mas com a opção de liberação de uma solução parcial ao término de cada fase.

### 11.2.2 O que é gerenciamento de projeto Emertxe?

Se você ainda não adivinhou, *emertxe* é a palavra *extreme* (extremo em inglês) ao contrário. E, de fato, um projeto Emertxe é um projeto Extremo, mas executado ao contrário. Em vez de procurar uma solução, você procura uma meta. Me perdoem o jogo de palavras, mas esse foi o melhor modo que encontrei para dar um nome a esses tipos de projeto.

### 11.2.3 O ciclo de vida de gerenciamento de projeto Emertxe

O modelo de CVGP Emertxe busca exatamente o mesmo que o modelo de CVGP Extremo. Tudo o que foi dito antes sobre o modelo de CVGP Extremo se aplica, sem nenhuma mudança, ao modelo de CVGP Emertxe.

As diferenças têm a ver com a intenção do projeto. O modelo de CVGP Extremo começa com uma meta que tem grande valor de negócio e procura um modo (uma solução) de entregar tal valor de negócio. A solução pode exigir uma mudança na meta. Se essa meta revisada ainda tiver grande valor de negócio, o projeto Extremo termina. Já o modelo de CVGP Emertxe começa com uma solução e nenhuma meta. A pergunta que deve ser respondida para o modelo de CVGP Emertxe é essa: "Existe uma meta que essa solução pode alcançar, e essa meta tem valor de negócio?"

O ponto em comum é que ambos os CVGP se empenham em obter uma convergência simultânea de meta e solução, mas a partir de perspectivas diferentes – uma é encontrar uma solução, a outra é encontrar uma meta.

### 11.2.4 Quando usar modelo de CVGP Emertxe

O modelo de CVGP Emertxe deve ser utilizado em qualquer projeto que procure encontrar valor de negócio por meio da integração de uma nova tecnologia a um produto, serviço ou processo existente. Há dois tipos principais de projetos que pedem a utilização desse modelo: Projetos de P&D e alguns projetos para a solução de um problema.

#### 11.2.4.1 Projetos de pesquisa e desenvolvimento

Essa é a aplicação mais óbvia. Você está considerando como uma nova tecnologia desenvolvida (se houver alguma) produzirá valor de negócio para a sua organização. A busca da meta poderia levar a sua equipe a direções óbvias, ou poderia ser muito imprecisa.

Na maioria dos casos, de início você preferiria usar EPA para esses tipos de projetos. O que se busca é a solução para um problema crítico. Portanto, a meta será clara e completamente declarada e você partirá para uma jornada em busca da definição de uma solução completa. Antes de avançar muito no projeto, você e o cliente chegam à conclusão de que uma solução completa para o problema tal como ele se apresenta não é muito provável. Você poderia abandonar o projeto, mas essa solução poderia não ser aceitável. Talvez a próxima pergunta deva ser essa: Qual problema você pode resolver? Agora é a meta que não está claramente definida. Parabéns. Agora você se deparou com as condições de um Projeto Extremo, mas está usando um modelo Adaptativo. Você muda de modelo ou continua no curso atual? Haveria qualquer diferença notável entre os dois modelos dada a situação presente? Você sabe que a EPA é Adaptativo. Você pode adaptar a EPA a essa situação?

Na realidade, as respostas são bem simples. Continue com a sua estratégia atual de introduzir Raias de Prova para concluir a solução atual até onde puder. Mude a sua estratégia de ciclo EPA para introduzir mais Raias de prova em uma tentativa de encontrar outras alternativas de solução ou outras alternativas para reforçar a solução corrente. Não haverá qualquer mudança perceptível de modelos. Você pode chamar o que está fazendo de Adaptativo ou Extremo – não faz nenhuma diferença.

## 11.3 UTILIZAÇÃO DE FERRAMENTAS, DOCUMENTOS PADRÃO E PROCESSOS PARA A MÁXIMA EFETIVIDADE DO GEP

A chave aqui é criar um ambiente no qual a equipe de projeto possa exercitar livremente a sua criatividade sem o estorvo e o aborrecimento de trabalho que não gera valor agregado. O adepto do modelo Ágil diria que esse deve ser um ambiente leve ou enxuto em vez de pesado.

Esta seção apresenta um breve exame de cada parte do modelo de Extremo para você ver como as ferramentas, documentos padrão e processos do Grupo de Processo poderiam ser utilizadas ou adaptadas para a melhor vantagem da equipe de Projeto GEP.

### 11.3.1 Definição do escopo da próxima fase

O Grupo de Processo de Determinação de Escopo inclui o seguinte:

- elicitar as verdadeiras necessidades do cliente;
- documentar as necessidades do cliente;
- negociar com o cliente como essas necessidades serão atendidas;
- redigir uma descrição do projeto em uma única página;
- obter a aprovação dos executivos da empresa para planejar o projeto.

Uma CDS frouxamente estruturada para a próxima fase é o ponto de partida. Resista a qualquer tentativa de ser específico. Essa não é a natureza de um projeto GEP. Se essa fase estiver entre as primeiras poucas fases do projeto, trabalhe para que elas foquem em uma investigação geral de ideias de alto nível para uma solução. É possível que haja diversas ideias concorrentes a explorar na tentativa de definir mais a fundo as possibilidades. Essas são ideias muito preliminares e devem ser tratadas como tal. Depois de identificar algumas possibilidades, pode-se lançar mais Raias de Prova para examinar mais a fundo a viabilidade dessas ideias. Então pode-se rascunhar um TAP que permanecerá válido por algumas fases, mas que provavelmente será rápida e frequentemente suplantado. A aprovação para realmente planejar a fase será a aprovação do cliente.

## 11.3.2 Planejamento da próxima fase

O Grupo de Processo de Planejamento inclui o seguinte:

- definir todo o trabalho do projeto;
- estimar o tempo até a conclusão do trabalho;
- estimar os recursos exigidos para a conclusão do trabalho;
- estimar o custo total do trabalho;
- sequenciar o trabalho;
- montar a programação inicial das atividades (cronograma inicial) do projeto;
- analisar e ajustar a programação das atividades do projeto;
- redigir um plano de gerenciamento de risco;
- documentar o plano de projeto;
- obter a aprovação dos executivos da empresa para lançar o projeto.

Planejamento é um processo de dois níveis em projetos GEP. O primeiro nível é satisfazer os requisitos dos executivos da empresa e obter aprovação para executar o projeto. Depois de obter essa aprovação, o planejamento pode passar para o nível de fase. Planejamento no nível de fase não é muito mais do que apenas decidir quais Raias de Prova fazem sentido e podem ser concluídas dentro do período de tempo definido para a fase. Portanto, o pouquíssimo planejamento detalhado que é feito, é feito no nível das Raias de Prova. Os componentes da subequipe planejarão o que deverá ser feito e quem o fará. Não os sobrecarregue nas fases iniciais com documentos de planejamento e relatórios desnecessários. Deixe-os livres para abordar as tarefas de suas respectivas Raias de Prova de modo que faça sentido para eles. Em geral não se prepararam diagramas de dependência. Todavia, é preciso haver muita comunicação verbal entre os membros da equipe no que concerne ao *status* de suas respectivas Raias de Prova.

Projetos GEP são projetos de risco muito alto, e é preciso ter um plano sólido. Exatamente como no caso de projetos GAP, você deve indicar um membro da equipe como responsável pelo monitoramento do plano. O plano em si pode adotar características diferentes em relação ao planejamento de todos os outros tipos de projeto. Eis aqui uma aplicação de planejamento de risco que tenho usado com sucesso. Até o ponto em que você pode identificar os requisitos ou funções que a solução deve ter, priorize essa lista de requisitos do mais arriscado ao menos arriscado do ponto de vista da implementação. As primeiras fases devem focar nessa lista e percorrê-la de cima para baixo, do mais arriscado para o menos arriscado. Se você puder resolver os requisitos ou funções arriscados, então poderá resolver outros requisitos ou funções que vêm mais abaixo na lista. É claro que a lista mudará à medida que ocorrerem novas aprendizagens e descobertas. Sempre ataque as partes mais arriscadas do projeto em primeiro lugar.

### 11.3.3 Lançamento da próxima fase

O Grupo de Processo de Lançamento inclui o seguinte:

- recrutar a equipe de projeto;
- redigir um documento de descrição do projeto;
- estabelecer regras de operação da equipe;
- estabelecer o processo de gerenciamento de mudança de escopo;
- gerenciar as comunicações da equipe;
- finalizar a programação do projeto;
- redigir pacotes de trabalho.

Meus comentários aqui são exatamente os mesmos do projeto GAP (veja Capítulo 10). Você faz cada uma dessas coisas uma vez e então as esquece. E também não precisa de um processo de mudança de escopo. Use a Fase de Lançamento para decidir como lidar com o que teriam sido, fosse outro o caso, solicitações de mudança de escopo.

### 11.3.4 Monitoramento e controle da próxima fase

O Grupo de Processo de Monitoramento e Controle inclui o seguinte:

- estabelecer o sistema de desempenho e relatório do projeto;
- monitorar o desempenho do projeto;
- monitorar risco;
- informar o *status* do projeto;
- processar solicitações de mudança de escopo;
- descobrir e resolver problemas.

Se você conseguir usar com eficácia a reunião diária de 15 minutos com a sua equipe, não vejo necessidade de muito mais no que tange ao monitoramento e controle. Continuo a defender de maneira firme a não interferência no processo criativo. Na qualidade de gerente de projeto, a sua principal responsabilidade é facilitar as coisas para a equipe e não interferir.

### 11.3.5 Encerramento de fase

Os mesmos comentários que fiz para o projeto GAP no Capítulo 10 são adequados aqui.

### 11.3.6 Decisão de executar a próxima fase

Mais uma vez é o cliente que dirige esse processo de decisão. A tentação é continuar com o processo por muito mais tempo do que seria sensato. Se não houver nenhum progresso mensurável na direção de uma solução aceitável depois de algumas poucas primeiras fases, considere seriamente abandonar o projeto e recomeçá-lo em uma direção diferente. Poupe o tempo e o orçamento para usá-los em ocupações mais proveitosas.

### 11.3.7 Encerramento do projeto

O Grupo de Processo de Encerramento inclui o seguinte:

- obter a aprovação do cliente para o cumprimento dos requisitos do projeto;
- planejar e instalar as entregas;
- redigir o relatório final do projeto;
- conduzir a auditoria pós-implementação.

Os mesmos comentários que fiz para o projeto GAP no Capítulo 10 aplicam-se aqui.

## 11.4 RESUMINDO

Concluímos, então, a descrição geral dos modelos GAP e GEP. O Capítulo 12 apresenta modelos específicos de GAP e GEP. As Partes II e III deste livro oferecem descrições minuciosas e detalhadas dos cinco tipos de modelo que estão presentes no panorama do gerenciamento de projetos. Eu pediria apenas que mantenha a mente aberta ao avaliar um projeto e escolher um modelo de CVGP adequado à situação. Tenha sempre em mente todas as variáveis quando fizer essas avaliações e escolhas.

## QUESTÕES PARA DISCUSSÃO

1. Quais são as semelhanças e diferenças entre um modelo de CVGP Adaptativo e um modelo de CVGP Extremo? Seja muito específico.
2. Se você pudesse escolher entre o modelo de CVGP Adaptativo e o modelo de CVGP Extremo, qual deles escolheria e por quê? Há quaisquer condições que sugeririam claramente um modelo em vez do outro? Quais foram os princípios racionais que aplicou à sua escolha?

# 12 Comparação entre os modelos de CVGP Linear, Incremental, Iterativo, Adaptativo e Extremo

Não caia na tentação de forçar projetos redondos em molduras de projetos quadrados. Você só estará cortejando o fracasso. Se o seu projeto não está bem servido por sua metodologia, descubra, use e adapte uma metodologia que realmente se ajuste ao projeto.

– Robert K. Wysocki, PhD, Presidente, EII Publications, LLC

## :) OBJETIVOS DE APRENDIZAGEM DO CAPÍTULO

Depois de ler este capítulo, você saberá:

- explicar os benefícios e a utilização dos modelos de Ciclos de Vida do Gerenciamento de Projetos (CVGPs) Lineares (em Cascata Padrão[1] e Desenvolvimento Rápido em Cascata[2]);
- explicar os benefícios da utilização dos modelos de CVGPs Incrementais (Entrega Escalonada em Cascata,[3] Desenvolvimento Orientado a Funcionalidades [FDD][4]);
- explicar os benefícios e a utilização dos modelos de CVGPs Ágeis Iterativos (Prototipagem, Desenvolvimento Evolucionário em Cascata,[5] Processo Unificado da Rational [RUP][6]), Método de Desenvolvimento de Sistemas Dinâmicos[7] [MDSD], Desenvolvimento Adaptativo de *Software*[8] [DAS] e Scrum;
- explicar os benefícios e a utilização dos modelos de CVGPs Ágeis Adaptativos (Estrutura de Projeto Adaptativo [EPA]);
- explicar os benefícios e a utilização dos modelos de CVGPs Extremos (Inspire);
- estar ciente dos desafios que surgem da utilização de qualquer um dos 12 modelos específicos de CVGPs.

---

1    NRT: também é utilizado o termo em inglês *Waterfall*.
2    NRT: também é utilizado o termo em inglês *Rapid Development Waterfall*.
3    NRT: também é utilizado o termo em inglês *Staged Delivery Waterfall*.
4    NRT: também é utilizado o termo em inglês *Feature-Driven Development* (FDD). Dada a larga utilização do acrônimo FDD, ele será empregado ao longo do livro.
5    NRT: também é utilizado o termo em inglês *Evolutionary Development Waterfall*.
6    NRT: o Modelo Unificado foi desenvolvido pela Rational *Software* Corporation em 2003. Em 2018 a empresa era uma subsidiária da IBM. O acrônimo RUP (*Rational Unified Process*) também é muito utilizado para representar o método. Ao longo do livro o acrônimo RUP será utilizado para representar este método.
7    NRT: também é utilizado o termo em inglês *Dynamic Systems Development Method* (DSDM).
8    NRT: também é utilizado o termo em inglês *Adaptative Software Development* (ASD).

Este capítulo reúne os detalhes de 12 modelos específicos de CVGPs para equipar o patrocinador, o gerente do projeto e a equipe do projeto com as informações que precisam para tomar uma decisão bem informada sobre qual modelo de CVGP melhor se ajusta à situação de seus projetos. Eu, particularmente, já utilizei todos esses 12 modelos, bem como já liderei muitos contratos de consultoria e treinamentos em clientes que os utilizaram. Existem outros modelos, como Microsoft Solutions Framework, Prince2, Itil, Crystal, Planejamento em Ondas Sucessivas[9], Chunking, e muitos outros. Eu poderia ter incluído todos eles e, talvez, alguns outros – porém, não é minha intenção produzir um tomo sobre CVGPs específicos. O resultado seria, provavelmente, um livro com o dobro do tamanho deste. O meu Editor refutaria tal probabilidade. Os 12 modelos estão organizados ao redor das cinco categorias de gerenciamento de projetos:

- Linear;
- Incremental;
- Iterativo;
- Adaptativo;
- Extremo.

Portanto, a sua estratégia para escolher um modelo específico de CVGP é, em primeiro lugar, montar uma Estrutura Analítica de Requisitos (EAR) de alto nível e, com base na sua clareza e completude:

1. designar o projeto a um quadrante no panorama de projetos;
2. decidir qual das cinco categorias de gerenciamento de projetos é a que melhor se ajusta ao projeto em questão;
3. escolher entre os modelos específicos de CVGPs nessa categoria, o mais adequado;
4. adaptar o modelo de CVGP às características do projeto e às condições internas/externas;
5. prosseguir para a fase de execução do projeto mas monitorá-lo continuamente, ficando atento a mudanças que poderiam causar impacto na escolha do modelo de CVGP mais adequado.

Este capítulo contém a informação que precisará para tomar as melhores decisões para a configuração do seu projeto e que preparará a sua equipe para o sucesso.

## 12.1 MODELO DE CVGP LINEAR

O modelo de CVGP Linear é o mais simples e intuitivo dos cinco principais tipos de modelo que populam o panorama do gerenciamento de projetos. Esse modelo assume que as informações sobre a meta e a solução do projeto são quase perfeitamente completas. Isso pode ser resultado de múltiplas experiências com projetos similares ou vir do fato de que o projeto é simplesmente um esforço que pode ser bem definido.

---

9    NRT: também é utilizado o termo em inglês *Rolling Wave*.

Desvios, tais como solicitações de mudança de escopo, podem causar grandes comoções neste modelo que é orientado por planejamento. A Figura 12.1 apresenta uma visão de alto nível do modelo de CVGP Linear.

## FIGURA 12.1 O modelo de CVGP Linear

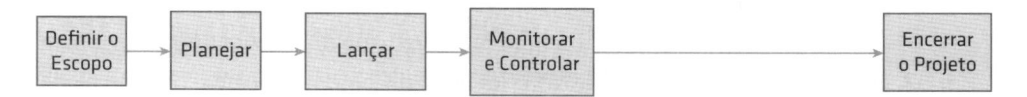

A primeira coisa que se observa nesse modelo é que cada fase deve ser concluída para que a próxima possa começar. Depois que uma fase foi finalizada, não existem pontos de retorno para revisar o trabalho concluído em qualquer uma das fases anteriores. Não existem processos de retroalimentação. O modelo CVGP Linear definitivamente não é um modelo de aprendizagem, o que é seu principal foco de críticas. O mundo contemporâneo de negócios está em constante mudança – e não vai parar só porque você está gerenciando um projeto. Portanto, projetos que não são impactados por fatores externos são aqueles que provavelmente terão sucesso com a utilização do modelo de CVGP Linear. Projetos e infraestrutura estão entre os que, em geral, podem utilizar um modelo de CVGP Linear com bons resultados. Instalar uma rede em uma edificação é um exemplo de projeto de infraestrutura. Projetos de construção são excelentes candidatos para um modelo de CVGP Linear. Projetos que são repetidos anualmente, ou com maior frequência, também podem se sair bem com um modelo de CVGP Linear.

## 12.1.1 Características

Para ser utilizado efetivamente, o modelo de CVGP Linear funciona melhor com projetos com as seguintes características:

- meta, solução, requisitos, funções, características e funcionalidades definidos de maneira clara e completa;
- espera-se um número muito pequeno de solicitações de mudança de escopo;
- atividades rotineiras e repetitivas;
- utilização de documentos, modelos e padrões preestabelecidos.

### 12.1.1.1 Meta, solução, requisitos, funções, características e funcionalidades definidos de maneira clara e completa

Primeiro, precisa ter um claro entendimento do que o projeto está tentando realizar. Isso já resultou, previamente, na declaração da meta do projeto, que você e seu cliente desenvolveram em conjunto. Com a meta firmemente estabelecida, vocês foram capazes de definir, exatamente, o que tinha de ser feito para alcançá-la. A declaração do que deve ser feito foi detalhada por meio do processo de coleta de requisitos, que listou e documentou as funções, características e funcionalidades que esclarecem os detalhes do que tinha de ser feito. Se estavam convencidos da completude do documento de requisitos, então um modelo de CVGP Linear foi escolhido para o projeto.

Correndo o risco de ser repetitivo, quero salientar que a decisão de afirmar que o detalhamento dos requisitos está completo é uma decisão muito subjetiva. Na verdade, você nunca saberá ao certo se o detalhamento dos requisitos está completo. Já na situação oposta, quando for o caso, provavelmente será capaz de dizer se alguns dos detalhes não estão completos ou claros.

### 12.1.1.2 Espera-se um número muito pequeno de solicitações de mudança de escopo

Provavelmente você não encontrará um projeto que esteja totalmente livre de quaisquer solicitações de mudança de escopo. Nós vivemos e trabalhamos em um ambiente dinâmico, que está sempre mudando. Nunca encontrei um projeto que não tivesse mudanças em mais de 45 anos de gerenciamento de projetos. Seria presunção da sua parte e da parte do cliente esperar que seu projeto esteja a salvo de eventuais mudanças. Se tiver dúvidas, adicione uma reserva de gerenciamento no final do seu cronograma e explique ao cliente como ela será utilizada. Se conseguir gerenciar o projeto de acordo com o plano inicial e não houver nenhuma solicitação de mudança de escopo que cause impacto no seu cronograma, o projeto terminará na data originalmente planejada. Se não, poderá utilizar essa reserva de gerenciamento para lidar com as mudanças. Por outro lado, se seu projeto cumpre com todas as condições para a utilização de um modelo de CVGP Linear, mas ainda assim percebe que podem acontecer muitas mudanças ao longo da execução do projeto, então deveria, provavelmente, escolher algum outro modelo. Um modelo iterativo de CVGP seria minha escolha mais provável.

### 12.1.1.3 Atividades rotineiras e repetitivas

Embora os projetos sejam definidos como exclusivos, ainda assim existem projetos que podem ser repetidos. A exclusividade decorre de fatores externos que agem sobre o projeto, o seu cliente, a sua equipe e a sua organização. A seguir são apresentadas algumas sugestões que facilitarão sua vida e aumentarão a sua efetividade de gerenciamento para o caso de projetos rotineiros e repetitivos.

#### Monte e utilize uma biblioteca de documentos e padrões

Esse é, talvez, o artefato mais valioso que criará a partir de projetos repetitivos. Eu já ajudei meus clientes a montar e utilizar documento e padrões que abrangem de EAPs completas a partes de EAPs; de listas de potenciais eventos de riscos a planos de mitigação detalhados para o tratamento de um evento de risco específico, listas de critérios de testes de aceitação, estratégias para seleção de fornecedores, rascunhos de Pedidos de Informações (RFIs), Pedidos de Propostas (RFPs) e Pedidos de Cotações (RFQs),[10] modelos de registro de projetos, modelos de currículos, agendas de reunião e mais uma lista extensa. Se tiver

---

10  NRT: serão utilizados os acrônimos em inglês de RFI, RFP e RFQ para representar os respectivos pedidos em função de sua larga utilização em português.

um modelo de EAP, é muito provável que ele também contenha a duração, os requisitos de recursos, os diagramas de rede do projeto e uma programação respectiva. Isso lhe ajuda muito no início da elaboração do plano do projeto – vai demandar alguma edição com relação às especificidades do plano do projeto, mas pelo menos, já tem um bom começo. E você já começa com base na experiência passada.

Montar uma biblioteca de modelos e padrões exige pouquíssimo esforço. Você pode começar simplesmente salvando (de maneira que consiga recuperar) quaisquer documentos da lista mencionada e que sejam produzidos como parte das atividades normais do projeto. Para os projetos do futuro, recupere o documento e modifique-o de forma a utilizá-lo no projeto em questão. Adicione o documento modificado à sua biblioteca de modelos e padrões. Com o tempo, construirá uma variedade de exemplos com cada tipo de documento – eles se tornarão os seus modelos. Descobri com meus clientes que uma biblioteca de modelos e padrões economiza tempo e reduz erros. Essa biblioteca também é grande insumo para treinamentos. É possível que seu Escritório de Gerenciamento de Projetos (EGP)[11] já mantenha uma biblioteca de modelos e padrões. Se não for o caso, então sugira que o EGP comece uma.

Mas aqui existe um ponto com que deve tomar cuidado. Muitos gerentes de projeto procuram por uma solução mágica e, com isso, os modelos e padrões podem ser mal utilizados. O grau de ajuste e adequação de um modelo ou padrão a um projeto (ou a parte de um projeto) deve ser avaliado cuidadosamente. É maior a chance de ter que ajustar o modelo ou padrão ao seu projeto do que a de utilizá-los no seu formato original.

### Mantenha um histórico de riscos, seus planos de mitigação e os respectivos resultados

Históricos de riscos como, por exemplo, o histórico de duração de tarefas, podem ser um arquivo muito simples. As variáveis de indexação podem ser qualquer uma das seguintes, ou todas elas:

- categoria do risco;
- tipo do risco;
- descrição do risco;
- plano de mitigação;
- evento de risco que realmente ocorreu;
- resultado;
- pessoa a quem recorrer.

O membro da equipe responsável pelo registro dos riscos também terá a responsabilidade de manter um arquivo com um histórico de riscos. O registro do risco fornece todas as informações de que precisa para popular o seu arquivo de histórico de riscos. Talvez o seu EGP já mantenha um serviço de histórico de riscos. Caso contrário, peça que o faça.

---

11  NRT: também é largamente utilizado o termo em inglês *Project Management Office* (PMO).

## Utilização de modelos e padrões preestabelecidos

Se utilizada adequadamente, a biblioteca de modelos e padrões pode realmente reduzir o tempo de planejamento, aumentar significativamente a qualidade da sua experiência de gerenciamento de projetos e diminuir o risco de falha do projeto. Existem vários benefícios na utilização de modelos e padrões, incluindo os seguintes:

- aumenta e incentiva o emprego de práticas padrões;
- provê módulos de aprendizagem para novos gerentes de projetos;
- estabelece um arquivo de artefatos de projeto;
- fornece insumos para programas de melhoria dos processos e práticas organizacionais.

## Aumenta e incentiva o emprego de práticas padrões

Se existir uma percepção de valor com relação aos modelos e padrões, tais artefatos se tornam o alicerce para o desenvolvimento das práticas de gerenciamento. À medida que os modelos e padrões são utilizados, os adotantes descobrem meios de aperfeiçoá-los, o que, em última instância, aperfeiçoa também os processos que tais artefatos suportam.

## Provê módulos de aprendizagem para novos gerentes de projetos

Modelos e padrões podem ser integrados, por exemplo, às aulas e ao currículo *on-line* como um auxílio no treinamento de gerentes de projetos. Como está utilizando os artefatos que realmente são empregados nos projetos de sua organização, isso gerará um grande benefício para aqueles que estão sendo treinados. Os modelos e padrões terão aplicação imediata nos trabalhos.

## Estabelece um arquivo de artefatos de projeto

Artefatos provenientes de projetos reais ajudam os gerentes de projeto em todos os Grupos de Processos. Os gerentes de projeto precisam de uma maneira simples e intuitiva de acessar as informações dos projetos anteriores, de modo que possam encontrar o que lhes será útil para gerenciar os projetos atuais. A coleção de artefatos crescerá rapidamente, o que exigirá um bom sistema de indexação e recuperação. Um dos meus clientes montou um processo para a submissão de arquivos. Dessa forma, as pessoas não podem simplesmente adicionar coisas no sistema conforme suas vontades. Todas as propostas de submissão de arquivos devem passar pelo processo de submissão instaurado, onde serão avaliadas se serão ou não aceitas e indexadas, antes de serem adicionadas às bases de dados.

## Fornece insumos para programas de melhoria dos processos e práticas organizacionais

Modelos e padrões são como lupas para os Grupos de Processos. Eles mostram como os clientes, os gerentes de projeto e as equipes de projeto têm utilizado os modelos de CVGP. Algumas pessoas terão feito suas atividades corretamente; outras, não. Portanto, uma das responsabilidades da pessoa responsável pelo processo de submissão de arquivos é avaliar a conformidade das contribuições.

## 12.1.2 Forças

As forças do modelo de CVGP Linear são as seguintes:

- o projeto inteiro é programado no início;
- os requisitos de recursos são conhecidos desde o início;
- os modelos de CVGP Lineares não exigem os membros da equipe mais competentes;
- os membros da equipe não precisam estar colocalizados.

### 12.1.2.1 O projeto inteiro é programado no início

Para aqueles que não gostam de surpresas, essa é a sua praia. O plano é completamente desenvolvido. O gerente do projeto e todos os membros da equipe sabem o que deve ser feito, quem fará o quê e quando tudo deve estar finalizado. Não existem surpresas – melhor dizendo, você espera que não existam muitas surpresas e, que as que aparecerem, não sejam muito sérias.

### 12.1.2.2 Os requisitos de recursos são conhecidos desde o início

Além de saber qual tipo de recurso é necessário, também sabe quando o recurso será necessário, por quanto tempo ele será utilizado e para que é requisitado. Quando se trata de recursos humanos, você sabe até mesmo o nome da pessoa que será alocada no projeto. Isso permite que elabore completamente o orçamento do projeto. Você sabe o custo de tudo e quando esse custo será comprometido.

O gerenciamento e o planejamento dos recursos humanos podem se beneficiar do modelo de CVGP Linear. Com base nos planos já existentes do projeto, já sabe quais competências são necessárias, em que momento elas serão acionadas e em que quantidade, o que lhe permite comparar tais necessidades com a sua disponibilidade de competências organizacionais e quando tais competências estarão disponíveis. A identificação das eventuais lacunas lhe dará as informações sobre as necessidades de treinamento e desenvolvimento da equipe. Você terá uma oportunidade para tomar ações corretivas de forma a eliminar essas lacunas de competência, seja por meio de treinamento e desenvolvimento ou então por meio de contratações externas.

### 12.1.2.3 Os modelos de CVGP Lineares não exigem os membros da equipe mais competentes

Essa é a principal força do modelo de CVGP Linear. Como o plano do projeto é detalhado e os pacotes de trabalho já foram detalhados para algumas tarefas, então, uma pessoa com competência intermediária pode executar o trabalho com mínima ou nenhuma supervisão. Isso é um aspecto muito positivo desse método.

### 12.1.2.4 Os membros da equipe não precisam estar colocalizados

Novamente, como o plano do projeto está completo, a pessoa responsável pela tarefa pode avançar na execução do trabalho onde quer que esteja localizada. É possível que seja necessária alguma documentação adicional. Terceirização e a utilização de colaboradores estrangeiros também são alternativas possíveis.

Existem estratégias que você pode empregar quando a equipe de desenvolvimento está localizada em diversos fusos horários. Por exemplo, em um projeto de desenvolvimento de *software* que trabalhei, funcionalidades do aplicativo foram desenvolvidas nos Estados Unidos e, posteriormente, o código foi passado para Europa e Ásia para testes. Na manhã seguinte, os desenvolvedores nos Estados Unidos já tinham o código testado à sua disposição. Portanto, embora possa haver problemas com uma equipe distribuída ao longo de vários fusos horários, também existem algumas vantagens.

### 12.1.3 Fraquezas

As fraquezas do modelo de CVGP Linear são as seguintes:

- não aceita mudança muito bem;
- o custo é muito alto;
- demora muito tempo antes de produzir quaisquer entregas;
- requer planos completos e detalhados;
- tem de seguir uma rígida sequência de processos;
- não está focado no valor para o cliente.

#### 12.1.3.1 Não aceita mudança muito bem

O problema é que praticamente qualquer solicitação de mudança de escopo aprovada causará problemas para o cronograma programado. Deve-se adicionar ao cronograma do projeto o tempo necessário para que os membros da equipe processem a solicitação e redijam a Declaração de Impacto sobre o Projeto. Isso geralmente resulta em um atraso na conclusão do projeto – e esse é menor entre dois problemas. O segundo problema, esse sim mais sério, são os ajustes necessários em todas as tarefas para refletir o impacto da modificação de escopo que foi adicionada ao projeto. Literalmente as programações de todos os membros da equipe serão afetadas. Se essas mudanças forem muito severas, então pode ser que a mudança seja postergada para muito mais adiante no ciclo de vida do projeto. Tenho certeza que pode perceber o quanto o tempo dedicado ao gerenciamento do projeto pode, potencialmente, ser aumentado para acomodar as solicitações de mudança.

#### 12.1.3.2 O custo é muito alto

O cliente não verá nenhuma entrega até a última hora da programação do projeto – que é quando os testes de aceitação estão verificando se os requisitos foram satisfeitos. Geralmente acontecerão problemas com a aceitação. Dessa forma, é provável que apareça mais trabalho para ser executado, mas não haverá mais dinheiro disponível para tal. A essa altura, a maior parte do dinheiro já terá sido gasta.

### 12.1.3.3 Demora muito tempo antes de produzir quaisquer entregas

Como acabei de dizer, o cliente não recebe nenhuma entrega até que o projeto esteja bem avançado. Então, não sobra muito tempo para modificações, mesmo que exista dinheiro disponível. A data final do projeto está se aproximando rapidamente e os membros da equipe já estão programados para começar a trabalhar em outro projeto. Isso não seria um problema no caso de projetos simples – mas, hoje, já não existem mais projetos simples. No caso de projetos mais complexos, qualquer trabalho adicional que precisar ser executado para obter a aceitação do cliente levará um tempo adicional que não foi planejado e isso ocorrerá somente no final do projeto. A atenção dos membros da equipe do projeto já está voltada para seus próximos compromissos.

### 12.1.3.4 Requer planos completos e detalhados

Embora possa parecer estranho, um plano completo pode ser uma perda de tempo. Antes de atirar a primeira pedra, deixe-me explicar. Nos meus primeiros anos como gerente de projetos, caía na armadilha de sempre exigir planos completos. Infelizmente, não me lembro de qualquer um desses planos ter sido executado sem que mudanças fossem feitas. Toda solicitação de mudança que é aprovada demanda uma revisão no plano do projeto a partir do ponto onde a mudança foi inserida e que se propaga até o fim do projeto.

### 12.1.3.5 Tem de seguir uma rígida sequência de processos

Você escolheu utilizar o modelo de CVGP Linear, portanto, tem de jogar conforme as regras – e as regras dizem que não é permitido voltar atrás. Lembre que você escolheu esse modelo porque não esperava ter de voltar atrás.

### 12.1.3.6 Não está focado no valor para o cliente

O modelo de CVGP Linear é guiado pela necessidade de executar o projeto dentro do prazo, dentro do orçamento e de acordo com as especificações do cliente. Em nenhum lugar está escrito que você tem que entregar valor para o negócio. Caso a entrega de acordo com a especificação do cliente seja o valor de negócio, então tudo bem. Infelizmente, muitos dos meus clientes me disseram que receberam o que pediram, mas não era exatamente o que eles esperavam. Volte à discussão de *querer versus precisar* no Capítulo 4 e você encontrará uma explicação para isso.

## 12.1.4 Quando utilizar um modelo de CVGP Linear

Projetos que foram repetidos diversas vezes são excelentes candidatos para um modelo CVGP Linear. Suponha que montou uma biblioteca de modelos e padrões para esses projetos repetitivos. Você analisou e montou planos de respostas para todos os riscos que puderam ser identificados. Acontecerão poucas surpresas, se é que alguma vai acontecer. Projetos simples e de curta duração, que estão alocados integralmente dentro de um único departamento e não utilizam recursos de fora são, também, bons candidatos para a utilização do modelo de CVGP Linear. Projetos de construção e instalação são particularmente receptivos aos modelos de CVGP Lineares.

### 12.1.4.1 Modelos específicos de CVGPs Lineares

Existem dois modelos de CVGPs Lineares que vamos discutir: o tradicional modelo em Cascata Padrão e o Desenvolvimento Rápido em Cascata.

**Modelo em cascata padrão**

A representação usual do modelo em Cascata Padrão é ilustrada na Figura 12.2. Na prática, esse é um modelo que nunca olha para trás. Uma vez concluída uma fase, o processo avança para a próxima fase. Versões mais antigas do modelo permitiam laços de realimentação, mas se perderam ao longo da história. O modelo em Cascata Padrão existe há mais de 50 anos e é discutido em qualquer bom livro sobre ciclos de vida de desenvolvimento de sistemas. Embora ele tenha sido originalmente concebido para projetos de desenvolvimento de *softwares*, também é possível utilizá-lo para projetos de desenvolvimento de outras naturezas.

**FIGURA 12.2 O modelo em cascata padrão**

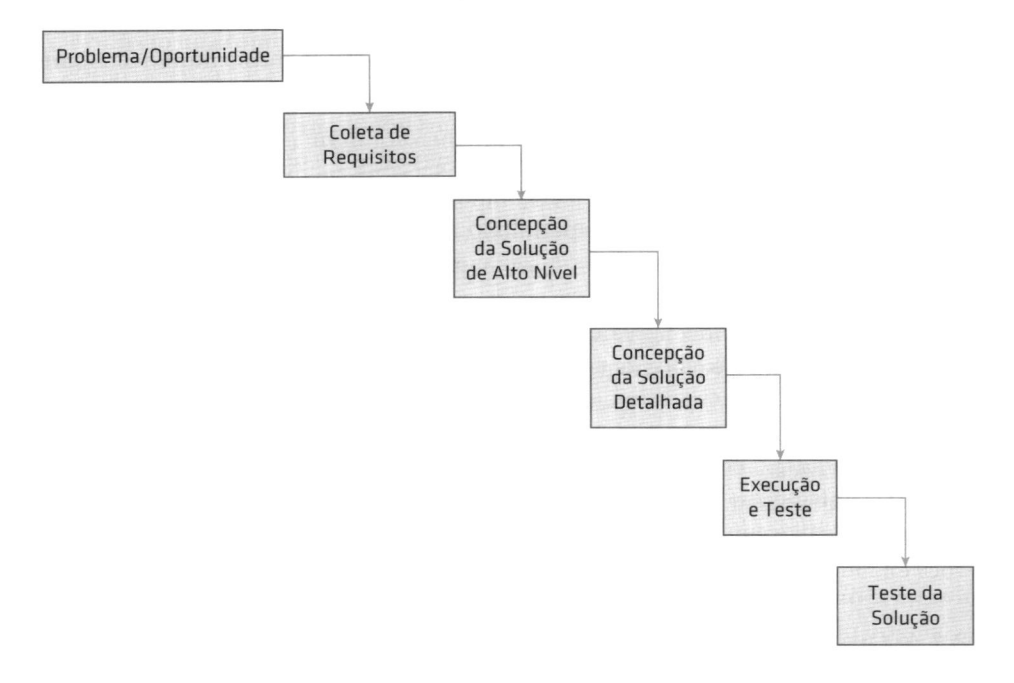

**Modelo de desenvolvimento rápido em cascata**

O modelo de Desenvolvimento Rápido em Cascata é mais recente e é frequentemente utilizado para levar produtos ao mercado mais rapidamente, por meio do agrupamento do desenvolvimento em raias[12] paralelas e, até certo ponto, independentes. É um desafio conseguir agrupar de forma a conseguir um desenvolvimento rápido e efetivo. Isso

---

12  NRT: no gerenciamento de processos, as raias definem as atividades e etapas do processo que estão associadas a cada ator do processo. As atividades que estiverem dentro da raia de um determinado ator estão sob sua respectiva responsabilidade.

requer raias que sejam o mais independentes possível umas das outras. A linearidade do processo ainda é mantida com essas raias paralelas. A Figura 12.3 ilustra essas raias paralelas. Existem várias coisas que devem ser levadas em conta na criação de uma programação de desenvolvimento desse tipo. A primeira é o risco. Ao comprimir o trabalho em uma janela de tempo menor, aumenta a incidência de erros e de conflitos na programação da equipe. A quantidade de trabalho não diminuiu, apenas deve ser finalizada em um prazo mais curto. Alocar o trabalho em raias concorrentes diminui a duração do projeto, mas aumenta o risco de sua conclusão. Ao comprimir mais trabalho em uma janela de tempo menor, sobra menos tempo para se recuperar dos eventuais erros. Ter raias paralelas na programação do cronograma do projeto aumenta a possibilidade de agravar quaisquer potenciais conflitos na programação dos recursos. A última raia a ser concluída definirá a data de término do projeto de desenvolvimento. Fica óbvio que o risco associado ao modelo de Desenvolvimento Rápido em Cascata é maior que o do modelo em Cascata Padrão.

## FIGURA 12.3  O modelo de desenvolvimento rápido em cascata

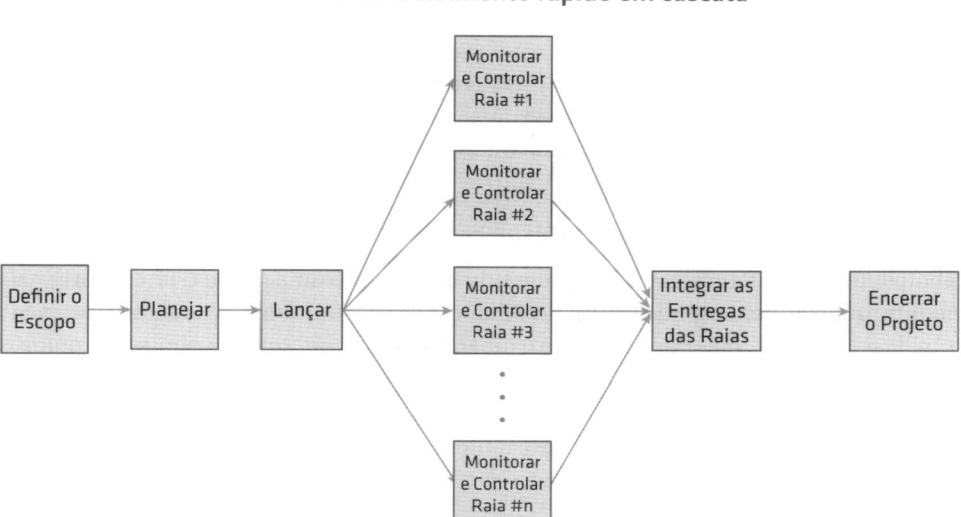

O modelo de Desenvolvimento Rápido em Cascata é utilizado frequentemente em projetos de desenvolvimento de produtos. A Figura 12.3 é uma representação gráfica dessa variação. O propósito desse modelo é finalizar o projeto o mais rápido possível, de forma a implementar as entregas mais cedo. Geralmente, isso é feito em resposta às pressões da equipe de marketing, que desejam fazer com que os novos produtos ou produtos revisados entrem no mercado o mais cedo possível.

No modelo de Desenvolvimento Rápido em Cascata, o sequenciamento é realizado se valendo de múltiplas raias, em que cada raia define um caminho linear. O modelo de Desenvolvimento Rápido em Cascata tem um processo de integração que o modelo em Cascata Padrão não possui. As entregas de cada uma das raias e os respectivos testes devem ser integrados, de forma a produzir as entregas finais. Essa etapa final adiciona algum tempo no cronograma e não está presente no modelo em Cascata Padrão.

A decisão de utilizar esta variação deve ser tomada durante a execução da Fase de Planejamento. Observe que o planejamento é realizado uma única vez no modelo em Cascata Padrão. O objetivo do planejamento é repartir as funções, características e funcionalidades em raias independentes, de forma que as dependências dentro de cada uma das raias sejam altas (*coesão máxima*) e que as dependências entre as raias sejam mínimas ou inexistentes (*acoplamento mínimo*). Isso permite que cada raia seja executada de maneira independente das outras e, dessa forma, minimiza o tempo adicional necessário para realizar o gerenciamento de raias dependentes. Se existirem relações de dependências entre raias, um eventual atraso em uma das raias pode impactar de maneira adversa as demais raias correlacionadas.

### A decisão de usar essa variação

Um dos principais obstáculos ao acoplamento mínimo é a contenção de recursos entre as raias dependentes. Utilizar os mesmos membros da equipe em diferentes raias é uma outra questão que merece atenção. Se uma raia estiver atrasada, ela poderá adiar a disponibilidade de um membro da equipe para começar a trabalhar em uma outra raia. Não espere que irá conseguir evitar por completo esse tipo de conflito de recurso no modelo de Desenvolvimento Rápido em Cascata. Não vai conseguir. Tem de estar ciente dos riscos e deve fazer o que for possível para minimizar o impacto.

## 12.2 MODELO DE CVGP INCREMENTAL

O modelo de CVGP Incremental é o segundo tipo de aproximação da GTP e foi originalmente proposto como sendo um modo de lançar os produtos e serviços de maneira mais rápida no mercado, mas que acabaram ganhando o rótulo de "solução capenga" – que são soluções que não são completamente funcionais. O modelo foi concebido para permitir que seu cliente "crave sua bandeira" primeiro em um novo mercado ou que alavanque sua participação em um mercado já existente.

A Figura 12.4 traz uma representação gráfica do modelo de CVGP Incremental que mostra os incrementos dependentes. Os incrementos são sequenciais e não concorrentes.

Observe que a sequência formada pelas etapas de Lançamento, Monitoramento e Controle e Encerramento é repetida *n* vezes. Cada repetição integra uma parte da solução, até a *enésima* repetição, quando a parte final da solução é integrada e o projeto avança para a etapa de Encerramento.

Um modelo de CVGP Incremental consiste em vários incrementos dependentes e que são concluídos em uma sequência predefinida. Cada incremento inclui as etapas de Lançamento, Monitoramento e Controle e Encerramento para as funções, características e funcionalidades esperadas para aquele respectivo incremento. Cada incremento integra partes adicionais da solução, até o incremento final, no qual as partes remanescentes da solução são integradas.

## FIGURA 12.4  O modelo de CVGP Incremental

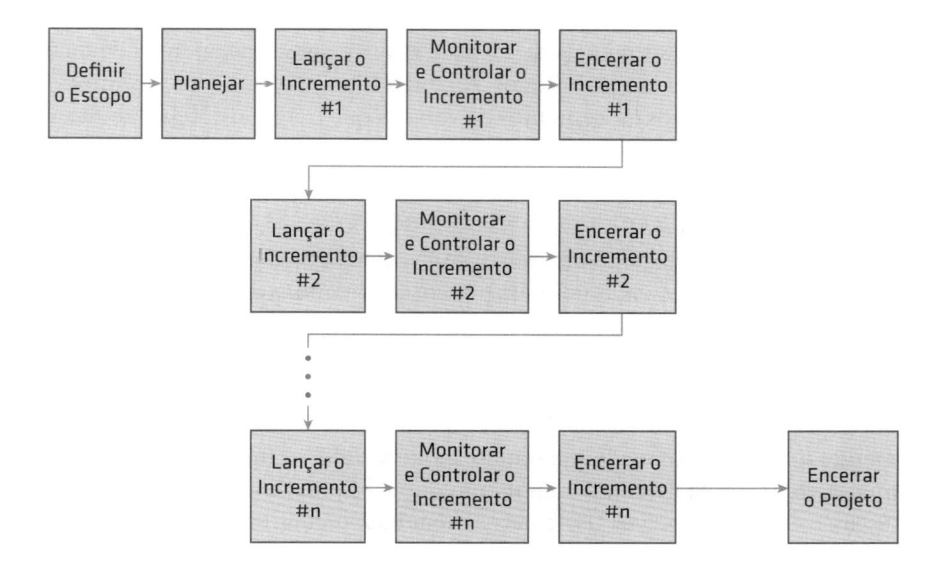

## 12.2.1  Características

Para ser utilizado de maneira efetiva, o modelo de CVGP Incremental requer o seguinte:

- as mesmas características do modelo de CVGP Linear;
- a necessidade de realizar as entregas de acordo com um cronograma mais agressivo.

## 12.2.2  Forças

As forças do modelo de CVGP Incremental são as seguintes:

- produz valor de negócio mais cedo no ciclo de vida do projeto;
- permite uma programação melhor dos recursos escassos;
- pode aceitar solicitações de pequenas mudanças de escopo entre os incrementos;
- oferece uma oportunidade de melhoria no produto;
- mais focado no valor de negócio do cliente em comparação com o modelo CVGP Linear.

### 12.2.2.1  Produz valor de negócio mais cedo no ciclo de vida do projeto

Entregar um produto ou serviço parcial, ainda nos estágios iniciais do projeto, cria valor e presença de mercado mais cedo do que o modelo de CVGP Linear, e, consequentemente, antecipa o retorno sobre o investimento. Do ponto de vista de marketing, entrar mais cedo no mercado tem suas vantagens – e o modelo de CVGP dá suporte para essa abordagem.

Velocidade organizacional é um fator que precisa considerar ao planejar os incrementos. No caso, *velocidade* significa a capacidade que a organização tem de absorver e implementar mudanças. Por exemplo, mesmo que os incrementos tenham duração de duas semanas, você está enganando a si mesmo se acreditar que a organização pode absorver mudanças nesses intervalos de quinze dias. É claro que terá de trabalhar e suportar esses incrementos – mas vejo sérios problemas com incrementos curtos. Por outro lado, incrementos muito longos podem afetar de maneira adversa o seu sucesso no mercado. A maioria dos meus clientes planeja de forma a realizar seus lançamentos de maneira trimestral ou semestral ao longo dos anos. Na indústria de *software*, por exemplo, lançamentos anuais são típicos lançamentos de versões que tratam de *bugs* e atualizações maiores, e não de lançamentos parciais.

### 12.2.2.2 Permite uma programação melhor dos recursos escassos

Incrementos são, em geral, definidos com base nas dependências entre funções e características / funcionalidades – mas também podem ser definidos em função da disponibilidade dos recursos escassos. Quando um recurso escasso está disponível por somente certos intervalos de tempo, utilizar o modelo de CVGP Linear pode gerar problemas de disputa por tal recurso, no sentido de que o recurso escasso pode ser necessário justamente quando não estiver disponível. Por outro lado, se utilizar o modelo de CVGP Incremental no planejamento de seu projeto, pode atribuir as funções, características e funcionalidades especiais em um incremento que será programado para quando o recurso escasso estiver disponível. Os demais incrementos e suas respectivas programações podem ser planejados em torno do incremento que utiliza o recurso escasso. Se existirem muitos recursos escassos, a mesma estratégia pode ser utilizada.

### 12.2.2.3 Pode aceitar solicitações de pequenas mudanças de escopo entre os incrementos

Quando libera um produto ou serviço parcial para o usuário final, esteja preparado para receber solicitações de mudanças dele. É sempre possível fazer algo melhor. Se por um lado a categoria de modelos GTP não apoia mudanças, por outro, deve esperá-las quando utilizar o modelo de CVGP Incremental. Não ignore a probabilidade de ocorrência dessas solicitações de mudança; ao contrário, adicione uma reserva de gerenciamento no formato de uma tarefa em cada incremento, e estará preparado para tais solicitações.

> **SUGESTÃO** Você deve comunicar ao cliente que adicionou reservas de gerenciamento (Capítulo 6) e deve garantir que ele entenda como isso pode causar impacto no cronograma do projeto.

### 12.2.2.4 Oferece uma oportunidade de melhoria no produto

Liberar funções, características e funcionalidades, na forma de incrementos, para o usuário ou cliente final, dá espaço para que eles forneçam suas opiniões, o que pode gerar possíveis melhorias nos próximos incrementos. Porém, vale tomar cuidado. A torcida é sempre para que o tempo entre incrementos seja bem curto. Quanto mais longo o tempo entre os incrementos, maior a chance de perder membros da equipe para compromissos de menor duração que, por sua vez, acabam levando mais tempo do que o planejado. Por outro lado, se o tempo entre os incrementos for curto, o usuário ou cliente final não terá muito tempo para testar o que lhe foi entregue e fornecer seus comentários. Por fim, entenda que você deu ao usuário ou cliente final a oportunidade de experimentar alguma coisa e fazer sugestões de mudança, então, é bom estar preparado para respondê-las.

### 12.2.2.5 Mais focado no valor de negócio do cliente em comparação com o modelo CVGP Linear

O fato de prover a oportunidade para seu cliente de experimentar uma solução parcial e permitir que ele apresente seus comentários e sugestões já mostra que está mais voltado para seu cliente do que se estivesse utilizando um modelo de CVGP Linear.

## 12.2.3 Fraquezas

As fraquezas do modelo de CVGP Incremental são as seguintes:

- é possível que a equipe não permaneça a mesma entre os incrementos;
- esse modelo demanda a transição de documentação e realização de acordos entre os incrementos;
- o modelo deve seguir um conjunto definido de processos;
- você deve definir incrementos com base nas dependências entre funções e características / funcionalidades, ao invés de se basear no valor de negócio;
- o envolvimento do cliente deverá ser maior do que nos modelos de CVGPs Lineares;
- a execução de um modelo de CVGP Incremental demora mais do que a de um modelo de CVGP Linear;
- o fracionamento das funções pode ser problemático.

### 12.2.3.1 É possível que a equipe não permaneça a mesma entre incrementos

Esse pode ser o risco mais sério que existe no modelo de CVGP Incremental – e que não é uma questão séria no modelo de CVGP Linear. Quanto maior o tempo entre dois incrementos sucessivos, maior a chance de perder um ou mais membros da equipe. Se não estiverem ocupados trabalhando no seu projeto, o que acha que estarão fazendo? Algum outro gerente de projeto perceberá que os membros de sua equipe não estão ocupados e pedirão "só um pouquinho do tempo deles" para trabalhar no projeto que está gerenciando. Minha experiência diz que esse "só um pouquinho do tempo" sempre é bastante tempo e, das duas uma: ou você perderá esses membros da equipe ou o seu projeto se atrasará esperando que retornem.

É inevitável que aconteça algum atraso entre o final de um estágio e o início do próximo. Esse atraso pode ser perigoso porque haverá a tentação de alocar membros da equipe em outras tarefas de curta duração, enquanto esperam pelo início do próximo estágio. A "curta duração" pode se estender para uma "longa duração" e, com isso, comprometer o estágio seguinte.

### 12.2.3.2 Esse modelo demanda a transição de documentação e alinhamentos entre os incrementos

Você deve levar em conta que a equipe que trabalhará no próximo incremento pode não ser a mesma que trabalhou nos incrementos anteriores. Também deve considerar que existe a possibilidade de que não consiga se comunicar pessoalmente ou em tempo real com aqueles que poderão ser alocados nos futuros incrementos. Apesar disso, a nova equipe deve iniciar os trabalhos a partir do ponto onde a equipe anterior finalizou.

Isso significa que a equipe que está trabalhando no incremento atual deve criar os documentos que serão transferidos para a equipe que trabalhará no próximo incremento. Isso demanda algum tempo adicional nos incrementos e, por consequência, aumenta o tempo para a conclusão do projeto. Felizmente, não é todo incremento que vai demandar esse tempo que não agrega nenhum valor.

### 12.2.3.3 O modelo deve seguir um conjunto definido de processos
É o mesmo que ocorre com o modelo de CVGP Linear.

### 12.2.3.4 Você deve definir incrementos com base nas dependências entre funções e características / funcionalidades, ao invés de se basear no valor de negócio

O fator que restringe a escolha de quais funções e características / funcionalidades farão parte de um incremento são as dependências entre tais funções e as respectivas características / funcionalidades. Na maioria dos casos, as características e funcionalidades que estão relacionadas com uma função deverão estar presentes em todos os incrementos que incluem essa função. Isso resulta em uma utilização mais eficiente dos recursos de desenvolvimento. Um bom começo é montar um diagrama de rede dessas funções. Um exemplo simples é ilustrado na Figura 12.5.

**FIGURA 12.5  Alocação de funções a incrementos**

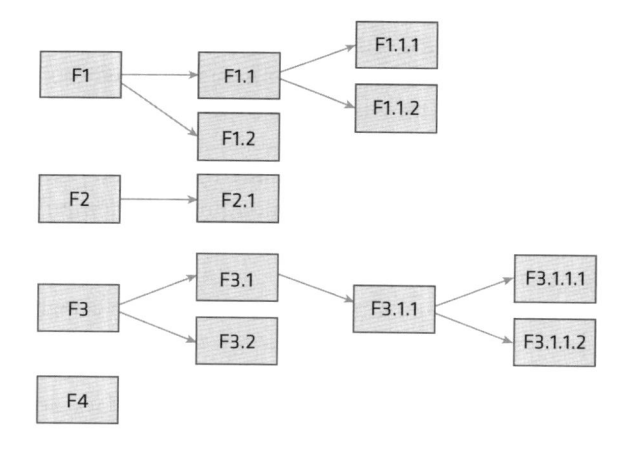

Suponha que o cliente gostaria de fazer três lançamentos do produto ou serviço. Um modo de abordar essa repartição das funções seria examinar o caminho de dependências mais longo e alocar esse caminho aos três incrementos. O caminho de dependências mais longo é o que começa com F3. Damos aqui algumas alternativas possíveis para alocar tal caminho mais longo:

**Alternativa A**
   **Incremento #1:** F3
   **Incremento #2:** F3.1, F3.1.1
   **Incremento #3:** F3.2, F3.1.1.1, F3.1.1.2

**Alternativa B**
   **Incremento #1:** F3, F3.1
   **Incremento #2:** F3.2, F3.1.1
   **Incremento #3:** F3.1.1.1, F3.1.1.2

**Alternativa C**
   **Incremento #1:** F3, F3.1, F3.2
   **Incremento #2:** F3.1.1 F3.1.1.1
   **Incremento #3:** F3.1.1.2

Como você escolheria a melhor alocação? Os critérios podem ser disponibilidade de recursos, duração do incremento, risco do incremento e/ou valor de negócio. Os mesmos critérios se aplicam caso tenha de escolher entre duas ou mais sequências completas de alocações.

### 12.2.3.5 O envolvimento do cliente deverá ser maior do que nos modelos de CVGP Lineares

A primeira e principal diferença entre os modelos de CVGP Linear e Incremental, com relação ao envolvimento do cliente, é o planejamento dos incrementos. No modelo de CVGP Linear existe apenas um incremento, e não há o que discutir. No modelo de CVGP Incremental, o cliente estará preocupado com a duração e o valor de negócio do incremento. A equipe de desenvolvimento estará preocupada em garantir o cumprimento das relações de dependência entre os incrementos, os riscos e a disponibilidade de recursos. É possível que as necessidades do cliente entrem em conflito com as necessidades da equipe de desenvolvimento e, dessa forma, serão necessárias algumas negociações.

### 12.2.3.6 A execução de um modelo de CVGP Incremental demora mais do que a de um modelo de CVGP Linear

Há diversas razões para esse tempo adicional, entre elas, as seguintes:

- demora entre os incrementos;
- necessidade da transferência de documentação entre os incrementos;
- número maior de solicitações de mudança de escopo;
- apoio a soluções provisórias (por exemplo, treinamento e documentação);
- perda de membros da equipe entre incrementos;
- integração das entregas dos últimos incrementos.

### 12.2.3.7 O fracionamento das funções pode ser problemático

Assim como foi dito antes, existirão ocasiões em que alguma negociação será necessária, e os resultados dessas negociações podem exigir compromissos de ambas as partes. É aqui que a alocação das características e funcionalidades pode ajudar. O desenvolvimento da lista de características e funcionalidades, para uma função específica, pode ser realizado alocando tais características e funcionalidades ao longo de vários incrementos, começando no incremento onde a função é desenvolvida. Existem várias opções a considerar, e o balanceamento dos incrementos, por meio da alocação da lista de características / funcionalidades, pode trazer alguns compromissos aceitáveis.

### 12.2.4 Quando utilizar um modelo de CVGP Incremental

A única justificativa para utilizar um modelo de CVGP Incremental é a de colocar nas mãos do cliente ou usuário final um produto, serviço ou processo parcial de maneira mais rápida do que qualquer outro modelo alternativo. Em muitos casos, o lançamento antecipado de um produto criará vantagens de marketing para os primeiros que entrarem no mercado. Em geral, os riscos adicionais são muito mais altos nesse modelo de CVGP do que no caso dos modelos de CVGPs Lineares.

⚠️ **ADVERTÊNCIA** Resista à tentação de utilizar os incrementos para resolver um problema. Não é essa a finalidade. Você deve ter uma meta e uma solução claramente definidas para utilizar essas abordagens. Se a solução não estiver claramente definida, as abordagens Iterativa e Adaptativa serão melhores.

### 12.2.5 Modelos de CVGPs Incrementais

Na verdade, os modelos de CVGPs Incrementais são apenas variantes dos modelos de CVGPs Lineares, mas, mesmo assim, merecem uma discussão dedicada. Os modelos de CVGPs Incrementais, assim como os modelos de CVGPs Lineares, demandam metas e soluções definidas de maneira clara e bem documentada. Se por um lado os modelos de CVGPs Lineares constroem e liberam suas entregas de uma só vez, por outro, os modelos de CVGPs Lineares constroem e liberam suas entregas em estágios ao longo do tempo. Esses modelos são escolhidos geralmente por razões relacionadas ao marketing e a vendas antecipadas. Por exemplo, pode ser utilizado um modelo de CVGP Incremental para liberar um produto em estágios, com a finalidade de testar a aceitação do mercado e outras variáveis. Um problema dos modelos de CVGPs Incrementais é o fato de que os clientes ficam tentados a introduzir solicitações de alteração de escopo entre os incrementos. Isso, por si só, não é um problema, desde que a janela de tempo disponível para o projeto possua reservas suficientes para que as requisições de alteração de escopo sejam apresentadas, avaliadas e que as ações relacionadas sejam executadas. Reserva de Gerenciamento (consulte o Capítulo 6) é uma contingência de tempo adicionada, no formato de uma tarefa, ao final do cronograma programado do projeto, com o objetivo de acomodar o tempo necessário para processar e incorporar as mudanças. Esse é um detalhe que geralmente é negligenciado nos modelos de CVGPs Lineares. Além disso, o tempo ocioso da equipe de desenvolvimento entre os incrementos é uma tentação para seus gerentes funcionais, que vão querer realocar temporariamente tais membros em outros trabalhos. Sempre existirá a promessa de que os recursos retornarão à equipe quando o próximo incremento estiver pronto para iniciar sua execução – mas isso raramente acontece. Uma forma de se proteger contra a perda de um membro da equipe é a elaboração de documentação para a transição entre os incrementos. Isso traz um trabalho adicional que não é necessário nos modelos de CVGPs Lineares.

### 12.2.5.1 Modelo de Entrega Escalonada em Cascata

Ao considerar a utilização de um modelo de CVGP Incremental, você deve refletir sobre os riscos adicionais. A Figura 12.6 é um exemplo de modelo de Entrega Escalonada em Cascata.

O modelo de Entrega Escalonada em Cascata está sujeito aos mesmos riscos que qualquer outro modelo de CVGP Incremental. Uma restrição do modelo é o conteúdo de cada incremento. As entregas do incremento "N" devem ter todas as entregas que são suas predecessoras finalizadas, no máximo, até o Incremento "N-1". É provável que isso comprometa, ou atrase, os incrementos que têm valor de negócio suficiente para assegurar a liberação do produto para o cliente ou para o mercado. Na melhor das hipóteses, o processo é acumulativo. Ou seja, nem todo incremento terá valor de negócio suficiente, mas quando acumulados, desde a última liberação, os últimos incrementos poderão oferecer valor de negócio suficiente para serem liberados.

**FIGURA 12.6  Modelo de Entrega Escalonada em Cascata**

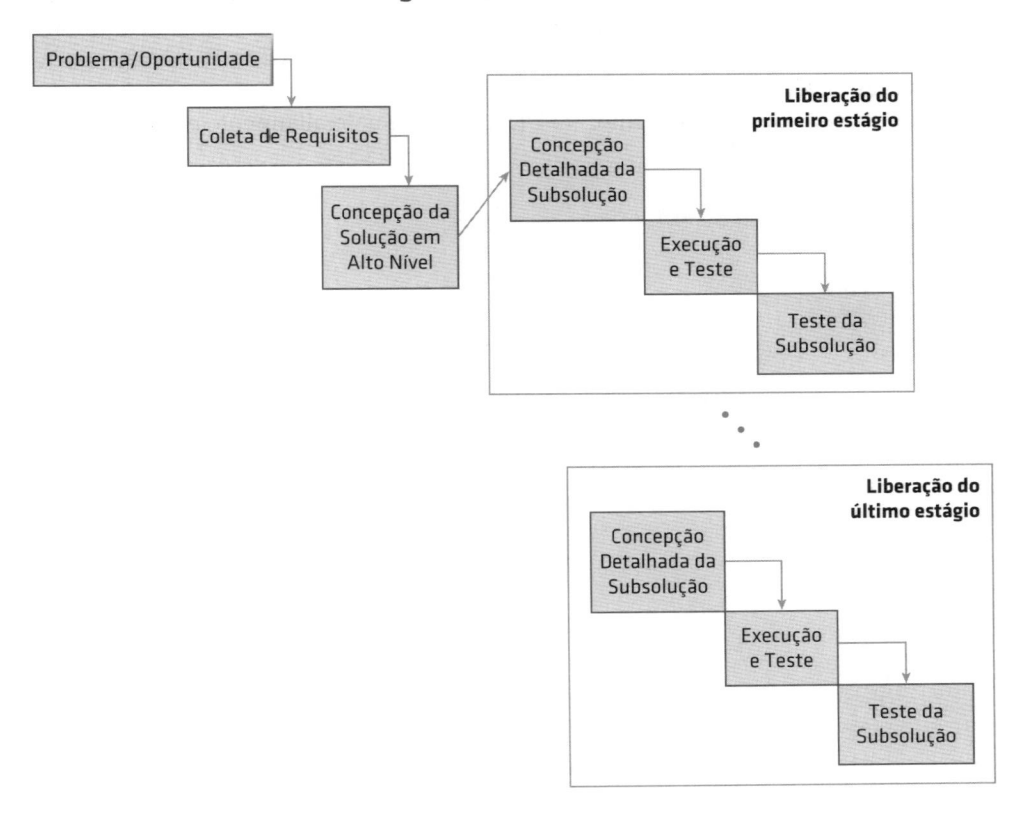

**NOTA** Se quiser mais detalhes, consulte os Capítulos 10–16 do meu livro *Effective software project management* (John Wiley & Sons, 2006).

Modelos de CVGPs Incrementais encorajam a mudança de escopo, mas não devem ser utilizados para promover a identificação de partes da solução que estão faltando ou para melhorar uma solução já existente. Isso é uma tarefa para a EPA, discutida mais adiante neste capítulo.

### 12.2.5.2 Modelo de desenvolvimento orientado a funcionalidades

O FDD não é um modelo voltado para os clientes. Ao contrário, essa abordagem entrega soluções parciais em incrementos paralelos tecnicamente coerentes denominados *conjunto de funcionalidades*.[13] O FDD apareceu pela primeira vez em *Java modeling in color with UML,* livro de Peter Coad, Eric Lefebvre e Jeff DeLuca (Prentice Hall PRT, 1999). Uma apresentação mais ampla e aprofundada do FDD pode ser encontrada em *A practical guide to feature-driven development*, de Stephen R. Palmer e John M. Felsing (Prentice Hall PTR, 2002).

A visão de alto nível do processo do modelo FDD é apresentada na Figura 12.7. Veja que o planejamento é realizado somente uma vez, e, dessa forma, a solução deve ser conhecida para que se utilize o FDD da maneira efetiva. Um modelo da solução é desenvolvido e utilizado para criar a Estrutura Analítica de Projetos (EAP) funcional. A EAP funcional contém uma lista bem detalhada das funcionalidades. A lista é então agrupada de forma a montar conjuntos com funcionalidades similares e, então, é priorizada de forma a orientar o desenvolvimento. O FDD itera entre o detalhamento e a construção dos grupos de funcionalidades.

**FIGURA 12.7 Modelo de FDD**

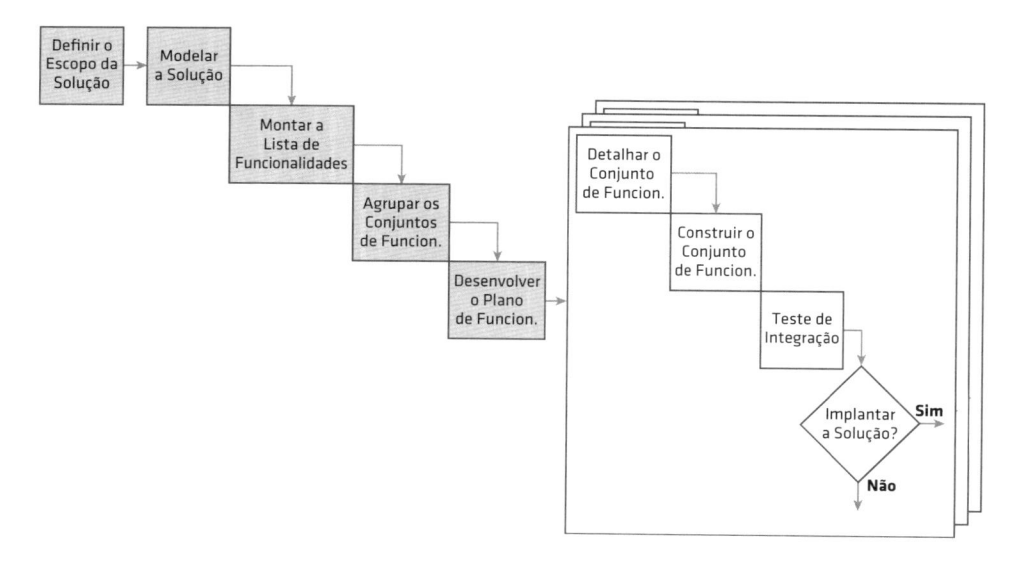

---

13 NRT: é usual ver o emprego de termos em inglês nas aplicações de FDD em português (assim como em alguns outros métodos). Dessa forma, é muito comum o emprego do termo em inglês *feature* para designar funcionalidades, por exemplo "conjunto de *features*".

De modo bem semelhante ao modelo de Desenvolvimento Rápido em Cascata, o modelo FDD prioriza partes da solução – mas, nesse caso, o desenvolvimento é guiado por funcionalidades. Ainda da mesma forma que o modelo de Desenvolvimento Rápido em Cascata, existem várias raias de detalhamento e construção acontecendo no modelo FDD. A diferença entre esse modelo e o Desenvolvimento Rápido em Cascata é que as liberações do FDD consistem em grupos de funcionalidades que guardam entre si uma relação técnica em vez de uma relação estrutural. É possível que seja necessário concluir diversos conjuntos de funcionalidades antes de o cliente entender que a lista de funcionalidades cumulativas tem valor de negócio suficiente para ser liberada. O FDD pode utilizar raias concorrentes, fases sequenciais ou alguma combinação das duas.

Para ser bem-sucedido na implementação do modelo de Desenvolvimento Rápido em Cascata ou do modelo FDD, você tem de começar a estruturação do modelo durante a construção do diagrama de rede do seu projeto. O seu objetivo é definir uma sequência de raias na qual cada raia contenha as funções e funcionalidades de parte da solução. No total, a soma das raias contém funções e funcionalidades que, quando combinadas, fornecem uma solução completa. As raias devem ter as seguintes propriedades:

- as funções e funcionalidades de uma raia podem ser desenvolvidas de forma independente das funções e funcionalidades de qualquer outra raia;
- não existe dependência de recursos entre as raias;
- não existe dependência de programação entre as raias;
- a duração total de cada raia deve ser aproximadamente igual às demais.

Se essas propriedades não puderem ser satisfeitas, então, no mínimo, as interações entre as raias devem ser minimizadas. Embora essa variação possa parecer atraente, dada a pressa de chegar ao mercado que se tem atualmente, alguns problemas certamente surgirão.

Existem várias coisas a serem consideradas na elaboração desse cronograma agressivo. Ao comprimir o trabalho em um período de tempo mais curto, você deve lembrar que a quantidade de trabalho não diminui – ela apenas deverá ser concluída em menos tempo. A última raia em paralelo a ser concluída determina a data de término do projeto de desenvolvimento. Os resultados da compressão do cronograma são os seguintes:

- mais tempo de gerenciamento para tratar de questões dentro das raias e entre as raias;
- maior probabilidade de contenção de recursos;
- potencial para não perceber dependências entre raias;
- menos tempo para se recuperar de um erro.

Todos esses resultados contribuem para aumentar o risco de fracasso do projeto. Portanto, se existirem pressões para o uso do modelo de Desenvolvimento Rápido em Cascata ou do modelo FDD em substituição do modelo de CVGP Linear, avalie a complexidade e as potenciais implicações dos riscos. Também seria interessante avaliar as habilidades e competências dos membros da equipe do projeto e quais são as chances de conseguirem se adaptar a uma programação mais agressiva.

## 12.3 MODELO DE CVGP ITERATIVO

Para o Gerenciamento Tradicional de Projetos (GTP), mudança é a exceção. Qualquer mudança custa caro e atrapalha as programações já planejadas. Para o Gerenciamento Ágil de Projetos (GAP), mudança é a norma. Ela é necessária para descobrir partes que ainda não foram identificadas da solução. Essa diferença é significativa e resulta em abordagens completamente diferentes para gerenciar esses projetos. Enquanto o GTP utiliza modelos de CVGP Linear ou Incremental, apresentados anteriormente, o GAP utiliza modelos de CVGP Iterativos ou Adaptativos, conforme apresentados nas seções a seguir. Projetos GTP são guiados pelos seus planos. Projetos GAP utilizam planejamento *just-in-time*. Portanto, quando a solução não estiver clara e completamente definida, é recomendado que utilize em seu projeto alguma abordagem do tipo ágil e busque um modelo de CVGP Ágil adequado. Os projetos ágeis são de dois tipos:

1. **Grande parte da solução é conhecida** – são os projetos que possuem meta claramente definida e documentada e cuja solução é completa a ponto de especificar a definição final de uma ou mais características e funcionalidades. Esses projetos são os que chamo de "ágeis minimalistas". É recomendado que utilizem um modelo de CVGP Iterativo, conforme ilustrado na Figura 12.8, mas também podem utilizar um modelo de CVGP Adaptativo, conforme descrito e ilustrado mais adiante neste capítulo.
2. **Grande parte da solução é desconhecida** – são projetos que possuem meta claramente definida e documentada, mas as características e funcionalidades ainda não podem ser claramente especificadas. Em outras palavras, grande parte da solução ainda não foi identificada. Esses projetos são o que eu denominaria "ágeis maximalistas". Eles devem utilizar modelos de CVGPs Adaptativos, conforme descritos e ilustrados mais adiante neste capítulo.

**FIGURA 12.8  Modelo de CVGP Iterativo**

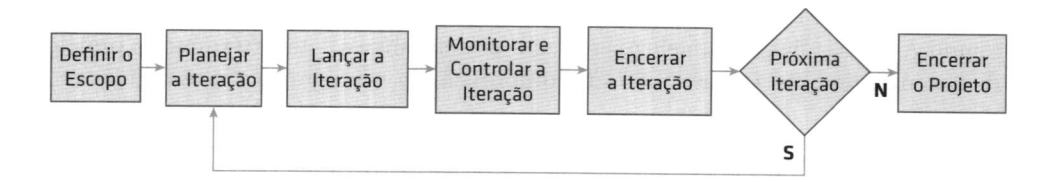

O Desenvolvimento Evolucionário em Cascata e o RUP são abordagens ágeis minimalistas, conforme definido anteriormente. Scrum e EPA são abordagens maximalistas. Na prática, já vi gerentes e projetos encaixarem à força projetos adaptativos maximalistas em abordagens minimalistas. Embora possam ter algum sucesso com tal abordagem, seria melhor se utilizassem uma das abordagens ágeis maximalistas, que foram concebidas justamente para esse tipo de projeto.

Os modelos de CVGPs Iterativos são modelos ágeis minimalistas, uma vez que funcionam bem em situações nas quais apenas pequenos pedaços da solução (normalmente algumas características e funcionalidades) ainda não foram definidos na solução. Tais modelos são mais eficazes quando conhecemos todas as funções e ainda desconhecemos algumas características e funcionalidades.

## 12.3.1 Características

Modelos de CVGPs Iterativos são utilizados em projetos cujas soluções são vagas demais para não utilizar modelos CVGPs Incrementais – embora alguns gerentes de projetos o façam por necessidade ou por falta de experiência prática na utilização de modelos de CVGPs Iterativos. As características relevantes são:

- meta definida de maneira clara e completa;
- pequenas partes da solução ainda não estão definidas;
- requisitos incompletos;
- são esperadas algumas solicitações de mudança de escopo;
- a solução é conhecida, mas não com a profundidade necessária;
- utilização frequente de protótipos físicos ou simulados para descobrir a solução completa.

### 12.3.1.1 Meta definida de maneira clara e completa

O mesmo que para os modelos de CVGPs Lineares.

### 12.3.1.2 Pequenas partes da solução ainda não estão definidas

Os modelos de CVGPs Iterativos e Adaptativos podem ser ordenados desde aqueles cuja solução é quase totalmente conhecida até aqueles cuja solução é quase totalmente desconhecida. Essa ordenação é importante porque a escolha mais ajustada será, em geral, aquela que demandar menos criatividade – e, nesse caso em que temos somente pequenas partes da solução ainda não definidas, significa uma escolha mais próxima do começo da ordenação.

### 12.3.1.3 Requisitos incompletos

Os requisitos de alto nível podem ser elicitados com maior facilidade e geralmente serão utilizados como declarações dos objetivos do projeto. Entretanto, a EAR é algo completamente diferente. Geralmente, não é possível montar uma EAR completa no início de um projeto complexo. É isso que os conhecedores de gerenciamento de projetos sempre dizem. Uma EAR completa exigiria uma compreensão profunda da solução e, por definição, isso não é uma característica de um projeto complexo. Os requisitos detalhados serão determinados por meio da utilização do modelo de CVGP Iterativo ou Adaptativo escolhido para o projeto.

### 12.3.1.4 São esperadas algumas solicitações de mudança de escopo

A definição da solução está quase completa e, para concluí-la, serão necessárias somente algumas pequenas mudanças de escopo. Essas necessidades serão descobertas ao longo da execução do projeto e, para implementá-las, serão necessárias algumas mudanças de escopo.

### 12.3.1.5 A solução é conhecida, mas não com a profundidade necessária

Em aplicações mais simples do modelo de CVGP Iterativo, as características e funcionalidades podem não estar claramente definidas. "De que jeito vamos fazer: 'a' ou 'b'?" Essas alternativas são apresentadas para o cliente que decidirá qual será o melhor modelo, de acordo com seus critérios. Pode ser que optem por envolver o usuário final nessa decisão. Em casos mais complexos, uma iteração pode ser utilizada para investigar e descobrir possíveis alternativas.

### 12.3.1.6 Utilização frequente de protótipos físicos ou simulados para descobrir a solução completa

Utilizar uma abordagem que envolva modelagem é uma maneira rápida e eficiente para tratar casos mais complexos e que requerem a investigação e procura de uma solução. Essas situações geralmente utilizam um modelo de CVGP Adaptativo em vez de um modelo de CVGP Iterativo. A decisão sobre qual modelo de CVGP é melhor é quase sempre subjetiva e depende de outros fatores além da clareza da solução.

## 12.3.2 Forças

Os modelos de CVGPs Iterativos compartilham várias forças:

- são baseados em planejamento *just-in-time;*
- são capazes de acomodar bem as mudanças;
- têm foco na geração de valor de negócio;
- o cliente avalia soluções parciais na busca de melhorias;
- podem processar mudanças de escopo entre as iterações;
- conseguem se adaptar às mudanças no ambiente do negócio.

### 12.3.2.1 São baseados em planejamento *just-in-time*

Todos os modelos de CVGPs Tradicionais são orientados por planos, o que significa que é necessário que o plano de gerenciamento esteja completo para que o projeto possa ser iniciado. Este plano provavelmente mudará, mas ainda é necessário para que as coisas comecem a andar. Uma abordagem de planejamento *just-in-time* elimina todas as revisões provocadas por mudanças de escopo, que certamente estarão presentes nos projetos, incluindo os que utilizam abordagens orientadas por plano. Os modelos de CVGPs Iterativos desenvolvem seus planos somente para aquelas atividades que, com certeza, serão partes da solução e não para as atividades no futuro, que podem fazer parte da solução. A eliminação de trabalho que não agrega valor[14] é uma importante característica de qualquer processo que se presta a ser "enxuto".[15]

---

14  NRT: no pensamento enxuto (*lean thinking*), é comum também empregar o termo *desperdício*.
15  NRT: também é amplamente utilizado o termo em inglês *lean*.

## 12.3.2.2 São capazes de acomodar bem as mudanças

Dado que a mudança é uma parte necessária de qualquer CVGP Ágil ou Extremo, é fundamental que exista um processo de mudança de escopo eficiente. Geralmente esse processo coleta as solicitações de mudança de escopo que surgem durante uma iteração e as agrupa para análise e decisão durante a revisão junto ao cliente, quando a iteração estiver completa. Novamente, isso elimina muito do trabalho sem valor agregado associado ao processo de solicitação de mudança de escopo. Somente uma revisão na programação é necessária para o grupo inteiro de mudanças de escopo aprovadas, em vez de realizar individualmente uma revisão de programação para cada uma das mudanças de escopo aprovadas.

## 12.3.2.3 Têm foco na geração de valor de negócio

Ter foco em garantir o prazo, o custo e os requisitos[16] não é o que muitos dos pensadores do gerenciamento adaptativo de projetos recomendaria. Garantir essas restrições não tem relação com entregar o valor de negócio esperado pelo patrocinador ou pelo cliente, o que acaba resultando em insatisfação. Os modelos de CVGPs Ágil e Extremo são baseados na realização do valor de negócio que justificou a existência do projeto desde seu início. O valor de negócio é uma parte importante do Termo de Abertura do Projeto (TAP) (consulte o Capítulo 4).

## 12.3.2.4 O cliente avalia soluções parciais na busca de melhorias

Não existe substituto para a experimentação e utilização de uma solução parcial pelo cliente. Narrativas, diagramas e gráficos bonitos são bons, mas nem sempre são suficientes para muitos clientes e usuários finais. Eles precisam ver e experimentar sua sugestão de solução. Esse processo de avaliação contínua por parte do cliente tende a manter a solução alinhada com as necessidades do negócio.

## 12.3.2.5 Podem processar mudanças de escopo entre as iterações

Apesar de até mesmo os modelos Iterativos mais simples serem capazes de receber e processar solicitações de mudança de escopo entre as iterações, você deve tentar se manter no controle, apresentando ao cliente alternativas e ideias a cada iteração. Existirão casos em que o cliente identificará melhorias na solução que você mesmo não foi capaz de identificar. Isso resultará em propostas de mudança de escopo com que terá de lidar. Processe essas solicitações entre as iterações e, se aprovadas, integre as mudanças em uma iteração futura.

---

16  NRT: o gerenciamento tradicional de projetos tem foco em garantir o que é chamado de Triângulo de Ferro: prazo, custo e requisitos/escopo. No GTP entende-se que, ao entregar o projeto de acordo com o prazo, custo e escopo acordados, então, tem-se sucesso. Por outro lado, os métodos adaptativos partem do princípio que o mais importante é o valor gerado para o patrocinador ou cliente e, portanto, se forem necessárias modificações no prazo, custo e escopo originalmente programados para atender às necessidades dos clientes da melhor forma, então essas mudanças devem acontecer.

### 12.3.2.6 Conseguem se adaptar às mudanças no ambiente do negócio

Já mencionei o fato de que o mundo não vai parar só porque está gerenciando um projeto. Com exceção dos projetos internos, que não são afetados por fatores externos, você tem de estar pronto para acomodar as necessidades de mudanças que estão fora do seu controle imediato. Se escolher um modelo que seja intolerante a mudanças, como os modelos GTP, você colocará o projeto em risco se surgirem necessidades de mudança.

## 12.3.3 Fraquezas

As fraquezas do modelo de CVGP Iterativo são as seguintes:

- existe o risco de perder membros da equipe entre as iterações;
- está sujeito a perder prioridade entre as iterações;
- os requisitos de recursos não são claros no lançamento do projeto;
- requer maior envolvimento do cliente do que os projetos GTP;
- requer equipes colocalizadas;
- a implementação de soluções intermediárias pode ser problemática;
- a solução final não pode ser definida no início do projeto.

### 12.3.3.1 Existe o risco de perder membros da equipe entre iterações

Se existir uma lacuna entre a iteração que acabou de ser finalizada e o começo da próxima iteração, existe a chance de que um membro da equipe saia. Imagine essa situação: "Enquanto Harry espera o início da próxima iteração, você pode emprestá-lo por uma semana?" Misteriosamente essa semana se estende e, por melhores que tenham sido as intenções, Harry não voltará.

### 12.3.3.2 Está sujeito a perder prioridade entre as iterações

Uma iteração acabou de ser concluída e suas entregas foram instaladas com sucesso. Isso pode pôr a próxima iteração em perigo, uma vez que outros projetos concorrentes podem ser alçados a prioridades mais altas. O seu projeto é adiado e os recursos serão destinados a outros projetos com maior prioridade.

### 12.3.3.3 Os requisitos de recursos não são claros no lançamento do projeto

Dado que a solução não é completamente conhecida, é razoável esperar que também não sejam conhecidos os requisitos de recursos necessários para investigar e desenvolver as partes faltantes. Como as disponibilidades poderiam atrapalhar o avanço do planejamento?

### 12.3.3.4 Requer maior envolvimento do cliente do que os projetos GTP

Quanto maior a probabilidade de mudança, mais você precisará do envolvimento ativo do cliente, de forma a tomar boas decisões de negócio relacionadas às mudanças em questão. Junto com esse envolvimento está a necessidade de que o cliente assuma a propriedade do projeto. Se não houver ambos, envolvimento e propriedade, o projeto estará em perigo. Clientes que se envolvem no projeto de modo apenas casual frequentemente fazem o projeto se afastar de seu planejamento original ao solicitarem "desejos" em vez de necessidades validadas. O foco deve constantemente estar no valor real de negócio.

### 12.3.3.5 Requer equipes colocalizadas

Geralmente, não é possível contar com equipes colocalizadas, e isso coloca em grande risco os projetos com alto grau de mudança. Eu já gerenciei projetos com alto grau de mudança, cuja equipe estava distribuída pelo mundo, e os membros demandaram um esforço muito maior de gerenciamento do que demandaria se a equipe estivesse colocalizada. Em projetos com alto grau de mudança, as comunicações em tempo real são uma necessidade para o gerenciamento do projeto. Portanto, se não for possível ter a equipe colocalizada, então é bom que você invista bastante tempo desenvolvendo o seu plano de gerenciamento das comunicações, especialmente os componentes que tratam das comunicações internas à equipe e com o cliente. Um envolvimento mais ativo do cliente pode ajudar a superar alguns dos problemas que podem surgir, caso a equipe não esteja colocalizada.

### 12.3.3.6 A implementação de soluções intermediárias pode ser problemática

Qual é a capacidade de sua organização para absorver mudanças, e qual é a sua capacidade para apoiar a implementação de soluções intermediárias? Geralmente, as organizações conseguem lidar com, no máximo, uma implementação parcial a cada três meses. Lembre-se de que também deverá manter as provisões para o atendimento às solicitações de apoio.

### 12.3.3.7 A solução final não pode ser definida no início do projeto

A solução final é variável. Quanto menos você souber sobre a solução no início, mais inesperada ela poderá ser no final. No início, pode até ter achado que resolveria o problema inteiro, mas acabou resolvendo apenas uma parte dele porque chegou ao fim do seu prazo ou do orçamento. Ou talvez tenha descoberto que algumas partes do problema não tinham solução e você foi até onde era possível.

## 12.3.4 Quando utilizar um modelo de CVGP Iterativo

Modelos de CVGPs Iterativos são modelos de aprendizagem e descoberta. Essa é uma diferença significativa com relação aos modelos de CVGPs Lineares e é uma grande força dos modelos de CVGPs Iterativos. Portanto, sempre que existir qualquer dúvida a respeito da clareza ou da completude da solução e de seus requisitos, o caminho mais seguro é utilizar um modelo de CVGP Iterativo. Não tente adaptar um modelo de CVGP Linear a um projeto que notadamente demanda os benefícios que serão gerados por um modelo de CVGP Iterativo. Por meio das iterações, esses modelos permitem que as soluções parciais sejam revisadas, bem como o avanço e ajustes dos próximos passos do planejamento. Os recursos são comprometidos quando fizer sentido e isso será feito da maneira mais eficiente possível.

## 12.3.5 Modelos específicos de CVGPs Iterativos

Tendo como base as minhas experiências e as práticas dos clientes, escolhi seis modelos de CVGPs Iterativos:

- Prototipagem;
- Desenvolvimento Evolucionário em Cascata;
- Processo Unificado da Rational (RUP);
- Modelo de Desenvolvimento de Sistemas Dinâmicos (MDSD);
- Desenvolvimento Adaptativo de *Software* (DAS);
- Scrum.

Os modelos estão listados na ordem em que a completude da solução diminui. Em algumas situações, a solução se torna tão vaga, que os modelos de CVGPs Iterativos dão lugar aos modelos mais robustos de CVGPs Adaptativos.

### 12.3.5.1 Modelo baseado em prototipagem

A prototipagem está por aí desde os tempos dos faraós. Engenheiros e a indústria utilizam protótipos na maioria dos seus projetos. Os primeiros protótipos eram modelos físicos construídos em escala. Os *protótipos físicos* e os *protótipos simulados* costumam ser utilizados quando o cliente ainda não tem uma boa ideia do que precisa ou não consegue explicar o que necessita. Protótipos físicos e simulados são frequentemente utilizados para iniciar as conversas. O tipo de protótipo que é utilizado no modelo de CVGP Iterativo é chamado de *protótipo de produção*. Um protótipo de produção é versão funcional da solução conhecida. Ela evolui conforme a equipe do projeto aprende mais sobre a solução, utilizando a solução prototipada mais atual. A implantação de soluções intermediárias é uma decisão que fica a cargo do Cliente.

Deve ser óbvio que o envolvimento significativo do cliente é crítico para o sucesso de abordagens GAP. O cliente trabalha com uma versão da solução e dá *feedback* para a equipe do projeto, que, por sua vez, visualiza possíveis melhorias e mudanças para aperfeiçoar a solução. Esse processo continua à medida que novas versões vão sendo lançadas. Na realidade, o modelo de CVGP baseado em Prototipagem não tem uma regra que diz quando o processo deve ser finalizado e que, então, deve-se passar para a Fase de Encerramento. Em algum momento, o processo se encerra, seja pelo fato de o cliente já ter gasto dinheiro e tempo suficiente ou então porque ele está satisfeito e acredita que a solução cumpre com os seus requisitos – e, assim sendo, o projeto passa para a Fase de Encerramento. Observe também que esse modelo sempre apresenta ao cliente uma versão de produção funcional do sistema. Versões subsequentes apenas adicionariam outras características e funcionalidades.

Modelos de CVGPs Iterativos estão, definitivamente, na categoria de "aprender e descobrir". No modelo de CVGP baseado em Prototipagem, ilustrado na Figura 12.9, a experiência de aprendizado e descoberta é óbvia. A cada iteração, mais e mais detalhes da solução são revelados e implementados. Isso vem da oportunidade que o cliente e os desenvolvedores têm de experimentar com a solução corrente e de colaborar com melhorias futuras.

## FIGURA 12.9 Modelo baseado em prototipagem

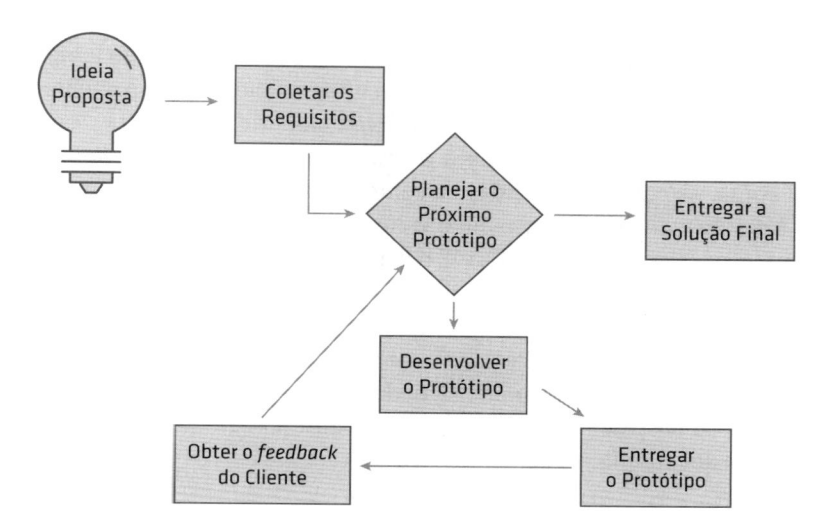

A descoberta de características e funcionalidades é um processo que engaja fortemente o cliente com os desenvolvedores, na busca de trocas significativas. Ambos, tanto o cliente como os desenvolvedores, trabalham com os protótipos – algumas vezes de maneira independente e às vezes em colaboração. A colaboração geralmente acontece após um período no qual eles trabalharam de maneira independente. O esforço de colaboração deve ser no sentido de decidir como avançar com a criação ou a redefinição de características e funcionalidades nas próximas iterações.

O modelo de Prototipagem avança uma certa distância dentro do Quadrante 2, porque ele consegue abarcar a aprendizagem e descoberta mesmo sob condições nas quais não se sabe muito sobre a solução. Em algum ponto no eixo da incerteza, fará mais sentido utilizar o RUP e, então, utilizar um modelo de CVGP Adaptativo no ponto mais extremo do eixo da incerteza.

A iteração é definida pela sequência: Planejar o Próximo Protótipo ▶ Desenvolver o Protótipo ▶ Entregar o Protótipo. "Obter o *Feedback* do Cliente" inclui os comentários do cliente sobre o protótipo entregue e sua decisão, em conjunto com a equipe de desenvolvimento, sobre como proceder na próxima iteração. O próximo passo pode ser o início de uma outra iteração ou a aceitação da última versão do protótipo como a solução final. Se o protótipo for de produção, a solução final pode ser implementada. Se for um protótipo físico ou simulado, então um modelo de CVGP Linear pode ser utilizado para criar a versão de produção. Nesse caso, podemos entender, corretamente, que a EAR está completa.

### 12.3.5.2 Modelo de desenvolvimento evolucionário em cascata

Modelos Iterativos são abordagens ágeis minimalistas. Os modelos de CVGPs Iterativos são mais efetivos quando conhecemos todas as funções, mas ainda não temos as características e funcionalidades detalhadas em um nível suficiente para o cliente. Um bom exemplo desse modelo é o Desenvolvimento Evolucionário em Cascata.

Nessa abordagem, o projeto começa de maneira bem parecida com o modelo em Cascata Padrão. As partes conhecidas da solução são desenvolvidas com base nos requisitos definidos até então. Por meio das iterações do modelo de Desenvolvimento Evolucionário em Cascata (Figura 12.10), o detalhamento da solução é realizado. À medida que as características e funcionalidades necessárias para cumprir com os requisitos são desenvolvidas, pode muito bem existir alguns ajustes nos requisitos, porém são esperadas poucas adições ou exclusões da lista original de requisitos. A EAP para a versão mais atual do desenvolvimento é criada, em conjunto com as durações, custos e requisitos de recursos. Esse modelo é bem semelhante ao desenvolvimento baseado em Protótipos, que foi popular durante muitos anos.

**FIGURA 12.10  Modelo de Desenvolvimento Evolucionário em Cascata**

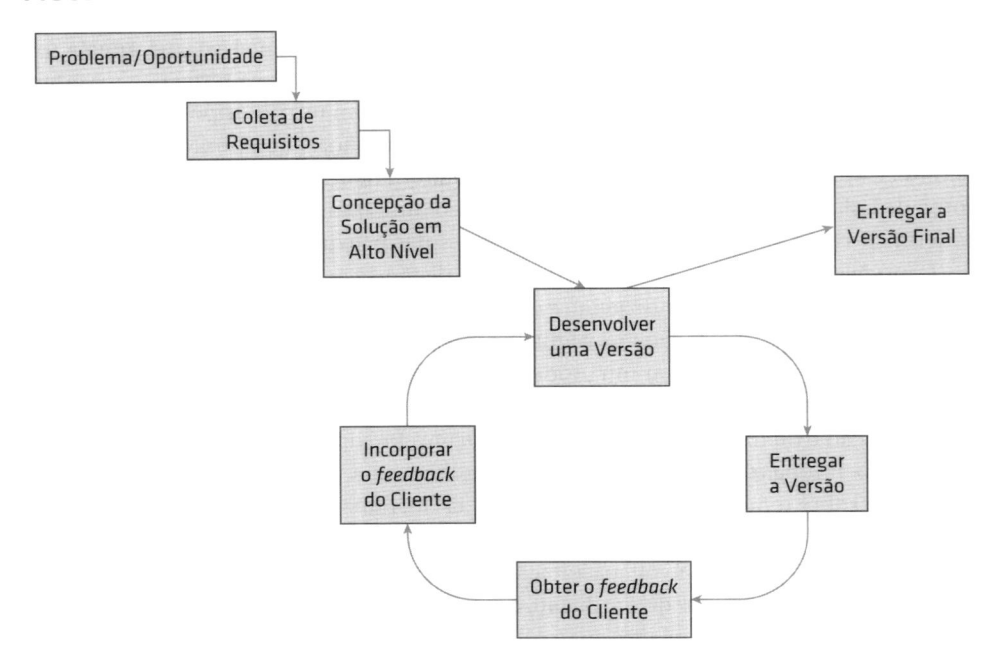

Diferentemente dos modelos tradicionais, o envolvimento do cliente é crítico para o sucesso dos modelos ágeis. O cliente trabalha com uma versão da solução e fornece suas sugestões, de forma que a equipe do projeto pode melhorar e modificar as características, funcionalidades e funções da solução. Esse processo continua versão após versão, até o ponto no qual o cliente está satisfeito e declara que todos os requisitos foram cumpridos. Observe, também, que esse modelo sempre apresenta ao cliente uma versão da solução pronta para a produção.

No modelo de Desenvolvimento Evolucionário em Cascata, a experiência de aprendizagem e descoberta é óbvia, como mostra a Figura 12.10. A cada iteração, mais e mais detalhes da solução são revelados. Isso acontece porque o cliente e os desenvolvedores têm a oportunidade de "brincar" com a solução vigente. Para melhorias simples e óbvias, essa abordagem funciona bem.

Existe uma variação que vale a pena mencionar aqui. Podem acontecer casos nos quais as iterações de concepção da solução precedem as iterações para criação das versões. Embora essa abordagem tenda a ser os primeiros esforços para um modelo Adaptativo, ela pode ser utilizada aqui com bons resultados. As iterações de concepção auxiliam o cliente a aprender e compreender melhor o conceito da solução. Com base nesse conhecimento, o cliente estará mais bem preparado para participar das iterações para a criação das versões. As iterações de concepção costumam ser rápidas. Na minha experiência, se você possuir as ferramentas de comunicação adequadas, as iterações de concepção podem ser realizadas em alguns dias (e não em semanas ou meses).

A descoberta de características e funcionalidades adicionais é um processo que engaja fortemente o cliente em trocas significativas com os desenvolvedores. Ambos, cliente e desenvolvedores, trabalham com os protótipos – algumas vezes de maneira independente e outras em colaboração. A colaboração pode acontecer na forma de um esforço para decidir como prosseguir com a criação ou a redefinição de características e funcionalidades nas próximas iterações.

Se quiser mais detalhes, consulte os Capítulos 17-23 do meu livro *Effective software project management* (John Wiley & Sons, 2006). O modelo de Desenvolvimento Evolucionário em Cascata funciona bem para as situações em que uma pequena parte da solução não foi claramente definida. Por exemplo, a situação em que se representa uma característica ou funcionalidade de uma parte da solução que não está claramente definida. A equipe de desenvolvimento limita-se a apresentar para o cliente algumas opções de solução, pede que o cliente escolha por uma das opções e, então, implementa tal escolha na solução. Porém, quando as partes faltantes da solução são mais significantes, é necessária a utilização de uma abordagem mais robusta – nesse caso, pode ser alguma forma de modelo de CVGP Adaptativo.

### 12.3.5.3 Processo unificado da Rational (RUP)

O Processo Unificado da Rational (RUP) (Figura 12.11) é um processo completamente documentado de engenharia de *software* para construir uma solução de maneira iterativa. Alguns podem argumentar que o RUP se encaixa na categoria de maximalista. Prefiro apresentá-lo aqui. Existe uma extensa lista de livros e recursos disponíveis na internet. Um bom ponto de partida é o livro de Stefan Bergstrom e Lotta Raberg, intitulado *Adopting the Rational Unified Process: success with the RUP* (Addison-Wesley, 2004).

O RUP é provavelmente o processo mais bem conhecido dentre os processos de desenvolvimento iterativo de *software*. Ele se adapta muito bem tanto a abordagens com

processos que são fortemente embasados em documentação como também a abordagens que são menos dependentes de documentos. O RUP se embasa em uma biblioteca
de artefatos reutilizáveis, como código, requisitos, conceitos e assim por diante. Tal biblioteca é montada com elementos dos projetos anteriores, o que significa que o RUP
precisa de um período um pouco mais longo para compensar os investimentos. A biblioteca deve estar suficientemente populada, de forma que valha a pena todos os recursos
que foram aplicados. Percebe-se um retorno a partir do reúso dos artefatos de quatro a
cinco projetos concluídos.

**FIGURA 12.11 Modelo de processo unificado do RUP**

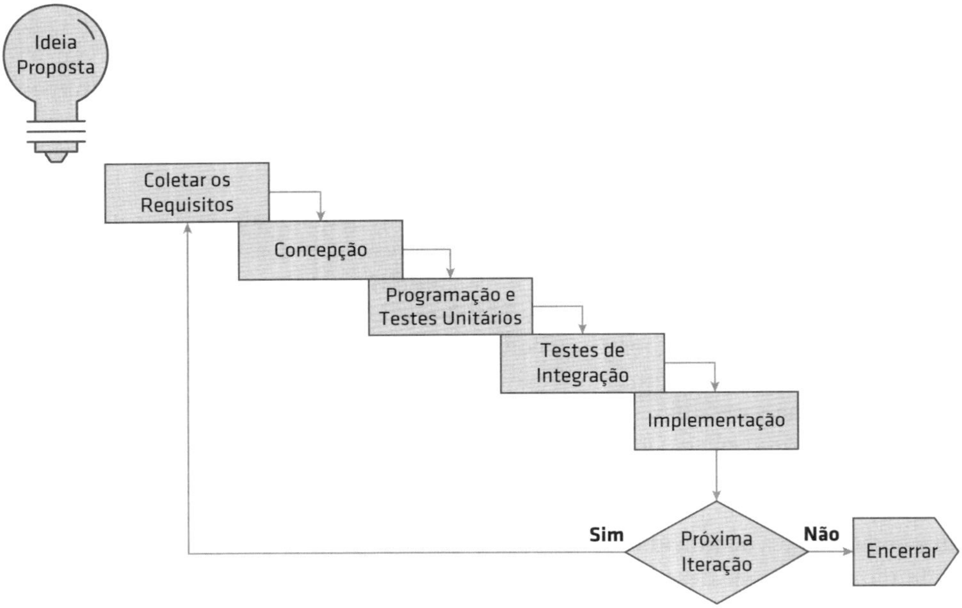

O RUP se espalha sobre uma grande área do panorama de projetos. Quando a complexidade e a incerteza são baixas, mas a solução não está completamente definida, o
RUP é um processo pesado. Requer uma documentação considerável, especialmente
para reúso de código.

Observe que cada iteração começa com uma sessão de coleta de requisitos. Assume-se
que a iteração anterior esclareceu as direções futuras para aonde o projeto deve seguir
e que tais direções serão detalhadas no exercício de coleta de requisitos que virá na sequência. A direção que um projeto RUP toma tem a tendência de ser reativa com relação
à atividade de coleta de requisitos. A EPA, por outro lado, é um modelo proativo, que
procura por partes faltantes da solução por meio de raias que experimentam as soluções.
EPA não depende totalmente da descoberta passiva da solução, mas, sim, também de
iniciativas proativas, que são atividades concebidas para aprender sobre a solução. É essa
propriedade que diferencia a EPA dos outros modelos de CVGPs Ágeis.

O RUP se baseia em quatro fases[17] – Concepção,[18] Elaboração, Construção e Transição – que ocorrem de maneira simultânea em todas as iterações.

## Concepção

Por meio de uma série de sessões de coleta de requisitos em cada iteração, chega-se a um acordo sobre o escopo do esforço de desenvolvimento e, então, uma solução cumulativa de como o escopo que será desenvolvido pode começar. Quaisquer que sejam as partes da solução que ainda não foram implementadas, espera-se que as sessões de coleta de requisitos no início de cada iteração revelem as partes que estão faltando.

## Elaboração

Enquanto a Concepção foca em "o que" deve ser feito, a fase de Elaboração foca em "como" isso será feito. Essa é uma atividade de concepção técnica, cujas entregas são a especificação e os planos apropriados. O RUP é um processo centrado em arquitetura, portanto, essas especificações técnicas devem se integrar tecnicamente com as entregas de todas as iterações prévias. RUP não é um processo centrado no cliente, como é a EPA. No mundo da EPA, essas duas fases iniciais do RUP são equivalentes à fase de "Definição do Escopo da Versão" e à fase de "Planejamento do Ciclo", respectivamente.

## Construção

Essa é a fase de construção de uma iteração RUP. Equivale à fase de "Execução do Ciclo" em um projeto EPA.

## Transição

A solução desenvolvida pode ser liberada para a produção se o cliente entender que tal liberação tem valor de negócio e pode ser apoiada pela organização. Equivale à decisão de liberação em um projeto EPA.

### 12.3.5.4 Método de desenvolvimento de sistemas dinâmicos (MDSD)

O MDSD é o aspecto que o modelo em Cascata Padrão teria em um mundo de gravidade zero. Os *loopings* são as características que separam o MDSD do modelo em Cascata Padrão. Seus defensores dizem que uma abordagem MDSD entrega resultados de maneira mais rápida, com melhor qualidade e a custos menores do que qualquer modelo de CVGP GTP. MDSD é um modelo adaptativo. Os *loopings* ajudam a guiar o cliente e a equipe do projeto na direção de uma solução completa. O caso de negócio é incluído no *looping*, de forma que mesmo as bases e justificativas mais fundamentais do projeto possam ser revisitadas. Os defensores desse modelo alegam que o MDSD é a única estrutura publicamente disponível que abrange de maneira completa o ciclo de vida de um sistema.

A lista a seguir contém os nove princípios fundamentais do MDSD. Observe que esses princípios são bastante semelhantes aos que identificamos anteriormente como boas práticas.

---

17  NRT: também é comum o emprego do nome em inglês das fases: *Inception, Elaboration, Construction* e *Transition*.
18  NRT: também é utilizado o termo *Iniciação* para esta fase.

1. O envolvimento ativo do usuário é imperativo.
2. As equipes MDSD devem ter autonomia para tomar decisões.
3. O foco está na entrega frequente de produtos.
4. O critério essencial para a aceitação dos produtos é que eles estejam adequados à finalidade do negócio.
5. O desenvolvimento iterativo e incremental é necessário para convergir de forma precisa em uma solução de negócio.
6. Todas as mudanças durante o desenvolvimento são reversíveis.
7. A linha de base dos requisitos é em alto nível.
8. Os testes são integrados e realizados ao longo do ciclo de vida.
9. É essencial o emprego de uma abordagem colaborativa e cooperativa entre todos os interessados.

A maioria dos modelos de CVGPs Ágeis pode adotar esses mesmos princípios. Com pequenas variações, eles também são adotados pelo modelo de CVGP EPA, e serão comentados no contexto da EPA, em uma seção mais adiante neste capítulo.

A Figura 12.12 ilustra o método MDSD.

**FIGURA 12.12** Método de desenvolvimento de sistemas dinâmicos

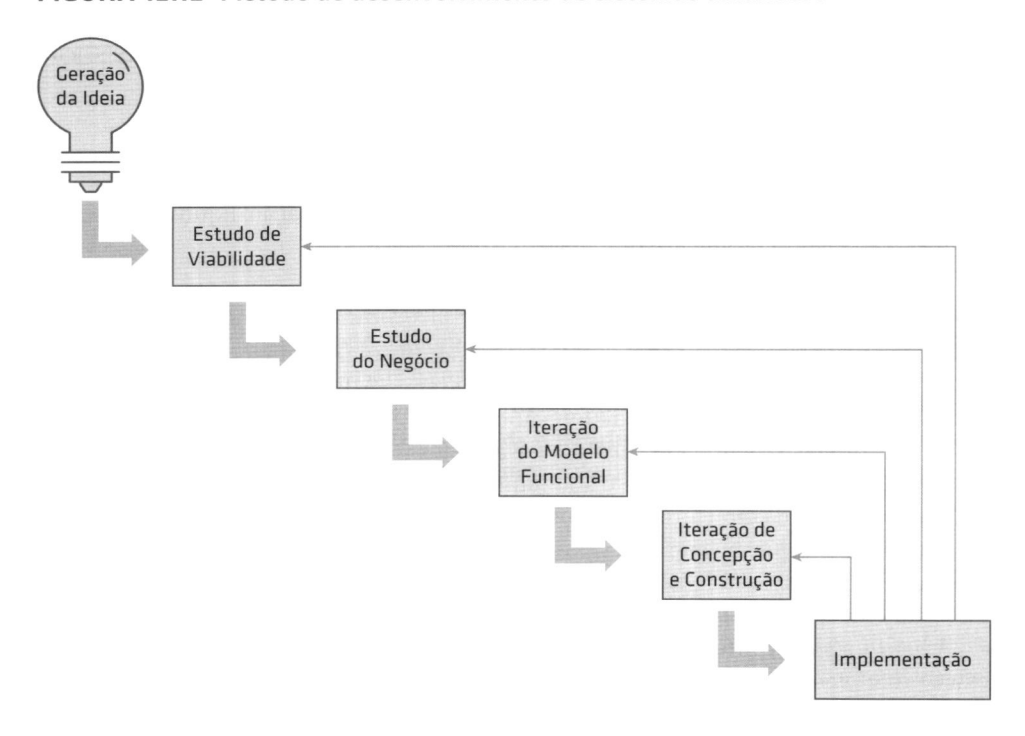

A característica que distingue o MDSD é a liberação e implementação incrementais de um sistema de produção ao final de cada ciclo. Observe que as iterações que giram

em torno da iteração de Concepção e Construção e da iteração do Modelo Funcional são seguidas por uma fase de implementação. O MDSD entrega valor de negócio ao cliente como parte de seu processo essencial. Outras abordagens podem ter variações, de forma que consigam proceder da mesma maneira, mas o MDSD o faz como parte da concepção da própria abordagem.

### Pré-projeto

Essa fase inclui uma avaliação geral do projeto, um termo de abertura ou um caso de negócio em alto nível, concebidos para suportar a decisão de executar o projeto. Uma vez tomada a decisão de aprovar o projeto, a iniciativa recebe o financiamento necessário e o estudo de viabilidade pode começar.

### Estudo de viabilidade

É preciso decidir se o modelo MDSD será ou não utilizado nesse projeto. É realizado um estudo de viabilidade típico, com a adição da avaliação se o MDSD é apropriado ou não. Como parte da resposta a essa pergunta, considera-se o apoio que o MDSD pode esperar da organização e a capacidade dos membros da equipe do projeto. O estudo de viabilidade do MDSD é realizado em alto nível. Deve-se alocar no máximo duas semanas à fase do estudo de viabilidade. Lembre-se de que o que você quer é apenas uma decisão sobre o uso ou não do MDSD.

### Estudo de negócio

As equipes do cliente e do desenvolvedor executarão, de forma colaborativa, uma investigação em alto nível dos processos de negócio afetados pelo projeto e identificarão as necessidades de informação. É melhor conduzir essa investigação utilizando reuniões em formato de seminário que contem com a participação dos Especialistas nos Assuntos em Questão (EAQs) adequados. Em geral, processos de alto nível e diagramas de fluxo de dados são produzidos. Requisitos são documentados. A arquitetura do sistema é definida, mas sabendo-se que provavelmente existirão mudanças à medida que o projeto avançar. Por fim, desenvolve-se um plano de alto nível. Esse plano identificará a prototipagem esperada (se houver alguma) durante as fases de Iteração do Modelo Funcional e de Iteração de Concepção e Construção.

### Iteração do modelo funcional

Nesta fase, o modelo funcional e os requisitos de informação são refinados por meio de ciclos repetidos das seguintes tarefas:

- identificar o que você vai fazer no próximo ciclo;
- decidir como vai fazê-lo;
- fazer o que decidiu;
- verificar se o que foi feito está correto.

### Iteração de concepção e construção dos sistemas

Essas iterações selecionarão requisitos priorizados, de forma que serão concebidas soluções e estas, por sua vez, serão construídas. Também é comum o desenvolvimento de protótipos de produção. Ao longo das iterações anteriores, foram entregues soluções parciais – ao final desta iteração, é entregue uma solução completa.

### Implementação

Essa é a passagem do desenvolvimento para a produção. Todas as atividades típicas de implementação ocorrem nessa fase e incluem instalação, treinamento, documentação, suporte às operações, e suporte ao usuário.

### Pós-projeto

Depois de um período de utilização adequado, será realizada uma auditoria pós-implementação. Revisões e outras mudanças no sistema serão aceitas e incorporadas ao sistema por meio de novas liberações.

## 12.4 DESENVOLVIMENTO DE *SOFTWARE* ADAPTATIVO (DAS)

O Desenvolvimento de *Software* Adaptativo é descrito, de maneira completa, no livro de James A. Highsmith III, intitulado *Adaptive software development: a collaborative approach to managing complex systems* (Dorset House, 2000).

O DAS tem três fases: Especular, Colaborar e Aprender. Essas três fases sobrepostas são ilustradas na Figura 12.13

**FIGURA 12.13** Modelo de Desenvolvimento de *Software* Adaptativo

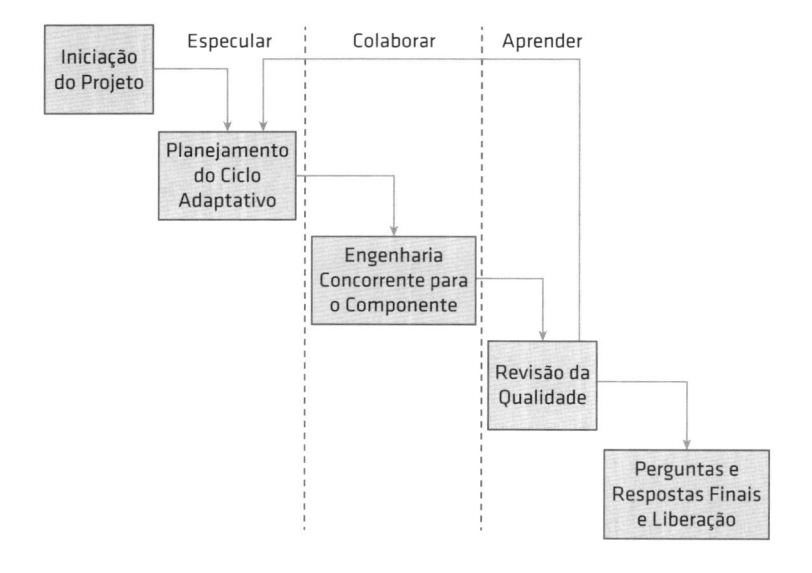

### 12.4.1 Especular

A Fase de Especulação nada mais é do que uma conjectura sobre como a meta e a solução final podem ser. Ela pode estar correta ou muito longe do alvo. Na verdade, não faz muita diferença na análise final porque, a certa altura, a natureza autocorretiva do DAS levará a equipe à solução correta. "Fazer com que tudo dê certo no final" é o que importa.

### 12.4.2 Colaborar

A Fase de Especulação foi concluída e é hora de avaliar em que ponto a equipe e o cliente estão no que diz respeito à solução final. A equipe do cliente e a equipe de desenvolvimento devem colaborar em sua jornada rumo à descoberta da solução. Quais grandes descobertas a equipe do projeto fez? Em que direção o projeto irá nas próximas iterações?

### 12.4.3 Aprender

O que aprendemos com a fase que acabamos de concluir e como isso poderia redirecionar a equipe para a próxima fase?

### 12.4.4 O modelo do ciclo de vida DAS

A Figura 12.13 também mostra as fases detalhadas do DAS.

#### 12.4.4.1 Iniciação do Projeto

O objetivo da Fase de Iniciação do Projeto é alinhar, de maneira bem clara, as expectativas do projeto entre o patrocinador, o cliente, a equipe central do projeto e quaisquer outras partes interessadas. Essa seria uma boa oportunidade para discutir, alinhar e aprovar o TAP. Para um projeto com algum tamanho (mais do que 6 meses), pode ser uma boa ideia agendar uma reunião de início (*kick off*), que poderia durar de 2 a 3 dias. Durante esse tempo, é possível realizar a coleta e documentação de requisitos e elaborar a redação do TAP. Como parte da iniciação do projeto, prepara-se uma breve declaração dos objetivos de cada iteração. Espera-se que esses objetivos sofram adequações conforme se der o avanço do detalhamento da solução ao longo do projeto. Com isso, ao menos o patrocinador, o cliente e a equipe de desenvolvimento terão consciência de para aonde seus esforços estarão direcionados.

#### 12.4.4.2 Planejamento do Ciclo Adaptativo

Outras entregas resultantes da reunião de iniciação do projeto podem incluir a duração esperada para o ciclo de desenvolvimento, o número ótimo de ciclos, com suas respectivas durações e as declarações dos objetivos para os primeiros ciclos que virão na sequência. Todo ciclo começa com um plano para o que será executado no ciclo em questão. Esses planos são de alto nível. A funcionalidade é designada para subequipes e cabe a elas estabelecer os detalhes. Isso não combina muito bem com o GTP, que exige uma supervisão gerencial muito bem organizada do trabalho em execução com relação a um plano detalhado. O DAS é leve quando se trata de processos de gerenciamento.

### 12.4.4.3 Engenharia Concorrente para o Componente

Diversas raias concorrentes são estabelecidas para o desenvolvimento de cada componente da funcionalidade. Cada subequipe é responsável por alguma parte da funcionalidade planejada para o ciclo em questão.

### 12.4.4.4 Revisão da Qualidade

Chegou a hora de o cliente revisar, adequadamente, o que foi finalizado até a data em questão, bem como promover as recomendações apropriadas. Podem surgir novas funcionalidades; é analisada a prioridade da funcionalidade, de forma que seu desenvolvimento seja considerado em ciclos posteriores.

### 12.4.4.5 Perguntas e Respostas Finais e Liberação

A certa altura o cliente confirmará que os requisitos foram cumpridos. Com isso, são realizados os procedimentos dos testes de aceitação final e de liberação do produto.

## 12.5 SCRUM

Scrum não é um acrônimo; é um termo emprestado do *rugby*. Scrum envolve a equipe como uma unidade coesa que "toca por todo o campo" de um modo aparentemente desordenado ou, até mesmo, caótico. Comparando com as outras abordagens iterativas, o Scrum aparentemente define um ambiente de desenvolvimento caótico. A equipe de desenvolvimento do Scrum é autodirigida, opera iterações sucessivas que duram um mês, faz reuniões diárias, oferece ao cliente contínuas demonstrações da solução corrente e adapta seu plano de desenvolvimento ao final de cada iteração. Se quiser uma discussão completa sobre Scrum e desenvolvimento de *software* consulte *Agile software development with scrum,* por Ken Schwaber e Mike Beedle (Prentice Hall, 2001).

Dados os modelos de desenvolvimento discutidos neste livro, o Scrum é claramente uma abordagem guiada pelo cliente. É o cliente que define e prioriza as funções, características e funcionalidades que a equipe divide em fases e desenvolve uma fase por vez. O processo permite que o cliente mude funções, características e funcionalidades, conforme novos detalhes da solução foram definidos nas iterações anteriores. Dependendo da definição de Scrum que estiver utilizando, o método pode ser uma aplicação estrita da classe iterativa, como definida aqui, ou pode beirar a classe adaptativa, que discutiremos mais adiante.

O fluxo do processo Scrum é ilustrado na Figura 12.14.

### 12.5.1 Proposição de ideia

A ideia original do sistema pode ser vaga. Ela pode ser expressa sob a forma de termos de negócio. Uma descrição em nível de função pode ser desenvolvida como parte da Fase de Definição do Escopo, mas não com a profundidade de detalhes que o cliente espera. É bem provável que ela não seja expressa em termos de sistemas.

### 12.5.2 Desenvolver e priorizar a lista de funcionalidades

O Dono do Produto[19] é responsável pelo desenvolvimento dessa lista, denominada *Backlog* do Produto.[20] Essa lista ajudará a equipe a entender mais detalhes sobre a ideia e também a formar algumas ideias sobre o modo de abordar o projeto.

### 12.5.3 Reunião de planejamento dos *sprints*

É uma reunião de 8 horas, com duas partes distintas de 4 horas. Na primeira parte o Dono do Produto apresenta o *Backlog* de Produtos priorizado para a equipe de desenvolvimento. Essa é a oportunidade que a equipe tem para fazer perguntas de forma a esclarecer cada funcionalidade. Nessa primeira parte da reunião a equipe acorda com o Dono do Produto as funcionalidades que serão entregues no próximo *Sprint* de 30 dias. Nas próximas 4 horas, a equipe desenvolverá o plano de alto nível para o *Sprint*. O trabalho a ser executado é registrado no *Backlog* de *Sprint*[21] (*Sprint Backlog*). O *Backlog* do *Sprint* é a lista de funcionalidades vigentes e que ainda não foram concluídas no *Sprint* atual.

### 12.5.4 Proposição da ideia

**FIGURA 12.14 O fluxo do processo Scrum**

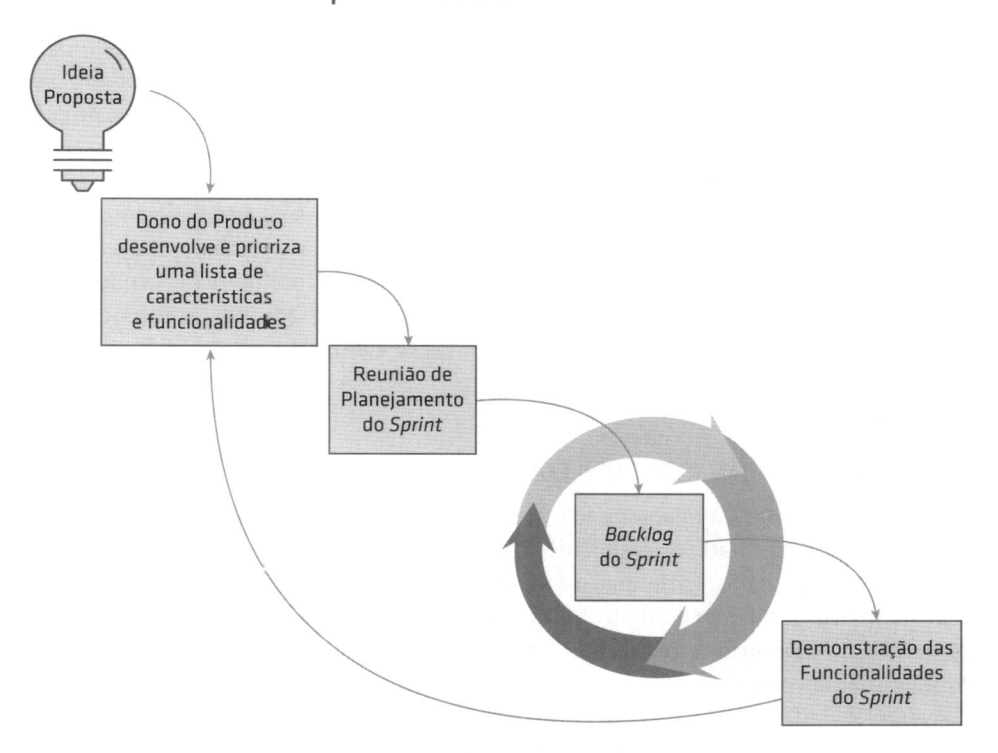

19  NRT: é massivamente empregado o termo em inglês *Product Owner*. Neste livro será adotado o termo em português *Dono do Produto*, em consonância com o *Guia Ágil* do PMI, publicado em conjunto com a 6ª edição do *PMBOK*.
20  NRT: neste livro será utilizado o termo *Backlog do Produto*, em consonância com o *Guia Ágil* do PMI.
21  NRT: neste livro será utilizado o termo *Backlog de Sprint*, em consonância com o *Guia Ágil* do PMI.

### 12.5.4.1 *Backlog* de *Sprint*

É a lista atual de funcionalidades ainda não realizada para esse *Sprint* de 30 dias.

### 12.5.4.2 Demonstração das Funcionalidades do *Sprint*

Ao final do *Sprint*, a equipe realiza uma demonstração da solução para o cliente; funcionalidades são adicionadas ou ajustadas; e o *Backlog* do produto é atualizado e as prioridades são redefinidas para o próximo *Sprint*. Todo esse processo continua até que o *Backlog* de produto fique vazio ou o cliente declare que está satisfeito com a versão apresentada como resultado do último *Sprint* e a aceite como a solução final.

 **NOTA** O Scrum é frequentemente caracterizado como uma metodologia que não requer um gerente de projeto. Na verdade, o cargo de gerente de projeto não existe, mas o papel que ele desempenha existe. Esse papel está difundido, primariamente, pela equipe de desenvolvedores experientes, que opera como uma equipe autogerenciada. A colocalização é um aspecto crítico do Scrum. Equipes Scrum com mais de 10 membros tendem a ser disfuncionais.

### 12.5.4.3 Uma aplicação interessante do *Scrum*

Um dos meus clientes informou uma aplicação interessante do Scrum. Você tem direito à sua própria opinião, mas mantenha a mente aberta. Todos os projetos de manutenção de *software* da empresa dele são alocados a um *Backlog* de Manutenção de Produtos, e são priorizados pelo Gerente do *Backlog* de Manutenção de Produtos, que é também responsável por estimar os esforços necessários e os requisitos de recursos para cada projeto de manutenção. Esse camarada é um consultor de gerenciamento de projetos e faz parte do time do EGP da empresa. Não são todos os desenvolvedores que estão alocados em projetos ou estão em projetos que apresentam algum atraso – esses desenvolvedores, que têm algum tempo disponível, ficam responsáveis por verificar periodicamente o *Backlog* de Manutenção de Produto e, caso exista algum projeto de manutenção, executam as atividades necessárias. O objetivo geral é esvaziar o *Backlog*. Mede-se o cumprimento dos objetivos por meio de relatórios periódicos sobre o tamanho do *Backlog* e datas associadas às funcionalidades ali presentes.

## 12.6 MODELO DE CVGP ADAPTATIVO

O termo *Adaptativo* está relacionado a uma vigilância constante de todo o ambiente no qual o projeto é executado e gerenciado. Qualquer mudança nesse ambiente aciona um estudo de impacto para decidir qual é o melhor modo de continuar o projeto, o que inclui, por exemplo, a escolha do modelo de CVGP mais adequado. No momento há apenas um modelo de CVGP que incorpora essas características desde sua essência – a Estrutura de Projeto Adaptativo (EPA). Esse modelo será discutido em detalhes nesta seção.

Modelos de CVGPs Adaptativos são mais adequados em situações nas quais partes consideráveis da solução ainda não foram identificadas. A Figura 12.15 ilustra o modelo de CVGP Adaptativo. Nas situações mais complexas, a não completude pode se estender até mesmo aos requisitos. A EPA, um modelo que desenvolvi em 1994 em colaboração com dois clientes distintos, é o primeiro exemplo de um modelo de CVGP Adaptativo. A EPA pode ser utilizada para desenvolver projetos das mais variadas naturezas. Embora seja um membro da categoria de GAP, a EPA foi inicialmente concebida para o gerenciamento de projetos que não eram de *software*. A EPA foi definida pela primeira vez para a utilização em dois projetos distintos: um de concepção de um processo e outro de concepção de produto.

**FIGURA 12.15** Modelo de CVGP Adaptativo

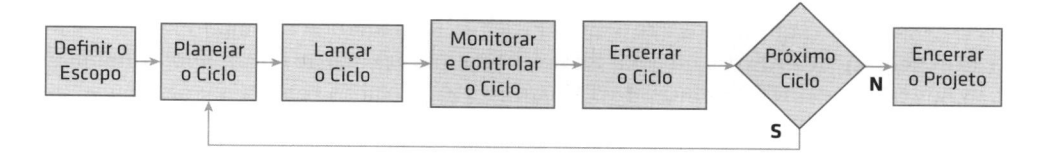

### 12.6.1 Características

As características de um modelo de CVGP Adaptativo eficiente são as seguintes:

- estrutura iterativa;
- planejamento *just-in-time;*
- projetos com missões críticas;
- desenvolve-se com as mudanças por meio de aprendizagem e descoberta;
- continuamente revisado e adaptado em função das mudanças nas condições do projeto.

#### 12.6.1.1 Estrutura iterativa

A estrutura de um modelo de CVGP Adaptativo gira em torno das iterações que foram concebidas para descobrir e desenvolver a solução completa. Cada modelo de CVGP Adaptativo encontra e define tal solução de modos diferentes.

#### 12.6.1.2 Planejamento *just-in-time*

Para todos os modelos de CVGPs Adaptativos, o planejamento está restrito à próxima iteração. Não são feitas especulações sobre o que poderia estar presente na solução e, portanto, não é realizado nenhum planejamento para tal. Isso seria uma potencial perda de tempo.

#### 12.6.1.3 Projetos com missões críticas

Em razão da complexidade e das incertezas associadas a um projeto Adaptativo, eles são considerados projetos de alto risco – e a este alto risco está associado alto valor de negócio. Esses projetos são executados porque sua conclusão bem-sucedida é crítica para a organização.

### 12.6.1.4 Desenvolve-se com as mudanças por meio de aprendizagem e descoberta

Aprendizagem e descoberta distinguem os projetos Adaptativos dos projetos Iterativos. A aprendizagem e a descoberta só podem ocorrer se o cliente estiver profundamente envolvido no projeto. Há uma dependência crescente nesse envolvimento à medida que percorremos o panorama de projetos no sentido dos projetos Adaptativos.

### 12.6.1.5 Continuamente revisado e adaptado em função de mudanças nas condições do projeto

Isso é essencial se quisermos que o modelo de CVGP mantenha o alinhamento em relação às necessidades do projeto, que sofrem mudanças em função do ambiente dinâmico em que tais projetos estão inseridos. A premissa implícita ao gerenciamento efetivo de projetos complexos é expressa na nota a seguir.

 **NOTA** Projetos são exclusivos e dinâmicos, e o modelo para seu gerenciamento efetivo também é.

Em outras palavras, não há nenhuma receita única para gerenciar com sucesso todos os tipos de projeto. E esse é o domínio dos cozinheiros. Mas você precisa ser um *chef de cuisine* se espera ser bem-sucedido no mundo dos projetos complexos!

## 12.6.2 Forças

As forças do modelo de CVGP Adaptativo são as seguintes:

- realinha continuamente o processo de gerenciamento de projetos para acomodar as mudanças nas condições de contorno do projeto;
- não perde tempo com trabalho que não gera valor agregado;
- evita todos os problemas relacionados ao processamento das solicitações de mudança de escopo;
- não perde tempo de planejamento com base em incertezas;
- oferece máximo valor de negócio dentro das restrições de tempo e custo.

### 12.6.2.1 Realinha continuamente o processo de gerenciamento de projetos para acomodar as mudanças nas condições de contorno do projeto

Na época em que escrevi este livro, a EPA era o único modelo de CVGP Adaptativo que fazia isso. Quanto menos se souber da solução, maior será a chance de que a escolha do modelo de CVGP não seja a mais adequada. Portanto, à medida que a solução se desenrola ao longo das iterações, a execução do projeto pode se beneficiar desde pequenos ajustes em seus processos de gestão até uma mudança completa de modelo de CVGP. Essa não é uma decisão insignificante, como discutiremos na seção de encerramento deste capítulo.

### 12.6.2.2 Não perde tempo com trabalho que não gera valor agregado

Esse é um dos princípios básicos do pensamento "enxuto" aplicado ao gerenciamento de projetos. É uma força essencial de todos os modelos de CVGPs Adaptativos.

### 12.6.2.3 Evita todos os problemas relacionados ao processamento das solicitações de mudança de escopo

Nos modelos de CVGPs Adaptativos, não há nenhum processo formal de gerenciamento de mudança de escopo. Ao contrário: aquilo que seria encarado como uma solicitação de mudança de escopo em um modelo de CVGP Linear ou Incremental é simplesmente uma observação no Banco de Escopo nos modelos de CVGPs Adaptativos. Aquele item é avaliado e priorizado juntamente com outras características e funcionalidades que ainda não foram integradas à solução. O melhor de tudo é que não toma tempo do trabalho da equipe. Está inserido no tempo de planejamento gasto entre os ciclos.

### 12.6.2.4 Não perde tempo planejando com base em incertezas

Ninguém consegue saber, com certeza, como será o futuro – então por que perder tempo tentando adivinhar como seria tal futuro e, depois, investir tempo planejando sobre essas adivinhações? Conheci muitos gerentes cujos projetos se adequariam claramente a um modelo GAP, mas eles forçaram o uso de um modelo GTP. Se adotou essa prática no passado, aceite um conselho: pare agora. Evitará muito sofrimento e falhas em seus projetos. Invista o seu tempo planejando a parte do projeto da qual tem certeza e deixe as incertezas para o futuro (você as resolverá oportunamente).

### 12.6.2.5 Oferece máximo valor de negócio dentro das restrições de tempo e custo

Ao término de cada ciclo, a equipe inteira do projeto fará considerações sobre o que ainda está faltando da solução e como isso poderia ser descoberto e integrado. Essas peças faltantes devem ser priorizadas tendo como base o valor de negócio e sua descoberta deve ser investigada. Portanto, cada ciclo termina com uma solução mais completa do que a do ciclo anterior e, naquele momento, portanto, a solução vigente é a que tem máximo valor de negócio. Se o projeto tiver de ser cancelado por qualquer razão, o cliente sairá com o melhor que poderia ter sido feito com o esforço, tempo e dinheiro gastos. Não é esse o caso quando se trata de qualquer projeto que use um modelo de CVGP Linear e da maioria dos projetos que use um modelo de CVGP Incremental.

## 12.6.3 Fraquezas do modelo de CVGP Adaptativo

As fraquezas do modelo de CVGP Adaptativo são as seguintes:

- é necessário que exista envolvimento significativo do cliente;
- não é possível identificar exatamente o que será entregue no final do projeto.

### 12.6.3.1 É necessário que exista envolvimento significativo do cliente

Você sabe que os modelos de CVGPs Iterativos se beneficiam das opiniões do cliente como entradas para as próximas iterações. Essas entradas são do tipo passivo. Você mostra algo ao cliente, ele concorda ou não concorda e você passa para a próxima iteração. Em um modelo de CVGP Adaptativo, esse envolvimento muda de passivo para ativo. A equipe de projeto inteira colabora no desenvolvimento da solução. A responsabilidade de sugerir a próxima versão da solução é compartilhada igualmente entre os membros do cliente e os membros desenvolvedores da equipe do projeto. Os clientes precisam estar completamente envolvidos e devem aceitar a responsabilidade pelo projeto em conjunto com a equipe de desenvolvimento. O envolvimento do cliente aumenta dependendo dos modelos de CVGPs Ágeis.

### 12.6.3.2 Não é possível identificar exatamente o que será entregue no final do projeto

Para os estudiosos dos Projetos Lineares e Incrementais, não saber o que será entregue é um grande problema. Nos primórdios dos projetos Ágeis, lembro-me claramente que os clientes diziam: "Você quer dizer que vou lhe dar uma quantia de dinheiro substancial em um determinado prazo, e não sabe me dizer o que vou receber?"

"É isso mesmo", eu respondia, "mas você receberá o maior valor de negócio que eu e você podemos entregar em troca dessa quantia e desse tempo. Você me procurou com um problema não resolvido, mas que tem de ser resolvido, e nós vamos fazer o melhor que pudermos para resolvê-lo, com o dinheiro e o tempo que está disposto a investir".

## 12.6.4 Quando utilizar um modelo de CVGP Adaptativo

Quanto menos você souber da solução, maior será a chance de que um modelo de CVGP Adaptativo seja necessário. Embora os modelos de CVGPs Iterativos pareçam ser iguais aos modelo de CVGP Adaptativo (compare a Figura 12.8 com a Figura 12.15), as aparências enganam, e muito. Nesse momento a EPA é o único modelo de CVGP Adaptativo que satisfaz as condições dessa categoria.

## 12.6.5 Estrutura de Projeto Adaptativo (EPA)

A EPA apresenta um modo inteiramente diferente de gerenciar projetos com missões críticas e cujas soluções são pouco definidas. A principal distinção é que a EPA é um modelo que pesquisa as soluções de maneira ativa, ao passo que todos os outros modelos de CVGPs Ágeis são basicamente passivos. Para eles, a descoberta da solução surge em vez de ser concebida por meio de iniciativas propriamente ditas. A EPA procura as partes da solução que estão faltando usando raias de prova que correm de maneira simultânea com as raias integradoras. Raias de prova são exclusivas da EPA e podem ser de diversos tipos. Tais raias serão discutidas mais adiante nesta seção.

A EPA é relativamente nova. Foi apresentada pela primeira vez em 2001. É um modelo com robustez industrial, concebido especialmente para o gerenciamento de projetos complexos. A EPA tem duas partes: "Organização do Projeto" seguida por "Execução do Projeto". O foco principal da Organização do Projeto é a elicitação dos requisitos e a escolha e adaptação do modelo de CVGP mais adequado para o caso. A Execução do Projeto é uma abordagem de cinco fases, concebida para descobrir e apresentar uma solução que entregue o máximo valor de negócio ao patrocinador e ao cliente. A Figura 12.16 (apresentada mais adiante neste capítulo) dá os detalhes dessas duas partes. Antes de apresentá-las, é necessária uma discussão preparatória. Eu gostaria de semear algumas ideias e conceitos, para que perceba e entenda a relevância da discussão que faremos mais adiante. Conforme apresentar os conceitos e práticas da EPA, peço que mantenha a mente aberta e não traga consigo velhas práticas e dogmas desgastados. A EPA pode abrir todo um novo mundo de possibilidades para você.

A EPA é robusta. Em termos simples, é um guarda-chuva que abriga todos os modelos de CVGPs como "casos especiais". Ao seguir essa estrutura, você pode escolher o CVGP mais adequado e adaptá-lo às características específicas do projeto e do ambiente interno e externo.

A EPA é dinâmica. Tanto os projetos como seus ambientes mudam conforme os projetos são executados. Essas mudanças geram a necessidade de revisitar o modelo de CVGP e verificar, a todo momento, qual é o mais adequado. O que fazia sentido no início pode não ser o mais adequado depois de algumas mudanças.

### 12.6.6 A equipe de projeto da EPA

A equipe de projeto da EPA compreende uma equipe do cliente e uma equipe de desenvolvimento. Para alguns projetos EPA, a equipe do cliente pode ser um único indivíduo com autoridade para tomar decisões. Para projetos EPA maiores, ela pode ter vários membros, de modo a cobrir os processos ou funções de negócio envolvidos. Os integrantes desta equipe podem mudar ao longo do ciclo de vida do projeto. A equipe do cliente deve ter um único representante com autoridade para tomar decisões e que desempenhará a função de cogerente durante todo o projeto. A equipe de desenvolvimento compreende os profissionais técnicos, que são responsáveis pela produção das entregas. Os integrantes da equipe de projeto provavelmente mudarão ao longo da vida do projeto embora, em geral, sempre haverá uma equipe central de desenvolvimento que permanecerá a mesma durante todo o projeto. A equipe de desenvolvimento terá um único representante com autoridade para tomar decisões e que atuará, também, como cogerente de projeto, lado a lado com o gerente da equipe do cliente.

Esses cogerentes compartilham, igualmente, o sucesso ou o fracasso do projeto e ambos devem ter autoridade para tomar decisões com respeito ao projeto. O seu projeto EPA ficaria seriamente prejudicado se, durante o projeto, o cogerente do cliente tivesse de obter aprovação dos executivos da organização para a qual trabalha. Esse modelo de "gerente de projeto" discutido aqui é exclusivo da EPA e é um fator crítico para o sucesso de projetos desse tipo. A característica mais importante desse modelo de gerenciamento é que ambas as partes são igualmente incumbidas e responsáveis pelo projeto. Utilizei essa estrutura por mais de 20 anos e ela funciona! Na minha experiência, muitos dos desafios da implementação não aparecem nesse modelo de propriedade conjunta.

A equipe de projeto EPA pode ser uma equipe muito especial. No panorama dos projetos complexos, seus membros são profissionais experientes que podem trabalhar sem supervisão. O projeto que estão desenvolvendo é complexo e repleto de muitas incertezas, portanto eles também têm de ser criativos se quiserem encontrar uma solução aceitável. Pessoas criativas são, em geral, muito independentes e, portanto, não gostam muito de trabalhar em equipe. Isso criará desafios de gerenciamento para os cogerentes. Junto com a criatividade desses técnicos, vem a necessidade de serem independentes e não algemados a restrições organizacionais e processos rígidos.

Vou utilizar os termos *equipe de desenvolvimento* ou *equipe do cliente* quando tal especificidade assim o exigir. Quando utilizar o termo *equipe de projeto*, estou me referindo à equipe completa, formada pela combinação da equipe do cliente e da equipe de desenvolvimento.

### 12.6.6.1 Raízes da EPA

A EPA teve seu início nos compromissos com dois clientes que avançavam de maneira simultânea e, por coincidência, tinham muito em comum. O meu primeiro compromisso era com um varejista que queria instalar quiosques em suas lojas. Os quiosques dariam as últimas informações sobre produtos especiais, a localização de produtos na loja e prestariam outros serviços ao cliente. O segundo era uma empresa de desenvolvimento de *software* que concebia e desenvolvia aplicações de Internet e intranet para seus clientes. O modelo de negócio desses clientes era definido mediante uma proposta de preço fixo e eles estavam perdendo dinheiro no panorama dos projetos complexos. Eles precisavam de um novo modelo de negócio.

Embora bem diferentes, esses dois projetos tinham uma característica em comum. Ambos sabiam qual era a meta final, mas nenhum dos dois sabia, detalhadamente, qual era a solução. A pergunta de ambos os projetos era: Como realizar o gerenciamento de tais projetos quando não era possível estabelecer nem uma Estrutura Analítica de Requisitos (EAR) completa, nem uma Estrutura Analítica do Projeto (EAP) completa, como bases para o plano do projeto? Ambas as organizações seguiam, mais ou menos, a tradicional abordagem linear do gerenciamento de projetos. Ambas percebiam que tal abordagem não resolveria o problema. Mas então, o que resolveria? Precisávamos de algo diferente. Esse foi o ímpeto para o desenvolvimento da EPA, que ocorreu ao mesmo tempo que o desenvolvimento dos próprios projetos. Ambos os projetos foram concluídos com sucesso e a EPA tornou-se uma realidade. Desde então, a EPA tem sido utilizada com sucesso em várias organizações diferentes. Tenho conhecimento de que ela é utilizada no desenvolvimento de novos produtos financeiros para uma grande seguradora, na concepção e gravação de comerciais e curta-metragens que utilizam computação gráfica, em P&D de novos produtos para uma fabricante de produtos de consumo, em pesquisa de medicamentos e em vários outros projetos.

Eu ainda considero a EPA uma obra em andamento e sua expansão e aprimoramento se dará por meio dos meus próprios compromissos de consultoria, bem como por experiências compartilhadas por outros. Tudo o que aprendi e descobri sobre a EPA, transformei em um livro, intitulado *Adaptive project framework*: *managing complexity in the face of uncertainty* (Addison-Wesley, 2010). Em certo sentido, o desenvolvimento da EPA é um projeto EPA.

### 12.6.6.2 O escopo é variável

No mundo dos projetos complexos, no qual frequentemente as soluções não são conhecidas no início do projeto, os patrocinadores farão um investimento (em geral em dinheiro, mas também pode ser em outro tipo de recurso, como, por exemplo, pessoal ou instalações) e fixarão uma data final para as entregas. As soluções são definidas em termos de requisitos de alto nível e do valor de negócio esperado. Os requisitos especificam "o quê" do projeto, mas não "o como". Este último pode ser encontrado por meio das iterações do projeto. Alguns requisitos e seus respectivos valores de negócio podem ser totalmente cumpridos, outros apenas parcialmente e ainda outros serão impossíveis cumprir. Portanto, considerando as restrições de tempo e orçamento, o gerente do projeto, em colaboração com seu cliente, trabalha para entregar o máximo valor de negócio. O que eles finalmente entregarão é uma incógnita, e isso significa que o escopo é variável.

Essa é uma realidade no panorama dos projetos complexos e exige que os patrocinadores e outros executivos da empresa mudem suas crenças e seus modos de pensar. A reação involuntária mais comum é: "Você quer que eu lhe dê uma grande quantia de dinheiro e alguns meses de prazo, mas não pode me dizer o que vou receber?" A melhor resposta seria: "Com a colaboração do cliente, vamos entregar o máximo valor de negócio que pudermos dentro do prazo e dos recursos que vocês pretendem investir".

### 12.6.6.3 O planejamento da EPA e *just-in-time*

Como o escopo é variável, o planejamento do projeto EPA assume todo um novo significado. O conceito básico que alicerça um projeto EPA é não planejar o futuro. O futuro é desconhecido – vamos deixá-lo assim. Parte da solução está no futuro e esperando para ser descoberta. Quando for descoberta, será integrada à solução. O planejamento EPA não tenta prever o futuro e planejar para isso. EPA não é um modelo passivo. Na verdade, tenta descobrir o futuro por meio do que denomino "iniciativas experimentais", porém falaremos disso mais adiante. Tentar prever o futuro é uma perda de tempo e simplesmente aumenta o trabalho que não gera valor agregado. O planejamento inicial é feito em alto nível, com base em funcionalidades. O planejamento GTP baseia-se em atividades e tarefas. Na EPA, o planejamento no nível micro é feito dentro de cada ciclo. Começa com uma EAR de nível intermediário baseada em componentes ou em funções e termina com uma EAP baseada em atividades e tarefas de nível micro. E acho que planejamento *just-in-time* é um bom nome para tudo isso. Uma frase importante para ter sempre em mente ao aplicar EPA é: "Se estiver com dúvida, não inclua!", significando que você incluirá em cada ciclo apenas o planejamento detalhado das atividades que claramente farão parte da solução final – isto é, em cada ciclo somente inclua em seu plano detalhado o que for entendido como um fato. Portanto, o planejamento é feito em segmentos *just-in-time*, nos quais um ciclo inclui trabalho cuja conclusão exigirá apenas umas poucas semanas de execução. Um ciclo é tão curto que, em geral, não cumprirá os requisitos de duração que permitiriam que fosse denominado um projeto. Portanto, embora utilize muitas das ferramentas, modelos e processos de uma abordagem mais tradicional, um ciclo é um artefato exclusivo de um projeto EPA.

### 12.6.6.4 Mudanças são esperadas

Diferentemente dos modelos de CVGPs Linear e Incremental, nos quais você considera um escopo fixo e espera que não aconteçam mudanças, os modelos de CVGPs Ágil e Extremo exigem mudanças para o projeto ser bem-sucedido. Nesses dois tipos de modelo, a mudança é o que leva ou à descoberta e à aprendizagem sobre funções, características e funcionalidades que estão faltando (modelos de CVGPs Adaptativos) ou a um foco mais claro para a meta (modelos de CVGPs Extremos). Duas métricas úteis a acompanhar o projeto ao longo da execução dos ciclos são o número de adições ao Banco de Escopo em cada ciclo e o número de adições que resultam em definição mais meticulosa da solução em cada ciclo. Essas métricas são discutidas mais adiante nesta seção.

A mudança em um projeto complexo é incentivada por meio da liberação frequente de produtos ou processos, de forma a solicitar opiniões que sirvam como insumos para tais mudanças. Sem esses insumos é muito provável que um projeto complexo fracasse. A colaboração e o envolvimento significativos da equipe do cliente são críticos para tal processo de mudança.

### 12.6.6.5 O contrato do projeto EPA

Essa é, talvez, a parte mais difícil de um projeto EPA que precisa ser justificada para gerentes cuja mentalidade está no mundo GTP. Em termos simples, um contrato de EPA diz que, com o envolvimento significativo do cliente, o contrato entregará o máximo valor de negócio dentro dos limites especificados pelas restrições de tempo e custo impostas pelo cliente. Ou, em outras palavras, o cliente não sabe exatamente o que será entregue no final do projeto, mas apenas que será o máximo valor de negócio possível e que ele, o cliente, representará um papel crítico na determinação daquele valor. Em troca do tempo e do dinheiro investidos, o cliente obterá a melhor solução possível com o conhecimento que sua equipe e a equipe de desenvolvimento têm da situação. Por fim, isso quer dizer que é necessário existir confiança e abertura entre a equipe do cliente e a equipe de desenvolvimento, bem como entre os cogerentes do projeto.

Lembre-se de que o projeto EPA tem de ser feito. Você não pode ficar esperando até que alguém descubra quais são os requisitos. Isso nunca acontecerá. Você tem de avançar com o projeto, mesmo que seja com base em informações incompletas. A sua expectativa é que a abordagem que escolheu revele as funções, características e funcionalidades que estão faltando e que o projeto possa entregar um valor de negócio aceitável.

### 12.6.6.6 Um projeto EPA é um projeto de missão crítica

Dado o que foi apresentado, é pouco provável que um projeto EPA não seja crítico para a organização. A situação é essa:

- a solução completa é desconhecida;
- o risco de não encontrar uma solução completa é alto;

- o sucesso do projeto é crítico;
- nenhum dos modelos de CVGPs lineares e incrementais funcionará;
- a EPA é o único modelo que oferece alguma esperança de encontrar uma solução aceitável ou parcial.

Portanto, embora a EPA possa não ser a bala de prata que espera encontrar, pode ser sua única alternativa. Uma abordagem EPA entregará o maior valor de negócio possível. Por meio de um esforço colaborativo entre a equipe do cliente e a equipe de desenvolvimento surgirá a melhor solução humanamente possível. Talvez não seja a solução perfeita, mas é o melhor que se podia fazer. A expectativa é que, mediante a experiência real da utilização da solução encontrada, se possa justificar, caso necessário, o desenvolvimento de outras versões aprimoradas.

### 12.6.6.7 O papel do cliente e do gerente de projeto em um projeto EPA

Na ausência de envolvimento significativo do cliente, seria uma tolice utilizar uma abordagem EPA. Na verdade, sem o envolvimento significativo do cliente, seria arriscado partir para qualquer projeto, independentemente do modelo a ser utilizado. Todo CVGP exige algum nível de envolvimento do cliente. Todavia, no caso de um projeto EPA, há muito mais a dizer sobre o papel do cogerente do cliente e sobre o papel do cogerente de desenvolvimento. A melhor maneira de trabalhar nessa situação é assumir que a responsabilidade de gerente do projeto é dividida entre os dois – eles se tornam dois cogerentes, porém com responsabilidades distintas.

Em um projeto EPA o gerente da equipe de desenvolvimento assume um papel mais de consultoria. Ele mantém a equipe do cliente no rumo dos caminhos viáveis e aconselha o cliente quanto à melhor escolha dentre os diferentes caminhos. Todavia, é o cliente que toma a decisão final entre o conjunto de alternativas. Alguns gerentes de projeto tradicionais terão dificuldade de aceitar esse papel. Em vez de estarem no comando, eles terão de compartilhar responsabilidades de liderança e tomada de decisões. Para alguns clientes, também será difícil aceitar esse papel. Em vez de acatar as decisões do gerente de projeto, eles terão de se envolver significativamente e tomar decisões. O sucesso ou o fracasso do projeto é compartilhado entre o gerente da equipe do cliente e o gerente da equipe de desenvolvimento.

Do lado do cliente, o papel de gerente do projeto é diferente daquele ao qual ele estaria acostumado. A primeira diferença, e que o gerente de projeto tradicional tem de se acostumar rapidamente, é o fato de que o gerente não está mais no comando do projeto – ao menos não sozinho. Agora ele compartilha tal responsabilidade com o cliente. Não existem mais acusações trocadas, afinal, ambos são responsáveis. Diferente, não é? Esse lado da responsabilidade do cliente é uma das forças da EPA. Ambos, o gerente do projeto e o cliente, têm interesse declarado no sucesso do projeto. O que antes teria sido um obstáculo ao sucesso da implementação cai no esquecimento.

A segunda diferença é que o cliente tem de estar disposto a se expor e dizer de maneira clara e franca quais são as suas opiniões. A relação dele com o gerente do projeto e com a equipe também tem de ser franca. Ele tem de sentir que faz parte da equipe e que é igual aos seus integrantes. Não pode mais dar a desculpa de que o projeto é de tecnologia e ele não entende nada de tecnologia. Esse é um projeto de negócio e ele tem tanto a dizer e tanta autoridade quanto qualquer outro membro da equipe do projeto. É perfeitamente possível criar uma grande sinergia entre duas partes com perspectivas totalmente diferentes do mesmo projeto. Descubra um modo de alavancar esse poder em favor da sua organização.

### 12.6.6.8 A EPA não é uma receita que deve ser seguida cegamente

Não estou no negócio da gastronomia. Você não encontrará aqui listas intermináveis de coisas a fazer em um Projeto EPA. Isso seria uma perda de tempo e o entusiasta do método EPA não perde tempo. Ao ler e estudar as páginas seguintes, você, no papel de cogerente de um projeto EPA, aprenderá como precisará começar a pensar no que está fazendo e como está trabalhando junto com o seu colega, também cogerente do projeto. Se algo que qualquer um dos dois estiver fazendo não tiver sentido, é provável que não tenha mesmo sentido e tenha de ser mudado ou então simplesmente não deva ser feito. Na qualidade de gerente adjunto de um projeto EPA você saberá como reconhecer essas situações e propor a mudança adequada. Para alguns gerentes de projeto tradicionais, ajustar-se a isso continua sendo difícil. Eles preferiríam não ter de pensar no que fazer – gostariam muito mais de apenas seguir uma receita. Quero que comece a pensar em criar uma receita com os ingredientes de que dispõe. Assim, será capaz de tomar as rédeas do projeto em vez de ser vitimado por ele.

Se precisa de uma receita para gerenciar o seu projeto, a EPA não é para você. O cogerente efetivo de um projeto EPA é um gerente experiente e de alto nível que não apenas domina um extenso conjunto de ferramentas, modelos e processos mas, o que é ainda mais importante, sabe quando utilizá-las, como utilizá-las e como adaptá-las – esse tipo de gerente adjunto de projeto é aquele *chef de cuisine* ao qual já me referi.

### 12.6.6.9 Por que precisamos da EPA?

A EPA oferece uma abordagem única para uma categoria de projetos que não é suprida pelas outras abordagens. Ela não foi criada para projetos de desenvolvimento de *software* e tem sido usada com sucesso em projetos para concepção e melhoria de produtos e processos, bem como em uma variedade de projetos de pesquisa e desenvolvimento. Esses são projetos de missão crítica, cujas soluções não são completamente conhecidas e só poderão ser manifestas ao longo da execução do próprio projeto. São projetos para os quais as abordagens GTP não funcionarão. São projetos que têm de ser desenvolvidos e, para tanto, é necessário descobrir um modo de fazer isso efetivamente. Você não tem escolha! Essa necessidade deu origem à EPA. Ela não é a única metodologia de gerenciamento ágil de projetos, mas é exclusiva no sentido de que foi arquitetada para qualquer tipo de projeto e não apenas para projetos de desenvolvimento de *software*, aos quais todas as outras metodologias Ágeis estão restritas. A utilização de cogerentes de projeto e de raias de prova são dois dos artefatos exclusivos de um projeto EPA e o distinguem de todos os outros modelos de CVGPs Ágeis.

A EPA gera muito mais valor de negócio se comparada a outras abordagens, conforme apresentado nas seções seguintes.

## 12.6.7 Projetos EPA sempre terminam mais cedo do que projetos GTP

Se fosse possível executar o mesmo projeto duas vezes – uma vez usando um modelo de CVGP GTP Linear e outra vez usando uma EPA – o projeto EPA terminaria mais cedo todas as vezes. A razão é óbvia. Como a EPA elimina todo o trabalho que não gera valor agregado (sim, é uma estrutura enxuta), ela tem menos a fazer do que projetos que adotam abordagens mais tradicionais. O tempo gasto em planejamento é um bom exemplo. Os modelos de CVGPs Linear e Incremental planejam o projeto inteiro e então, quando surgem mudanças e essas são aprovadas, o plano tem de ser refeito a partir do ponto da mudança até o final do projeto. Isso ocorre muitas vezes durante o projeto – o que significa que boa parte do trabalho de planejamento original passou a ser trabalho que não gerou valor agregado.[22] Quanto maior o número de mudanças aprovadas, mais aumentará a quantidade de trabalho que foi desperdiçado. A EPA não tem nenhum desses excessos de bagagem, portanto podemos garantir que terminará mais cedo do que as abordagens tradicionais.

## 12.6.8 Projetos EPA gastam menos do que projetos GTP

Trabalho que não gera valor agregado custa dinheiro. Há, no mínimo, o custo do trabalho referente ao tempo gasto em atividades de planejamento e tarefas que nunca serão executadas em razão de frequentes mudanças de escopo. No final, isso se traduz em desperdício de dinheiro.

## 12.6.9 A política de encerramento de projetos EPA é melhor do que a de projetos GTP

A maioria dos projetos GTP que encontram dificuldades ou fracassam são encerrados tarde demais porque, quando se percebe que o projeto não está produzindo os resultados desejados e deve ser encerrado, o orçamento e o tempo disponíveis estão quase acabando. Isso acontece porque as primeiras entregas são realizadas muito tarde no ciclo de vida do projeto. Grande parte do dinheiro e do tempo já foi gasta. Isso não ocorre com a EPA. Ela entrega o mais cedo possível e de maneira frequente. Se qualquer coisa estiver indo mal, será descoberta mais cedo do que em um projeto GTP. O Projeto EPA terminará antes de gastar qualquer tempo ou dinheiro desnecessariamente. Isso não quer dizer que o projeto não será executado. Significa que não será executado do modo como foi originalmente planejado. Será necessário alguma outra abordagem que use a EPA, e o tempo e o dinheiro poupados pelo término apropriado do projeto serão investidos na busca de uma solução em uma direção diferente.

---

22 NRT: o tempo investido planejando algo que foi modificado em uma etapa posterior acaba sendo um tempo desperdiçado em algo que não será utilizado.

## 12.6.10 O projeto EPA gera entregas com qualidade mais alta do que os do projeto GTP

O elevado nível de envolvimento do cliente em um projeto EPA significa que ele avaliará as entregas intermediárias ainda nos ciclos iniciais do projeto e terá uma oportunidade de ajustá-las. Portanto, a qualidade do produto final será melhor do que a de um projeto GTP.

Todos os projetos GTP sofrem com os efeitos das mudanças de escopo. A concepção inicial ficará comprometida em consequência das mudanças. Quanto mais frequentes as mudanças, mais a concepção ficará comprometida. A solução final do GTP, se é que haverá uma solução final, será uma solução remendada.

## 12.6.11 O projeto EPA entrega o máximo valor de negócio em relação ao tempo e ao custo investidos

O fato de um projeto EPA ser continuamente ajustado e redirecionado significa que tudo o que é entregue é necessário e tem a qualidade esperada pelo cliente. O cliente, em colaboração com você, decide o que entrará na solução em cada iteração. Entregas precárias ou que deixam a desejar não sobreviverão ao ciclo de vida de um projeto EPA. Se um projeto EPA for encerrado, no mínimo você terá uma solução parcial com algum valor de negócio.

## 12.6.12 Valores fundamentais da EPA

Como pode ver, a EPA é mais do que apenas uma estrutura. Ela representa uma maneira de pensar sobre os clientes e sobre como melhor atendê-los. O cliente é o centro das atenções em um projeto EPA. Ele controla a direção do projeto e determina onde o valor de negócio pode ser criado ou aumentado. O projeto EPA continua até quando o cliente desejar e aprovar. Esse modo de pensar está incorporado nos seis valores fundamentais descritos aqui. Esses valores fundamentais são imutáveis e devem ser praticados em todos os projetos EPA. Sem nenhuma exceção. Com o tempo, as equipes EPA serão reconhecidas pela prática visível de seus valores fundamentais. Eu já tive a oportunidade de trabalhar com equipes que recompensam periodicamente seus membros por adotarem os valores fundamentais da EPA acima e além do que o dever exigiria. Tal é a importância dos valores fundamentais.

### 12.6.12.1 Focada no cliente

Ao procurar um nome adequado para esse valor fundamental, "calçar os sapatos do cliente" sempre me vinha à mente. Ainda é uma parte operativa de estar verdadeiramente focado no cliente. Esse valor é o mais importante dos valores fundamentais. As necessidades do cliente devem sempre vir em primeiro lugar, desde que estejam dentro dos limites éticos das práticas de negócios. Esse valor jamais pode ser comprometido e isso vai além de simplesmente tê-lo em mente. É preciso que fique óbvio o exercício desse valor por meio das suas ações com seus colegas membros da equipe de desenvolvimento e em suas interações com todos os membros da equipe do cliente.

Uma atitude focada no cliente será uma mudança comportamental radical para os poucos gerentes de projetos que se apegam às velhas práticas. Tenho alguns clientes que fornecem documentos padronizados a seus clientes para que eles possam descrever o que querem e qual será o valor do negócio. Já vi perguntas como: Qual será o impacto que o sistema requisitado causará sobre outros sistemas? Não consigo imaginar o que eles esperam que seus clientes respondam. Alguns conseguem, mas suspeito que a maioria não. Outros reduzirão um pouco o incômodo ajudando o cliente a preencher o documento. É um pouco melhor, mas não o bastante. Essa abordagem ainda supõe que o cliente pode, de fato, dizer o que quer (ou, para sermos mais exatos, o que precisa). Poucos poderão, em razão da complexidade e da incerteza que permeiam os projetos de hoje. Todos os projetos simples já foram feitos, muitas vezes. Melhor seria discutir com o cliente sobre suas necessidades e, então forjar uma estratégia para seguir em frente.

Não pense que defendo a aceitação passiva de qualquer coisa que o cliente queira. Fazer isso seria quase não cumprir com o dever. Focar o cliente significa fazer muito mais do que ele pediu. Significa também que está protegendo os melhores interesses dele. Sob um espírito de franqueza, você tem a obrigação de contestar ideias, desejos e quereres sempre que achar que as circunstâncias exigem. A sua meta é maximizar valor de negócio para o cliente mesmo que tenha de repelir algumas das solicitações dele. Você tem de se responsabilizar pela solução tanto quanto o cliente. Qualquer outra coisa não será focar o cliente. Você tem de fazer a coisa certa pelas razões certas e sempre agir com honestidade e integridade.

### 12.6.12.2 Orientado pelo cliente

Um dos princípios orientadores do meu negócio sempre foi engajar o cliente de todos os modos possíveis. Eu quero que, além de se envolver significativamente, ele também sinta que está determinando a direção que o projeto está tomando. No limite, esse valor significaria que o cliente também assume o papel e as responsabilidades de gerente do projeto. Encontrei-me em tais situações apenas algumas vezes nos últimos 20 anos de consultoria e prática de gerenciamento de projetos. É uma experiência incrível! Exige a mudança total de um modo de pensar diretivo para um modo de pensar solidário. Tal situação extrema não acontecerá com muita frequência, mas há ocasiões em que ocorrerá. Como meio-termo, insisto em tentar um acordo efetivo com os meus clientes, que é utilizar cogerentes de projetos – um do lado do cliente e um do lado da minha organização. Tenho insistido nisso ao longo da minha carreira em gerenciamento de projetos. Nesse tipo de acordo, ambos os indivíduos compartilham igualmente o sucesso ou o fracasso do projeto. Fica claramente estabelecido que a propriedade do projeto é compartilhada. A minha própria prática com meus clientes me diz que esse é um ponto-chave para a implementação bem-sucedida. O cliente terá um interesse declarado no sucesso do projeto e fará o que for necessário para garantir tal sucesso. A reputação e a credibilidade do cliente estão em jogo tanto quanto a minha. Tenho certeza de que esse é um fator crítico de sucesso para um Projeto EPA bem-sucedido.

Para muitos clientes em organizações que ainda dão os primeiros passos na adoção da EPA, há uma curva de aprendizagem na qual terá de prestar atenção. O primeiro projeto EPA que executar com um cliente deve ser precedido por um seminário que, além de ajudá-lo a entender o que é a EPA e por que ela está sendo utilizada, também o ensinará qual deve ser o papel do cliente em um projeto EPA. Do segundo projeto em diante com esse cliente, você já pode esperar mais dele. A certa altura você pode até alçá-lo ao cargo de gerente do projeto e passar a agir como conselheiro, treinador e mentor. Ser o dono do produto em um projeto Scrum seria a etapa final no crescimento e desenvolvimento do cliente como membro contribuinte de uma equipe de Projeto Ágil.

### 12.6.12.3 Obtêm-se resultados incrementais mais cedo e mais frequentemente

No espírito da prototipagem, quando se trata de um projeto EAP você quer entregar uma solução operacional ao cliente tão cedo e tão frequentemente quanto possível. Essa entrega mais cedo é especialmente valiosa quando ainda existirem dúvidas de que as reais necessidades do cliente ainda não vieram à tona, apesar dos seus melhores esforços. A funcionalidade dos primeiros ciclos do projeto pode ser muito limitada mas, de qualquer modo, muito útil. Em alguns casos, a primeira iteração pode ser uma prova de conceito. Ela deve entregar valor de negócio, mesmo que seja com uma funcionalidade muito limitada. Isso dá ao cliente uma primeira ideia sobre as entregas finais. Dar ao cliente uma oportunidade de trabalhar com algo concreto é sempre melhor do que pedir a ele que reaja a algum conceito ou esboço geral desenhado em um guardanapo ou enterrado em uma longa e tediosa especificação funcional.

Entregar resultados mais cedo e de maneira frequente ajuda a criar um envolvimento significativo do cliente durante todo o projeto. Desperta um sentimento de posse por parte do cliente, o que é criticamente importante para o sucesso do projeto. Sem a participação significativa do cliente, um projeto EPA está condenado ao fracasso. Ele deve entender e você deve facilitar esse estado de coisas. Se não conseguir despertar tal envolvimento, utilize alguma outra abordagem. A EPA certamente não será o melhor caminho a seguir.

### 12.6.12.4 Questionamento e introspecção contínuos

Esse valor fundamental representa a franqueza e a honestidade que devem existir entre a equipe do cliente e a equipe de desenvolvimento. Ambas as partes devem se comprometer em tomar as melhores decisões de negócio possíveis, o que só poderá ocorrer com diálogo honesto e franco. É preciso deixar as personalidades de lado, se quisermos criar tal ambiente.

Desenvolver uma solução de maneira iterativa oferece a oportunidade para sermos criativos. Cria a oportunidade de ajustes à medida que mais características, funcionalidades ou funções de grande valor são descobertas. No decorrer da montagem do ciclo, ambas, a equipe do cliente e a equipe de desenvolvimento, devem sempre procurar melhorias na solução ou nas características e funcionalidades ofertadas. Examine ciclos anteriores e pergunte se o que foi feito era o melhor que poderia ter sido feito. Toda essa aprendizagem e descoberta serão capturadas no Banco de Escopo (consulte o Capítulo 6) e serão reunidas na Fase do Ponto de verificação do Cliente (discutida na seção **12.6.13 – Execução de projeto EPA**, mais adiante neste capítulo). É aqui que as equipes de projeto, sua e do cliente, propõem, discutem e aprovam esforços para os próximos passos no desenvolvimento da solução.

É preciso que exista um verdadeiro espírito de franqueza. Nenhuma das partes deve ter medo de oferecer ou contestar uma ideia ou o real valor de alguma entrega presente ou futura. Sempre digo às minhas equipes que, se algum dos membros da equipe teve uma ideia e não a compartilhou com o resto da equipe, na minha opinião isso equivale a não cumprir com suas obrigações. Há quem pense que esconder as informações e o conhecimento é uma fonte de poder. No projeto EPA é o beijo da morte! O mesmo vale para o cliente. A prática bem-sucedida desse valor fundamental depende fortemente da existência de um verdadeiro ambiente de equipe.

### 12.6.12.5 Mudar significa progredir para uma solução melhor

Um de meus colegas sempre diz: "Você será mais esperto amanhã do que é hoje". Ele está se referindo a melhorar as estimativas de duração de tarefas ao longo do tempo, mas seu comentário também se aplica à EPA. A Fase de Definição do Escopo da Versão começa com a definição pelo requerente e pelo prestador de serviços do que é necessário e do que será entregue por meio da elaboração das Condições de Satisfação (CDS) (consulte o Capítulo 4). Apesar de seus melhores esforços, tudo o que as duas partes fizeram até esse ponto é a melhor adivinhação que conseguiram sobre o que será feito. Pode ser que essa suposição seja muito boa ou pode ser que seja apenas uma suposição parcial – e isso não importa. O importante é que, trabalhando com entregas desde os primeiros ciclos, ambas as partes obterão um melhor quadro do que ainda pode ser entregue. Elas ficarão cada vez mais "espertas" como resultado de suas experiências com as entregas desde os primeiros ciclos. O resultado é que a solução será melhorada à medida que o projeto prosseguir nos ciclos futuros.

Embora entenda-se que são necessárias mudanças para se chegar à melhor solução, um número muito grande de mudanças envia uma mensagem muito diferente. Uma das métricas que aconselho os meus clientes a utilizarem é rastrear a frequência de solicitações de mudanças ao longo do tempo. A expectativa é que a solução esteja convergindo para a solução final, o que é evidenciado em um primeiro momento por um número crescente de solicitações de mudança de ciclo para ciclo e então por um número decrescente de solicitações de mudança, mais adiante no projeto. Se isso não estiver ocorrendo, existe a probabilidade de que o projeto não esteja convergindo para uma solução aceitável. Ao contrário, estará divergindo.

### 12.6.12.6 Não especule sobre o futuro

Sempre haverá a tentação de prever o futuro. Eu já vi esse pensamento invadir a equipe do cliente e as equipes de desenvolvimento, mas não por boas razões. Esse fenômeno costuma ser visto como inevitável e invade a EAP e outros aspectos do gerenciamento de projetos. Uma equipe EPA deve resistir a essa tentação. A EPA elimina todo trabalho que não agrega valor. Adivinhar o futuro apenas volta a adicionar no projeto trabalho que não gera valor agregado. Portanto, quando em dúvida, deixe de fora. A EPA foi concebida para gastar o tempo e o dinheiro do patrocinador na produção de valor de negócio em vez de em trabalho que não gera valor agregado.

 **NOTA** Quando em dúvida, deixe de fora.

Se estiver construindo a EAR ou a EAP e você ou o cliente estiver em dúvida sobre o que deve ser incluído, provavelmente estão utilizando a abordagem errada. A EAR de alto nível é o melhor insumo para decidir o modelo mais adequado de CVGP.

### 12.6.12.7 Uma visão geral do ciclo de vida da EPA

Agora já montamos o cenário para examinar a EPA pela primeira vez. A Figura 12.16 é uma representação gráfica das partes "Organização do Projeto" e "Execução do Projeto" da EPA. Em primeiro lugar, observe que a EPA, como todos os modelos de CVGPs Ágeis, é um processo iterativo. Você itera dentro de um ciclo e entre ciclos. Todo ciclo representa uma oportunidade de aprendizagem e descoberta para a equipe de desenvolvimento e para a equipe do cliente. A EPA foi desenvolvida e estruturada para aproveitar essas oportunidades. À medida que continuar a estudar cada fase, perceberá que definir o conteúdo do ciclo para aprendizagem e descoberta é a real força da EPA – é a força que a distingue de todos os outros modelos de CVGP.

**FIGURA 12.16  Ciclo de vida da EPA**

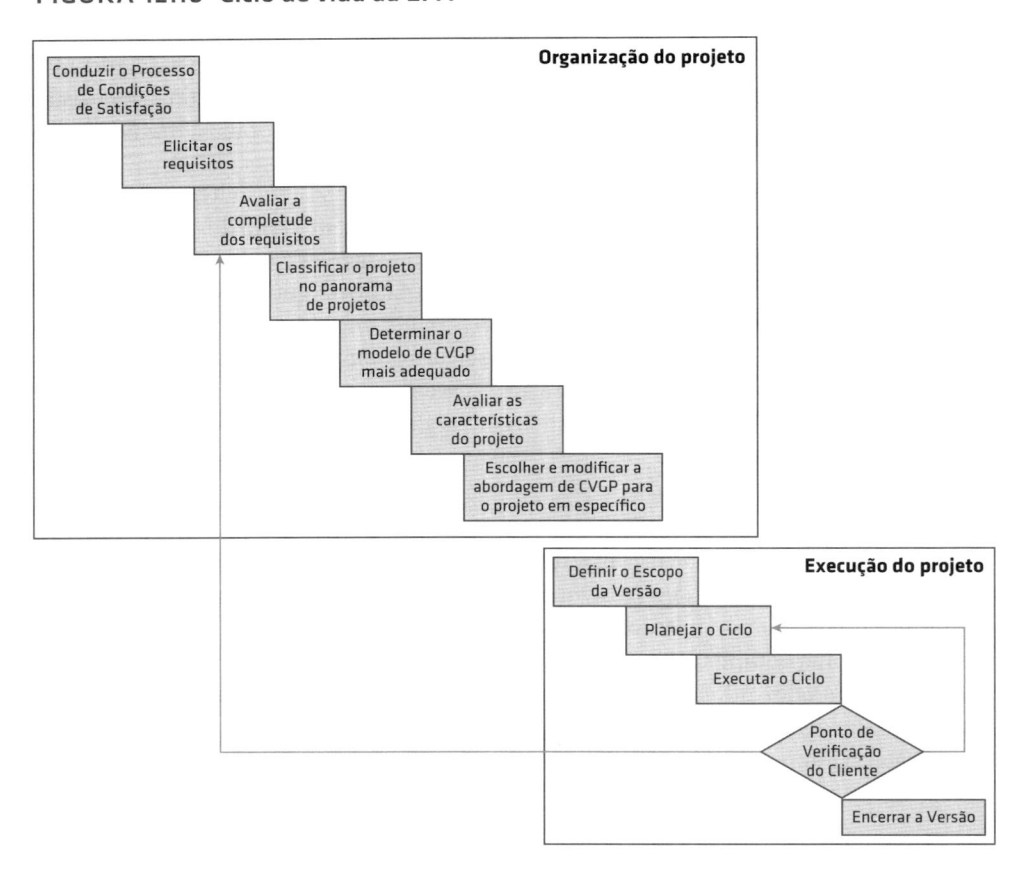

### 12.6.12.8 Organização do projeto EPA

A "Organização do Projeto" é uma parte exclusiva da EPA. É baseada na premissa de que a exclusividade do projeto guia a exclusividade do modelo de gerenciamento do projeto. Como mostrado na Figura 12.16, ela consiste no seguinte:

- conduzir o processo de Condições de Satisfação (veja Capítulo 4);
- elicitar os requisitos (veja Capítulo 4);
- avaliar a completude dos requisitos (veja Capítulo 4);
- classificar o projeto no panorama de projetos (veja Capítulos 1 e 2);
- determinar o modelo de CVGP mais adequado (veja este capítulo);
- avaliar as características do projeto (veja Capítulo 1);
- escolher e modificar a abordagem de CVGP para o projeto em específico.

Aqui, os fatores de definição serão:

- **as condições necessárias para apoiar o modelo de CVGP escolhido não estão presentes** – treinamento, treinamento e mais treinamento, em geral, resolverão esse obstáculo. Se o cliente for o problema, sugiro conduzir treinamentos em paralelo com Execução do Projeto e seminários alinhados a cada fase. Se a equipe for o problema, a solução de curto prazo é provavelmente terceirizar o trabalho das áreas nas quais estão faltando habilidades e competências;
- **o ambiente interno não apoia as necessidades do modelo de CVGP escolhido** – isso pode ser um problema sério para o avanço de um projeto complexo. O patrocinador, o cliente e outros executivos da empresa precisam estar cientes dos riscos potenciais dessa situação e das suas recomendações para mitigar esses riscos;
- **o ambiente externo é volátil** – projetos mais curtos e incrementos, iterações e ciclos com durações mais curtas são a melhor proteção contra os efeitos de mudanças no mercado.

## 12.6.13 Execução do projeto EPA

Agora que o CVGP mais adequado foi escolhido e adaptado às características do projeto e aos ambientes interno/externo, chegou a hora de executar o projeto. A Execução do Projeto é um processo robusto que inclui todos os modelos de CVGPs e quaisquer adaptações que tenham sido feitas como casos especiais. Mas tal execução não é um esforço estático. Observe o laço de realimentação que parte do Ponto de Verificação do Cliente, que está na Execução do Projeto, e vai até Avaliar a Completude de Requisitos, que, por sua vez, está em Organização do Projeto. Incluída no Ponto de Verificação do Cliente está uma revisão da solução atual no que diz respeito aos requisitos atuais e que pode resultar em uma mudança no modelo de CVGP e a possível escolha de outro mais adequado.

### 12.6.13.1 Definir o Escopo da Versão

Um Projeto EPA começa com a declaração de um problema ou de uma oportunidade de negócio. Esse início é o mesmo de um projeto GTP. Houve a demanda para desenvolver uma solução para o problema declarado ou para aproveitar a oportunidade de negócio. Nesse ponto, você não sabe ao certo qual é o tipo de projeto com que está lidando ou como poderia abordá-lo a partir de uma perspectiva metodológica. As CDS são discutidas entre o requerente e o prestador de serviços para definir com mais clareza o que é necessário e o que será feito para atender a necessidade em questão. Pode-se organizar uma sessão de Coleta de Requisitos e montar uma EAR. Ela é o insumo para decidir a qual categoria de gerenciamento de projetos o projeto em questão pertence: GTP, GAP, GEP[23] ou PEG.[24] Uma vez escolhida a categoria, as características do projeto são utilizadas para decidir qual modelo é o mais adequado. Apenas para esta seção, você descobre ou suspeita que a EAR não está completa, e que as funções, características e funcionalidades que estão faltando sugerem a adoção de uma abordagem GAP. Como escolheu EPA, então terá de redigir um documento de determinação de escopo, especificamente, um TAP. Basicamente, um TAP resume a CDS e a EAR, se qualquer uma delas estiver disponível. O TAP é um documento curto (em geral apenas uma página, e talvez um anexo) que contém as cinco seções seguintes:

- uma declaração do problema ou oportunidade (razão para executar o projeto);
- uma declaração de meta (o que, em geral, será feito);
- uma declaração dos objetivos (declarações gerais sobre como poderiam ser executados);
- os resultados quantificáveis do negócio (qual será o valor de negócio obtido);
- comentários gerais sobre riscos, premissas e obstáculos ao sucesso.

O segundo produto dessa fase é uma lista priorizada da funcionalidade solicitada e acordada nas CDS. A EAR contém essa informação. Ambas as partes reconhecem que essa lista pode mudar, mas nesse ponto do projeto, a lista reflete a melhor informação disponível – mesmo sabendo que, provavelmente, está incompleta. Ela poderá sofrer adições, eliminações e mudanças à medida que o projeto entrar em execução.

O terceiro produto dessa fase é a EAP de nível médio. Como a EAR está incompleta, a EAP também estará. Se já existir uma EAR, ela pode ser utilizada como ponto de partida para definir a EAP. A EAR especificará o que deve ser feito, e a EAP detalhará ainda mais a EAR para definir como será feito. Só para esclarecer, uma EAP de nível médio mostra a meta no nível 0, as funções principais no nível 1 e as subfunções no nível 2. Em geral, tal EAP teria dois ou três níveis de decomposição. O número de níveis não é importante. O importante é ter no mínimo um nível de decomposição no nível do trabalho para todas as funções, características e funcionalidades identificadas. Nesse ponto considera-se que detalhar mais a EAP não será útil. A razão para isso ficará mais clara na Fase Planejar o Ciclo.

O tradicionalista teria problemas com isso, porque toda a fundamentação do planejamento tradicional de projetos tem como base uma EAP completa. Defendo que o tempo gasto para criar uma EAP completa nesse estágio é, em grande parte, uma perda

---

23   NRT: Gerenciamento Extremo de Projetos (GEP), também chamado de Gestão Extrema de Projetos.
24   NRT: Gerenciamento de Projetos Emertxe (PEG).

de tempo. Porém, lembre-se mais uma vez: Por que planejar o futuro quando não sabe como ele será? Nesse caso, a parte que está faltando é que ainda não sabe como vai entregar a funcionalidade. Você sabe que a funcionalidade tem de ser entregue, e está usando tal informação para gerar a EAP de nível médio, mas não a EAP completa. Esta será gerada quando você souber o suficiente para gerá-la. Isso ocorrerá dentro de repetidas iterações das fases Planejar o Ciclo ➤ Executar o Ciclo ➤ Ponto de Verificação do Cliente. Você a gerará quando precisar dela, e não antes, e, ao gerá-la, saberá que está correta e não é uma adivinhação.

A quarta entrega dessa fase é uma priorização das variáveis que definem o triângulo de escopo (tempo, custo, disponibilidade do recurso, escopo e qualidade). Essa priorização será usada mais adiante como auxílio à tomada de decisões e à solução de problemas durante a fase de Construção do Ciclo.

### 12.6.13.2 Planejar o Ciclo

O TAP foi redigido e é apresentado em conjunto com uma lista priorizada de funcionalidades conhecidas e que o cliente e o gerente de projeto acreditam ser necessárias para aproveitar a vantagem da oportunidade de negócio ou resolver o problema do negócio. Faz-se, de maneira bem rápida, algum planejamento de alto nível para priorizar as funcionalidades em alguns ciclos com prazos predefinidos para desenvolvimento. A duração típica dos ciclos é de 2 a 6 semanas, e é documentada e acordada entre as duas partes – juntamente com a expectativa de tais definições poderem mudar à medida que o trabalho de projeto começar.

A Fase Planejar o Ciclo será repetida várias vezes antes da conclusão do projeto. A primeira Fase Planejar o Ciclo tem como entradas o TAP, o triângulo de escopo priorizado, a funcionalidade que será desenvolvida nesse ciclo, e a EAP de nível médio. A Fase Planejar o Ciclo subsequente também terá um Banco de Escopo como entrada.

Até aqui, discutimos conteúdos específicos (que serão tratados nos ciclos) relacionados à adição de detalhes à solução em evolução. Há um outro aspecto destes conteúdos que é igualmente importante. Imagine que um ciclo contém duas raias importantes. São sequências de atividades de construção que ocorrem em paralelo. Uma raia é dedicada à adição de mais detalhes à solução em evolução. São denominadas raias integradoras. A outra raia é dedicada a descobrir aspectos da solução desconhecidos até o momento em questão. São denominadas raias de prova. Podem existir várias ocorrências de cada um desses tipos de raia em uma única Fase Executar o Ciclo. Elas podem representar a busca de uma resposta para uma pergunta como: Será que esse é o modo de resolver aquela parte do problema? Ou, será que isso funcionaria?

Nas raias de prova você recorre à capacidade de solução de problemas e às competências criativas da equipe do cliente e da equipe de desenvolvimento. Nas raias integradoras, recorre às competências de implementação e processamento da equipe do cliente e da equipe de desenvolvimento. Conjuntos de competências diferentes serão necessários para cada tipo de raia. O desafio é montar uma equipe que tenha ambos os conjuntos de competências.

Eu não acho que esse exercício seja fácil. Definitivamente, não é. A maioria das dificuldades geralmente se origina do fato de que a equipe do cliente ou a equipe de desenvolvimento não aborda a nova priorização com a mente aberta. As pessoas tendem a se agarrar às suas ideias antigas e sofrem grandes pressões para desistir delas em favor de outras. Para serem bem-sucedidas com a EPA ambas – a equipe de desenvolvimento e a equipe do cliente – devem manter a mente aberta e não demonstrar orgulho de autoria sobre qualquer funcionalidade prévia já discutida.

Um dos maiores benefícios dessa abordagem é o envolvimento significativo e contínuo do cliente. É ele que toma decisões em todas as atividades que irão adiante. E faz isso com pleno conhecimento do que ocorreu até então e com o apoio colaborativo da equipe de desenvolvimento. Ele entende como pode-se obter valor de negócio por meio de mudanças em funcionalidades, e tem autonomia para decidir sobre isso. A presença dele será uma lembrança constante para a equipe de desenvolvimento sobre os aspectos e valor do negócio que estão fazendo e quais mudanças devem ser incorporadas para proteger tal valor de negócio. Esse envolvimento do cliente é um ponto muito importante a lembrar. Garante que o que for eventualmente construído vai, certamente, satisfazer às necessidades do cliente.

### 12.6.13.3 Executar o Ciclo

Ao contrário do que você poderia pensar, o planejamento da execução do ciclo é uma operação de baixa tecnologia. Embora você certamente possa utilizar ferramentas de *software* de gerenciamento de projetos automatizadas, percebi que um quadro branco, anotações adesivas e canetas marcadoras têm exatamente a mesma eficiência. Realmente reduz consideravelmente a manutenção de um arquivo de projeto e permite que a equipe foque no trabalho que gera valor agregado. Esse conselho pode soar como heresia aos ouvidos de quem é aficionado por *softwares* de gerenciamento de projetos, portanto, permitam-me explicar. A duração do ciclo geralmente fica dentro de 2 a 6 semanas. Haverá várias pequenas equipes (uma pequena equipe típica será composta por um *designer* e um ou dois desenvolvedores), cada uma dessas equipes trabalhando em paralelo, mas independentemente, em funcionalidades separadas. Cada uma dessas pequenas equipes planejará como o ciclo será executado nessa fase e então conduzirá a execução do ciclo na fase seguinte. Tendo como base essa descrição, apenas um mínimo de esforço de planejamento faz sentido.

O esforço de planejamento do ciclo poderia ser mais ou menos assim:

1. sob a orientação e aconselhamento da equipe do cliente, extraia da EAP as atividades que definem as características e funcionalidade que serão executadas e construídas nesse ciclo;
2. decomponha a EAP extraída até o nível das tarefas;
3. estabeleça as dependências entre essas tarefas;
4. reparta as tarefas em grupos significativos e aloque equipes para cada um dos grupos;
5. cada equipe desenvolve uma programação de suas atividades em nível micro, com alocações de recurso para o término de suas tarefas dentro do prazo de desenvolvimento do ciclo e das restrições orçamentárias.

Não é gerado nenhum caminho crítico que precisará ser calculado ou gerenciado. A raia de mais longa duração é o caminho crítico. Preste atenção nela! O ciclo é tão curto que, se forem feitas muitas análises e planejamento, acabará resultando em paralisia e, pior de tudo, em trabalho que não gera valor agregado. Adote a abordagem *low tech* e lhe garanto que funcionará muito bem aqui. Você não precisa abarrotar o ciclo com trabalho que não gera valor agregado. O esforço inteiro pode ser planejado em um quadro branco, notas adesivas e canetas marcadoras. Uma sala de crise exclusiva pode ser bem útil (uma sala com cerca de 30 metros quadrados já é suficiente). A equipe conseguirá apresentar seus planos, programações de trabalho, Banco de Escopo, Registro de Questões e assim por diante, e realizar suas reuniões, tanto as diárias de 15 minutos, como as reuniões semanais de *status* com o cliente e sessões de solução de problemas nesta sala.

Em seguida, passamos para a produção de um plano detalhado para produzir a funcionalidade alocada para esse ciclo. O trabalho no ciclo começa e é monitorado em toda a sua duração e, quando necessário, são feitos ajustes. O ciclo termina quando o tempo acaba. Qualquer funcionalidade não concluída nesse ciclo é reconsiderada e novamente priorizada para consideração posterior. O prazo do ciclo nunca muda depois do início da Fase Executar o Ciclo.

A primeira atividade da Fase Executar o Ciclo é encerrar a programação do ciclo e alocação de recursos. Com tudo o que é necessário para a execução disponível e com a equipe devidamente alinhada, o trabalho começa. Cada membro da equipe tem uma lista de tarefas diárias e informa os *status* das tarefas ao fim de cada dia. Quaisquer variações são detectadas rapidamente e são acionados planos de ação para corrigir tais desvios. Nada escapa à atenção do cogerente do projeto por mais do que um dia de trabalho. Cria-se um Banco de Escopo para registrar todas as solicitações de mudança e ideias para melhorias funcionais. Um Registro de Questões armazena todos os problemas e rastreia os *status* das soluções.

### 12.6.13.4 Ponto de Verificação do Cliente

Sem dúvida, esta é a fase mais importante da EPA. Nessa fase, a equipe do cliente e a equipe de desenvolvimento se reúnem e avaliam o que foi realizado, o que foi descoberto e aprendido ao longo do ciclo que acabou de ser concluído e o que deve ser feito no próximo ciclo. A equipe do cliente e a equipe de desenvolvimento executam uma revisão conjunta da qualidade das características e funcionalidades produzidas no ciclo recém-finalizado. O resultado é comparado com os requisitos e com a parte que tal resultado ocupa na solução final. Ainda é avaliado como o resultado contribuiu para a meta geral de máximo valor de negócio. Se necessário, são feitos ajustes ao plano de alto nível e ao próximo ciclo de trabalho. A sequência Planejar o Ciclo ➤ Executar o Ciclo ➤ Ponto de Verificação do Cliente é repetida até que o orçamento ou o prazo para esta versão se esgote, ou até o projeto ser encerrado porque não há convergência para uma solução aceitável ou até chegar a uma solução aceitável para essa versão, quando então não há mais necessidade de se trabalhar no projeto.

A Fase Ponto de Verificação do Cliente é uma revisão crítica que ocorre após o término de cada Fase Executar o Ciclo. Durante a Fase Executar o Ciclo, ambas, a equipe do cliente e a equipe de desenvolvimento serão beneficiadas pelos diversos episódios de descoberta e aprendizagem. Surgirão variações da funcionalidade da versão; serão sugeridas abordagens alternativas para a entrega de certas funcionalidades e ambas as equipes aprenderão por meio do seu contínuo envolvimento com a outra equipe. Uma sinergia definitiva se desenvolverá entre as duas equipes. Tudo isso deve ser considerado em conjunto com a funcionalidade que tinha sido originalmente alocada para o próximo ciclo. O resultado é a priorização revisada de funcionalidades para o próximo ciclo. A coisa mais importante a lembrar é não especular em relação ao futuro. Para o próximo ciclo, priorize somente as funcionalidades que tem certeza de que estarão na solução final. Essa nova lista priorizada será a entrada para as decisões sobre as raias integradoras do ciclo seguinte. A aprendizagem e a descoberta oriundas da Fase Executar o Ciclo que acabou de ser concluída, será entrada para decidir sobre as raias de prova do próximo ciclo. Os recursos disponíveis e os requisitos de recursos das raias de prova e integradoras ditarão o conteúdo do próximo ciclo.

### 12.6.13.5 Encerrar a Versão

Durante a Fase Definir o Escopo da Versão, você desenvolveu resultados de negócios mensuráveis em discussões com o cliente, que, por sua vez, se tornam a principal justificativa para a execução do projeto. Considere esses resultados como critérios de sucesso. Isto é, o empreendimento terá sido considerado um sucesso se, e somente se, esses resultados forem alcançados. Em muitos casos, esses resultados não podem ser medidos mesmo depois de algum tempo da conclusão do projeto. Considere o caso do projeto que causa impacto sobre a participação de mercado. Esse impacto não ocorrerá no dia seguinte, é claro. Pode ocorrer vários trimestres depois, mas o período de tempo também faz parte da declaração de critérios de sucesso.

O final do projeto é caracterizado pelo término dos recursos financeiros e da janela de tempo alocados para essa versão. Pode ser que alguma funcionalidade planejada não tenha sido concluída. Ela será arquivada no Banco de Escopo para ser considerada na próxima versão. O principal foco da Revisão Pós é verificar como você se saiu em relação aos critérios de sucesso, documentar o que aprendeu e que será útil na próxima versão, e começar a pensar nas funcionalidades para a próxima versão.

O mix de funcionalidade que a equipe do cliente e a equipe de desenvolvimento acreditam ser o melhor está inserido na solução. O projeto acabou. As entregas estão instaladas e a solução está pronta para a produção. Nesse estágio, é preciso responder três perguntas:

1. O resultado esperado do negócio foi realizado?
2. Do que aprendemos, o que pode ser utilizado para melhorar a solução?
3. Do que aprendemos, o que pode ser utilizado para melhorar a efetividade da EPA?

O resultado do negócio foi o fator utilizado para justificar a razão da execução do projeto, em primeiro lugar. Se foi alcançado, registre o sucesso na caderneta de anotações. Se não foi, determine o porquê. Há algo mais que poderia ter sido feito para alcançar o resultado desejado? Se houver, isso será uma das entradas para as especificações funcionais da próxima versão. Caso contrário, encerre o projeto imediatamente. Não há nenhuma necessidade de gastar mais dinheiro com algo que não deu certo.

Há também uma lição a aprender. Se você trabalha com escopos de projetos limitados, acontece a situação de falha em alguns projetos e não existe nenhum modo de salvá-los; ao menos terá reduzido a perda financeira desses projetos fracassados. A alternativa seria empreender em projetos maiores, porém existe o risco de perder muito dinheiro. Se houver um modo de descobrir logo no início que um projeto não entregará o que prometeu, reduza as suas perdas. A mesma lógica funciona de ciclo a ciclo. Se perceber logo no início que uma versão não funcionará, acabe com ela e poupe o tempo e o dinheiro que seriam aplicados em ciclos futuros. O GTP só perceberia que um projeto não funcionará depois de ter gasto quase todo o dinheiro, o que poderia provocar grande insegurança e distúrbio na hora de encerrá-lo. Em geral, o que se pensa e diz é: "Afinal, já investimos tanto dinheiro nesse projeto que não podemos simplesmente acabar com ele. Vamos tentar salvá-lo". Certamente uma atitude que custará caro e será desnecessária!

## 12.7 MODELO DE CVGP EXTREMO

Enquanto os modelos de CVGPs Ágeis são utilizados em projetos cujas soluções não são completamente conhecidas, os modelos de CVGPs Extremos se aplicam a projetos cujas metas e soluções não são completamente conhecidas. Muitas vezes a meta de um Projeto Extremo nada mais é do que um estado final desejado. Poderia ser alcançável, mas talvez não do modo como está declarado. Uma vez que não há nenhuma solução conhecida na partida, a capacidade de atingir a meta também não é conhecida. Em um Projeto Ágil, a solução converge por meio de aprendizagem e descoberta durante as iterações. Em um projeto Extremo ambas, a meta e a solução, convergem para uma meta e solução finais – o que pode ou não resultar no estado final desejado ou no valor de negócio esperado. É óbvio que o risco associado a um projeto Extremo é muito mais alto do que o associado a um Projeto Ágil. A Figura 12.17 ilustra o modelo de CVGP Extremo.

**FIGURA 12.17** Modelo de CVGP Extremo

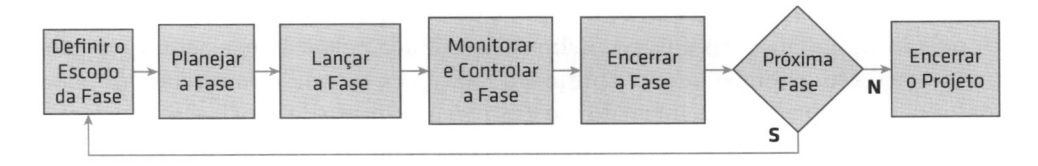

### 12.7.1 Características

O melhor modo de definir um projeto Extremo é considerar suas características, que são discutidas nas seções seguintes. Essas características despertarão o medo no coração da maioria, se não de todos os gerentes de projetos. Não se iluda, projetos Extremos são extremamente desafiadores. Muitos serão cancelados antes de concluídos. Quando concluídos, o resultado pode não refletir o que achava que entregariam. E ainda há a questão do valor de negócio que entregam. É possível que tenha encontrado uma solução que custa dez vezes mais do que o problema que deu origem a ela. Em outras palavras, a meta real alcançada pode ser muito diferente da meta originalmente imaginada. Essa é a natureza dos projetos Extremos, e é aqui que começo a investigar como o GEP se aplica a eles.

#### 12.7.1.1 Alta velocidade

Os tipos de projeto adequados ao GEP são revolucionários, inovadores, críticos para o futuro de uma organização e, como se não bastasse, muito importantes para seus patrocinadores. Isso significa que se precisa dos resultados o mais rapidamente possível. Rápido é bom, e se o seu projeto puder manter esse passo, amanhã estará por aí falando dele. Vagaroso é ruim, e se esse for o passo do seu projeto, logo estará procurando outra coisa para fazer da sua vida. Chegar ao mercado rapidamente é um fator crítico em todos os empreendimentos de negócios que serão resolvidos por projetos extremos.

#### 12.7.1.2 Alta quantidade de mudanças

A incerteza com relação à meta ou à solução significa que no decorrer do projeto ocorrerão aprendizagem e descoberta, exatamente como nos projetos EPA. Todavia, isso acontece com mais regularidade e frequência em projetos GEP do que em projetos EPA. As mudanças em projetos EPA podem ser consideradas menores, em comparação com os projetos GEP. As mudanças em um projeto Extremo podem inverter completamente a direção do projeto. Em alguns casos, elas podem até significar o cancelamento do projeto atual e o início de dois ou mais projetos que têm como base a aprendizagem e a descoberta anteriores. Por exemplo, Projetos de P&D são projetos Extremos, e uma descoberta em um ciclo que percorre as cinco fases pode fazer com que a equipe e o cliente mudem para uma direção totalmente diferente a partir do próximo ciclo.

#### 12.7.1.3 Alto grau de incerteza

Como um Projeto Extremo é inovador e orientado a pesquisa, ninguém sabe realmente o que encontraremos mais adiante. A direção escolhida pelo cliente e pela equipe de projeto pode ser completamente oposta em relação ao que deveriam estar fazendo, mas ninguém sabe disso no início do projeto. E mais, o prazo de conclusão do projeto Extremo não é conhecido. O custo para concluir um projeto Extremo também não é conhecido. Resumindo, haverá muita tentativa e erro e muitos falsos começos e projetos extintos.

## 12.7.2 Forças

As forças do modelo de CVGP Extremo são as seguintes:

- mantém as opções abertas o maior tempo possível;
- oferece uma visão antecipada de várias soluções parciais.

### 12.7.2.1 Mantém as opções abertas o maior tempo possível

Você não quer perder nenhuma chance de encontrar uma solução em meio a todas as opções que está investigando. Qualquer ideia que gerar uma raia de prova deve ser trabalhada até não haver nenhuma possibilidade de que ela possa contribuir para a solução. No planejamento de um Projeto Extremo, a equipe de projeto discutirá e pesquisará a fundo as soluções ou componentes de solução possíveis e priorizará as opções. Começando no topo da lista, a equipe lançará Raias de Prova para ampliar a busca. Eliminar uma possível solução nesse ponto significa que ela será substituída por uma opção de menor prioridade. E você não vai querer fazer isso, a menos que tenha a mais absoluta certeza de que a possível solução é, de fato, inviável.

### 12.7.2.2 Oferece uma visão antecipada de várias soluções parciais

Todas as opções que foram priorizadas estão sendo consideradas. Uma delas pode gerar uma ideia para várias outras que ainda não estão na lista de prioridades. Lembre que está em busca de uma solução que até agora mostrou-se incerta. Se a solução fosse tão simples, já teria sido descoberta.

## 12.7.3 Fraquezas

As fraquezas do modelo de CVGP Extremo são as seguintes:

- existe chance de estar procurando por soluções nos lugares errados;
- não há nenhuma garantia de que as entregas do projeto vão gerar algum valor de negócio.

### 12.7.3.1 Existe chance de estar procurando por soluções nos lugares errados

As primeiras fases são críticas. Se conseguir eliminar legitimamente todas as opções priorizadas, então deve finalizar o projeto e iniciar outro em uma nova direção.

### 12.7.3.2 Não há nenhuma garantia de que as entregas do projeto vão gerar algum valor de negócio

Mesmo que encontre uma solução e esclareça a meta que a solução deve satisfazer, ainda assim o projeto pode falhar. A solução pode satisfazer uma meta que não tem valor de negócio suficiente, ou pode ser demasiadamente cara para a meta que satisfaz.

### 12.7.4 Modelos específicos de CVGPs Extremos

Que eu saiba, só existem dois modelos. Ofereço o meu próprio, denominado Inspire. O outro é o desenvolvido por meu colega Doug DeCarlo em *eXtreme project management: using leadership, principles and tools to deliver value in the face of volatility* (Jossey-Bass, 2004).

#### 12.7.4.1 Modelo Inspire de CVGP extremo

Por sua própria natureza, um Projeto GEP não é estruturado (veja a Figura 12.18). Projetos GEP e GAP são ambos variações do mesmo tema: aprendizagem e descoberta da solução por meio de iterações, ciclos ou fases sucessivas que levam o projeto adiante. O modelo Inspire de CVGP Extremo é uma ideia que adaptei a partir do modelo de Projeto Flexível (*Flexible Project*) apresentado em 2000 por Doug DeCarlo em seu *eXtreme Project Management Workshop*. Como a Figura 12.18 ilustra, Inspire consiste em quatro estágios, que denominei INiciar, eSPecular, Incubar e REvisar[25] (por consequência, o acrônimo Inspire).

**FIGURA 12.18 O modelo Inspire de CVGP Extremo**

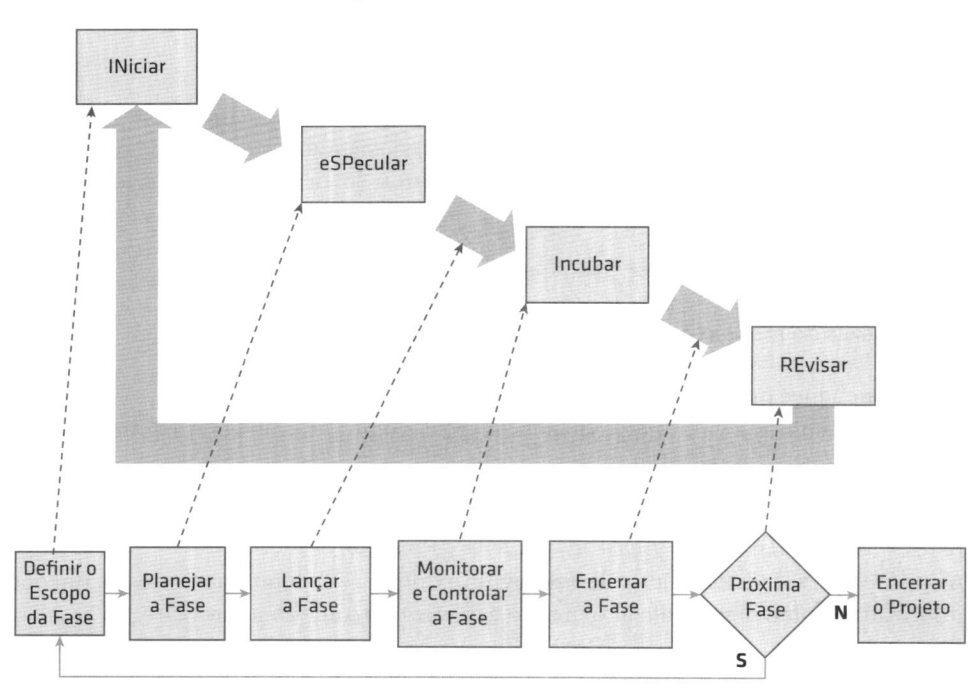

O Inspire é uma abordagem iterativa, exatamente como todos os modelos de CVGPs Adaptativos. A iteração no modelo Inspire ocorre em um número não especificado de fases curtas (em geral uma a quatro semanas) em busca da solução para alguma meta. Ela

---

25  NdoRT: em inglês, a sequência de estágios fica *INitiate, SPeculate, Incubate and REview.*

pode encontrar uma solução aceitável, ou pode ser cancelada antes de chegar a qualquer solução. Distingue-se dos modelos GAP no sentido de que a meta é desconhecida ou, na melhor das hipóteses, alguém tem uma vaga noção do que ela consiste. Um cliente desses poderia dizer: "Eu saberei quando a vir". Isso não é nenhuma novidade para o gerente de projetos experiente – eles já ouviram essa frase muitas vezes antes. Não obstante, cabe ao gerente do projeto encontrar a solução (com a ajuda do cliente, é claro).

Há mais uma outra distinção entre os modelos GAP e o modelo Inspire no sentido de que o Inspire requer um envolvimento maior do cliente dentro das fases e entre elas, ao passo que os modelos GAP exigem o envolvimento do cliente entre ciclos. A pesquisa de medicamentos dá um bom exemplo de projeto Extremo. Suponha, por exemplo, que a meta é descobrir a cura para o resfriado comum. Esse é um projeto muito aberto. Restringir o projeto a um orçamento fixo ou a um prazo fixo não faz absolutamente nenhum sentido. É mais do que provável que a equipe de projeto comece escolhendo alguma direção ou direções para as investigações na esperança de que as descobertas e resultados intermediários consigam fazer as duas coisas seguintes:

- cada fase encerrada apontará em uma direção mais informada e produtiva para as próximas fases. Em outras palavras, o Inspire inclui experiências de aprendizagem e descoberta da mesma maneira que os modelos Ágeis;
- mais importante de tudo, o agente financiador entende que essa aprendizagem é potencialmente recompensadora e decidirá continuar com o suporte financeiro.

Não há nenhum triângulo de escopo restritivo no Inspire como há no GTP e projetos GAP. Lembre-se de que projetos GTP e GAP têm restrições significativas de prazo e financiamento. "Levar um homem à Lua e trazê-lo de volta em segurança até o final da década"[26] é uma declaração bem específica. E tem uma regra de interrupção embutida. Quando o dinheiro ou o prazo acabar, o projeto também acaba. O Inspire também tem regras de encerramento, mas elas são muito diferentes. As duas regras de encerramento do Inspire são as seguintes:

- a primeira regra diz que o projeto acaba quando uma solução é encontrada. Se a solução suportar uma meta que tenha valor de negócio suficiente, o projeto é considerado um sucesso e a solução é implementada. Se a solução não apoiar uma meta que tenha valor de negócio suficiente, o projeto é considerado um fracasso, e temos de voltar à prancheta para mais uma tentativa (talvez);
- a segunda regra diz que o projeto está encerrado quando o patrocinador não estiver mais disposto a prosseguir com o financiamento. Ele poderia retirar o financiamento porque o projeto não está fazendo nenhum progresso significativo – não está convergindo para uma solução e meta aceitáveis. Em outras palavras, o projeto é encerrado. Fracasso!

As próximas seções dão uma olhada de alto nível nos quatro componentes do Inspire.

---

26   NRT: aqui o autor faz referência ao histórico discurso do presidente estadunidense John F. Kennedy, no congresso dos Estados Unidos, em 25 de maio de 1961, justificando os investimentos necessários para avançar com o programa espacial daquele país. De fato, no final da década, em 20 de julho de 1969, os astronautas Neil Armstrong e Buzz Aldrin alunissaram com sucesso. Esta frase de Kennedy é utilizada como um clássico exemplo de declaração de meta para um empreendimento.

## INiciar

INiciar é uma mistura de vender a ideia, estabelecer o valor de negócio do projeto, levantar e examinar possíveis abordagens, formar a equipe, embarcar todos na aventura e despertar o entusiasmo da equipe com relação à empreitada que está prestes a ser iniciada. Essa é, definitivamente, a hora de montar equipes e criar fortes relações de trabalho com o cliente.

Nesse ponto, alguém tem uma ideia para um produto ou serviço e está propondo que um projeto seja instituído para investigar e produzir aquele produto ou serviço. Antes de lançar qualquer projeto, é preciso convencer os executivos da empresa de que vale a pena prosseguir com a ideia proposta. O ônus da prova cabe ao requerente, que terá de demonstrar e documentar que será gerado valor de negócio ao empreender o projeto. O TAP, que você utilizou em ambos os projetos GTP e GAP, é a documentação que recomendo para vender a ideia. Todavia, a versão do TAP para o Inspire é um pouco diferente.

## Definição da meta do projeto

Diferentemente da meta de um Projeto Ágil, a meta de um projeto Extremo não é muito mais do que uma visão geral de um estado futuro. "Eu saberei quando a vir" é praticamente a única declaração possível da meta do projeto, dada a sua natureza vaga no momento em questão. Ela tem todas as características de uma aventura cujo destino é apenas vagamente definido. Você tem de entender que a meta de um projeto Extremo se revela no decorrer do ciclo de vida do projeto. Não é algo que consiga planejar para alcançar – ao contrário, é algo que você e o cliente descobrirão ao longo do caminho. Esse processo de descoberta é excitante. Despertará todos os sentidos criativos que a equipe de desenvolvimento e a equipe do cliente poderiam invocar. Vamos comparar isso com a meta de um Projeto Ágil. Em um Projeto Ágil a meta é conhecida – é a solução que evolui gradualmente à medida que o projeto se desenrola. Em geral, o cliente é mais diretivo em um projeto Inspire, ao passo que a equipe é mais diretiva em um Projeto Ágil.

Nesse estágio inicial, qualquer definição da meta do projeto deve ser uma visão do futuro. Nesse ponto, seria bom discutir como o usuário ou cliente das entregas utilizarão o produto ou serviço. Não seja tão restritivo. Mantenha as suas opções abertas (ou "mantenha a pólvora seca", como um dos meus colegas diria). Visualizar o estado final é um exercício de criatividade e imaginação, como algumas outras situações nesse tipo de projeto. Não rejeite nenhuma ideia que poderia ser útil mais adiante.

## Termo de abertura do projeto Inspire

Um exemplo ajudará a fundamentar algumas dessas novas ideias. Suponha que o projeto é para descobrir a cura para o resfriado comum. Como discutidos em capítulos anteriores deste livro, o TAP é um documento crítico em ambas as abordagens GTP e GAP. Também é crítico em projeto GEP. Todavia, como a meta é conhecida nos projetos GTP e nos projetos GAP, mas não é conhecida em projetos GEP, haverá algumas diferenças no TAP. Um exemplo irá ilustrar apropriadamente essas diferenças. A Figura 12.19 é o TAP do projeto para descobrir a cura do resfriado comum.

As seguintes breves descrições dos elementos da TAP do modelo Inspire o ajudarão a entender as diferenças entre esse tipo de TAP e o TAP utilizado em projetos GTP ou GAP.

# FIGURA 12.19 TAP do projeto para encontrar a cura para o resfriado comum

| TERMO DE ABERTURA DO PROJETO | Nome do projeto Projeto de Prevenção do Resfriado Comum | Projeto N. 02 – 01 | Gerente do projeto Carrie de Cure |
|---|---|---|---|

**Problema/Oportunidade**
Não existe prevenção para o resfriado comum.

**Meta**
Descobrir um modo de evitar a ocorrência do resfriado comum.

**Objetivos**
1. Descobrir um aditivo alimentar que evitará a ocorrência do resfriado comum.
2. Alterar o sistema imunológico para evitar a ocorrência do resfriado comum.
3. Definir um programa de dieta e exercícios que evitará a ocorrência do resfriado comum.

**Critérios de sucesso**
A solução deve ser efetiva para pessoas de qualquer idade.
A solução não deve causar nenhum efeito colateral prejudicial.
A solução deve ser economicamente acessível.
A solução deve ser aceita pelas agências reguladoras.
A solução deve ser fácil de obter.
A solução deve criar uma oportunidade de negócio lucrativa.

**Premissas, riscos, obstáculos**
Assumimos que o resfriado comum pode ser evitado.
Assumimos que a solução não terá efeitos colaterais.

| Preparado por Earnest Effort | Data 14-2-2013 | Aprovado por Hy Podermick | Data 16-2-2013 |
|---|---|---|---|

- **Declaração do problema ou oportunidade**

  Nada de incomum aqui. É uma declaração muito simples de um problema que atormenta os prestadores de serviços de saúde e as mães desde a aurora da civilização.

- **Declaração da meta**

  Esse projeto em particular faz uma conjetura abalizada (ou talvez audaciosa) de que poderá estabelecer uma barreira de prevenção à ocorrência do resfriado comum. Diferentemente das declarações de meta em projetos GTP e GAP, nenhum prazo é especificado, o que não faria nenhum sentido para um projeto de pesquisa como esse.

- **Declarações de objetivo**

  Essas declarações de objetivo identificam as direções gerais que o esforço de pesquisa tomará. Observe que o formato não está de acordo com as características S.M.A.R.T. definidas no Capítulo 4. Na maioria dos casos, essas declarações de objetivos darão alguma orientação inicial sobre as direções que a equipe pretende seguir. Diferentemente dos projetos GTP e GAP, essas declarações de objetivos não são um conjunto de objetivos necessários e suficientes. O cumprimento bem-sucedido não garante que a meta seja atingida. Na verdade, alguns deles, inclusive, podem ser descartados com base na aprendizagem e na descoberta ainda nas fases iniciais. Assuma que eles são apenas guias que indicam uma direção inicial para o projeto. Como a meta não é claramente definida, você não pode esperar que as declarações de objetivos desempenhem o papel que desempenham em projetos GTP e GAP.

- **Critérios de sucesso**

  O que dissemos sobre a declaração de meta serve como uma luva para quaisquer critérios de sucesso, portanto essa parte do TAP poderia ser deixada em branco. Nesse caso, você definiu limites às características de uma cura aceitável. Critérios de sucesso são uma medida quantitativa do atingimento da meta, e você não sabe qual é a meta final em um Projeto GEP.

- **Premissas, riscos e obstáculos**

  Não há nenhuma diferença entre projetos GEP, GTP e GAP quando se trata desta seção. O teor das declarações dadas no exemplo representa premissas. Ocorre que ter de declarar essas premissas é da natureza desse tipo de projeto. Já vimos como o risco aumenta à medida que o seu projeto avança ao longo do contínuo certeza-incerteza. Alguns desses riscos serão registrados nessa seção do TAP.

- **Determinação de prazo e custo de um projeto**

  Ao contrário de um projeto GAP, um projeto Inspire não é restringido por limites de prazo ou custo. É melhor pensar nos parâmetros de tempo e custo como algo que dá à equipe de projeto uma ideia das expectativas do cliente. Seria como se o cliente dissesse algo assim: "Eu gostaria de ver algum resultado dentro de $N$ meses, e estou disposto a investir até uma quantia $X$ para que vocês entreguem tal resultado". Na realidade, em cada estágio REvisar toma-se a decisão de continuar ou encerrar o projeto. Essa decisão não está necessariamente ligada aos parâmetros de prazo e custo dados anteriormente pelo cliente. Na verdade, se ocorrer um progresso excepcional na direção de uma solução, então o cliente poderá até afrouxar os parâmetros de tempo ou de custo (ou ambos). Em outras palavras, se o progresso até a data em questão for promissor, é possível que o cliente disponibilize mais tempo e/ou mais dinheiro para a equipe.

- **Determinação do número de fases e duração das fases**

  No início é aconselhável adotar fases muito curtas. Lembro-me de um projeto GEP cujas primeiras poucas fases eram muito exploratórias. Com a colaboração do cliente, estávamos procurando uma direção viável. No caso desse projeto, a duração de algumas das primeiras fases era de um a três dias. Nas fases iniciais testam-se novas ideias e muitas serão rejeitadas. Provas de conceito podem fazer parte das primeiras fases iniciais. A equipe não deve se comprometer com atividades e tarefas complexas logo no início. Conforme a equipe aprimorar seu senso de direção, a duração da fase pode ser aumentada. Especificar a duração das fases e o número de fases logo no início serve apenas para alinhar as expectativas sobre como e com que frequência o estágio REvisar será executado. Toda vez que ocorrer o estágio REvisar, a duração e talvez o número das fases remanescentes poderão mudar para se adequar à situação. Em um projeto exploratório, seria um erro atrelar a equipe e o cliente a fases que não estão relacionadas às realidades do projeto. Lembre-se de que a flexibilidade é a chave para um Projeto Inspire bem-sucedido. O comprimento do ciclo e da iteração em um projeto GAP são mais estáveis do que o comprimento da fase em um projeto GEP.

- **Compromissos no triângulo de escopo**
  Apesar do fato de o Inspire não ser estruturado, é importante determinar as prioridades das variáveis no triângulo de escopo. À medida que o trabalho de projeto começa e os problemas surgem, qual variável ou variáveis o cliente e a equipe estão dispostos a comprometer? Como discutimos no Capítulo 1, as variáveis em qualquer projeto são as seguintes:

  - escopo;
  - qualidade;
  - custo;
  - tempo;
  - disponibilidade de recursos;
  - risco.

No Capítulo 1, você viu a matriz de classificação do triângulo de escopo que repetimos aqui por conveniência (Figura 12.20).

Ela mostra quais dessas variáveis têm menos probabilidade de serem comprometidas. Qual preferiria comprometer primeiro se a situação assim o justificasse? A resposta deve depender do tipo do projeto. Por exemplo, se o projeto envolver o desenvolvimento de pesquisas para descobrir a cura para o resfriado comum, a qualidade será o fator menos provável de ser comprometido e o tempo poderia ser o primeiro a ser comprometido. Mas e se soubesse que um concorrente está trabalhando no mesmo projeto? O tempo ainda seria a primeira variável a comprometer? Provavelmente não. O custo poderia tomar o seu lugar, porque agora o tempo para chegar ao mercado é um fator crítico de sucesso.

## FIGURA 12.20 Variáveis do triângulo de escopo priorizadas

| Variável \ Prioridade | Crítica (1) | (2) | (3) | (4) | Flexível (5) |
|---|---|---|---|---|---|
| Escopo | | | | X | |
| Qualidade | | | X | | |
| Tempo | X | | | | |
| Custo | | | | | X |
| Disponibilidade de recursos | | X | | | |

O escopo é uma variável interessante em projetos Extremos. Considere novamente o exemplo da descoberta da cura para o resfriado comum. E se você soubesse, hipoteticamente, que a concorrência também está procurando a cura para o resfriado comum, e que ser a primeira a chegar ao mercado é muito importante? Em uma fase anterior, a equipe não descobriu a cura para o resfriado, mas um aditivo alimentar que interrompe o resfriado no estágio de desenvolvimento em que se encontra. Em outras palavras, o resfriado não ficará pior do que está se o aditivo for utilizado. A descoberta antecipada também é muito promissora no sentido de que poderia se transformar na cura que está procurando, mas precisa de tempo para explorá-la. Você sente que levar tal resultado ao mercado agora pode lhe dar uma barreira estratégica à entrada, provocar uma hesitação momentânea na concorrência e lhe dar algum tempo para continuar em busca da meta original. Portanto, o escopo é reduzido no projeto atual, e conduzido a um final bem-sucedido. Um novo projeto será contratado para continuar no caminho descoberto no projeto anterior.

### eSPecular

Esse componente define o início de uma nova fase e sempre começará com uma sessão de *brainstorming*. A entrada para o processo será uma tela em branco ou o resultado do ciclo INiciar ➤ eSPecular ➤ Incubar ➤ REvisar anterior. Em qualquer caso, a equipe do projeto, o cliente e o usuário final do produto ou serviço devem participar da sessão de *brainstorming*. O objetivo dessa sessão é explorar ideias e identificar direções alternativas para a próxima fase INcubar. Como um projeto Inspire tem uma natureza fortemente exploratória, nenhuma ideia deve ser negligenciada. Pode-se seguir diversas direções em paralelo na próxima fase. Duração da fase, entregas e outros artefatos de planejamento também são definidos no estágio eSPecular.

---

**SERVIÇO DE ENTREGA RÁPIDA DE PIZZAS (SERP): SUBSISTEMA DE LOGÍSTICA**

O subsistema de Logística é muito complexo. Embora talvez não pareça óbvio à primeira vista, a complexidade começa com a declaração da meta. É provável que preferisse uma declaração de meta que dissesse algo sobre o tempo transcorrido entre a entrada do pedido e o atendimento final do pedido. Você quer minimizar esse tempo? É isso que o cliente da pizzaria certamente tem em mente. Ou preferiria minimizar o tempo transcorrido entre o instante em que o pedido estiver

pronto para entrega e o instante em que a pizza é realmente entregue? É isso que o SERP certamente tem em mente para a entrega de um pedido de qualidade. A escolha do modelo de CVGP a
ser utilizado está entre a EPA e o Inspire. Qualquer um dos dois funcionará muito bem. A escolha
pode depender da abordagem com a qual o cliente se sinta mais confortável.

A palavra *especular* evoca uma reflexão aprofundada, a execução de uma auditoria criteriosa sobre as diversas alternativas, a escolha de uma ou mais dessas alternativas, e então simplesmente confiar na sorte. É quase certo que estará dizendo para si mesmo: "Eu queria saber se isso vai funcionar". É disso que o estágio eSPecular do Inspire trata.

### Definir como o projeto será executado

O sentido de direção inicial que a equipe adota na primeira fase de um projeto Inspire pode variar consideravelmente. Uma boa abordagem é utilizar os objetivos declarados no TAP como guia. O TAP pode ser atualizado continuamente para refletir a visão corrente do projeto, e suas declarações de objetivos podem servir de guia para o que será feito. Em fases posteriores, a equipe e o cliente terão o benefício da aprendizagem e da descoberta que aconteceram nas fases anteriores. Pelo bem da didática, quero tratar essas duas situações separadamente. Nesta seção do capítulo, suponha que está planejando a primeira fase.

### Condições de Satisfação

As CDS foram descritas detalhadamente no Capítulo 4 e não as repetiremos aqui. Embora sejam uma ferramenta que resulta em uma entrega exigida pelo GTP e pelo GAP, sua utilização no GEP é opcional. As CDS perdem seu valor à medida que a meta se torna cada vez mais imprecisa. Se o cliente tiver apenas uma vaga ideia da meta, por mais que se discutam as necessidades e entregas, não será possível esclarecer a situação para qualquer uma das partes – os outros artefatos de planejamento descritos no texto a seguir podem ser mais úteis no estágio eSPecular da fase inicial.

Se preferir utilizar as CDS em seu projeto Inspire, pense nelas mais como um processo de *brainstorming*. A equipe de projeto e o cliente podem investigar ideias ao longo do processo de geração de uma lista do que será feito nessa fase.

### Priorização de requisitos

A coleção de cenários, histórias e casos de utilização promove a percepção dos requisitos que as entregas devem cumprir. Para o cliente, é muito mais fácil priorizar essa coleção do que priorizar os requisitos. A priorização é a próxima etapa do estágio eS-Pecular. Há diversos modos de produzir uma lista priorizada dos itens que constam na coleção realizada.

Apresentamos a seguir outros aspectos da priorização que precisam ser considerados:

- uma abordagem de compromisso poderia envolver o agrupamento dos itens com base na relação que eles têm com funções específicas e então priorizá-los entre as funções e dentro das funções. Nesse caso a estratégia seria alocar todos os itens relacionados a uma função específica para uma subequipe, de forma que ela possa avaliar e desenvolver o respectivo pacote. Várias subequipes poderiam estar ativas em qualquer fase dada;

- dependendo de quão boa é a compreensão da meta, poderia ser sensato planejar o estágio inicial eSPecular de modo a possibilitar a investigação do máximo de opções e alternativas possíveis. A estratégia aqui é eliminar as alternativas menos promissoras já no início em vez de mais adiante no projeto. Isso permite a concentração dos recursos em abordagens cujas probabilidades de sucesso são mais altas;
- onde adequado, pode ser considerada a utilização de protótipos como parte da entrega ou como a própria entrega da primeira fase. A estratégia aqui é priorizar itens da coleção ou funções sem gastar muito tempo no desenvolvimento da entrega real. Familiarizar o cliente com o protótipo pode render informações suficientes para habilitar não apenas uma redução no número de itens na coleção, mas também revisar a priorização de itens ou funções promissoras. Um bom exemplo é uma aplicação empresa-consumidor (*business-to-consumer* – B2C) típica. O protótipo mostrará os vários modos que o cliente pode interagir com a aplicação. Ao examinar o produto, o cliente acrescenta ou elimina alguma coisa da coleção enquanto experimenta como seria interagir com a aplicação real.

Pense na primeira ou na segunda fase como exploratórias em sua natureza. O propósito dessas fases é descobrir as direções que demonstram ser promissoras e focar as fases posteriores nelas.

### Identificação das entregas da primeira fase

Depois que a priorização foi realizada, chegou a hora de decidir quanto daquela lista priorizada será executado na fase inicial. Lembre-se de que é melhor ter fases mais curtas na parte inicial do projeto, o que sugere limitar as entregas da primeira fase para um escopo de trabalho de uma ou duas semanas.

 **NOTA** Ao adotar essa abordagem, você mantém o interesse do cliente em alta, o que é importante. Projetos GAP seguem essa mesma estratégia. Tão logo o cliente esteja totalmente engajado no projeto, as fases posteriores podem ser alongadas.

Como os recursos da sua equipe são limitados, você terá de enfrentar a questão da profundidade *versus* a abrangência das entregas. Em outras palavras, seria melhor expandir a abrangência para acomodar mais funções não se aprofundando em nenhuma até uma fase posterior? Defina detalhes suficientes em cada função, nessa fase inicial, para ter uma percepção melhor de como cada função deve evoluir. Às vezes basta um exame superficial para perceber que uma determinada função não fará parte da solução final. Esse exame superficial permite que evite o trabalho que teria sido gasto em uma função que acabará sendo descartada, e, por consequência, permite gastar mais tempo em trabalho importante.

### A decisão prosseguir/não prosseguir

Como a fase inicial pode ser puramente exploratória, o patrocinador deve ter uma oportunidade de julgar a robustez do plano da fase inicial e decidir se faz sentido continuar. É plenamente possível que a ideia original do cliente não possa ser entregue com a abordagem adotada na primeira fase, e, assim, a primeira fase o levaria a decidir que, afinal, a ideia não faz nenhum sentido. Então é preciso partir para alguma outra abordagem que, no momento em questão, ainda não é conhecida. Os pontos de decisão prosseguir/não prosseguir ocorrerão no final de cada fase. É mais provável que as decisões de interromper um projeto ocorram nas primeiras fases do que em fases posteriores. É de se esperar que fases posteriores se beneficiem de resultados anteriores, que sugerem que a direção do projeto é viável e que ele deve prosseguir.

## Planejamento para fases posteriores

Fases posteriores terão o benefício do resultado do estágio REvisar, que dará subsídios ao planejamento das atividades que ocorrerão no estágio eSPecular que virá em seguida. Cada estágio REvisar produzirá uma visão e uma definição mais claras da meta. Essa visão mais clara se traduz em redirecionamento do projeto, que se traduzirá em uma nova lista priorizada de entregas para o estágio Incubar, que vem em seguida. A lista de entregas com a nova priorização pode conter entregas de fases anteriores que não foram concluídas, entregas que ainda não passaram pelo estágio Incubar e entregas que são novas no projeto, originadas da aprendizagem e descoberta que ocorreram no estágio Incubar mais recentemente concluído. Seja qual for o caso, a lista revisada e priorizada de entregas é levada em consideração quando a equipe planejar o que fará no estágio Incubar que virá na sequência. Está agora na mesma posição em que estava no primeiro estágio esPEcular. Então, o que vem em seguida é a alocação das entregas nas subequipes, a programação do trabalho que será realizado e a designação de quem o executará.

## Incubar

Incubar é a versão Inspire da Fase Executar o Ciclo da EPA. Existem várias similaridades entre os dois modelos, bem como algumas diferenças. Considere os seguintes pontos:

- mesmo que o estágio Incubar tenha uma lista priorizada de entregas que deverão ser produzidas nessa fase, o método Inspire ainda deve manter o espírito de exploração. É uma experiência de aprendizagem e descoberta que surge dessa exploração e que pode resultar em correções no meio da fase. Isso não aconteceria em um projeto EPA;
- de forma contrária, um projeto EPA se beneficia da aprendizagem e descoberta à medida que executa a Fase Planejar o Ciclo, mas, depois, não varia em relação ao plano gerado. A aprendizagem e a descoberta são entradas para o Ponto de Verificação do Cliente, e é nesse ponto que ocorrem revisões no plano.

Esses pontos refletem uma importante distinção entre o Inspire e a EPA. Subequipes, trabalhando em paralelo, executarão o plano desenvolvido no estágio eSPecular anterior. O ambiente tem de ser muito aberto e colaborativo para este estágio ser bem-sucedido. As equipes devem compartilhar ideias e momentos de descoberta e aprendizagem – a descoberta e a aprendizagem de uma equipe podem provocar descobertas e aprendizagens nas outras equipes. Esse tempo não se limita apenas à execução de um plano; é um tempo de exploração e intercâmbio dinâmico. Deve-se esperar correções no meio das fases com a colaboração do cliente, à medida que as subequipes aprendem e fazem descobertas em conjunto. É provável que dessas experiências de aprendizagem e descoberta também surjam novas ideias e um redirecionamento ou o esclarecimento da meta.

## Designação de recursos

O estágio Incubar começa com a alocação dos membros da equipe a cada uma das entregas que foram priorizadas para essa fase. A designação deve ocorrer como um exercício de equipe. O envolvimento da equipe é importante em razão da natureza exploratória do Inspire. Os membros da equipe precisam expressar seus interesses em uma ou mais entregas e compartilhar suas ideias com seus colegas de equipe. Esse tempo de alocação também pode ser uma oportunidade para os membros da equipe recrutarem outros que compartilhem os mesmos interesses e gostariam de desenvolver a entrega com eles. O gerente do projeto não deve deixar passar a oportunidade de criar sinergia entre os membros da equipe que tenham interesses semelhantes, bem como entre as subequipes que trabalharão em paralelo em entregas diferentes. Qualquer oportunidade de criar um ambiente de trabalho colaborativo só aumentará as chances de sucesso da equipe. Então, você perceberá a importância de uma equipe GEP trabalhar de maneira colocalizada. O entusiasmo gerado pelo compartilhamento espontâneo de ideias só pode ocorrer em equipes GEP que trabalham no mesmo local.

## Estabelecimento de um plano de fase

Com suas posições já determinadas e suas tarefas já decididas e distribuídas, as subequipes podem planejar como produzirão as entregas a elas alocados. Decidir como uma equipe produz as entregas é exatamente a mesma coisa que discutimos no Capítulo 5. Na verdade, muitas das ferramentas discutidas nesse capítulo podem ser utilizadas aqui para ajudar a estabelecer um plano de fase com igual efetividade. Por exemplo, o Capítulo 5 apresenta o plano de fase como um diagrama sequenciado por tempo em um quadro branco que mostra a programação diária do que será feito e quem o fará.

> **NOTA** Todavia, nunca esqueça as diferenças de um plano de fase no método Inspire. Nele, a equipe tem de estar pronta para mudanças em qualquer hora. Frequentemente a exploração levará a equipe até um ponto em que uma mudança de direção faz sentido. Quando essas situações surgem, a equipe precisa colaborar com o cliente e decidir como ir em frente.

## Produção colaborativa de produtos

A colaboração é a própria essência do Inspire e a colaboração entre subequipes é praticamente obrigatória. O exemplo que demos anteriormente é um desses casos ilustrativos. Eu já comentei neste capítulo a natureza exploratória de um projeto Extremo. Como o projeto é exploratório, ninguém tem a chave da solução. Até a meta é, de certa forma, elusiva. Isso significa que a meta e a solução só podem ser obtidas por meio de um sólido esforço de equipe – um esforço colaborativo. Há uma grande semelhança entre projetos Inspire e *brainstorming*. Uma ideia pode não ter muito valor quando analisada individualmente. Todavia, se combinada com uma ou mais outras ideias, de repente, surge valor. Equipes colocalizadas possibilitam essa troca. A citação de Estill I. Green, antigo vice-presidente do Bell Telephone Laboratories, no início do Capítulo 11, é relevante aqui: "É claro que nenhum grupo, como entidade, pode criar ideias. Só indivíduos podem fazer isso. Todavia, um grupo de indivíduos pode, mutuamente, estimular a criação de ideias".

## REvisar

O estágio REvisar no Inspire é muito semelhante à Fase do "Ponto de Verificação do Cliente" na EPA. Toda a aprendizagem e descoberta do estágio Incubar recentemente concluído é reunida em outra sessão de *brainstorming*. Durante o estágio de REvisar, a equipe de projeto compartilhará suas respostas a perguntas, por exemplo, as seguintes:

- O que você aprendeu?
- O que você pode fazer para aprimorar a obtenção da meta?
- Quais novas ideias surgiram e devem ser perseguidas?
- O que você deve fazer na próxima fase?

A decisão mais importante é se o projeto continuará ou não. Essa é uma decisão que cabe ao cliente. Os resultados, até agora, atenderam as expectativas dele? O projeto está indo na direção de uma solução aceitável? Essas respostas determinarão se o projeto passa para a próxima fase ou é cancelado. A EPA e o Inspire compartilham esse ponto de decisão prosseguir/não prosseguir ao término de cada fase. A probabilidade de uma EPA resultar em cancelamento é menor porque sabe-se muito mais da solução. Ao contrário, o Inspire é de uma natureza tão exploratória e baseada em pesquisas, que a probabilidade de cancelamento é muito maior.

Cada fase de um projeto Inspire termina com uma revisão do estágio Incubar recém--concluído. É uma reunião à qual comparecem o cliente e a equipe de projeto. A finalidade do estágio REvisar é refletir sobre o que acabou de acontecer e o que foi aprendido e descoberto. A saída desse processo é a definição das atividades da próxima fase.

### Aplicação da aprendizagem e descobertas advindas da fase anterior

Logo no início da sequência de fases, o cliente e a equipe devem esperar descobertas significativas e grandes redirecionamentos dos esforços futuros. À medida que o projeto passa para as fases posteriores, o escopo das mudanças deve diminuir porque a equipe de projeto deve estar convergindo para uma meta mais claramente definida e para uma solução aceitável de como alcançá-la.

 **NOTA** Essa parte do processo Inspire é diferente da EPA. Na EPA, a meta sempre esteve claramente definida – é a solução que se torna cada vez mais clara com a passagem por cada ciclo da EPA. Em uma fase Inspire ambas, a meta e a solução, ficam mais claras.

### Revisão da meta do projeto

A primeira coisa a ser realizada pelo cliente e pela equipe do projeto é revisitar a declaração de meta que veio do estágio REvisar anterior. Faça as seguintes perguntas:

- O que aconteceu no estágio Incubar recentemente concluído?
- Quais são as novas informações que você tem?
- Quais abordagens você eliminou?
- Qual nova descoberta sugere uma mudança na direção e na definição da meta?
- Você está convergindo para uma meta mais claramente definida e que tem valor de negócio?

Essa revisão da meta do projeto é uma etapa importante e não deve ser tratada levianamente. O cliente e a equipe precisam chegar a um consenso sobre a nova meta, e então é necessário atualizar o TAP com a declaração da meta revisada.

### Nova priorização de requisitos

A segunda ação a ser feita pelo cliente e pela equipe do projeto é revisitar as entregas e os requisitos. Aqui, devemos fazer as seguintes perguntas:

- Como a nova declaração de meta afeta a lista de entregas?
- Devemos eliminar alguns itens?
- Devemos acrescentar alguns itens?
- Como a funcionalidade inserida na nova declaração de meta é afetada?

As respostas a essas perguntas permitem que o cliente e a equipe de projeto possam repriorizar os novos requisitos. Atualize o TAP para refletir as mudanças nas declarações dos objetivos.

### Tomar a decisão de prosseguir/não prosseguir para a próxima fase

Haverá uma próxima fase INiciar ❯ eSPecular ❯ Incubar ❯ REvisar? Uma pergunta equivalente poderia ser: Você está convergindo a uma taxa aceitável para uma meta claramente definida e uma solução aceitável? Para responder essa questão, o cliente levará em conta o dinheiro e o tempo já investidos. Faz sentido de negócio continuar esse projeto? O TAP atualizado é o insumo para essa decisão.

### Desafios à organização e à execução de projetos

No mundo dos projetos complexos, a mudança é frequente e quase sempre os afeta de modos inesperados. O risco é alto, e a execução atenta de um plano de gerenciamento de riscos criterioso pode ser a chave para projetos bem-sucedidos. Aproveitando a minha experiência e a minha memória, compilei uma lista dos quatro desafios mais significativos do gerenciamento de projetos complexos e o que pode ser feito para preveni-los e mitigá-los.

- **Patrocinadores têm dificuldade de aceitar escopo variável**
  Sem dúvida, esse tem sido um desafio persistente à medida que as organizações enfrentam as realidades do gerenciamento de projetos complexos. Os patrocinadores e os altos executivos da empresa têm grande dificuldade de se ajustar às realidades do gerenciamento de projetos complexos. Em primeiro lugar, a alta gestão tem de entender que, para serem bem-sucedidos, os projetos complexos exigem uma nova colaboração entre a equipe do cliente e a equipe de desenvolvimento. Essa colaboração é uma parceria franca e honesta, dedicada a aprender e descobrir criativamente uma solução para uma necessidade de negócio crítica e ainda não satisfeita. No início, ninguém sabe qual solução surgirá e qual valor de negócio essa solução entregará. O risco é alto e um esforço bem-sucedido resultará em alto retorno. Patrocinadores e clientes devem se envolver significativamente nas discussões e definições do projeto em questão.

- **Obter e manter o envolvimento significativo do cliente no transcorrer das fases do modelo de CVGP escolhido**
  Esse é um fator crítico de sucesso, especialmente no espaço do projeto complexo. O meu modelo de consultoria sempre enfatizou o envolvimento significativo do cliente, e faço isso tendo um gerente responsável do cliente como meu parceiro no papel de cogerente. Nós compartilhamos igualmente os sucessos, fracassos e decisões, o que promove no cliente um forte senso de propriedade compartilhada. Visto que seu nome está associado ao gerenciamento do projeto, ele não permitirá que o projeto fracasse. Esse sentimento de propriedade compartilhada é o maior contribuinte que conheço para o sucesso dos projetos.

- **Adaptação do modelo de CVGP escolhido às mudanças nas condições do projeto**
  Projetos são dinâmicos e podem mudar por uma variedade de razões, entre elas mudanças nas condições e prioridades do negócio, bem como em outros fatores ambientais internos e externos. Isso se traduz na necessidade de revisão contínua do modelo de CVGP escolhido para adaptá-lo e até mesmo reconsiderá-lo. Por exemplo, em algum ponto de uma iteração durante a execução de um projeto Scrum o cliente diz: "Opa, agora consigo ver como será a solução completa". E o gerente de projeto responde: "E eu sei como podemos desenvolver essa solução". Isso significa que o Scrum deve ser abandonado em favor de, digamos, um modelo de Entrega Escalonada em Cascata, por exemplo? Essa pergunta é difícil de responder porque há muitas outras implicações relacionadas e que devem ser esclarecidas. Por exemplo, algumas das implicações mais óbvias são:
  - mudanças nos requisitos de recursos;
  - mudanças na programação e na disponibilidade dos recursos;
  - custo de abandonar o modelo Scrum e substituí-lo por um modelo de Entrega Escalonada em Cascata;
  - Implicações orçamentais.

  Esses custos adicionais precisam ser ponderados em relação aos benefícios que poderiam incluir:
  - mudanças nos preços dos produtos/serviços;
  - implicações de vendas e marketing com relação à data de lançamento do produto/serviço;
  - implicações de contenção de custos.

  A EPA é o único modelo de CVGP Adaptativo projetado para aceitar mudanças no modelo CVGP de um projeto em andamento.

- **Entrega de valor de negócio no panorama dos projetos complexos**
  O incremento esperado no valor do negócio é a métrica primária utilizada para validar, aprovar e priorizar um projeto. A Figura 12.21 é uma ilustração conceitual dos resultados prováveis.
  Em primeiro lugar, entenda que o valor de negócio que será entregue por um projeto é uma estimativa fornecida pelo patrocinador e pelo cliente para obter aprovação para a execução do projeto. Como a Figura 12.21 ilustra, essa estimativa tem uma variação.

Para projetos GTP todo o valor de negócio é entregue depois da conclusão do projeto e a variação da estimativa é pequena se comparada à dos projetos GAP e GEP.

**FIGURA 12.21 Valor de negócio das soluções GTP, GAP, e GEP**

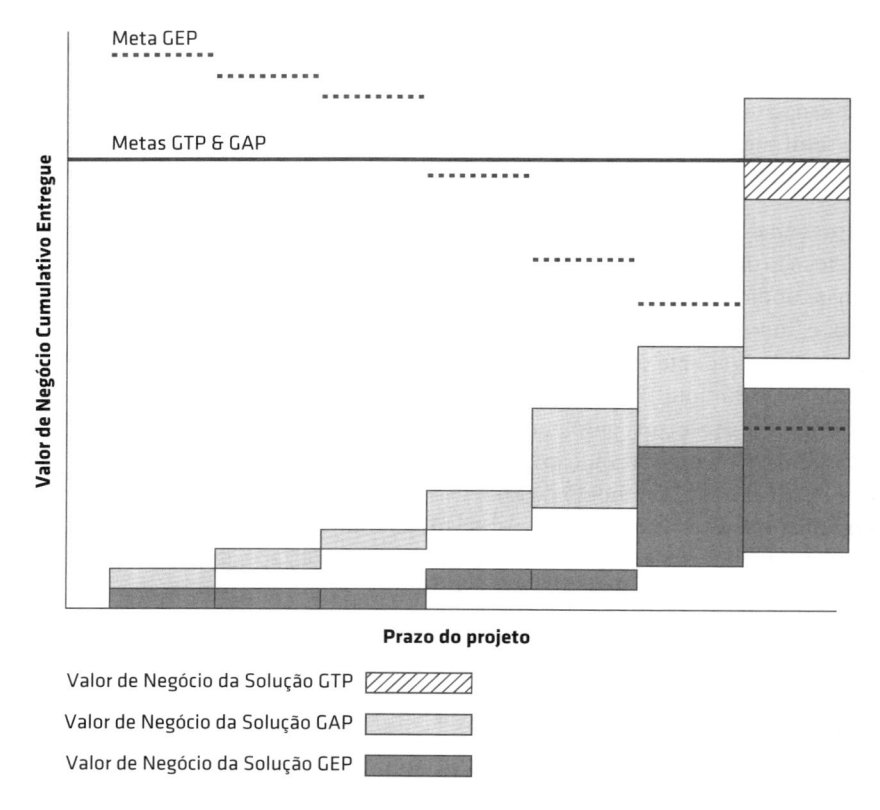

Para projetos GAP a situação é bem diferente. A cada iteração ou ciclo um valor de negócio específico será entregue. A variação da estimativa aumenta no decorrer do tempo de vida do projeto. Para o exemplo ilustrado na Figura 12.21, o valor de negócio entregue pode ficar longe do valor de negócio estimado se a meta for alcançada. É também possível que o valor de negócio entregue seja maior do que o estimado se a meta for alcançada. Fica claro que o risco de não entregar o valor de negócio esperado é maior para projetos GAP do que para projetos GTP, mas as recompensas podem ser muito maiores.

Projetos GEP estão em um mundo muito diferente do mundo de qualquer projeto GAP. Em um projeto GAP a meta é clara e espera-se que, à medida que a solução emerge, esta solução convergirá para a meta e entregará o valor de negócio esperado, mas o risco é alto. Em um projeto GEP ambas, a meta e a solução, não são determinadas. A meta pode ser a expressão de um estado final desejado sem saber como, ou até mesmo se, tal estado final pode ser atingido, o que cabe ao projeto aprender e descobrir. À medida que a solução emerge a meta mudará, visto que certos aspectos dela não podem ser alcançados dada a tecnologia existente na ocasião e o entendimento do espaço da solução. A esperança é que a meta e sua solução convergirão e produzirão valor de negócio. Esse valor de negócio pode não ser aceitável para o patrocinador ou para o cliente. Novamente, estamos lidando com uma situação de risco muito alto.

## 12.8 RESUMINDO

Fizemos um exame profundo dos cinco tipos de modelos de gerenciamento de projetos: Linear, Incremental, Iterativo, Adaptativo e Extremo. As características, forças, fraquezas e considerações de quando utilizar modelos específicos de CVGP foram documentadas e comparadas. O resultado é uma base relativamente completa para classificar um projeto em um dos quatro quadrantes do panorama de projetos e então escolher o CVGP mais adequado para um dado projeto. Essa é uma rica coleção para o gerenciamento efetivo de projetos.

Pelo bem do resumo, é instrutivo relembrar a Figura 2.7 do Capítulo 2. Ela é reproduzida aqui como Figura 12.22.

**FIGURA 12.22  Os cinco modelo de CVGPs**

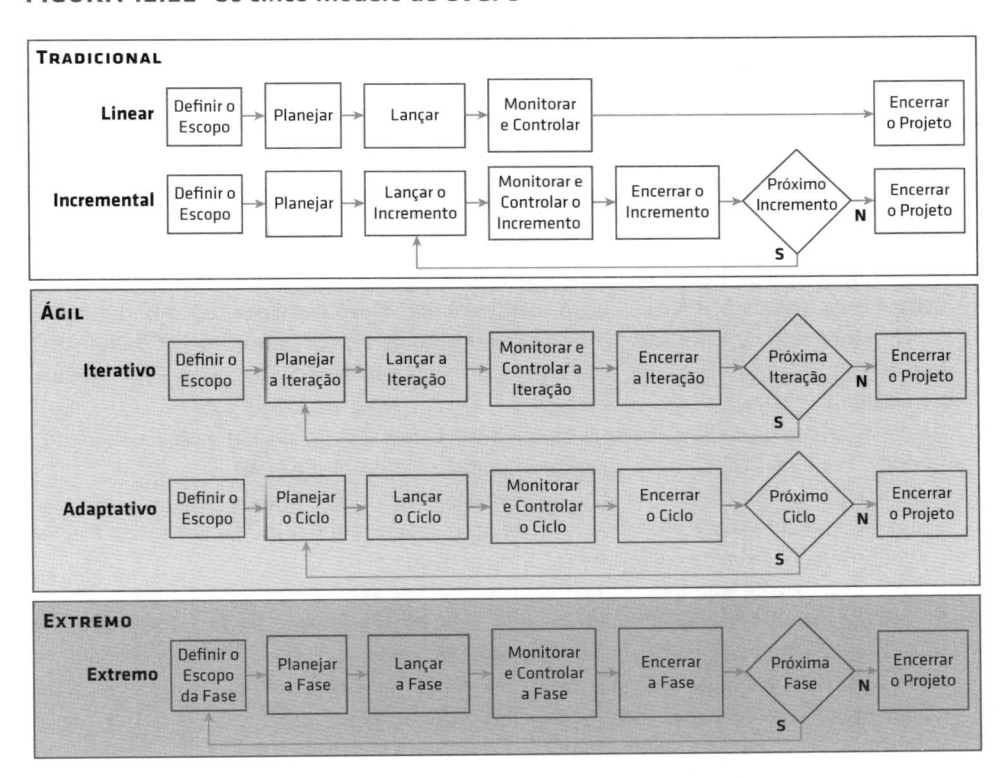

Em primeiro lugar, observe as semelhanças. Sabemos que as finalidades e interpretações em cada fase são bem diferentes. Isso ocorre como parte dos laços de realimentação e dos processos de decisão que antecedem o encerramento de um incremento, iteração, ciclo ou fase. Entender as similaridades e diferenças dá ao gerente uma vantagem para o gerenciamento efetivo de projetos complexos.

## QUESTÕES PARA DISCUSSÃO

1. Como você trataria a tarefa de decomposição do projeto em porções de negócios significativas de forma a preparar a empreitada para uma abordagem Incremental? Refira-se às regras que poderia empregar.

2. Você concluiu os primeiros poucos incrementos e liberou entregas para o cliente. Agora eles voltam a você solicitando mudanças em relação ao que foi liberado. Essas mudanças têm sentido, mas farão com que o seu projeto saia de seu cronograma programado, caso as mudanças sejam integradas nos incrementos futuros. O que faria?

3. Como você gerenciaria o tempo entre os incrementos de um modelo de CVGP Incremental? Há pressões em favor de intervalos de tempo mais longos entre incrementos para permitir que o cliente integre as entregas dos incrementos e há pressões em favor de intervalos de tempo mais curtos entre incrementos para reduzir o risco de perder um membro da equipe. Como equilibraria essas necessidades conflitantes? Como gerenciaria o trabalho dos membros da sua equipe entre os incrementos – isto é, o que determinaria que eles fizessem?

4. Qual seria o impacto sobre o seu plano de gerenciamento de risco se usasse um modelo de Desenvolvimento Rápido em Cascata em vez de um modelo de CVGP Linear – isto é, quais riscos seriam acrescentados e quais planos de mitigação você instituiria? Seja específico.

5. Há quaisquer projetos no Estudo de Caso do SERP que se beneficiariam de qualquer um dos modelos de CVGPs estudados neste capítulo?

6. Clientes sempre relutam em se envolver de maneira significativa no planejamento. O que poderia fazer para lhes vender a ideia de que o total envolvimento deles na EPA é necessário para o sucesso do esforço?

7. Um membro da sua equipe é uma analista de sistemas da velha guarda e simplesmente não consegue se adaptar à EPA. O problema desse membro da equipe é que o cliente tem autoridade para tomar decisões sobre a direção que seu projeto de desenvolvimento de *software* está tomando e, digamos assim, tal cliente tem algumas deficiências técnicas. Como trataria esse dilema?

8. Você é o gerente de projeto de um dos primeiros projetos EPA da sua empresa e está encontrando dificuldades com relação ao envolvimento do cliente. O que faria?

9. Suponha que um projeto deveria ter usado uma abordagem GTP, mas você usou uma abordagem EPA. Comente o que poderia ser diferente. A abordagem tradicional teria dado melhor resultado? Por que sim ou por que não? Seja específico.

10. É claro que a Fase de Monitoramento e Controle depende muito das pessoas da sua equipe. A EPA dá aos membros da equipe grande liberdade em relação à conclusão do trabalho que lhes cabe. Se você estivesse gerenciando um projeto EPA, como equilibraria a sua necessidade de saber e controlar a situação do projeto *versus* a necessidade de permitir que os membros da equipe decidam como fazer o trabalho que lhes cabe? Seja específico.

11. Compare o que acontece com um projeto GTP e com um projeto EPA quando um membro da equipe é retirado dela e não está mais disponível. Quais são os impactos sobre cada abordagem? Qual abordagem é a menos afetada por tal mudança? Para comparar, você terá de considerar um plano de GTP completo *versus* um Plano do Ciclo de uma EPA.

**12.** Defenda a afirmação: EPA é um processo Ágil enxuto. A sua defesa deve demonstrar como a EPA possui todos os sete Princípios Enxutos.

**13.** Você é um gerente de projeto sênior em sua empresa, tem 15 anos de experiência nessa mesma empresa e uma sólida reputação de entregar projetos bem-sucedidos. O que faria, caso agisse por conta própria, para conseguir que a sua organização avaliasse o valor da EPA? Quais obstáculos poderiam impedi-lo de seguir em frente com o seu plano? Como se sente ao pensar em trabalhar com ideias inovadoras?

**14.** Nos estágios de formação de um projeto, há quaisquer desvantagens óbvias na utilização de EPA em vez de GEP para um projeto Extremo? Se houver, identifique-as. Ao considerar a sua resposta, pense no que realmente se sabe em comparação com o que pode ser apenas especulação e como isso poderia criar problemas.

**15.** Qual dos dois métodos tem maior probabilidade de economizar dinheiro do cliente e tempo da equipe caso o projeto seja encerrado antes de terminar: EPA ou GEP? Para responder a pergunta, você tem de considerar quando a decisão de encerrar o projeto foi tomada no projeto EPA *versus* quando foi tomada no projeto GEP, e o que se sabia sobre os dois projetos na ocasião em que foi tomada. Defenda a sua posição com argumentos específicos.

**16.** Compare, contraste e priorize todos os 12 CVGPs neste capítulo em relação aos sete princípios do projeto enxuto discutidos no Capítulo 10. Algum deles se destaca como "mais enxuto"?

# ÍNDICE REMISSIVO

# REFERÊNCIAS

*A ignorância nunca resolve a questão.*

– BENJAMIN DISRAELI

Aqueles que leem de tudo, também acham que sabem de tudo; mas nem sempre é assim – a leitura fornece para a mente apenas a matéria-prima do conhecimento; é o ato de pensar que torna nosso o que é lido. Somos do tipo ruminante e não adianta nos abarrotarmos com uma grande quantidade de coleções – a menos que mastiguemos novamente, ela não nos dará força e nutrição.

Os livros listados neste apêndice representam uma coleção das publicações atuais que constam na minha biblioteca de gerenciamento de projetos. As poucas exceções são títulos que foram escritos por líderes em nosso campo ou que deram uma contribuição particularmente valiosa ao gerenciamento de projetos. Eles são clássicos. Todos esses livros serão de particular interesse para profissionais que têm responsabilidades de gerenciamento de projetos, são membros de equipes de projetos ou simplesmente desejam aprender sobre os conceitos básicos e consagrados do gerenciamento de projetos. O foco de muitos desses livros é o desenvolvimento de sistemas e *software*, embora vários também tratem os conceitos e princípios básicos do gerenciamento de projetos. Também estão incluídos livros sobre tópicos intimamente relacionados e que achei valiosos na pesquisa e redação deste livro. Entendo que você também possa encontrar valor em tais referências.

Para sua maior comodidade em encontrar algumas fontes específicas, organizei a bibliografia em tópicos, de acordo com as principais áreas abordadas no livro.

## DEFININDO E UTILIZANDO OS GRUPOS DE PROCESSOS DE GERENCIAMENTO DE PROJETOS

LAMBERT, L. R.; LAMBERT, E. *Project management*: the common sense approach. *Columbus*, OH: LCG Publishing, 2000.

PROJECT MANAGEMENT INSTITUTE. *Um guia do conhecimento em gerenciamento de projetos: Guia PMBOK. 5. ed*. São Paulo: Saraiva, 2014.

_____. *Um guia do conhecimento em gerenciamento de projetos: Guia PMBOK,* 6. ed. Newtown Square. PA: PMI, 2017.

## GERENCIAMENTO TRADICIONAL DE PROJETOS

BAINEY, K. R. *Integrated IT project management*: a model-centric approach. Boston: Artech House, 2004.

BERKUN, S. *A arte do gerenciamento de projetos*. Porto Alegre: Bookman, 2008.

DEGRACE, P.; STAHL, L. H. *Wicked problems, righteous solutions*. Englewood Cliffs, NJ: Yourdon Press Computing Series, 1990.

DEMARCO, T. *The deadline*: a novel about project management. New York: Dorsett House, 1997.

\_\_\_\_\_; LISTER, T. *Peopleware:* productive projects and teams. 2. ed. New York: Dorsett House, 1999.

DETTMER, W. H. *Goldratt's theory of constraints*: a systems approach to continuous improvement. Milwaukee, WI: ASQ Quality Press, 1997.

FLEMING, Q. W. *Subcontract planning and organization*. Chicago: Probus Publishing, 1992.

\_\_\_\_\_; KOPPELMAN, J. M. *Earned value project management*. 4. ed. Newtown Square, PA: PMI, 2012.

GOLDRATT, E. M. *Corrente crítica*. São Paulo: Nobel, 2005.

\_\_\_\_\_; COX, J. *A meta*: um processo de melhoria contínua. São Paulo: Nobel, 2002.

GOODPASTURE, J. C. *Managing projects for value*. Vienna, VA: Management Concepts, 2002.

HARRINGTON, J. H. et al. *Project change management*: applying change management to improvement projects. New York: McGraw-Hill, 2000.

HAUGAN, G. T. *Project planning and scheduling*. Vienna, VA: Management Concepts, 2002.

\_\_\_\_\_. *Effective work breakdown structures*. Vienna, VA: Management Concepts, 2002.

KERZNER, H. *Gerenciamento de projetos – uma abordagem sistêmica para planejamento, programação e controle*. São Paulo: Blucher, 2011.

\_\_\_\_\_. *In search of excellence in project management*. New York: John Wiley & Sons, 1998.

KLOPPENBORG, T. J.; PATRICK, J. A. *Managing project quality*. Vienna, VA: Management Concepts, 2002.

LEACH, L. P. *The critical chain project managers' fieldbook*. Idaho Falls, ID: Quality Systems, 1997.

\_\_\_\_\_. *Critical chain project management*. Boston: Artech House, 2000.

\_\_\_\_\_. *Critical chain project management*. 2. ed. Boston: Artech House, 2004.

\_\_\_\_\_. *Lean project management*: eight principles for success. Boise, ID: BookSurge Publishing, 2006.

LEVINE, H. A. *Practical project management*: tips, tactics, and tools. New York: John Wiley & Sons, 2002.

LEWIS, J. P. *Mastering project management*. New York: McGraw-Hill; 1998.

\_\_\_\_\_. *Project planning, scheduling, and control*. Chicago: Probus Pub Co., 1995.

\_\_\_\_\_. *The project manager's desk reference*. 2. ed. New York: McGraw-Hill, 2000.

MARTIN, P. *Leading project management into the 21st century*: new dimensions in project management and accountability. Cincinnati, OH: Martin Tate, 1995.

\_\_\_\_\_. *Professional software development*: shorter schedules, higher quality products, more successful projects, enhanced careers. Boston: Addison-Wesley, 2003.

MILOSEVIC, D. Z. *Project management toolbox*: tools and techniques for the practicing project manager. New York: John Wiley & Sons, 2003.

NEUENDORF, S. *Project measurement*. Vienna, VA: Management Concepts, 2002.

PHILLIPS, J. J. et al. *The project management scorecard*: measuring the success of project management solutions. Boston: Butterworth-Heinemann Ltd., 2002.

ROBERTSON, S.; ROBERTSON, J. *Mastering the requirements process*. 3. ed. Boston: Addison-Wesley- Professional, 2012.

\_\_\_\_\_. *Requirements-led project management*: discovering David's slingshot. Boston: Addison-Wesley, 2004.

ROYER, P. S. *Project risk management*: a proactive approach. Vienna, VA: Management Concepts, 2002.

SHENHAR, A. J.; DVIR, D. *Reinventando o gerenciamento de projetos*: a abordagem diamante ao crescimento e inovação bem-sucedidos. Rio de Janeiro: M.Books, 2009.

SCHUYLER, J. *Risk and decision analysis in projects*. 2. ed. Newtown Square, PA: PMI, 2001.

STELLMAN, A.; GREENE, J. *Applied software project management*. Sebastopol, CA: O'Reilly Media, Inc., 2006.

TAYLOR, J. *Managing information technology projects*. New York, NY: Amacom, 2004.

VERZUH, E. *The fast forward MBA in project management*. 4. ed. New York: John Wiley & Sons, 2011.

WARD, L. J. *Dictionary of project management terms*. 3. ed. Arlington, VA: ESI International, 2011.

WHITTEN, N. *Let's talk! More no nonsense advice for successful projects*. Vienna, VA: Management Concepts, 2007.

\_\_\_\_\_. *Managing software development projects*. 2. ed. New York: John Wiley & Sons, 1995.

\_\_\_\_\_. *Neal Whitten's no-nonsense advice for successful projects*. Vienna, VA: Management Concepts, 2005.

**458**   GESTÃO EFICAZ DE PROJETOS

\_\_\_\_\_. *The enterprize organization*: organizing *software* projects for accountability and success. Newtown Square, PA: Project Management Institute, 2000.

WYSOCKI, R. K. *Effective software project management*. New York: John Wiley & Sons, 2006.

\_\_\_\_\_; BECK JR., R.; CRANE, D. B. *Effective project management*. 2. ed. New York: John Wiley & Sons, 2000.

YOURDON, E. *Death march*: the complete *software* developer's guide to surviving "mission impossible" projects. Upper Saddle River, NJ: Prentice Hall, 1999.

## GERENCIAMENTO ÁGIL E EXTREMO DE PROJETOS

AGUANNO, K. *Managing agile projects*. Lakefeld, Ontario: MultiMedia Publications, Inc., 2004.

AJANI, S. *Extreme project management*: unique methodologies, resolute principles, astounding results. San Jose, CA: Writers Club Press, 2002.

AMBLER, S. W. *Agile modeling*: effective practices for extreme programming and the unified process. New York: John Wiley & Sons, 2002.

\_\_\_\_\_. *Disciplined agile delivery*: a practitioner's guide to agile *software* delivery in the enterprise. Boston: IBM Press, 2012.

\_\_\_\_\_. *The object primer*: agile model-driven development with UML 2.0. 3. ed. New York: Cambridge University Press, 2004.

\_\_\_\_\_. *The unified process elaboration phase*: best practices in implementing the UP. Lawrence, KS: CMP Books, 2000.

\_\_\_\_\_; CONSTANTINE, L. L. *The unified process inception phase*: best practices in implementing the UP. Lawrence, KS: CMP Books; 2000.

\_\_\_\_\_; \_\_\_\_\_. *The unified process construction phase*: best practices in implementing the UP. Lawrence, KS: CMP Books; 2000.

\_\_\_\_\_; SADALAGE, P. J. *Refactoring databases*: evolutionary database design. New Jersey: Addison-Wesley, 2006.

ANDERSON, D. J. *Agile management for software engineering*: applying the theory of constraints for business results. New Jersey: Prentice Hall PTR, 2004.

\_\_\_\_\_. *Kanban*: successful evolutionary change for your technology business. Sequim, WA: Blue Hole Press; 2010.

\_\_\_\_\_. *Lessons in agile management*: on the road to Kanban. Sequim, WA: Blue Hole Press; 2012.

AUGUSTINE, S. *Managing agile projects*. Upper Saddle River, NJ: Prentice Hall PTR, 2005.

BECK, K.; FOWLER, M. *Planning extreme programming*. Reading, MA: Addison-Wesley, 2001.

BENTLEY, C. *Prince2*: a practical handbook. 2. ed. Boston: Butterworth-Heinemann, 2002.

BOEHM, B.; TURNER, R. *Balancing agility and discipline*: a guide for the perplexed. Boston: Addison-Wesley, 2004.

CHIN, G. *Agile project management*: how to succeed in the face of changing project requirements. New York: Amacom; 2004.

COCKBURN, A. *Surviving object-oriented projects*. Boston: Addison-Wesley, 1998.

\_\_\_\_\_. *Escrevendo casos de uso eficazes*. Porto Alegre: Bookman, 2005.

COHN, M. *User stories applied for agile software development*. Boston: Addison-Wesley, 2004.

DERBY, E.; LARSEN, D. *Agile retrospectives*: making good teams great. NC: The Pragmatic Bookshelf, 2006.

DSDM CONSORTIUM (Jennifer Stapleton, Ed.). *DSDM*: business focused development. 2. ed. Boston: Pearson Education, 2003.

ECKSTEIN, J. *Agile software development in the large*. New York: Dorsett House, 2004.

FOWLER, M. *Refactoring*: improving the design of existing code. Boston: Addison-Wesley, 2000.

GOODPASTURE, J. C. *Project management the agile way*: making it work in the enterprise. Plantation, FL: J. Ross Publishing, 2010.

HASS, K. B. *Managing complex projects*: a new model. Vienna, VA: Management Concepts, 2009.

HIGHSMITH, J. A. *Adaptive software development*: a collaborative approach to managing complex systems. New York: Dorset House, 2000.

HIGHSMITH, J. *Agile software development ecosystems*. Boston: Addison-Wesley, 2002.

\_\_\_\_\_. *Gerenciamento ágil de projetos*. Rio de Janeiro: Alta Books, 2012.

JEFFRIES, R.; HENDERSON, A.; HENDRICKSON, C. *Extreme programming installed*. Boston: Addison-Wesley, 2001.

KERTH, N. L. *Project retrospectives*: a handbook for team reviews. New York: Dorsett House, 2001.

KOCH, A. S. *Agile software development*: evaluating the methods for your organization. Boston: Artech House, 2005.

KRUCHTEN, P. *The rational unified process*: an introduction. 3. ed. Boston: Addison-Wesley, 2003.

LARMAN, C. *Agile and iterative development*: a manager's guide. Boston: Addison-Wesley, 2003.

LEACH, L. P. *Critical chain project management*. 2. ed. Boston: Artech House Publishers, 2004.

_____. *Lean project management*: eight principles for success. Boise, ID: BookSurge Publishing, 2006.

MCCONNELL, S. *Rapid development*: taming wild *software* schedules. Redmond, WA: Microsoft Press, 1996.

NEWKIRK, J.; MARTIN, R. C. *Extreme programming in practice*. Boston: Addison-Wesley, 2001.

OFFICE OF GOVERNMENT COMMERCE. *Managing successful projects with PRINCE2*. 2009 Edition Manual. The Stationary Office, 2009.

POPPENDIECK, M.; POPPENDIECK, T. *Lean software development*: an agile toolkit. Boston: Addison Wesley, 2003.

SCHWABER, K. *Agile project management with scrum*. Redmond, WA: Microsoft Press, 2004.

SUCCI, G.; MARCHESI, M. *Extreme programming examined*. Boston: Addison-Wesley, 2001.

THOMSETT, R. *Radical project management*. Upper Saddle River, NJ: Prentice Hall, 2002.

WAKE, W. C. *Extreme programming explored*. Boston: Addison-Wesley, 2002.

WYSOCKI, R. K. *Adaptive project framework*: managing complexity in the face of uncertainty. MA: Addison-Wesley, 2010.

_____. *How to be successful in an ever-changing project landscape*. Worcester, MA: EII Publications, 2006.

_____. *Managing complexity and uncertainty in software projects*. MA: Cutter Consortium, v. 6, n. 7, 2005.

## INFRAESTRUTURA DE GERENCIAMENTO DE PROJETOS

BLOCK, T. R.; FRAME, J. D. *The project office*. Menlo Park, CA: Crisp Publications, 1998.

COOPER, R. G.; EDGETT, S. J.; KLEINSCHMIDT, E. J. *Portfolio management for new products*. Reading, MA: Perseus Books, 1998.

CRAWFORD, J. K. *Project management maturity model*. 2. ed. Boca Raton, FL: Auerbach Publications, 2006.

_____. 2010. *The strategic project office*. 2. ed. Boca Raton, FL: CRC Press.

_____; CABANIS-BREWIN, J. *An inside look at high-performance PMOs*. Glen Mills, PA: PM Solutions Research, 2011.

DYE, L. D.; PENNYPACKER, J. S. (Ed.). *Project portfolio management*: selecting e prioritizing projects for competitive advantage. West Chester, PA: Center for Business Practices; 1999.

GRAHAM, R. J.; ENGLUND, R. L. *Creating an environment for successful projects*. 2. ed. San Francisco: Jossey-Bass, 2003.

HALLOWS, J. *The project management office toolkit*: a step-by-step guide to setting up a project management office. New York: Amacom, 2002.

HOBBS, B.; AUBRY, M. *The project management office (PMO)*: a quest for understanding. Newtown Square, PA: The Project Management Institute, 2010.

INTERNATIONAL INSTITUTE OF BUSINESS ANALYSIS. *The guide to the business analysis body of knowledge (BABOK Guide)*, Version 2.0, IIBA, 2009.

KERZNER, H. *Project management metrics; KPIs and dashboard*: a guide to measuring and monitoring project performance. New York: John Wiley & Sons, 2011.

_____. *Strategic planning for project management using a project management maturity model*. New York: John Wiley & Sons, 2001.

KIRKPATRICK, D. L.; KIRKPATRICK, J. D. *Como implementar os quatro níveis de avaliação de treinamento de equipes*. Rio de Janeiro: Senac Rio, 2010.

KODAMA, M. *Project-based organization in the knowledge-based society*. London: Imperial College Press, 2007.

MOORE, S. *Strategic project portfolio management*: enabling a productive organization. NY: John Wiley & Sons, 2010.

PAULK, M. C. et al. *The capability maturity model*: guidelines for improving the *software* process. Reading, MA: Addison-Wesley, 1994.

PROJECT MANAGEMENT INSTITUTE. *Organizational project management maturity model (OPM3)*. 3. ed. Newtown Square, PA: PMI, 2013.

RAD, P. F.; LEVIN, G. *The advanced project management office*: a comprehensive look at function and implementation. Boca Raton, FL: St. Lucie Press, 2002.

RAYNUS, J. *Software process improvement with CMM*. Boston: Artech House, 1999.

SCHONROK, J. E. *Innovation at large*: managing multi-organization, multi-team projects. Bern, Switzerland: Peter Lang GmbH, 2010.

WYSOCKI, R. K. *How to establish a project support office*. Arlington, MA: Cutter Consortium, v. 8, n. 3, 2007.

_____. *How to establish a project support office*: a practical guide to its establishment, growth and development. Worcester, MA: EII Publications, 2006.

_____. *The business analyst/project manager*: a new partnership for managing complexity and uncertainty. NY: John Wiley & Sons, 2011.

## GERENCIANDO AS REALIDADES DOS PROJETOS

SMITH, J. M. *Troubled IT projects*: prevention and turnaround. Herts, United Kingdom: The Institution of Electrical Engineers, 2001.

WYSOCKI, R. K. *Distressed projects*: prevention and intervention strategies. Arlington, MA: Cutter Consortium, v. 7, n. 8, 2006.

_____. *Managing a multiple team project*. Arlington, MA: Cutter Consortium, v. 7, n. 4, 2006.

_____. *Managing a project that involves multiple teams*. Worcester, MA: EII Publications, 2006.